앨리스 R. 아펜젤러 서신 자료집

· 이화 역사 총서 2 ·
(이화 창립 140주년 기념)

앨리스 R. 아펜젤러 서신 자료집

Alice R. Appenzeller

이화역사관 엮음

오정화·김수연 옮김

이화여자대학교출판문화원

간행사

이화여전 설립 100주년 기념, 아펜젤러 교장 탄생 140주년을 맞은 뜻깊은 해에 『앨리스 R. 아펜젤러 서신 자료집』을 간행하게 된 것을 진심으로 축하드립니다.

이화는 섬김과 나눔, 개척과 도전의 숭고한 정신을 이어오며 수많은 '최초'와 '최고'의 역사를 만들어 왔습니다. 이화가 걸어온 길은 새로운 시대를 여는 첫걸음이자, 시대적 소명에 응답해 온 과정이었으며, 한국 여성교육의 지평을 넓히며 시대적 과제를 실천해 온 선구적 여정이었습니다. 그리고 이러한 이화의 역사 속에는 아펜젤러 교장을 비롯한 역대 선교사들과 이화 구성원들의 끊임없는 기도와 헌신이 있었습니다.

1886년 이화학당의 설립 이래, 1925년 전문학교를 거쳐 1946년 한국 최초의 종합대학 인가에 이르기까지 이어지는 이화의 역사는 '도전과 개척', '미래에 대한 꿈과 책임'의 역사였고, 그 역사를 몸소 실천한 이가 바로 이화학당의 제6대 당장이자 이화여자전문학교 초대 교장이었던 앨리스 R. 아펜젤러 선생이었습니다.

140년 전 한국에 파견된 최초의 감리교 선교사 헨리 G. 아펜젤러의 따님으로, 한국에서 태어난 최초의 미국인이었던 아펜젤러 교장은 그 누구보다 한국을 사랑하고 이화를 사랑한 분이었습니다. 이화가 고등교육 기관으로 발전하던 시기, 어려운 환경 속에서도 이화여자전문학교 인가와 신촌 캠퍼스 건립이라는 큰 과제를 해결해낸 것은 도전과 개척의 역사였으며, 이후 이화여자대학교 개교의 초석을 다진 것은 미래에 대한 꿈과 책임의 역사였습니다.

이화역사관에서는 이러한 아펜젤러 교장의 업적과 뜻을 기리기 위해 『앨리스 R. 아펜젤러 서신 자료집』을 기획했습니다. 이는 프라이 당장 서신 자료집을 시작으로, 아펜젤러 교장 서신 자료집, 역대 이화학당장·이화여전 교장·이화에 헌신한 선교사 자료집으로 이어지는 '이화 역사 총서' 시리즈의 두 번째 결과물입니다. 1915년 이화에 선교사로 부임해 1950년 이화여대 채플 도중 뇌졸중으로 별세하실 때까지, 아펜젤러 교장이 남긴 수많은 서신 가운데 일부를 선별해 자료집으로 편찬했습니다.

아펜젤러 교장의 서신들에는 일제강점기 속에서도 이화를 지키고 신촌 캠퍼스를 건립하며 한국 여성고등교육의 토대를 다진 교장의 고뇌와 노력이 담겨 있습니다. 신앙과 교육에 헌신한 아펜젤러 교장의 삶과 선교사로서의 지도와 헌신은 오늘날 이화여자대학교를 있게 한 원동력이었음을 깊이 느끼게 합니다.

이번에 출간되는 『앨리스 R. 아펜젤러 서신 자료집』을 통해, 아펜젤러 교장이 한국 여성과 여성교육에 끼친 영향과 공로를 다시금 되새기고, 오랜 시간 이화의 스승들이 뿌린 교육과 헌신의 씨앗이 어떻게 결실을 맺어왔는지를 돌아보는 계기가 되기를 바랍니다. 더 나아가 이러한 성찰을 바탕으로 이화가 더 넓은 가능성과 비전을 향해 나아가는 데 소중한 이정표가 되기를 기대합니다.

끝으로 자료집의 간행을 위해 정성과 노력을 모아주신 모든 분들께 감사드립니다.

2025년 12월

이화여자대학교 총장

이향숙

차례

※ 본문에 명시되지 않은 수발신자는 '[ ]'로 표시함.

1941년

1942년

Letters of Alice R. Appenzeller (Original Text)

The Year 1916

The Year 1917

The Year 1922

The Year 1923

The Year 1924

The Year 1925

The Year 1926

The Year 1927

The Year 1940

The Year 1941

The Year 1948

The Year 1949

일러두기

1. 본문의 '[ ]'는 옮긴이가 추가한 것이다.
2. 원문 판독이 어려운 경우, 철자 수와 무관하게 '□□□□□'로 표시했다. ○○이나 ××, 밑줄 등은 원문에 있는 것을 그대로 옮긴 것이다.
3. 선교사 등 외국인 이름의 경우 처음 언급될 때 원어 풀 네임full name과 생몰연대를 밝혔다.
4. 인명, 지명 등 외래어 표기의 경우, 국립국어원 외래어표기법을 따랐으나, 널리 쓰여 이미 용례가 굳어진 경우에는 예외로 두었다.
5. 문단 구분은 원문을 따랐으며 첫 줄 들여쓰기로 통일했다.
6. 앨리스 R. 아펜젤러가 발신인이 아닌 경우, 해당 편지 서두에 '〈 〉'로 발신인의 이름을 밝혔다.
7. 원문에 수신인이 명기되지 않은 경우, 차례에 누구인지 추정해 '[ ]'로 표기했다.
8. "Miss"는 나이와 상관없이 결혼하지 않은 여성을 높여 부르는 호칭이므로 그 의미를 살려 대부분의 경우 "~양"으로 번역하지 않고 "미스~"로 번역했다.
9. 박사학위 소지자와 의사에게 붙이는 호칭인 "Dr."는 모두 "~박사"로 번역했다.
10. 성경 인용의 경우, 여러 한글성경(개역개정, 새번역 등)과 영어성경(KJV, NIV, ESV 등)을 종합적으로 참고하여 문맥에 어울리게 번역했다.
11. 영미 단위계(yd, lb 등)는 SI 단위(km, kg 등)로 변경했다.

앨리스 R. 아펜젤러의 서신

(국문)

Alice R. Appenzeller

1916년

한국 소래 해변
1916년 8월 19일

다른 편지를 인용하는 것으로 편지를 시작하려고 합니다. 인용하는 편지는 중국에 있는 두 선교사가, 지금 내가 쓰려는 편지와 마찬가지로 휴가 중에 쓴 것입니다.

"여러분은 우리 가족이 우리가 대학에서 정말 공부를 하고 있는지 궁금해했던 것을 기억하시지요? 우리는 매번 소풍이나 학급 발표회에 대해서는 생생히 묘사하고 농구 시즌에 관해서도 상세하게 설명했지만, 대학 생활의 학문적인 면에 중점을 두고 매일 꽤 많은 시간을 쓰고 있다는 사실은 거의 전한 적이 없었습니다. 이 편지를 읽은 후 우리가 '선교에 관련된 일'을 정말 하고 있는지 궁금해하시리라는 생각이 듭니다. 우리가 선교와 관련된 일은 의도적으로 생략한 채 주변 상황과 우리가 보낸 좋은 시간만 살짝 들여다보시게 했으니까요."

이제 휴가가 거의 다 끝나가고 있고, 나는 아주 건강하며 걱정할 것이 없다는 것 외에는 별로 전할 말이 없습니다. 휴가의 가장 좋은 점은 휴식을 취하고 재충전을 해서 앞으로 무슨 일이든 맞이할 준비가 된다는 것입니다. 그러나 아직 답장을 쓰지 못한 채 서울로 가져가야 하는 편지들을 생각하면 마음이 좀 무겁습니다. 그래도 누구의 방해도 받지 않는 한적함과 느긋함으로 채워진 여름, 뛰어나게 아름다운 곳에서 친한 친구들과 함께 한 휴가에 대해서는 아쉬움이 없습니다. 이 양과 내가 만 쪽으로 튀어나온 바위 절벽 위에 지어진 작은 초가집 안에 있는 것을 상상해보세요. 파도는 우리 발밑에서 끊임없이 노래를 부르고, 조금 오른쪽에는 만을 둘러싼 황금빛 해변이 수 ㎞나 펼쳐져 있습니다. 우리의 주위에는 연초록빛 산들이 있고, 수평선 위로 여섯 개의 섬이 은빛 바다를 보석처럼 수놓고 있습니다. 키플링의 시구가 생각납니다.

"정적이 흐르는 동쪽,
오팔 해변에 일렁이는 보랏빛 파도와
마힘 숲의 고요함 속에서."

그리고 만이 범선으로 가득 찰 때는,

> "정처 없이 표류하던 범선이 돛을 들어 올리고
> 동양과 서양이 하나 되는 곳."

여기가 정말 그렇습니다. 바닷가 바로 옆에 소나무 숲도 있는데, 우리는 그곳에 종종 책을 가지고 가서 나른한 오후를 보냅니다.

소래에 온 우리 모두 하나님께서 우리에게 이곳을 주신 것은 특별한 축복이라고 생각합니다. 우리는 한국 전역에서 온 100여 명의 선교사들로, 이곳에서 한두 달간 지내며 새로운 사람이 됩니다. 조직적인 것은 거의 없고 모두 원하는 대로 하며 지냅니다. 함께하는 것을 즐기며 지난 한 달 동안 먼저 매일 성경 수업을 들었고, 다음에는 일본어로 수업을 들었는데, 한국어뿐만 아니라 일본어도 배워야 하기 때문입니다. 그 후에 해변에서 운동을 하고, 나이 든 뱃사공이 젓는 그림 같은 돛단배를 타고 달빛을 받으며 만으로 나아가 저녁 내내 노래를 불렀습니다. 소풍, 산책, 노래, 함께하는 많은 조용한 대화로 즐거운 나날을 보내고 있습니다. 휴식을 과업으로 삼고 공부나 일은 하고 싶은 만큼만 했기에, 과업을 잘 달성했다고 생각합니다. 7월에 2년 차 어학 공부를 마쳐서 이제 3년 차 공부를 시작할 수 있습니다.

여러분은 선교사적인 사치가 무엇인지 알기 위해 이 모든 것을 하는 데 정확히 얼마가 드는지 궁금하실 것 같습니다! 우리는 휴가 동안 초가집을 사용하는 데 80달러를 지불하고, 모든 일에 성실하며 헌신적으로 시중을 들어주는 이에게 한 달에 9달러를 지불하고, 생활비로 하루 평균 50센트를 쓰고 있으며, 교통비는 총 10달러가 듭니다. 전에는 이처럼 자유로운 휴가를 즐겨본 적이 없습니다. 화덕 앞에서 보낸 찌는 듯 덥던 미국에서의 휴가를 생각하면, 여러분 모두가 길고 힘든 겨울을 보낸 후에는 나처럼 완벽한 휴식을 취했으면 좋겠습니다. 하지만 부엌에서 어머니Ella Dodge Appenzeller(1854~1915)와 함께 있을 수만 있다면 아주 기꺼이 이 모든 것을 포기해버릴 것입니다—지금의 삶을 풍요롭게 하는 모든 좋은 선물들에 감사하지만, 이처럼 좋은 날들을 어머니와 함께한 시간과 맞바꾸라고 한다면 단 한 시간도 바꾸지 않을 것입니다.

지난봄 내내 무엇 때문에 그리도 바빠서 여러분에게 편지를 쓸 수 없었을까요? 정말이지, 매일 매 순간 바빴다는 것 외에는 기억나지 않습니다. 3월에는 총회, 시험, 졸업식이 있었습니다. 방학 동안에 새로운 방이 준비되어서 이제 학생들의 방 맞은편 건물에 살고 있습니다. 다른 방들만큼 좋진 않지만, 우리 이화의 모든 방은 좋은 옷장이 갖춰져 있고 충분한 햇빛이 들어서 지내기에 편합니다. 새 학기가 시작되고, 학생들이 작은 칸타타를 선보이고 체육 문화를 보여주는 봄의 큰 행사인 메이데이 행사를 했습니다. 모든 학생에게 즐거운 축제인 학교 소풍도 갔습니다. 총회에서 나는 당장 서리로 임명되었고, 프라이 당장님Lulu Edna Frey(1868~1921)은 봄에 지방 여행을 떠나면서 300여 명의 구성원과 그들의 3천 개의 요구사항을 처리하는 일을 내게 맡기셨습니다. 나는 그 기간에 공부를 많이 하지는 못했지만, 수업을 하며 일이 생기면 최선을 다해 처리했습니다. 학교를 맡기 전에 학교의 운영에 대해 배워야 할 것이 매우 많습니다. 이번 겨울에 그런 일에 관한 더 많은 책임을 지게 될 것을 알고 있지만, 나 자신이 그런 일에 적합하다고는 결코 생각하지 않습니다. 여러분의 도움이 1년 내내 매우 많이 필요할 것입니다.

참석했던 집회 중 가장 인상 깊었던 것은 학기 마지막 날에 열렸던 모임입니다. 학생들의 제안으로 새벽 5시 30분에 모였으며, 인도자 목사님은 하나님께서 그들에게 부여하신 많은 재능에 대해 말했습니다. 하나님께서 이 나라의 다른 어떤 소녀들보다도 그들에게 더 많은 재능을 주셨을 것이며, 그래서 그들에게 더 많은 것이 요구된다고 설명했습니다. 다음으로는 이번 여름, 여성들과 소녀들을 위한 개인적인 사역에 시간을 할애하며 참여할 수 있는 학생이 얼마나 되는지 물었습니다. 우리는 그 일에 대한 열정으로 학생들의 얼굴이 불타오르는 것을 볼 수 있었습니다. 그들은 한 명 한 명 일어나 여름 동안 최대 30일을 약속했고, 이는 내 기억이 맞는다면 한 사람에게 총 3년 이상의 지속적인 서비스를 제공하는 것에 해당하는 시간이었습니다. 그것은 그들이 가진 모든 재능을 주신 그리스도께 감사하는 사랑 안에서 기쁘고 즐겁게 이루어졌습니다. 몇 주 후에 우리가 모두 만났을 때, 그들이 여름 동안의 경험에 대해 말하는 것을 들으면 재미있을 것입니다.

날이 점점 선선해져서 다시 일을 해야겠다는 생각과 학생들에게 돌아가고 싶다는 갈망을 느끼기 시작합니다. 저학년은 9월 1일에 학기가 시작하지만, 내가 가르치기 시작하는 것은 20일부터입니다. 이 작은 초가집은 "머무르세요"라고 말하지만 꼬불꼬불한 길은 "가세요"라고 말하고, 나는 이 길이 어디로 인도하는지 보기 위해 며칠 후 이곳을 떠납니다.

1917년

한국 서울 이화학당
1917년 11월 12일

멀리 있는 친애하는 친구들에게,

이화의 선교사들은 여러분이 지속해서 베풀어주는 친절에 부응해 충분히 많은 편지를 보냈어야 마땅한데, 제대로 보내지 못해 오래전부터 아쉬워해왔습니다. 여러분 한 분 한 분에게 우리에 대해 알고 싶어 하시는 것들, 그리고 여러분의 현재 관심사인 우리의 사역에 대해 알려드릴 기회가 있기를 바랍니다. 우리는 여러분의 관심이 더 많은 정보를 통해 더 커질 것이라고 믿고 있습니다. 그래서 비록 발신인이 낯선 이름일지라도, 우리 친구들이 학교에 관한 소식을 들으면 기뻐하실 것이라 믿고, 이화의 일반적인 일들에 대한 편지를 서로 번갈아 쓰려고 노력하고 있습니다. 인내심을 가지고 기다리시면 총애하시는 선교사의 편지가 반드시 도착할 것입니다!

만일 여러분이 이 가을에 서울에 있었다면 우리의 연합 복음전도의 노력에 대해 많이 들으셨을 것입니다. 특별한 목표는 그리스도를 알지 못하는 가장 가까운 사람에게 다가가 그가 우리 주님의 제자가 될 때까지 포기하지 않고 개인적으로 확실하게 노력을 기울이는 것이었습니다. 그리스도인들은 큰 열의를 가지고 이 계획에 참여했으며, 많은 사람이 10월에 대부분의 시간을 개인 임무에 할애했습니다. 도시 전역에서 이런 특별한 집회를 하기 시작했을 때 그리스도인들이 긴 일과를 마치고 "볏단"을 가져오는 광경을 보는 것은 흥미로웠습니다. 그들은 자기가 데려온 사람 옆에 앉았습니다—잘 차려입고 하인을 데리고 온 여성도 있었고, 기민한 학생도 있었고, 분명한 의문 앞에서 결심을 하고 온 부유해 보이는 사업가도 있었으며, 생각에 잠긴 눈으로 예수님을 믿는 것이 정말 도움이 되는지 묻고 있는 가난한 할머니도 있었습니다. 목사님은 마음속을 살피는 설교 후에 다음과 같은 권고를 했는데, 기독교 환경에 익숙한 미국인의 귀에는 낯설게 들릴 것입니다.

"그리스도를 따르는 사람은 우상이나 영혼 숭배와 아무 상관이 없으므로 그런 것들의 표식을 모두 제거해야 합니다. 그리고 일요일과 수요일 정해진 시간에는 모두 교회에 가서 예배를 드리고 가르침을 받게 됩니다. 여러분은 하나님의 말씀인 성경책과 찬송가집을 원하게 될 것이고, 그것을 항상 교회에 가져가고 싶을 것입니다. 여러분을 이곳으로 인도한 사람들이, 지금 여러분이 사랑하기를 배우고 있는 우리 주 예수에 대한 믿음 안에 굳게 서도록 도와줄 것입니다."

우리 이화 학생들은 집회에 참석하고, 누구보다 많이 기도하고, 매일학교 학생들의 집을 방문하면서 최대한 열심히 복음전도에 참여했습니다. 약 800명의 "새 신자"를 얻은 것으로 추정되는데, 지속적인 "후속" 사역을 통해 새 신자들이 모두 진정한 그리스도인이 되기를 바랍니다. 새 신자 중 많은 사람에게 진정한 그리스도인이 되는 것은 힘든 싸움이 될 것이므로 큰 도움이 필요하니 기도를 부탁드립니다.

한국의 가을을 대표하는 행사 중에서 잘 알려진 것 하나는 모든 주부가 겨울 "김치"를 만드는 때입니다. 김치는 한국 음식에서 빼놓을 수 없는 매콤한 피클입니다. 겨울 김치는 첫서리 후 배추가 자르기에 적당해지는 순간, 어디에서나 같은 시기에 담가야 합니다. 그때는 다른 어떤 일도 중요하지 않습니다—사업이나 수업이나 모든 것이 신성한 "김장방학"에 길을 양보합니다. 그래서 이화는 본부를 제외한 모든 부서를 닫고 일주일 동안 200여 명의 이화 가족을 위한 김치를 담가 큰 술통 모양의 흙으로 빚은 독 160개에 넣는 일을 합니다. 먼저 사람들이 재료를 수레에 싣고, 혹은 직접 들고 옵니다 — 수천 포기의 배추, 무, 붉은 고추, 양파, 많은 양의 마늘, 생강 그리고 동양인이 아니면 알 수 없는 신비로운 맛난 재료들입니다. 그런 다음 학생들과 교사들은 오랜 시간 얼음같이 차가운 채소를 가지고 작업을 합니다. 분류하고, 씻고, 껍질을 벗기고, 자르고, 배춧잎 사이에 양념을 채워 넣고, 마지막으로 그것들을 통 속에 꾹꾹 담습니다. 그들은 집에서 즐거운 모임을 가질 때처럼 즐겁게 노래하고 수다를 떨며 재미있는 시간을 보냅니다. 그들은 또한 이기적이지 않아서 서로를 도와주려고 합니다. 바로 오늘 아침에 한 교사가 가장 연약한 대학과 학생 한 명을 밖에서 일하지 않게 해달라고 부탁하러 왔는데, 그녀는 늑막염으로 죽을 뻔한 적이 있는 허약한 학생이었습니다. 알아보려고 나갔을 때 명랑한 합창이 나를 맞이했습니다.

"말 안 듣는 학생이 저기 있어요! 저 아이를 말려주세요!"

명령을 어겼다고 그 학생을 꾸짖었을 때 그녀의 밝은 얼굴에는 매우 괴로운 표정이 엄습했고, 자기도 다들 함께 하는 김치 담그는 일을 해낼 수 있다고 고집을 부렸습니다.

김치가 완전히 "익으면" 김치 냄새가 조리실에 진동하기 때문에 미국인 방문객들은 보통 손수건을 코에 갖다 댑니다. 하지만 익은 김치는 강한 냄새가 나는 치즈와 같아서 김치를 좋아하는 사람에게는 매우 맛있는 음식이며, 나도 그런 사람 중의 한 명입니다!

학기마다 오싹한 사건이 일어나긴 하지만, 이상하게도 그런 사건들은 꼭 미스 프라이가 나라 전역을 돌며 "마지막 지푸라기" 순회를 시작하고, 경험이 부족하여 일에 익숙해질 틈도 없이 이런 일을 경험하게 되는 나 같은 대리인의 손에 학교가 맡겨진 후 발생합니다. 우리에게 가장 소중한 교사 중 한 명은 어린 시절, 파렴치한 어머니에게서 구출되었습니다. 그 어머니는 딸을 시집보내 한몫을 챙기려 했지만 뜻대로 되지 않자, 다른 두 딸만큼은 반드시 그렇게 하겠다고 결심했습니다. 미스 프라이는 그 교사가 집으로 돌아가는 것이 안전하지 않다고 판단했고, 결국 그 교사는 14년 동안 집에 가지 않았습니다. 올가을 그녀의 어머니가 금전적 비리로 체포되어 감옥에 있는 동안, 큰딸인 그녀는 아버지와 함께 열세 살이지만 여덟 살처럼 보이는 둘째 딸을 학교에 맡기고, 아직 아기인 막내는 친척 집에 보냈습니다. 그러나 딸의 분명한 의사에 반해서, 그리고 좋은 그리스도인인 아버지가 집을 비운 상황에 그 어머니는 둘째 딸을 스물다섯 살 남성과 결혼시키기로 했고, 이미 15달러를 보증금으로 받은 상태였습니다. 그 어머니는 출소하자마자 이화로 달려와 아이들을 달라고 요구하며, 아이들 없이는 살 수 없다면서 온갖 항의와 함께 아이들을 데려갈 수 없다면 차라리 자살하겠다고 미친 듯이 저항했습니다. 그 거래에 대해 아무것도 몰랐던 큰딸은 단호한 성격의 어머니가 협박을 실천할까 봐 두려워하며 딸로서 자신이 무엇을 해야 할지 몰라 괴로워했습니다. 어느 날 밤, 그 어머니는 학교로 와서 아이들을 줄 때까지 자리를 떠나지 않겠다며 미친 사람처럼 소동을 피워댔고, 결국 우리는 아이들을 포기할 수밖에 없었습니다. 그렇지만 우리는 그 어머니가 바로 도시를 떠나지 못하도록 일단 살펴보면서 딸들의 아버지가 돌아오기를 소망하며 기도했습니다.

다음 날 밤 그 아버지를 보내주신 분은 확실히 주님이셨습니다. 그 아버지는 몸집은 작았지만 엄청난 분노와 정당한 명분으로 강해져 있었습니다.

그 아버지는 눈을 번뜩이며 말했습니다. "나는 내 자식들을 학교에 보내기로 결심했습니다. 아내는 어린 딸을 팔아버리려고 하고 있으며, 거래가 실패할까 봐 두려워서 지금 제정신이 아닙니다. 그 남자는 수개월간 돈으로 나를 매수하려 했습니다. '당신은 매우 가난하니 내가 도와주게 해주시오'라고 말하곤 했지요. 나는 대답했습니다. '아니오, 우리가 굶어 죽어도 당신이 상관할 바가 아니오! 당신은 내 소중한 아이를 데려가려고 하는데, 절대 안 됩니다! 감히 아내에게 한 푼이라도 줄 생각조차 하지 마시오!' 그렇게 그 남자를 돌려보냈는데 내가 사업 때문에 떠나 있던 사이에 아내가 이런 죄를 저질렀습니다." 그 아버지는 이 문제를 해결하는 데 도움을 주고 있던 미국인 목사에게 호소하듯이 물었습니다. "목사님, 그리스도인은 이런 일에서 어디까지 해도 됩니까? 제가 아내를 복종시키기 위해 무력을 사용하는 것은 잘못입니까?"

두 사람의 생명을 구하려면 구식 방법이 필요할 수 있겠다는 확신을 얻자, 그는 머리를 높이 치켜들고 밖으로 나갔습니다. 그가 어떤 방법을 사용했든 그것은 평소보다 더 설득력이 있었던 것 같습니다. 다음 날 그가 당당하게 아이를 데리고 왔기 때문입니다. 그 아이는 이제 우리 학교에서 가장 사랑스럽고 행복한 어린 학생이 되었습니다! 아이의 사랑스럽고 작은 얼굴을 보면, 알 수 없는 운명으로부터 그녀를 구하는 데 우리가 기여할 수 있도록 해주신 하나님께 감사드리지 않을 수 없습니다.

겨울이 일찍 시작되어 서늘하고 쾌청한데, 필수품들의 가격이 너무 올라서 현재 가진 예산으로 학교를 어떻게 운영해야 할지 모르겠습니다. 교사 월급에 막대한 추가 비용이 들어가게 되는 등 정부의 기준이 높아져서 우리가 학교를 그 기준에 맞게 빨리 끌어올려야 하는 것은 말할 것도 없고, 만일 그 기준을 맞추지 못하면 생명과 재산을 바쳐 세운 우리 학교를 빼앗길 수도 있습니다. 하나님께서 우리에게 원하는 것을 반드시 보여주실 것을 믿으며 이 문제가 하나님께서 기뻐하시는 방식으로 해결되기를 매일 기도합니다. 성탄절이 다가오니, 이 학생들을 위해 성탄절 잔치를 준비할 수 있게 선물을 보내준 여러분을 생각하게 됩니다. 크리스마스트리를 둘러싸고 "기쁘다 구주 오셨네"를 부를 때 우리는 하나님께서 위대한 선물[예수님]을 보내주신 것에 대해 감사할 것이며, 이 빈궁한 세상에 예수님을 전하는 일을 돕는 여러분에 대해서도 감사할 것입니다.

충심을 다해,

앨리스 R. 아펜젤러

1922년

주소: 한국 서울 이화학당
한국 소래 바닷가에서
1922년 7월 20일

친애하는 친구들에게,

뉴욕에서 마지막 일들을 마치고 바쁜 나날이 정말로 마무리되었을 때, 나는 기차 안의 내 자리에 털썩 주저앉아 뭔가를 읽을 힘도 없이 온종일 있었습니다. 실제로 한국에 도착하기 전까지는 내가 한국으로 돌아가는 중이라는 것이 사실처럼 느껴지지 않았으며, 그냥 안식년 휴가의 즐겁고 다양한 경험이 계속되는 것 같아 보였습니다. 사우스밴드[인디애나주]와 시카고[일리노이주]에 있는 친구들을 잠깐씩 방문한 후, 여행 동반자로 두 명의 오랜 친구들을 만났고, 우리는 함께 자리를 잡고 앉아 솔트레이크[유타주]와 샤이엔[와이오밍주]을 지나며 펼쳐지는 거친 서부의 풍경을 감상했습니다. 샌프란시스코에서의 이틀은 마지막 쇼핑에 빠져서 보냈습니다. 앞으로 6년 동안 제대로 된 상점을 볼 수 없으리라는 것을 안다면 누구든 광적인 느낌에 사로잡힐 것입니다. 우리는 후저스테이트라는 예쁜 새 기선의 모습이 마음에 들었습니다만, 안타깝게도 겉모습뿐이었습니다! 예술적인 비품들을 갖추는 것이 대양 여객선의 주된 필요조건은 아닌 것 같습니다. 날씨가 그리 나쁘지 않았는데도 이 배는 심하게 흔들렸고, 우리는 그 속에서 꽤나 고생해야 했습니다. 하지만 항해는 아플 때조차 휴식이고 나는 휴식이 필요했기 때문에, 적어도 열흘은 더 배를 타고 싶었습니다.

우리는 요코하마에 너무 늦게 도착한 탓에, 도쿄에 있는 옛 친구들을 밤에 잠깐 만나는 것에 그쳤고, 요코하마의 멋진 상점들도 그저 흘끗 둘러보는 정도에 그쳤습니다. 하루를 더 보낸 후 고베에 도착했고, 거기에서 서울까지 이틀간의 여정을 위해 기차에 올랐습니다. 하지만 대한해협을 건너는 동안은 꽤나 힘든 밤을 보내야 했습니다. 논, 절이 있는 산, 나 같은 동양인을 바라보는 기묘한 표정들이 얼마나 사랑스럽고 친숙하던지요. 미국에서의 시간은 참으로 즐거웠지만, 지금 이곳이야말로 내가 속한 곳이라는 확신이 어느 때보다 강하게 듭니다. 사람이 자신의 자리를 찾는 것은 인생의 커다란 기쁨 중 하나인데, 나는 내 자리가 이렇게 좋은 곳이어서 참 감사할 따름입니다.

3월 24일 저녁, 우리가 도착했을 때 이화학당 졸업식이 진행되고 있었습니다. 그 전날 유례없는 폭설이 내려 행사를 연기해야만 했답니다. 새로 가족이 된 제부John Veere Lacy(1894~1965)와, 몰라볼 정도로 자란 세 살배기 조카Margaret Noble Appenzeller(1919~2005)를 포함해서 우리 가족을 잠깐 만난 후 서둘러 교회로 갔습니다. 그날과 이후 며칠 동안 아주 즐거운 재회의 시간을 가졌습니다. 새 학년이 4월 4일에 시작되었는데, 그 전에 친구들이 선물해준 예쁜 미국 물건들로 새 방을 꾸미는 기쁨을 누렸습니다. 그 후 한 달도 채 지나지 않아 남자 조카 리처드 닷지 아펜젤러Richard Dodge Appenzeller(1922~2005)와 여자 조카 앨리스 레이시Alice Lorna Lacy(1922~1984)가 태어났으며, 둘 다 나와 같은 구내, 즉 나와 같은 교정에서 살고 있습니다. 이곳이 이젠 나에게 진정한 집이라고 하는 것이 이상한가요?

귀국 후 변화된 환경에서 나 자신을 찾는 데에 많은 노력을 기울였습니다. 요즘 이곳은 모든 것이 변화하고 있고, 우리 젊은이들은 새로운 진취성을 보이며 우리가 할 수 있는 최선에 끊임없이 도전하면서 새로운 기준을 요구하고 있기 때문입니다. 나는 수업을 굉장히 많이 했는데, 올가을부터 당장이 되면 학생들을 가르칠 시간이 점점 줄어들 것 같습니다. 가장 재미있었던 경험 중 하나는, 아직 한국에 없는 YWCA의 전신 격인 제1회 한국여자청년하령회에서 작은 역할을 맡았던 것입니다. 한국 여성들이 많은 어려움을 충분히 인식하면서도, 자국민의 사회적·종교적 고양을 위해 앞장서 개척해가는 책임을 스스로 짊어진 이러한 총회만큼 흥미로운 모임을 실버 베이에서는 본 적이 없을 것입니다. 지금 나는 바닷가에 자리한 아늑한 오두막에서 진정한 휴식을 취하며, 여동생Mary Ella Appenzeller Lacy(1892~1963), 제부, 아기 앨리스, 강아지 스캠프와 함께 8월 중순까지 이어질 휴가를 최대한 즐겨보려 합니다.

1923년

한국 서울 이화학당
1923년 7월 18일

친애하는 친구들에게,

여러분 중 몇 분이 나의 일상을 궁금해하며 하루를 어떻게 보내는지 물어왔기에, 개인적인 이야기를 좀 해보려고 합니다.

나는 지금 이화학당이라는 커다란 기관에 소속되어 있는데, 이화학당에는 유치원부터 대학까지 총 여섯 개의 학제가 있고 675명의 학생과 약 30명의 교사가 있습니다. 나는 작년부터 이곳에서 학교의 교육과 행정 업무를 담당하는 당장을 맡고 있습니다. 미스 월터Althea Jeannette Walter(1885~1977)는 회계를 담당하며, 작년 한 해 동안 할 일이 많았던 건물과 건축에 대한 책임을 지고 있습니다. 여덟 명 남짓의 선교사가 이곳에서 일하고 있는데, 언어 공부가 필요한 일부는 첫 2년 동안 정식으로 가르칠 수 없어서 교육 업무에는 거의 참여하지 못합니다. 유치원 교사와 음악 교사들은 각자의 분야에 전념하고 있습니다. 나는 일종의 총괄 관리자 역할을 하고 있어서, 때로는 이 일에 때로는 저 일에 특별히 시간을 쓰기도 하지만 대체로 전반적인 운영을 두루 살피며 일합니다. 학교의 행정은 미국과 거의 같지만, 추가되는 일들이 좀 있습니다. 정부의 관리들을 상대해야 하는 일이 있으며 이제 막 만들어지고 있는 교육 정책은 최선의 생각과 노력을 요구합니다. 그리고 학생들의 삶과 관련해서도 미국 학교에서보다 훨씬 더 다양한 문제에 관여해야 하는데, 사적인 가정 문제, 재정 문제, 결혼, 진로 등과 관련된 일들입니다. 여기에는 아직도 교육받은 매력적인 딸을 돈 많은 남성에게 시집보내거나, 심지어는 첩으로 보내려 하는 탐욕적인 부모들이 있습니다. 경제적으로 어렵고 도움을 필요로 하는 학생들도 많아 자립을 돕는 부서가 많은 도움을 주고 있습니다.

그런데 아직도 내가 무엇을 하는지에 대해서는 말하지 않았지요? 나는 매일 아침 총 네 과목을 가르치는데, 두 과목은 교육에 관한 것으로 그중 한 과목은 대학예과에서 한국어로 진행합니다. 그리고 나머지 두 과목은 대학과에서 영어로 강의하는 역사와 영어입니다. 이번 겨울에는 그렇게 많은 과목을 가르칠 여유가 없을지도 모르지만, 그중 어느 것도 쉽게 포기하고 싶지는 않습니다! 다른 나라에서 온 방문객이나 교육에 관심이 있는 일본인들 또는 한국인들이 종종 우리를 보러 오는데, 그들에게 우리의 교육을 보여주는 것은 기쁜 일입니다. 이 일에 보통 매일 하루의 일정 시간을 할애합니다. 그런 다음 11시 20분부터 12시까지 채플 시간을 갖고, 그 후에는 집무 시간을 갖습니다. 오후에는 사무적인 일, 면담, 그리고 당장이 해야 하는 수천 가지 일을 하며, 거의 매일 저녁에는 업무와 관련된 회의, 위원회 또는 모임을 갖습니다. 나는 음악에도 관심이 많아서, 한국에서 점점 더 중요한 오락으로 자리 잡아가고 있는 음악회를 돕는 일도 합니다. 우리 젊은이들이 건전한 오락을 즐길 수 있게 돕는 것이 우리의 중요한 사명 중 하나라고 항상 생각하고 있습니다.

학교에는 이문회, 선교회, 공주회 등 다양한 동아리가 있고, 우리는 거기에서 일정한 역할을 합니다. 나는 공주회를 담당하고 있고, 모든 동아리 대표들에 대한 책임을 지고 있습니다. 올해 우리는 YWCA를 조직했고, 나는 여기에 깊은 관심을 가지고 있습니다. 이번 여름 총회는 한국에서 이 새로운 운동이 자리 잡는 중요한 계기가 될 것입니다.

내 아버지Henry Gerhard Appenzeller(1858~1902)가 설립하셨고 내가 어린 시절부터 함께 해온 제일교회의 사역에 대한 애정을 전하고 싶습니다. 그 교회의 태동과 성장은 내 가슴속에 깊이 자리 잡고 있습니다. 그다음으로 "외국인" 커뮤니티도 있습니다. 어린 시절의 친구들과 새로 사귄 친구들, 선교사들, 사업가들, 영사관원들이 함께 어울리는 이곳에서는 매우 즐겁고 유익한 사회적 교류가 이루어집니다. 영어 예배도 있고, 여성 클럽도 있고, 내가 가장 좋아하는 운동을 할 수 있는 테니스장도 있습니다. 겨울에는 서울을 둘러싼 아름다운 산들을 등반합니다. 그리고 남동생Henry Dodge Appenzeller(1889~1953), 여동생과 그들의 가족이 이곳에서 함께 살고 있으니, 내가 왜 이리도 바쁘고 행복한지, 그리고 이 세상 어느 곳보다 이곳에서 살고 싶어 하는지 이해하시겠지요?

충심을 다해,

앨리스 R. 아펜젤러

1924년

1924년 1월 19일

친애하는 활란에게,

나는 지금 제물포에 머물며 주말 동안 쉬면서 몇 통의 편지를 써보려고 해요. 이 낯선 타자기로 글을 쓰는 것이 쉽지 않지만, 혹여 오타가 나더라도 너그러이 이해해주리라 생각해요. 오랫동안 편지를 쓰고 싶었는데, 이제야 마음을 전할 수 있게 되었네요. 혹시 세계위원회가 워싱턴에서 열리는 총회에 참석하라고 초대장을 보내면, 어떤 일이 있어도 그 초대를 꼭 받아들이기를 바라요. 졸업을 앞둔 시점에 총회에 가는 것이 부담스러우리라는 것을 알지만, Y.W.가 어떤 단체인지 직접 참석해 확인하는 것이 이곳의 일에 매우 중요해요. 일부 보수적인 장로교인들은 세계 YWCA가 너무 세속적이라는 등의 이유로 우리가 이 단체와 연합하는 것을 반대하고 있어요. 이번 총회는 지도자들과 접촉하고, 우리의 대의를 제시하고, 학생 한 명이 장학금을 받아 훈련받을 수 있도록 그들을 설득할 수 있는 유일한 기회가 될 거예요.

지원자와 관련해서, 합라는 지도력이 필요한 그 자리에 자신이 적합한 후보가 아니라며 물러났어요. 에스더도 여러 면에서 좋은 사람이라고는 생각하지만, 여기 있는 누구도 그녀가 그 자리에 적임자라고는 생각하지 않아요. 그녀는 균형감이 아직 부족하고, 현명한 지도자가 되기 위해 세상에서 더 많은 경험을 쌓을 필요가 있어요. 또한, 에스더는 이번 봄에 대학과를 졸업하는데, 그녀가 그곳에 가려 한다면 허가 절차 등에서 실질적인 어려움이 예상되며, 이러한 문제들이 우리의 일을 크게 방해할 수도 있으리라고 모두들 생각해요. 이는 단지 외국인들뿐만 아니라, 경험과 관심이 많은 모든 관계자의 공통된 의견이에요. 한편 성실은 지난 1년 동안 복음주의 사회복지관(태화관)에서 훌륭하게 일해왔고, 우리에게만이 아니라 장로교인과 남감리교인들에게도 인기가 아주 많아요. 뉴욕에 있던 그녀의 남자친구 염 씨가 지난여름 사망해서, 적어도 당분간 그 일은 끝났다고 생각해요. 어쨌든 5년 정도는 성실이에게 맡길 수 있을 것이라고 믿으며, 그녀가 우리를 잘 대표하리라 생각해요. 그녀가 다리를 저는 것이 심각한 장애가 되지는 않을 거예요. 이

의견에 대해 어떻게 생각하는지요? 당신은 우리가 그 장학금을 받을 수 있도록 누구보다 애써줄 것이므로, 성실이에 대해서도 할 수 있는 한 좋게 이야기해주었으면 좋겠어요. 김창준 목사는 중앙교회에서 그녀가 했던 일에 대해 칭찬을 아끼지 않고 있으며, 그녀를 아는 사람들 역시 어디에서나 그녀를 아주 높이 평가하는 것 같아요. 성실이는 기꺼이 가고 싶어 하고 있으며 분명 최선을 다할 거예요.

훈련된 여성들이 필요하다는 당신의 생각은 맞아요. 하지만 돌아와 보면 지금 상황이 어떤지, 훈련을 받을 준비가 되어 있는 사람이나 그만큼의 책임을 감당할 자격이 있는 사람이 얼마나 적은지 알게 될 거예요. 김 앨리스는 모교로 돌아온 학생의 매우 성공적인 사례입니다. 그녀는 모든 면에서 말할 수 없이 큰 도움이 되고, 학생들과 함께하는 일에서 두 사람 몫 이상의 역할을 해내며, 학교 일에 온 마음을 다해 기꺼이 헌신합니다. 그녀는 미스 쳐치Marie Elizabeth Church(1884~1972)를 도와 프라이홀을 운영하며 매우 열심히 일해요. 그녀의 건강이 버텨낼 수 있을까 하는 것이 내 유일한 걱정이에요. 이번 여름 미스 영Mary Elizabeth Young(1880~1967)이 안식년 휴가를 가면 음악 교사는 성덕과 합라뿐이어서 김 앨리스는 사실상 혼자 남게 될 거예요. 에스더 벡Esther Allison Beck Stockwell (1900~1992)이 서둘러 돌아와 우리를 도와주기를 바랍니다. 우리는 지금 클로틸다 맥도웰 장학금의 요건을 충족할 사람을 찾고 있어요. 그 요건에는 가르친 경험 등이 포함된다는 것을 알고 있을 거예요. 만약 합라가 그 장학금을 받겠다고 하면 그녀를 보낼 수도 있겠지만, 개인적인 문제들이 걸림돌이 되고 있어요. 돌아와서 일하기로 약속하는 것도 어려운 문제이지요. 여성들은 장학금을 받아 공부하러 가는 것은 좋아하면서도 돌아와 일해야 하는 의무에 얽매이는 것에는 부담을 느껴요. 성덕이 갈 수도 있겠지만 지금은 합라가 자격이 있는 유일한 사람이에요. 성덕은 아직 어립니다. 알다시피, 미국에서 장기 과정을 다 배울 수 있도록 한 학생을 재정적으로 지원할 자금을 모으는 것은 결코 쉬운 일이 아닙니다. 그래서 우리는 자금을 모으기 전에 공부하러 갈 사람에 대해 강한 확신을 갖길 원해요. 당신도 알겠지만, 우리가 당신을 위해 마련한 그 돈을 구하기 위해 우리 모두 열심히 노력했지요. 돈이 하늘에서 떨어지지는 않으니까요. 그러나 당신이 너무 훌륭하게 잘하고 있어서, 우리가 할 수 있는 모든 일을 해냈다는 사실이 정말 기쁩니다. 모두가 기뻐하고 있으며, 일반교육에서도 당신을 칭찬하는 말을 많이 들었어요. 당신이 들으면 고개를 돌릴 정도로요. 당신은 우리 중 누구에게든 어떤 의무라도 있다고 느끼면 안 돼요. 의무는 오직 당신의 민족과 하나님께만 있습니다. 얼마 전, 내가 대학 졸업을 도와주었던 옛 교사인 서광진 씨가 찾아와 5엔을 주며 나에게 진 빚을 갚기 시작하겠다고 했어요. 하지만 나에게가 아니라, 도움이 필요한 가난한 학생들에게 돌려주겠다고 말했어요. 나는 소리를 지를 만큼 기뻤어요. 돈을 돌려받는 것을 원하지 않으며, 그 돈을 다른 사람들에게 주기를 원한다고 항상 말했었거든요. 무엇보다도 바로 이렇게 돈을 돌려주는 것이 우리가 원하는 것이며, 우리가 받을 수 있는 가장 풍성하고 아름다운 보상일 거예요.

대학 부지를 구입하도록 받은 멋진 기부금 소식은 들었을 테지요. 우리는 현재 협상 중이며, 곧 그 부지를 소유하게 될 것 같습니다. 남감리교인들은 그들의 선교부에 이화에서 대학 사업을 우리와 함께 진행할 것을 요청하고 있어요. 그렇게 되면 우리는 대학 인가를 신청할 수 있게 되어서, 우리의 졸업장이 실질적인 가치를 지니게 될 거예요. 우리는 더 나은 여장을 갖추고 앞으로 나아가고 있어요. 하지만 일손이 너무 부족해서 현재 일하는 사람들은 과로로 지쳐가고 있고 끝내야 할 많은 일은 전혀 진척되지 않고 있습니다. 나는 이화에서 일할 속기사 겸 경리를 구하려고 노력하고 있어요. 학생들과 직접 일할 수 있도록 잘 훈련된 사람이 누구나 할 수 있는 단순하고 기계적인 사무직 업무에 대부분의 시간을 보내는 것은 너무 비효율적이에요. 우리는 모두 학교 편지를 쓰는 등 온갖 종류의 해야 할 일이 많은데, 시간이 없어서 아직 처리하지 못하고 있어요. 웰치Herbert George Welch(1862~1969) 감독님은 분명히 미스 딜링햄Grace Louise Dillingham(1878~1977)이 안식년 휴가를 간 동안 미스 월터를 평양으로 보내려 하실 텐데, 미스 딜링햄이 돌아온 후에도 상황은 달라지지 않을 것이며, 그때는 오히려 미스 월터 없이는 거의 모든 것이 불가능한 상태가 될 거예요. 미스 헐버트Jeannette Charlotte Hulbert(1889~1978)와 내가 회계 장부를 관리하고 있지만, 그녀는 그 일을 감당할 만큼 건강이 좋지 않고, 나 또한 내 직책의 다양한 업무로 인해 회계 장부 관리에 충분한 시간을 할애할 수 없는 상황이에요. 그러니 3년 계약으로 이곳에서 일할 의향이 있는 좋은 사무직원을 알고 있다면, 토머스 부인에게 알려주세요. 사무직원의 도움을 받을 수 있다면 우리 학교는 지금보다 두 배는 더 효율적으로 운영될 것입니다. 물론 우리에게는 좋은 한국인 비서들이 있지만, 이 일은 세브란스에 있는 오웬스 씨Herbert Thomas Owens(1882~1958)처럼 훈련된 미국인 비서가 필요해요.

오늘 처리해야 할 많은 편지를 여기로 가져왔으니, 이제 그만 마쳐야 할 것 같아요. 내 오타들이 당신을 괴롭히지 않았기를 바랍니다. 당신이 우리 중 누구보다도 읽기 좋은 편지를 타이핑할 수 있는 사람을 만나기 바라요. 당신이 하는 모든 일에 많은 사랑과 변함없는 관심을 가지고, 믿음의 기도를 드립니다.

오하이오, 델라웨어, 모넷홀 <발신인: 김활란>
1924년 2월 4일

친애하는 선생님들께,

선생님들께 편지를 쓴 지 너무 오래되어, 어디서부터 시작해야 할지 모르겠습니다. 집을 떠날 때는 앞으로의 2~3년이 매우 긴 시간처럼 느껴졌는데, 1년 반이 지나고 돌이켜보니 마치 한순간의 섬광 같습니다. 하지만 그 짧은 시간 동안, 앞으로 올 날들에 큰 자산이 될 경험을 했습니다. 고국으로 돌아가고 싶은 갈망은 매일 더 강렬해져서, 선생님들이 제게 감정을 제어할 수 있게 계속 소식을 보내주시지 않는다면 어느 날 제가 갑자기 그곳에 나타날지도 모릅니다. 매일 보고 듣는 경험들이 애국심과 민족에 대한 사랑을 더욱 깊게 해주고 있습니다.

학생자원운동 인디애나폴리스 총회가 성탄절 후에 닷새 동안 열렸으며, 우리 한국인들은 많은 고통에 따르는 풍성한 축복을 받았습니다. 혼돈 속에서 어둠을 뚫고 "새벽빛을 따르라"라고 말씀하시는 예수님의 음성이 아니었다면 우리가 무엇을 할 수 있었을지 모르겠습니다. 물론 한국 대표단 중에는 우리와 주된 관심사가 다른 사람들도 있었고, 그 결과 그들은 그와 같은 쓴맛과 단맛의 조합을 맛보기를 거부했습니다. 설명이 너무 추상적이라 부연 설명이 필요할 것 같습니다. 말씀드리고 싶은 것은, 기독교계에도 물질적인 가치 기준이 자리를 잡고 있어서, 과거 영광스러운 도덕적 품성을 가졌으며 근래 큰 종교적 삶의 발전을 보여온 한국에는 회의 기간 내내 단 1분도 기여할 기회가 주어지지 않았다는 사실입니다. 저는 그 사실에 괴로워하며 한국을 위해, 세계를 위해 울어야 했습니다. 이 편지로 우리의 경험을 충분히 전달할 수는 없지만, 비록 미흡한 설명이나마 이해해주시리라 믿습니다. 돌아가면 우리의 경험에 대해 더 자세히 말씀드리고 싶습니다. 이러한 모든 경험은 선생님들과 저, 한국의 모든 사역자에게 더 큰 비전과 헌신을 요구합니다. 이런 주제에 관해 오래 이야기할 생각은 없으니 바로 다른 주제로 넘어가겠습니다.

웰치 감독님이 졸업식에서 연설하실 예정이라는 것을 학교 신문을 통해 방금 알게 되었습니다. 감독님을 여기에서 뵙게 되면 마치 고향에 있는 것처럼 느껴질 것 같아 너무 기쁩니다. 졸업 직후에는 필라델피아에 가서 마셀라와 며칠을 보내고, 다시 뉴욕으로 가서 Y.W. 하계훈련에 참석할 계획입니다. 제게 그 훈련이 필요하다는 것을 알고 있으며, 상황이 허락한다면 오는 여름에 그 훈련을 받기를 희망합니다. 그 이후 다음 겨울 계획은 아직 확실하지 않습니다. 교수님들은 컬럼비아대학교보다는 보스턴대학교를 추천하시며, 보스턴대학교에서 더 좋은 장학금도 받을 수 있을 것 같습니다. 그래서 지금까지의 여건들로 보아서는 뉴욕보다 보스턴이 더 나은 선택인 것 같지만, 최종 결정을 내리기 전에 더 많은 상황을 고려하고 싶습니다.

중간고사를 마치고, 오늘 새 학기에 수강할 과목을 등록했습니다. 영문학—브라우닝의 작품과 빅토리아 시대 작가들의 작품 읽기, 초기 히브리 역사, 시편과 욥기, 종교교육 시행과 관련된 문제들, 철학—19세기 사고의 발달, 종교철학을 수강할 예정입니다. 이 과목들에서 많은 것을 배우기를 기대하고 있습니다. 지난 학기에는 철학 두 과목, 성경 한 과목, 토론 한 과목, 영문학 한 과목을 수강했는데, 영문학 과목의 경우 테니슨의 시를 연구하고 칼라일, 러스킨, 아널드의 시를 부수적으로 읽었습니다. 모든 과목의 교수님들이 주제를 아주 훌륭하게 전달해주셨습니다. 이 학교가 대도시에 있었다면, 저는 앞으로의 공부도 이곳에서 계속 하려고 했을 것입니다.

선생님들께서 하고 계시는 일이 어떤 것인지를 되짚어드리기 위해, 최근 한 일본 여학생과 있었던 경험을 이야기해드리겠습니다. 저는 그녀와 같은 방을 쓰고 있는데, 우리 모두 매우 다정한 성격의 그녀와 함께하는 것을 즐거워합니다. 그녀는 도쿄여자대학을 졸업하고 오하이오웨슬리언대학 3학년으로 편입했는데, 학업을 따라가기가 너무 힘들어서 수업을 12시간만 듣고 있습니다. 그러나 그녀는 매우 똑똑하고 새로운 지식을 받아들일 수 있는 능력을 갖추고 있습니다. 말씀드리고자 하는 것은, 도쿄여자대학은 우리 대학과에서 제공하는 교육보다 더 나은 기초교육을 학생들에게 제공하지 못하는 것 같다는 것입니다. 선생님들께서 계속해서 훌륭한 일을 해주셔서 우리 학교가 더 강하고 더 수준 높은 교육기관이 되기를 바랍니다. 여학생들이 창의성과 비판적 사고력을 키울 수 있게 도와주십시오. 그런 능력이 없으면 세상에서 길을 잃을 것입니다. 제 의도와는 달리 명령조로 읽히게 쓰였네요.

이번 겨울에 제가 체력이 좋아졌다는 소식을 들으시면 다들 기뻐하시리라 생각됩니다. 평생 이렇게 건강하고 강하다고 느낀 적이 한 번도 없었던 것 같습니다. 이제 모든 종류의 싸움에 준비가 잘 되어 돌아갈 수 있을 것으로 기대합니다. 체력이 좋아진 것은 무엇보다 적절한 영양 공급을 받은 덕분이라고 생각합니다. 우리 여학생들도 적절한 영양 공급을 받으면 좋을 텐데요. 디모인[아이오와주] 총회에서 월터 선생님이 대학과 학생들이 예전보다 훨씬 더 좋은 식사를 하고 있다고 말씀하셔서 그 소식을 듣고 매우 기뻤습니다. 한국 여학생들이 적절한 영양을 공급받으면 더 수준 높은 공부를 하면서도 건강하게 교육받을 수 있을 것입니다. 이는 입증된 사실입니다. 어린 학생들에게도 사춘기 동안에 필요한 영양분이 모두 빨리, 적절히 공급되길 바랍니다. 밤 깊은 시간에 오랫동안 깨어서 이 모든 것과 우리 민족에게 필요한 수백 가지 것을 생각하며, 저나 친구 중 누군가가 마음껏 쓸 수 있는 보물 상자를 가지고 있는 백만장자이고 억만장자이면 얼마나 좋을까 생각했습니다. 그러나 우리 아버지께서 세상에 있는 수십, 수백 억을 모두 소유하고 계시다는 것이 우리 모두가 도달해야 할 결론입니다. 우리가 하나님의 진정한 청지기가 되는 법을 사람들에게 가르치고 그들이 배운 바에 따라 살도록 돕는다면, 모든 문제는 결국 해결될 것입니다. 대학 부지에 관한 소식은 저에게 하나님께서 하시는 일에 대해 더 큰 믿음을 갖도록 자극했습니다. 이 좋은 소식과 앞으로 일어날 더 대단한 일들에 대해 선생님들 모두에게 축하를 드립니다.

최근에 모드 로이든의 책을 읽고 여성에 대해 더 큰 자부심을 느꼈습니다. 선생님들 중 누군가는 모드 로이든과 연락이 되는 분도 계시겠지요. 그녀는 정말 대단하지 않나요? 하나님께서 허락하신다면 돌아가기 전에 그녀를 만나고 싶습니다. 사중복음의 열렬한 설교자일 뿐만 아니라 이토록 예리한 사상가가 우리 고등교육이 배출해야 할 인재입니다.

미국의 급진적 사회주의자인 스콧 니어링 교수가 최근에 시카고에서 강연을 했습니다. 그의 강연 내용은 다음과 같습니다. 오늘날 유럽에서 유일하게 살아남은 자본주의 국가는 마지막 단계에 있는 대영제국입니다. 프랑스는 전쟁에서 승리했기 때문에 멸망했고 독일은 전쟁에서 패했기 때문에 멸망했습니다. 그리고 러시아는 오늘날 재건을 향해 나아가고 있는 유일한 생존 국가입니다. 니어링 교수가 말하고자 하는 것은, 자본주의의 낡은 시스템은 살아남을 수 없으며 이 새로운 시대는 새로운 시스템을 찾아야 한다는 것입니다. “러시아인들은 오늘날 새로운 시스템을 시도하고 새로운 방식으로 살기를 원하는 유일한 생존자들입니다. 미래에 더 나은 세상에서 살고 싶다면 우리가 원하는 세상을 만들어야 하고 그것을 발전시켜야 합니다.” 저는 그의 생각에 대단한 진실이 담겨 있다고 생각하며, 그가 생각을 좀 더 발전시키고 변화를 위한 건설적이고 실용적인 제안을 한다면 세상에 큰 공헌을 하게 되리라고 생각합니다. 선생님들께서는 영국 노동당 지도부가 오늘날 의회에서 얻고 있는 힘에 대해 들어보셨을 것입니다. 만약 그들이 제안한 계획이 영국에서 성공한다면, 영국은 러시아가 겪었던 끔찍한 재앙을 겪지 않고도 경제시스템 전반을 혁명적으로 바꿀 수 있을 것입니다. 오늘날 미국에서 진지한 생각을 가진 많은 사람들, 그리고 다음 세대 젊은이들이 오래된 원칙을 유지하는 가운데 낡은 질서는 바꾸기 위해 많은 고민을 나누고 있음을 알리기 위해 길게 적었습니다. 그들이 그런 생각을 많이 하고 있다는 것은 미래에 더 나은 대안을 찾을 수 있음을 알리는 가장 건전하고 희망적인 신호입니다.

내일부터 새 학기가 시작됩니다. 이제 이 편지를 마치고 다른 편지를 써야 할 것 같습니다. 개별적인 답변을 빨리 보내지는 못하지만, 선생님들로부터 소식을 들으면 항상 감사하고 기쁩니다. 특별히 미스 아펜젤러, 미스 헐버트, 미스 쳐치, 미스 영, 미스 모리스 Harriett Plummer Morris(1894~1997)가 보내주신 편지와 크리스마스 인사, 잡지들, 그리고 저를 격려해주시고 매일 일하고 생각하는 데 활력을 주기 위해 보내주신 소식들에 감사드리고 싶습니다. 다른 분들께도 보이지 않는 기도와 따뜻한 마음들에 감사를 전합니다. 하나님께서 저에게 충고, 제안, 꾸지람을 주라고 선생님들에게 말씀하신다면 언제든지 주저하지 말고 그렇게 해주세요, 저에게는 그런 것들이 필요하니까요. 그리고 제가 선생님들을 위해 어떤 식으로든 할 수 있는 일이 있다면 언제든지 말씀해주세요.

저를 위해 해주신 모든 일과 우리 민족을 위해 하고 계신 일들에 깊은 감사를 드립니다.[1]

사랑과 기도를 담아,
김활란

⚜ ⚜ ⚜

1924년 3월 20일

친애하는 활란에게,

21일 전에 당신이 보낸 짧은 편지가 막 도착했어요. 당신의 바쁜 삶에 공감하며, 지금

1 "영어를 쓰는 이화의 친구들에게"라는 문구가 편지 하단에 수기로 덧붙여져 있다.

처럼 잘 해내고 있는 모습에 대단하다는 생각이 들어요. 끊기지 않고 방해받지 않는 두어 시간 정도만 확보할 수 있다면 많은 일을 할 수 있을 텐데, 그런 시간은 좀처럼 오지 않고 해야 할 일이 많다 보니 많은 서신과 온갖 글이 처리되지 못한 채 쌓여 있군요. 우리는 이화를 위해 속기사 겸 경리를 공식적으로 구하고 있고, 모든 친구에게 적합한 여성을 찾을 수 있게 도와달라고 비공식적으로도 요청하고 있어요. 당신이 우리를 도와줄 수 있으면 좋겠어요. 만약 아는 사람이 있다면 그녀의 이름을 토머스 부인에게 알려주세요. 우리가 여기에서 해야 할 일을 제대로 하려면 사무 일을 할 사람의 도움이 꼭 필요해요.

당신을 위해 보고서 전문을 신의경에게 요청했어요. 이 편지에 그 보고서를 동봉할 수 있도록 그녀가 보내주기를 바라고 있습니다. 이제 YWCA 활동에 대한 내 생각을 몇 가지 말하려고 하니, 도움이 되기를 바라요. 훈련된 인력을 확보하기 전에는 진정한 일을 할 수 없으리라 생각하므로, 인력 확보가 가장 우선이자 가장 중요합니다. 신 씨가 당신을 보러 갈 것 같은데, 그 일에 대해 잘 알고 있으니 세부 사항을 알려줄 수 있을 거예요. 그는 며칠 후에 여기를 떠납니다. 뉴욕, 매디슨가, YMCA 앞으로 우편물을 보내면 그가 받을 수 있을 거예요.

상임 지도자를 위한 훈련은 해외에서 이루어져야 하며, 뉴욕 훈련학교가 가장 좋은 선택이라고 생각해요. 우리가 거기에 도우장학금을 요청했으니, Y.W. 사람들이 그 문제에 대해 물어볼 겁니다. 우리는 그 장학금의 규모가 어느 정도인지, 기숙사비와 수업료 모두를 포함하는지, 아니면 수업료만 해당하는지는 모르겠습니다. 하지만 용감한 우리 일행은 그 장학금을 받게 되면 어떻게든 김성실을 그 훈련학교에 보내기로 결정했어요. 아마 다른 분야에서도 이 장학금을 강력히 요구하고 있을 테지만, 우리를 위해 당신이 이 장학금을 꼭 받아낼 수 있기를 바라요. 우리는 장학금을 받을 수 있도록, 그리고 여기의 일을 대표하는 당신을 위해 열심히 기도하겠습니다. 당신의 편지를 읽으니 당신이 정말로 그 총회에 갈 것 같군요. 여기로 돌아올 때쯤에 당신은 총회의 장지문conference-jangji이 될 것 같네요, 그렇지 않아요? 당신이 이 일을 좋아할 것이라고 생각하며, 특히 나의 아주 소중한 친구이자 시카고 총무인 미스 엘리너 리처드슨을 총회에서 만나 이야기를 나누면 좋겠어요. 그녀는 선교사적인 마음을 가지고 있으며, 개인적인 재력은 없지만 우리에게 많은 도움이 될 거예요.

성실이가 다리를 저는 것 때문에 돌아와서 해야 할 일을 할 수 있을지 확신할 수는 없지만, 그녀의 다른 자격들은 모두 뛰어나요. 우리는 체형만 완벽하고 다른 것은 부족한 사람보다, 신체적 장애가 있더라도 올바른 영적 · 지적 · 사회적 자격이 있는 사람을 보내려고 해요. 성실이는 아주 건강하고, 건강에 문제가 전혀 없으며, 작년에는 여권용 정부 증명서도 받을 수 있었어요. 그녀는 이화를 떠나 일했던 그해에 훌륭하게 해냈어요. 한국인들이든 외국인들이든 그녀의 능력, 열정, 지도력에 대해 칭찬 일색이었습니다. 그녀가 미국에 도착하면 미국을 잘 받아들이고 친구도 잘 사귈 것이라고 생각하기에, 우리가 제공해야 할 것은 그녀를 위한 뱃삯과 여행 경비뿐이며, 그녀가 그것만으로도 충분히 시작할 수 있으리라 생각해요. 그들이 그녀에게 보장된 정기적인 수입을 원할지도 모르지만, 그것에 대해서는 우리 모두 조금은 힘들지라도 이 일을 시작하려면 그 길밖에는 없다고 생각해요. Y.W. 업무 경험이 없는 사람이 그 일을 할 수는 없을 거라 확신해요. 지금까지 우리는 최선을 다했지만, YWCA의 특징을 보여주는 진정한 사업을 한국에서 진행하고 있다고 하기는 어려운 상황이에요. 그러한 일을 할 사람이 없기 때문입니다. 그 일에 관심을 가지고 있는 사람들 모두가 다른 일에 매여 시간을 내지 못하고 있습니다. 당신도 성실이를 알고 있겠지만, 당신이 여기를 떠난 후로 많이 발전했어요. 김창준은 그의 교회에서 그녀가 했던 모든 일을 생각하며, 그녀로 인해 이화에 대한 자신의 생각이 완전히 바뀌었다고 해요. 전에는 이화의 학생들이 오만하다고 생각했으며, 그렇게 많은 것을 알고 그렇게 유능한지 몰랐다고 합니다. 그래서 지금 우리가 할 수 있는 가장 큰 일은 지도자를 배출하기 위한 훈련이라고 믿어요. 한 사람을 미국으로 보내고 계속 공부하도록 할 돈을 구하는 것은 큰일이지만, 적임자가 가면 그만한 가치가 있지요. 당신과의 경험이 우리에게 다른 사람을 계속해서 보내도록 노력하게 하네요. 그러나 적절한 자격을 갖춘 사람이 없어서 좋은 기회들이 낭비되고 있는 것은 정말 슬픈 일이에요. 이 기회 외에도 미시간대학교 장학금, 오리건의 가정과학과 장학금, 김 앨리스 자리에 음악과 장학금이 있지만, 아무도 갈 준비가 되어 있지 않아요. 우리는 모두 합라가 사랑 문제를 이겨내고 이뤄낸 뛰어난 도덕적 승리에 기뻐하고 있으며, 그녀가 내년에는 갈 수 있기를 바라고 있어요. 한때 그녀가 무너질까 봐 모두가 두려워했지만, 그녀의 더 나은 자아가 이겨냈고, 우리의 진심 어린 기도가 응답을 받았어요.

미국에서 훈련을 받는 것이 최선이지만, 동양에 있는 Y.W.에서 훈련받는 것도 차선책이 될 수 있습니다. 맥라렌 부인Jessie Reeve McLaren(1883~1968)이 돈을 마련해 7월에 유각경을 상하이로 보내 한 달간 훈련을 받게 하려고 해요. 미스 딩맨이 그것에 대해 우리에게 편지를 보내왔어요. 그녀는 우리 모두에게 좋은 친구이자 도움을 줄 수 있는 사람입니다. 미스 딩맨을 꼭 만나보세요. 이처럼 우리 일에 관심을 가지고 있는 새 친구들에게 더 자주 편지할 수 있었더라면 우리가 해낼 수 있는 일이 더 많았으리라는 아쉬움이 있습니다만, 그럴 수는 없었어요. 미스 딩맨에게 보내는 편지를 동봉하니, 이 편지를 그녀에게 전해주세요. 우리는 상하이에서 훈련받을 기회가 있어서 매우 기쁘고, 그것이 큰 의미가 있으리라고 생각해요.

지방 지부들은 이번 겨울에 평화롭게 동면하는 듯합니다. 서울이 그들을 위해 모든 것을 해주기를 기대하며, 지금 해주는 것이 충분하지 않다고 불평을 해요. 지난여름 열린 총회에 대한 불평이 있었는데, YMCA에서 열린 간사훈련 수업에 온 사람들에게 우리가 교통비를 지원했지만, 그들은 우리가 식비도 지원했어야 한다고 생각합니다. 지부들은 전국위원회의 일에 아무 기여도 하지 않고 있으며, 대가를 지불해야 할까 두려워서 지방 지부 활성화를 위한 대표자의 방문도 꺼리고 있습니다. 이토록 실망스러운 일들에 대해 전하는 것은 훈련된 지도력의 중요성을 이해시키고자 함입니다. 지방에서 관심을 가지기 전에 먼저 서울에 일종의 모범 지부가 있어야만 제대로 진행이 될 것 같아요. 지부들은 지난여름에 연합했지만, 이는 그냥 형식에 불과할 뿐 누구도 어떤 책임도 지고 싶어하지 않아요.

서울시 지부가 전국 본부를 시기하여 문제가 있었지만 지금은 훨씬 개선되었어요. 서울시 지부는 약간의 일을 시작했지만, 전국 본부는 월례기도회와 비즈니스 모임을 열고, 여름 총회를 준비하는 것 외에는 별다른 활동을 하지 않고 있어요. 그들이 올해 이화에 오고 싶어 해서, 우리는 그들을 오게 하려고 해요. 지방 사람들이 총회와 관련된 모든 일과 재정적 책임에 감사하지도, 또 도움을 주지도 않아서 너무 안타까워요. 이러한 문제를 해결하려면 현재 우리가 가지고 있는 것보다 더 나은 지도력이 필요해요.

당신이 이 일에 관련된 하계 훈련 과정을 수강하게 되어 매우 기쁘고, 그 과정이 너무 힘들지 않기를 바라요. 내년에 당신이 어디에서 공부할 것인가가 중요한 문제인데, 하고 싶은 일에 가장 잘 맞는 장소와 공부를 찾기 바랍니다. 미스 월터가 당신이 보스턴을 고려하고 있다고 하더군요. 그러면서 더 많은 성경 수업을 듣기를 바란다고 알려주었어요. 성경 수업을 더 듣고자 한다면 보스턴대학교의 종교교육대학이 매우 좋으니, 뉴욕보다는 보스턴이 더 나을 것 같습니다. 당신이 로라와 함께 있으면 정말 좋겠고, 미스 영도 내년에 보스턴에서 공부하고 싶어 해요. 당신이 성경 연구에 관심을 갖고 그것을 전공하고 싶어 한다니 정말 기쁩니다. 미스 트리치먼Helena Trieschmann Griswold(?~1952)이 이번 가을에 우리에게 오는데, 그녀는 시카고에서 종교교육 석사학위를 취득했어요. 당신은 그녀와 잘 협력해 일할 수 있을 것이며, 교수법, 즉 요즘 칭하는 말로 교육학도 가르칠 수 있을 거예요. 보스턴에서 1년간 지내는 것이 그 일을 위해 당신에게 가장 잘 맞으리라고 확신해요. 알다시피 여기에는 그것을 위한 수많은 분야가 있어요.

사무실에서 방문자를 만나는 사이사이에 한 문장씩 썼더니 편지가 일관성이 많이 떨어지네요. 편지를 더 많이 쓰고, 일을 계획하고, 일할 시간을 더 많이 가질 수 있기를 학수고대하고 있어요. 처리하지 못하고 있는 일이 산더미 같은데, 사무직원에게 맡길 수 있는 정도의 일에 내 시간을 쓰는 것은 잘못된 것 같아요.

최신 뉴스 중에 무엇을 알려주어야 할지 좀 살펴볼까요. 황 에스더가 고등 기숙사의 사감이 될 것이며, 이로써 우리는 모두 예전보다 더 나은 관리가 이루어질 것으로 기대하고 있어요. 김금봉, 그리고 확실치는 않지만 인사라 역시 묵던에 있는 동 목사의 학교로 가요. 전환자, 김엘라, 박순애는 원산으로 가고, 장은화는 추애경이 대학과에 오게 돼서 대신 대구로 가고, 최데이지, 양운삼, 임충자는 공주로 가요. 김노다는 여기에 머물 것이고, 캐서린은 이미 영변으로 갔어요. 우리는 졸업생 일부를 내보내게 되어 기뻐하고 있어요. 애경은 대구에서 이화를 알리는 가장 좋은 광고였다고들 하며, 대구에서 여섯 명의 학생이 와요. 우리는 그 어떤 때보다 큰 상급학교를 운영하게 될 거예요. 첫 대학 반에는 안로라와 외부에서 온 학생 두 명이 들어갈 것이며, 대학예과에는 정신여학교와 다른 학교 출신 학생들이 여러 명 들어옵니다. 지금까지 약 200명이 지원했어요. 미시간대학교에서 석사를 받았고 루퍼스William Carl Rufus(1876~1946) 박사의 추천을 받고 온 조정환 씨가 대학에서 역사를 가르칠 예정이고, 일본에서 온 한 과학 교사가 고등보통학교뿐만 아니라 더 높은 반을 가르칠 것입니다. 매년 더 좋은 자격을 갖춘 한국인 교사들이 생겨나고 있는 것은 이 일에 있어서 가장 고무적인 점이에요. 우리에게 올해는 최고의 해가 될 것이라고 생각해요. 6월에는 이화 동창 주간을 계획하고 있으며, 모든 졸업생이 방문할 수 있도록 노력할 것입니다. 당신도 함께할 수 있으면 참 좋을 텐데요. 우리는 창립기념일을 6월 20일경에 갖게 될 거예요. 당신은 그때 당신의 졸업식을 하고 있을 것 같네요.

1924년 9월 19일 <발신인: 김활란>

친애하는 아펜젤러 선생님께,

사무실을 계속 운영하기 위해 훈련학교에 홀로 남아 있는 미스 스미스에게서 받은 답변을 동봉합니다. 그들 모두가 얼마나 그 학교에 성실이를 데리고 있으면서 도와주고 싶어 하는지 다시 한번 느끼실 수 있을 것입니다. 그리고 이화에 있는 영어를 쓰는 친구들에게 보내는 일반 편지도 동봉합니다. 모든 선교사 선생님들과 영어를 읽을 수 있는 제 한국 친구들에게 이 편지를 돌려가며 읽게 해주시기 바랍니다. 그들에게 한국어로도 일반 편지를 하나 더 쓸 계획이지만, 한동안 쓰지 못할 수도 있으니 그들을 생각하는 마음을 담아 이 편지를 보냅니다.

이제 돌아가서 제가 할 일에 대해 말씀드리겠습니다! 언제 돌아갈지는 아직 모릅니다. 여기에 온 목적을 달성하기 전에는 돌아가지 않으려 합니다. 그리고 돌아가기 전에 이루어야 할 궁극적인 목표에 대해 막 생각을 하기 시작했습니다. 그 일이 3년 내에는 이루어지기를 바랍니다. 하지만 아직 확실히 말할 수는 없습니다.

삶에 관한 과거의 모든 종교 및 철학과 비교해서, 적어도 제가 생각한 삶의 체계, 즉 기독교 철학을 우리 민족에게 소개하고 싶습니다. 그리고 우리 민족이 충분히 생각하여 자신만의 기독교와 실천할 수 있는 이상적인 삶의 철학을 가지도록 돕고 싶습니다. 선생님은 편지에서 오늘날 젊은이들이 성경에 관해 묻는 질문들에 대해 언급하셨지요. 그들이 종교의 본질과 성경의 정신에 중점을 두고 종합적인 사고를 하도록 도우려면 성경보다 많은 것을 공부해야 한다고 생각합니다. 그리고 제가 돌아가서 종교와 삶을 가르칠 때, 영감과 도움의 원천으로 성경만이 아니라 다른 좋은 종교 서적들도 가르치고 싶습니다. 우리의 종교인 기독교가 성경의 말과 글에만 의지하는 것이 아니라, 그 말들 뒤 혹은 너머에 있는 정신에 기초하기를 하나님께서 원하시고 예수님께서도 뜻하셨습니다. 성경책 자체를 숭배하는 것은 돈이나 다른 신들을 숭배하는 것과 유사한 우상 숭배와 다를 바 없습니다. 성경에 대한 저의 존경과 관심이 조금이라도 줄어든 게 아닐까 하는 걱정은 잠시라도 하지 마십시오, 오히려 더욱 깊어졌음을 말씀드립니다. 성경은 영감과 올바른 정신의 원천입니다. 인생과 세상의 사실들을 무시한 채 어떤 책이 최고의 권위를 가졌다고 무지한 사람들에게 주장하고 우긴다면, 그것은 정말로 성경의 정신에 어긋나는 것이며 기독교적이지 않은 것이라고 생각합니다. 성경의 진리, 아름다움, 정신은 변호가 필요하지 않습니다. 그것들은 비판과 과학에 직면하여도 여전히 살아 있을 것입니다. 선생님이 제안하신 일을 준비하는 데에는 1년이 더 걸려도 충분하지 않습니다. 더 오래 머물면서 그 주제에 대해 더 깊이 공부해야 한다고 확신합니다. 네, 저는 성경을 가르칠 것입니다. 하지만 그 방식은 이전과 다를 것이며, 선생님이 원하는 방식이 아닐 수도 있습니다. 제 생각이 아직 명확하고 확실하지는 않지만, 그것(성경 연구를 지칭)을 '종교·철학과' 수업의 일부로 삼고자 합니다. 제 생각을 완전히 표현하기 어려운 점이 있지만, 선생님은 제 뜻을 이해해주실 것이라 믿습니다. 물론 그 문제에는 다른 측면도 있지만, 여기에서 언급하지는 않겠습니다. 선생님과 직접 얘기를 나눌 수 있으면 좋겠습니다. 제 생각이 옳지 않다면 저를 도와주시고 지도해주시기를 부탁드립니다.

이제 글을 마쳐야 합니다.

많은 사랑을 담아,
김활란

⚜ ⚜ ⚜

한국 서울 이화학당
1924년 11월 29일

친애하는 활란에게,

모두가 Y로 농구 경기를 보러 갔지만, 나는 오늘 저녁에 당신과 이야기를 나누고 싶네요. 내 타자기가 자꾸 이상을 일으켜 철자를 제대로 찍을 수 있을지 모르겠지만, 어쨌든 당신이 읽어내리라 믿고 쓸게요.

당신의 9월 19일자 편지를 받고 나서 많은 생각을 하며 기도해왔어요. 솔직히 고백하자면, 그 편지를 받고 크게 실망했어요. 당신이 유럽에 갈 거다, 박사학위를 위해 머물 거다, 신학을 공부할 거다 등등의 다양한 소문을 때때로 들었지만, 나는 직접 듣기 전까지는 그런 소문들을 보통 믿지 않아요. 그리고 지금, 내가 해야 할 말을 어떻게 전해야 당신이 제대로 이해할까 고민하고 있어요. 간단히 말해서, 내가 볼 수 있는 모든 관점에서 볼 때 당신이 석사학위를 받은 후 돌아오는 것이 더 나은 길이라고 생각해요. 김 앨리스는 졸업할 즈음에 1년 더 머물라는 아주 솔깃한 제안을 받았지만, 나는 그녀에게 돌아오라고 강권했어요. 더 많은 것에 대한 갈증은 나아지기는커녕 점점 더 심해지며, 어쨌든 알아야 할 모든 것을 다 배울 수 있는 사람은 아무도 없고, 우리가 배운 것을 우리보다 훨씬 축복받지 못한 사람들과 함께 나누어야 한다고 말했어요. 그녀만이 채울 수 있는 바로 그 명백한 자리로 돌아와달라고 간청했지요. 더 머물 것을 권하는 선생님들의 설득에 그녀는 결정을 내리기 매우 힘들어했지만 결국은 돌아왔고, 나는 그녀가 자신의 결정을 후회하지 않았으리라 생각해요. 그녀는 2년간 자리를 지키며 열심히 업무를 수행하겠다 했고(이제 2년 차에 접어들었어요), 수많은 활동을 이끌고 있어요. 1년 더 떨어져 있었다면 그녀와 민족 사이에 그만큼 많은 시간과 경험의 간격이 생겼을 것이며, 그녀가 불과 2년 만에 돌아왔을 때도 다시 적응하는 데 어려움을 느꼈다고 해요. 미스 영이 이 모든 이야기를 당신에게 전했을 테니 더 상세하게 이야기할 필요는 없겠죠.

성경을 가르칠 준비를 해달라고 당신에게 처음 편지했을 때보다 지금 이곳의 상황은 더 갈급해요. 미스 트리치먼이 건강상의 이유로 한국에 나오지 못하고 있어서, 가능한 가장 나은 선생님들이 성경 수업을 분담하고 있습니다. 당신이 알고 있는 것과 같은 예전 방식으로요. 우리는 물론 당신이 돌아오면 예전 방식으로 가르치지 않아도 될 것이라고 기대하고 있어요—교육 방식에 대한 걱정은 하지 마세요! 나는 진보적이고 더 나은 방향으로 나아가는 변화를 환영해요. 내가 당신에게 성경을 가르친 적이 있는지는 모르겠지만, 당신은 미스 파이Olive Fawcett Pye(1888~1960)나 미스 헐버트 또는 내가, 당신이 미국에서 공부하며 갖게 된 것과 유사한 관점을 가지고 있음을 알게 되리라고 생각해요. 당신이 이곳에서 인식하지 못했을 수도 있지만, 이 분야의 보수주의자들은 나의 자유주의적 관점 때문에 내가 이 학교에 있는 것이 적합한지 매우 의구심을 품고 있어요! 당신이 도움이 될 만한 일이나 건설적인 일을 하려 할 때 제지하는 이는 아무도 없을 거예요. 학과의 명칭을 무엇으로 할 것인지, 학과를 어떻게 구성할 것인지는 당신이 여기서 일을 시작한 후에 고민해보면 될 거예요. 우리가 노력하고 있으니, 여러 면에서 과거의 학생들과는 전혀 다른 학생들을 만나게 될 겁니다. 당신이 언급했듯이 이 나라에는 성경을 거의 맹목적으로 숭배하는 위험에 빠져 있는 이들이 있지만, 나는 성경을 맹목적으로 숭배하지 않아요. 하지만 성경 공부만큼 매우 직접적이고 실질적으로 영적인 진리를 전달할 다른 방법이 없다는 것도 알고 있어요. 내가 이 학교에 있는 동안은 학교에서 항상 성경을 가르치길 바라요. 철학은 성숙한 지성의 학문이지만 지금까지는 우리 중 누구도 철학을 가르치도록 훈련받지 않았기 때문에 교과과정에도 포함하지 않았어요. 이제 철학을 가르칠 자격을 갖춘 사람들—취리히에서 박사학위를 받은 이 박사, 우리 교수 중 안동원 씨와 조 씨 등—이 몇 분 있어서 아마도 이번 봄에는 철학을 교과과정에 포함할 준비가 될 거예요. 모두가 철학을 전공한 것 같아요. 그러나 당신이 뛰어난 점은 오직 여성으로서, 한국인으로서, 자라나는 세대의 삶의 중심에 꼭 맞게 들어가 가르침을 줄 수 있다는 것입니다. 이 세상과 다음 세상에 의미를 부여하시는 예수 그리스도를 기쁘고 자유롭게 평생 섬기도록 인도할 수 있는 능력은 당신만이 가질 수 있는 큰 특권이니, 부디 너무 늦어서 이 기회를 놓치지 않기를 바랍니다.

당신은 2년 더 거기에 있는다고 해도 큰 차이가 없을 것이라고 생각할 수도 있겠죠. 당신이 돌아오기를 촉구하는 내가 극단적이라고 생각할 것 같아요. 어쩌면 당신은 한국 최초의 여성 박사가 되면 2년 더 근무하는 것 이상으로 도움이 될 것이라고 주장할지도 모르겠습니다. 우리는 학문을 중시하므로, 이 일을 할 다른 사람이 있다면 당신에게 이렇게 간청하지 않을 거예요. 하지만 다른 사람이 없으며, 고등보통학교 1학년 이상의 학생들 400명이 당신을 필요로 해요. 물론 준비가 부족하다고 느끼고, 탐구하지 못한 진리의 세계가 앞에 있다는 것을 깨달았다는 사실은 당신이 무엇인가 배웠음을 의미하겠지요. 그러나 배움과 생각은 상대적일 뿐이며, 당신이 이루려는 목표는 달성할 수 없는 것입니다. 우리 각자는 계속 나아가면서 배우고, 자신이 가지고 있는 것을 통해 최선을 다해야 해요. 만약 당신이 돌아와서 5년 동안만 가르친다면, 이후 박사학위를 받기 위해 돌아갈 수 있도록 힘닿는 데까지 도울 것을 약속해요. 그동안 당신은 필요한 자료들을 수집하게 될 것이고, 당신이 하는 일은 민족에게 진정한 가치를 줄 것입니다. 만약 지금 그곳에 머문다면 당신의 민족이 아닌 다른 사람들과 접촉한 후 마음속에 떠오른 것에 힘쓰게 될 텐데, 결국 당신이 이 모든 일을 하는 것은 민족을 위함이 아닌가요. 공부를 계속하고자 하는 바람은 개인적인 교양이나 성장을 위해서가 아니라 공부를 통해 섬기기 위해서죠. 상황을 이해한다면, 어렵지만 영감을 주는 이 자리에 다시 끌리리라 생각해요. 미스 트리치먼이 한국에 헌신하기로 마음먹은 것도 당신의 영향이었어요. 이제 미스 트리치먼을 필요로 했던 것과 똑같은 필요가 당신을 부르고 있어요.

물론 이곳으로 돌아와서 종교교육을 가르치려면, 아마도 2학기에 당신이 수강할 과정을 변경해 좀 더 실용적인 과목들을 수강해야 할 수도 있어요. 초급 독일어는 졸업 학점을 채우기도 힘들고, 또한 어려운 언어이므로(13년간 독일어를 가까이한 내 경험에서 이야기하는 거예요) 그보다는 더 많은 것을 얻을 수 있는 다른 과목을 고려하는 것이 좋겠습니다! 좋은 성경 과목들과 종교교육 이론 과목들을 수강할 수 있기를 바라요.

아무래도 마치기 전에 요약해보는 것이 좋겠어요. 1. 당신이 더 오래 떨어져 있을수록 변화하는 이 민족과 점점 더 멀어지게 됩니다. 신 씨는 불과 몇 달 만에 많은 것이 빠르게 변화한 것을 보았대요. 2. 이화에는 이 일을 할 사람이 없어요. 대학은 이번 봄에 정식으로 인가받기를 바라고 있으며, 모든 것이 앞으로 나아가고 있으므로 당신의 전문적인 도움이 꼭 필요해요. 3. 석사학위뿐이라 아는 것이 많지 않다고 느낄 수도 있지만, 당신은 석사학위를 가진 첫 한국 여성이 될 것이고, 이 일에 누구보다 적합한 자격을 갖추게 될 거예요. 4. 합리적인 근무 기간을 채우고 모든 상황이 괜찮아지면 당신이 학업을 이어갈 수 있게 지원을 아끼지 않겠습니다. 우리는 당신이 공부할 기회를 가질 자격이 있다는 것을 알고 있으며, 언젠가 박사학위를 취득해야 한다고 믿고 있어요. 그때쯤이면 당신은 정신적으로나 영적으로 재충전하기를 원할 거예요. 당신의 지인들, 하 씨 부인, 신 씨, 양 씨, 김 씨만 생각해도 알 수 있겠지만, 여기에 정말로 "온" 사람들은 더 나은 기회를 얻는 일에 어떠한 방해도 받지 않아요. 그때가 되면 당신은 더 성숙해질 것이고, 자신과 민족 모두를 위해 모든 면에서 자신의 일을 더 가치 있는 일로 만들 수 있을 거예요.

한 가지 더, 우리가 당신에게 완전히 공감하고 있다는 것을 다시 한번 확인시켜주고 싶어요. 2년간 이곳에서 멀리 떨어져 지내며 학문적인 분위기 속에서 갖게 된 당신의 현재 관점은 자연스러운 거예요. 당신을 신뢰하며, 당신이 진심으로 무엇이 최선인지 알고자 진지하게 노력하고 있다는 것을 알아요. 우리가 다르다는 것은 우리가 서로 이해하지 못한다는 의미가 아니라, 단지 여러 가지 것들을 접하면서 이 상황과 필요를 직시하고 있다는 의미예요. 나는 당신이 충분히 열린 마음을 가지고 있으니 이 호소에 귀 기울이고 가장 현명한 결정을 하리라 믿어요. 우리는 최대 다수의 최대 행복이라는 관점에서 이 주제를 보려고 노력하고 있으며, 당신도 그렇다는 것을 알아요. 당신에게 이와 같은 편지를 쓰는 것은 내 개인적인 견해를 전하려는 것이 아니라, 당신이 새로운 시대의 교사가 될 수 있도록 적절한 시기에 돌아오기를 간절히 바라는 모든 외국인 교수 그리고 이화 이사회의 지지를 전하려는 것입니다.

당신의 석사학위가 한국에서 우리가 하는 일이나 앞으로 수년간 할 가능성이 있는 모든 일을 당국의 기준에 부합하게 만들어줄 자격이 될 거예요. 큰 관심과 걱정 속에 답변을 기다릴게요. 당신의 내년 여름 귀국 여부에 따라 이화가 어떻게 달라질 것인지 당신은 상상조차 하지 못할 거예요.

당신이 내 고향 이웃에 머물면서 내 교회 친구들을 만나고 있어 기뻐요. 밀러스빌[펜실베이니아주]의 학교에 다니는 친구들이 있을 때 나는 그곳에 자주 가곤 했어요. 하지만 보스턴도 내 고향이라고 느낍니다. 그 소중한 옛 장소를 알았던 것이 기쁘고, 나처럼 당신도 그곳을 좋아하기 바라요. 나의 웰즐리에 꼭 가보겠다고 약속해줘요. 영문과 과장인 미스 하트에게 보내는 소개장을 동봉해요. 어쩌면 그녀가 여기에 왔을 때 당신이 만났을 수도 있어요. 미스 하트는 나의 소중한 친구로, 동양 학생들에게 특별한 관심이 있으니 당신을 위해 할 수 있는 모든 일을 해줄 거예요. 나의 또 다른 친구인 총장 미스 펜들턴, 성경학과 과장 미스 켄드릭도 여기에 온 적이 있습니다. 음악과의 맥도걸 교수 역시 나의 진정한 친구예요. 당신이 이 사람들을 활용하면 정말 좋겠어요. 이 이야기는 로라에게도 해당하니 웰즐리에 갈 기회가 있다면 나를 꼭 언급해주세요. 나는 1909년에 졸업했고, 여동생 아이다Ida Hannah Appenzeller Crom(1891~1956)는 1914년에 졸업했으니 정말 먼 옛날이군요. 웰즐리대학이 이 오래된 세상 속에서 가장 아름다운 곳 중 하나가 되는 5월이나 6월에 당신이 방문할 수 있으면 좋겠어요.

동봉한 것은 미스 영에게 주세요. 즐거운 성탄절과 최고의 새해가 되기를, 그리고 새해에는 당신이 우리에게 돌아오기를 소망해요!

변치 않는 사랑으로,

A.R.A.

1925년

매사추세츠, 보스턴, 동 뉴턴로 11 <발신인: 김활란>
1925년 1월 4일

친애하는 아펜젤러 선생님께,

뉴욕에서 즐거운 시간을 보내고 돌아왔을 때 선생님의 11월 29일자 편지를 받았습니다. 뉴욕에서의 시간이 아주 즐거워서 우리는, 아니 적어도 저는 잠시 제가 김활란이라는 사실을 잊었던 것 같습니다. 뉴욕을 떠나와야 할 때는 무척 아쉬웠습니다. 이와 관련된 이야기들은 다른 분들이 전해주실 것이라 믿습니다. 그래서 더 긴급하게 이야기해야 하는 문제, 즉 우리의 일에 대해 말씀드리려고 합니다.

돌아가서 제가 이전에 보낸 편지를 보고 선생님이 왜 제 편지에 그렇게 실망하셨는지 짐작해보면 흥미로울 것 같습니다. 실망시켜드린 것에 대해 진심으로 사과드리며, 그런 의도는 전혀 아니었습니다. 그러나 그것은 과거의 일이고, 과거에 대해 푸념하기보다는 미래에 관해 이야기하고 기대하는 것이 더 많은 도움이 될 것입니다. 어쨌든 제가 마땅히 되어야 했던 그런 사람이 아니게 비쳤다면 용서를 구하고 싶습니다.

저는 내년 6월에 학교를 마친 후 가능한 한 빨리 고국으로 돌아갈 것입니다. 이런 결정을 내리게 된 주된 이유는 최근 집에서 온 편지였습니다. 이 세상에 머무실 수 있는 날이 많이 남지 않은 부모님이 저를 몹시 필요로 하십니다. 이 사실을 알게 되었을 때, 더는 미국에 있을 이유를 찾을 수 없었습니다. 특히 아버지는 제게 많은 기대를 가지고 계셔서 집의 상황에 대해 모두 말해주지 않으십니다. 모든 것이 괜찮다고만 말씀하시면서 제가 미국에 있기를 아직도 원하십니다. 그러나 오빠는 아버지의 바람과 달리 제가 돌아오기를 바라며 상세한 상황을 편지에 써서 보냈습니다. 그래서 저는 돌아가 부모님을 돕기로 결심했습니다. 제 결정에 영향을 준 두 번째 요인은 미국에 몇 년 더 머물겠다는 생각에 대한 많은 진실된 친구들의 강력한 반대 의견이었습니다. 그래서 구할 수 있는 가장 빠른 배를 타고 여름에 돌아가려고 합니다.

이제 제 계획에 대해 말씀드리겠습니다. 미리 돌아가서 학교 전체에 걸쳐 다양한 학년을 위한 과목을 준비하려고 합니다. 그것이 어떤 성격을 띠게 될지는 모르겠습니다. 그러나 성경이 그 계획의 가장 큰 부분을 차지하게 하고 싶습니다. 학교에서 저를 도와줄 수 있는 가장 적합한 분을 찾을 예정입니다. 계획이 구체화되는 대로 다시 알려드리겠습니다. 그런데 각 학년에 이 과목들이 몇 시간씩 배정되는지 알고 싶습니다. 그리고 보통학교, 고등보통학교, 대학예과 및 대학과에는 몇 개 학년이 있는지요? 또한 학교가 학과 수업에 필요한 참고 서적을 구입할 수 있는지 여부도 알고 싶습니다. 지금 생각하기로는, 다음 학년도가 끝나는 1926년 3월까지는 기존 과목을 유지하는 것이 최선일 것 같습니다. 그러면서 한편으로는, 앞으로 가르칠 교사들이 모여 공부하고, 필요하다면 전체 계획을 수정해 그다음 학년도부터 시행하면 될 것입니다. 그렇게 하면 더 성공적일 것 같아요. 제가 알아야 할 또 하나의 사항은 각 학기가 몇 주인지입니다. 제가 추측해볼 수 있고 크게 틀리지는 않겠지요. 그렇지만 정확한 정보를 주실 분이 계실 때 그런 불확실한 작업은 불필요하겠지요.

교사들 중 몇 분이 철학을 가르칠 수 있으시다면, 교과과정에 단 몇 시간만이라도 철학을 포함시키는 것을 권장드립니다. 잘만 가르친다면 철학 과목은 다른 어떤 과목보다도 학생들의 사고의 폭을 넓힐 것입니다.

우리는 뉴욕에 있는 동안 성실이를 만나보았습니다. 성실이는 제가 마지막으로 본 이후 아주 많이 발전해 있었습니다. 그녀는 우리에게 그곳 상황에 대한 매우 귀중한 최신 정보를 전해주었습니다. 우리는 그녀가 사랑받고 있으며, 보살핌도 잘 받고 있다는 것을 알 수 있었습니다. 성실이는 저에게 한국에 있는 협회[YWCA]에서 보낸 100달러에 대해 이야기했습니다. 그녀는 여비에 필요한 것이 아니라면 그 돈을 돌려보내야 한다는 것에 대해 명확하게 이해하지 못했던 것 같았습니다. 그리고 그러한 이해가 없다면, 이곳에 있는 사람들이 그녀에게 드는 남은 비용 전부를 충당해야 한다는 점에 미루어, 그녀로서는 그 돈을 돌려보내는 것이 불가능할 것입니다. 성실이를 어머니처럼 돌봐주는 미스 라이스에 따르면, 만일 성실이가 그 돈을 돌려보낸다면 다른 사람에게 도움을 요청하기가 매우 어려워질 것이라고 합니다. 협회가 그렇게 많은 돈을 포기하는 것이 매우 어려우리라는 것을 알지만, 그 돈이 다른 방향으로 백배는 더 큰 가치를 만들어낼 가능성도 있습니다.

시간이 늦었는데 아직 쓸 편지가 많이 남아 있어서, 이제 작별 인사를 드려야 합니다. 가족 모두에게 안부 전해주시고, 칸로Marion Lane Conrow(1894~1986) 선생님에게 카드 보내주셔서 감사하다고 전해주세요. 모리스 선생님에게도 저를 대신해서 감사를 표해주시고 곧 편지 드리겠다고 전해주세요. 모리스 선생님의 선물을 적시에 받아서 성탄절 연휴에 공작새처럼 돌아다닐 수 있었습니다.

이 편지가 선생님에게 빨리 날아가서 저에 대한 불필요한 걱정이 해소되길 바랍니다.

언제나 많은 사랑을 담아,
김활란

추신. 동봉한 카드 감사합니다. 떠나기 전에 웰즐리(?)에 잠깐 가보겠습니다. 그곳은 선생님의 학교이기도 하고 여학교이기도 해서 항상 가보고 싶었던 곳입니다.

그리고 제가 대학 성경 과목을 영어로 가르쳐야 하는지 여부도 알고 싶습니다.

⚜⚜⚜

서울, 1925년 3월 29일

친애하는 활란에게,

이 편지는 내가 바란 것보다 훨씬 더 늦어져서, 당신에게 편지를 쓰기 위해 오늘은 교회에 가지 않고 집에 있어야겠어요. 비서의 도움을 받게 되기 전에는 이런 문제가 항상 생기지 않을까 걱정이 돼요. 꼭 맞는 사람을 찾도록 도와주세요. 새롭게 발전한 사항들이 많아, 지금 이곳에 해야 할 일이 얼마나 많은지 정말 상상도 할 수 없을 거예요. 전문학교 등록이 진행 중이고, 시험도 치러지고 있으며, 과목들이 조정되고 있습니다. 그리고 한 달 안에 모든 공문서에 서명을 받길 바라고 있어요. 당신이 관심을 가질 만한 사항을 자세히 말해주고 싶지만 그럴 수가 없어서, 이번에는 가장 중요한 부분들을 설명하는 것만으로 만족해야겠어요.

당신의 소중한 1월 5일자 편지는 우리 모두의 마음에서 커다란 먹구름을 걷어냈어요. 내 유일한 후회는 당신에게 상처를 주는 글을 썼다는 거예요. 절대 의도한 바가 아닙니다. 이곳의 가족들도 그 편지를 보내기 전에 읽어보고 괜찮다고 했거든요. 당신이 오는 편이 더 낫다고 생각한 이유를 당신이 알아주었으면 했던 것뿐이에요. 당신의 가족이 돌아오기로 마음먹게 한 새롭고 강력한 이유인 것 같네요. 이 결정을 절대 후회하지 않을 것이라고 확신해요. 당신이 보냈던 편지와 내가 썼던 답장을 가지고 있으니, 원한다면 돌아온 다음에 읽어볼 수 있을 거예요. 우리는 종종 의견이 다를 수도 있지만, 항상 같은 목적과 같은 마음을 갖고 있으니 나머지는 중요하지 않다고 생각해요.

이번 학년도에는 기존의 성경 과목들을 계속 가르치자는 당신의 생각이 좋은 것 같아요. 대학과와 유치원사범과와 음악과의 수업 연한이 달라 교과과정을 다시 짜야 해요. 현재 교과과정은 다음과 같아요.

보통학교	-	6년	-	주당 3시간, 약 40주
고등보통학교	-	4년	-	주당 3시간, 약 40주
문과	-	5년	-	주당 2시간, 약 40주
음악과	-	4년	-	주당 2시간, 약 40주
유치원사범과	-	2년	-	주당 2시간, 약 40주

대학 문과, 음악과, 유치원사범과 등에서 몇몇 과목은 처음에 함께 가르쳐야겠지만, 각 과는 자기 학생들에게 맞는 성경 과목을 자체적으로 두어야 한다고 생각해요. 당신이 성경 과목을 영어로 가르칠 필요는 없지만 학생들은 영어로 된 참고 서적들을 사용하게 될 것이고, 점점 더 많이 읽도록 권장해야 합니다.

당신이 좋은 참고 서적 목록을 가지고 있기를 바라지만, 책을 살 여윳돈이 사실 많지는 않아요. 필요한 책들이 어떤 것인지 알고 오면, 여기에 도착한 후 부족한 책은 여기에서 주문하는 것이 좋을 것 같습니다. 내가 올 때 책 몇 권을 가져왔는데, 특히 켄트의 여섯 권짜리 책 『역사적 성경』을 가지고 와서 현재도 이 책을 사용하고 있어요. 지금 우리 도서실에는 역사에 관한 좋은 참고 자료가 많이 있으며, 꾸준히 도서실 서가를 더 많은 책으로 채우고 있어요. 『헤이스팅스 성경사전』을 소장하고 있는데, 광고에서 본 그의 새로운 책 『성경 백과사전』도 소장할 수 있으면 좋겠어요. 그렇지만 당신이 여기에서 책을 주문해도 똑같이 만족스러우리라 생각해요. 우리의 뉴욕 사무실에 있는 미스 에이미 G. 루이스와 항구적인 조정을 해놓아서, 책이 아주 빨리 도착하고 때때로 그녀를 통해 할인을 받기도 합니다. 우리는 학생들에게 교재를 사라고 권장하고 있으며, 실제로 상당히 많이들 사고 있어요. 나는 여윳돈으로 80달러어치의 책을 사서 왔어요. 우리는 도서실 업무에 대한 선물로 새 『브리태니커 백과사전』을 막 받았어요.

YWCA를 사랑하는 우리는 모두 당신이 돌아오기를 학수고대하고 있습니다. 특히 여름 총회 개최에 대해 당신에게 기대를 걸고 있어요. 여름 총회가 어디에서 열릴지는 아직 완전히 결정되지 않았지만, 날짜는 언제나 8월 말이었어요. 우리에게는 당신의 조언과 경험이 필요하며, 당신은 당신의 모든 시간을 요구받게 될 거예요. 맥라렌 부인은 여전히 우리가 기둥처럼 의지하는 사람이에요. 심장에 문제가 있어서 많이 다니지는 못하지만, 우리는 그녀에게서 항상 영감을 얻어요.

우리는 성실에게 우리의 금전적인 어려움을 알리지 않았어야 했어요. 그녀에게 100달러를 돌려달라고 요구하려던 것은 절대 아니었어요. 사실 그중 30달러는 증기선 회사로부터 받은 것이니 우리의 빚은 70달러 남은 것이며, 그것도 언젠가 분명히 갚을 수 있을 것입니다. 내가 미스 라이스 혹은 미스 애덤스에게 편지를 썼으니 지금은 그들이 이 상황을 모두 이해하리라 생각해요. 이번 주에 그들에게서 그 100달러를 받았어요. 환전으로 인한 엄청난 손실 때문에 400엔 정도의 빚이 생겼지만 우리 사람들이 최대한도까지 돈을 모아준 상황이라 여기에서는 더 이상 모금을 할 수가 없었어요. 그래서 나는 그 빚을 개인적인 것으로 간주하고, Y.W.에 관심이 있는 몇몇 부유한 친구들에게 편지를 썼어요. 누구에게서든 돈이 오면 빚을 갚을 수 있을 거예요. 그들이 그토록 많은 일을 해주고 있을 때 그 돈에 대해 언급한 것은 잘못이었다고 생각하지만, 나는 성실이 개인적으로 돈을 좀 받아서 일부를 갚을 수 있지 않을까 생각했어요. 그녀는 분명히 그 돈에 대해 걱정했고, 그래서 그들이 돈을 보냈지요. 나는 최선을 다해 갚겠지만, 지금 우리에게는 돈이 전혀 없어요. 돌아와 보면 어떤 상황인지 알게 될 거예요. 예산조차 매우 감당하기 어렵고, 당연히 있어야 할 비서조차 고용할 수 없어요. 하지만 당신이 우리를 도우러 올 때를 기다리고 있어요! 당신이 반드시 돌아와야 하는 또 다른 이유예요! 새로운 이유를 매일 생각해낼 수 있네요.

미스 월터와 미스 밴플리트Edna Marie Van Fleet Hobbs(1888~1985)가 여러 학생에게서 온갖 좋은 소식을 가지고 왔어요. 비록 1년일지라도 미스 월터가 평양에 가게 된 것은 유감이지만, 어떻게든 최선의 결과가 나오기를 바라요. 지금은 대학을 분리하는 시기이므로 내년까지 반드시 그녀를 되찾아 와야 해요. 밴은 언제나처럼 사랑스럽고 우리에게 새로운 생기를 불어넣고 있어요. 다른 분들도 모두 돌아오면 우리는 노쇠한 말처럼 일에서 물러나 앉아 당분간 여러분이 이끌어가는 모습을 지켜보고만 싶을 것 같아요! 미스 쳐치와 미스 헐버트는 휴식이 많이 필요하고, 미스 칸로는 처리할 업무가 너무 많아 힘들어하는 것이 보이고, 미스 브라운리Georgia Charlotte Brownlee(1876~1970)는 건강이 좋지 않아요. 나는 여전히 강인하지만, 조금 천천히 일하는 게 나을 것 같다고 느끼게 만드는 작은 신호들이 나타나, 이번 여름에는 중국에 가서 진정한 휴식을 취해보려고 해요. 여기에 있는 동안에는 일을 덜 하는 것이 불가능하니까요.

이제 미스 영에게 편지를 써야 하므로, 당신과 로라에게 끝없는 사랑을 보내며 이 편지를 마치려고 해요. 우리는 두 사람을 아주 자랑스럽게 여기며, 이 행복하고 바쁜 곳으로 돌아오기를 간절히 바라요. 우리는 정말로 여러분이 꼭 필요해요.

편지를 마치기 전에 덧붙여야 할 말은, 우리가 중재위원회에 당신의 월급을 인상하도록 요청해줄 것을 건의했지만, 중재위원회는 그렇게 하면 미국에 갔다 온 사람과 여기서 교육받은 사람 사이에 너무 큰 격차가 생길 것이라 판단해 급여 인상을 요청하지 않기로 했다는 것이에요. 따라서 예산은 연간 600달러로 책정되었고, 당신의 월급은 100엔이 될 거예요. 생활비로 20엔까지는 들지 않을 것이므로, 비율로 보면 선교사들보다는 조금 더 여유가 있을 것입니다. 물론 다른 여러 측면도 있을 것이고 금전적인 문제는 언제나 까다롭지만, 현재로서는 이것이 우리가 할 수 있는 최선이라는 것을 알아주면 좋겠어요. 확실히 나중에는 더 많은 급여를 받게 될 거예요. 우리는 김 앨리스에게 매달 예산보다 10엔씩을 더 지급하고 있어요. 1년 전에 그 자리에 있던 모든 선생님에게 그만큼 월급을 올려줬기 때문이에요. 급여 목록이 [이하 소실]

한국 서울 이화학당
1925년 5월 2일[2]

친애하는 조지아 언니께,

언니는 늘 매우 상냥하라고 하시지요! 성탄절 선물을 두 개나 받고도 감사 인사를 하지 않은 제가 상냥하다고는 생각하지 않으실 것 같아요! 제가 철저히 사업적인 관계에 있는 지역 사람들과 어려운 사람들에게 편지를 쓰는 동안, 정작 제 진짜 친구들에게는 소홀하게 되어 그들을 가장 오래 기다리게 만드는 것 같네요. 친애하는 미스 프라이가 이야기한, 다락에 뚜껑 문을 설치하고 나서 올라간 뒤 사다리를 끌어 올려버리는 것에 대한 농담을 자주 생각하곤 해요. 몇 달 동안 책상 위에 언니 편지와 같은 편지들이 쌓여 있었지만, 답장을 쓸 기회가 없었어요. 오늘은 쉬기 위해 다른 집으로 도망쳐 와서 친구들 몇 명에게 소식을 전하고 있어요. 언니가 "쉴 때는 아무것도 하지 마"라고 했던 말을 기억하고 있어요. 그 말을 따를 수 있다면 아주 훌륭한 명령일 테지만, 저는 좀 더 지쳐버린다면 모를까, 아직 그 정도의 여유는 없어서 쉴 때 편지를 읽거나 쓰고 있어요. 양심이 아주 조금이나마 더 가벼워지는 것이 가장 큰 기쁨이에요.

우리에게 편지와 초콜릿 돈을 보내주셔서 정말 감사했어요. 미스 마커Jessie Bell Marker(1875~1957)가 그것을 가져와서, 저는 만수에게 그의 몫을 주었고 그는 매우 기뻐하며 고등학생 딸에게 신발 한 켤레를 사주었어요. 그런데 애석하게도! 그 신은 다음 날 도둑맞았어요—알다시피 집에서는 신발을 벗어 문 밖 댓돌에 놓아두어야 하잖아요. 만수는 언제나 그렇듯 소중한 사람으로, 그와 함께 5월 29일과 30일에 이화 40주년을 축하하는 야외극을 준비하고 있어요. 이 극에 대해서는 상세한 보고가 있을 것이므로, 언니도 곧 아시게 될 거예요. 극은 우리 학교의 역사 전반을 다루게 될 예정이고, 미스 프라이의 이름도 명예의 전당에 오를 거예요. 토머스 부인과 웰치 감독님 부부가 오기로 되어 있는데, 토머스 부인은 이미 지금 한국의 북쪽 지방에 와 있어요. 만수 이야기로 돌아가 볼게요. 사랑스러운 작은 루시는 1월에 만수가 '마지막 아기가 될 것'이라고 공언한 아이를 낳다 거의 죽을 뻔했어요. 그녀는 고통을 견딜 힘이 없었고, 그 후 몇 주 동안 병원에

---

2 날짜의 왼편에 수기로 "호머 르수드 부인, 룰루 프라이의 여동생"이라고 적혀 있다(앨리스 R. 아펜젤러의 글씨체는 아닌 것으로 보인다).

서 심하게 앓았어요. 하지만 간신히 회복해 사랑스러운 대가족—그녀에게 정말 헌신적인 아들들과 딸들—과 함께할 수 있었고, 졸업식 날에는 세 자녀가 졸업하는 것을 보러 올 수도 있었어요. 마거릿은 대학과를, 샬럿은 "고등"(고등보통)학교를, 지넷은 보통학교(6년)를 졸업했어요. 마거릿은 지금 2년제 음악 과정을 밟기 위해 학교로 돌아왔어요. 그녀는 아름다운 소녀로, 구혼자들이 열렬히 따라다니고 있어서 그녀의 아버지가 결혼시키기 적당한 시기가 될 때까지 그들을 막느라 고생하고 있어요. 사무엘은 배재에서 마지막 학년이고 운동에 열심이에요. 만수가 언니에게 편지를 쓰겠다고 했는데, 제가 기다렸다가 받아서 이 편지와 함께 보낼까 합니다만 오래 기다릴 수 있을지는 모르겠어요.

언니가 다른 엽서들도 받으실 수 있도록 조치할게요. 그것들을 좋아해주시니 정말 기뻐요. 엽서들을 보면 그 장소에 대한 좋은 기억이 떠올라요. 미스 힐먼Mary Roilla Hillman(1870~1928)은 심장에 문제가 생겨서 몇 개월 동안 아팠지만, 지금은 길 건너 그레이하우스에서 지내며 창밖으로 이화 전경을 즐기고 있어요. 우리는 김활란과 로라와 메리 영이 돌아오기를 매우 간절히 기다리고 있는데, 그들이 올 때까지 버티는 것이 정말 어려워요. 새로 등록되는 대학에 정규 음악과가 생기게 되어서 특히 음악을 가르칠 인력이 부족해요. 등록 서류들이 곧 승인을 받게 되리라고 생각하고 있어요. 우리에겐 거의 100명의 유치원생이 있고, 그 위로 약 730명의 학생이 있어요.

저는 일요일에 블랜치 베어Blanche Rosa Bair(1888~1938)와 함께 지내고 있는데, 언니에게 편지를 쓰고 있다고 말했더니 특별히 자신의 안부를 전해주길 부탁하네요. 그녀는 서울에 있는 복음주의 사회복지관에 임명되었는데, 그 복지관은 도시 한복판 매우 좋은 위치에 있는 아름다운 신축 건물이에요. 그녀는 기혼 여성 및 나이 든 여성을 위한 학교를 담당하고 있으며, 그 외에도 온갖 다양한 사회봉사 업무를 하고 있어요.

우리는 미스 프라이의 생일에, 그녀를 아직 기억하고 있는 대학과 학생들과 여선생들을 초대해서 늘 하던 사탕 뽑기를 했어요. 언니가 보내준 돈으로는 새해에 특별한 잔치를 했고 그들이 매우 기뻐했답니다. 언니는 학교의 주요 행사에 대한 정보를 알려주는 일반 편지들을 계속 받고 있겠지요? 학교는 이제 바쁘고, 즐겁고, 또 규모가 상당히 큰 학교가 되었어요.

위생 상태에 대해 물어보셨는데, 결핵이 왜 이렇게 유행하는지 궁금하시죠. 아마 예전에는 충분히 따뜻한 환경을 제공하지 못했기 때문일 거예요. 가엾은 나이 든 파이어티는 여기에 있었던 그 마지막 겨울에, 우리가 늘 그럴 수밖에 없었듯이 추운 교실에서 가르치다 지독한 감기에 걸렸고, 그 감기를 떨쳐낼 수 없었어요. 이제는 훨씬 더 일정한 온도를 유지하고 있어서 학생들과 선생들 모두 건강해지고 있어요. 그래서 이렇게 개선된 환경을 유지하는 것이 그만한 가치가 있음을 알게 되었지요. 미국에 두 아들이 있는 나이 드신 소중한 간호사 한나 외에도, 이제 상주 여의사가 한 명 더 있어요.

저는 정말로 캘리포니아에서 언니에게 편지를 쓰려고 했어요. 그 귀중한 씨앗을 보내주셔서 감사했어요. 씨앗은 유명한 정원사인 미스 마커에게 줬는데, 잘 자랐는지는 아직 듣지 못했네요. 그녀는 이번 달에 안식년 휴가를 떠나요. 그간 너무 지쳐 보였던 그녀가 휴가를 가게 되어 기뻐요.

마거릿 노이즈 스키너를 다시 만나면 저의 사랑을 전해주시고, 저에 대해서도 얘기해주세요. 다음에 그녀의 남편이 서울에 오게 되면 저를 방문해주시길, 이화 근처로 그의 일행을 안내해주시길 바란다고요. 서울에서 이곳보다 더 흥미로운 곳을 볼 수는 없을 거예요.

저는 미스 프라이의 것이었던 코로나 타자기로 글을 쓰고 있어요. 사무실에서 이 타자기를 계속 사용하고 있는데, 너무 익숙해져서 이제 제 언더우드 타자기는 사용하지 않아요. 지금 이 타자기는 정밀검사가 필요하고 키들이 불규칙해 수리가 필요하지만, 그래도 이 타자기를 가지고 다닐 수 있어서 좋아요. 이번 여름에는 미스 쳐치와 함께 즈푸에 갈 계획인데, 학교 편지들을 쓰기 위해 이 타자기를 가지고 가려고 해요.

김 앨리스는 미국에서 만난 훌륭한 한국인과 6월 1일에 결혼할 예정이에요. 그는 김 앨리스를 따라 한국으로 돌아와, 지금 세브란스에서 엑스레이 찍는 일을 하고 있어요.

이제 글을 마쳐야 해요. 르수드 씨, 그리고 이제는 알아볼 수 없을 정도로 자랐을 온 가족에게 안부를 전해주세요. 여름 잘 보내시고 모두 건강하시기를 바라요. 많이 사랑하고 자주 생각합니다.

사랑을 담아,
앨리스 R. 아펜젤러

미스 프라이의 물건들은 마음에 드셨는지요? 언니 집에 잘 어울리나요? 놋 제품은 미스 마커가 가져갑니다.

한국 서울 이화학당
1925년 6월 24일

친애하는 그레이 부인께,

부인께서 기부해주신 대학 부지를 실제로 구매한 후, 이 몇 달 동안 저는 부인께 보내드릴, 또 새 대학의 기록 보관소에도 보관할 일종의 부지 기부 및 구매에 관한 진술서 같은 것을 쓸 시간을 기다려왔습니다. 저의 하루하루는 매 순간 반드시 따라야 하는 명령처럼 보이는 일들로 가득 차 있습니다. 비서의 도움 없이 서신을 관리하는 것이 얼마나 어려운 일인지 실감하게 되었습니다.

이 아름다운 계곡이 어떻게 "여자기독교대학"의 소유가 되었는지에 대한 설명을 동봉합니다. 너무나 낭만적인 이야기 아닌가요? 현지 신문들에 실린 이 구매에 대한 기사들을 모아놓았지만, 편지도 없이 이 기사들만 보내고 싶지는 않았습니다. 요청하신 대로, 이 구매와 관련하여 부인의 성함은 결코 언급되지 않았습니다. 그렇지만 이 진술서는 출판을 위한 것이 아니라 단지 기록을 위한 것이기에 부인의 성함을 넣었습니다. 언제든 성함을 사용해도 좋다고 동의해주시면, 우리는 여성을 위한 연합대학을 시작할 수 있게 한 친구들이 누구인지 사람들에게 매우 기쁘게 알릴 것입니다.

동봉된 재무제표는 우리가 해온 일들을 보여줄 것입니다. 우리는 부지 관리를 위해 유능한 관리인을 확보했는데, 그는 부인께서 그 추운 오후에 기다리셨던, 기억하고 계신 작은 교회의 일원입니다. 그 작은 교회는 같은 교회에 소속되어 있으면서도 함께 예배할 수 없는 800명이 넘는 신도들, 즉 남자 대학생들과 농사짓는 이들을 수용하기 위해 그곳에 새로운 교회를 지을 예정입니다. 이 관리인은 한 달에 15엔을 받고 농지 사용권도 가지는데, 다섯 자녀를 기르고 교육하기에는 턱없이 부족한 돈입니다. 그의 딸 중 한 명은 이화에 다니고 있습니다. 가난한 사람들이 매일 땔감을 구하러 오는, 그리고 나무를 훔치고 싶은 유혹을 불러일으키는 땅에서 일한다는 것이 어려울 텐데도 그는 그 부지를 훌륭하게 관리하고 있습니다. 추운 겨우내 그는 나무 베는 소리가 들리면 바로 알아챌 수 있도록 숲속에 직접 짚으로 작은 참호를 만들고 거기에서 밤새워 지켰습니다. 누구도 그에게 그렇게 하라고 하지 않았지만, 그는 책임감을 느끼고 행동했습니다. 연희전문학교 Chosen Christian College 교장은 매일 걸어서 시내로 가는 길에 우리 부지를 지나가는데, 우리 부지가 이전보다 훨씬 더 잘 관리되고 있다고 말합니다. 우리는 관리인을 위해 작은 초가집을 지어주었고, 그는 거기에 우물 두 개를 팠습니다. 그가 이곳을 자신의 것처럼 정성껏 관리하는 이유는, 그의 종교적 신념이 자신이 할 수 있는 방식으로 하나님 나라의 일을 돕고자 하는 청지기 의식을 갖게 했기 때문입니다.

부지는 측량을 마쳤으며 상당한 양의 표석標石으로 경계를 표시했습니다. 지금은 철도회사가 소유하고 있는 울퉁불퉁하고 작은 땅을 확보하기 위해 협상하고 있는데, 이 땅은 우리 부지의 남쪽으로 튀어 들어와 있습니다. 그 땅을 사려면 3,000엔 정도의 비용이 들 것입니다. 이 비용과 지금까지의 기타 비용들이 모두 부인께서 보내주신 돈의 잔액으로 충당되고 있습니다.

전에 이곳에 오셨을 때 세금 등도 계속 내주시겠다고 말씀하신 것을 기억합니다. 연간 200달러면 세금과 관리인의 급여, 부수적인 비용을 충당할 수 있을 것입니다. 부인께 가장 편리한 방식으로 가장 편리한 때에 보내주시면 매우 기쁘게 받도록 하겠습니다.

이화는 부인께서 보신 이후로 가장 흥미진진한 한 해를 보냈습니다. 우리는 정부 규정에 따라 대학을 설립했으며, 교육 당국으로부터 인가를 받았습니다. 5월 30일에는 웰치 감독님 부부가 참석하신 가운데 창립 40주년을 기념하며, 우리 학교를 "전문학교"라고 발표할 수 있게 되어 매우 기뻤습니다. 우리 학교의 영어 이름은 Ewha College입니다. 이 인가를 통해 우리는 도쿄여자대학과 같은 등급으로 올라갔습니다. 우리가 하는 일은 크게 바뀌지 않았지만, 이제 우리의 졸업장은 훨씬 더 큰 의미를 가질 것입니다. 남작, 아니 이제 자작이 된 사이토 자작 부부는 처음부터 우리를 가장 우호적으로 지지해주었고 대학 등록을 하라고 열심히 권했습니다. 한국에 있는 모든 교단에서 학생들이 오고 있으며, 문과에 55명의 학생이 있고, 음악과에 15명의 학생이 있습니다. 우리가 여자대학 부지를 가지고 있고, 언젠가 대학을 그곳으로 이전할 계획이라는 사실이 이화여자전문학교의 등록을 가능하게 해주었습니다. 지금 있는 이곳은 대학에 적합하지 않지만, 이곳에서 등록한 후에 대학 부지로 발전해서 나가겠다는 우리의 계획이 흔쾌히 승인을 받은 것입니다.

웰치 감독님 부부는 1년 이상 멀리 가셨다가 이제 돌아오셨습니다. 마치 부모님이 집에 돌아오신 것 같은 느낌이 듭니다. 미감리회 WFMS 한국 총무 R. L. 토머스 부인이 창립 40주년 기념식에 귀빈으로 참석했습니다. 또한 많은 졸업생이 참석해 이화의 역사적인 장면을 재현하는 야외극을 공연했습니다. 그 프로그램을 동봉합니다. 저는 이화가 이룬 발전의 대부분을 개인적으로 회상하며, 하나님께서 이루신 일들에 가슴이 벅차올랐습니다. 여기에서는 일들이 아주 빨리 진행되고 그 일을 하는 우리의 수는 너무 적어서 때때로 낙담하게 됩니다. 이 편지를 쓰는 일처럼 밀려 있는 일들이 때때로 유령처럼 밤낮 저를 따라다닙니다. 그러나 우리가 부족함에도 하나님께서 우리를 사용하시고 일들을 이루어주신다는 기쁨이 있습니다.

부인과 따님들을 자주 생각합니다. 부인을 만난 적이 있다는 에비슨 부인을 통해 부인의 소식을 들어서 좋았고, 얼마 전에는 캐머런 부인으로부터 매우 좋은 편지를 받아서 기뻤습니다. 건강하시기를 바라며, 언젠가 부인께도 편지를 받을 수 있기를 바랍니다. 모든 분에게 심심한 안부를 전합니다.

충심을 다해,

앨리스 R. 아펜젤러

1926년

한국 서울 이화학당
1926년 7월 26일

친애하는 친구들에게,

휴가철이 다시 돌아왔고, 편지를 쓸 기회가 생겼습니다. 평소처럼 7월 16일에 방학을 계획하고 있었지만 당국이 그건 너무 빠르니 21일까지 수업을 해야 한다고 알려왔기 때문에, 올해는 방학이 늦게 시작되었습니다. 9월 2일이 개학이라 개인적인 편지를 쓰거나 쉴 시간이 많지 않습니다. 나는 자연이 우리에게 제공한 아름다운 휴가지 두 곳 중 하나인 원산 해수욕장에 방금 와서, 남동생의 사랑스러운 가족과 함께 시간을 보내고 있습니다. 1년 내내 아주 가까운 거리에 살고 있지만 그들과 자주 만나지 못하기 때문에, 아이들과 함께 있는 것이 무척 즐겁고 세 아이 모두 너무 사랑스럽습니다. 이번 여름에는 소래에 짓고 있는 내 작은 시골집에 가서 지낼 수 있기를 바랐는데, 일이 생각했던 것보다 더디게 진행되어서 선반이나 옷장 등의 물건을 배치하는 마무리 작업을 보러 8월에 열흘 정도 가볼 수 있는 게 다입니다. 내가 한국에 온 첫 여름에 아버지를 기념하여 내게 그 땅이 주어졌는데, 여러분이 때때로 선물로 보내주셨던 돈을 모두 그 땅에 작은 집을 짓는 데에 사용하고 있습니다. 지난 몇 년 동안 그 땅을 가지고만 있을 뿐, 거기에 집을 짓지 못해서 정말 부끄러웠습니다. 여러분이 보내주신 선물들이 없었다면 아직까지도 집을 짓는 것이 불가능했을 것입니다. 내 짝은 우리 선교회의 숙련된 간호사 미스 로젠버거Elma T. Rosenberger(1884~1968)여서 우리는 그 작은 집을 "아펜로즈"라고 부르고 있습니다. 그녀는 지금 안식년 휴가 중이라 첫 두 여름에는 내가 그 집을 쓸 것이고, 그다음 두 여름에는 그녀를 위해 비워줄 계획입니다. 내년에 그곳에서 좋은 방학을 보내기를 기대하며, 이런 특권을 누리는 것이 모두 친구들 덕분임을 항상 기억하겠습니다.

올해는 여섯 개 과정 모두가 꾸준한 발전을 이룬 한 해였습니다. 대학의 발전이 가장 흥미롭다고 할 수 있으며, 남감리교인들이 우리 일에 합류해, 이제부터는 진정한 연합대학으로서 크게 확장될 것입니다. 이번 봄에는 18개 고등학교에서 지원서를 받았는데, 그

중 열 곳은 미션스쿨이 아니었습니다. 이는 우리 전문학교가 등록된 지 1년 만에 이미 자리를 잡았다는 것을 보여줍니다. 우리는 두 학과, 즉 문과와 음악과에 110명의 학생이 있는데, 지금 지속해서 문제가 되는 점은 그들을 모두 수용할 장소와 교원들을 충분히 확보하는 것입니다. 유치원 건물에는 큰 놀이방을 추가해서 모든 실습을 원활히 진행할 수 있게 되었습니다. 미국에서 교육을 받고 "돌아온 학생" 두 명, 김활란과 이 로라는 지난 9월에 왔는데, 학교 전체의 대들보로서 모든 면에서 큰 기쁨을 주고 있습니다. 단 한 가지 문제는 그들이 너무 많은 일을 맡아서 과로사하지 않도록 신경 써야 한다는 것입니다. 이번 여름에는 또 한 명의 교사를 미국에 공부하도록 보냈습니다. 그녀는 클로틸다 라이언 맥도웰 연구비를 받았고, 캔자스시티[미주리주]에 있는 호너학교에서 공부할 예정입니다.

지난봄에 다녀온 멋진 일본 여행은 올해의 특별한 사건이었습니다. 총독부 학무국은 고교급 이상의 미션스쿨 교장들을 모두 4월 19일부터 5월 13일까지 일본 교육 관광 여행에 초청했습니다. 교통비와 식사가 제공되는 아주 후한 제안이었습니다. 이 여행에서 가장 좋았던 점은 리더인 오다 씨가 우리가 모두 잘 알고, 또 많이 생각했던 인물이라는 것이었습니다. 오다 씨는 소년 시절에 나가사키에 있는 우리 학교들에서 교육을 받았고, 미국의 두 대학에서 학위를 받은 훌륭한 감리교 청년입니다. 그는 내가 아는 가장 진실한 신사 중 한 명으로, 우리의 편안함과 즐거움을 위해 할 수 있는 모든 일을 다 했습니다. 우리는 남녀 합쳐 27명이었고, 그때 일본에서 볼 만한 것은 모두 보았다고 해도 과언이 아닙니다. 우리는 수십 군데의 학교를 방문했고, 병원, 복지기관, 공장들을 방문했으며, 이 세상의 다른 어디에서도 볼 수 없을 아름다운 것들, 즉 멋진 정원, 고대 사찰, 그리고 사방에 만개한 벚꽃을 볼 수 있었습니다. 우리는 대부분의 사람은 볼 수 없는 곳에 입장할 수 있었고, 교육 및 시 당국자들을 만났으며, 왕족처럼 대우받았습니다. 그들은 우리가 그들의 나라에서 최고의 것들을 보고 인정하길 원했고(우리는 기꺼이 그렇게 했습니다), 또한 그들이 교육에서 이룬 발전을 보고 느끼기를 원했습니다. 우리는 물론 그와 같이 좋은 대우를 개인적으로 받아들여서는 안 된다는 것을 충분히 알고 있었습니다. 우리는 어디에서나 볼 수 있는 현대식 학교 건물과 그들이 교육 문제를 공략하는 데 사용하는 진지하고 현명한 방식에 깊은 인상을 받았습니다. 그들은 낡은 것은 어떤 것도 안 된다는 것을 우리가 알기 원하고, 그들의 제국 안에서 학교를 운영하고자 한다면 우리가 그들의 교육 계획을 따라가고 뒤처지지 않아야 한다는 점을 깨닫기를 바랐습니다. 우리 모두는 낮은 교육 기준과 부족한 교사들, 그리고 열악한 교육시설을 갖춘 학교는 더 이상 유지될 수 없음을 느꼈습니다. 열악한 학교들을 유지하는 것은 언제나 우리 주님의 이름에 누를 끼치는 일이었지만, 미션스쿨들은 지원이 거의 없어 그보다 더 열악한 경우가 너무 많았습니다.

여러분을 위해 우리의 여행을 간략히 정리해보도록 하겠습니다. 우리는 장거리 여행마다 특별히 제공되는 차량 덕분에 매우 편안하게 이동할 수 있었습니다. 첫 번째 목적지는 아름다운 내륙해에 자리한 미야지마섬이었습니다. 여기서 우리는 일본식 여관에 머물며 바닥에서 잤습니다. 마치 요정이라도 나올 듯이 달빛 아래에서 아름다웠습니다. 히로시마에서는 남감리교회의 선교사 친구들과 즐거운 시간을 보냈고, 유명한 남감리교 여학교를 비롯한 여러 학교도 방문했습니다. 그곳의 아사노 정원은 일본에서도 손꼽히는 아름다운 정원입니다. 고베에서 우리는 여러 공립학교 외에 여학생을 위한 고베대학과 남학생을 위한 간세이대학을 살펴보았습니다. 오사카, 교토, 나고야에서는 시장들이 마련한 성대한 오찬을 대접받았는데, 아름다운 장식을 곁들인 프랑스 요리였습니다. 오사카는 미국의 여느 분주한 도시처럼 거대한 산업과 상업이 발달한 도시입니다. 우리는 어디에나 있을 법한 호텔에 머물렀고, 뉴욕 타임스와 별반 다르지 않아 보이는 큰 신문사 사무실들을 살펴보았습니다. 나는 운이 좋게도 교토에 대학 친구가 있어서 친구의 집에 머물렀고, 일행이 오사카에 있는 동안 오사카로 통근했습니다. 교토는 고대 수도이자 일본의 문화 중심지입니다. 우리의 가장 큰 관심사는 도시샤대학과 그 대학의 훌륭한 총장 에비나 박사였는데, 에비나 박사는 40년 동안 기독교 사역을 활발히 해온, 일본에서 가장 훌륭한 지도자 중 한 사람입니다. 나라에서는 특별한 대접을 받았습니다. 나라는 멋진 사원들과 보석 같은 예술품들이 있는 오래된 도시로, 공원에는 약 700마리의 길들여진 사슴이 있고 사슴들은 공원을 이리저리 돌아다니며 사람들에게 먹을 것을 달라고 머리를 조아립니다. 관리인은 특별히 우리가 가까이에서 볼 수 있게 사슴들을 불러 모았습니다. 수백 마리의 사슴이 나팔 소리에 맞춰 달려오는 모습은 장관이었습니다. 거기에는 좋은 여자사범학교와 훌륭한 사원들이 있었는데, 일본에서 가장 큰 불상이 있는 사원도 있었습니다. 하지만 일요일을 보내며 방문했던 가마쿠라의 불상이 더 인상적이었습니다. 3년이 지났어도 여전히 황량한 도시인 요코하마가 우리의 마음에 가장 가까이 다가왔습니다. 그들이 재건에 사용하고 있는 담대한 방식, 짓고 있는 훌륭한 학교들, 모든 장애에도 굴하지 않는 사람들의 정신은 깊은 찬사를 불러일으켰습니다. 서울에서 관료로 일했던 요코하마 시장이 우리에게 베푼 멋진 오찬은 우리가 가장 즐겼던 행사 중 하나였습니다. 70명에 가까운 선교사, 교육자, 기독교 사역자들을 초청하여 정말 좋은 시간을 선사해 주었습니다. 재건을 주도하는 시장의 연설은 새로운 요코하마 정신을 잘 보여주었습니다. 그는 도시를 구경할 때 타고 다닐 수 있도록 공식 차량도 제공해 주었습니다. 우리가 가장 흥미롭게 본 것 중 하나는 지진 박물관이었는데, 이 박물관은 1923년 9월 1일 치명적인 지진이 남긴 많은 유물을 전시하고 있었습니다.

도쿄는 학교, 기관, 연구실들이 끊임없이 움직이는 거대한 소용돌이 같았습니다. 우리는 테이코쿠호텔에서 두 번의 멋진 오찬을 가졌습니다. 하나는 우연히 우리와 동시에 방문하게 된 로스앤젤레스 무역위원회 사람들과 함께 일본-미국 협회에서 대접받은 오찬이었고, 다른 하나는 범태평양 연합이 주최한 오찬이었습니다. 첫 번째 오찬의 주최자는 도쿠가와 공이었는데, 그의 가문은 옛 일본의 "쇼군"[장군]으로 명성을 떨쳤으며, 닛코에 있는 그의 가족 묘지는 일본에서 가장 멋진 장소로 손꼽힙니다. 그곳은 수백 그루의 삼나무가 자라고 있는 아름다운 산속에 자리 잡고 있습니다. 사원들로 이어지는 길은 32㎞에 달하고, 키가 큰 나무들이 길게 늘어서 있습니다. 붉은 옻칠을 한 사원들은 놋쇠와 금으로 화려하게 장식되어 있으며 그 사원들이 웅장한 고목들 사이로 빛나는 모습은 장관입니다. 거기에서 가장 멋있는 것은 붉은 탑일 것입니다. 그곳에 있는 내내 나는 솔로몬 성전과 히브리 성전 의식이 떠올랐습니다.

우리는 닛코에서 아름다운 호수까지 이어진 가파른 산을 세 시간가량 올라갔고, 5월 6일에 그곳에서 눈싸움도 했습니다. 우리는 그곳에서 하룻밤을 머물고 다음 날 비를 맞으며 걸어 내려왔습니다.

도쿄에서 맞이한 일요일에 우리는 300명의 학생이 모인 한인교회에 갔습니다. 그들은 우리에게 오찬을 대접해주었고, 나는 그곳에서 우리 학교 졸업생 몇 명을 만났습니다. 매주 일요일은 자유시간이었는데, 이는 바쁜 일정 속에서 각자 갖는 반가운 휴식이었습니다. 우리는 기차를 타고 일본의 알프스라 불리는 지역을 지나 돌아왔습니다. 그곳은 일본에서 가장 아름다운 풍경 중 하나로, 열 개의 터널을 통과하는 13시간의 긴 여정이었지만 충분히 그만한 가치가 있었습니다. 마지막 목적지인 나고야에서는 거대한 벽과 지하 감옥들이 있는 300년 된 봉건시대 성들을 보았는데, 꼭 유럽의 성 같았습니다. 이후 나는 우리 선교회가 새롭게 학교를 짓고 있는 나가사키를 이틀간 더 방문했습니다. 돌아와 보니 모든 일이 잘 진행되고 있었고, 내가 맡았던 업무도 잘 관리되고 있었습니다. 이번 여행은 나에게 매우 유익한 경험이었습니다.

우리의 연회가 열리기까지 한 달도 채 남지 않았고, 학교의 상위 과정들도 곧 마무리될 예정이었습니다. 올해는 대한제국의 마지막 황제가 서거하여 온 나라가 애도하는 분위기 속에 있었습니다. 그로 인해 우리는 평소에 하던 메이데이 행사를 하지 않았습니다. 한국 전통 방식으로 거행된 장례식은 여러 날에 걸쳐 성대하게 치러졌으며, 예행연습과 장례 절차로 인해 도시 전체가 분주했습니다. 남동생과 나는 장례식에 초대되어, 서거한 왕의 형제들과 일왕의 특사, 그리고 도쿄 외교단을 대표하는 벨기에 대사를 한자리에서 볼 수 있었습니다. 평생 그렇게 많은 금색 레이스와 화려한 장식을 본 적이 없습니다.

앨리스 R. 아펜젤러

1927년

한국 서울 이화여전
1927년 11월 23일

친애하는 친구들에게,

1년 내내 여러분에게 소식을 전하지 못한 채 다시 성탄절 기간이 돌아왔네요. 여러분을 잊은 적은 결코 없습니다. 다만 내 여동생은 나에게 뉴욕 일간지처럼 20만 통의 편지를 써서 돌리려고 애써서는 안 된다고 늘 이야기합니다. 여러분 중 누구도 빠뜨리고 싶지 않으니, 비록 여러 해가 걸리더라도 모두에게 편지하겠습니다.

나의 한 해는 네 부분으로 나뉩니다. 첫 3개월 동안은 한 학년도를 마치고 다음 학년도를 시작하며, 졸업생을 위한 일자리를 찾고 학사일정을 짜느라 정신없이 바쁜 가운데 많은 문제와 어려움에 부딪힙니다. 매년 바로 그때쯤이면 남쪽 바다로 여행을 떠나고 싶다는 생각을 합니다. 그러나 분주한 나날을 보내다 보면 4월이 오고, 새 학년도가 시작됩니다. 바깥은 모든 것이 신선하고 사랑스러워지며, 학교 분위기는 마치 밤이 낮으로 바뀌는 것처럼 확연히 달라집니다. 남동생과 나는 항상 "3월 15일"을 두려워하는데, 다행히 내 남동생은 큰일 없이 올해를 무사히 보냈고, 우리는 갖가지 관료주의로 인한 어려움에도 불구하고 멋진 졸업식을 치렀습니다. 한국 역사상 처음으로, 인가를 받은 대학에서 문과 여덟 명, 음악과 세 명, 총 11명의 여학생이 졸업을 했습니다.

한국에서 4월, 5월, 6월은 천국과도 같은 계절로, 모두가 의욕적으로 일하는 때입니다. 나는 기쁘게도 북녘에 있는 우리 WFMS의 학교들을 방문하는 조사위원회에 참여하게 되었습니다. 지방을 돌며 많은 우리 여성들이 일하는 북적이는 작은 학교들을 둘러보는 것은 참 의미 있는 일이었습니다—할 일은 아주 많고 좋은 인적 자원이 있지만, 힘이 되는 것은 너무 없고 좌절스러운 것은 아주 많았습니다. 그들이 하는 일이 그들의 세대에 얼마나 의미가 있는지를 지켜보는 것이 좋습니다. 7월과 8월은 덥고 비가 많이 오는 계절입니다. 올해는 내가 휴가다운 휴가를 보낼 차례여서, 소래 바닷가에 있는 내 작은 집에서 지냈습니다. 친구와 나는 둘 다 스위스계여서 이 작은 집을 "샬레 아펜로즈"라고 부르는데, 많은 친구들의 후원 덕분에 이 집을 지을 수 있었기에 더욱 애정이 가는 집입니다. 나는 소래에서 아홉 번의 여름을 보냈는데, 1915년 아버지를 기리기 위해 받은 이 땅 위에 비로소 작은 집을 갖게 되어 참으로 기쁩니다.

가을은 봄과 마찬가지로 사랑스러운 햇살이 내리쬐고, 바쁜 일상이 계속되는 시기입니다. 올해는 중국에 파견되었던 세 명의 선교사가 큰 도움을 주었습니다. 그들은 각자 해야 할 일이 있었음에도 자신의 일을 포기하고 오히려 우리를 돕기로 마음먹었고, 덕분에 우리는 한 해의 일정을 차질 없이 진행할 수 있었습니다. 특히 그들 중 두 명, 우후[안후이성 동남부]에서 온 블랜치 라욱스Blanche Helen Loucks(1886~1971)와 난창[장시성 중부]에서 온 미니 라브Wilhelmina A. "Minnie" Raab(1887~1966)는 현재 저와 함께 있습니다.

아펜젤러 집안도 점점 커지고 있습니다. 지금 여기에 네 명의 여조카와 세 명의 남조카가 있습니다. 가장 최근에 추가된 가족은 11월 18일에 태어난 메리의 아들, 데이비드 아펜젤러 레이시David Appenzeller Lacy(1928~2006)입니다. 나 조카 부자 아닌가요? 남편과 어린 두 아들과 함께 오하이오주 데이턴에 사는 아이다를 제외하면 우리 가족은 모두 여기서 잘 지내고 있습니다. 고국에 갔을 때 방문할 사람이 있다는 것은 참 좋은 일입니다. 나는 내년 봄에 고국에 가기로 되어 있었고, 아이다는 자기를 보러 워싱턴에 오라고 성화였지만, 나는 임기를 1년 더 연장하기로 했습니다. 그런데 공교롭게도 크롬 대위William Hampton Crom(1891~1964)가 데이턴으로 전임되면서, 아이다와는 한동안 떨어져 지내야 할 것 같습니다. 헨리와 나는 학교들을 책임지고 있어서 가족 관계 외에도 많은 공통점을 가지고 있으며 학교 행사 등에 함께 참석합니다. 친구들을 한 해 더 만나지 못하는 것은 아쉽지만, 1929년은 나에게 굉장한 한 해가 될 것입니다. 그러니 경고하건대 여러분은 모두 축하할 준비를 해두셔야 할 것입니다.

언제나 충실하게,
앨리스 R. 아펜젤러

1929년

뉴욕시, 5번가 150, 710호
오하이오, 데이턴, 1929년 11월 1일

친애하는 친구들에게,

모두가 콜럼버스[오하이오주]에서 열린 성대한 WFMS 60주년 기념식 소식을 듣고 싶어 하니, 기차 안에서 급히 짧은 편지를 긁적이고 사본을 만들도록 하겠습니다. 모든 면에서 대단한 집회였습니다. 첫째로 엄청난 인파가 인상적이었는데, 사람들이 하도 많아서 점심 전에 가거나 점심시간 내내 앉아 있지 않으면 자리를 잡을 수 없었고 입석 자리조차도 얻을 수 없었습니다. 군중이 공개 회의 첫날부터 모여들어서 킹 에비뉴 교회는 항상 사람들로 꽉 찼습니다. 매코넬 감독님의 말씀을 들으러 일요일 오전에 40분 일찍 갔는데도 안으로 들어갈 수 없었고, 내 입석 자리는 다른 사람 몫이 되었습니다. 감독님의 말씀을 듣지 못하고 떠나게 되어서 실망스러웠지만, 그날 다른 큰 예배가 두 개 있다는 것을 알았기에 집으로 돌아갔습니다.

위원회 예배가 내게는 모든 예배 중 가장 좋았습니다. 그렇게 화려하지는 않았지만, 선교 사역을 위한 최고의 정신으로 가득 차 있었습니다. 웰치 감독님은 어느 때보다 더 친절하고 상냥하셨으며, 매우 피곤해 보이셨는데도 여느 때와 같은 열정과 힘을 가지고 말씀하셨습니다. 웰치 부인과 엘리너도 그날 그곳에 있었습니다. 나는 엘리너와 베티 리 Elizabeth Meredith Lee(1888~1990)와 함께 호텔에서 아침을 먹었습니다—다른 시간은 안 되어서요! 엘리너는 곧 도쿄로 돌아가는데 그동안 몸무게가 9㎏ 늘었습니다. 여기에 왔을 때는 매우 핼쑥했다고 합니다. 나는 엘리너가 여기에 있었으면 좋겠습니다—그녀가 없으면 웰치 부인이 너무 외로울 테니까요!

세션마다 수용할 수 있는 인원보다 2,000명은 더 많은 사람들이 집회에 참석하기를 원한다는 게 알려지자 60주년 기념식 운영에 대해 많은 비판이 쏟아졌습니다. 방의 뒤쪽과 옆면 주변에 부스[칸막이가 된 공간]를 설치한 것이 잘못이었습니다. 부스는 종일 어둡게 놔두어야 했고, 사람들은 내내 왁자지껄 떠들었으며 매우 혼란스러워 뒷자리에 앉은 사람들은 앞에서 하는 이야기를 들을 수 없었습니다. 경찰이 많이 도와주었지만, 멀리서 온 많은 여성들이 실망했습니다. 물론 명성은 자자해졌지만, 듣고 보고 싶어 하는 사람들에게는 힘든 일이었습니다. 프로그램은 모두 좋았고 제시간에 진행되었습니다. 마지막 날이 가장 좋았습니다. 우리는 새벽 4시에 일어나서 성찬식에 참여하기 위해 5시 전에 교회로 갔습니다. 성찬을 받은 사람들은 밖으로 나가게 해서, 3시간 동안 4,000명의 사람들이 성찬을 받을 수 있었습니다! 각국에서 온 선물들은 훌륭했으며, 내가 본 예배들 중 가장 아름다운 예배라고 느낄 정도였습니다. 나는 10분간의 발언권을 얻었습니다. 내가 발표한 "국가의 초상화"는 확성기 때문에 전달이 원활하진 않았지만, 내 목소리는 방해물들을 잘 뚫고 나가서 들렸다고 합니다. 특별한 소식은 『익스프레스 데일리』에 실릴 것입니다.

한국은 좋은 평판을 얻었습니다. 앨리스 헌터Alice Hunter(1898~1946)는 부스를 훌륭하게 운영했고, 모두가 함께 도왔습니다. 작은 선물들도 아주 효과적이었습니다. 포장을 푸는 것을 도왔던 한 여성은 다른 어느 나라에서 온 것보다 한국에서 온 것들이 훨씬 상태가 좋았다고 말했습니다. 놋접시는 훌륭했으며, 큰 한국 놋주발에는 "잘 활용될 선물들"을 담아놓았습니다. 이후 그것들이 어떻게 되었는지는 듣지 못했습니다. 그곳에는 매우 많은 내한 선교사들이 왔고, 초반에나 마지막에 모두 모습을 보였습니다. 미스 밀러Lula Adelia Miller(1870~1958)는 내한 선교회를 대변했습니다. 서은숙은 특히 마지막 날 인상적인 연설을 했으며, 박인덕은 회의 내내 큰 호평을 받았습니다. 인덕은 오래도록 지녀온 매력, 편안함, 상황에 대한 감각을 지니고 있을 뿐만 아니라, 거기에 자신의 발표를 "성공적으로" 만드는 엄청난 양의 미국적 활력을 더했습니다. 모두 그녀에게 열광했고, 끝없이 말을 하게 했습니다! 가엾게도, 그녀는 매우 피곤해 보였습니다. 그녀와 함께해서 즐거웠고, 뉴욕에 있는 브로크만 부인Jessie Lillian Willis Brockman(1886~1963)의 아파트에서 그녀와 박 마리아와 함께할 성탄절도 기대하고 있습니다. 나는 은숙과 인덕을 데리고 오하이오주립대학에 있는 Y.W. 그룹과 이야기를 나누었는데, 역시나 큰 호응을 받았습니다. 그 자리에서 대학 친구들이 나를 위해 준비한 두 번의 오찬에 인덕이 초대되었고, 그녀는 어디에서든 사람들을 매료시켰습니다. 이번 경험을 통해 인덕은 더욱 단단해졌고, 확신을 가지고 이야기를 이어갔습니다.

11월 4일, 데이턴 — 잉크가 다 떨어져서 부득이 연필로 적습니다.

예산에 대한 소식은 공식적인 서신을 통해 전해질 테니, 조금 더 기다려주세요. 내가 들은 유일한 소리[3]는 "새로운 일을 위한 예산은 아무것도 없다"는 것이었습니다. 나는 회계과를 찾아가 가사과를 위해 최선을 다해 설득했고, 가사과에 대한 지원이 대학 운영을 위한 우리의 첫 번째 요구사항이라고 주장했습니다. 회계과가 새로운 생각을 받아들이는 데에는 시간이 걸리는데, 이 요구는 그들 대부분에게 완전히 새로운 것이었습니다. 간사들에게 충분히 홍보한다면 내년에는 예산을 받을 수도 있을 것입니다. 특히 미스 왓슨과 이야기를 나눴는데, 그녀는 웃으면서 "해리엇은 5,000달러를 원하네요!"라고 말했습니다. 이에 미스 밀러가 "해리엇에게는 그 5,000달러가 정말 필요하지요!"라며 거들었습니다. 미스 밀러는 언제나처럼 사랑스러웠습니다. 미스 밀러는 분옥이 이번 여름 그곳에 있을 것이라고 했습니다. 그녀는 분옥에게 정부의 요구가 없는 한 W.G.를 택하지 않는 것이 좋다고 조언했는데, 그것을 택하는 것이 그만한 가치가 없다고 생각했기 때문입니다. 어떻게든 그녀가 돌아오도록 해야 할 것 같습니다. 예산 문제는 가사과 운영에 치명적일 수 있지만, 아주 가치 있고 호소력 있는 일입니다. 단지 그것을 언급만 했을 뿐인데 이 역경을 잘 헤쳐 나가라며 특별한 선물로 100달러를 받았습니다. 물론 여러분은 모두 내가 이 일에만 매달리느라 더 큰 목표를 놓쳐서는 안 된다는 것을 잘 아시지요. 그래서 나는 가장 중요한 대학 프로젝트를 내 생각과 모든 사람의 생각 속에 최우선으로 두려고 노력하고 있습니다. 여러분도 가사과와 관련해서 탄원과 청원을 이어가 주시고 간사들에게 편지를 보내주세요. 그러면 아마도 내년 가을쯤에는 긍정적인 변화가 있을 것입니다. 그동안 나는 가능한 모든 지원을 하겠지만, 내게도 급한 일이 너무 많으니 전적으로 내게 의존하지는 마십시오. 활란, 머타Myrta Olive Stover(1898~1988), 모네타Moneta Jean Troxel Soper(1899~1985)가 짐을 나누어지고자 내년 가을 이곳으로 올 것입니다. 혼자서 감당하기에는 쉬운 일이 아닙니다만, 나는 결코 혼자라고 느끼지 않습니다. 여러분의 기도와 믿음의 힘을 느끼며, 지금까지 해온 그 어떤 일보다도 하나님의 인정을 깊이 실감하고 있습니다.

캐나다 선교국의 라벨 부인과 함께 점심을 먹으며 충분히 이야기를 나누었기 때문에, 특별한 사정이 없는 한 토론토에는 가지 않을 것입니다. 캐나다 선교국은 이미 1931년까

---

3 이 단어는 "소리"라고 한글로 쓰여 있다.

지 할 일을 다 정해놓았지만, 라벨 부인은 관심을 보였습니다. 나는 그녀에게 통계 자료를 전달했으며, 그녀는 그것을 받을 만한 분이라고 생각합니다. 지난봄 이후로 아무 소식을 듣지 못했고, 여름에 브라우니가 강연했던 모임에서도 새로운 조치에 대한 소식이 들려오지 않았습니다. 지속적인 홍보가 얼마나 필요한지를 다시금 깨닫게 합니다.

남장로회의 대의원인 켄터키주 레바논의 H. P. 쿠퍼 부인은 해리슨 부부도 그곳에 있다는 것을 알고 있었습니다. 그래서 쿠퍼 부인에게도 자료를 전달했습니다. 캐나다 교회는 우리처럼 돈을 먼저 사용한 뒤 모금하는 방식이 아니라, 사용하기 1년 전에 미리 모금하고, 용도를 승인받은 후 집행합니다. 켄터키에 있는 우리의 캐나다 친구들이, 함흥 학교를 위해 해왔던 것처럼 앞으로도 계속 힘을 보태주기를 바랍니다. 라벨 부인은 캐나다 교회가 마침내 그렇게 해낸 것을 매우 기뻐하는 것 같았습니다. 나를 라벨 부인에게 소개해준 사람은 플로런스 후퍼였습니다. 그녀는 캐나다인들이 어떤 일을 하기 시작하면 매우 큰 도움이 되었다고 말했습니다.

이제 모든 간사와 매우 친해졌다고 느낍니다. 그들은 확실히 친절하고, 모두가 특별히 이화와 한국 관련 사업을 사랑하는 것 같습니다.

나는 하루쯤 후에 내슈빌[테네시주]로 가서, 가사과와 대학 건축을 위해 미스 케이스와 함께할 수 있는 일을 찾아보려고 합니다. (중요) 해리엇 모리스에게—현재 대학에 재학 중인 캐나다 선교사의 딸들이 몇 명이나 되는지 정확히 알아봐주세요. 내가 가지고 있는 자료에는 대학 재학생이 87명 정도로 나와 있고, 캐나다 여학생은 한 명뿐이라고 되어 있습니다. 이 때문에 캐나다 선교사들의 딸들을 우리가 교육하고 있다는 나의 주장이 라벨 부인에게 충분한 설득력을 가지지 못했어요.

앨리스 아펜젤러

1932년

한국 서울 이화여전
1932년 9월 14일

친애하는 간사님들께,

여러분이 해외과 심의회와 관련된 회의를 하신다니, 이화여전의 최근 소식을 전해드리고자 합니다.

건축 계획 이것은 대단한 사건이자 오랜 기도에 대한 놀라운 응답입니다. 스와인하트 총감독Martin Luther Swinehart(1874~1957)은 현재 이곳에서 물 공급, 도로 및 건물 배치 문제를 조사하고 있으며, 미국에 있는 이화위원회가 우리의 계획을 진행할 수 있도록 허가해준다는 전보를 기다리고 있습니다.

보리스 설계사무소는 현재 미국 선교국의 갓스이대학과 고베대학을 건축하고 있으며, 이쪽 지역에서 우리가 알고 있는 최고의 건축가입니다. 그는 이미 우리 전문학교의 건축 계획을 준비해왔는데, 우리는 그 계획이 만족스럽기를 기대하고 있습니다.

현재 건축 자재들은 가격이 낮아져서, 우리가 가진 돈으로 2년 전보다 두 배 많은 자재를 구입할 수 있는 상황입니다. 돈이 현장에 도착하기 전에 환율이 오르지만 않는다면, 우리는 예상보다 두 배는 더 많은 자금을 확보할 수 있을 것입니다. 현재의 견적으로는 최첨단 방화 구조를 갖춘 대형 건물 세 채를 169,410달러에 지을 수 있습니다. 23에 환전을 계산하면 736,568.80엔입니다.

물론 이만큼의 돈이 당장 수중에 떨어지는 것은 아니지만, 남감리회 부인회가 오는 11월에 이화여전을 위한 헌금을 모으고자 특별 기도 주간을 지정했습니다. 그들은 미스 에스더 케이스를 추모하는 건물을 건축할 만큼의 기금이 마련되기를 바라고 있습니다. 좋았던 시절에는 이 모금이 8만 달러에 달했지만, 작년에는 2만 달러로 줄어들었다고 들었습니다. 미스 케이스께서 이 일에 가지셨던 관심과, 거의 돌아가시는 날까지 기울이셨던 노력은 우리에게 큰 영감을 줄 것입니다. 그녀가 내게 보낸 그녀의 마지막 편지에는

"헌금이 많이 모일 수 있도록 기도해주십시오"라고 적혀 있었습니다.

우리는 또한 내년 청년 감사 헌금이 우리의 건축 기금으로 기부될 수도 있다는 소식에 고무되어 있습니다. 이제는 돈을 불안정한 은행이나 증권에 맡겨두는 대신 건축 자재로 바꿔야 할 때입니다. 우리는 이 캠퍼스로 이사하는 데 꼭 필요한 기본 필수품들만 갖추기 위해서도 이 제약 많은 건축 계획에 20만 달러 전액이 필요할 것입니다.

이 건축 견적에는 전체 장비에 대한 비용이 포함되어 있지 않습니다. 여기에서 가구를 가져가야 할지도 모르지만, 새 가구를 구입할 계획을 세우고자 합니다. 선교사나 한국인 여선생들의 숙소를 위한 예산도 아직 책정되지 않았습니다. 그들 역시 각각의 숙소가 필요합니다. 기억하시겠지만 오하이오주 메디슨빌의 에머슨 부인은 유언장에 선교사 숙소를 위해 1만 달러를 지정한 바 있습니다.

예산 삭감 캐나다연합교회 여선교회에서 첫 번째 예산 삭감이 시작되었습니다. 1월 1일부터 다른 모든 사업은 25% 삭감되었고, 협력 사업은 10% 삭감되었습니다. 그들의 지원금은 정부의 인가를 받기 위해 중요한 단계에 있는 새로운 가사과에 전달되고 있었기 때문에, 가사과의 예산은 오히려 증액이 필요한 상황입니다. 따라서 거기에서 돈을 얼마라도 빼내는 것은 불가능할 것이므로, 결국 이번 삭감 조치는 학교 전체에 영향을 미칠 것입니다.

우리 선교회에서도 10% 삭감 가능성이 논의되었고, 이에 대한 면밀한 검토가 이루어졌습니다. 많은 사역자가 꼭 필요한 경우 자신의 예산을 삭감하겠다고 희생적으로 제안했습니다. 그런 제안을 한 서울의 가난하고 작은 매일학교들을 생각할 때, 그리고 매우 어렵고 곤궁한 지방의 사역을 생각하면, 그러한 제안은 정말 감동적입니다. 무엇보다 다른 일의 예산은 삭감되어도 대학이 피해를 봐서는 안 된다고 결정한 동료 사역자들의 충성심에 이화여전에 있는 우리는 깊은 감동을 받았습니다. 그들은 우리가 신축 건물에 들어가게 되면 곧 예산 증액이 필요하리라는 것을 알고, 국가 전체를 섬기는 우리의 일에 대한 감사를 충성스럽게 표현했습니다.

채핀 부인Anna Margaret Bair Chaffin(1883~1977)은 몇 년 전 새 성서학원으로 이사했을 때 적절한 난방을 할 돈이 없어서 발이 얼어붙었던 경험을 이야기하며, 우리가 같은 어려움을 겪지 않기를 바란다고 말했습니다. 우리는 동료 사역자들이 우리 학교에 대해 그렇게 생각할 때 그만한 가치가 있다는 것을 알고 있습니다.

그러나 여러분과 여러분 내면의 정신을 알고 있고, 현재 유리한 환율과 명백한 사업 여건 개선에 고무되어 예산 삭감이 현실화되지는 않을 것이라고 믿습니다. 여러분이 도와주신다면 그렇게 되지 않을 것이라고 확신합니다.

올해 좋은 만남을 갖게 되기를 기원합니다.

충심을 다해,

앨리스 R. 아펜젤러

⚜⚜⚜

한국 서울 이화여전

1932년 10월 14일

친애하는 친구들에게,

여러분 중 많은 분이 같은 소식에 관심이 있을 것 같아 일반 편지를 쓰겠습니다.

여름방학에 우리 가족은 각기 다른 곳으로 떠났습니다. 일부는 지리산으로, 일부는 일본, 원산, 소래, 금강산으로 갔습니다. 아름다운 휴가지에서 많은 복을 누렸고, 모두가 최고의 시간을 보냈습니다. 나는 충분한 휴식을 취하진 못했지만, 무척 만족스러운 시간을 보냈습니다. 소래에서 로지와 함께 보낸 한 달은 정말 즐거웠습니다. 미스 발로우Jane Barlow(?~?)도 지난주 우리와 함께 지냈습니다. 나는 사회위원회의 의장이라는 사소한 직함을 내려놓으려다, 최소한의 노력을 들여 그 일을 마무리했습니다. 학교 관련 서신과 일이 너무 많아서, 수북이 쌓인 제 개인 편지들은 평소만큼 신경을 쓰지 못했습니다.

8월 중순에는 일본에 가서 스와인하트 총감독이 도착하기를 기다리며, 캐서린 패닝과 함께 노지리에서 며칠간 즐거운 시간을 보냈습니다. 이후 가루이자와에 있는 보리스 박사의 사무실에서 스와인하트를 만나, 현재 오클라호마주 털사에서 회의 중인 WFMS 해외과에 제출한 계획안을 검토했습니다. 우리는 그들에게서 사업 진행과 계약 체결을 허가해준다는 전보가 오기를 간절히 기다리고 있습니다.

본관에는 문과 및 가사과, 행정실, 도서관, 학생 식당, 실내 체육관 등이 들어올 예정입니다. 이 건물은 훗날 가사과와 행정동으로 사용될 것이며, 나무들 사이의 평평한 지역인 묘지 부지의 거의 정서 방향에 자리하게 될 것입니다. 본관의 거의 정남쪽에 위치한 산비탈에는 음악관을 세울 계획인데, 그 안에는 연희전문학교 쪽을 향한 계곡을 내다보는 연습실들을 갖추게 될 것입니다. 40개의 연습실과 많은 강의실, 합창실, 그리고 500명을 수용할 수 있는 채플 강당이 생길 것입니다. 기숙사는 1930년에 메이데이 야외극이 열렸던 곳의 바로 위쪽에 있는 서쪽 언덕에 지어질 것입니다. 기숙사는 약 170명을 수용할 수 있는 규모로, 주방과 식당 등을 갖춘 교수 휴게실도 마련될 것입니다. 기숙사 뒤편 언덕에는 언제든 숙소를 지을 수 있는 공간도 확보되어 있습니다. 거기로 이사를 갈 때쯤에는 선교사들을 위한 숙소와 한국인 여교원들을 위한 숙소를 지을 수 있는 돈이 마련되기를 바랍니다.

현재 건축과 관련하여 놀라운 점은, 첫째로 우리가 스와인하트 총감독의 도움을 받는다는 것이고, 둘째로 환율이 아주 유리하고 가격이 매우 낮아 20만 달러로 이 건물들을 완공할 수 있다는 것입니다. 하지만 아직 자금이 확보된 것은 아닙니다. 다행히 남감리교회 여성들이 이번 가을 우리에게 특별 헌금을 해줄 예정이어서, 그 돈으로 기숙사를 지을 수 있기를 바랍니다. 또한 WFMS가 이 프로젝트를 지지하며 끝까지 지켜보겠다고, 즉 모든 것을 살피겠다고 우리에게 약속해주었습니다. 한편, 스와인하트 총감독은 부지 내 많은 무덤을 정리하고, 구획을 나누고, 도로 계획을 세우는 등의 예비 작업에 전념하고 있습니다. 스와인하트 부부는 태화여자관에서 살고 있지만, 그는 그레이하우스를 본부로 삼아 조수들과 함께 바쁘게 일하고 있습니다.

안식년 휴가 중인 이들을 기다리고 있기는 하지만, 몇몇이 돌아와서 좋습니다. 머타 스토버와 에델 버츠Ethel Butts(1883~1950)가 요전날 왔는데 매우 건강해 보였습니다. 그레이스 우드Grace H. Wood(1902~2000)는 집에서 여름을 보낸 후 돌아왔습니다. 메리 영과 밴은 11월에 옵니다. 모네타 트록셀은 지난봄에 돌아왔고 미스 대머런Leah Josephine Dameron(1885~1966)은 시베리아를 거쳐 집으로 돌아갔습니다. 그녀는 허스트Jesse Watson Hirst(1864~1952) 부부, 미스 딜링햄과 동행했으며, 이들은 모두 여행을 잘 마쳤지만 허스트 부부는 한국으로 돌아오는 길에 홍수와 붕괴로 인해 만주리滿洲里에서 11일 동안 발이 묶였습니다. 만주의 상황은 참혹합니다. 데밍 부인Edith Cushing Adams Deming(1882~1966)은 자연재해와 인간이 초래한 참혹한 고통에 대한 글을 쓰고 있습니다. 만주에서는 매우 영웅적인 일들이 진행되고 있으며, 이는 우리가 누리는 안락함과 안전을 부끄럽게 만들 정도입니다. 우리의 상황은 여느 때와 같습니다. 얼마 전 모든 학교가 만주에서 사망한 이들의 영혼을 기리는 "제사" 의식에 참석하라는 명령을 받았습니다. 기독교학교들은 모두 가기를 거부했고 평양에서는 압력이 있었습니다. 우리는 일관된 정책을 따르고 있으며, 우리에게 조상 숭배나 영혼 숭배를 강요하는 것은 아무 소용이 없는 일입니다. 맥라렌Charles Inglis McLaren(1882~1957) 박사는 그것이 근본 원칙이며, 이런 종교적 문제에 있어서 우리가 현재 가진 입장보다 훨씬 더 강경한 태도를 보여야 한다고 생각합니다. 그는 창조주보다 피조물을 숭배하는 것처럼 보이는 어떤 일에든 참여한다면 그것은 타협한 것이라고 합니다.

우리가 즐기고 있는 아름다운 가을 날씨를 상상해보세요—물들기 시작하는 나뭇잎들의 아름다움과 밝은 파란빛과 금빛의 날들을요. 일상을 벗어나 산행이나 보트 소풍을 할 수도 있고, 여학생들이 이러한 야외 활동을 즐기는 법을 배우는 것을 보며 기뻐하기도 합니다. 갈 수 있는 사람은 모두 금강산으로 여행을 떠났습니다. 그들은 금강산이 그 어느 때보다 더 아름답다고 말합니다.

우리 전문학교의 최근 프로젝트는 영학관으로, 두 명의 영어 선생님과 예닐곱 명의 4학년 학생들이 그곳에서 함께 거주할 예정입니다. 그들은 오래된 디캠프Allen Ford DeCamp(1848~1928)의 집 절반을 임대해 보관용 상자로 만든 화장대와 책장 등으로 그곳을 정리하며 아주 즐거워하고 있습니다.

캐시 블레어Katherine Blair Hunt(1904~1994)와 브루스 헌트Bruce Finley Hunt(1903~1992)는 9월 27일 평양에서 결혼한 후 지리산으로 신혼여행을 갔고, 레비James Kellum Levie(1890~1977) 박사와 루스 밀러Ruth Henrietta Miller Levie(1893~1976)도 지난주에 결혼하여 지리산으로 신혼여행을 떠났습니다.

올해의 연방회의는 매우 흥미로웠으며, 간세이가쿠인대학의 우즈워스 학장이 형제회 대표를 맡았고, 윌 쇼William Earl Shaw(1890~1967)가 성찬식 설교를 했습니다. 올해에는 윌 블레어William Newton Blair(1876~1970) 박사가 연합 복음 전도 활동을 이끌 예정입니다.

아펜젤러 가족은 모두 잘 있고 아이들은 다리가 부쩍 길어졌습니다. 아마 여러분은 이 아이들을 거의 알아보지 못할 것입니다. 마거릿은 자기 엄마만큼 키가 커서 엄마의 신발과 옷들을 달라고 할 정도입니다.

엘리너 파운드와 도널드슨 쿤스는 모두 가벼운 성홍열을 앓았습니다. 장티푸스 또한 유행하여 우리 기숙사에서도 몇몇이 앓았습니다.

커틀러Mary M. Culter(1865~1948) 박사는 치과 치료를 받으며 우리와 함께 시간을 보낸 후 평양으로 돌아갔습니다. 이곳에 있는 동안 그녀는 처음으로 금강산을 여행했습니다—주말에 미스 헐버트와 미스 베이커Catherine Baker(1879~1972)가 동행했지요. 커틀러 박사는 정말 활동적입니다.

도쿄에서 열리는 영어교사 회의에 참석 중인 메리언 칸로는 10월 10일 요코하마에 도착하신 웰치 감독님 부부를 맞이했습니다. 그들은 도쿄에서 하루를 보냈고, 오후에는 WFMS 회관에서 열린 큰 환영식에도 참석했습니다. 사이토 총리 부부와 모든 일본 교회 지도자들이 이곳에 참석했다고 합니다. 이후 웰치 감독님 부부는 그날 저녁 배를 타고 떠나기 위해 요코하마로 돌아가셨습니다.

A.R.A.

1935년

한국 서울 이화여전
1935년 6월 29일

친애하는 친구들에게,

봉헌식 후 한 달이 지났지만, 아직 여러분 중 누구에게도 편지를 쓰지 못했습니다. 지난 한 달간 저는 봉헌식의 의미를 깊이 되새기고, 그 중요성에 대해 숙고하고, 쏟아지는 많은 아름다운 메시지들을 즐길 시간을 간절히 바랐습니다. 봉헌식 직후 일주일 정도 시간을 내어 봉헌식과 새 대학이 우리에게 주는 모든 의미에 관해 친구들에게 편지를 쓰고 싶었습니다. 하지만 한가로운 시간은 언제나 환영인데도, 가장 필요하다고 생각할 때는 찾아오는 법이 없어서, 이번 달에는 한가로운 시간이 <u>전혀</u> 없었습니다. 봉헌식 이후로 미뤄두었던 모든 일을 처리해야만 했거든요. 바로 다음 날 이사회가 열렸고, 월요일에는 정부 시찰단이 방문했습니다! 특히 웰치 감독님 부부가 이곳에 머무르고 계셨기 때문에 교회와 선교회에서 여러 모임을 마련했습니다. 이 방문은 감독님 부부의 마지막 공식 방문이었기에 우리는 당연히 가능한 한 많은 시간을 그분들과 함께 보내고 싶었습니다. 감독님 부부는 너그러우셨고, 큰 힘이 되어주셨으며, 유쾌하셨습니다. 우리는 어떤 자격으로든 그들을 다시 보내달라고 총회에 청원하고 있습니다. 감독님 부부는 우리에게 너무나 중요한 분들이기에, 오실 수 있음에도 오시지 못하는 상황이 된다면 진심으로 안타까울 것입니다.

우리의 새 형제가 될 톰 홉스Thomas Hobbs(1879~1967)는 보통 가장 바쁜 시간에 찾아옵니다—아니면, 그의 존재가 누구보다도 시간을 더 많이 차지하고 평화로운 우리 집안을 더 많이 동요시키는 것 같습니다! 어쨌든 내가 이화에 머문 20년 동안, 딕시가 "구애" 라고 부른 이 기간만큼 응접실 문이 많이 닫혀 있었던 적은 없었던 것 같습니다. 밴은 평양에 갔을 때부터 그가 올 때까지 몸이 아팠지만, 그가 이곳에 머무는 동안에 매일 회복되더니 지금은 원래의 반짝이는 모습으로 돌아간 것 같습니다. 반짝인다는 표현은 그가 그녀를 위해 준비한 사랑스러운 백금 반지에만 해당되는 것이 아니었습니다. 그 반지는 테에 (아주 작은) 이화의 배꽃과 한국의 전통문양을 새겨 넣었고 아름다운 세팅 위에 다이아몬드가 반짝이고 있었습니다. 코린은 혼수 준비로 분주한 나날을 보냈고, 물건들은 벌써 제법 신부 용품처럼 보입니다. 웰치 부인은 나를 대신해 밴에게 줄 선물로 상하이에서 아름답게 조각된 녹나무 궤를 골라 오셨고, 밴은 이 궤를 아주 좋아하고 있습니다. 결혼식은 9월 11일 오후 4시, 구애의 장소였던 오래된 응접실에서 할 예정입니다. 작은 규모의 예식이지만 피로연은 크게 열 예정입니다. 그들은 두 달 동안 일본에 다녀온 뒤 이곳에서 생활할 것입니다. 밴은 자기가 가정 밖에서 하는 일은 무엇이든 이화를 위한 것일 거라고 말했고, 그 말에 우리는 조금 위안을 얻었습니다. 서울 어디에든 그녀가 돌아오기만 한다면 기쁠 것이고, 우리는 그녀가 항상 이화에 소속되어 있을 것임을 압니다. 우리는 톰 홉스도 기꺼이 환영할 것입니다.

이곳에서는 환영과 이별이 끊이지 않았습니다. 마리 쳐치는 봉헌식 직전인 5월 27일에 안식년 휴가를 마치고 돌아왔습니다. 그녀는 우리가 아침 8시 전에 서둘러 출발했다가 저녁 6시에야 돌아오면 꽤 피곤할 것이라고 걱정하고 있습니다. 우리는 커네의 멋지고 오래된 뷰익 차를 선물과 같이 받았고, 운전기사도 생겨 왕래하는 것이 예전보다 쉬워졌습니다. 머타 스토버는 포드 차를 운전합니다. 우리가 이사한 후에는 이 두 차 중 하나를 팔 생각입니다. 둘 다 꽤 낡았지만 그래도 이곳의 험한 도로 사정을 생각하면 쓸 만한 편입니다.

J. 헐버트와 G. 우드는 부츠John Leslie Boots(1894~1983) 박사가 이끄는 대규모 일행과 함께 시베리아를 경유해 7월 1일에 떠날 것입니다. 스와인하트 총감독 부부는 여름이 끝날 때쯤에 돌아갈 계획이고요. 그는 우리를 위해 도시 수도를 연결하는 작업을 진행 중인데, 이는 매우 중요한 일이 될 것입니다. 그러나 니콜슨 부인이 아름다운 헌정사에 썼듯이 우리는 이 일이 사업의 끝이 아니라 시작이라는 것을 깨닫고 있습니다. 총감독도 가능한 한 끝까지 해내고 싶어 하지만, 관절염이 급속히 진행되는 단계에 있어서 지금처럼 무한정 열심히 일할 수는 없는 상황입니다. 내 관절염은 그렇게 많이 진행되지 않았으며, 심부 엑스레이 치료가 진행을 늦추는 데 도움이 되기를 바라고 있습니다. 이 치료를 위해 2주나 3주마다 평양에 가야 하지만 벌써 6주가 지났습니다. 지금 기차를 타고 가고 있으며, 내일 돌아올 예정입니다. 이번에는 이보다 빨리 떠날 수가 없었습니다. 한 번 갔다 오는 데 드는 비용은 약 20엔입니다.

A.

1936년

한국 서울 이화여전
1936년 6월 2일

친애하는 친구들에게,

미소 짓는 날씨, 그리고 수천 명의 환한 얼굴과 함께 영광스러운 한 주를 보낸 창립 50주년 기념행사가 마무리되었습니다. 동봉된 프로그램을 보시면 이 50주년 행사에 대해 자세히 아실 수 있을 테고, 그 장면들을 눈앞에 그려보실지도 모르겠네요. 28일 목요일 오전 프로그램은 옛 이화 운동장에서 진행되었고 관중은 테라스와 본관을 마주 보고 자리했습니다. 우가키 총독이 참석했는데, 내가 알기로 그가 기독교학교를 방문한 것은 처음이었으며, 그가 낭독한 축사는 찬사로 가득 차 있었습니다.

이화여전 파이퍼홀 너머에 있는 언덕에서 열린 봉헌식과 야외극에는 엄청난 인파—7,000명에서 1만 명에 이르는 사람들 무리—가 몰려들었습니다. 그들은 서로 배려하며 매우 예의 바르게 행동했지만, 인원이 많다 보니 확성기를 써도 사람들 모두가 들을 수는 없었고, 군중이 어수선해 많은 사람이 제대로 볼 수도 없었습니다. 그러나 무대는 화려하고 춤은 아름다웠습니다. 마지막에는 "엘리야"의 "하나님께 드리는 감사"가 연주되었습니다. 그동안 학교 전체가 언덕을 따라 내려와 무대 위에서 한 무리가 되어 이삿날 장면을 재연했는데, 우리는 모두 지난 몇 년간 받은 크나큰 축복의 강의 위대함을 느꼈습니다.

축하 행사는 "이화주일"에 정동교회에서 열린 성대한 예배로 마무리되었으며, 여기서 내 남동생이 설교를 했습니다. 이제 우리는 미뤄두었던 일들로 다시 눈을 돌려야 합니다. 6월은 더운 날씨 속에서도 바쁜 나날이 될 것이고, 7월과 방학이 와야 비로소 휴식을 취할 수 있을 듯합니다.

날씨가 따뜻해지면서 나도 한결 건강이 좋아진 것 같고, 모든 부가적인 일을 무리 없이 아주 잘 처리해냈습니다. 현재 계획으로는 원산 해변에 있는 남동생 집에서 7월 15일부터 8월 25일까지 지내려고 합니다. 그들의 사랑스러운 딸 마거릿이 이번 달에 고등학교를 졸업하고, 7월에는 처음으로 가족과 떨어져 캘리포니아로 떠날 예정입니다. 나는 12월 초에 안식년 휴가를 떠나 호놀룰루와 캘리포니아에서 겨우내 햇볕이 잘 드는 날씨 속에서 지낼 계획입니다. 우리가 봄에 만날 수 있기를 바랍니다.

언제나 충실하게,
앨리스 R. 아펜젤러

⚜⚜⚜

1936년 8월 24일

내 소중한 사람이여, 오늘 나는 우리 둘 모두에게 너무나 많은 것을 가져다준 지난 한 해를 돌아보며 하나님께 감사하고 있어요. 아마도 당신에게는 지난 한 해가 인생에서 가장 행복한 해였으리라고 생각하지만, 앞으로 더 행복한 날들이 기다리고 있을 것이라고 확신해요. 하나님 아버지께 더 가까워지고, 그분의 사랑 안에서 점점 더 깊어질수록 한 해 한 해가 전보다 더 좋은 해가 되기를 바라요. 당신에게 온 사랑이 다른 사람들에게도 축복이 되고 있고, 무엇보다 나에게 축복이 되고 있음에 나는 그 사랑에 감사하고 있어요. 그 사랑은 내게 너무나도 풍성하게 돌아왔으며, 내가 빼앗겼다고 생각했던 것이 더 아름다운 사랑으로 바뀌어 왔네요. 그래서 비록 내가 그 사랑을 항상 충분히 감사하거나 받아들일 수 있을 정도로 큰 사람이 아닐지라도 내가 기쁘고 감사해한다는 것, 그리고 기쁨과 감사가 내 안에서 자라나고 있으며 이를 위해 매일 기도하고 있음을 당신은 알 테지요.

지난 한 주 우리는 가장 여유롭고 호화롭게, 그리고 게으르고 행복하게 함께 시간을 보냈어요, 그렇지 않나요? 당신이 관대하고 반갑게 맞아주고 나를 곁에 두는 것을 꺼리지 않으리라는 것은 알고 있었지만, 톰이 그처럼 따뜻할 것이라고는 생각하지 못했어요. 당신과 톰 둘 다 내가 결코 갚을 수 없는 친절을 보여주어 감동했어요. 보다시피 나는 받는 데에 있어서는 매우 후한 사람이네요!

생일 축하해요, 그리고 나는 늘 가까이에 있을 터이니, 적어도 마흔여덟 번의 생일들을 더 함께하기로 해요!

더 많은 사랑을 듬뿍 담아 보내요.

당신의 오랜 친구,
앨리스

⚜ ⚜ ⚜

한국 서울 이화여전
1936년 9월 17일

친애하는

이번 정기총회 프로그램 안건 중에 이화 50주년 기념식이 포함되어 있는 것을 보았습니다. 그러므로 여러분이 이미 받은 자료에 더하여, 현재 준비 중인 기념 명판에 관해 알려드리고 싶습니다. 아쉽게도 철자에 오류가 있었고, 이곳에서는 수정 작업이 더디게 진행되다 보니 명판이 아직 완성되지는 않았습니다. 그것은 120×40㎝ 크기의 동판으로 만들어져서 우리의 행정동인 파이퍼홀 입구 우편함 위에 설치될 것입니다. 이 동판에 영어와 한국어로 새겨질 내용은 다음과 같습니다.

미감리회 여성해외선교회가
1886년 본교를 창립한 이래
그 발전에 필요한 물적 및 영적 후원을 계속하여
조선 여성에 대한 부단不斷의 신념을 표현했기에
정중히 감사를 표함

* * * * * * * * *

1936년 5월
창립 50주년 기념회

이것은 미감리회 WFMS에 대한 우리의 자그마한 감사 표시입니다. 그들이 없었다면 이화도 없었을 것입니다.

또한 두 설립자의 공로를 기려 얕게 양각한 동판도 제작했습니다. 일본에서는 물론이고 최근 한국에서도 설립자와 같이 학교가 경의를 표하고 싶은 인물들의 청동 조각상을 만드는 것이 관례가 되어가고 있습니다. 고마운 졸업생들에게 그렇게 돈을 쓰지 말라고 설득할 수도 있었겠지만, 그들은 미스 프라이를 위해 특별한 무언가를 남기고 싶어 했습니다. 그래서 미스 프라이와 스크랜튼 여사Mary Fletcher Scranton(1832~1909)의 모습을 양각한 액자가 주조되었습니다. 그 초상화 아래에는 다음과 같은 글이 새겨져 있습니다.

1886년 이화학당의 설립자이며
한국에서의 여성 사역을 위한 최초의 선교사인
메리 피치 스크랜튼 여사(1832~1909)께
감사를 표하며 기념함
* * * * * * * * *
창립 50주년에 제작
1936년 5월

1910년 이화대학과 설립자이자
1914년 유치원사범과 설립자인
룰루 E. 프라이(1869~1921)께
감사를 표하며 기념함
* * * * * * * * *
동창회 제작
1936년 5월

현재 안식년 휴가 중인 우리의 대표들, 미스 메리언 칸로, 지넷 헐버트, 그리고 그레이스 우드가 여러분에게 필요한 모든 자료를 제공할 것입니다. 우리는 미스 헐버트와 미스 우드가 이번 가을에 돌아오기를 바라고 있습니다.

부득이 여러분에게 새 선교사들을 보내달라고 간청드릴 수밖에 없습니다. 영문학, 음악, 종교교육, 가사 과목을 가르칠 인력이 절실합니다. 증원 없이는 일을 계속하기 어렵습니다. 그레이스 우드는 가장 최근에 합류했는데도 이제는 노련한 선교사가 되었습니다. 나머지 사람들의 평균 연령은 거의 50세에 이릅니다. 현재 전문학교와 보육학교의 교직원 11명 중 유일하게 건강상의 제약 없이 업무를 수행할 수 있는 이는 남감리교 출신 한 명뿐입니다. 해리엇 모리스는 지난봄 과로로 지쳐 쓰러져 지금은 캠퍼스 밖에서 생활하며 아주 가벼운 업무만 보고 있습니다. 다른 이들도 자신의 일 이상의 부담을 감당하고 있지만, 이런저런 심각한 어려움을 겪고 있습니다. 선교사들이 이곳에서 이 엄청난 도전을 계속하려면 반드시 도움을 받아야 합니다.

현재 나는 공식적인 안식년 기간인데, 김활란 부교장이 한국 단독 대표로 스리랑카 콜롬보에서 열리는 세계 YWCA 총회에 참석 중이기에 그녀가 돌아올 때까지 기다리고 있습니다. 그녀는 귀국 후 교장 직무대리를 맡게 될 것입니다.

또한 우리는 여전히 숙소를 제공받기를 바라고 있습니다. "단체의 압박"이 앞서 언급한 건강 문제들을 일으킨 원인일 수 있습니다. 우리는 멀리서 출퇴근하거나, 창문을 열면 악기 연습하는 커다란 소리가 들리고 창문을 닫으면 둔탁한 울림이 느껴지는 음악관 위에서 생활하고 있습니다. 우리의 방들은 작고 혼잡하며 휴게실도 휴게시설도 없습니다. 언덕을 올라 케이스홀까지 걸어간 후 두 번 더 긴 계단을 오르는 일은 때로 너무도 버겁게 느껴집니다. 만약 건축비에서 미리 숙소 설치 자금을 떼어놓았다면 우리는 너무 바빠서 원하는 좋은 집을 짓기 어려웠을 테니, 그렇게 하지 않은 것은 오히려 잘한 일이라는 생각이 듭니다. 이제 우리는 전액을 환전한 1만 달러라는 특별한 자원이 필요합니다.

머지않아 여러분 모두를 만날 수 있기를 바랍니다.

충심을 다해,
앨리스 R. 아펜젤러
교장

한국 서울 이화여전
1936년 11월 20일

친애하는 친구들에게,

조금만 있으면 거의 6년 만에 여러분 중 몇 분을 다시 만날 수 있을 것 같습니다. 이번 안식년 휴가는 추운 날씨를 피하려고 계획했기 때문에, 호놀룰루에 잠시 들러 메리 Z. 올슨을 만나고, 서부 해안에서 남은 겨울을 보낸 후, 3월에 밴과 톰 홉스와 함께 차로 남쪽 길을 달려 동부로 이동할 예정입니다. 그들이 샌 루이스 오비스포[캘리포니아주]에 있는 밴버스커크James Dale Van Buskirk(1881~1969) 박사님 댁으로 나를 태우러 올 것입니다.

추수감사절 다음 날 서울을 떠나 치치부마루호를 타고 12월 11일 호놀룰루에 도착할 예정이며, 12월 24일에는 엠프레스오브재팬호를 타고 그곳을 떠날 예정입니다. 겨울 동안 우편물은 캘리포니아, 버클리, 르 콘테가 2326에 거주하는 조카 마거릿 아펜젤러를 통해 전달받을 것입니다. 선교국 주소인 뉴욕시, 5번가 150, 710호로도 언제든 나와 연락하실 수 있습니다.

이 사랑스러운 곳을 떠나면서, 지난 몇 해 동안 받은 모든 축복과 은혜에 감사하는 마음으로 내 잔은 다시 넘치고 있습니다. 새 대학이 완공되고, 유능하고 헌신적인 분들이 학교를 이끌어가는 것을 보면서 커다란 만족감을 느낍니다. 뛰어난 우리 졸업생인 김활란 박사가 내가 자리를 비우는 동안 교장 직무대리를 맡아줄 것입니다.

나는 생의 대부분을 한국에서 보냈기 때문에 한국은 나의 고향입니다. 그러나 안식년 휴가는 떠나는 사람들과 그들이 없는 동안 변화를 맞이하는 사람들 모두에게 좋은 것입니다. 1937년 어느 날 여러분과 만나게 되기를 기쁜 마음으로 고대하고 있습니다. 즐거운 성탄절과 복된 새해를 기원합니다.

충심을 다해,
앨리스 R. 아펜젤러

1937년

캘리포니아, 샌 루이스 오비스포, 퍼시픽로 884
1937년 3월 6일 오후 3시

친애하는 친구들에게,

오늘 아침 나는 홉스 씨에게서 "캔자스, 위치타, 오후 12시 30분. 월요일 오전 수술. 에드나는 용감하게 희망을 가지고 대처"라는 전보를 받았습니다. 그가 얼마나 많은 사람에게 이 말을 전하고 있는지는 모르겠지만 그들이 이 큰 시련 속에서 기도로 힘을 얻도록, 한국에서 그랬던 것처럼 기도할 줄 아는 여러 친구에게 이 소식을 전하는 일을 내가 맡았습니다. 여러분이 월요일뿐만 아니라 위험이 지나갈 때까지 계속해서 우리와 함께 기도해줄 것이라 믿습니다.

밴은 1월 29일 이곳에 도착했을 때 건강이 매우 나쁜 상태였고, 패서디나[캘리포니아주] 등에 머무는 동안 가능한 한 많이 쉬었지만 회복되지 않았습니다. 그리고 그곳을 떠나기 전인 2월 13일경 황달이 시작되었습니다. 톰과 밴 부부는 의학적 조언을 구했고, 여행을 계속해도 괜찮을 것이라는 말을 들었습니다. 그들이 위치타[캔자스주]에 도착했을 때 미스 월터는 즉시 밴을 의사에게 데려갔고, 일주일 전 밴은 진찰을 받기 위해 웨슬리 병원에 입원했습니다. 우리는 이번 수술이 담석 제거 수술일 것이라고 짐작하고 있습니다. 톰은 해리엇의 아버지인 월터 모리스 씨와 함께 리버로 1155에서 지내고 있습니다. 그곳에는 내가 언급했던 칸로, 노블William Arthur Noble(1866~1945) 부부, 도로시 스미스Dorothy B. Smith(1901~1983)의 부모 외에도 많은 한국 가족들이 있으며, 그들은 분명히 할 수 있는 모든 방법을 동원하여 도와줄 것입니다.

그녀의 소중한 생명을 구하고, 그토록 즐겁게 계획한 여행을 너무 오래 중단하지 않고 계속할 수 있게, 여러분이 가장 좋고 실질적인 방법으로 도움 주실 것이라고 믿습니다.

여러분 모두에게 많은 사랑을 보내며,
앨리스 아펜젤러

수신인[4]

1 뉴웰 부부	2 맥앤리스	3 노블 부부	4 딜링햄 - 항공
5 노튼 부부	6 라브	7 최이순	8 네비트
9 레이니	10 파이	11 레이시 - 항공	12 루카스
13 마거릿 A.	14 G. H. 존스 부인		

⚜⚜⚜

캘리포니아, 샌 루이스 오비스포, 퍼시픽로 884
1937년 3월 8일, 월요일, 11시 45분

친애하는 톰에게,

토요일 오후 8시 30분에 발송된 소중한 밴의 편지를 일요일 오후 3시 20분에 받아보았어요! 편지가 도착하는 데 21시간도 안 걸리니 아주 멀리 떨어져 있다고 느껴지지 않네요. 그리고 나는 사랑하는 그녀의 침대 바로 옆에서 당신과 함께 마음속으로 그녀를 지켜보고 있으며, 그녀가 다시 건강해질 수 있으리라는 믿음을 가지고 끊임없이 기도하고 있어요. 수술에 관한 전보를 기다리고 있어서, 열차가 출발하기 직전까지는 이 편지를 보내지 않을 생각입니다. 나는 무소식이 희소식이라는 말을 기억하고 있으니, 당신은 나에게 신경 쓰지 않아도 되긴 하지만 그래도 계속 연락을 줄 것이라 믿고 있어요.

밴 박사님은 내게 큰 위안이 돼요. 그가 설명해주어서 우리는 상황의 심각성과 당신이 얼마나 많이 걱정하고 있을지를 알게 되었어요. 정말 예상치 못한 일이지만 그 눈 오던 날 위치타에 당신이 머무르고 있어서 정말 다행이에요! 이는 모두 하나님 아버지의 사랑스러운 자녀인 당신들을 위한 그의 계획 안에 있는 것이라고 믿습니다. 진 월터를 위해 의사들이 한 일을 생각해볼 때, 그들은 훌륭한 의사임이 틀림없어요. 진 월터는 살아 있는 증거예요! 당신은 그곳에서 같은 정신을 가진 이해심 많은 그리스도인 친구들에게 둘

---

4 편지 하단에 수기로 적혀 있다.

러싸여 있어요. 주저하지 말고 그들에게 기대어 어떤 인간적인 도움이든 구하세요. 진은 당신도 아시다시피 능력과 분별력과 도움의 집합체이며, 밴을 사랑하는 또 한 명의 이화 자매이니 아낌없이 도와줄 거예요. 나도 그곳에 있고 싶은데 이렇게 멀리 떨어져 있으니 무력감을 느껴요. 그녀가 나를 필요로 하거나 내가 무엇이든 할 수 있는 게 있다면 꼭 알려주세요. 곧장 그곳으로 갈 수 있어요.

지금 밴에게 짧은 편지를 쓸게요. 아마도 아직은 그녀에게 읽어줄 수 없겠지만, 어쨌든 보내고 싶어요. 당신이 편지를 읽어보고 전하고 싶은 내용을 판단해 그녀에게 전해주세요. 어제 그녀의 편지는 나를 무너뜨렸지만, 오늘은 괜찮아질 것이라는 확신을 갖게 되었어요. 나는 그녀와 당신이 "우리를 사랑하시는 이로 말미암아 넉넉히 이길"[5] 것을 믿어요. 감정이 북받쳐 잘 표현할 수 없네요. 하지만 그녀를 사랑하고 돕고 싶은 마음에 있어서 내가 당신과 같은 마음임을 잘 알고 계시겠지요.

당신의 누이,
앨리스

동봉된 편지를 읽어보세요.

⚜ ⚜ ⚜

샌 루이스 오비스포
1937년 3월 8일

내 사랑,

이 편지를 읽고 싶은 상황은 아니겠지만, 그래도 쓰고 싶어요. 소중한 당신의 편지가 약 20시간 30분 만에 도착한 것을 생각해봐요! 그 편지가 마치 당신처럼 느껴졌기에, 항상 간직할 거예요. 당신은 언제나 매우 용감하고, 승리에 대한 믿음과 평화로 모든 것을 맞이하네요. 당신을 위한 많고 많은 기도가 응답을 받을 것이고, 응답받고 있는 중이며,

---

5 로마서 8장 37절.

놀라운 치유가 당신에게 임할 것을 믿으며, 나는 매 순간 당신과 함께하고 있어요. 그리고, 내 사랑, 내가 4월 초에 위치타에 가게 되면 마침내 함께 오하이오로 여행을 하며 당신을 돌봐줄 수 있을 거예요. 내가 당신을 돌봐주고 싶어 한다는 것과 지금 바로 당신에게 달려가고 싶어 한다는 것을 알고 있지요. 하지만 내가 지금 그곳으로 가면 그곳에 있는 친구들에게 신경 써야 하는 사람이 하나 추가될 뿐이라는 것을 알기에, 나는 이곳에서 내 일에나 신경 쓰고 있네요.

치과의사는 오늘 내 이를 뽑지 않고 브리지를 먼저 만들고 있어요. 토요일 밤 밴 부인과 나는 구세군의 바Joseph Barr(1870~1942) 사령관이 하는 강연을 들으러 갔지요. 그가 우리를 보고 깜짝 놀라지 않겠어요! 그가 저녁 내내 내가 훨씬 더 많은 것을 알고 있다며 나를 계속 언급해서 당혹스러웠어요. 그는 미스 어윈Ada Jane Irwin(1896~1965)이 준비한 좋은 슬라이드를 보여주었어요. 가난한 군중이 보이더군요. 나는 구세군이 한국에서 한 일에 대해 짧게 감사를 표했어요. 그는 여기 샌 루이스에서 살고 있어요.

슬리퍼 부인은 이화에 갈 준비가 다 된 것 같아요! 내 "점잖은" 질문지에 "담배도 술도 하지 않는다", "집안일 하는 것을 좋아한다"와 같이 모범 답안을 제시했어요. 나는 당신이 병원에 있다고 썼는데, 그녀는 이렇게 답했어요. "홉스 부인이 병에 걸리셨다니 안타깝습니다. 여기 있을 때 매우 피곤해 보인다고는 생각했습니다만, 그럼에도 정말 유쾌하고 밝은 성격을 갖고 계셨습니다!" 우리 모두 그렇게 말하지요. 나는 슬리퍼 부인의 서신을 이화에 보냈고, 그들이 그녀를 받아주길 바라고 있어요.

해리스 부인은 교회 뒤로 이사했어요. 밴버스커크 박사님이 그곳에서 머물렀었죠. 메리 앨리스가 토요일에 엡워스 연맹 총회를 위해 왔어요. 밴 박사님은 그녀를 보고 반가워했고, 그 부인은 그녀에게 약간의 옷감을 보냈어요.

어제 저녁 이곳에 꽤 재미있는 연사가 왔어요. 『퍼시픽 크리스천 애드버케이트』의 편집자인 밀스 박사였지요. 그와 모임 후에 저녁을 함께했어요.

내 소중한 사람이여, 안녕. 뭔가를 해야만 했기에 당신에게 편지를 썼어요. 아직은 내 편지에 신경 쓰고 싶지 않겠지만, 나중에 이 편지들이 당신을 즐겁게 할 수도 있겠지요. 전보가 안 되니 우편으로 보낼게요. "나의 마음과 당신의 마음"—우리는 무슨 일이 있어도 항상 함께예요.

사랑을 담아,
앨리스

⚜ ⚜ ⚜

샌 루이스 오비스포
1937년 3월 24일

내 사랑,

일요일에 진이 보내준 편지가 큰 힘이 되어서, 오늘 음산하게 비가 내리는데도 불구하고 "내 영혼에는 햇살이 가득 찼어요." 병원에서 내가 그랬던 것처럼, 당신도 의사들이 잘 해내고 있다고 말할수록 오히려 상태가 더 나빠진다고 느낄지도 모르겠군요. 하지만 의사들은 당신이 잘 회복하고 있다는 것을 알고 있으며, 우리도 당신을 위해 열심히, 열심히 밖에서 노력하고 있어요. 내 사랑이여, 2주 후에는 우리가 함께할 거예요. 당신이 꼭 건강해져야 우리가 여러 곳을 즐겁게 다닐 수 있어요. 위치타 이후의 일정은 아직 정해지지 않았으니, 우리가 함께 계획을 세우면 될 것 같아요. 내 여동생들은 내가 이런 말을 하면 싫어하겠지만, 어쩐지 내가 먼저 당신의 것이 된 것 같아요.

메리언이 집에 왔다니 정말 기뻐요. 그녀를 만나면 무척 좋을 거예요.

나는 잡다한 업무들을 대부분 끝냈고 이제 떠날 준비가 거의 다 되었어요. 토요일이었던 어제는 이곳의 오래된 임무를 마치는 데에 시간을 보냈어요. 어젯밤에는 가족들에게 으깬 땅콩 당과를 얹은 아이스크림을 대접했어요. 당과는 당신의 결혼식 만찬에서 사용하기로 되어 있었던 것인데, 그 안에 코코넛이 들어 있었지요, 기억나나요?

진이 나를 대신해서 당신에게 꽃다발을 사줄 거예요. 내 부활절 선물이에요. 건강을 회복하고 있는 만큼, 이 시간이 당신에게 아주 소중한 시간이 되기를 바라요. 그리고 부활절이 기쁨으로 충만하기를 바라요. 정말 기뻐요. 나는 마거릿과 함께 있을 예정인데, 우리가 참석할 수 있는 아름다운 교회와 예배를 찾을 수 있으면 좋겠어요. 아직 정말 좋은 곳에 가본 적이 없거든요. 일요일 오후 1시에 하는 포스딕 박사의 방송은 여전히 최고예요. 듣고 있는 동안 마음으로 그를 그려볼 수 있으며, 아름다운 교회도 상상할 수 있지만, 역시 직접 경험하고픈 마음이 커요.

아무리 힘들어도, 우리가 당신을 위해 기도하고 있으며 하나님은 우리가 아는 것보다 더 좋은 방법으로 응답해주시리라는 것을 기억하기 바라요.

이정애가 새 기숙사 사감이 되어서 활란이 기뻐하고 있을 거예요. 숙소 건립을 위해 남부인들이 7,000달러를 기부하기로 했다는데, 속히 송금되어 공사가 즉시 시작될 수 있기를 바라고 있어요.

밴 박사님이 나에게 목요일 밤 성찬식에서 자신을 보조해달라고 요청하셨어요. 한국 감리교회의 공로를 인정하는 의미라고 하시더군요. 그들은 무관심이라는 큰 장벽에 맞서 열심히 일하고 있어요. 우리는 사람들이 관심을 갖고, 부활절 아침에 교회에 많이 나오기를 기도하고 있어요. 당신이 회복되고 있다는 소식이 내가 가장 듣고 싶은 소식이니 꼭 그 소식을 들려주세요.

당신의 오랜 친구,

A.

1938년

한국 서울 이화여전
1938년 5월 9일

친애하는 고향 친구들에게,

아주 긴 여행을 마치고 마침내 한국에 돌아왔습니다. 태평양을 건널 때마다 이 대양이 얼마나 광활하고 동서양 사이를 크게 분리시키고 있는지 새삼 다시 깨닫습니다. 오랫동안 이곳의 일들에 익숙해져 있었음에도 불구하고, 나는 지금 전혀 다른 세상, 산소도 없고 인간이 살아가기 어려운 다른 행성, 아마도 화성 같은 곳에 온 듯한 느낌이 듭니다. 얼마나 빠르게 변화하고 있는지, 믿기 어려울 정도입니다. 정부는 삶의 모든 영역에 영향을 미치는 국유화 정책을 매우 만족스러워하고 있으며, 같은 방식으로 통치되는 다른 나라들에서 볼 수 있는 모든 요소가 지금 여기에서도 막강한 영향력을 행사하고 있습니다.

그럼에도 우리 캠퍼스는 어느 때보다 더 아름답습니다. 변치 않는 언덕들이 여전히 우리를 내려다보고 있고, 진달래, 병꽃나무, 조팝나무, 라일락 등 사랑스러운 나무들이 두려움 없이 꽃을 피우고 있습니다. 나에게 미소 짓는 학생들의 모습, 그리고 이화나 다른 곳에서 일하고 있는 동료들의 다정한 인사가 다시 고향으로 돌아왔다는 확신을 줍니다. 거의 매일 저녁 이런저런 친구들의 초대를 받으니, "음식을 먹으면서" 공동체로 돌아가고 있습니다. 내가 받은 가장 사랑스러운 환영 중의 하나는 음악과 교수진이 마련한 음악회였습니다. 한국 장로교 목사의 아들로 스위스 취리히대학에서 박사학위를 받은 계박사는 뛰어난 바이올린 선생으로서 음악회를 기획하고, 브람스와 모차르트의 아름다운 소나타 두 곡을 연주했습니다. 그는 종종 나와 독일어로 대화를 나누며, 내가 독일 음악을 좋아한다는 것도 알고 있습니다. 또 다른 독주자는 캐나다에서 연합교회 친구들의 후원으로 교육을 받은 아름다운 젊은 여성, 미스 유부용이었습니다. 이어서 매우 아름다운 여성 합창이 있었고, 학생들이 창작곡도 한 곡 불렀습니다. 우리 학교에는 현재 약 400명의 학생이 있으며, 모든 것이 아주 질서정연하게 진행되고 있습니다. 이번 주에 이틀 동안 우리 학교를 방문하여 모든 세부 사항을 점검한 정부 조사관조차도 생소하게도 긍정적인 평가를 내렸습니다.

이곳에 도착하기까지의 여정에 대해 좀 더 이야기하고 싶습니다. 프레지던트쿨리지호를 타고 한 항해는 지금까지의 경험을 통틀어 가장 즐거운 여행 중의 하나였습니다. 승객들이 많지 않아 나만의 객실을 배정받았고, 좋은 날씨와 유쾌한 동행자들 덕분에 다소 우려했던 것과 달리 즐거운 여행이 되었습니다. 원래 계획했던 것보다 글 쓰는 방에 더 오랜 시간 앉아 있었는데도, 여러분의 편지에 아직 답장을 많이 하지 못했습니다. 여러분의 친절한 편지를 너무나 기쁘게 받았는데도 말입니다. 요코하마에서 두 명의 이화인을 만났는데, 한 명은 그곳에서 음악을 공부하고 있었고 다른 한 명은 작년에 오리건에서 만났던 최이순이었습니다. 둘 다 우리 학교 교사였고, 지금은 일본어를 배우고 있습니다. 도쿄 아오야마에서는 피츠버그에서 온 우리 WFMS 사람들인 미스 스프롤스와 미스 줄리엣 녹스를 만났는데, 이들은 다음 날 배를 타고 미국으로 떠났습니다. 나는 고베에서 하선해 친절한 친구들의 도움으로 세관을 통과했습니다. 웰즐리대학 친구인 K. 패닝을 그곳에서 만나 함께 즐거운 일요일을 보냈습니다. 그다음 날에는 아름다운 일본 내해를 따라 배를 타고 이동했으며, 연락선에서 하룻밤을 보낸 후 부산에 도착했습니다. 부산의 부두에서는 소중한 친구인 홉스 부인과 그녀의 남편을 만났습니다. 작년에 우리 곁을 떠날 뻔했던 그녀가 한국에 있는 집으로 돌아와 다시 건강하게 지내고 있다는 사실이 믿기지 않습니다. 이렇게 좋은 친구와 함께 있다 보니 어느덧 새벽 1시 35분이 되어 있었습니다. 서울에 도착했을 때, 나는 역을 가득 메운 친구들의 품에 안겼습니다. 친구들이 도착하거나 떠날 때 역으로 마중 나오는 것이 동양의 관습인데, 여행자에게는 확실히 즐거운 일입니다. 역 밖에는 모든 이화의 학생들이 줄지어 서 있었는데, 내가 떠날 때와는 달리 교가를 부르지 않았습니다. 교가는 번역되어서 지금은 국어[일본어]로만 불러야 하기 때문이었습니다. 그들의 환영하는 미소는 내가 얼마나 큰 기대에 부응해야 하는지를 다시금 느끼게 해주었습니다.

우리의 새 숙소는 아직도 단단한 바위 위에 파놓은 구덩이에 불과하지만, 가을에는 이사할 수 있게 되기를 바라고 있습니다. 여섯 명의 미국인 교원들에게 편안한 보금자리가 될 것입니다. 내가 건축 일을 다시 맡게 된 것은 자연스럽게 느껴지며, 그 일을 즐겁게 하고 있습니다. 지금의 내 방은 예전에 사용하던 방 옆에 있으며, 우리 "펜트하우스"에 있는 음악 연습실입니다. 산과 푸른 계곡과 빛나는 강이 보이는 전망은 비할 수 없이 아름답습니다.

이화여전에서의 일은 내게 그 어느 때보다도 중요하게 느껴집니다. 기독교학교의 수가 줄어들면서 새로운 문제들과 더 큰 책임이 생겼습니다. 학생들은 정신을 바짝 차리고, 우리가 줄 수 있는 최고의 교육을 받고자 노력하고 있습니다. 김활란 박사는 용기와 품위를 지키며 필요한 조정들을 해냈습니다. 큰 문제들은 실무진의 정신을 지치게 하는 사소한 일들을 잊게 해주는 역할도 하는 것 같습니다. 덕분에 교수진 사이에서도 새로운 단합과 헌신의 움직임이 보입니다. 이 상황에서 내가 어떻게 기여할 수 있을지 지금은 알 수가 없습니다. 그러나 시편의 말씀은 내게 그 어느 때보다 더 깊은 의미로 다가오고 있어, 한국에 도착한 지 며칠 안 되었는데도 모든 사람을 끌어당기시는 하나님의 영원하신 사랑을 새롭게 깨닫고 있습니다. 영적인 힘이야말로 우리에게 필요한 것이며 우리의 자신감이니, 지금 우리를 위해 꼭 기도해주십시오.

충심을 다해,
앨리스 R. 아펜젤러

1939년

1939년 11월 14일

미스 샐리 루 매키넌
미국, 테네시, 내슈빌
닥터스 빌딩

친애하는 미스 매키넌께,

이 편지는 우리의 요청 사항에 관해 당신이 9월 7일자 편지에서 질문한 내용에 대한 답변입니다. 학교를 유지 · 관리하고 지금까지보다 좀 더 좋은 기독교대학으로 발전시키기 위해 우리가 필요로 하는 것들을 이해해줘서 대단히 감사합니다. 말씀하신 대로, "생활비와 급여가 상승함에 따라 일류 교수진을 유지하려면 학교가 매년 더 많은 재정을 확보하는 것이 절대적으로 필요하다는 것을 잘 알고 있습니다." 고국에 있는 우리 임원들이 이 문제를 인식하고 계신다는 사실이 우리에게는 매우 중요합니다.

최근 파이퍼 부인Annie Maria Merner Pfeiffer(1860~1946)이 이화에 기부해주신 25,000달러가 큰 힘이 됩니다. 우리는 올 한 해를 헤쳐나가기 위해 여러 가지 방법으로 노력했는데, 확실한 추가 수입을 갖게 되어서 부담을 덜고 마음도 든든해졌습니다.

동봉한 재무제표를 보시면, 부인회가 연간 12,000엔, 즉 현금 7,200엔과 선교사 두 명의 급여 4,800엔을 현재까지 수년간 지원해주셨음을 확인하실 수 있습니다. 하지만 실제로는 미스 대머런과 메이너 부인Velma Hartly Maynor(1888~1979)이 미국으로 돌아간 후, 미스 모크Mary Vic Mauk(1897~1960)가 부임하면서 현재는 선교사 한 명의 급여만 지급되고 있습니다.

이 남은 한 자리에 대해, 당신도 잘 아는, 그리고 우리에게도 절실히 필요한 두 명의 훌륭한 젊은 여성, 미스 최예순과 미스 김상순을 추천드리고자 합니다. 미스 트록셀이 결혼하여 소퍼 부인이 된 이후, 우리는 미스 최가 종교교육 분야에서 우리와 함께 일하게 되기를 더욱 간절히 바라고 있습니다. WFMS가 미스 레나 내프Lena Knapp(1892~1977)를 파견하기로 결정한 것에 대해 기쁘게 생각합니다. 그녀의 미국에서의 경험이 이화뿐만 아니라 우리의 모든 일에 매우 귀중한 자산이 될 것입니다. 미스 레나 내프와 미스 최는 우리 전문학교에서 훌륭한 팀을 이룰 것입니다.

미스 김은 오랫동안 우리 전문학교에서 비공식적이지만 필수적인 역할을 해온 보육학교에 매우 필요한 인재입니다. 남감리회 선교부는 특히 몇 년 전 미스 하워드Annie Clara Howard(1895~1995)를 파견함으로써 이 분야에 큰 기여를 한 바 있습니다. 이제 이 보육학교는 김상순을 임명해 운영을 더욱 안정적으로 지속하고 확대해나가려 합니다. 아시다시피 미스 브라운리는 이제 이화보육학교에 있는 유일한 선교사이고 은퇴가 몇 년 남지 않았습니다. 미스 김의 뛰어난 전문성과 강한 기독교적 영향력은 이곳에서 좋은 평가를 받았을 뿐만 아니라 미국에서도 좋은 인상을 주었다고 들었습니다. 남감리회 선교부 또한 이 두 한국인에게 특별한 훈련을 제공하고, 매우 궁핍한 두 곳에서 일할 수 있게 돕는 것을 자랑스럽게 여길 것입니다.

만일 메이너 부인이 복귀할 준비가 된다면, 언제든 그녀는 이화에서 소중한 자리를 갖게 될 것입니다. 모든 선교사 중에서도 그녀와 미스 트록셀은 가장 뛰어난 종교적 지도력과 상담 능력을 지닌 분들이었기에, 우리는 그녀의 복귀를 간절히 바라고 있습니다. 나는 감리회가 메이너 부인에게 돌아올 기회를 주리라고 믿습니다!

연간 7,200엔의 현금 지원에 관하여, 우리는 10% 인상한 7,720엔으로 지원금을 올려주시기를 정중히 요청합니다. 남감리회 선교부의 집행위원회가 이미 회의를 마쳤으나, 그동안은 메이너 부인이 회의에서 우리를 대변해왔던 터라 우리가 이 요청을 관철하는 데 소홀했습니다. 그러나 나는 위원회가 이 문제를 긍정적으로 검토할 것이라 확신하고 있으며, 1941년도를 위한 이 요청 사항, 즉 현금 지원 10% 인상과 선교사 한 명 대신 한국인 두 명의 급여 지급을 승인해줄 것이라고 믿습니다. 특히 미스 김은 4월 개학에 맞춰, 미스 최는 여름에 각각 복귀할 예정이므로, 1940년도 안에 이들의 급여 지급이 확정되어야 합니다.

지난 2년 동안 네 명의 선교사, 미스 스토버, 미스 대머런, 메이너 부인, 미스 트록셀이 떠나면서 큰 공백을 겪고 있었지만, 다행히 메리 빅 모크가 우리에게 왔습니다. 물론 그녀가 네 분의 빈자리를 완전히 채울 수는 없겠지만, 그녀는 자신만의 멋진 재능들—높은 수준의 전문성, 효율성과 자발성, 그리고 우리가 지금까지 경험한 선교사들 중 가장 따뜻한 성품—을 지니고 왔습니다. 그녀는 우리의 가정생활에 많은 것을 의미하며, 우리는 행복한 교제의 날들을 기대하고 있습니다.

쓰고 싶은 이야기가 많지만 다음 편지에 쓰겠습니다. 우리는 모두 잘 지내고 있습니다. 어제는 채플에서 가가와 박사의 강연을 들을 수 있는 뜻깊은 시간을 가졌습니다.

김 박사가 나에게 이러한 공식 서한들을 써달라고 요청했기에 둘이 함께 서명하겠습니다. 그녀가 더 무거운 짐을 짊어지고 있는 만큼, 내가 조금이라도 도울 수 있어서 기쁩니다.

충심을 담아,
앨리스 R. 아펜젤러, 명예교장
김활란, 교장

한국 서울 이화여전
1939년 11월 22일

친애하는 고향 친구들에게,

최근 우리 학교의 가장 큰 행사는 가가와 박사가 방문한 것이었습니다. 그는 우리 채플에서 우리와 연희전문학교 남학생들에게 훌륭한 강연을 해주었습니다. 그는 동양의 관습대로 "대접"을 받거나 진수성찬을 받는 것을 사양하고, 여행과 생활에서 극도의 단순함을 실천했습니다. 가난하고 고통받는 사람들과 함께하고 그들을 이해하고 싶어서라고 합니다. 훌륭한 그리스도인인 그를 마침내 만날 수 있어서 기뻤습니다. 일요일 오후에는 우리 서울유니언교회(영어예배)에서도 좋은 설교를 해주었습니다. 전에 편지에 썼던 것 같은데, 남동생 헨리는 올해 목사가 되었고 나는 지난 몇 년간 음악위원회의 회장을 맡고 있습니다.

이번 생일에 나는, 과거에(특히 20대에!) 느꼈던 나이 드는 것에 대한 예상이 주는 아픔을 느끼지 않았습니다. 모두가 아주 친절하고 따뜻하게 축하해주었고, 학교와 다른 가족들이 많은 위안을 주어서 모든 축복에 감사할 따름입니다. 이 비참한 세상에서 내가 왜 이렇게 많은 것을 가져야 하는지 알 수 없지만, 그것을 신임으로 받아들이고 하루하루 나에게 주어지는 일들을 해나가려 합니다. 이 일들에 대해 모두 말씀드리면 그 다양성에 흥미를 느끼실 것이며, 인생은 결코 단조롭지 않다는 것을 알게 되실 것 같습니다.

재미있는 경험을 했던 이야기를 하나 해드릴게요. 단풍이 최고로 아름다운 때에 마음이 현혹되어 이틀 동안 아름다운 금강산에 갔었는데, 순간적인 열정에 사로잡혀 1,800m 가량의 가장 높은 봉우리에 오르기로 했습니다. 이미 올라가는 길에 있었는데, 마지막 네 시간은 끔찍하게 가파른 오르막길인 데다 왕복 32㎞가 넘는 거리였습니다. 우리는 산꼭대기에 있는 큰 산장에서, 남자가 대부분인 100명이 넘는 등산객들과 함께 바닥에 누워 밤을 보냈습니다. 바람이 휘몰아쳤지만 담요 덕분에 따뜻하게 지낼 수 있었습니다. 아무 준비도 없이 왔던 터라, 아침 5시에 일어나 제공되는 간단한 일본 음식을 먹은 후 일출을 보기 위해 6시에 밖으로 나갔습니다. 동해에서 떠오르는 태양은 찬란했고, 우리의 여름 휴가지인 화진포를 비롯해 긴 해안선과 주위에 있는 낮은 산봉우리들을 볼 수 있었습니다. 산에서 내려오는 데 여섯 시간 정도 걸렸고 3시에 기차를 타고 밤 10시 30분에 서울로 돌아왔습니다. 늙은 소녀에게는 상당한 곡예였으며, 그것을 해내서 기쁘기는 하지만 다시 시도하지는 않을 것입니다.

올해 성탄절 계획은 정말 멋있습니다. 곧 학교 활동이 시작될 것이며 우리 이화의 성탄절은 그 어느 때보다 더 멋질 것이라고 생각합니다. 나는 관리인들과 도우미들, 그리고 그들의 가족을 위한 파티를 책임지고 있습니다. 그들이 모든 것을 너무 즐거워해서 나는 그들과 함께하는 것이 정말 좋습니다. 그리고 12월 내내 우리 캠퍼스에는 성탄절 음악이 울려 퍼질 거예요. 라디오는 없지만, 주님께 드리는 즐거운 소리를 우리 스스로 만들어 내는 기쁨을 누립니다. 홉스(에드나 밴플리트와 남편 톰인데, 톰은 아내의 자매들에게 하도 잘해서 토미 트래들스라는 별명을 가지게 되었습니다) 부부가 집에서 여는 성탄절 전야 파티에 우리를 초대했습니다. 우리는 일요일에 영어 교회 예배를 드린 후 저녁에 가서, 성탄절 날 만찬 때까지 머물 것입니다. 중간에 가족들과도 만나기로 했고, 그들과 함께 밤에는 언더우드네의 만찬에 갈 것입니다. 이들은 1880년대부터 아버지 대에서 시작된 전통을 이어오며, 늘 오래된 친구들과 크리스마스 만찬을 함께한다는 것을 아시죠. 석탄을 아끼기 위해 겨울방학을 길게 갖기 때문에, 아서 무어Arthur James Moore(1888~1974) 감독님이 선교 집회를 여시는 며칠을 제외하고는 1월 18일까지 자유롭게 지낼 수 있습니다. 이웃 나라로 여행을 떠나는 사람들도 있지만, 나는 집에 머물면서 재충전하려고 합니다. 어느 친구가 내게 충고하려고, 한 무절제한 골퍼의 이야기를 해주더군요.

"너는 비 오는 날이 되면 아무것도 쌓아놓은 것이 없을 거야!"

"아," 그 골퍼는 대답했습니다. "넌 내가 비 오는 날을 위해 이미 얼마나 많이 쌓아두었는지 봐야 해!"

여러분 각자의 마음과 가정에 기쁨과 평화가 가득한 성탄절을 기원하며, 천사들의 메시지가 이 어두운 세상에 울려 퍼지길 기도합니다.

충심을 다해,
앨리스 R. 아펜젤러

1939년 11월 27일

기념 선물로 적합한 항목
(특별히 필요한 순서가 아니라, 선택하기 좋은 순서로 정리)

I. 교직원 두 명의 급여(매년 한 명당 420달러씩). 이것은 오랫동안 WFMS에 요청해온 것입니다. 현 재직자들은 훌륭하고 훈련을 잘 받은 여성들로서 지금 여기에서 일하고 있습니다.

(1) 미스 김애마, 이화보육학교 학감. 이화여전과 일리노이주 에번스턴에 있는 내셔널 교육대학 졸업생. 일을 매우 잘함. 그녀의 아버지는 한국감리교에서 최초로 안수받은 목사 중 하나였고 내 아버지의 친구였습니다.
(2) 미스 김영의, 역시 2세대 기독교인으로, 어머니는 감리교 전도부인. 이화여전 음악과와 뉴욕 줄리어드음악학교 졸업생. 유학 전에도 몇 년 동안 이화에서 가르쳤으며 지난여름에 막 돌아왔습니다.

이들에게 제공되는 급여는 그들의 능력과 헌신에 비하면 부족한 금액이지만, 지역 화폐 가치로 보면 조금 많아 보일 수도 있습니다. 그렇지만 우리 학교의 급여 수준은 이 땅의 어떤 대학보다 낮습니다. 급여를 지원받지 못해 제한된 예산에서 겨우 마련하는 경우도 있습니다. 가사과장 고 에블린 박사와 종교교육부 부장 그레이스 박 장 부인도 그런 경우입니다. 모두 자신의 분야에서 막중한 업무를 수행하는 훌륭한 사람들입니다.

Ⅱ. 펜실베이니아, 필라델피아, 북브로드로 6701에 주소를 두고 있는 재미협동위원회 회계인 J. W. 매슬랜드 부인Mrs. John Wesley Masland(1879~1965)을 통해 이화여전에 기부금을 일시불로 전달하실 수 있습니다. 세금 공제 혜택을 받기 원하는 경우, 현지 교회의 WFMS 부회장을 통해 이화여전 지정 기부금으로 보내면 됩니다. 이러한 기부금은 특정 사업을 기념하는 자금으로 사용할 수 있으며, 이미 여러 차례 비슷한 방식으로 기부가 이루어져 우리의 기금에 합쳐졌습니다.

추천 기부 사업:

(1) 종교교육 예산(급여 지원은 아님)

(2) 캠퍼스 환경 개선 사업(지면 개량, 나무 심기 등). 이 중요한 사업은 아직 지원을 받지 못했습니다. 이 분야의 훌륭한 전문가인 호주 선교사가 일해주고 있지만, 쓸 수 있는 돈이 부족하여 계속 어려움을 겪고 있습니다.

(3) 긴급 지원 기금. 질병이나 추가적인 대접, 예기치 않은 출장 등 예상하지 못한 필요를 돕고 처리하기 위한 기금이 있으면 좋겠습니다.

(4) 도서관 기금. 살아 있는 대학에서는 지속적으로 도서가 필요하지만, 도서 구입은 눈에 띄지 않는다는 이유로 종종 후순위로 밀립니다. 그러나 도서관이 책을 사지 못하는 것은 대학을 굶어 죽게 합니다. 도서관 기금으로 지정된 모든 기부금을 환영하며, 이 돈으로 구입한 책에는 기부자의 이름을 남길 수 있습니다. 특정 관심 분야의 도서를 지정하여 기부할 수도 있습니다.

Ⅲ. 건물과 장비 지원. 내년 봄 1년 과정의 가사전수과가 새롭게 개설되면서 약 100명의 학생이 추가로 입학할 예정입니다. 이에 따라 시설 확충과 개선이 필요합니다.

A. 교실 하나를 요리 실습실로 개조. 최소 1,000엔 혹은 400달러.

B. 재봉 실습실을 위한 개조. 위와 같음.

C. 연습용 피아노와 오르간 추가 구입. 지금은 이를 위해 빚을 지고 있는데, 계약이 만료될 때 갱신할 수 있도록 피아노 한 대 혹은 그 이상을 위한 기금을 보내주신다면 소중한 기념물이 될 것입니다.

앨리스 R. 아펜젤러

이화여전

⚜⚜⚜

1939년 이화여전에서의 성탄절

한국 서울
1939년 12월 22일

친애하는 친구들에게,

우체부가 언덕을 넘어 가져온 중고 크리스마스카드 상자 90개 중 하나가 축복받은 계절이 가까웠다는 것을 다시 알려주기 위해 당신이 보내신 것이었나요? 그 카드들이 얼마나 많은 행복을 가져다주었는지 알게 되면 기뻐하실 것이라고 확신합니다. 카드는 하나도 남지 않았고, 더 있었다면 더 사용했을 것입니다. 색색의 그림이 그려진 예쁜 카드들, 특히 사랑받는 성탄절 이야기가 그려진 카드들은 이곳에서 거의 구할 수 없습니다. 그래서 먼저 교직원들이 각자 다섯 장의 카드를 가져가게 했습니다. 그 후 학생들 차례가 되었는데, 서로 가져가려고 얼마나 열심히 달려들던지요! 영어 회화 수업에서 성탄절 풍습에 대해 가르칠 때 그 카드 몇 장을 사용했는데 학생들이 정말 좋아했습니다. 많은 카드는 이화 학생들이 가르치는 주일학교들에 가져가 나누어주었습니다. 그리고 나머지는 어제 오후 전문학교와 보육학교의 모든 교직원과 학생들이 어려운 이웃들에게 행복한 성탄절을 만들어주는 즐거운 일을 하러 갔을 때 함께 나누어주었습니다.

그들은 약 300엔을 모아 거처할 집조차 없는 매우 가난한 사람들을 위한 쌀을 사는 데 거의 사용했습니다. 수백 명의 가족이 비바람을 피할 수 있는 산비탈에 구멍을 파고 바닥에 짚을 깔고 그 위에 초가지붕을 만들어, 그곳에서 혹독한 겨울을 납니다. 쌀, 따뜻한 옷, 케이크 몇 개와 장난감, 그리고 여러분의 예쁜 카드들은 이 인내심 강한 가난한 이들의 삶에 적어도 밝은 점 하나를 찍어주었습니다. 300여 명의 학생과 선생님들이 도시 곳곳에 있는 움집을 방문했습니다. 다른 50명은 병원 두 군데를 방문하여 환자들에게 노래를 불러주었습니다.

올해 내가 맡은 일은 캠퍼스에서 여러 가지 일을 하는 관리인들과 요리사들 및 그들의 가족을 위한 크리스마스 파티를 준비하는 것이었습니다. 여기에는 목수 1인, 등록된 소방관이자 기술자 1인, 야간경비원 2인, 심부름하는 소년들, 전화교환원 1인, 협동조합 상점에서 일하는 소년 1인, 청소하는 여성들이 포함됩니다. 모두 가족이 있는데, 의자가 정겹게 원으로 놓여 있는 파이퍼홀의 회의실에 오면서 얼마나 좋아하던지요. 밝게 빛나는 많은 눈들이 비밀스러운 상자들이 놓여 있는 크리스마스트리 두 개에 사로잡혔습니다. 아기를 등에 업은 엄마들, 부모들의 제지하려는 노력에도 불구하고 무대 중앙을 차지한 즐거운 얼굴의 아이들, 학교에 다녀서 차분히 앉아 있을 줄 아는 어린이들이 70명의 교수 및 학생들과 함께 모였습니다. 교수와 학생들이 준비한 프로그램은 큰 호응을 얻었는데, 마지막 순서로는 단막극을 준비했습니다. 한 가난한 꽃 파는 어린 소녀가 추운 거리에서 여러 사람에게 잔인하게 멸시당하고 있었는데, 성 니콜라스가 나타나 몰인정한 사람들을 모두 심판하고 가난한 아이에게 상을 주는 이야기였습니다. 그 후 몇몇 아이가 공연을 했고, 손님들을 위한 선물을 가지고 산타가 나타났는데, 그는 바로 우리 학교의 한국인 경리였습니다. 케이크, 과일, 보리차로 이 행복한 연례행사가 마무리되었습니다.

우리 위원회가 선물에 대한 계획을 세우려고 모였을 때, 우리는 1인당 50센(약 12센트)으로 살 수 있는 물건이 너무 적다는 것을 알고 놀랐습니다. 따뜻한 장갑, 양말, 목도리 등 기존에 계획한 생필품들은 엄두도 낼 수 없었습니다. 장난감은 가격 대비 가치가 낮아 배제되었습니다. 그래서 안타깝게도 학생 한 명당 연필 세 자루와 종이 몇 장, 성인 한 명당 현지에서 만든 세탁비누 한 개, 아기 한 명당 작은 수건 한 장으로 선물 목록이 정해졌습니다. 여기에 선생님들이 주는 선물—아이들 양말, 작은 장난감 몇 개, 약간의 실타래, 각 가족을 위한 종교화 하나씩, 미스 대머런이 보내준 성경책과 찬송가 열 권—그리고 여러분의 카드 몇 장이 추가되었습니다. 내년에는 카드와 면이나 모직 천 조각들, 실타래 일부(되팔 수 없도록 완전한 실뭉치가 아닌 상태) 및 작은 중고 장난감들을 보내줄 수 있을는지요? 포장지에 "상업적 가치 없음"이라고 표시하고 연중 언제든지 보내주십시오. 그런 물건들은 그것을 나눠줄 이화 학생들과 그것을 받을 사람들에게 성탄절의 즐거움을 한껏 더해줄 것입니다.

1939년에 무슨 성탄절이냐고요? 세상에 평화와 선의가 거의 사라져서 천사들의 노래가 잊힌 것 같은데요? 가혹한 경제가 지배하고, 화려함과 색채는 눈살을 찌푸리게 하며, 크리스마스트리는 판매도 되지 않는 이 "히조지"(평소와 다른 시기)에 말이지요? 우리는 마침 스케이트장을 만들려고 한 곳을 정리하게 되었는데, 그곳에서 잘린 소나무들을 모아 와 채플과 유치원, 기숙사, 숙소에 크리스마스트리를 평소처럼 꾸몄답니다. 지난 나흘 동안은 아침마다 채플에서 미스 라욱스가 탁월한 감각으로 준비한 활인화를 보았습니다. 빛나는 하얀 천사와 어렴풋이 반짝이는 베일에 싸인 가냘픈 마리아가 나온 수태고지受胎告知가 첫 번째 장면이었습니다. 다음 날 우리는 목자들(앞서 말한 심부름하는 소년들)이 천사 앞에서 놀라움과 경건함 속에 머리를 숙이고 있는 것을 보았습니다. 그다음에는 동방박사들(교수 세 명)의 장면이 등장했지요. 어제는 황금빛 후광에 싸인 성모가 빨간색, 파란색 옷을 입고 구유 위에 몸을 굽히고 있고, 요셉은 성모 옆에 보호하는 듯이 서 있으며, 목자들과 동방박사들은 경배하며 무릎을 꿇고 있는 장면이 펼쳐졌습니다. 미스 영이 편곡한 잘 어울리는 음악을 배경으로, 각각의 장면은 깊은 감동을 안겨주었습니다. 채플에서 그 주를 시작하며 드린 주일 예배는 노래—캐럴과 찬송가와 할렐루야 합창곡까지—로 전하는 영광스러운 메시지였습니다. 서서 귀를 기울이고 있을 때, 우리 주와 그의 그리스도를 영원히 높이는 하늘과 땅의 수많은 무리 중의 하나가 된 감동을 느꼈습니다. 그래서 1939년 이화여전의 성탄절은 우리에게 그 어느 때보다 깊은 의미를 가지게 되었습니다.

앨리스 R. 아펜젤러

1940년

1940년 4월 26일

친애하는 고향 친구들에게,

우리의 사랑스러운 캠퍼스는 활짝 핀 "개나리canary"로 물들었습니다. 개나리는 포시티아의 한국 이름입니다. 우리 학교에는 개나리가 많이 있는데, 호주 장로교 선교부의 "현명한 정원사"인 사랑스러운 맥라렌 부인이 많은 개나리와 다양한 토종 관목을 더 많이 심어 놓았습니다. 지금까지 너무 추워서, 추위에 대해 모두 알고 있다고 생각했던 뉴욕 북부 출신인 신입 레나 내프조차도 적응하기 너무 어려웠다고 말합니다! 그녀는 스스로 "내부의 추위"라고 명명한 것, 즉 편안하게 일할 수 있을 정도의 따뜻한 방이 없는 것에 대해서는 생각하지 못했다고 하네요. 우리가 난방용 불을 아주 일찍 끄는 것은 석탄이 매우 비싸고 사기 어려워서 절약을 해야 하기 때문입니다. 우리는 옷을 켜켜이 껴입고 할 수 있는 최선을 다합니다. 다행히 내 사무실에 있는 전열기가 온몸이 너무 많이 시려오는 것은 막아주고 있습니다.

미스 내프는 당당하고 모든 사람과 잘 어울리는 성격이라 벌써 인기가 많습니다. 우리의 종교교육 일을 도우면서 신학교에서 강의도 하고 있으며, 이번이 두 번째 내한입니다. 그녀는 시내에 있는 그레이하우스와 교내에 있는 영학관 두 곳에 방을 두고 생활하고 있습니다. 어떤 상황에도 잘 적응하고, 이해하고, 도와주려 합니다. 우리는 그녀와 같은 선교사들이 더 필요합니다!

이화여전은 4월 4일에 개학을 했으며 437명이라는 역사상 최다 인원이 등록했습니다. 학과별 인원은 다음과 같습니다.

문과	……	63
음악과	……	80
가사과	……	155
보육과	……	89
		387

가사전수과	……	50
합계	……	437

수년간의 노력 끝에 보육학교가 마침내 허가를 받아 3년 과정의 대학 정규 학과가 되었습니다. 많은 요청에 부응하여 1년 과정의 가사전수과도 추가로 개설되었습니다.

이 모든 학생을 수용하기 위해 교실을 마련하고 준비하는 데 많은 조정이 필요했으며, 아직도 수업 중에 톱질과 쿵쾅거리는 소리가 들리곤 합니다. 도서관은 더 많은 책을 꽂을 새 책장들을 들여놓고 있고, 보육과는 다락에 작업실을 추가했으며, 세탁 실험실도 확장 중입니다.

가사과는 그동안 필요한 만큼의 예산을 받지 못해 "제대로 된 의식주가 없는" 의붓자식 같은 처지였는데, 그럼에도 올해 다른 모든 학과보다 학생 수가 많아진 것을 보니 흥미롭습니다. 약 150명의 학생이 지원했지만 한 학년에 50명밖에 받을 수가 없는 상황입니다.

최고로 뛰어난 학생 중 한 명인 이경희가 이번 주에 연구과 피아노 연주회를 엽니다. 그녀의 연주 프로그램을 동봉했습니다. 경희와 그녀의 언니 순희는 먹을 것도 제대로 얻지 못하는 극심한 가난 속에서도 배움에 대한 열정을 놓지 않았습니다. 언니인 순희는 작곡에서 우등으로 음악과를 졸업했습니다. 경희는 언니보다 더 재능이 있습니다. 제가 가끔 여러분에게 보냈던 편지지에 그림을 그린 사람이 경희였답니다. 그녀는 할 수 있는 모든 일을 해왔고, 미스 그레이스 우드가 그녀를 도와주었습니다. 이제 경희는 학교에서 가장 뛰어난 연주자 중 한 명이며, 반주와 해먼드 오르간 연주에도 능숙합니다. 세상을 더 나은 곳으로 만들 재능 있는 젊은이들이 얼마나 많이 있는지요! 그런데 그런 기회를 갖지 못한 채 그들은 지금 무엇을 하고 있나요? 아, 이 모든 것이 너무나 안타깝습니다!

쿤스Edwin Wade Koons(1880~1947) 박사와 내가 지금 편집하고 있는 『코리아 미션 필드』 2호가 인쇄소로 넘겨졌고, 6월호의 자료도 준비 중입니다만 아직 인쇄할 준비는 되지 않았습니다. 바쁜 선교사들에게서 온 다양한 소식을 모아 원고를 만들어야 하고, 여러 번 교정해야 합니다. 우리는 많은 짤막한 정보—"플래시"—를 잡지에 실으려고 노력하고 있으며, 이 정보들이 유용하면 좋겠습니다.

올케Ruth Noble Appenzeller(1894~1986)는 지금 캘리포니아에 있습니다. 그곳에 있는 가족 모두에게 얼마나 행복한 시간일까요! 16세가 된 캐롤Carol Ruth Appenzeller(1924~2003)

은 아버지를 잘 돌보고 있습니다. 나는 그들과 함께하는 시간을 최대한 즐깁니다.

모든 친구들에게 사랑을 전합니다.

충심을 다해,
앨리스 R. 아펜젤러

⚜ ⚜ ⚜

한국 서울 이화여전
1940년 9월 4일

친애하는 친구들에게,

여름휴가에서 돌아왔을 때 내 방에는 소포가 한가득 쌓여 있었습니다. 카드와 다른 것들을 분류하고 정리하는 것이 꽤 큰일이었습니다. 이제 여러분의 선물이 잘 도착하여, 고대하고 있는 큰 성탄절 나눔 행사를 위해 만반의 준비가 되었다는 소식을 전하려고 편지를 씁니다. 소포를 정리하다 보니 카드 몇 장이 사라졌다는 것을 알게 되었습니다. 사무실에서 일하는 한 어린 소녀가 가져갔다는 것을 알게 되었는데, 그녀를 꾸짖을 마음은 없었습니다. 카드가 한가득 쌓여 있는 모습을 본 그녀는, 이것들이 성탄절을 위해 특별히 보내진 것이라는 내 설명을 듣고 매우 놀라는 것 같았습니다. 그녀는 누구보다 그 카드들을 갖고 싶어 하는 것으로 보였기에 한 뭉치를 가져가라고 했습니다. 다른 카드들도 얼마간 같은 방식으로 사라졌는데, 아마도 그 소녀들은 카드들이 자신들을 위한 것이라고 생각했던 것 같습니다. 어쨌든 사라진 카드는 얼마 안 되지만, 여러분은 소녀들이 카드를 얼마나 갖고 싶어 하는지 짐작할 수 있을 것입니다. 소포를 보내주신 모든 분께 감사드립니다.

다른 물품을 보내주신 분들도 얼마나 큰 기쁨을 주었는지 아시면 크게 감격하실 겁니다. 요즘 매우 귀하고 구하기 어려운 면과 모직 천 조각들은 우선적으로 가사과에 보냈습니다. 선생님들은 그 옷감을 몇 분 만에 모두 분류했는데, 큰 조각들은 아동복용으로,

작은 조각들은 누빔, 아플리케 디자인, 장식용 등으로 분류했습니다. 한 상자에는 흰색 플란넬 조각들이 들어 있었는데 아기 옷을 만들려고 열심히들 가져갔습니다. 실과 실타래 모두 감사히 받았으며, 더 많아도 충분히 유용하게 사용할 수 있었을 것입니다. 화려한 포장은 멋있기는 해도, 장식, 구슬, 단추 같은 화려한 것들은 우리에게 크게 필요치 않습니다. 지금 같은 시기에는 실질적인 물건들이 훨씬 더 유용합니다.

영학관에 있는 학생 12명은 이번 겨울에 사용할 실내화를 만들기 위해 모직, 비단, 면 플란넬 조각들을 골랐습니다. 영학관의 한국인 선생님도 학생들만큼이나 기뻐하며 어느 날 밤 저녁 식탁을 치운 후 신발을 열심히 재단했습니다. 앞으로 더 큰 고급 무명 조각들을 맞추고 합쳐서 남은 조각들로 화사한 주방용 앞치마들을 만들 수 있기를 기대해봅니다. 가사과의 수공예 선생님은 수업 시간에 그 재료들과 자수실로 멋진 지갑들을 만들었다고 전해주었습니다.

여름 홍수로 많은 농작물이 피해를 입은 가운데, 최근에도 계속 비가 내리고 있습니다. 대학은 7월 20일 폭우 속에 방학을 했는데, 개학도 어제 비가 오는 가운데 했습니다. 오늘도 폭우가 쏟아져 모두 젖은 옷을 입고 앉아 있어야 했습니다. 아시다시피 우리 학교는 교외에 있고, 시내로 가는 가장 가까운 교통수단은 800m 떨어져 있는 철도입니다. 그러나 비록 하늘이 불길하게 캄캄하고 무슨 일이 일어날지 알지 못해도, 우리는 모두 개강 채플에서 충만한 감사의 마음으로 찬송을 불렀습니다.

> "내가 믿고 또 의지함은 내 모든 형편 아시는 주님
> 늘 보호해주실 것을 나는 확실히 아네."[6]

그 확신 속에서 우리는 새 학기를 시작합니다. 개강에 앞서 이틀간 유익한 교수 회의가 열렸습니다. 도움과 화합의 아름다운 정신이 넘쳤으며, 7시간 동안 진행된 회의에서 35개의 발표가 있었습니다. (우리 중 일부는 이중 또는 삼중 언어 사용자가 아니었기 때문에) 그 발표들은 통역을 거쳐야 했는데, 상담 및 지도에 관한 논의가 특히 활발하게 이루어졌습니다. 우리는 이 일이 그 어느 때보다 중요하다는 것을 실감하고 있습니다. 하루하루가 너무 소중해서 모든 순간이 즉시성을 띠고 절실히 다가옵니다. 오늘이 마지막 날인 것처럼 살아야 한다는 말을 종종 들었지만, 우리 대부분은 그 의미를 실감해본 적이 없었습니

---

6 디모데후서 1장 12절에 기초한 찬송가.

다. 그래도 지금까지는 모두 건강하고, 일상적인 업무를 행복하게 해나가고 있습니다.

사랑스러운 두 명의 졸업생이 교직원으로 다시 학교로 돌아오게 되어서 매우 기쁩니다. 미스 최예순은 1932년 야외극에서 "이화의 정신"을 보여준 아름다운 학생이었습니다. 그녀는 미국에서 4년 동안 공부하며 내슈빌에 있는 스캐릿대학에서 종교교육 학사를 받았고, 시카고대학에서 석사를 받았습니다. 미스 김갑순은 몬테발로에 있는 앨라배마대학에서 2년간 공부하여 연설과 연출법에서 학사 학위를 받았으며, 당분간 도서관에서 근무할 예정입니다. 이들은 모두 학교에 큰 기여를 할 인재들인데, 너무 힘들지 않게 잘 적응할 수 있기를 바랍니다.

행복을 기원합니다.

충심을 다해,
앨리스 R. 아펜젤러

1940년 9월 30일

웰즐리 봉사기금 귀중:

1940년에 웰즐리 봉사기금 장학금을 받은 여학생들은 모두 음악을 전공하고 있습니다. 모든 것이 저렴한 이곳에서도 음악교육은 다른 학과들보다 두 배의 비용이 듭니다. 그래서 어려운 시기에 도움을 주는 것으로 이화에서 명성이 높은 웰즐리 봉사기금이 네 명의 학생에게 학비를 지원해주고 있습니다. 그들에 대해 들은 바를 전해드립니다.

손정희("고요하게 빛남")는 4학년이고 학년대표입니다. 전공은 피아노지만 문학적 재능도 가지고 있습니다—아주 좋은 조합입니다. 작년에 전교생 시 대회에서는 1등을 했습니다. 비록 아름다운 외모는 아니지만 매력적이고 새 같은 인상을 가지고 있습니다.

고영은("지속적인 은혜")은 한국의 남쪽 제주도에서 태어났습니다. 제주도의 많은 관습은 한국 본토와 다르며, 특히 여성의 경우 은둔적인 생활을 해온 한반도 여성들보다 훨씬 자유롭습니다. 제주도 여성들은 집안의 가장 역할을 하며, 남성들이 집에 머무는 동안 밖에 나가 생계를 유지합니다. 나는 섬에서 수백 ㎞ 떨어진 한국의 서해안에서 해녀들이 하루 종일 잠수하여 식용 해초를 채취하는 모습을 종종 보았습니다. 그들은 배에 아기와 남편을 두고 물속으로 뛰어드는 건장한 아마존 여전사들입니다.

영은이의 부모는 영은이가 어렸을 때 일본에 가서 현대적인 큰 산업도시인 오사카에 정착했습니다. 그곳에서 영은이는 성공회 여학교인 풀학교를 졸업했습니다. 그 후 2년 동안 서울 근교 강화도의 감리회 선교부에서 운영하는 작은 매일학교에서 교사로 일했습니다. 마침내 그녀는 오랜 꿈이던 음악을 공부하기 위해 대학에 진학할 수 있었습니다. 그녀는 작년 학년대표로 활동하기도 했습니다.

고정희("올곧은 행복")는 2학년 대표입니다.

어후복("커다란 축복")은 3학년이고 노래에 재능이 있습니다. 그녀의 양아버지는 오랫동안 이웃 남자대학의 학과장이었는데, 최근 부당한 제지를 받아 일을 계속할 수 없게 되었습니다. 학교에서는 그를 복직시키려고 애썼지만 소용없었습니다. 그는 오랫동안 미국에서 살았고, 이 양딸에게 헌신적이며, 봉사기금이 주는 도움에 매우 감사하고 있습니다.

여러분을 위해 촬영한 이 학생들의 사진 두 장이 자연스럽게 나왔습니다. 이 사진들은 채플 입구와 음악관인 케이스홀의 정면을 담고 있습니다. 이 건물은 하루 종일 학생들로 붐빕니다. 음악을 전공하는 학생 80명과 음악 과목을 수강하는 보육과 학생 83명이 거의 모두 이곳에서 연습하기 때문에, 오전 6시부터 오후 9시까지 피아노 50대와 오르간 20대가 끊임없이 사용됩니다. 방에는 방음 처리가 되어 있고, 학생들 역시 서로 주의하지만, 따뜻한 날씨에는 열린 창문 밖으로 튀어나오는 소리가 꽤 요란합니다. 내게는 이곳에서 저녁 7시부터 9시까지 당직을 서는 차례가 수시로 돌아옵니다. 묵직한 문에 달려 있는 서리 낀 유리창의 투명한 틈새로 학생들이 쿵쾅대며 연주하거나 라라라 노래하는 모습을 엿보는 것은 재미있습니다. 그들은 열심히 공부하며, 음악 과목을 그들 자신의 삶에서 중요한 부분으로 여기고 있습니다. 그들은 종종 라디오에서도 노래하고 연주합니다. 그들이 부르는 가장 인기 있는 곡 중에는 한국 민요가 있는데, 한국 민요는 예전에는 무희들만 부르는 것으로 여겨져 천시되기도 했지만, 우리 학생들이 그 가치를 되살리고 있습니다.

작년에 여러분이 보내주신 기부금은 주로 도쿄에서 이탈리아 성악 교수에게 사사받고 있던 젊은 교수 한 명을 지원하는 데 사용되었습니다. 그녀는 내년 봄까지 그곳에서 공부할 예정이지만, 다른 경제적인 지원책을 마련했기 때문에 이제는 우리가 그녀에게 더 이상 재정적 도움을 제공하지 않아도 됩니다.

최근 해외에서 온 방문객들이 많지는 않았지만, 뉴욕에 있는 유니언신학교에서 온 헨리 밴두센 박사 부부가 다녀갔습니다. 그들은 우리와 함께 시간을 보낸 하루 동안 우리 학교에서 많은 것을 보았음이 확실합니다. 그가 많은 강연과 저서 『열방의 치유를 위해』에서 우리 학교를 긍정적으로 널리 알려주고 계신 데에 깊이 감사하고 있습니다. 기독교협회 도서관에서 이 책을 확인하실 수 있을 것입니다. 요즘 우리와 직접 만나볼 수 있는 친구들이 적어 아쉽습니다. 혹시 이곳을 방문할 계획인 분이 있다면 미리 알려주시기 바랍니다. 통찰력 있는 관광객들이 우리에게 많은 도움을 주셨습니다. 이 아름다운 캠퍼스를 마련할 수 있도록 기부해주신 분은 디트로이트의 P. H. 그레이 부인Mrs. Philip Hayward Gray(1863~1939)과 그녀의 딸들이었습니다.

세계정세는 이제 전보다 더 불길하게 우리에게 영향을 미치는 것 같지만, 그럼에도 9월 2일 대학이 개강을 했고, 다음과 같이 기쁘게 노래할 수 있어 감사할 따름입니다.

> "내가 믿고 또 의지함은 내 모든 형편 아시는 주님
> 늘 보호해주실 것을 나는 확실히 아네."

충심을 다해,
앨리스 R. 아펜젤러
명예 교장

1940년 10월 7일

J. M. 애번 부인
미국, 일리노이, 에번스턴
오링턴가 2026

친애하는 애번 부인께,

이곳에서는 너무나도 많은 일이 빠르게 진행되고 있어 협동위원회의 마지막 회의 소식을 기다리기보다 지금 바로 편지를 써야겠다고 생각했습니다.

먼저, 우리 재단을 승인해주신 전보에 진심으로 감사드립니다. 지난 10년 동안 재단 설립을 위해 노심초사해온 사람으로서 제가 느끼는 감사함과 행복감을 전보로는 다 표현할 수 없습니다. 이 소식이 학교 전체에 알려지자 모두가 저와 같은 기쁨을 나누었고, 승인에 필요한 서류를 준비하느라 모두 분주한 나날을 보내고 있습니다.

다음으로, 우리 전문학교에 직접 영향을 미치는 이곳 기독교 교회의 움직임에 대해 간단히 말씀드리고 싶습니다. 그리고 그런 움직임에 비추어 볼 때 우리가 취해야 할 필요가 있는 즉각적인 조치들과 우리 전문학교의 더 먼 미래를 위해 먼저 해야 할 일들에 관해 말씀드리고자 합니다.

다른 경로로 들으셨겠지만, 현재 일본 본토에서는 모든 개신교 복음주의 단체들이 하나의 기독회로 연합하고 있습니다. 교회를 국가적이거나 더 토착적인 형태로 만드는 것이 이 운동의 주된 동기 중 하나인 것 같습니다. 그 중요한 요소로 재정과 지도력의 독립이 선언되었습니다. 그리고 한국 기독회도 이 운동에 동참하려고 움직이고 있습니다. 사실 우리 한국감리회 총국은 일본감리회와의 연합을 만장일치로 결정했는데, 이에 따라 일본감리회는 머지않아 '하나의 기독회'에 속한 일부가 될 것입니다. 바뀌게 될 규정에 따르면 교회의 사역과 직접적인 활동뿐만 아니라, 교회와 어떤 식으로든 연결된 모든 <u>기관</u>은 현재의 예산에 대해 외국의 지원을 받아서는 안 되며 중요한 자리에 외국인을 앉혀서도 안 됩니다. 이런 규정이 우리에게 어떤 영향을 미치게 될지 곧 아시게 될 것입니다.

무엇보다 우리는 <u>예산</u>에 있어서 어떤 재정적인 도움도 받아서는 안 됩니다. 다만 다른 목적을 위해서는 언제든지 선물을 받을 수 있는 것으로 알고 있습니다. 이런 규정이 뜻하는 바는 우리가 일상적인 활동을 외국에서 들어오는 수입에 의존해서는 안 된다는 것입니다. 더 나아가 미국에 예치된 기부금에서 발생하는 이자를 예산으로 사용하는 것도 할 수 없습니다. 그러니 이러한 변화가 우리에게 어떤 어려움을 초래할지 충분히 짐작하시리라 생각합니다.

우리는 가능한 한 신속하게 다음과 같은 조치를 취할 예정입니다.

(1) 교육과정의 본질을 유지하는 범위 내에서 최대한의 절약 조치를 시행한다. 이는 교직원들의 업무 부담이 지금보다 더 커진다는 것을 의미한다.

(2) 가사과와 가사전수과에 새로운 과목들을 개설하여 학생 등록을 확대한다.

만일 기부금에서 발생하는 수입이 끊기지 않는다면, 위의 두 가지 조치를 취함으로써 학교 운영을 지속할 수 있습니다. 그러나 현재 규정으로는 매년 미국에서 이자를 이전처럼 가져올 수 없습니다. 그러므로 이 문제를 해결할 유일한 방법은 기금을 현금이나 주식 형태로 이곳에 보내주셔서 이곳에서 재단 명의로 관리하는 것입니다. 따라서 우리의 절박한 상황을 고려하여 다음과 같은 조치를 모두 취해주시기를 간곡히 부탁드립니다.

(1) 기금을 가능한 한 빨리 현금이나 주식 형태로 우리에게 보내주십시오.

(2) 내년부터 선교회들이 예산 책정을 중단하지 않게 해주십시오. 선교회가 계속해서 기부의 형태로 지원할 수 있도록 하고, 그 기부금을 우리에게 필요한 장비 구입에 사용하기 시작해주십시오. 지난 편지에서 요청한 대로, 미국에서 수입해야 할 것들과 캠퍼스 완공을 위해 여기에 필요한 것들을 구입해주십시오. 우리는 도로와 스케이트장을 보수 중이며, 캐나다 측 지원으로 지어질 기숙사 쪽에 보일러실을 짓고 있습니다. 펌프가 오래되고 낡아서 오늘 아침에도 물을 사용할 수 없었습니다. 물이 끊기면 난방 장치를 멈춰야 하고, 기숙사의 식사를 준비할 수가 없습니다.

(3) 그리고 현재의 문제가 해결된 후에는 우리 전문학교의 미래를 긴 안목으로 내다보고, 그 예산이 우리의 실습 기관들 그리고 한국 유일의 여자기독교대학 내 의료 부문을 위한 기금으로 쓰일 수 있게 해주십시오.

우리 학교에 대한 지원을 멈추실 생각은 없으셨을 것입니다. 단지 지원 방식을 예산 보조에서 조건 없는 기부로 변경하기만 하면 되는데 지금 멈추실 생각을 하는 것은 아니시겠지요? 이것이 우리의 미래를 만들어가시는 하나님의 방법일지도 모릅니다. 한국과 미국에 있는 우리 모두가 이 변화의 흐름에 휩쓸리지 않고 오히려 그 위에 올라타, 우리 전문학교에 대한 하나님의 뜻을 이루어갈 수 있기를 바랍니다.

저는 이 편지에 담긴 내용과 요청에 대해 공식적·비공식적으로 이곳에서 함께하는 우리 그룹 모두의 전적인 지지를 받고 있다고 확신합니다.

언제나처럼 사랑과 기도로,
김활란과 앨리스 R. 아펜젤러 서명

⚜ ⚜ ⚜

한국 서울 이화여전
1940년 10월 7일

친애하는 친구들에게,

이달에 보내는 편지는 내가 기억하는 어떤 편지보다 더 쓰기가 힘드네요. 만약 여러분이 우리를 방문할 수 있다면, 교정에 흐드러지게 핀 분홍색과 흰색의 코스모스, 붉게 타오르는 단풍과 들국화가 어우러진 아름다운 풍경을 볼 수 있을 것입니다. 어떤 조직이든 자신의 것이 아니라 국가의 통제 아래 있는 것이고 국가가 원하는 대로 이용될 수 있다는 인식이 강해진 시대에, 학생들과 교원들은 시대가 요구하는 추가 활동들로 꽉 찬 바쁜 나날을 보내고 있습니다. 그래서 우리 학생들은 몇 년 전까지만 해도 존재하지 않았던 많은 훈련과 규율과 연설들을 교육의 일부로 받아들이며 견뎌내고 있습니다.

모든 것이 똑같아 보이고 우리는 언제나처럼 친절한 대우를 받고 있지만, 다른 단체들과 마찬가지로 교회 평의회에도 중대한 변화가 일어났습니다. 해외로부터 오는 재정 지원이 금지되었고, 선교사들은 지도적인 역할을 맡을 수 없게 되었습니다. 최근의 정치적 사건들에 따른 심각한 교리의 변화는 교회 생활 역시 철저히 변화시킬 것입니다. 더 자세한 정보는 교회 신문들을 참조하거나 뉴욕 선교국에 직접 문의하면 확인하실 수 있습니다. 이 모든 것이 나에게는 너무 낯설고 어려워서 자세히 설명할 엄두가 나지 않습니다. 당연히 추가적인 회의들을 해야 하니 너무 바빠져서 본연의 업무에 집중하기 어려운 상황입니다. 그럼에도 우리는 맡은 임무를 다하며, 오랫동안 함께해온 동료들과 학생들을 각별한 애정을 가지고 만나고 있습니다. 곧 끌려갈지도 모르는 친구에게 하듯이 마냥 끊임없이 배려해주는 것만 제외하면 그들은 우리를 변함없이 대하고 있습니다.

지금 우리에게 필요한 것은 침착함과 지혜입니다. 어떤 비상사태가 발생하더라도 우리는 보살핌을 받을 것입니다. 그동안 우리에게 계속, 할 수 있으면 더 많이 편지를 보내주셨으면 합니다. 다만, 개인적인 일만 담아주시길 부탁드립니다. 기부금은 가능한 한 원래의 목적대로 쓰일 것이니 정기 기부는 계속해주시기를 바랍니다. 대학의 수입이 70%나 감소하는 상황에서 우리 학교의 젊은 교장은 감당하기에 너무나 버거운 짐을 지고 있습니다. 여러분의 지원이 중단된다면 그녀는 또 하나의 무거운 짐을 떠안게 될 것입니다. 만약 멈춰야 할 상황이 온다면 먼저 알려드리겠습니다. 우리 학생들은 언제나처럼 올바르고 다정합니다. 우리와 학생들은 함께 이 시대의 소용돌이 속을 지나고 있습니다. 그러나 이 변화의 원인은 너무 멀리 있고 복잡해서 쉽게 이해하기 어렵습니다. 우리는 그간 다른 나라에서 벌어지는 어려움을 접해왔지만, 어느 날 문득 그 곤경이 우리에게 닥쳤음을 알게 되었습니다. 우리가 물리적으로 위험한 상황에 처해 있거나 물리적 위험을 예상하고 있다는 것은 아닙니다. 우리는 모두 할 수 있는 한, 바로 이곳에 머물며 오랫동안 일하려고 합니다. 빛과 같은 속도로 바뀌는 것이 시류이고 어떤 일이 일어나도 놀랍지 않지만, 새로운 규칙들은 아마도 학년말인 3월부터 본격적으로 시행될 것입니다. 그 전에 모든 필요한 수리와 장비 보충이 완료되기를 바라며, 그리하여 우리가 적어도 어려운 지점을 넘어서게 되기를 바랍니다. 우리는 지금 예상치 못한 방식으로 다양한 나라의 사람들과 연결되게 되었지만, 적어도 현재까지는 큰 불편을 느끼지 않고 있습니다. 사람들이 두려워하는 것은 불길한 암시들입니다. 그러나 갑작스러운 변화는 언제든 예상치 못한 방향으로도 일어날 수 있으며, 우리의 지도자 중 한 분이 말씀하셨듯이, 지금 우리가 겪고 있는 이 태풍도 결국은 지나갈 것입니다. 비록 타격을 입긴 하겠지만, 우리는 다시 제자리로 돌아갈 수 있을 것입니다.

최근 우리 유니언교회에서 새롭게 구입한 찬송가집을 통해, 내 마음을 강하게 울리는 힘 있고 아름다운 말씀이 전해졌습니다. 이 찬송이 지난 2주 동안 내 머릿속을 계속해서 맴돌고 있습니다.

충심을 다해,

앨리스 R. 아펜젤러

⚜⚜⚜

한국 서울 이화여전
1940년 11월 2일

친애하는 친구들에게,

에드나 밀레이의 표현처럼 하늘이 무너져 내리는 것 같으며, 이곳에서의 우리 인생의 길고 행복한 연극이 2주 안에 끝날 것 같습니다. 벨이 울리고 막이 내려옵니다. 우리의 문제를 해결하기 위해 아주 열심히 일한 미국 총영사 O. 게이로드 마쉬 씨는 11월 15일 맷슨의 정기선인 "마리포사"호를 가까운 항구인 인천에 오도록 조치했고, 그 배로 250명의 미국 시민들을 한국에서 철수시킬 예정입니다. 인천은 55년 전 나의 부모님이 한국 땅을 밟으셨던 항구가 있는 곳(예전에는 제물포라고 불렸던 곳)입니다. 아버지께서 두 명의 한국인 친구들을 구하려다 목숨을 잃으신 바다이기도 합니다. 남동생과 나는 한국을 떠나야만 하는데, 함께 떠날 수 있어서 그나마 다행입니다. 가슴이 찢어지는 것만 같지만, 머지않아 사랑하는 우리의 고향인 이곳으로 다시 돌아와 오랫동안 우리의 삶이었던 일을 계속할 수 있기를 바랍니다.

우리가 떠나는 이유는 나중에 더 자세히 설명될 것입니다. 세 가지 주된 이유를 중요한 순서대로 살펴보면 다음과 같습니다. 우리의 존재가 매일 동료들을 힘들고 고통스럽게 만든다는 점, 한국감리회가 강제로 우리가 알아볼 수 없는 형태로 변했다는 점, 미국 정부가 "교통수단이 있을 때" 지금 당장 떠날 것을 강력히 촉구한 점입니다. 가장 친한 친구들은 우리에게 머물러달라고 할 수 없다고 말합니다. 한 친구는, "우리는 당신을 사랑하고, 당신을 필요로 하지만, 당신을 소유할 수는 없습니다"라고 눈물로 이야기했습니다.

10월 9일 이후로 우리는 이런 상황이 올 것이라는 것을 알고 있었고, 이 마지막 조치를 피하려고 모든 방법을 시도해보았습니다. 그러나 철수는 피할 수 없는 의무가 되었고, 우리는 완전 철수를 선교 정책으로 정했습니다. 다섯 명으로 구성된 위원회가 남아서 우리 사업을 마무리 짓고 가능한 한 빨리 떠날 것입니다. 우리는 전능하신 하나님과 그분의 법이 삶의 규칙이 되는 평화와 질서를 가져오는 데 우리의 행동이 도움을 줄 수 있기를 기도합니다.

우리는 11월 30일, 샌프란시스코에 배로 도착할 것이며, 그곳에서 아펜젤러-노블 가족들과 함께 성탄절을 보낼 예정입니다. 내 캘리포니아 주소는 사촌인 A. L. 베일해치 부인의 집 주소, 즉 샌프란시스코, 옥타비아로 2519가 될 것입니다. 그러나 모든 선교사에게 가장 좋은 영구 주소는 뉴욕, 5번가 150입니다. 그곳으로 보내진 편지들은 선교사들에게 즉시 전달됩니다. 일부 장로교 선교사들과 대부분의 영국인들은 적어도 지금은 남아 있습니다. 떠나야 한다고 우리가 굳게 확신하는 만큼, 어떤 사람들은 머물러야 한다고 굳게 확신하고 있습니다. 아무것도 단순하지 않으며, 모든 문제는 복잡하기 때문에 각자 자신이 옳다고 믿는 길을 따를 수밖에 없습니다.

이제는 전적으로 우리 동료들이 부담을 진 채 우리 일을 최선을 다해 이어가고 있습니다. 그들은 우리 모두의 기도가 필요합니다. 김 교장은 가구가 완비된 채로 남겨진 우리 숙소로 이사해 들어올 것입니다.

요즘은 내가 살아온 날들 중 가장 슬픈 날들로, 현실 같지가 않습니다. 우리가 사랑하는 이들과 작별할 때 해주기를 좋아했던 평소의 작별 인사들, 선물들, 감사의 표현들은 이제 불가능합니다. 그러나 그보다 더 값진 마음의 교제는 잊을 수 없는 경험으로 다가옵니다. 그 무엇도 우리를 친구들로부터 갈라놓을 수 없으며, 대양이 우리 사이를 가로막을지라도 우리는 항상 함께 일할 것임을 알고 있습니다. 우리는 대부분 어디로 가야 할지, 앞으로 무엇을 해야 할지 아직 모릅니다. 하지만 걱정은 하지 않습니다. 여러분을 기쁜 마음으로 기억하며, 머지않아 만나기를 고대합니다.

언제나 충실하게,
앨리스 R. 아펜젤러

주소, 샌프란시스코, 옥타비아로 2519
S. S. 마리포사호에서, 1940년 11월 26일

친애하는 매슬랜드 부인께,

이 편지는 이화여전에 대한 것으로, 배에서 보낼 예정인 다음 전보에 관한 것입니다.

1월에 보낼 예정인 이화여전 기부금 2,600달러를 지금 송금 바람. 나중에는 수령이 불확실해질 수 있는 상황에서, 사업 지속을 위해 긴급히 필요함. 아펜젤러

나는 너무 오랫동안 입에 재갈이 물려 있었기 때문에 글을 분명하게 쓰는 데에 익숙해지지가 않습니다. 그리고 지금도 우리가 쓰는 말이 되돌아가서 한국에 있는 사람들에게 해를 끼치게 될까 봐 두렵습니다. 사실 지금은 김활란이 일을 계속할 수 있도록 자금을 보낼 방법이 있습니다. 1월까지 기다리다가는 그녀에게 지원금을 보내지 못하게 될지도 모릅니다. 지금은 비록 예산은 받을 수 없지만, 기부금은 받을 수 있습니다. 우리가 모을 수 있는 최대한의 자금을 마련해 지금 김 박사의 손에 쥐여주고 싶습니다. 그녀가 직접 투자하고 학교를 운영할 수 있도록 말입니다. 우리가 그렇게 하지 않으면 그녀는 감당하기 힘든 시간을 보내게 될 것이며, 그녀가 짊어진 짐은 이미 견디기 어려울 만큼 너무 무겁습니다.

한국에서의 경찰의 간섭은 아베 감독이 미리 언질해준 것보다 훨씬 더 심합니다. 아베 감독은 9월에 한국에서 며칠 지내는 동안 그것을 느꼈으며, 우리가 겪는 일상적인 어려움들을 보고 놀라워했습니다. 이 배에 함께 탄 한 중국 선교사는 중국 전쟁 지역에서 양측 군대의 총탄과 포화를 견뎌야 했던 끔찍한 경험에 관해 이야기해주면서, 그러나 일본의 통치 아래에서 6개월을 정신적 고문 속에 사느니 중국에서의 그 끔찍한 경험을 1년 견디는 것이 더 낫겠다고 공개적으로 말했습니다. 그런 상황이 바로 한국, 특히 한국인들이 겪는 상황입니다. 우리는 조금이라도 그 상황을 더 나아지게 하고 싶습니다.

활란 박사와 나는 헤어지기 전에, 살아 있는 한 평생 이화를 위해 일하기로 서약했습니다. 우리가 서로 껴안고 울며 서 있는 동안 그녀는 "죽을 때까지 이 대학의 일을 해내겠습니다"라고 두 번이나 말했습니다. 하나님께서 그녀를 오래 살게 하셔서 그녀가 자신의 서약을 이행하도록 허락해주시기를 빕니다. 기도와 현명한 도움이 우리가 지금 그녀를 위해 해줄 수 있는 최선입니다. 우리는 더 이상 한국에 있을 수 없었습니다. 그녀는 "그토록 많은 외국인"이 함께하는 것이 가져올 어려움에도 불구하고, 기꺼이 우리가 머물기를 원했고 기쁘게 머물게 했을 것입니다. 하지만 우리가 남으려면 일본의 국가 정책을 인정하고 실질적으로 지지하는 역할을 맡아야 했을 것입니다. 당신은 우리가 지금까지 그렇게 해오지 않았느냐고 물을 수도 있겠지요. 네, 비록 국가의식에 참석하거나 국민들에게 요구되는 많은 일을 겪지는 않았지만, 우리가 교직원이었기에 요구받은 것들이 있었습니다. 그러나 교회 구조가 바뀌고 지난 몇 달 동안 요구 사항들이 점점 더 명백해지면서, 우리는 거기에 계속 동의하며 일할 수는 없다고 느끼게 되었습니다. 우리의 철수는 일종의 항의이며, 그들도 그 뜻을 이해하고 알아들었습니다.

아마 우리가 철수했는데도 어떻게 돈을 보낼 수 있는지 궁금하실 것입니다. 급여가 지급되고, 대학이 김 박사와 그곳의 훌륭한 그리스도인 교직원들에 의해 계속 운영될 수만 있다면, 모든 모임과 공개적인 발언이 전처럼 유지되든 유지되지 않든 상관없이, 결국 그리스도께서 높임을 받으실 것입니다. 또한 사람들, 특히 여성들에게 그리스도의 메시지가 살아서 선포될 것이며, 이화에서 54년간 이어진 사역은 당분간 멈출지라도 언젠가는 포로들이 풀려나고 묶인 자들이 자유로워질 때가 반드시 올 것입니다. 우리는 이화여전이 이 무시무시한 폭풍을 이겨내도록 도와주어야 합니다. 나는 당신과 우리의 모든 친구가 최선을 다해주실 것을 믿습니다. 우리가 왜 이렇게 고국으로 돌아가는지 당신이 이해하실 수 있도록, 보다 자세한 설명을 이 배에서 전하고 있습니다. 가슴이 찢어질 듯 아프고, 매일매일 더 고통스럽습니다. 그러나 때로는 "네가 늙어서는 남이 네 허리를 묶어서 네가 바라지 않는 곳으로 너를 끌고 갈 것이다"라는 주님의 말씀이 떠오릅니다. 우리가 어디에 있든, 주님께서는 우리를 인도하시고 축복하실 것입니다. 곧 당신에게서 소식을 들을 수 있기를 바랍니다.

충심을 다해,

앨리스 R. 아펜젤러

서울, 힐탑 <발신인: 에드나 밴 홉스>
늦은 추수감사절 날
1940년 11월 28일

친애하는 모든 분께—

갔어요! 갔어요! 갔어요!—하지만 잊히진 않았습니다. 앨리스와 버트의 재미있는 편지와 에스더Esther Laura Hulbert(1894~1993)의 카드 등을 받고 우리는 모두 무척 기뻤습니다. 어디서도 여러분을 만날 수 없다는 사실이 아직 믿기지 않습니다.

그간 너무 바빠 여러분이 떠난 지 벌써 2주가 되었음을 깨닫기 어려웠습니다—한편으론 '인천 사건'이 아주 먼 다른 시대의 일처럼 느껴집니다.

배에 보낸 편지에도 썼듯이, 여러분이 떠난 후 일요일 내내 우리는 사랑하는 작은 보금자리를 떠나 힐탑으로 가는 큰 이사를 준비했습니다. 월요일 밤에는 새집에서 잤지만, 화요일에는 종일 옛집을 정리했고 머물게 되거나 돌아올 경우를 대비하여 몇 가지 물건을 싸서 창고 짐 두는 방에 넣어두었습니다.

스나이더 씨Lloyd H. Snyder(1886~1957)는 우리를 위해 모든 준비를 해놓았습니다. 물이 나오는 세면대가 있는, 크고 볕이 잘 드는 자신의 남동향 방을 내어주었지요. 이 좋은 따뜻한 집에서도 가장 따뜻한 방이어서 편안합니다. 저는 이 방의 가구를 원하는 대로 재배치해서 훨씬 넓어 보이게 꾸몄습니다. 스나이더 씨가 보더니 제가 온 집을 돌아다니며 정리해주면 좋겠다고 하더군요. 우리 방에는 화장대가 하나 있고 서랍장으로는 옷 가방들을 사용합니다. 그래서 몇 가지 옷만 가방에서 꺼내 큰 벽장에 걸어놓았을 뿐, 가방들은 풀지 않은 채 놓아두었습니다. 물론 침대 아래에 서류 가방들과 작은 여행용 가방들도 넣어두었지만, 우리 외에 누가 알겠어요? 이삿짐을 정리하는 첫날 아침에 아낙이 왔습니다—제가 방을 정리하기 전에 와서 울기 시작하더니 점차 흐느끼며 눈물을 흘렸습니다. 그녀는 우리가 이토록 좁은 숙소에 살게 된 것을 너무도 안타까워했지만, 우리가 깨끗하게 방을 정리한 후에는 기분이 나아졌습니다.

우리는 유쾌한 가족을 이루었으며, 최근에는 "남자"의 이야기를 많이 듣고 있습니다. 톰에게 이야기를 나눌 누군가가 필요했는데, 톰을 위해 참 감사한 일입니다. 톰은 나흘 반 동안 종로 경찰서에서 심문을 받았습니다(취침과 식사는 집에서 했습니다). 경찰들은 더없이 친절하고 조심스러웠지만 심문은 철저했다고 합니다. 톰의 모든 서신과 연례보고서와 회계장부를 조사했습니다. 톰의 사람 네 명이 아직 감옥에 있지만, 조만간 풀려나리라고 생각하고 있습니다. 경찰들은 톰이 그의 사람들에게 존경을 받고 있다고 그에게 말했답니다. 다행히 경찰들은 그가 숨기는 것이 아무것도 없다는 것을 확신하게 되었고, 이제 그는 성서공회가 이전보다 더 잘 운영될 것이라고 기대하고 있으며 그런 일을 겪어내길 잘했다고 생각하고 있습니다. 종로경찰서 사람들은 서대문경찰서 사람들보다 상대하기가 훨씬 나아서, 우리는 힐탑으로 이사해 서대문 관할구역을 벗어나게 되어 다행이라고 생각합니다.

참, 우리가 이룬 좋은 가족에 대해 이야기를 시작했지요. 데모리Eugene Walter Demaree(1901~1980) 박사는 일주일 동안 우리와 함께 있었습니다. 웃고 뚱뚱해졌을까요? 네, 그게 우리가 하고 있는 일 같습니다. 소리를 지를 정도로 재미있는 이야기 후에 또 하나의 재미있는 이야기를 하는 것이요. 이렇게 생활이 완전히 바뀌어버린 것이 가장 큰 구원이라고 말하지 않을 수 없습니다. 앤더슨Earl Willis Anderson(1879~1960) 박사는 언제나 친절하며, 데리고 있는 그룹도 마음이 잘 맞습니다. 맥라렌 박사는 지방에서 올라와 뉴스 시간에 불쑥 나타났습니다. 우리가 뉴스를 듣는 데 많은 시간을 낭비하는 듯 보이지만, 우리는 정말이지 세상에서 무슨 일이 일어나고 있는지 간절히 알고 싶습니다. 『재팬 애드버타이저』는 수준이 너무 낮아져서 읽기가 역겹습니다. 우리는 가장 좋은 것을 듣기 위해 한밤중까지 깨어 있곤 합니다. 12월 6일 토요일에는 여러분 중 몇몇에게서 소식을 듣고 싶습니다. 아, 우리는 한마디 한마디를 듣기 위해 얼마나 귀를 쫑긋하고 있을까요!

앤더슨 박사가 모든 식량을 우리처럼 식료품실에 비축해놓아서 우리가 굶지는 않을 것입니다. 데모리 박사는 우리가 필요로 하면 가지고 올 수 있는 물품들을 원산에 더 많이 가지고 있습니다. 스나이더 씨는 아낌없는 공급자여서, 저를 다시 만났을 때 여러분은 링링 형제의 "뚱뚱한 숙녀" 같은 모습을 보게 되실 것입니다. 여러분 모두를 잃고 슬퍼하면서도 이 군중 속에서 나는 (원했던 대로) 쇠약해지지가 않네요.

×× 기억에 남을 추수감사절 예배가 끝났습니다—매컬리 자매Elizabeth Alice Lizzie McCully(1862~1941) & Louise Hoard McCully(1864~1945), 맥파랜드 씨, 헬렌 헨더슨Helen Elizabeth McQuilkin Henderson(1897~1993) 및 미영사관 사람들을 포함해서 37명이 참석했습니다. 마쉬 씨는 대통령의 기도문을 매우 인상 깊게 읽었습니다—아주 아름다운 말로 쓰였고 무척 뜻깊었습니다. 데모리, 맥앤리스John Albert McAnlis(1897~1979), 쇼, 왓츠Ralph Shore Watts(1905~1994)의 사중창은 예배에 음악을 더했고, 쿤스 박사는 15분간 가장 적절

하고 도움이 되는 메시지를 전했습니다. 시각장애인 학교를 위한 모금액은 65엔이었습니다—아이들 네 명과 한국 여성 한 명이 속한 이 학교에 그렇게 나쁘지는 않은 모금액입니다. 작년에는 206엔이었지만요.

우리는 점심을 먹었고 톰과 앤더슨 박사는 사무실로 돌아갔습니다. 오늘 밤 저녁 식사를 위해 상을 차린 후 상 중앙의 장식을 매만지고 있을 때 톰이 전화를 걸어왔어요. 그의 사람 네 명, 즉 정 씨, 서 씨, 김 씨, 양 씨, 그리고 SPCA[7] 시찰자가 방금 풀려났다고 알려주었습니다(거의 3개월의 감금 생활이었습니다)! 참으로 감사하고 기쁜 소식이었습니다.

우리는 오늘 저녁 식사에 초대하지 못한 이 길 잃은 이들을 위해 갑자기[8] 식사를 준비했으며, 그래서 버사 스타키Bertha Florence Starkey(1881~1976), 피터스Alexander Albert Pieters(1871~1958) 부부, 쿤스 부부는 서 씨와 톰과 저와 함께 식사하게 되었습니다. 다른 두 사람은 언더우드네로 갑니다. 우리는 꿩고기와 반찬을 먹고 있습니다. 2주 전에 장례식이 있었음에도, 이렇게 삶은 계속되고, 우리는 즐거운 시간을 갖게 되었습니다.

저는 여러분이 떠난 후(적어도 그동안 어떻게 지냈는지)에 대해 일기 편지를 적어 보내고자 합니다.

독서회는 이사 때문에 미뤄뒀던 모임을 11월 18일 월요일에 핍스 씨와 함께했으며, "연방연합의 필요성"에 관한 책을 읽었습니다. 화요일에는 우리 모두 집에서 일했지만, 다른 이들은 미스 로렌스Edna M. Lawrence(1894~1973)에 대해 흥분하며 걱정했습니다. 그러나 우리는 그 주의 대부분을 (톰이 말하듯) "정착"하는 데 보냈기에 외부의 일들에 대해서는 거의 알지 못했습니다. 토요일 밤에 스나이더 씨는 와플과 꿩고기로 저녁을 준비해 마쉬 부부와 커William C. Kerr(1883~1976) 부부를 초대했습니다. 모두가 즐거운 시간을 보냈습니다. 일요일 교회에는 35명이 참석했는데, 그들 중 열 명은 다음 일요일에는 떠나고 없을 것입니다. 다음 주 일요일 이후에는 서울회관 안에 교회를 두기로 결정했습니다. ——22일 금요일, 적십자사 일을 위해 핍스 부인에게 가는 길에 마쉬 부인을 보기 위해 잠깐 들렀다가, 바로 대문 안쪽 계단에 앉아 있는 마쉬 부인과 그레이스 커Grace Alberton Kilborne Kerr(1887~1985)를 발견했습니다. 마쉬 씨가 에드나 로렌스를 마중하러 차를 보냈고, 그녀를 맞이하기 위해 기다리고 있다고 말했습니다. 곧 모

7 Society for the Prevention of Cruelty to Animals(동물학대방지협회).

8 이 단어는 "갑직이"라고 한글로 쓰여 있다.

든 혐의를 벗은 에드나 로렌스가 웃으면서 차를 타고 들어왔습니다. 소송대리인은—씻고 정리하러 집에 가기도 전에—그녀에게, 자기가 그녀를 위해 준비한 연회에 참석해 달라고 요청했습니다. 그녀는 참석해야 하나 고민하고 있었는데, 존 겐소John Frederick Genso(1884~1950)가 그녀를 그 고민에서 벗어나게 해주었습니다. 에드나 로렌스가 그 연회 비용을 내기로 되어 있다고 쿤스 박사가 말하니, 가엾은 소송대리인은 뜨끔해하더군요.

적십자사 모임에는 여섯 명이 참석했는데, 그곳으로 가기 직전에 받은 앨리스의 편지들을 읽어주었더니 모두들 매우 기뻐했습니다.

이번 주에는 성탄절 기념품을 조금이나마 준비해보고자 힘닿는 데까지 노력했습니다—그냥 주로 클럽의 달력들이었지만요. 그러나 사랑하는 사람들에게 우리가 그들 모두를 생각하고 있다는 사실을 알게 하고 싶었습니다—여러분들에게도요.

수요일에 우리는 묘지에 가서 도로시 퍼킨스 장미를 심었고, 의자와 옷 등을 전달하러 도중에 롱뷰에 들렀습니다. □□□□□는 따뜻한 접대라는 표현으로는 부족할 만큼 우리를 환대해주었습니다. 그녀는 막 목욕을 하고 나와 활기에 차 있었습니다. 이 씨의 아들과 동물들을 제외하면 아무도 없었습니다. 석탄이 부족해 그들이 이사 들어오려면 봄까지 기다려야 할 것이라고 내 여동생이 말했습니다. 모든 것이 훌륭하고 깨끗했습니다. 저 어린 소녀의 용감한 모습을 잘 보고 싶어서 내려가보고도 싶었지만, 차마 그렇게 하지 못했습니다. 여러분의 마음이 모든 곳에서 느껴졌고, 방으로 들어가는 문 근처 어디에도 더는 여러분이 없다는 것을 믿을 수가 없었습니다. 버트의 졸업장과 장갑을 찾으려 했지만 수백 장의 불타버린 사진들만 발견되었습니다. 이 사진들을 어떻게 처리하면 좋을까요? 이에 대한 언급은 없으셨지요—단지 사진들이 어떻게 되었는지만 궁금해하셨습니다. 사진들을 충직한 소년에게 맡겨놓고 지시를 기다리겠습니다. 대학에 있는 누구도 어떤 방식으로든 여러분과 연락할 수 없을 테니, 그곳에는 편지를 보내지 않는 것이 좋을 것 같습니다. 여러분이 떠난 후 하루 정도 지나 상부의 명령이 떨어졌습니다. 저에게 편지를 보내주시면, 비록 우리도 그곳에 가는 것이 금지되었기는 하지만 어떤 방법을 통해서든 소식을 전해보겠습니다.

이제 아펜젤러 부부에서 영과 졸라에 이르기까지 여러분 모두에게 사랑을 보냅니다. 내일 떠나는 더그Douglas Bray Avison(1893~1952)와 K.Kathleen Isabel Rawson Avison(1898~1985)가 가지고 가도록 이 편지를 넘겨줘야 합니다. 에드나 로렌스와 매컬리 자매는 "러시아"호에 같이 탑니다. 톰과 우리 가족 모두가 여러분에게 안부를 전하며, 고국에서 사랑하는 사람들과 다시 만나셨을 테니 아름다운 성탄절을 보내시길 기원합니다.

항상 여러분의 소식을 고대하면서,
밴 톰

버트가 곧 내 오빠를 만나 모든 것을 설명해주기를 바랍니다. 그 명부가 곧 작성되어야 한다고 그에게 꼭 말해주세요. 그와 함께 그들을 만나 설명해주기를 바랍니다.[9]

내 사랑,

당신을 위한 편지는 당신만 가지고 있고, 일반 편지는 관심을 갖는 이들에게 전달해주세요. 곧 정식 편지를 쓰기 시작하려고 해요. 캘리포니아 주소를 남기지 않으셔서, 루스와 헨리가 방명록에 남긴 주소를 사용할게요. 뉴욕을 통해서 가는 것보다는 그들이 더 빨리 전해줄 거라고 생각해요.

사랑하는 앨리스, 수요일에 그곳(롱뷰)으로 나가는 것은 고통스러웠지만 나가야만 했어요. 집과 도서관, 박물관에서 자매들을 위해 찾아올 물건이 있었고, 버트가 세면대 서랍에 있다고 한 졸업장을 찾아야만 했는데 졸업장은 거기에 없었어요. 버트가 자기 트렁크에서 졸업장을 찾을 수 있으면 좋겠네요. 복도를 걸어 내려와 아픈 마음을 안고 다른 방들을 슬쩍 들여다보기는 했지만 들어갈 수는 없었어요. 당신의 방을 보면 마음이 무너져 내릴 것 같아 그 방에는 다가갈 수 없었어요. 저 어린 소녀의 용기 앞에서 무너지는 것은 너무 이기적이라고 생각했어요.

다음은 그녀가 전한 말들이에요.

1. 여러분 중 누구와도 접촉하거나 연락하는 것이 불가능합니다. 권력자들은 여기에서나 거기에서나 우리와 가지는 모든 관계가 오해를 불러올 것이라고 하면서, 그녀가 키잡이 역할로서 의심을 받을 것이라고 말했습니다.

---

9 편지지 왼쪽 여백에 쓰여 있다.

2. 재단 신청서는 기독교를 기반으로 제출할 수 있다는 구두 확인을 받았습니다. 통과되면 애번Mrs. J. M. Avann(1868~1956)에게 전보를 보내겠습니다. 재단의 구성원이 되는 것은 일본 제국에 거주하는 사람만 가능하다고 해요. 그녀는 떠난 사람들을 대체할 인력을 더 뽑지 않고 있으며, 정상적인 시기가 오면 떠났던 사람들에게 자리를 돌려주거나, 다른 외국인들을 채용하기를 바라고 있습니다.
3. 그녀는 기부금 이자가 1월에 그녀에게 들어올 수 있도록 당신과 애나 채핀이 배에서 상의하셨는지 알고 싶어 합니다.
4. 재단이 원활하게 진척되면(꼭 그래야 할 텐데요), 보호가 필요한 WFMS의 이자는 모두 새 재단에 "신탁보유"가 될 수 있습니다. 그렇게 되면 그녀가 그것을 관리하면서 필요한 경우 언제든 목적에 맞게 쓸 수 있게 될 것이라고 말했습니다.
5. 모든 것이 비교적 정상적으로 진행되고 있습니다. 선생들은 기꺼이 음악 수업을 맡아주고 있으며, 졸업반이 아닌 학생들은 반 시간 수업을 듣도록 하고, 졸업반 학생들은 전 시간 수업을 듣도록 조정했습니다.

내가 이렇게 중개자가 되어 당신과 그녀에게 봉사할 수만 있다면 이곳에 남겨진 것도 충분히 가치가 있겠네요. 단지 우리가 어떻게 소통할 수 있을지 모르겠는데, 방법을 찾아볼게요. 12월 11일에 클리블랜드호를 타고 가는 사람을 통해 편지를 보내도록 노력해볼게요. 누가 여기에서 그 배를 타고 갈지는 아직 모르지만, 여기에서도 일본에서도 가기로 결정하는 사람이 점점 더 많아지고 있으니 누군가는 분명히 갈 거예요. 무슨 일이 일어나게 될까요? 너무 많은 사람이 떠나서 뭔가가 멈춰버린 기분이에요.

아, 톰의 사람들이 풀려나서 정말 다행이에요. 그는 추운 날씨가 다가와서 그들을 많이 걱정했어요. 다행히 지금까지는 날씨가 비교적 따뜻했어요. 이제 올바른 한국의 성서공회가 만들어질 수 있도록 기도해주세요. 장로교 그룹이 이 공회와 조선기독교서회를 가지려고 열심히 노력하는 것은 문제가 있지 않나요? 그 문제가 제대로 해결될 수 있으면 톰이 안심하게 될 거예요. 톰은 그것에 대해 많이 걱정하고 있어요. 하지만 톰의 사람들이 풀려났으니 상황은 새로운 국면에 접어들 것이고, 필요한 도움을 받게 될 거라 믿고 있어요. 집에 있는 이 사람들이 그에게 큰 도움이 되고 있어요.

손에 바르는 로션 기씨[10]를 잘 바르고 있는데, 당신이 또 하나 구해줄 수 있으면 좋겠

10 영어 편지에 "기씨"라고 한글로 쓰여 있다.

어요. 앞으로는 이동이를 맥게리 부인의 아들로, H[김활란]를 내 여동생으로, 은숙을 (어린) 동생이나 단짝으로 부르기로 해요. 룽뷰는 세 날개가 있는 수용소 기숙사로 부르고요. 음악은 에스더로, 채플은 수필로(에머슨의 수필—아시겠죠?). 특정한 사람 편에 보내더라도 편지가 잘못된 우편가방에 들어가면 안 되니 조심하는 것이 최선이라고 생각해요.

메리 레이시에게 내가 지난해와 같은 선물을 보낸다고, 그리고 아이들 선물이 없어서 미안해한다고 전해주세요. 여기에는 보낼 수 있는 것이 아무것도 없어요. 그리고 사랑하는 당신에게는 나의 가장 깊은 사랑 외에 드릴 선물이 없네요. 당신은 물건을 원하지 않으며 진심을 알고 있다는 것을 나는 알아요. "가능한 한" 편지가 전달될 수 있게 쓰려고 노력하겠지만, 편지를 쓰면서 별로 재미chammie는 없네요. 톰이 그의 서신에 대하여 심문을 받은 후, 무엇이든 쓰는 것이 어렵다는 것을 알게 되었어요—그들은 아무것도 아닌 것에서 많은 것을 만들어낼 수 있으니까요. 그러니 내가 쓸 수 있는 것만 쓴 편지를 받아 보시고서 내가 너무 멍청하다고 생각하지 말아주세요.

바버라 롭슨이나 에디스 네빗Edyth L. Nevitt(1882~1967) 그리고 내가 아는 다른 사람들과 연락을 하시게 되면, 그들에게 우리의 모든 "형편hyengpyen"을 알려주어서 그들이 이해하도록 도와주세요.

아펜젤러 가족 모두에게—노블 박사 부부와 다른 많은 사람에게도—사랑을 보냅니다. 저를 위해서라도 소중한 당신 자신을 잘 돌보세요. 우리가 가능한 한 자주 소식을 듣고 싶어 한다는 것을 아시겠지만, 그래도 모든 시간을 편지 쓰는 데만 보내지는 마세요. 신문과 잡지는 오지 않을 때도 있지만 신문 잡지의 클리핑[오려낸 기사]은 자주 배달되었음을 기억해주세요. 다른 포장지나 신문지로 감싸서 우리에게 계속 정보를 보내주셔도 될 것 같습니다—다른 친구들에게도 그렇게 하라고 말해주세요.

사람들이 계속해서 떠나고 있어 아직은 당신과 연결되어 있다는 느낌이 들지만, 더 이상 가는 사람이 없을 때는 제한된 할당량에 의존할 수밖에 없을 것 같네요.

쿤스 박사의 훌륭한 설교를 전해드릴 수 있으면 좋을 텐데요—어쩌면 에드나 로렌스를 만나거나 소식을 전해줄 수 있는 다른 사람을 만나실 수도 있겠군요. 쿤스 박사는 당신과 헨리를 명예롭게 언급했어요.

이제 이 편지를 마치고 내려가서 미아미가 내 현명한 조언을 필요로 하는지 살펴봐야 해요. 조언을 많이 하지는 않지만, 가끔 넌지시 말해줘요. 이번 달 말까지만 아낙을 고용하고 그 후에는 필요할 때에 부르려고 해요. 여기에서 일하는 두 사람이 이미 꽤 효율적으로 일해서 더는 필요하지 않아요. 물론 침대에서 아침을 먹는다거나 차를 마신다거나 하지는 못하지만, 오히려 그런 것이 우리에게 더 좋은 것 같아요. 스나이더 씨가 우리의 물품을 인수했고, 우리는 매일 4엔씩 공평하게 부담하고 있습니다. 그렇게 하는 것이 직접 살림을 꾸리는 것보다 더 경제적입니다. 비록 스나이더 씨는 우리가 원하는 것은 무엇이든 모두 요청하라고 강조하지만, 우리는 즐기고 싶은 마음이 별로 생기지 않을 것 같아요(그럴 기회도 없고요). 그는 아주 관대해요. 우리에 대해서는 걱정하지 마세요. 우리는 소중한 여러분(특히 당신)이 없는 상황에서 기대할 수 있는 한 편안하고 행복하게 지내고 있어요.

끝없는 대양 같은 사랑을 보내며 하나님께서 당신을 축복하고 지켜주시며 평화를 주시기를 기원합니다. 당신이 가장 즐겁고 행복한 일을 찾기를 바라요. 베티에게 편지할 때 나의 사랑도 함께 전해주세요.

항상 그리고 언제나 당신을 사랑하는
밴

오하이오, 클리블랜드 하이츠, <발신인: 애다 B. 홀>
로녹길 878
1940년 12월 2일

친애하는 앨리스에게,

그간 직접 전하지는 못했지만 당신의 편지들에 감사했어요. 그 편지들은 단순한 정보 전달 이상의 의미가 있었으며, 내게 필요한 몇 가지 발언을 하는 데에도 큰 도움이 되었어요—내가 함축된 정보를 잘 읽어낸 것을 아시겠죠?

조금도 과장하지 않고, 생각 속에서도, 기도할 때도, 심지어 꿈 꿀 때에도 늘 여러분 모두와 함께했어요. 어느 날 밤 은숙이 아픈 꿈을 꾸고, 떠나기 전에 얼마나 괴로웠던지요. 은숙과 활란이 서로에게 그렇게 의지하는데, 그런 일은 일어나지 않기를 진심으로 바랍니다.

나는 매슬랜드 부인에게 12월을 위한 송금환換을 미리 보내달라고 요청했는데, 그녀가 이미 보냈다고 하더군요. 12월이 지날 때까지도 환이 오지 않곤 했는데, 그런 경우를 대비해 그녀가 좀 더 일찍 보냈던 것입니다. 그런데 2,600달러 외에도 1월에서 3월까지 필요한 900달러가 있는데 아직 지급되지 않은 것 같습니다—매슬랜드 부인은 9월에 보낸 환이 아직 인출되지 않았다고 하는데, 이것에 대해 아는 것이 있으신가요? 그리고 그들이 환으로 받은 금액이 얼마인지 확인해주실 수 있으신가요? 이곳으로 수표가 돌아오는 데 시간이 좀 걸리니 아직 돌아올 시간이 되지 않은 것인지도 모르겠네요.

매슬랜드 부인은 우리가 난방 장치를 젠센Maud Pauline Keister Jensen(1904~1998)에게 보내려 한다고 생각해서 한동안 보내지 않고 가지고 있었대요. 젠센을 통해 김활란 박사에게 보내는 것이라고 말했는데, 부인이 이미 송금을 했다면 문제가 없을 것 같아요. 그들이 해당 금액을 정상적으로 수령할 수 있을까요?

S.Y.가 영문과를 맡게 되어 기쁩니다—참 잘됐어요!

당신은 1년 동안 안식년 휴가 급여를 받게 될 텐데, 매슬랜드 부인이 이에 대한 계획을 제안할 것으로 생각됩니다. 조만간 듣게 되실 거예요.

어떤 말을 전해야 할지 몰라 편지를 쓰지 못했고, 또 언제 당신이 떠날지도 확실히 알 수가 없어 망설였어요! 정말 엉망진창이네요! 여러분 모두 얼마나 힘들까요!

지난주에는 감리회 선교 및 교회확장국의 첫 연회에 참석하기 위해 필라델피아에 갔었어요. 아주 적은 수의 선교사만 참석했는데, 우리 그룹에서는 일본에서 온 한 사람, 한국에서 온 한 사람, 중국에서 온 한 사람만 참석했답니다. 케이블Elmer Mannasseh Cable(1875~1949) 박사와 유라인 스미스Euline Elizabeth Smith(1897~1996)가 도착했으며, 유라인은 들떠 보였습니다.

나는 애번 부인이 와서 이화협동위원회 회의를 열어주기를 희망하며 편지를 썼지만, 애번 부인은 모든 일이 끝났다고 생각하는 것 같았어요—새 위원회가 선출될 때까지는 할 일이 없다고 판단한 것 같습니다. 개개인과 이야기를 한 후 재단 문제에 대한 논의는 지나가고, 마침내 매코넬 부인Mrs. Francis John McConnell(1871~1968)이 마지막 날 점심에 그곳에 있었던 사람들을 모아서 얼마간의 시간을 이화에 관해 이야기하는 데 할애했어요. 우리 회장인 브래그 부인도 참석했고 여성기독교봉사회 선교 쪽 의장인 베비 부인도 참석했어요. 그들은 상황의 심각성을 알게 되었고, 지지의 편지를 활란에게 보내달라고 벨마에게 부탁했어요. 우리 둘 다 벨마의 편지를 검토해보았는데 그대로 보내도 괜찮을 것 같아요. 이러한 조치가 송금 문제를 해결하는 데 도움이 되기를 바랍니다. 거기에는 지급할 수 있는 잔액이 남아 있으니 1월에서 3월까지의 예산을 좀 더 확보하고 싶어요. 그들은 12월에 아주 적은 금액을 요청했지만, 사우어Charles August Sauer(1891~1972)는 종종 상당한 자금을 확보하고 있어요.

그녀에게 다른 모든 기금을 다음 분기나 반년을 위해 지금 송금해달라고 용기 내어 요청해보려고 합니다. 너무 과한 부탁일까요? 나는 그녀가 은행에서 돈을 빌리지 않고도 사용할 수 있는 자금을 가지고 있다고 확신해요.

현 이화협동위원회는 새 협동위원회가 선출될 때까지는 전과 같이 운영될 것입니다. 다만 새 위원회는 집행위원회가 모일 때까지 선출되지 않을 거예요—물론 비상시에 소집되는 집행위원회의 소위원회가 있긴 하지만요. 그러니 매슬랜드 부인에게 이화여고 또한 비상 상황이라고 전보를 보내주세요! 아! 2~3년 전 우리가 그토록 열심히 일하던 시기에 이 문제가 해결되었더라면 교회들에 편지를 보낼 수도 있었을 것입니다. 하지만 지금 매슬랜드 부인은 그것이 절대로 자기 책임이 아니라고 주장할 거예요. 나는 그녀의 비서를 필라델피아에서 만났어요.

베이커James Chamberlain Baker(1879~1969) 감독님과 이야기하려 했지만, 늘 너무 바쁘셨어요. 마지막 날 오후에 나를 만나겠다고 하셨지만 2시 30분이 되어도 그의 모습은 볼 수가 없었고, 나는 기차 시간에 맞춰서 떠나야 했어요. 웰치 감독님을 만났는데, 많이 염려하시고 동정해주셨어요.

일본에서 즉시 누군가가 방문해야 한다는 전보들이 계속해서 오고 있어요. 어제 아침에도 또 하나의 전보가 왔어요. 무어 감독님, 베이커 감독님, 미스 매키넌Sallie Lou Mackinnon (1889~1973)이 일본행을 고려 중이었지만 무어 감독님은 1월 중순까지 가실 수가 없다고 해요. 몇몇 사람들은 무어 감독님이 대신 다른 이를 보내도록 조처하길 바라고 있어요. 미스 매키넌은 건강이 좋지 않아서 지금 갈 수 있을지 의문스러워요. 그녀는 건강해 보이지만 사실 그렇지 못해요. 여권 발급 문제 또한 변수로 작용할 수 있습니다—하지만 그들이 "동양 방문"으로 갈 수 있기를 바랍니다. 무어 감독님은 이제 너무 늦었다고 생각하십니다. 6주 전에 갔어야 한다고 하셨어요.

돌아오는 길에 사랑하는 박한나를 잠깐 만나러 갔어요. 그녀는 아주 건강해 보였고, 체중도 4.5㎏ 늘었어요. 아서와 가족들도 함께 있었어요. 박한나는 성탄절까지 그들과 함께 있고, 그 후 줄리언의 집으로 돌아갈 거예요. 그들은 펜실베이니아 언덕이 끝나는 알투나에서 10㎞ 떨어진 곳에 살아요. 주소는 펜실베이니아, 던컨스빌, 박 줄리언입니다.

베티 리에게서도 소식을 듣게 되실 거예요. 그녀는 당신이 따뜻한 곳에서 지내기를 바랍니다.

알프리다Bertha Alfrida Christensen Kostrup(1889~1968)가 편지를 했고, 만일 그녀가 동부로 오지 않는다면 내가 8일이나 10일에 그녀를 만나러 시카고로 갈 계획이에요. 또한 채핀 부인도 만나고 싶어요.

편지를 가지러 우체국에 갔을 때 일본인이 없어도 놀라지 않을 거예요. 나는 아직도 자유롭게 글을 쓰고 말하는 것이 힘들어요.

메이블 베넷 라이트는 클리블랜드에서 남편의 가족을 방문하고 있어요. 그녀는 지난 6월 이후로 여동생의 소식을 듣지 못했대요. 버사 스타키와 밴과 톰 부부의 소식도 궁금해요. 당신이 올 때 미리 알려주면 내가 여기에 있도록 노력할게요. 내가 할 수 있는 일이 있으면 말해주세요. 그들이 소포를 받을 수 있을까요? 작은 것들을 좀 보냈거든요.

송금환에 대해 혹시 아시는 바가 있나요? 그들이 환으로 적은 금액을 받을 수 있었나요? 그들이 난방용 석탄은 좀 구했는지요?

사랑으로,
애다 B.

신시내티 지부가 브라우니를 기리기 위해서 애오개[아현] 유치원에 1,000달러를 기부하기로 약정했어요. 지금 이 돈을 보내면 도움이 되지 않을까요?

미감리회 WFMS <발신인: J. W. 매슬랜드 부인>
1940년 12월 5일

미스 앨리스 R. 아펜젤러
캘리포니아, 샌프란시스코 옥타비아로 2519

친애하는 미스 아펜젤러께,

이화여전 기부금으로 2,600달러를 요청하는 당신의 전보를 받았고, 같은 요청을 하는 미스 홀Ada Bearl Hall(1887~1956)의 편지도 받았습니다. 우리 WFMS는 이 요청에 따랐으며, 해저드도서관 기금에서 온 15달러, 그레이스 쿡 장학금에서 생긴 15달러 수입뿐만 아니라, 당신이 얼마 전 편지로 알려주신 오하이오주 랭커스터의 프리츠 부인이 보내온 특별 선물도 함께 보냈습니다.

우리는 또한 1941년 예산의 4분의 1도 과감히 보냈습니다. 그렇게 한 것이 현명한 행동이었는지는 모르겠습니다. 나는 미스 홀이 미스 코스트럽과 채핀 부인을 시카고에서 만나는 것에도 동의합니다. 그들이 한국에서 진행되고 있는 우리 일의 재정 상황을 상의하고 제게 좀 더 자세히 알려줄 것입니다.

오늘 사우어 씨로부터 이번 학년도가 끝나는 3월 31일까지 운영 자금이 필요한 부분에 대한 문의 편지를 받았습니다.

또한 요청하신 대로 사우어 씨에게 "**이화여고 통관 서류가 있습니까?**"라는 전보를 보냈고, 그의 답변을 기다리고 있습니다. 만약 "**네**"라는 답을 받으면 "**허가받았음**"이라는 두 번째 전보를 바로 보내겠습니다.

우리는 사우어 씨에게 5,780달러를 송금했고, 세부 내역은 항공우편으로 보냈습니다. 서은숙보다 사우어 씨에게 송금하는 것이 더 적절하다고 판단했습니다. 송금 수수료로는 24.45달러가 들었으며, 이 비용은 대학에 청구하지 않고 비상기금에서 충당하겠습니다.

한가한 것보다 바쁜 것이 훨씬 더 행복할 수 있음을 알고 있기에, 스캐릿대학에서 제안받은 일을 긍정적으로 검토해보시기를 바랍니다. 만약 필라델피아 쪽으로 오게 되면 우리에게 연락을 주시리라 믿습니다. 모두가 당신을 만나기를 고대하고 있습니다.

진실한 사랑을 담아,
엘리자베스 S. 매슬랜드
J. W. 매슬랜드 부인, 회계

❦❦❦

클리블랜드, 로녹길 878 **<발신인: 애다 B. 홀>**

1940년 12월 9일

친애하는 앨리스에게,

당신의 편지와 매슬랜드 부인의 편지가 함께 왔어요. 외국처럼 5센트가 일반 항공 우편이라고 생각했어요. 음, "살면서 배워라"군요.

매슬랜드 부인이 당신에게 송금 사본을 보냈을 수도 있지만, 여기에 적어봅니다.

$2600	—	기부금 기한 1941년 1월 1일
$15	—	도서관 기금 1941년 1월 1일
$15	—	쿡 장학금 1941년 1월 1일
$467.10	—	이화(도서관)를 위한 프리츠 부인 선물(10월 1일에 보냈음)
$2682.90	—	한 해 첫 1월부터 3월까지
$5780.00		

4월 1일이 지급 기일인 900달러가 있어요—그런데 우리는 늘 그것을 직전 학년도를 대상으로 주는 것으로 간주해왔어요. 항상 WFMS와 그렇게 조정하곤 했지요. 매슬랜드 부인이 10월 1일에 은숙에게 송금환으로 900달러를 보냈는데—돈이 인출된 것으로 표시되어서 수표가 돌아오지 않았어요. 알고 계셨나요? 그래서 그다음 900달러는 1월 1일이 지급 기일이지만 빨리 보내달라고 재촉했어요—그랬더니 그녀가 11월 18일에 돈을 보내주었네요. 만약 예전 대차대조표 중 하나를 갖고 있으시다면, 자본금 계좌 1940년 3월 31일 맨 아래에 파이퍼 부인의 선물이라고 적힌 것을 볼 수 있으실 거예요.

$60,000 @ 6% = $3,600 (이것은 매년 1, 4, 7, 10월이 지급 기일입니다.)

$65,000 @ 4% = $2,600 (이것은 1월 1일이 지급 기일입니다.)

그들은 늘어난 배당금이 올해는 지불되지 않을 것으로 생각하고 있는데, 우리는 지불될 것이라고 기대했어요.

나는 이 900달러, 즉 3,600달러의 4분의 1에 해당하는 금액을 지금 보내주었으면 좋겠는데, 4월 1일이 지급 기한이어서 그때까지는 지불되지 않을 것 같아요.

⚜ ⚜ ⚜

서울 사직정 311 <발신인: 에드나 밴 홉스>
1940년 12월 9일

내 사랑—

당신에게 편지를 쓴 지 일주일이 넘었지만, 마지막 편지들과 성탄절 꾸러미들을 보내는 것 외에는 아무것도 할 수 없었어요. 아마 대부분은 성탄절에 늦겠지만 거의 달력이나 실타래들이기 때문에 늦어도 별 차이는 없을 거예요. 올해는 누구에게도 영감을 주지 못했고, 톰에게도 별다른 생각이나 반짝이는 아이디어도 주지 못했네요.

지금까지 춥지 않은 것은 축복이에요. 12월 1일까지는 대학이나 그런 곳에 난방이 없었어요. 나만 방에서 따뜻하고 편하게 지내는 것이 부끄럽게 느껴졌어요. 이곳은 종일 해가 들어와 많은 도움이 되었고, 2층에 있다 보니 바닥이 항상 따뜻해요. 아직 양털은 입지 않아서 돼지가 되진 않았어요. 그것을 입은 저를 생각해보세요. 어제 아침은 아주 따뜻해서 아침 내내 창문을 열어놓았답니다. 우리는 늦은 오후에 회관에 내려갔어요. 날이 추워진 줄도 모르고 나의(당신의) 파란 코트만 입은 터라 추웠지요. 오늘은 밖이 훨씬 추웠는데 작은 비단 속바지와 구멍이 많은 파란 부클레(?) 드레스만 입었어요.

우리는 "정착"하는 중인데, 작은 숙소에서 여행용 가방들 속에 파묻혀 사는 것은 은퇴를 준비하는 데 도움이 될 것 같아요. 침대에서 아침 식사를 할 수 없고, 잠자리가 준비되어 있지 않고, 신발은 닦여 있지 않고, 아낙과 택근이가 우리에게 기울여주었던 그 모든 작은 관심들도 받지 못해요. 이런 상황 또한 우리에게 좋은 것 같아요. 아낙은 11월 말까지 우리와 함께 있었지만, 계속 있는 것이 오히려 이곳의 일을 복잡하게 만들 것 같아 떠나게 됐어요. 여기에서 일하는 사람들은 아낙을 좋아했지만, 그들이 그녀의 도움에 의존하게 하는 것은 현명한 것 같지 않았어요.

11월 30일 토요일. 쿤스 부인이 볼링 모임을 준비했고, 거의 모두가 참석했어요. 일요일 밤 우리는 피터스네에서 저녁을 먹었어요. 마리포사호가 월요일 전에 선창에 들어오리라고는 꿈도 꾸지 않았지만, 플로런스 맥앤리스Florence Luella Guthrie McAnlis(1896~1967)로부터는 소식을 들을 수 있지 않을까 기대했어요—헨리나 다른 이들의 소식을 기대하진 않았고요. 우리는 집에 제때 도착했지만 스나이더 씨는 없었고, 나는 문제를 어떻게 처리해야 할지 몰라 제임스 모리스James Henry Morris(1871~1942)의 편지 외에 다른 것은 모두 놓쳤어요. 우리는 오늘 밤 더 많은 소식을 기대하고 있어요.

그레이스 커는 오늘 밤 아내가 없는 남자들을 저녁 식사에 초대했어요. 그들은 모두 도로시의 편지를 기대하며 저녁 식사에 갈 것이며, 나는 당신의 소식을 기대하며 갈 거예요. 소식을 듣게 되면 나는 그냥 무너질 것 같아요. 지금까지는 꽤 잘 버텨왔지만 이제는 자신이 없어요.

수요일 밤 우리는 저녁 식사를 하려고 쿤스네 집에 모였어요. 그들은 결원 문제를 해결하기 위해 『코리아 미션 필드』 사람들을 불렀어요. 스나이더가 쿤스 자리로 가고, 쿤스는 당신 자리로 갔어요. 제시는 안 하겠다고 공언했지만 결국은 일원이 되었습니다. 목요일은 사이온지 공의 장례식으로 공휴일이었어요. 톰은 차고에서 조각된 일본 가구를 해체해 포장하는 작업을 했어요. 늦은 오후에 우리는 회관에 가서 볼링을 했는데, 한 경기에서 나는 141을, 톰은 176을 기록했어요—점점 실력이 늘고 있어요.

금요일 오전 나는 머리를 하러 치르킨 부인에게 갔어요—그다음 오래된 파란색 물 빠진 드레스를 수선하려고 마드무아젤 □□□□□에게 갔어요. 코트형 원피스 모양으로 고쳐달라고 했는데 꽤 성공작이 될 것 같고, 아주 멋지고 따뜻할 것 같아요. 그 후 톰과 앤더슨 박사와 밀러Edward Hughes Miller(1873~1966) 박사를 만나기 위해 메이지자 극장으로 갔어요. 우리는 점심을 먹고 쿤스 박사가 강력하게 추천한 「브로드웨이 멜로디 1940년」을 보며 하루를 보냈어요. 괜찮은 뮤지컬 영화였지요—단지 똑같은 장면 반복이 너무 많았고, 톰은 시간이 많이 아깝다고 느꼈다네요. 핍스 씨와 데이비슨 부인과 나는 앞으로 (항상 지루해하는) 배우자들은 집에 남겨두고 우리끼리 만나 영화를 보기로 했어요.

12월 7일 토요일(어제). 저녁 식사에 초대한 손님들을 위해 집을 정리하고 식탁 준비하는 것을 도왔어요. 4시경에 톰과 나는 회관에 가서 볼링을 했어요. 나는 142를 기록했어요. 핍스, 테일러Mary Linley Mouat-Biggs Taylor(1889~1982), 우나Una Mouat-Biggs(1897~1985)

와 함께했어요. 월요일 밤에 우리는 스키야키를 먹기 위해 버사의 집에 갈 거예요. 일주일 넘게 여동생과 연락하지 못했어요. 화요일 밤에는 장로교 부서회의가 있어 우리는 맥앤리스 박사 댁에 가서 저녁을 먹을 예정이에요. 다음 주 토요일에 스나이더 씨가 볼링 모임의 식사를 제공하겠다고 했는데, 내가 그 일을 맡아서 해야 할 것 같아요. 16일 월요일에 테일러와 헌트Charles L. Hunt(1889~1950)가 12월 여성 클럽 모임에서 "간절한 마음"을 읽기로 했는데, 그 자리에 모든 사람이 초대되었어요.

아, 당신과 다른 소중한 사람들을 잃었다는 것이 매일 더 크게 다가와요. 그레이하우스를 지나갈 때면 가슴이 아파요—큐마베 부인과 함께 있던 러시아인들이 그곳으로 이사 들어온 것이 생각나요. 그들은 감독님의 스위트룸을 쓰고 있고 브라우니의 방을 부엌으로 사용한다고 미용사가 내게 말해주었어요. 그곳이 너무 더러워서 청소를 한 번도 한 적이 없는 것 같다고 했다더군요. (당신에게만 하는 말이에요. 웃음을 참기가 어려웠어요.) 또 하나의 흥미로운 소식은 루비Ruby Kathleen Lee(1894~1984), 루스Ruth Diggs(1899~1997), 할리Hallie Buie(1876~1949)가 근무한 학교가 어제 30만에서 40만 사이의 돈을 아무 조건 없는 선물로 받았다는 것이에요. 또한 애나가 머물렀던 건물은 정○○가 죽자 그의 자리를 차지한 사람이 한 기업체에 임대했다고 해요. 자기 마음대로 앞서 나간 것 같아요. 내게는 너무 독단적인 결정으로 보여요.

전해주고픈 흥미로운 일들이 많이 있어요.

오늘 서울회관에서 처음으로 4시 30분에 교회가 모였어요. 나는 그 시간에 모이는 것은 오후 시간 전체를 못 쓰게 만든다고 이의를 제기했었지요. 이제는 그 말을 결코 씻어버릴 수 없을 거예요. 윌 커는 다시 명예 목사가 되었어요. 그가 그 일을 맡아서 정말 기뻐요.

지금 이 편지를 써서 아침에 끝낼 거예요. ×××—

월요일 아침. 어젯밤 저녁 식사 후에 윌과 그레이스와 한 무리의 사람들이 왔어요. 나는 당신의 소식을 듣지 못해 너무 실망했지만, 모두 한 통의 편지를 읽으며 흥분했어요—도널드에게서 온 편지로, 그와 도로시의 성탄절 계획에 관한 이야기였어요. 제임스 무어에게서 온 또 다른 편지와, 반하트Byron Pat Barnhart(1889~1942) 부부의 편지도 읽었어요. 말레이시아나 어디엔가 있는 사람에게 보낸 한 통의 편지에는 포샤 빌링스와 마거릿 아펜젤러가 언급되어 있었어요.

어제 서울회관에서 모인 교회는 더없이 좋았어요. 찰스 사우어가 설교를 했고, 윌 커는 오르간을 연주했으며, 빌 쇼는 독창을 했어요. 예배는 잘 준비되었고, 30명의 참석자

(그리고 어린이 세 명: 둘은 언더우드이고 하나는 헨더슨)가 너무 붐비지 않게 방을 잘 채웠어요. 그 정도 규모의 인원에는 모리스홀보다 이곳이 훨씬 좋았어요. 정기적으로 오지 않을 것 같은 사람은 임 루이스와 큐마베 부인, 중국에서 온 우즈 씨뿐이었어요. 오토 디캠프와 미스 우즈Elizabeth Brown Woods(1908~2002)는 금요일에 (청주에서) 결혼했고, 토요일에 여기 서울에서 총영사의 인가로 결혼이 성사되었어요.

×××—포장하는 사람에게 할 말이 있어서 차고에 방금 내려갔다가, 돌아올 때 제시의 집에 잠깐 들렀어요. 그곳에 도착한 지 몇 분 안 됐을 때 그녀의 학생인 니나 □□□□□(?)가 그녀의 경제학 수업을 듣기 위해 도착했어요. 레이첼은 학교에서 매일 5시간씩 가르치고, 제시는 집에서 몇 개의 수업을 하고 있어요. 그녀는 요즘 꽤 잘 지내는 것 같아요. 남편의 사고방식을 점점 더 많이 받아들이고, 때때로 둘이 함께 여러 가지 선교 활동을 비난하면서요(이 이야기는 아무에게도 하지 마세요).

코린의 끔찍한 사고에 대해서는 얼마나 들으셨는지요? 오하이오주 콜럼버스에서 차에 치여 뇌진탕이 왔고, 뇌가 붓고 쇄골이 부러졌대요. 밀드리드는 한동안 그것이 치명적일까 봐 걱정했는데, 사고가 난 지 한 달이 지나서 받은 전보에 "2개월 후에 일하러 집에 곧 갑니다. 당신이 여기 있었으면 좋겠어요"라고 쓰여 있었어요—코린과 함께 있을 수 있다면 얼마나 좋을까요. 하지만 어떻게 내가 동시에 두 곳에 있을 수 있겠어요. 그리고 나이 든 불쌍한 톰이 그때 나를 아주 간절히 필요로 했어요—아직도 그렇기는 하지만, 지금은 상황이 확실히 좀 나아졌어요. 당신이 코린에게 말해서 <우편가방>에 대해 알려주셨으면 좋겠어요. 확실한 주소는 쓰지 말고 단지 동양 어딘가에 있는 에드나와 톰 홉스에게 보내달라고 해주세요. 12월 29일이나 1월 5일 편지를 기다릴게요. 편지를 기다리는 게 습관이 되어가네요—하지만 편지는 그 어느 때보다 지금 우리에게 의미하는 바가 더 크다는 것을 당신도 잘 알고 계시겠지요.

오늘 밤 스키야키를 함께 먹을 수 있으면 좋겠어요. 스키야키를 먹고 싶고, 아, 맛있는 한식을 먹으면 얼마나 좋을까요?

에비슨네는 12월 4일에 엠프리스오브러시아호를 타고 가려 했는데 이미 배가 출항해 버렸고, 어제 듣기론 12월 11일 출항 예정인 클리블랜드호의 통행권을 얻었다고 합니다. 이 편지가 그 배로 배달되기를 바라요. 그러면 내 편지 두 통을 받게 되실 거예요. 아직도 우리의 미래는 알 수 없어요. 템플John R. Temple(1885~1948) 박사에게선 아직 아무 소식도 듣지 못했어요. 톰이 대리 업무를 하기 위해 당분간 호주로 파견될 수도 있을 것 같아요. 좋은 경험이 되긴 하겠지만 난 지금 미국에 가고 싶어요. 한 마리 쥐가 되어 당신의 성탄절 양말 발가락 속에 숨어 있을 수 있으면 좋겠네요.

우리 둘이 함께 사랑을 보내요. 아펜젤러 부부, 노블 부부 그리고 우리가 함께 아는 모든 친구에게 인사를 전해주세요—아주 많이 사랑해요. 아주 많이 그리워요. 아주 많이 당신이 필요해요.

당신을 사랑하는

벤

화요일 아침

어젯밤 버사의 집에서 먹은 스키야키는 맛있었어요. 너무 열심히 먹느라 죽을 뻔했어요. 우리가 없는 동안 여동생이 왔었는데 못 만나서 아쉬웠어요. 여동생은 함께 즐거운 시간을 보냈던 제시를 만나러 간다는 쪽지를 남기고 떠났어요. 마쉬 부부와 커 부부 그리고 아내 없는 남자들 모두—아니, 네 명이 지난밤 버사의 집에 함께 갔어요. 아주 즐거웠지요. 나는 오늘 아침에 제시를 만날 예정인데, 여동생의 쪽지에는 어제부터 모든 건물에서—모든 장소에서 크리스마스 캐럴이 불리고 있다고 쓰여 있었어요. "그런데 나는 캐럴을 들을 때마다 외로움과 그들에 대한 그리움으로 가슴이 아파요. 하지만 우리는 참된 그리스도인이 되기 위해 그 어느 때보다 열심히 노력하고 있으니 괜찮아요." 눈물을 참을 수 없을 정도로 감동적인 짧은 쪽지였어요.

14일에 출항하는 클리블랜드호에 실어 보내려면 지금 이 편지를 보내야 해요. 그래야 새해에 복 많이 받으시기를 바라는 나의 새해 인사가 당신에게 제때 전달될 테니까요.

더 많은 사랑으로,

벤

퀘벡, 셔브룩, 포틀랜드로 49 <발신인: 헨리 V. 하이트>
1940년 12월 6일[11]

친애하는 아펜젤러 박사님께,

당신의 11월 2일자 회람 편지는 매우 감동적이었습니다. 당신을 만날 수 있고, 당신과 자유롭게 이야기할 수 있다면 우리는 매우 기쁠 것입니다. 그 사이에 내가 지금까지 보내온 분기별 기부금을 어떻게 해야 할지 알려주시기 바랍니다. 계속해서 이 돈을 이화여전에 보내야 할까요, 아니면 유부용에게 보내야 할까요? 그것도 아니면 어떻게 해야 할까요?

올해 겨울이 아주 빨리 찾아와 벌써 눈이 내리고 영하의 날씨입니다.

나는 교회 회계로서, 또 YMCA 세계 봉사를 위한(그리고 지금은 YMCA 전쟁 봉사를 위한) 기금 모집 위원회 회장으로서 매우 바빴으며, 또한 군수 기계 설계를 위해 정규 근무를 하는 동시에 초과 근무까지 하고 있습니다. 우리 로터리 클럽은 장애 아동들과 기타 사업을 위한 기금 마련을 위해 바자회를 막 개최했습니다.

진심을 다해,
H. V. 하이트

11 이 편지(1940년 12월 6일자)와 다음 편지(1940년 12월 16일자)는 헨리 V. 하이트와 앨리스 R. 아펜젤러가 서로 주고받은 편지여서 이해하기 쉽도록 이곳에 나란히 배치했다.

샌프란시스코, 옥타비아로 2519
1940년 12월 16일

친애하는 하이트 씨께,

보내주신 편지 잘 받았습니다. 보내주신 정보에 덧붙여서 조금이나마 도움이 될 내용을 함께 보내드릴 수 있게 되어 기쁩니다. 우리가 미국으로 돌아오는 여행은 편안했지만, 심적인 고통은 나날이 더욱 심해지는 듯합니다. 모두가 친절하고, 다른 나라 사람들이 겪어야 하는 현실과 비교할 때 미국이 이토록 아름답고 자유로운 나라라는 사실을 새삼스레 깨닫게 되었습니다.

우리는 가능한 모든 자금을 이화여전에 빨리 보내려고 노력하고 있습니다. 서울에 있는 우리의 회계인 C. A. 사우어 목사에게 송금하면 기금이 대학 회계에게 전달될 수 있습니다. 아시다시피, 일본과 한국 교회들이 새로운 "토착성"을 강조하면서 외국 자금을 거부해야 한다는 원칙을 따르고 있습니다. 이 규정이 언제부터 엄격히 시행될지는 그 일을 맡은 경찰의 재량에 달린 듯합니다. 우리는 이화여전이 너무 많은 고통을 겪지 않도록 돈을 미리 보내려고 노력하고 있습니다. 오늘 저는 암스트롱 부인에게 편지를 씁니다. 그녀가, 이를테면 내년도 예산의 절반을 제가 제안한 방식으로 이화에 보낸다고 하면, 어쩌면 당신은 그녀가 전송하려는 금액에 부용의 반년 치 수당을 추가하는 방안도 고려할지 모르겠습니다. 그렇게 하기를 원하지 않으시면 그 돈을 이화여전을 위해 사우어 씨에게 보내주시기 바랍니다. 다만 송금하실 때 어떤 한국 사람의 이름도 언급하지 마세요. 그러면 그 사람이 곤경에 처할 수 있으니까요.

제가 부용을 마지막으로 만났을 때, 그녀는 당신 이야기를 하며 제가 당신을 꼭 만나기를 바란다면서 안부와 인사를 전했습니다. 부용은 곧 있을 결혼에 대한 기대로 행복해 보였습니다. 신랑은 좋은 사람 같고, 그녀가 음악 일을 계속하는 것을 좋게 생각하는 것 같습니다. 특히 지금은 그곳에 선교사들이 없는 상황이라, 부용이 계속 일해주는 것이 어느 때보다도 더 필요합니다. 따라서 이변이 없으면 그녀는 아마 계속 가르칠 것입니다. 우리가 이화를 존속하게 할 수 있는 방법을 찾고, 사랑하는 우리 전문학교가 필요한 모든 도움을 받게 할 수 있기를 바랍니다. 저는 김활란 박사와 우리 교수진에게 무한한 믿음을 가지고 있습니다. 물론 그들이 얼마나 많은 간섭을 받게 될지는 알 수 없습니다만, 우리는 그 어떤 것도 방해할 수 없는 오직 믿음으로 나아갈 뿐입니다.

바쁘신 와중에도 한국에서의 프로젝트에 이렇게 신실하게 개인적인 관심을 가져주셔서 진심으로 감사드립니다. 당신의 수고가 주님 안에서 헛되지 않으며, 언젠가 상을 받게 되실 것을 확신합니다.

빌린 타자기로 쓴 이 형편없는 편지를 이해해주시기 바랍니다. 우리 모두 구세주의 현존을 깨닫는 것이 다른 해보다 더 절실한 이번 성탄절에, 진정한 축복과 기쁨을 누리시기를 진심으로 기원합니다.

진심을 다해,

⚜ ⚜ ⚜

샌프란시스코, 옥타비아로 2519, (필모어 3471)
1940년 12월 15일

친애하는 베이커 감독님께,

감독님이 일본과 한국의 그리스도인들 그리고 교회를 돕고자 가시는 것은 그들을 사랑하는 우리 모두에게 기쁜 소식입니다. 감독님이 성탄절 직전에 떠나는 것은 큰 희생이며, 급한 연락에 이 여행을 준비하느라 힘드셨으리라는 것을 잘 알고 있습니다. 하지만 우리에게 덮친 사태 속에서, 비록 늦기는 했지만 이번 가을 동양의 감리교(그나마 남아 있는 부분)가 권위 있는 분에게 도움을 받는 것은 너무도 중요합니다. 그래서 지금이라도 감독님이 가시게 된 것이 참으로 다행스럽습니다. 우리는 현재의 상황과 앞으로 일어날 일들에 관한 감독님의 판단과 해석을 고대하고 있습니다.

떠나시기 전에 직접 뵙기 위해 노력하겠지만, 제가 말씀드리고 싶은 몇 가지 문제에 대해 미리 고려해보실 수 있도록 이 편지를 씁니다. 경찰이 서류를 검토할 것이고 어떤 자료를 압수할지 전혀 알 수 없으니, 일본에 도착하기 전에 이 편지는 없애버리시는 것이 좋을 것 같습니다. 특히 새로 부임한 독일 고문들이 검열을 담당할 가능성이 있는데, 그들은 일본인보다 더 철저할 것이라는 생각이 듭니다.

첫째, 감독님이 한국에 가시기를 진심으로 바랍니다. 한국에서는 이미 모든 것이 끝났고, 할 수 있는 일은 아무것도 없고, 우리 일은 종료되었으며, 누구와도 대화하면 그들을 곤경에 빠뜨릴 뿐이라고 말하는 사람들의 말을 듣지 마세요. 이 모든 것이 사실일 수도 있지만, 한국인들과 미국인들은 감독님이 그 상황을 직접 보시는 것이 필요하다고 생각합니다. 그러니 제발 처음부터 한국 방문을 일정에 포함시켜 주세요. 감독님은 우리 모든 선교사가 두 집에 모여 생활하고 있는 것을 보게 되실 것입니다. 남감리교회 언덕 위에 있는 스나이더 씨의 집(사직동 사택)에는 앤더슨 박사와 데모리 박사, 홉스 부부가 머무르고 있습니다. 밴은 그 건물을 집처럼 만들기 위해 많은 노력을 기울이고 있습니다. 쇼 씨는 사우어 씨와 함께 신학교 구내에 있습니다. 신 휴는 헨리의 집에서 지내고 있고, 김활란은 이화여전 "롱뷰"에 들어가 살고 있습니다. 감독님이 이곳들을 방문하실 수 있기를 바랍니다.

둘째, 이화여전에 관하여. 김활란을 만나셔야 하며, 만일 그녀를 만나실 수 없는 경우에는 이화여전 내에서 책임 있는 인물을 만나주십시오. 우리는 그들이 어떻게 지내고 있는지 알고 싶습니다. 우리는 이곳에 온 이후로 이화여전에 지속적으로 자금을 보내고 있습니다. 정확한 액수를 알아본 후 감독님이 떠나시기 전에 알려드리겠습니다. 미스 홀은 가능한 한 빨리 이화가 돈을 받도록 하려고 열심히 일하고 있습니다.

저는 재단에 대해 알고 싶습니다. 활란은 최근 기독교 기반 재단 운영이 계속 허용될 수 있을지 고민하고 있으며, 만일 허용되지 않으면 재단 설립을 포기하고 자기 명의로 대학을 운영할 준비를 하고 있습니다. 활란에게 "설립자" 문제를 문의해주십시오. 지금은 애다 홀이 설립자이며, 그녀가 안식년 휴가를 떠날 때 저를 설립자 대리로 임명했고, 저도 그곳을 떠나올 때 김활란을 똑같이 설립자 대리로 임명했습니다. 앞으로 설립자 문제를 어떻게 처리하는 것이 좋을까요? 이것은 가장 중요한 일입니다. 우리가 떠난 후 어떻게 되었는지, 그들의 소망과 두려움이 무엇인지 들어주십시오.

셋째, 그곳에서 제가 도울 수 있는 일이 있다면 저는 다음 배로 돌아갈 준비가 되어 있습니다. 저의 "체면"은 상관없습니다. 만일 제가 떠났던 게 실수였다면 당장 바로잡고 싶으며, 필요하다면 돌아가는 비용을 기꺼이 지불하겠습니다. 우리 중 몇 명은 남아 있기를 간절히 원했지만 선교부는 여성이 남아 있는 것을 절대로 허락하지 않았습니다. 막 오리건으로 간 메리 영은 자기가 한국으로 돌아갈 수 있을 가능성에 관해 감독님의 생각을 알기 전까지는 새로운 일을 시작하고 싶지 않다고 말했습니다. 특히 이 점을 염두에 두시고 돌아올 때 우리에게 알려주시면 감사하겠습니다. 또한 우리가 도울 수 있는 게 무엇이 있을지도 알아봐주십시오. 저는 겨울 동안 캘리포니아 남부, 코로나에 있는 밴버스커크 댁에서 지내고 있는데, 동부로 가기 전에 뵙기를 바랍니다.

동봉한 것은 사모님이 관심을 가지실 만한 일반적인 편지들입니다. 저는 감독님 부부와 로이스를 깊이 이해하고 공감하며, 감독님이 아기 예수께 바치는 진정한 헌신으로 개인적인 바람들을 포기하시는 것을 압니다. 이 성탄절 기간이 세 분 모두에게 더욱더 소중한 시간이 되기를 소망합니다.

충심을 다해,

ARA

⚜⚜⚜

샌프란시스코, 옥타비아로 2519
1940년 12월 15일

친애하는 벨마에게,

이 타자기를 오늘만 쓸 수 있으니, 안식일을 이렇게 타자를 치며 보내는 것도 의미가 있을 것 같네요. 동봉한 서신 중 일부는 사본을 만들었으며, 할 수 있는 한 더 많은 사본을 만들려고 해요. 당신이 손글씨로 써서 배에 보낸 소중한 편지는 내 가슴을 찢어놓았어요. 당신이 다시 괜찮아졌기를 바라지만, 우리를 걱정하지 않게 하려고 애쓴 흔적이 보여 생각보다 사소한 일이 아닐까 봐 걱정됩니다. 그러한 일들은 많은 고통을 주고, 사람을 지치게 해요. 당신이 스스로를 돌볼 시간이 필요하니, 지금은 오네온타[뉴욕주]에 있기를 바랍니다. 어머님께 보내는 짧은 편지도 동봉할게요. 어머님이 그렇게 다정한 편지를 보내주셔서 얼마나 감사한지 말로 다 표현할 수가 없어요.

메리 영은 지역 회의 참석차 와서 지난밤을 나와 함께 보냈어요. 우리는 한밤중까지 먹고, 노래하고, 기도하고, 울고, 웃고, 이야기하며—옛날처럼 이화에서의 평범한 시간으로 돌아간 듯했어요. 메리 영이 사촌들을 방문하는 동안 나는 가족도 없이 아주 쓸쓸했어요. 이제 로스앤젤레스에 가서 더 많은 이화의 사람들을 만날 때까지 기다려야겠지요. 그들 같은 사람은 없어요, 그렇지 않나요?

나는 베이커 감독님께 편지를 보냈어요. 감독님 일행이 마침내 그곳으로 가게 되어 다행입니다. 그들은 비상 상황이라고 생각하지 않았던 것 같아요. 몇몇 여성들은, 특히 일전에 비서였던 한 이는 필라델피아 모임에 다녀왔음에도 우리가 왜 고국에 와 있는지 이유를 전혀 모르더군요. 우리가 도망쳐 왔다고, 단지 미국 정부가 그러라고 해서 왔다고 생각하는 사람이 있다니요. 또 다른 여성은 지방감리사인 그녀의 남편이, "선교사들이 모두 집으로 돌아와버렸기 때문에" 세계 선교가 끝나버리지 않을까 걱정하더라고 말했어요. 우리에게 임시로 할 일을 찾고, 돌아갈 준비를 하고 있으라고 말하는 당신은 참 이해심이 깊은 사람입니다. 어떻게 이런 상황에서 그리스도인들이 베풀고, 일하고, 세상과 함께 기도하지 않을 수 있겠어요? 만일 이런 상황이 우리로 하여금 무릎 꿇고 기도하게 할 수 없다면, 하나님, 우리를 도와주소서! 하나님께서는 더 큰 환난으로 우리의 영혼을 찔러 완전히 깨워주셔야 할 것입니다. 사랑하는 젊은 활란은 반복해서 이렇게 말했어요. "이러한 일들이 우리에게 닥치는 것은 우리의 죄 때문입니다. 우리 한국인들이 기본적으로 지녀야 할 인격을 갖추지 못해 하나님께서 고난을 통해 우리에게 보여주시는 것입니다." 나는 그것이 우리 모두에게 해당한다고 생각해요.

스캐릿대학을 위해 일할 기회가 주어져서 기쁘지만, 아직 무슨 일을 하게 될지는 모르겠어요. 나는 베티 리에게 내가 뭔가를 하는 것이, 푹 쉬고 회복할 수 있는 단 한 번의 기회를 날려버리는 근시안적 결정이 되는 것은 아닐지 걱정된다고 말했어요. 이런 기회는 다시 오지 않을 것이며, 내가 있는 곳은 나를 육체적으로 강건하게 할 모든 조건을 갖춘 남캘리포니아일 테니까요. 만약 그들이 나에게 원하는 것이 여기저기 돌아다니며 현관 벨을 울리는 것 혹은 많이 걷거나 서 있어야 하는 것이라면 현명한 선택이 아닐 겁니다. 그러나 나를 생각해준 데에는 감사하며, 그들에게도 그렇게 말했어요.

일전의 모임에서 호놀룰루에 있는 '동양 소녀들을 위한 수잔나 웨슬리의 집'에 대한 이야기가 나왔다고 들었어요. 이 집은 예전의 가정선교회에 속해 있었던 것 같습니다. 임씨에게 편지를 써서 그곳이 어떤 곳인지, 그리고 공석이 있는지 알아보려고 해요. 내게 알맞은 곳 같아 보여요. 나는 일종의 학교 사역을 맡아서 소년 소녀들을 실제로 만나고, 내 경험이 긴요하게 쓰이는 그런 곳에 정말 가고 싶어요. 산속 학교야말로 내가 가장 가고 싶어 하는 곳인 것 같아요. 나에게는 교육계나 종교계에서 한자리를 얻으려는 야망은 없습니다. 단지 내가 아는 것을 사용하여 나를 필요로 하는 사람들을 위해 무언가를 할 수 있다면 그것으로 감사할 것입니다. 당신은 틀림없이 남부의 그런 분야에 대해, 또 거기에 어떤 학교들이 있고 어떤 공석이 있는지에 대해 알고 있겠지요. 만일 모른다 해도 알아볼 수는 있을 거예요. 나는 아직 미스 랜섬에게 편지를 쓰지는 않았지만, 베티에게는 이에 대해 말했어요. 많은 사람들이 내가 이것저것 계속 "진척"시켜야 한다고 생각해요. 그러나 활란은, 말하자면 집 안의 난로를 계속 피워둬야 하는 것처럼, 나의 모든 시간을 이화를 위해 써야 한다고 생각해요. 나는 활란에게 그렇게 살아갈 수는 없고, 중국 등에서도 많은 요청이 있어서 지금 당장은 많은 것을 기대하지 말라고 말했어요. 그렇지만 나는 무엇을 하든 항상 이화를 위해 평생 일할 것이고, 그것이 내가 할 일이라고 말했어요. 불쌍한 사람, 그녀가 지금 필요로 하는 것을 진짜 해줄 수만 있다면 얼마나 좋을까요!

가족 중 누구의 편지도 받지 못해서 모두를 그리워하고 있어요. 상순은 우리가 씨를 뿌리는 것에 대해 가장 이해심 있고 위로가 되는 편지를 보내왔는데, 이 편지에 대해서는 내가 일반적인 편지에서 언급했지요. 동봉한 용일의 사진은 용일이가 당신에게 주라면서 내게 가져온 것이에요. 기차에서 그를 여러 차례 만났는데, 내게도 한 장을 주었지요. 그날 아침 제물포 세관에서 그 사진을 지갑에 넣었지만, 내 것은 혹시 그들이 보고 용일에게 해를 끼칠까 봐 두려워서 찢어버렸어요. 그런데 내 가방에 넣어두었던 이 사진은 그들이 보지 못해서 다행이에요. 용일이는 좋은 청년이고 당신이 그를 그렇게 성장하도록 도왔지요. 우리는 모두 브라우니를 걱정하고 있으며, 그녀가 적절한 치료를 받길 바라고 있어요. 루George Henry Rue(1899~1993) 박사는 채핀 부인에게 즉시 브라우니를 돌봐달라고 말했답니다. 나는 배에서 브라우니와 함께 방을 써서 좋았어요. 그녀는 내가 한국에서 사귄 첫 번째 친구였고, 나는 언제나 그녀를 더욱더 사랑합니다.

당신이 메리 빅을 만났기를 바라요. 다양한 사람들을 만나볼수록 세상에 대한 통찰력이 더 생길 테니까요. 당신은 우리 WFMS 보고서 사본도 받았을 거예요. 우리가 임원들을 위해 보고서를 보낸 것은 우리 중 누구도 그들을 곧 만날 수 없었기 때문이며, 또한 사건 기록은 가지고 있을 필요가 있기 때문이에요. 내가 당신에게 무엇을 말해줬으면 하나요? 활란이 대학을 계속 운영하고 학교를 기독교학교로 유지할 수 있을 것이라 생각하느냐고요? 네, 교직원들은 지금 그 어느 때보다 뛰어나요. 서두수는 매우 훌륭하고 총명하며, 일본인을 완전히 이해하고, 그들보다 한 수 위에 있는, 마음이 단단하고 기독교 이상에 철저히 신실한 사람입니다—라고 활란이 말했어요. SY는 우리가 떠난다는 소식을 듣고 교토에서 휴가를 보내다가 급히 돌아와서 영어로 진행해야 하는 일정들을 도맡았어요. 그것은 그가 가장 잘하는 일입니다. 사람들은 SY가 다소 무른 경향이 있으니 박

종홍이 과장으로 더 낫다고 생각해요. 고 에블린은 가사과에서 최고로 뛰어난 과장이고, 조 메리는 음악과의 훌륭한 관리자예요. 김애마는 보육과에서 일을 잘하고 있고, 신실 역시 훌륭하고, 정애는 기숙사를 재정적으로도 또 다른 면에서도 잘 유지하고 있어요. 그녀의 결정대로 과별로 학생들의 방을 나누는 게 더 효율적이에요. 복유와 갑순도 영학관에서 맡은 일을 잘할 거예요.

나는 누구보다 예순이 걱정돼요. 그녀는 아직 허가를 받지 못했고, 그녀를 종교교육부의 세 번째 선생으로 고용할 돈이 없어요. 김 I. Y.와 장 그레이스가 종교교육부를 운영하고 있지만, 그레이스는 아기를 낳은 지 얼마 되지 않았고 너무 오랫동안 아프고 슬퍼했기 때문에 지금은 일을 맡길 수 없어요. 종교교육부가 예순을 계속 데리고 있으려면 자금이 필요할 테니, 4월까지 줄 예순의 급여를 준비했어요. 예순은 올바른 생각을 가진 사람이라면 누구나 불행해할 만한 일들에 깊이 상심합니다. 그녀는 냉정한 사람들을 경계하며, 우리에게 온전히 의지하면서 위로와 교제를 찾고 있어요. 그녀는 누구보다 열심히 노력하고 있지만, 돌 많은 길에서 심하게 튀어 오른 장애물에 부딪힌 듯해 그녀만 생각하면 마음이 아파요. 이곳에서 보낸 모든 좋은 시간들 외에도 예순과 마음이 잘 맞았던 태국 청년이 있었어요. 지금 예순에게 세상은 너무나 힘들고 실망스러운데, 그녀가 이 모든 것을 이겨내고 꼭 필요한 사람이 되어서 어떻게든 이화에 머물게 되기를 기도합니다. 학교를 떠나야 한다면 그녀의 가슴은 무너져 내릴 거예요. 은숙은 활란의 주된 기쁨이자 의지하는 사람이며, 확실히 매우 유능하고 명랑하고 능률적이며, 모든 면에서 도움이 되는 사람입니다. 은숙은 마지막 날 밤 나를 위해 쌓여 있는 잡지와 서류 정리를 도와주었고, 최대의 효율성과 정신chungsin을 가지고 마지막 부탁pootaks들을 들어주었어요. 활란은 법정의 호의적인 반응을 감지하고, 계속 학교를 운영할 수 있도록 허가받을 수 있으리라 생각하고 있어요. 장담할 수는 없지만, 이 세상에서 굴하지 않고 살아가려면 우리는 사랑뿐만 아니라 믿음과 소망을 가져야만 합니다.

감리회와 장로회 모두 어려운 상황에 처해 있어요. 그들은 너무 많은 것을 포기했어요. 나는 내가 만난 사람들에게 그러한 내 생각을 전했고, 그들이 두려움과 떨림을 가지고 자신들의 구원을 이루어내야만 할 것이라고 말했어요. 그보다 더 나쁠 수도 있지요. 그렇게 많이 포기하고, 옳지 않다는 것을 알면서도 동의해주었지만 결국은 어떤 핍박도 피하지 못하고 있으니, 다 무슨 소용인가요? 나는 일본의 그리스도인들이 앞장서서 이 어둠의 세력들에 맞서 일어나기를, 그리하여 그리스도인으로서, 또 한국인으로서 두 배로 고통받는 불쌍한 한국인들에게 모든 것을 떠맡기지 않기를 바랍니다. 양 박사님은 진

상을 알게 된 후 그만두셨고, 이 일에 전혀 관여하지 않았어요. 양 박사님은 정 감독님이 그 일에 참여하는 것을 막으려고 노력했지만 막을 수 없었다는 것을 알기 때문에, 나는 양 박사님을 탓하지 않아요. 어찌 되었든 양 박사님은 자신이 할 수 있는 모든 것을 했어요. 물론 신 휴가 이 모든 것을 주도했고, 나는 신 휴가 잘못된 길로 나아가고 있다고 생각하여 그에게도 그렇게 말했어요. 신 휴와 아베 감독은 일본의 요구가 있기 전에 미리 일본이 받아들일 만한 것들을 준비함으로써 대비할 수 있다고 생각합니다. 그러나 나는 그런 곡예가 성공하는 것을 본 적이 없어요. 그것은 동양인들에게도 논리가 바로 서 있지 않은 일이에요. 그러나 나는 이 불쌍한 사람들을 판단하지 않겠어요. 나 자신이 그들 대부분보다 못한 그리스도인이고, 그들이 그렇게 많은 어려움을 겪고 있을 때 나는 확실히 안전하고 편안하다는 것을 알기 때문이에요. 월요일 새벽, 이제 이 타자기를 그만 써야 하니 글을 끝내려 합니다. 우리가 이화로 돌아갈 가능성과 그곳에서 다시 무엇을 할 수 있을지에 대해서는 당신이 누구 못지않게 잘 알고 있지요. "곧 돌아오세요. 잘 쉬고 돌아오세요"라고 그들 모두가 말했고, 나는 그 말을 진심으로 믿어요. 누군가는 2~3년 후일 거라고 말했어요. 독일의 영향력과 그들의 광란의 군대가 저지당하고, 일본의 선한 사람들이 우리만큼이나 바라는 더 진보적인 정권이 들어설 때까지, 나는 어떤 희망도 없다고 생각했어요. 오래 걸리긴 하겠지만, 나는 그리스도인들이 기도와 믿음으로 그 시간을 단축할 수 있을 거라 믿어요. 그때가 되면 치료받아야 할 상처가 많을 것이고, 우리 한국인에게는 물론, 불쌍한 일본인에게도 사랑의 섬김이 많이 필요할 거예요. 그들을 사랑하고, 자존심을 상하게 하지 않으면서 도와줄 수 있는 진정한 친구들이야말로 그들이 돌아오기를 바라는 사람들일 거예요. 나는 선교회가 한국을 위해 가능한 한 지금의 수준을 유지하며 예산을 마련해, 확실하게 다가오고 있는 그때를 위해 모아두기를 바랍니다. 그나마 이 재앙이 연말에 가까울 때 일어나서 1941년도 예산이 배정된 것에 감사해요. 그러나 자금 지원을 받을 수만 있다면, 가능한 한 가장 많은 자금을 <u>당장</u> 우리의 회계인 사우어 씨와 스나이더 씨에게 보내 전달하게 해야 한다고 생각합니다. 애다 홀은 그 일을 열심히 하고 있으며, 매슬랜드 부인 역시 아주 협조적이에요. 대학과 고등학교들이 올해 예산만 확보할 수 있다면 그들이 잘 조정해나갈 것입니다.

ARA

⚜ ⚜ ⚜

샌프란시스코, 옥타비아로 2519
1940년 12월 16일

친애하는 암스트롱 부인께,

한국에서 미국으로 온 지 2주가 되었습니다. 일이 어떻게 돌아가는지 걱정하셨을 텐데, 좀 더 일찍 편지를 드리지 못해 죄송합니다. 우리가 이화에 머물거나 그 근처에 있으면 한국인들을 돕기보다는 방해가 될 것이라고 판단했습니다. 김활란 박사는 여러 가지 어려움에도 불구하고 우리가 남아 있게 되면 기뻐했을 테지만, "새로운 체제"와 그것이 함축하는 바에 대한 완전하고 적극적인 묵인과 협조가 전제되어야만 머물 수 있었을 것입니다. 미국인으로서 우리는 그렇게 할 수 없었습니다. 많은 한국인 그리스도인들도 이에 동의하지 않지만, 대부분은 최대한 눈에 띄지 않게 상황을 피하려 노력하고 있습니다. 저는 이 방책이 오래 지속되지 않을 것이며, 교회가 더 큰 핍박을 받게 되리라고 생각합니다. 그러나 우리는 학교들을 가장 훌륭한 한국의 지도자들에게 맡길 수 있었고, 그들이 학교를 모든 면에서 기준에 맞게 최선을 다하여 유지해낼 것이라고 믿습니다. 김 박사는 엄청난 자금 삭감에도 불구하고 매우 용기 있게 그 일을 떠맡았습니다. 아직은 자금 지원이 언제까지 이루어질 수 있을지 명확하지 않습니다. 우리의 많은 사역과 사람들의 생명이 지역 경찰관의 판단에 달려 있기 때문입니다.

매슬랜드 부인은 이화여전을 위해 모은 기금을 한국에 남아 있는 우리 선교회 회계인 C. A. 사우어 목사에게 송금했습니다. 그가 가능하다면 그 돈을 대학 회계 담당자에게 전달할 것입니다. 저는 부인께도 마찬가지로 1941년 이화를 위해 최대한 많은 지원을 모아주십사 요청드리려고 지금 이 편지를 쓰고 있습니다. 만일 캐나다 선교부 회계에게 보내는 것이 편하시다면 저희도 그 편이 시간도 아끼고 좋습니다. 유부용의 지원금에 대해 궁금해하신 하이트 씨에게도, 적어도 2분기 동안은 같은 방식으로 송금해달라는 편지를 드렸습니다. 앞으로는 한국의 친구들을 전혀 도와줄 수 없을지도 모르니, 그들에게 지금 우리가 할 수 있는 모든 도움을 주어야 합니다. 사우어 씨는 자금을 송금할 준비가 되어 있으며, 자세한 사항은 매슬랜드 부인에게 연락하시면 됩니다. 하지만 이를 확인하기 위해서 송금을 미루실 필요는 없습니다. 가능해지는 대로 꼭 보내주시기를 바랍니다. 언제나 기꺼이 도와주시는 부인께 깊이 감사드립니다.

부용은 잘 지내며, 내년 봄 자신이 선택한 훌륭한 청년과 결혼할 생각에 행복해하고 있습니다. 그녀가 모든 친구들에게 안부를 전해달라고 부탁했습니다. 이화에는 선교사들이 남아 있지 않으므로, 부용이 결혼 후에도 계속 가르치게 될 것입니다. 저는 아직 제가 떠났다는 것을 사실로 받아들일 수 없으며, 정말로 떠났다고도 느껴지지 않습니다. 분명 가능한 한 빨리 돌아가겠지만, 그것이 가능해지려면 먼저 큰 변화가 반드시 있어야 합니다. 제가 이 편지를 서울에서 부인께 틀림없이 보냈다고 생각하지만, 혹시 몰라서 또 하나를 보냅니다.

마틴Stanley Haviland Martin(1890~1941) 부부는 우리와 함께 마리포사호에 탑승했는데, 그 후 캐나다 선교부 소속의 어떤 분들이 왔는지는 모르겠습니다. 정말 비극적인 상황입니다. 오직 하나님의 궁극적인 승리에 대한 믿음 위에 설 때에만 이 끔찍한 일들을 견딜 수 있습니다. 한국으로 다시 지원금을 보내는 건 오직 믿음 안에서 하는 것으로, 자금이 목적지에 도달해 목적을 달성하기를 소망합니다.

부인과 제 모든 영국 친구들을 아주 자주 생각하고 기도하며, 깊은 위로를 전합니다. 우리는 최선을 다해 돕고 싶지만, 그리스도인으로서 서로를 위해 중보하는 것이 가장 효과적인 도움이라는 것을 압니다. 암스트롱 박사님과 저의 모든 친구들에게 안부 전해주시기를 바랍니다. 구세주의 진리를 깨닫는 성탄절이 참된 축복과 평안을 가져다주기를 기원합니다.

언제나 충실하게,
ARA

오하이오, 톨레도 <발신인: 애다 B. 홀>
12월 16일 월요일 오후

친애하는 앨리스에게,

나는 지금 버스 정류장에 있는데, 이 편지를 보낼 시간이 있기를 바라며 적습니다. 시카고에서 당신의 전보를 받고, 알프리다와 토요일 정오까지 일한 후 채핀 부인을 다시 만나기 위해 몬티첼로로 떠났어요. 우리는 뉴욕으로 가야 할 줄 알았는데, 모임이 연기되었어요. 그런데 그곳에서 베이커 감독님이 12월 20일 S. S. 태프트호를 타고 출발하실 예정이라는 것을 알게 되었어요. 그래서 어젯밤 늦게까지 채핀 부인과 함께 일해서 베비 부인에게 편지를 보냈고, 감독님에게는 항공우편으로 계좌 사본을 보냈어요. 당신에게는 채핀 부인이 편지를 쓰겠다고 했어요. 특히 당신이 감독님을 만나 이야기해주어야 할 일이 있어요. 편지보다는 감독님에게 직접 말씀드리는 것이 좋을 것 같아요.

우리가 갚지 못한 J. H.[12]의 선물은 약 7만 달러예요—10만 달러일 수도 있어요. 그중 23,000달러는 1년 넘게 지급되지 못한 상태입니다. 하지만 매슬랜드 부인이 언급한 것처럼 우리가 3분의 1 정도 환전할 수 있다면, 그리고 그것이 에릭 J. H.나 기관에 피해를 주지 않는 방식이라면 7만 달러 정도는 처리할 수 있을 것 같아요. 뉴욕의 주요 인사들이나 매슬랜드 부인과 직접 논의할 시간이 부족하므로—감독님의 위임장이 J. H.의 결정을 돕는 데 중요한 역할을 할 수 있을 거예요. 우리는 사우어에게 일본에서 감독님을 만나보라고 권했어요. 확신할 순 없지만—이곳에서는 몬티첼로에서 선박 우편을 보내는 것처럼 빨리 보낼 수 없으므로, 사우어에게 더 많은 자료를 보내고 싶어요. 나는 오하이오, 클리블랜드 하이츠, 로녹길 878로 돌아갈 것입니다. 한국을 떠나는 것만큼이나 힘들지만, 가능하다면 감독님과 J. H.를 함께 만나게 해주세요. 시간이 없어서 이만 줄일게요.
급하게, 애다 B.

나는 신시내티 지부에 1,000달러 송금에 대한 편지를 쓰고 있어요—그들이 그 돈을 매슬랜드 부인에게 보내지 않았거나, 매슬랜드 부인이 그 돈을 이화와 관련이 있는 것이라고 생각하지 않았을 수 있어요. 브라우니는 좀 어떤가요?—정말 많이 아픈지요. 펄과 베

12 James Henry Morris.

티는 브라우니가 많이 아프다고 생각하더군요—그들이 지나가던 참에 역에서 만나 30분 조금 넘게 나와 이야기하다 갔어요.

그리고 정말 석탄을 구했는지도 궁금해요. 물론 우리 예산보다 거의 5,000달러가 더 들 거예요. 11월과 12월에는 언제나 자금이 빠듯했고, 7월과 8월도 마찬가지인데, 기부금이 1월에서 3월까지 들어오기 때문이지요. 비록 해리엇이 1,000달러를 돕겠다고 약속했지만, 재봉틀 수리, 세탁실 수리, 가사과 조리실 비용에 대한 청구서가 밀려 있었고, 유치원 건물 비용도 예산을 초과했어요. 게다가 1941년에 구매할 체육복 비용은 (전부는 아니지만 일부는) 선불로 지불했어요. 이런 상황은 항상 반복되는데, 현금이 많지 않을 때는 어려움을 겪습니다. 돈이 도착하면 사용처가 지정되지 않은 기부금 1만 달러(예산 부족분)와 약간의 추가 비용을 사용해 지불할 수 있을 것입니다. 3년 정도면 예산으로 이런 비용을 다 처리할 수 있었을 텐데—그러나 지금은—참으로 안타까워요.

활란은 할 수만 있다면 끝까지 버틸 거예요—그러나 얼마나 어려울까요? 또, 어디에서 충분한 돈을 구할 수 있을까요? 급여 조정으로 남은 돈이 조금 있긴 하지만—음악과 지원은 어떻게 할 것이며—지금 누가 도와주겠어요?

벨마와 미스 매키넌에게 편지를 보내서, 스나이더에게 첫해 기부금을 송금해줄 수 있는지 알아봐줄 수 있겠어요? 더 많이 보내주면 좋지만, 적어도 그 정도는 보내주었으면 좋겠어요. 그들이 너무 적자를 많이 내지 않고 이번 학년도를 끝마칠 수 있는 정도라면 많은 도움이 될 거예요.

캐나다 쪽 상황은 어떤가요? 당신이 편지를 끝없이 쓰고 있다는 걸 잘 알고 있어요—나도 끝없이 쓰고 있어요. 내가 왜 이렇게 편지를 많이 쓰고 있는지 아무도 이해하지 못하는데, 우표 요금 때문에 거의 파산할 지경이에요—항공 우편료로 6센트를 내야 하는데 5센트를 낸 것이 그 때문은 아니지만요.

밴 박사님 부부를 만나면 안부를 전해주세요.

당신은 프레이저Edward James Oxley Fraser(1887~1977)와 크래너가 아직 한국에 자금을 보유하고 있다는 것을 알고 있을 거예요. 그들을 만나서 지금 이화에 조금이나마 지원해달라고 설득할 수도 있겠네요. J. H. 모리스 씨와 프레이저는 사이가 별로 좋지 않아요—모리스는 프레이저가 자기 돈을 좀 가져갔다고 생각하는 것 같아요. 나는 모리스도 자기 돈을 전부 빼내지는 못했을 거라고 생각해요. 모리스가 갖고 있는 돈 중 일부를 이화에 "줄" 수 있지 않을까 생각해봤어요. 그 돈은 엄격히 선물이라고 장부에 기재되어야 하고, 모리스가 그렇게 지정해야 합니다. 그러면 적절한 때에 모리스와 약간의 조정을 할 수도 있을 거예요. 그가 말로 하는 것에는 의미가 없어요. 이화에 돈을 주는 문제가 고려되려면 말하거나 이야기해서는 안 돼요. 일본인들이 모든 곳에서 지켜보고 있으니까요.

베이커 감독님과 미스 매키넌에게 방문의 긴급성에 관해 쓰셨겠지요?

매슬랜드 부인은 아메리칸 익스프레스를 통해서 송금했어요—괜찮기는 하겠지만 다이이치은행—경성—으로 바로 보내는 게 훨씬 낫다고 생각해요. 너무 조심하면 너무 많은 일이 지체됩니다. 팻시에게서는 얼마를 받으셨는지요? 대학에 보내셨나요, 아니면 코스트럽 부인[13]에게 보내셨나요? 이화에 있는 다른 사람들의 소식은 아시는지요?

나는 내일 시카고로 떠나는데, 먼저 몬티첼로에 들를 것입니다—몬티첼로의 주소는 모르겠어요. 그러니 일리노이, 시카고, 북 소여가 1856, 알프리다 코스트럽 전교轉交로 보내주세요. 사이러스에 대해서는 어떻게 생각하세요?

당신의 무릎은 괜찮나요? 당신 자신의 일과 건강에 대해서는 아무 말도 하지 않으시네요. 어떻게 지내시는지요?

사랑으로,

애다 B.

코스트럽에게—12월 12일 밤 편지—[14]

애다에게 모리스가 최대 30만 엔까지 기꺼이 이체할 의향이 있다고 말해주세요. 우선 지급을 멈추고, 모리스와 직접 연락하라고 해주세요. 얼마 정도면 현명할까요? 매슬랜드 부인이 10월 1일에 보냈다는 900에 대해서는 모르겠어요. 매키넌에게 편지를 보내서, 스나이더에게 송금해달라고 요청했어요.

앨리스

---

13 "코스트럽 부인"은 "미스 코스트럽"을 잘못 쓴 애다 B. 홀의 오기로 추정된다.

14 이 부분은 애다 B. 홀이 보낸 편지 아래의 여백에 앨리스 R. 아펜젤러가 수기로 첨가해놓은 것이다.

⚜⚜⚜

샌프란시스코, 옥타비아로 2519
1940년 12월 16일

친애하는 친구들에게,

이곳은 우리가 배에서 내려 처음 도착한 곳으로, 사촌 애나 닷지 베일허치 부인과 그녀의 남편이 따뜻하게 맞아준 집입니다. 남동생과 나는 이곳에 우리의 모든 세속적인 소유물이 담긴 트렁크들을 내려놓았으며, 나는 이달 말 로스앤젤레스 근처로 떠날 때까지 여기서 머물 예정입니다. 그 후 코로나로 가서 오랜 친구이자 이웃인 밴버스커크 박사님 부부와 함께 지내며 행복을 되찾을 것입니다. 코로나는 로스앤젤레스에서 남서쪽으로 80㎞ 떨어져 있어, 나를 괴롭히는 병에는 확실히 좋을 것입니다. 내 무릎은 아주 많이 좋아져서 아무도 나에게 문제가 있다는 것을 눈치채지 못합니다. 그래도 이번 겨울에는 햇볕 속으로 들어가게 되어 좋습니다.

남동생 아펜젤러 부부는 버클리에 좋은 아파트를 얻었고, 캐롤은 그곳에 있는 고등학교 졸업반에 들어갔습니다. 다른 두 아이도 가족이 가까이 있게 되어 아주 좋아합니다. 성탄절을 맞아 마거릿의 특별한 친구인 잭 휴일러John “Jack” Seys Huyler(1920~2014)가 코네티컷주 그리니치에서 찾아올 예정인데, 행복한 만남이 될 것입니다. 우리는 성탄절 전야에 가족 축하 행사를 열 계획이며, 다음 날 아침에는 모두 스톡턴에 있는 노블 씨 댁으로 가서 하루를 보낼 것입니다. 남동생 헨리는 벌써 여러 교회뿐만 아니라 여러 단체들로부터도 강연 요청을 받고 있습니다. 나는 감리교 기독교봉사회 여성분과 서부 지역 집회에서 짧게 강연을 했습니다. 이와 같은 시기에 우리가 연합하고 있으니 얼마나 다행인지요! 남동생과 나는 아직 앞으로의 계획을 확정하지 못했지만, 이해심이 가득 찬 환영을 받고 있어 감사하는 마음뿐 걱정은 하지 않습니다. 언제든 길이 열릴 때 한국으로 돌아갈 수 있도록 준비해놓고 싶습니다. 우리에게 적합할 만한 일이 있다면 알려주시기를 바랍니다.

한국을 떠나온 이후로 아직까지 한국에서 한 통의 편지도 받지 못했지만, 막 입항한 배들이 편지를 가져다주기를 기대하고 있습니다. 베이커 감독님은 아베 감독님의 긴급한 요청을 받고 태프트호를 타고 12월 20일 일본으로 가신다고 들었습니다. 힘든 여정이겠지만, 베이커 감독님과 디펜도퍼Ralph Eugene Diffendorfer(1879~1951) 박사님이 함께 가시게 되어 기쁩니다. 그들이 전해줄 보고를 듣고 싶습니다. 우리는 10월에 감독님들의 도움이 절실했는데, 지금이라도 그들이 하실 수 있는 일이 많으리라 생각합니다. 동양인들은 직책 있는 분들과 일하는 것을 중요하게 여기기 때문입니다.

1940년 11월 22일 마리포사호에서 내가 WFMS 임원들에게 보낸 진술서에 썼던 두 단락을 인용해보겠습니다.

"한국에서의 마지막 날들은 어떤 일을 당할지 알 수 없는 상황 속에서도 용감하게 우리 집으로 몰려온 한국 친구들의 눈물 어린 이별로 가득 찼습니다. 밀정들과 경찰이 곳곳에 깔려 있었고, 우리를 제물포로 데려갈 특별열차에도 밀정과 경찰이 여러 명 타고 있었습니다. 제물포역에서 내린 순간부터 고된 세관 통관 절차가 끝날 때까지 6시간 내내 조사관들은 우리의 모든 움직임을 면밀히 살폈고, 사진사들은 우리를 끊임없이 촬영했습니다. 부두에 모인 한국인 일행들도 감시 대상이 되었는데, 선교사가 그들에게 말을 걸거나 분리줄을 넘어 악수할 때마다 그런 모습들이 사진에 담겼습니다. 이것이 우리의 소중한 친구들에게 어떤 의미로 다가갈지, 생각하는 것조차 두렵습니다. 우리는 많은 친구들을 감옥에 남겨둔 채 떠났는데, 그들은 상상할 수 없는 고문과 모욕을 당하고 있습니다. 그들 대부분이 기독교 신앙과 우리에 대한 충절 때문에 고통을 당하고 있다는 것을 압니다. 우리가 한국에서 떠난 주된 이유 중 하나가 그들의 고통을 덜어주려는 것이었습니다. 또한, 우리가 그들의 고통에 대해 언급하는 모든 것이 그들과 아직 한국에 남아 있는 선교사들에게 더 큰 위험을 초래할 수 있다는 것도 알고 있습니다. 그들을 위해 우리를 공개적으로 인용하거나 이 내용을 출판하지 않도록 간곡히 부탁드립니다.

조직화된 감리회가 압도적인 세력들에 의해 굴복당하는 현실 속에서도, 우리는 마지막 순간까지 그리스도인들과 개별적으로 나눈 마지막 대화를 통해 한국 기독교인들의 신앙이 얼마나 꺾이지 않는 것인지, 그들의 사랑이 얼마나 인내하며 용서하는지, 자신의 짐에 더하여 우리의 짐까지 지는 그들의 용기가 얼마나 큰지를 다시금 깨달았습니다. 그들은 우리가 그들을 저버리는 것이 아니라, 우리가 평생 그들을 위해 계속 일할 것이며, 언젠가 반드시 다시 만날 것임을 알고 있습니다. 우리는 한국 기독교 교회가 결코 지배 권력에 의해 정복될 수 없다는 것과, 그 무엇도 그들을 그리스도의 사랑에서 끊을 수 없다![15]는 것을 온전히 확신하며 한국을 떠납니다."

ARA

15 로마서 8장 35절.

⚜ ⚜ ⚜

샌프란시스코, 옥타비아로 2519
1940년 12월 16일

친애하는 미스 랜섬께,

한국을 떠나 있어야만 하는 동안 우리가 어떤 계획을 가지고 있는지 알고 싶어 하신다고 들었습니다. 우리에게 앞으로 한동안 급여를 계속 지원해주신다니, 선교회의 너그러운 배려에 깊은 감사를 전합니다. 하지만 이 해가 다 가기 전에 나는 일찍이 그 명단에서 빠질 수 있기를 바랍니다.

나는 이제 55세이고, 학교에서 31년 동안 일했습니다. 한국에 가기 전에는 펜실베이니아주 랭커스터에 있는 쉬펀학교에서 5년 동안 독일어와 성경을 가르쳤습니다. 이화여전에서는 오랫동안 영어, 역사, 교육, 성경을 가르쳤으며, 음악을 좋아해 항상 피아노를 치고 노래를 불러왔기에 아마추어 수준이긴 하지만 합창 지도도 도울 수 있습니다.

아시다시피 약 20년 동안 내가 한 일은 거의 전적으로 행정 업무였고, 그 과정에서 많은 개인 상담도 병행해왔습니다. 이제 나는 새로운 인생을 시작하면서 교육계나 종교계에서 중요한 역할을 맡거나 두드러진 업적을 이루겠다는 야망은 갖고 있지 않다는 사실을 깨닫게 되었습니다. 아마도 관절염이라는 장애로 인해 큰일에 착수하는 것을 좀 주저하게 되는 것 같습니다. 이제는 많이 나아졌고, 남캘리포니아에서 시간을 더 보내고 나면 더 회복될 것이라 기대하고 있습니다. 내 경험과 나이가 부채가 되기보다는 자산이 되고, 내가 가진 것을 필요로 하는 사람들과 함께할 수 있는 의미 있는 자리로 가게 되기를 진심으로 바랍니다. 내가 가장 관심을 가지고 있고 마음이 끌리는 곳은, 소외된 소년 소녀들이 내가 경험한 것에 흥미를 느끼고 자극을 받을 수 있는, 남부의 산간 학교입니다. 나는 그곳에서 내가 가르쳐온 과목들을 지도하는 선생이나 담당자가 되고 싶습니다. 종교교육, YWCA 활동, 학생 활동 지원도 내 분야와 맞을 것입니다. 기존에 가정선교회에 속해 있었다고 들은 곳 중 호놀룰루에 있는 '동양 소녀들을 위한 수잔나 웨슬리의 집'을 염두에 두고 있습니다. 나는 한국으로 달려가기 쉽고 동양과도 연결되는 그곳에 있을 수 있으면 참 좋겠습니다. 물론 나만 그곳을 원하는 것은 아닐 테니 공석이 있을지 모르겠습니다. 하지만 현재로선 그곳이 내가 가고 싶다고 생각했고 이름을 아는 유일한 곳입니다.

이 편지로 당신에게 내 생각이 충분히 전달되었기를 바랍니다. 나는 도시가 주는 정신적 피로감이 부담스러워, 도시 일은 별로 내키지 않습니다. 나는 시골과 산들을 사랑합니다. 위에 적힌 주소가 내 현재 주소이고, 연락을 주시면 어떤 질문에도 기쁘게 답장하겠습니다. 많은 이들이 내가 무언가 새로운 일을 이것저것 "진척"시켜야 한다고 생각하지만, 김활란은 내가 이화를 떠나 있는 동안에도 이화를 위해 모든 시간을 쓰기를 원합니다. 나는 그렇게 해서는 생계를 꾸릴 수 없다고 말했지만, 평생 이화를 위해 일하며 항상 그녀에게 도움이 되도록 노력하겠다고 약속했습니다. 그러므로 그것은 나의 비공식적인 임무라 할 수 있습니다.

당신과 뉴욕에 있는 다른 친구들에게 성탄 인사를 전합니다. 내년 봄에는 뉴욕에 다시 갈 것 같습니다. 훌륭한 분들이 뒤에서 든든한 버팀목이 되어주신다는 사실이 큰 위안이 되며, 이 비극적인 날들로 인해 겪는 마음의 고통을 치유하는 데에도 도움이 됩니다. 동봉한 편지를 내 친구들이 돌려보게 해주시겠어요? 이곳에서는 타자기를 자주 사용할 수 없어서 사본을 만들기가 어렵습니다. 진정한 아름다움과 축복으로 가득한 참된 성탄절을 보내시길 바라며, 사랑을 담아 보냅니다.

충심을 다해,
ARA

⚜ ⚜ ⚜

화요일 저녁 **<발신인: 애다 B. 홀>**

1940년 12월 17일

친애하는 앨리스에게,

사우어 씨에게는 편지를, 박 씨에게는 계산서를 보내고, 매슬랜드 부인에게도 같은 계산서를 보내려고 애쓰는 데에 오늘 하루를 다 써버렸어요. 하지만 아무래도 매슬랜드 부인에게 보내는 것은 하루가 더 걸릴 것 같아요.

메리의 편지가 활란의 간청과 함께 도착했어요. 나는 애번 부인에게 그 내용이 사실로 느껴졌다고 전하며, 그 내용이 바로 내가 뉴욕에서 만났던 사람들에게 전하려 했던 것이라고 말했어요. (애번 부인은 시카고에서 내게 그 편지를 먼저 읽게 해주었어요.) 이화가 30만 엔을 받을 수만 있었다면 나는 어떤 간섭도 하지 않으려 했지만, 아무것도 약속할 수 없는 상황이었어요. 애번 부인과 모네타는 이화가 그 돈을 받을 수 있기를 바라고 있지만, 나는 어떻게 그것이 가능할지 솔직히 잘 모르겠어요. 만약 내가 펌프와 난방 장치에 대해 확실하게 알게 되면 당신에게 전보를 보낼게요. 그러면 당신이 감독님에게, 활란에게 말씀하시라고 알려주세요. 활란은 직접 전보를 받고 싶어 하겠지만, 거기로 전보가 가지 않을 것 같아요. 그래도 올해에는 내가 좋은 일을 할 수 있을 것이라고 생각해요. S. Y.는 돌아왔나요? 캐나다 사람들에게는 편지를 쓰셨는지요?

1월 1일 이후 회계가 바뀌게 되면 매슬랜드 부인이 직접 나서기는 어렵겠지만, 과거에 그들이 그랬던 것처럼 이번에는 우리가 먼저 일을 시작해야 한다고 생각해요. 그들은 과거에도 이따금 우리와 상의 없이 그들과 우리 사이의 일을 처리한 적이 있으니 우리도 같은 방식으로 대응할 필요가 있어요.

성탄절이 지날 때까지 가족과 함께하실 것으로 생각되네요—행복한 성탄절이 되기를 바라요—우리가 시카고에서 함께했던 시간은, 모든 일이 있었음에도 불구하고 마치 한국에 있는 듯한 기분이 들게 했어요.

감독님과 J. H.와의 회의에서 당신이 어떤 책임을 맡게 되더라도 나는 당신을 지지할 거예요. 만약 뭔가를 보내게 된다면 그것이 무엇이든 반드시 선물 형식으로 보내야만 해요.

아직 알고 싶고 쓰고 싶은 것이 많지만, 이제는 이 편지를 보내야 해요.

모두에게 사랑을 보내며,
애다 B.

1940년 12월 29일 현재

동양 어딘가에 있는
톰과 에드나 홉스에게,

이 편지는 성탄절 기간에 받은 11월 28일자와 12월 9일자 편지에 대한 답장이에요. 두 편지 덕분에 나날이 심해지던 걱정에서 벗어날 수 있었어요. 특히 톰의 좋은 소식과 다른 모든 정보에 감사해요. 나는 애나와 애다와 함께 바삐 지냈고 앞으로도 계속 그럴 것 같아요.

행복한 힐탑 가족들과 모든 친구의 소식을 들을 수 있어 기뻤어요. 우리의 끊임없는 사랑과 기도를 잊지 마세요. 우린 베이커 감독님과 디펜도퍼 박사님이 배를 타고 떠나시는 모습을 보았어요. 도쿄를 경유하신다고 하니, 혹시라도 두 분과 만날 수 있길 바라요.

헨리와 루스는 버클리[캘리포니아주]에 아파트를 얻었어요. 헨리는 오늘 오클랜드에 있는 제일감리교회에서 두 차례 설교를 합니다. 최근 클럽 두 곳에서 강연했으며 교회 연합 라디오 예배에서도 설교하도록 초청받았어요. 1927년식 디 소토 자동차를 운전하는 것을 좋아하고 있으며, 온 가족이 다시 만나는 즐거운 성탄절 모임을 위해 식구들을 차에 태워 스톡턴에 데려갔어요. 잭이 성탄절 연휴를 보내기 위해 뉴욕에서 왔고, 어제 마거릿의 부모는 다과 시간에 마거릿과 잭의 약혼을 발표했어요. 나는 가족의 행복에 진심으로 함께했어요. 리처드와 캐롤도 학교 안팎에서 친구들과 즐거운 시간을 보내고 있어요.

나는 대부분의 시간을 사촌 집에서 혼자 보내며 글을 많이 쓰고, 여기저기 흩어져 있는 가족들을 만나고 있어요. 리드 박사에게 건강 검진을 꼼꼼히 받았는데, 그 영향으로 남쪽으로 가는 일정이 지연되었어요. 건강이 괜찮기는 한데, 단 것, 탄수화물, 지방을 모두 끊어야 한다는 조언을 들었습니다. 곧 로스앤젤레스로 갔다가 코로나로 가서 한동안 머물 계획입니다. 스캐릿대학이 현장 작업을 해달라고 요청했지만 일을 맡을지는 아직 결정하지 못했어요.

모두가 흩어져 있어 소식이 뜸하네요. 레나는 부에노스아이레스로 가려는 것 같고, 메리언과 빅은 고향 근처에서 좋은 일자리를 찾고 있다고 해요. 샬럿은 자매들을 방문 중입니다. 다들 향수병에 걸린 채 예전처럼 다시 함께 지내기를 간절히 바라고 있어요.

다가오는 새해는 훨씬 더 나은 한 해가 되기를 간절히 바랍니다.

앨리스

1940년 12월 29일 일요일 오전 6시 보물섬에서 방송될 편지임. 밴이 이와 같이 편지를 보내달라고 했어요. 개인적으로 방송하러 갈 수는 없지만, 누구든지 편지는 보낼 수 있어요. 주소는:

노먼 페이지 씨
샌프란시스코, 보물섬
제너럴 일렉트릭 방송국
K.G.E.I. 우편가방 시간

1941년

캘리포니아, 밀브레, 엘더가 330 <발신인: 제임스 H. 모리스 / 수신인: 애다 B. 홀>
1941년 1월 4일

미스 애다 B. 홀,
오하이오, 클리블랜드,
클리블랜드 하이츠, 로녹길 878

친애하는 미스 홀께,

지난해 12월 18일, 앨리스 아펜젤러가 나에게 전화해 다음 날 아침 샌프란시스코로 가서 제임스 베이커 감독님을 만나라고 했습니다. 감독님은 그날 프레지던트태프트호를 타고 요코하마로 떠나시는데, 아마도 서울까지 가실 거라고 말했습니다.

나는 차를 몰아 오전 8시 45분 캘리포니아 호텔에 도착했습니다. 객실에 계시던 감독님이 몇 분 안에 내려오겠다고 하셨고, 이윽고 9시 15분에 내려오셨습니다.

감독님은, 감리회 WFMS가 1941년 2월 1일 이전에 서울에 있는 회계 담당인 찰스 A. 사우어 씨에게 7만 엔을 보내 이화여전이 사용할 수 있도록 하고 싶어 한다고 말씀하셨습니다. 그리고 내가 그들에게 필요한 자금을 융통할 수 있게 조치할 수 있는지 알고 싶어 하셨습니다. 일본 당국이 선교사업을 위한 외국으로부터의 자금 지원을 금지하고 있기 때문에, 사역을 지속하기 위해서는 다른 조치들을 취해야 한다고 말씀하셨습니다.

나는 베이커 감독님에게 내가 그 문제를 처리할 수 있을 것이라고 말씀드렸고, 이후 그 일을 처리하느라 바빴습니다. 그렇지 않았다면 좀 더 일찍 당신에게 편지를 드렸을 것입니다. 어제 나는 전보 한 통을 받았는데, 내용은 사우어 씨에게 그 돈을 은행을 통하지 않고 현금으로 전달하는 것이 가능하다는 내용이었습니다.

감독님은 엔화 환율에 대해 물으셨는데, 현금 거래라면 20에 엔화를 팔아서 14,000달러를 7만 엔으로 환전할 수 있다고 말씀드렸습니다. 앨리스 아펜젤러는 그들이 전체 금액을 한 번에 지급하는 것은 어려울 수도 있지만, 우선 8,000달러를 지급하고 나머지는

6~8개월 이내에 지급할 수 있을 것이라고 말했습니다. 나는 이러한 상황에서는 선교국이 이자를 부담하는 대신, 22의 비율로 7만 엔에 대해 총 15,400달러를 지급하는 것이 적절하다고 생각했고, 감독님도 그렇게 하는 것이 좋겠다고 말씀하셨습니다. 사우어 씨가 그 돈을 받고 전보로 알려오면 그들은 즉시 14,000달러를 지불하거나, 8,000달러를 선지급하고 6~8개월 후에 지급 가능한 7,500달러의 약속 어음을 주면 될 것입니다.

잘 아시다시피 일본인들은 돈 문제에 관한 한 모든 사람을 의심하기 때문에 한 번에 7만 엔을 인출하면 그 돈이 어디에 사용될 것인지 알아내려고 즉시 조사하려 들 것입니다. 따라서 그 돈을 은행을 통해 보내는 대신, 내 위임장을 가진 알렉스 맥파레인 씨가 직접 사우어 씨에게 현금으로 전달하도록 조치할 예정입니다. 앨리스는 나에게, 이 돈을 맥파레인 씨가 사우어 씨에게 건네도록 하고 기부금으로 명명하면 좋을 것 같다고 제안했습니다. 일본 당국에서 그 돈에 관해 문제를 제기하더라도 그것이 기부금이라면 별다른 조치를 취할 수 없을 것이라고 했습니다.

이 편지를 항공 우편으로 보내니, 내용이 만족스러우시면 나에게 전보로 알려주시거나, 시간이 된다면 자세한 답장을 항공 우편으로 보내주십시오. 프레지던트클리블랜드호는 이달 10일 정오에 출항하며, 나는 배에서 맥파레인 씨에게 위와 같이 하라고 편지를 보내고, 7만 엔을 기부금으로 사우어 씨에게 지불하라고 전보를 보내려고 합니다. 혹시 당국과 복잡하게 얽히는 것을 피하면서 사우어 씨에게 이 돈을 전달할 수 있는 더 좋은 방법에 대한 제안이 있으시면, 그에 따라 조정하겠습니다.

당국은 소액에 대해서는 그다지 의심하지 않으니, 적은 금액으로 나눠서 지급하는 게 더 낫다고 생각하시면 7만 엔과 같이 큰 금액보다는 1만 5,000엔이나 2만 엔과 같은 소액을 현금으로 여러 번에 걸쳐 전달하는 것이 훨씬 안전할 수도 있습니다.

지난봄에 한 가지 경험을 했습니다. 메리언이 지난해 2월 내게 편지를 써서 말하기를, 그들이 5월에 고국에 돌아올 것이니 내가 서울에서 보내고 싶은 것이 있으면 기꺼이 가져다주겠다더군요. 그래서 나는 맥파레인 씨에게 편지를 보내, 일본 나고야에 있는 나의 딸 C. H. 스테펀 부인에게 1만 엔짜리 수표를 보내달라고 부탁했습니다. 그런데 맥파레인 씨가 다이이치은행에 이 수표를 신청하자 이 은행에서 일하는 아이호 씨가 돈의 용도를 물었고, 그는 내가 여행 비용으로 딸 스테펀 부인에게 보내는 것이라고 말했습니다. 아이호 씨는, "아, 나는 스테펀 부인을 아주 잘 알고 있고 그녀가 모리스 씨의 딸인 것도 알고 있지만, 금액이 꽤 크니 수표를 발행하려면 그 전에 맥파레인 씨가 재무부 승인을 받아야 합니다"라고 말했다는군요. 결국 은행에서 신청서를 작성하여 보냈는데, 10일 후에 그들은 맥파레인 씨를 불러 2,500엔짜리 수표만 발행해줄 수 있다고 통보했고 그 금액만 받을 수 있었다고 합니다. 사위인 스테펀 씨는 생활비에 필요한 최소한의 현금만 일본에 가져갔고, 나머지 돈은 여기 은행에 두고 갔습니다. 아이호 씨는 정부가 일본 거주자가 아닌 외국인의 계좌에서 인출된 돈이나 발행된 수표의 사용처를 철저히 감시하고 있다고 했습니다. 그러므로 조선에서의 금전 문제 역시 그들이 의심하고 문제를 일으키지 않도록 신중하게 처리해야 합니다.

즐거운 성탄절을 보내셨기를 진심으로 바라며, 올해가 매우 행복한 새해가 되기를 기원합니다.

평안과 행복을 빌며,
진심을 다해,
J. H. 모리스

복사본: 미스 앨리스 아펜젤러께.

추신

1941년 1월 4일

친애하는 미스 홀께,

내 전신 주소는 내 이름을 거꾸로 한 "**서롬 밀브레**SIRROM MILLBRAE" 캘리포니아로 등록되어 있습니다. 같은 지역에 모리스라는 이름을 가진 사람이 두 명 더 있어서 위와 같이 등록했습니다.

프랭크 윌리엄스Frank Earl Craston Williams(1883~1962)가 마닐라에서 인도로 향하며 보낸 12월 3일자 편지를 방금 받았습니다. 그와 가족들은 고베에서 마닐라까지 프레지던트쿨리지호를 타고 갔는데, 형사들이 공주에서 고베까지 동행하며 감시했다고 하네요. 또한 부산에서 시모노세키로 해협을 건너갈 때는 그의 가방을 샅샅이 뒤져 공책 두 권과 인쇄된 책 몇 권을 압수했다고 합니다. 홀Sherwood Hall(1893~1991) 부부는 이미 짐을 다 쌌고 클리블랜드호를 탈 준비를 마쳤지만, 마지막 순간에 형사들이 또 다른 혐의들을 날조해 다시 재판을 받아야 하게 되었고, 언제 떠날 수 있을지 알 수 없게 되었다고 합니다.

프랭크는 공주에서 고베로 가는 사이 언제든 체포되어 다시 잡혀갈지 모른다는 불안

감에 시달렸고, 프레지던트클리블랜드호를 탄 후에야 안도의 한숨을 내쉬었다고 합니다. 프랭크에 따르면, 성서공회와 조선기독교서회의 한국인 직원들은 감옥에 갇혀 있다가 석방될 때, 외국인들이 떠나도록 당국을 도우라는 지시를 받았다고 합니다. 프랭크는 또한 J. Z. 무어 목사John Zachariah Moore II(1874~1963) 부부가 떠날 준비를 마쳤다는 소식을 전하며, 그가 막 편지를 보낸 후 일어난 예상치 못한 일이었다고 말했습니다.

진심을 담아,

⚜⚜⚜

캘리포니아, 코로나, 러모나로 1012
1941년 1월 15일

친애하는 모리스 씨께,

월요일 밤 제가 이곳에 도착하자마자 당신의 편지가 기다리고 있었습니다. 이 편지가 저에게 바로 전송되었더라면 좋았겠지만, 받는 사람이 미스 홀로 되어 있었기 때문에 그녀가 분명히 우리 선교회의 임원들과 함께 주의 깊게 읽었을 것입니다. 그들은 지금 뉴욕에서 우리의 문제를 해결하고 정착을 돕고자 매우 바쁜 시간을 보내고 있다고 들었습니다. 그래서 그들의 주목을 받으려면 조금 기다려야 할 것 같습니다. 당신이 맥파레인 씨로부터 일이 잘 진행될 것이고, 은행을 통하지 않아도 된다는 말을 직접 들으셨다니 기쁩니다. 모든 일이 모두에게 원만히 해결되었길 바랍니다. 만일 당국이 당신에게, 심지어 자기 나라에서도 당신 돈을 자유롭게 사용하지 못하게 한다면 그것은 그들이 당신의 돈을 사실상 빼앗았음을 인정하는 것이나 다를 바 없습니다. 저는 이 거래로 인해 누구도 피해받지 않고, 이화여전이 그 돈을 잘 써서 좋은 결실을 거둘 수 있기를 바랍니다.

당신을 만난 이후 미스 홀로부터 소식을 듣지 못해서, 이 편지의 사본을 그녀에게도 보냅니다. 저는 환율 등에 관한 경험이나 지식이 없어서 모든 관련된 일을 당신과 미스 홀에게 부탁했습니다. 미스 홀은 당연히 우리 책임자들에게 연락을 취했을 것이며, 모든 절차가 승인되었기를 바랍니다. 이미 이번 분기의 예산을 송금한 터라 당신에게 즉시 돈을 갚기는 쉽지 않을 것입니다. 이 부분은 미스 홀도 알고 있을 것이며, 당신은 항상 우리를 기꺼이 신뢰할 것이라고 말씀해주시니 감사할 따름입니다. 당신의 신뢰에 감사드리며, 하지만 우리가 당신을 너무 오래 기다리게 하지 않도록 최선을 다하겠습니다. 아마도 당신이 현재 일본인들과 맺고 있는 관계보다 더 확실하게 당신을 보호해줄 수 있는 문서가 있을 것입니다.

지난 금요일 로스앤젤레스에서 열린 중국식 만찬에 미스 로렌스가 참석해서 만나게 되었는데, 그녀는 고베에서 홀 부부가 떠나는 것을 보았다고 하더군요. 그렇다면 새로운 협의들은 중요한 것이 아니었음이 분명합니다. 홀 부부가 어떤 배를 탔는지는 모릅니다. 미스 로렌스는 건강해 보였고, 할 이야기가 많았습니다! 홉스 부인이 제게 보낸 마지막 편지에는 성공회 사람들이 모두 떠났고, 헌트 사제님만 잠시 더 머무르실 예정이라고 합니다. 축소된 공동체는 주로 서울회관에서 볼링을 하고, 모임과 만찬을 갖고, 심지어 교회 예배도 서울회관에서 드리고 있는 것 같습니다.

저는 코로나에 내려와서 즐거운 방문들을 했는데, 대부분의 사람들을 만났고 주요 관광지도 빠짐없이 둘러보았습니다. 장미 퍼레이드도 보았고 처음으로 윌슨산에도 올라가 보았습니다. 뉴웰 부부, 미스 딜링햄, 밴버스커크 부부는 약간 나이가 들었을 뿐 예전과 다름없었습니다. 심지어 89세가 된 가련한 천안의 존슨 부인도 그렇게 많이 변한 것 같지는 않았습니다. 올리브가 저를 태우고 꽤 여기저기 돌아다녔습니다. 내한했던 사람들과 함께 있으면 항상 집과 같은 편안함을 느낄 수 있습니다. 저는 강연해달라는 초청을 많이 받았지만, 이곳에 머무는 동안에는 강연하기가 쉽지 않을 것 같고, 어떤 강연들은 피하고 싶은 마음도 있습니다.

메리언을 못 봐서 아쉬웠지만, 동부로 가기 전에 그쪽으로 올라가니 그때 여러분 모두를 만나고 싶습니다. 당신의 아름다운 집에서 함께 시간을 보낼 수 있어서 즐거웠습니다. 제가 본 집들 중 그보다 좋은 집은 없다고 생각합니다. 모리스 부인께 사랑을 보내며, 한국을 위한 우리의 일에 협조해주심에 대해 감사드립니다.

진심을 담아,
앨리스 R. 아펜젤러

⚜ ⚜ ⚜

캘리포니아, 코로나, 러모나로 1012
1941년 1월 15일

미스 에블린 K. 웰스[16]
웰즐리 봉사기금 교육위원회

친애하는 미스 웰스께,

11월 11일자 당신의 편지를 방금 받았습니다. 당신은 이화여전에서 가르치던 미국인 교수들이 모두 한국에서 철수해 한국을 떠났다는 소식을 틀림없이 들으셨을 것입니다. 이 모든 일이 아직도 나쁜 꿈만 같고, 우리는 단지 휴가 중인 것만 같습니다. 하지만 영원히 한국으로 돌아가지 못하는 것은 아닐 것이며, 적어도 우리 중 일부는 돌아갈 수 있을 것이라고 아직 희망하고 있습니다. 그동안 우리는 용감한 작은 대학, 훌륭한 교장 김활란 박사와 교직원들, 그리고 그 대학에서 배움을 이어가는 매우 행복한 여학생들을 위해 항상 노력할 것입니다. 대학 교육은 미국에서보다 한국의 여학생들에게 더없이 큰 특권입니다.

무엇보다도 이화여전이 지속되고 있다는 것을 기억해주시기 바랍니다. 정부가 교수진이 내국인으로만 구성되어야 하고 대학은 즉시 재정적으로 독립해야 한다고 주장하고 있어서, 우리가 지금 재정 지원을 하기는 어려운 상황입니다. 하지만 이화를 돕기 위해 힘닿는 대로 모든 일을 할 것입니다. 어쩌면 웰즐리 봉사기금에서 보낸 기부금이 이미 송금되었을지도 모르겠습니다. 만약 송금되었다면 그것이 현금화되어 계획대로 사용될 수 있기를 바랍니다. 아직 송금되지 않았다면 펜실베이니아, 필라델피아, 북 브로드로 6701에 있는 이화협동위원회의 회계 담당인 J. W. 매슬랜드 부인에게 보내주실 수 있으실는지요? 매슬랜드 부인은 이화를 위해 가능한 한 많은 기금을 모으고 있으며, 상황이 허락하는 대로 이화여전에 보내고 있습니다. 다만 현재 한국으로 돈을 보내는 문제는

16 편지 위 여백에 수기로 "그녀는 1월 23일에 필라델피아로 돈을 보냈다"라고 적혀 있다.

여전히 불확실하며, 이는 담당 관료들의 변덕에 좌우되고 있습니다. 만일 한국으로 이미 송금하셨다면 제가 그 돈에 대해 알아보겠습니다. 수표가 제 명의로 되어 있다면 저에게 돌아오겠지만, 예전처럼 이화여전 앞으로 되어 있다면 어떻게 처리될지 장담하기 어렵습니다. 돈을 그곳으로 보내지 말아야 하는 상황이 된다면 즉시 알려드리겠다고 약속했는데, 너무 늦게 연락드린 게 아닌가 걱정됩니다. 그러나 수표가 분실되리라고는 생각하지 않습니다.

동봉한 편지를 읽어보시면 우리가 떠날 수밖에 없었던 주된 이유를 아시게 될 것입니다. 우리가 떠나는 것이 최선이라고 판단한 것은, 총장과 집행부가 "밀정들"에게 영향을 받고 있다는 의심을 받지 않고 자유롭게 결정을 내릴 수 있도록 하기 위해서였습니다. 우리는 모두 지역 언론에서 밀정이라는 비난을 받았고, 이로 인해 한국 친구들의 상황이 매우 어려워졌습니다. 우리는 불편하기는 해도 직접적인 위험에 처하지는 않았었어요. 그러나 상황은 나아지지 않고 있으며, 모든 외국인이 곧 떠나야 할 수도 있습니다. 김활란 박사가 우리를 배웅한 후, 경찰이 그녀에게 우리를 위해 그렇게 애쓸 필요는 없었다고 말하며 더는 우리에게 편지를 보내거나 소식을 주고받아서는 안 된다고 말했다고 합니다. 그래서 우리는 이화에 직접 편지를 쓰지 않고 있습니다. 다만 다른 미국인들이 서울에 있는 한 간간히 소식은 주고받을 수 있을 것입니다. 그들이 얼마나 단절되어 있는지 아시겠지요. 그런데도 학생들은 늘 즐겨 하던 대로 학교에서 캐럴을 불렀으며, 채플에서는 다양한 아름다운 성탄절 프로그램이 진행되었다는 이야기를 들었습니다. "우리는 어느 때보다 더 여러분이 그립지만, 진정한 그리스도인이 되기 위해 전보다 더 노력하고 있습니다"라는 메시지였습니다.

저는 지금 캘리포니아에서 친구들과 겨울을 보내고 있지만 봄에는 동부로 갈 계획이며, 졸업식 전에는 웰즐리에 도착할 것입니다. 이화 학생들을 돕고 있는 분들을 직접 만나는 것은 큰 기쁨이 될 것입니다.

충심을 다해,

앨리스 R. 아펜젤러

⚜ ⚜ ⚜

올리브 데이비스홀 224 <발신인: 엘리자베스 벨>
1941년 3월 1일[17]

매사추세츠, 웰즐리
웰즐리대학
웰즐리대학 봉사기금

친애하는 미스 아펜젤러께,

웰즐리대학 봉사기금 교육위원회의 고문이신 미스 웰스가, 이화를 위한 수표와 관련해 조언을 얻기 위해 당신에게 편지를 쓰라고 권고하셨습니다. 매슬랜드 부인은 WFMS에서 이화에 펌프와 난방 장치를 구입할 수 있도록 900달러를 보내려 한다는 내용의 편지를 보내며, 우리의 100달러 선물도 펌프와 난방 장치를 위한 기부금에 추가하는 것이 좋겠다고 제안하셨습니다. 우리는 기부금을 이렇게 보내는 것이 더 유용할지, 아니면 예전처럼 별도의 선물로 보내는 것이 더 유용할지 알고 싶습니다. 이 문제에 관해서 조언해주시면 감사하겠습니다. 그리고 이번 봄에 동부로 와서 웰즐리에 방문하실 계획을 변경하지 않으셨기를 바란다는 우리의 기대도 함께 전합니다.

진심을 다해,
엘리자베스 벨,
교육위원회 회장

⚜ ⚜ ⚜

17 이 편지는 1941년 3월 1일 편지이지만, 앞 편지(앨리스 R. 아펜젤러가 미스 웰스에게 보낸 1941년 1월 15일 편지)에 대한 답장이므로 이해하기 쉽도록 이곳에 배치했다.

캘리포니아, 코로나, 러모나로 1012
1941년 1월 17일

친애하는 매슬랜드 부인께,

1월 11일자 당신의 편지를 받았는데, 내용이 잘 이해되지 않습니다. 103.25달러짜리 이 마지막 수표는 무엇인지요? 나는 이미 당신에게서 수표 두 장을 받았는데, 11월 30일자 168.25달러 수표와 12월 30일자 124.21달러 수표입니다. 어느 것이 급여 수표이고 어느 것이 여행 경비 수표인지 모르겠네요. 이 마지막 103.25달러 수표는 한국에서 지급할 예정이었던 잔금인가요? 나는 계산해보지 않아서 모르겠지만, 미스 홀은 알고 있겠지요. 이 수표를 내 은행 계좌로 보내셨나요? 아직 보내지 않으셨다면, 이 수표와 모든 급여 수표를 다음 주소를 사용하는 내 계좌로 보내주셨으면 합니다.

J. 체스터 잭슨 씨
펜실베이니아, 랭커스터, 파머스 은행 및 신탁회사

나는 샌프란시스코에서 124.21달러의 수표를 받았을 때, 아직 돈을 사용하지 않아서 여행용 계좌를 제출하지 않았다는 편지를 보냈습니다. 원하신다면, 트렁크들을 목적지로 보내는 데 5달러 50센트를 지출했음을 알려드립니다. 3월에 동부로 출발할 생각이니 동부에 도착한 후 내 계좌를 알려드리겠습니다. 그래도 괜찮겠지요?

편지 봉투에 미스 홀이 주소를 쓴 것 같네요. 그녀가 당신과 함께 일하고 있나요? 미스 홀은 도움이 많이 될 테니 같이 일하고 있다면 좋겠습니다. 우리가 학교 재정에 관해 모리스 씨와 베이커 감독님과 나누었던 이야기들에 대해 미스 홀이 당신에게 모두 알려드렸을 것 같습니다. 그 일이 모두 어떻게 되었는지 무척 궁금합니다.

오늘 이화에서 평소와 같이 성탄절 프로그램을 진행했다는 반가운 소식을 들었습니다. 최예순이 보낸 12월 23일자 편지에 따르면, 그녀는 학생들을 가르칠 수 있는 정부 허가증을 발급받았고, 종교교육을 가르칠 꽉 찬 학사 일정도 받았다고 합니다. 미스 홀이 당신과 함께 있다면 이 소식을 특별히 그녀에게 전해주세요. 최예순은 우리 스캐릿 학생 중 한 명이었습니다.

나는 기회와 일정상의 제약 때문에, 스캐릿대학을 위해 일하기로 결정했습니다. 스턴츠 박사는 함께 일하기에 아주 좋은 분이고, 내게 완전한 자유를 주었습니다—덕분에 내가 할 수 없다고 생각했던 일을 하게 되었습니다. 최근 스턴츠 박사가 로스앤젤레스에서 마련한 오찬에서 이화-스캐릿 이중 대표 문제가 원만하게 해결되었으며, 다른 곳에서도 문제가 되지는 않을 것 같습니다.

이 1달러 수표는 YWCA의 내 친구로부터 한국에서 되돌아온 것입니다.

사랑의 마음을 담아 새해 복 많이 받으시길 기원합니다.

언제나 충실하게,
앨리스 R. 아펜젤러

⚜ ⚜ ⚜

1941년 1월 18일[18] <발신인: 애다 B. 홀>

친애하는 앨리스에게,

나는 지금 워싱턴 D.C.에 있어서, 특별히 원한 건 아니지만 대통령 취임식을 볼 기회를 가지게 되었어요. 어쨌든 요즘은 인생이 정상적이지 않은 것 같네요.

당신은 한국에 있는 회계 담당에게 남겨놓은 약간의 돈이 있다는 것을 알고 있었지요, 그렇죠? 당신이 2년 전에 그 돈을 통장에 넣고 싶지 않다며 나에게 가지고 있으라고 했지요—그런데 알프리다가 원장을 가져오지 않아서 우리 둘 다 그 돈이 얼마였는지 기억하지 못합니다—금액을 알게 되면 그 돈을 어디로 보내드리면 되는지 알려주세요. 매슬랜드 부인이 당신에게 수표를 전달할 수 있고, 우리는 그 돈을 사용할 수 있어요. 요즘은 우리가 가진 것보다 더 많은 돈이 필요하니까요.

모리스 씨가 내게 편지를 보냈는데 10일까지 답변을 원했어요. 그렇지만 나 혼자서 답변할 수는 없었고, 매슬랜드 부인과 함께 논의하기 위해 며칠 동안 필라델피아에 갈

18 영어 원문에는 '1940년 1월 18일'로 되어 있으나 편지의 내용으로 보아 애다 B. 홀의 오기로 추정된다.

예정이라 그녀가 전보를 보낼 것이라고 했지요. 그런데 그녀도 뉴욕에서 위원회를 만나야 해서 답변을 더 기다려야 했어요. 모리스 씨는 위험을 감지하고는 있지만, 상황을 완전히 이해하지는 못하고 있는 것 같아요. 그는 WFMS가 7만 엔을 원했다고 하는데—음—WFMS는 정작 이에 대해 공식적으로 아는 바가 없다네요. WFMS나 매슬랜드 부인이 안전하다고 확신한다면 기꺼이 그 돈을 보낼 거예요. 그는 지금 대략 5,000달러를 원하고 있으며, 얼마 후에 6,000달러가 필요할 거라고 했어요. 음, 매슬랜드 부인에게는 그런 돈이 없으며, 대학도 올해 비품을 사고 재단에 2,600을 넣은 후여서 모든 자금이 바닥난 상태입니다. 예산 외에 돈을 뺄 곳이 없으므로 20이라고 적힌 것이 보이지요. 고국에 돌아온 우리들 중 많은 사람이 모두 무언가를 해야 한다고 느끼는 것 같고, 우리가 필사적으로 그 짐을 지고자 한다면 할 수 있다고 믿어요. 만일 우리가 어떻게든 각자 한 1,000달러씩 모금을 하려고 노력한다면—적어도 1만 달러는 될 것이고, 모두가 노력한다면 더 많이 모을 수도 있을 거예요.

나는 매슬랜드 부인에게 모리스 씨가 모든 책임을 져야 할 것이라고 말했어요—우리는 대학이 그 기부금을 받았다는 것이 확인된 후에만 그에게 돈을 보낼 것입니다—이 일이 대학에 피해를 주지 않길 바랍니다. 모리스 씨가 여기에서 자기 돈을 받으려 한다는 것을 그들도 알고 있으므로, 나는 그에게 감시를 받고 있으며 우리 우편 제도 안에 틀림없이 밀정이 있을 가능성이 크다고 경고해줬어요.

매슬랜드 부인은 모든 일로 정신없이 바쁘지만, 우리 계좌의 대부분을 잘 정산했어요—다만 당신을 포함해 몇몇 분은 여행 계좌를 제출하지 않았지만요. 그녀는 3월 중순이면 일이 좀 정리되어 햇빛을 볼 시간이 있을 것으로 생각하지만, 글쎄 잘 모르겠네요. 항상 부기 쪽 일을 해온 진 보스웰이 뉴욕으로 떠났는데, 매슬랜드 부인은 아직 그것이 의미하는 바를 몰라요—하지만 그 일을 하며 시간이 지나면 알게 되겠지요. 아직 위원회 회의가 아주 많이 남아 있으며, 회의들은 계속되고 있습니다.

밴 박사님 주소의 철자가 u 인지 n, m, w인지 잘 알 수가 없어요. 때때로 내 글씨도 그렇지만요.

코니의 편지에는 당신이 소식지를 보냈다고 쓰여 있던데, 나는 1월 9일까지는 아무것도 받지 못했어요—그 이후로는 우편물을 많이 받지 못해서, 그 후에 도착한 것이 있었는지는 모르겠네요.

그곳 날씨가 화창하게 좋아서 당신의 무릎과 모든 것이 좋아지고 있기를 바랍니다.

밴 박사님 부부와 메리에게—어머나, 그러고 보니 메리는 이제 어엿한 숙녀가 되었겠군요—심심한 안부를 전해주세요. 그리고 마거릿 아펜젤러는 어떻게 지내는지요? 돌아오는 길에 클리블랜드에 잠시 머물면 메리 빌링스를 만나보려고 해요.

그런데 오하이오의 아멘트Charles C. Amendt(1892~1962) 부부와 사우어 부인Marguerite Suttles Sauer(1896~1981) 같은 다른 여러 사람들은 지금 어디에서 지내고 있는지요? 제시 브로크만은 하필이면 내가 필라델피아에 갔던 바로 그때 클리블랜드에 가 있게 되어서 만날 수 없었어요—그런 게 인생이죠.

당신도 스스로를 돌보면서 어떤 소식이든 알려주세요.

사랑으로,
애다 B.

⚜ ⚜ ⚜

주소: 뉴욕, 5번가 150
캘리포니아, 코로나, 러모나로 1012에서
1941년 1월 23일

친애하는 파이퍼 부인께,

허 씨의 사망 소식을 들었을 때 저는 바로 부인이 생각났고, 그를 얼마나 많이 도와주셨었는지 떠올랐습니다. 그의 삶과 봉사는 부인께서 해주신 일 덕분에 차원이 달라졌고, 모든 한국인이 이에 대해 깊은 감사를 드립니다. 서울을 떠나기 직전에 한 루이스의 보육학교를 방문했는데, 훌륭한 건물들과 발전된 모습을 보고 기뻤습니다. 그녀는 부인이 그 학교에 얼마나 중요하신 분인지 이야기하며 여러 메시지를 전해주었습니다. 제게 그 메시지를 직접 전달할 기회가 오기를 바랍니다.

사랑하는 한국에 평생 뿌리박고 살아온 모든 선교사, 특히 남동생과 저에게 한국을 떠나는 것이 얼마나 힘든 일이었을지 부인도 짐작할 수 있으실 것입니다. 머리로는 우리의 결정이 옳았다는 것을 알지만, 가슴은 여전히 저항하고 있으며, 저는 뿌리가 뽑히고 갈 곳을 잃은 것만 같습니다. 이곳 사람들은 매우 친절하고, 제가 하는 모든 말에 관심을 보이며, 환대해주고 관대하게 대해주어서 외롭거나 불행할 틈이 없습니다—단지 끔찍한 문제들로 고통받고 있는 사랑하는 한국 사람들 생각에 항상 마음이 아픕니다. 지금 그들 곁에 제가 없는 편이 더 낫다고 믿지 않았다면 아마 견딜 수 없었을 것입니다. 저는 여러 곳을 방문했고, 지금은 조용한 목사관에서 옛 친구들과 함께 지내고 있습니다. 이곳에서는 제가 원하는 대로 시간을 보내며, 집안일도 돕고 있습니다. 3월에는 북부로, 4월에는 동부로 갈 예정입니다.

미국에 온 이후 저는, 내슈빌에 있는 기독교 사역자를 위한 스캐릿대학을 예전의 미감리회에 알리는 일을 도와달라는 요청을 받았습니다. 부인께서도 아시다시피, 저는 1938년 안식년을 스캐릿대학에서 보냈고 그 공간과 그곳의 사람들에게 깊이 매료되었습니다. 이 대학은 우리 교단 전체에 속해 있으므로, 우리 북부 감리교인들은 훌륭한 유산을 물려받게 된 것입니다. 이제 우리는 다음 단계로 나아가기 위해 더 많은 건물과 기부금으로 학교를 도와야 합니다. 저는 강연을 통해 이화와 스캐릿이 아주 잘 연결되는 것을 알게 되었습니다. 휴 스턴츠 박사는 제게 원하는 시간과 장소에서, 제 방식대로 일할 수 있도록 허락해주었고, 덕분에 저는 기꺼이 이 일을 맡게 되었습니다. 그래서 저는 전임자들이 만든 전례들을 따르고 있으며, 위원회를 구성하거나 외부 사람을 면담할 필요는 없습니다.

한번은 스턴츠 박사를 감리교대학 총장들의 교육회의에서 만났습니다. 거기에서 부인이 도와주신 대학들의 관계자들도 몇 분 만났어요. 남부에 머무는 동안 파이퍼대학에 대한 이야기를 많이 들었으며, 언젠가 파이퍼대학과 베넷대학을 방문하고 싶습니다.

김활란 박사는 할 수 있는 한 최선을 다하여 학교를 이끌고 있으며, 우리는 이화여전이 고통받지 않도록 김활란 박사에게 재정 지원을 하려고 노력하고 있습니다. 그녀는 원숙해졌으며 놀라운 용기와 헌신을 보여주고 있습니다. 이화여전이 파이퍼홀과 다른 건물들이 세워지기 전의 힘겹고 작은 학교였을 때보다 지금 더 강하고 중요한 학교가 되었기 때문에, 저는 우리가 그때 이 대학을 건설했던 것이 얼마나 감사한 일인지 새삼 깨닫습니다. 하나님께서는 이곳뿐 아니라 그곳에도 계시고, 이화를 위한 계획을 가지고 계시니 저는 그 계획이 잘 이루어지기를 기도할 뿐입니다.

건강하시기를 바랍니다. 제임스 부인에게 제 사랑을 전해주시고, 저는 항상 두 분을 함께 생각하고 있으니 그녀에게도 이 편지를 보여주시기를 바랍니다. 이 짧은 휴식의 시간에도 일과 편지와 강연들로 바쁜 나날을 보내고 있습니다. 일할 수 있을 만큼 건강하다는 사실에 감사하며, 이 아름다운 땅의 따뜻한 햇살과 그 외의 작은 즐거움들을 누리고 있습니다.

항상 많은 사랑으로, 김활란 박사가 보내는 사랑의 메시지도 함께 담아 보냅니다.

충심을 다하는 친구,

1941년 1월 27일 <발신인: 애다 B. 홀>

친애하는 앨리스에게,

그동안 내가 어디를 여기저기 돌아다녔는지 궁금하실 것 같아요. 매슬랜드 부인이 며칠간 자기와 함께 선교사 계좌와 관련한 일을 도와달라고 요청했고(특히 진 보스웰이 뉴욕으로 떠난 후 그녀는 궁지에 빠져 있었어요), 마침 집으로 돌아오는 길에 같은 비용으로 워싱턴 D.C.에 들를 수 있어서 워싱턴에 갔다가 채핀 부인을 만났어요. 그리고 다시 집으로 오다가 존스타운[펜실베이니아주]의 여동생 집에 머물고 있는 제시 브로크만을 잠시 만났어요. 제시가 주소를 잘못 알려주었지만 나는 별문제 없이 그녀를 찾아냈고 그녀는 꽤 건강해 보였어요. 넘어져서 다쳤던 무릎은 상당히 좋아졌지만, 아직도 마사지를 많이 해야 해요.

매슬랜드 부인의 요청으로 내가 모리스 씨에게 보내야 했던 편지의 사본을 동봉합니다. 그녀가 말하지는 않았지만, 그들이 그 편지를 써달라고 요청한 주된 이유가 이화여전에 대한 걱정 때문이라는 것을 알고 있어요. 애나는 참석해달라는 요청을 받고 그들의 토론을 좀 들었대요. 그때 애나는 예전에 워싱턴에서 알게 된 친구인 휴엣 부인을 방문하고 있었어요. 휴엣(철자가 맞는지 모르겠네요) 부인이 다과회를 열었는데, 그 자리에 파이퍼 부인, 매코넬 부인, 매슬랜드 부인이 참석했어요—다른 참석자가 더 있었는지는 잘 모르겠네요. 파이퍼 부인은 질문을 많이 했어요. 경찰이 활란을 강하게 비판했기 때문에, 지금은 아무것도 하지 않는 게 최선이에요. 물론 법적으로 어느 정도의 적은 금액은 인출할 수 있겠지만요.

모리스 씨는 사우어 씨에게 약간의 돈을 보낼 수 있을 거예요—그러면 사우어 씨가 그의 수표 중 일부를 취소할 수 있겠지요. 많은 부분을 사우어 씨의 판단에 맡겨야 할 것이라고 생각돼요. 매슬랜드 부인의 편지에 따르면 쇼 씨는 이미 본국으로 돌아왔거나, 아니면 지금 출발한 상태일 수도 있어요.

방송국 주소를 알려줘서 고마워요. 언젠가 방송국에 편지를 써 보내고 싶네요.

매슬랜드 부인에게도 사본을 보내시나요? 애번 부인은 물론 매슬랜드 부인도 모든 것을 들어야 한다고 생각해요. 당신은 모든 소식을 듣기에 아주 유리한 위치에 있어요. 어떤 소식이 있는 사람이든 당신에게 그 소식을 보내니, 전처럼 우리에게 그것을 보내주면 모두에게 도움이 될 거예요. 누구의 우편이든 우편 요금은 기꺼이 지불하겠어요. 빅이 내게 사본을 보냈는데 그것을 받고 무척 기뻤어요.

언더우드 부인Ethel Van Wagoner Underwood(1888~1949)은 애나에게 러시아인들이 그레이하우스에 살아서 기쁘다고 편지를 썼어요. 한스와 그의 친구가 다른 사람들처럼 약속을 잘 지키는 신뢰할 만한 독일인임을 증명하는 셈이네요. 브라우니의 방이 그들의 부엌이래요! 돌아가면 엉망진창이 되어 있겠군요. 좋지 않은 소식이에요.

비록 내가 신랑이 될 사람을 모르기는 하지만, 마거릿의 결혼을 축하해요. 행복한 결혼이 될 것 같아요—그런데 마거릿이 벌써 결혼을 할 정도로 나이가 찼다니 믿을 수 없네요. 아이들은 얼마나 잘 자라는지요! 눈이 많이 내리고 무척 미끄러워요. 어제 다섯 명이 미끄러져서 사망했다고 합니다. 도로가 괜찮아지는 대로, 노워크[오하이오주]에 있는 파크가 16으로 나가보고 싶어요.

미스 로빈슨에게 올봄 고등학교 잡지 구독을 대부분 취소하라고 편지를 보냈어요—하지만 악보 주문은 그대로 진행하라고 했어요. 그게 일관되고 합리적인 결정이겠지요?

사랑으로,
애다 B.

생일 축하 감사해요. 작년과 상당히 다르네요![19]

---

19 이 편지지 왼쪽 여백에 첨가되어 있다.

⚜⚜⚜

사본 <발신인: 애다 B. 홀>

클리블랜드 하이츠

1941년 1월 27일

친애하는 모리스 씨께,

매슬랜드 부인으로부터 뉴욕에서 열린 회의의 결과를 당신에게 써 보내라는 편지를 받았습니다. 그녀는 “사우어 씨가 모리스 씨의 돈(엔)을 사용할 수 없다면, 현재 우리가 그것을 어떻게 사용할 수 있을지 모르겠습니다”라고 말했습니다.

한 가지 이유는 1941년을 위한 자금이 이미 상당 부분 송금되었고, 나머지 대부분은 이곳에서 구입하고 대금을 지불한 장비를 위해 사용하기로 되어 있기 때문입니다.

또 다른 큰 이유는, 많은 사람이 그것을 받는 이들의 안전을 걱정하고 있기 때문입니다. 그 자금이 그들에게 끝없는 문제를 일으킬 수도 있습니다. 그것이 정말 진짜 선물이었다면 위험하지 않았겠지만, 그렇지 않은 경우 우리는 거짓말에 능숙하지 못합니다.

베이커 감독님이 지금 그곳에 함께 계시기를 바랍니다. 디펜도퍼 박사님이 2월 15일에 돌아오시니, 그때 더 확실한 소식을 알게 될 것 같습니다.

진실하게,

애다 B. 홀

사본은 매슬랜드 부인, 애번 부인, 아펜젤러 박사, 미스 영께

사본 아님

추신. 우리가 어느 정도의 자금을 받지 못하는 한, 재단을 위한 2,600달러는 예산에서 지급되어야만 합니다. ABH.

캘리포니아, 코로나, 러모나로 1012
1941년 1월 30일

친애하는 애다에게,

동봉한 것들 대부분을 더 빨리 당신에게 보내고 싶었는데, 에구, 이제야 이 편지를 보내네요.

음, 서울에 여분의 돈을 좀 갖고 있었다는 사실을 완전히 잊고 있었는데, 누군가가 정직하게 이야기해주어서 기뻐요. 급여 통장을 바꿀 때 남은 것 같아요. 그런 것은 내 통장을 관리하는 은행원에게 보내주기 바라요.

J. 체스터 잭슨 씨, 펜실베이니아, 랭커스터, 파머스 은행 및 신탁회사.

그들이 무엇이든 입금할 때는 나에게 알려주면 좋겠어요, 매슬랜드 부인의 사무실을 통해서 말이에요. 당신이 말했듯이 매슬랜드 부인은 틀림없이 바빠서 정신이 없을 거예요. 당신이 그녀를 도와줄 건가요? 그녀는 보물을 얻은 것 같은 기분일 거예요! 당신이 그녀를 도와주기를 바라며, 아니면 적어도 우리 모두를 도와주기 위해 그 과課 어딘가에 머물러주면 좋겠어요.

모리스 씨는 우리를 믿고 얼마든지 기다리겠다고 했어요. 그는 2년 정도 기다려도 괜찮을 만큼 여유가 있어요. 물론 그 경우엔 그에게 이자를 주어야 하고, 그가 사망하는 경우 상속인들이 그 돈을 받을 수 있게 보호해줄 수 있는 서류들이 있어야 해요. 하지만 결정을 내리기 전에 우선 베이커 감독님이 돌아오시기를 기다려야 할 거예요. 만약 이 일이 성공하면, 이화여고에도 똑같은 방식으로 지원하고 싶어요. 아마도 모든 학교가 배화와 연희전문학교처럼 지역의 자금을 찾게 될 거예요. 그러길 바랍니다. 우리 학교는 할 일이 많아요.

할 수 있을 때마다 돈을 모금하려고 하지만, 이곳에서는 아직 기회가 없었어요. 돈이 있는 곳으로 가거나, 아니면 돈이 어디에 있는지 내가 아는 곳으로 가야만 해요. 하지만 내가 이 일을 하고 있다는 것을 믿어주세요. 나는 스캐릿도 가슴에 품고 있지만, 이 일은 더 확장되는 것으로서 누구도 배제되거나 소홀히 여겨지지 않습니다.

사우어 부인은 로스앤젤레스, 북 세라노로 941에서 지내고 있어요. 애다 맥퀴Ada Elizabeth McQuie(1889~1961)가 사우어 부인과 함께 있다가 에델 B와 함께 시카고로 떠났어요. 그들의 주소는 모릅니다.

당신과 메리 레이시는 이 첫 번째 소식지를 받지 못했군요. 사본을 만들어 빨리 보낼 수 있는 사람들에게 한 장씩 보냈고, 당신은 타자기를 가지고 있지 않은 것 같아 다른 이로부터 받아보도록 조처했는데, 그게 누구인지는 잊었어요. 내가 가진 유일한 사본인 이 하얀 것은 돌려주고, 다른 것들은 돌려주지 않아도 돼요. 이 마지막 것까지 최대한 많이 보내려고 노력했어요. 이제 더는 쓰지 않을 거예요. 최가 여기에 있으면 얼마나 좋을까요! 그는 영어와 관련해 할 일이 별로 없었고 돈도 거의 없어서 12월 1일에 일을 그만두었어요.

내 여행 상황을 여행을 떠나기 전에(!!!) 보내줄 수는 없다고 매슬랜드 부인에게 편지를 썼어요. 지금까지 트렁크를 보내기 위해 쓴 5.50달러가 전부예요. 샌프란시스코로 돌아갈 거라서 지금 이곳에 내려온 것은 여행으로 치지 않아요.

안녕— 곧 편지 주세요. 항상 사랑을 담아,

원하는 만큼 이 편지들을 우리 사람들에게 전달해주세요. 이곳에서는 밀정들에 대해 **아직** 걱정하지 않아요!!!

⚜ ⚜ ⚜

캘리포니아, 코로나, 러모나로 1012
1941년 2월 6일

친애하는 매슬랜드 부인과 미스 홀에게,

어제 저녁 한국 감리교 감독님이 신도들에게 보낸 한국어 메시지를 읽었습니다. 밴버스커크 부부가 그 작은 종이를 입수했고, 밴 부인과 내가 그것을 함께 읽었지요. 감독님은 몇몇 사람들(내 추측으로는 기관, 교회 등)이 아직도 외국으로부터 자금을 지원받고 있다면서, 일부는 1월 1일까지 받았고 일부는 그렇게 오랫동안은 아니었다고 했습니다. 그러나 1941년 4월 1일에는 완전히 중단해야 한다는 것이 확실하게 공표되었습니다. 그는 교회, 교구, 목사 등을 대상으로 말하고 있었기 때문에 학교가 그래야 한다는 의미는 아니었을 것입니다. 그러나 생각해봐야 할 문제여서, 그 말을 전달합니다.

물론 자금이 부족하고 불확실성이 존재하는 상황에서 우리의 일을 위해 돈을 빌리는 것은 매우 어려우리라는 것을 알고 있습니다. 모리스 씨의 자금을 활용하는 것은 좋은 계획이라고 생각하지만, 좀 기다렸다가 디펜도퍼 박사님으로부터 그것을 어떻게 실행할지, 당국이 지금 얼마나 의심하고 방해하고 있는지에 대해 먼저 들어보는 것이 좋겠습니다. 아베 감독님이 활란 박사에게 말했듯이 "작별 선물들"이 4월 1일까지는 허락된다면, 우리에게 최선책으로 보이는 모리스 씨를 통하는 방법 혹은 다른 방법으로라도 돈을 보낼 수 있는 기회를 잡아야 한다고 생각합니다. 일부 편지들, 특히 일본 장로교인들 사이에서 일하는 커 부인의 편지를 보면, 외국인들에 대한 압력이 다소 완화되어가는 것처럼 보입니다. 디펜도퍼 박사님이 가져오는 소식을 듣고 싶습니다.

웰즐리대학 봉사기금의 미스 에블린 K. 웰스는 기부금 100달러를 내가 제안한 대로 당신들에게 보냈다고 편지를 보내왔습니다. 현재 상황에서는 이 돈을 이화 전체를 위해 써도 될 것이라 생각합니다. 웰즐리대학에서는 학생들 개개인의 사연들이 다른 요소보다 더 관심을 끌었기 때문에, 이 기부금이 다른 용도보다도 장학금으로 사용되기를 원했습니다. 일반적인 상황에서는 기부금의 항목을 바꾸면 안 되지만, 지금은 장학금이 예전처럼 많이 필요하지 않습니다.

강연을 해서 처음 받은 돈인 5달러 수표를 동봉합니다. 이곳에서는 선교사 강연자들에게 사례비를 주는 것이 관례가 아닌 것 같습니다. 나는 매우 바쁘게 돌아다니고 있고, 밴버스커크 박사님은 내가 너무 많은 일을 하고 있다고 생각하십니다. 언제 움직이고 언제 멈춰야 할지 곧 결정해야 할 것 같습니다.

행복을 빕니다.

충심을 다해,

앨리스 R. 아펜젤러

캘리포니아, 코로나, 러모나로 1012
1941년 2월 8일

친애하는 친구들에게,

시간은 쏜살같이 지나가고 있고, 많은 사람이 강연을 준비하거나 강연을 다니느라 바쁘고, 일부는 친구들을 방문하고 있으며 또 일부는 이 멋지고 작은 도시에서 조용히 지내느라 바쁩니다. 내가 "조용히 지내느라 바쁘다"라고 썼는데, 온갖 종류의 일을 따라잡고 책상에 앉아 일상의 소소한 잡일을 하는 나날이 가장 바쁜 것이 사실입니다. 나는 서울에서 오랜 이웃이었던 밴버스커크 박사님 부부의 집인 이 작은 감리교 목사관에서 매우 행복하고 편안하게 지내고 있습니다. 지난봄에 UCLA를 졸업한 그들의 외동딸은 바스토[캘리포니아주] 근처의 사막에서 교편을 잡고 있으며, 집에는 가끔씩 옵니다. 밴 박사님 부부는 나처럼 한국을 사랑하셔서, 우리는 많은 이야기를 함께 나누곤 합니다. 심하지 않은 여러 가지 질환, 특히 관절염 치료 문제로 많은 도움을 주셔서 나는 엄격한 단백질-비타민 식이요법을 따르고 있습니다. 의료 선교사였던 밴 박사님은 현명한 조언자이시고 박사님 부인은 충직한 조력자이십니다.

현재 계획으로는 3월 초에 이 지역을 떠나 샌프란시스코를 돌며 강연을 하고, 4월에는 포틀랜드[오리건주]를 거쳐 동부로 갈 예정입니다. 조금 더 늦게 떠나는 것이 좋을 것 같으면 조금 더 머물다가 떠날 수도 있습니다. 내 유일한 정규 업무는 어느 곳에 가든 테네시주 내슈빌에 있는 기독교 사역자를 위한 스캐릿대학을 대표해서 그곳의 감리교 교회에 학교를 소개하는 것입니다. 스캐릿대학은 과거 남감리교회 소속이었지만, 지금은 우리 모두를 위한 기관이 되었습니다. 장래가 유망한 훌륭한 학교에 도움을 줄 수 있는 일을 하게 되어 기쁩니다. 특별히 정해진 일정은 없지만 기회가 있을 때마다 스캐릿대학에 대해 이야기합니다. 내가 이화에 대해 이야기하던 것과도 잘 맞는 일이어서, 이 일을 위해 더 많은 노력을 쏟을 필요는 없습니다. 동부로 가는 길에 스캐릿에도 들를 예정입니다.

제 남동생 가족은 캘리포니아, 버클리, 프린스로 2815로 이사를 갔습니다. 남동생 역시 강연하느라 매우 바쁘고, 곧 선교국 일로 아이오와에 한 달간 가 있을 예정입니다. 조카들은 모두 학교에 다니느라 바빠서 최근에는 그들 소식을 많이 듣지 못했습니다. 마거릿은 외삼촌인 글렌 노블이 교편을 잡고 있는 샌프란시스코 주니어대학에서 비서 일과 관련된 두 과목을 수강하며, 그의 집에서 살고 있습니다. 또한 버클리에 있는 태평양 종교학교에서도 한 과목을 수강하고 있습니다. 그녀의 약혼자 잭 휴일러는 프린스턴에 있습니다. 그들은 약혼을 발표한 연휴 기간에 즐거운 시간을 보냈습니다. 리처드는 캘리포니아대학 2학년이고, 캐롤은 버클리고등학교 졸업반입니다. 루스는 그들 모두를 보살피느라 바쁩니다.

한국에서 오는 우편물들은 너무나 느려서, 다음 편지를 기다리는 것이 힘이 듭니다. 최근 편지에 따르면 홉스네 집이 1월 7일에 화재로 불탔다고 합니다. 그들은 다행히 그 집에 살고 있지는 않았고, 갑자기 떠날 것을 대비하여 다른 곳으로 이사해, 스나이더 씨 그리고 다른 두 사람과 함께 지내고 있었습니다. 가장 좋은 물건들은 미국으로 보냈었지만, 귀중한 물건들은 다락방에 보관해두었는데, 모두 불탔습니다. 그 집에는 한 한국인 가족이 세 들어 살고 있었는데 아마도 그들은 모든 것을 잃었을 것 같습니다.

미국인들에 대한 압박은 좀 누그러진 것 같습니다. 한 친구는 "당신들이 떠난 것이 무언가를 멈추게 만든 것 같습니다"라고 썼습니다. 그것이 바로 우리가 바란 것입니다. 즉 우리가 떠나는 것이 다툼을 야기하기보다 예방하길 원했습니다. 그런데 우리의 이화 친구들은 우리에게 편지를 쓰지도 받지도 말라는 지시를 들었기 때문에, 우리는 편지를 보내지 않고 있습니다. 그러나 우리는 이화에 자금을 보낼 수 있었으며, 주소가 필라델피아, 북 브로드로 6701인 매슬랜드 부인을 회계 담당으로 하는 재미이화협동위원회가 가능한 모든 기금을 모아 기회가 되는 대로 송금하고 있습니다. 선교국에서도 적절한 조치를 취할 것이므로, 누구도 우리의 일이 끝났다거나 도울 방법이 없다고 생각하지 않으시기를 바랍니다. 대학이 자금을 받을 수만 있다면, 지금이 그 어느 때보다 필요한 때입니다. 확실한 것은 아무것도 없고, "선물"은 받을 수 있을지도 모른다는 이야기가 있습니다. 우리는 사랑하는 이화와 씩씩한 김활란 교장이 일을 해나갈 수 있도록 계속해서 도울 것입니다. 많은 사람이 떠나서 교육 일정을 세우는 것이 매우 어렵지만, 정부의 승인을 받아낼 수만 있다면 좋은 교원들이 있기에 지금은 교육 일정보다 재정이 더 걱정입니다. 우리가 떠날 때 많은 변화가 있을 것이라 예상하긴 했지만, 우리가 운영하지 않는다는 이유만으로 왜 꼭 더 나빠질 것이라고 단정했을까요? 지금은, 우리가 예상하지 못한 방식으로 맞이한 변화이긴 하지만, 훌륭한 지도력을 발전시킬 수 있는 큰 가능성을 지닌 한국 지도자의 시대입니다. 그들은 길이 열리자마자, 즉 일본 여당이 더 자유주의적인 시각으로 바뀌자마자 우리가 돌아오기를 원합니다. 일본 정부는 여느 정부보다 더 변화가 빠르고, 확고한 신념이 없으며, 너무 빠른 속도로 자연법칙과 영적 법칙에 역행해 가고 있기 때문에 언제라도 전환점이 찾아올 수 있습니다. 매우 충성스럽고 희생적이지만, 잘못된 방향으로 이끌려 가고 있는 일본 국민들이 너무 안타깝습니다. 나는 한국에 있는 친구들에게 해를 끼칠 수 있는 말이나 글을 쓰지 않으려고 노력하고 있으니, 출판되는 글에 내 편지를 인용하지 마시기 바랍니다.

ARA

⚜⚜⚜

오하이오, 노워크, 파크가 16 <발신인: 애다 B. 홀>
1941년 2월 13일

친애하는 앨리스에게,

당신이 보내준 모든 편지와 이 마지막 편지에 진심으로 감사드려요. 편지를 이렇게 보내주는 것이 가장 좋은 것 같아요. 내가 한곳에 오래 머무르지 않다 보니 우편물이 나를 쫓아오기가 어렵거든요.

그들이 두 번째 해의 예산 전액을 보낼 예정이었다고 들었는데, 3월 31일 전에 그곳에 도달할까요? 사우어는 매슬랜드 부인에게 그들이 보내려는 금액을 알려달라고 하면서, 거기에서 조정을 좀 하게 될 지도 모른다고 썼어요. 하지만 앞으로는 풀턴 부인이 돈을 보내게 되었는데, 풀턴 부인은 자기만의 생각이 확고한 사람입니다. 우리 여성들은 모두 진 보스웰이 부회계로 들어가길 바랐지요. 진 보스웰이 오랫동안 우리와 함께 일해왔으니 그녀에게 더 많은 권한을 주어 수표에 서명도 할 수 있게 하길 바랐지만, 풀턴 부인은 그런 방식에 반대할 것이며—단지 보조자로만 여길 것이 틀림없습니다. 우리 여성들은 또다시 포기했지만, 몇몇 사람들은 이에 대해 많이 동요했어요. 매슬랜드 부인이 함께한 것이 그렇게 오래되지는 않았지만, 우리를 꽤 잘 아는 디모인[아이오와주] 지부의 브룩스 부인Laura Jean Brooks(1892~1977)을 제외하면, 매슬랜드 부인은 정말로 우리의 유일한 과거, 현재, 미래의 연결고리예요.

당신 편지의 사본은 애번 부인, 벨마, 페리 부인, 매코넬 부인, 베비 부인에게도 보내야 한다고 생각해요. 페리 부인은 협동위원회 위원장이었고, 매코넬 부인은 지난여름 좀 더 긴밀한 관계를 맺고 싶다고 말했으며 언제든 궂은일을 마다하지 않는 사람이에요. 그녀는 항상 열심히 일할 거예요.

1월 중순에 새 협동위원회를 선출했어야 했는데, 새 위원회가 선출될 때까지는 구 위원회가 역할을 계속하게 될 거예요.

"소문"은 상황을 여실히 보여주고 있기 때문에, 애번 부인과 매슬랜드 부인에게 해를 끼치지는 않을 거예요.

아마도 당신은 평의회 회의에 관한 사우어의 편지를 받으셨겠지요. 대략 1년 전쯤에 우리 여성들은 대학 재단에 대해 문제를 제기했어요. 현장에 있는 사람들은 고등학교가 대학 재단과 함께 운영되는 것에 대해 위험하다고 느꼈는데, 이제 그들의 우려가 현실이 되었어요—이런 식으로 가면 우리는 함께 일하기 어려워요—걱정스럽습니다!

지금 그들은 이화뿐만 아니라 한국의 모든 사업을 위해 일정 금액을 미리 빌려서 보내는 방안을 논의 중이에요. 하지만 제발 다시는 요청하지 말라는 말을 들었어요. (제발이라는 말에 웃음이 나오더군요.) 그러므로 공식적인 금지 명령이 떨어질 때까지는 편지를 보내주시기 바라며, 풀턴 부인에게 모든 예산에 대해 강력하게 요청하시기 바랍니다. 그들의 믿음은 어디로 갔나요!

토머스 부인은 우리 내한 선교사들이—기도 모임을—진정 의미 있는 간절한 기도 모임을—만들 수 없는 것인지 궁금해했어요. 추진력은 바로 그런 간절함에서 나온다고 생각해요.

비록 많은 짐들을 미리 미국으로 보냈다고는 하지만, 톰과 밴이 화재로 너무 많은 것을 잃어버려 마음이 아파요. 더 많은 사고가 일어날 수도 있을 텐데, 우리는 모두 다가오는 일들을 받아들여야만 해요. 세상이 이렇게 엉망인데 우리가 편안하다는 것은 맞지 않는 일이지요.

우리는 음악 책들을 주문하고 있지만 4월 1일에 만기가 되는 잡지들은 갱신하지 않기로 했어요. 이에 대해 어떻게 생각하시는지요?

다음 주에는 클리블랜드에 가게 되길 바라고 있어요—스탠리 존스 일행이 클리블랜드 동부에 올 것 같아요. 그때 헐버트 자매도 만날 수 있겠죠.
밴버스커크 박사님 부부께 안부 전해주세요.

사랑으로,
애다 B.

몸무게가 늘어서 지금 빼려고 노력하고 있는데—잘 아시듯이, 즐겁지 않네요. 채핀 부인에게 돈을 미리 보내달라고 재촉하는 편지를 쓰려고 해요. 전보를 보내는 것이 확실한 방법일 거예요—편지는 지연되기도 하니까요. 채핀 부인이 수표를 동봉해서 보냈던 편지 하나는 수신인이 더 이상 돈을 받지 않겠다고 이야기한 후에도 몇 달 동안이나 지체되어 있었어요. ABH

⚜⚜⚜

주소: 뉴욕, 5번가 150
1941년 2월 19일 코로나에서

친애하는 밴(과 친구들)에게,

주말을 즐겁게 보낸 후 라브 자매가 나를 데려다주었을 때, 당신의 반가운 편지가 일반 편지를 동봉하여 도착한 것을 발견했어요. 그 편지는 1월 12일자였고, 방금 받은 메리 레이시의 편지는 19일자, 빌 쇼의 편지는 25일자여서, 다시 연락이 꽤 되는 것 같은 기분이 드네요. 감독님을 너무 만나고 싶어서 다음 주 다시 로스앤젤레스로 가서 만날 수 있기를 바라고 있어요. 나는 27일에 이곳을 떠나 케이티의 작고 안락한 아파트에서 다시 함께 지낼 것이며, 패서디나에서 중요한 홍보의 날 발표를 할 예정이에요. 그날 밤 D. 스미스는 런트 부부가 등장하는 <다시는 밤이 없으리>라는 연극에 나를 데리고 갈 것이고, 우리는 누군가에게 폐를 끼치기보다는 호텔에서 묵을 거예요. 일요일에는 올리브와 다른 친구들을 만나고, 3월 3일부터 10일까지는 프레즈노에 가서 시간을 보낸 후, 2주 동안 샌프란시스코를 방문하고, 그다음 오리건주에 갔다가 동쪽으로 갈 계획이에요.

오늘 밴버스커크 박사님께 홍보 일이 나에게 맞는다고 생각하시는지 물었더니, 그것은 최후의 선택일 것이라고 하셨어요. 어제 내 발표 후 임원 중 한 분은 왠지 내가 부인회나 현장 조사 등의 일을 해야 한다는 생각이 든다고 말씀하셨죠. 밴 박사님은 학교에 가겠다는 내 생각이 제일 좋다고 하셨어요. 다음 주 내 방문이 끝날 때 박사님이 관찰하신 내용을 벨마에게 편지로 알려주시길 요청드렸어요. 그는 훌륭하고 현명한 조언자이자 친구예요.

아, 화재라니요! 당신은 정말 절제력이 대단해요. 사랑하는 톰은 화재를 영웅처럼 받아들일 줄 알았어요! 상황이 훨씬 더 나쁠 수도 있었는데, 당신들의 생명이 안전하고 재산을 많이 잃지 않았다는 것에 감사하지 않을 수 없네요. 시간이 부족하고 일정이 너무 꽉 잡혀 있어 당신 편지의 사본들을 만들 수 없을 것 같아요. 아 "첨"이 얼마나 보고 싶은지 몰라요. 그와 당신의 건축가 친구, 그리고 수남이의 소식도 알려주세요. 그 소년을 만났다니 참 기쁩니다. 이 모든 친구에게 안부 전해주세요. 소중한 웰치 감독님의 사진을 화재에서 건질 수 있었다니 신기하지 않아요? 며칠 전 새벽 3시에 라브네 집에서 그레이스의 전기담요에 불이 붙어 불길이 치솟기 시작했는데, 나는 너무 무서웠어요. 고장이 나 작동하지 않는 것을 보고도 어리석게 전기를 꺼놓지 않았던 거예요. 내가 깼을 때 좀 더운 느낌이 들었는데, 공기가 불꽃을 부채질해서 막 불이 붙기 시작하고 있었으며, 급히 불을 두드려 꺼서 시트도 그슬리지 않고 꺼지긴 했어요. 하지만 무슨 일이 일어날 뻔했는지에 대한 생각으로 밤새 잠을 이룰 수 없었어요.

일요일 내내 즐겁게 먹었더니 살이 1㎏ 쪄서, 어제 그 살을 다시 뺐답니다. 사랑하는 단 음식을 안 먹고도 기분이 더 좋다는 것을 고백할 수밖에 없네요.

베뢰아[켄터키주]에 있는 엘리자베스의 집에 머물고 있는 브라우니에게서 반가운 편지가 왔어요. 브라우니는 더 건강하고 행복해졌지만 멀리 떨어져 있는 가족들을 걱정하고 있어요. 어떤 말이든, 모든 것이 전과 같다는 말조차도 그녀에게는 반가울 거예요. 그녀에게 꼭 소식을 전해주세요. 그래서 당신은 계속 버티려고 하는군요. 모든 것이 잘못된 방향을 가리키고 있지만, 어려움 없이 개선되기를 희망하며 기도해요. 10시에 리치필드 방송을 듣고 나면 거의 잠을 잘 수 없어요. 방송국에서 얼마나 자주 우리의 편지를 원할지 모르겠지만, 다른 편지들도 도움이 된다면 좋겠네요. 2월 9일이 지나갔는데, 괜찮았다는 소식을 듣고 싶어요. 로지가 플로리다에서 편지를 보내왔는데, 나이 드신 사랑하는 O. R.Oliver R. Avison(1860~1956)을 마주쳤다고 해요. 상상이 될지 모르겠지만, 그가 혼자 집을 지키고 있으시대요! 소박하게 먹는 것이 자기에게 제일 잘 맞는다고 이야기하셨대요. 사람들과 함께 많이 어울리시는 것을 알고 있기에, 아마도 먹고 싶은 게 있으면 먹고, 쉬고 싶을 때는 혼자 있기를 좋아하시는 것 같아요. 로지는 프레스턴John Fairman Preston(1875~1975) 부부도 거기에 계셨다고 말했어요. 나이 드신 로지는 항상 도움 없이도 잘 서시니, 나는 그녀에 대해서는 걱정하지 않아요.

나는 모네타와 워즈워스 부인과 함께 에번스턴[일리노이주]에서 가능한 한 오래 수난주간을 보낼 계획이고, 그다음 내슈빌에 있는 레이시의 집과 펜실베이니아, 뉴욕, 뉴잉글랜드 등에 갈 계획이에요. 언제 어디서 어떻게 나의 일이 생기게 될지, 오직 주님만 아십니다. 그 일이 당신과 함께하는 것이라면 얼마나 좋을까요!!!

사람들이 성탄절 카드를 어디로 보내야 할지 물어봐서, 현재로서는 당신의 주소를 알려줄까 해요. 당신이 가장 잘 알 테니, 아무것도 보내지 않는 게 좋다고 생각한다면 내게 말해주세요.

에드나 로렌스가 살고 있는 온타리오[캘리포니아주]에서, 나가사키에서 사역했던 스콧 부부를 만났어요. 감독님이 그들에게도 귀국하라는 지시를 했다고 하더군요. 너무 비통해요. 우리가 겪은 일이 똑같이 반복되니, 페키와 그 학교의 다른 사람들 생각에 마음이 너무 아픕니다. 우리 배에 탔던 노스캐롤라이나 사람 중 한 명이 내가 강연을 한 이곳의 구역 모임에 어제 참석했는데, 남편은 아직 일본에 있다고 말했어요. 그녀는 샌프란시스코에서 디펜도퍼를 만났으며 헨리도 거기에 있었는데, 그들이 정보를 얻어 왔다고 했어요. 우리가 걱정해온 모든 것이 사라졌다는 이야기는 모순인 것같이 들리는데, 일단 헨리의 이야기를 들을 때까지 기다리려고 해요. 헨리가 한 달간 아이오와에서 일하기 시작한 이후로 소식을 듣지 못했어요. 나는 아직 강연을 네 번 더 해야 하며, 로스앤젤레스에서 Y 남자들의 아내 75명으로 구성된 그룹을 위한 강연을 하나 하기로 했어요. Y 친구들을 위해서 해야겠다고 생각했지요.

홀리스Hollis Adelbert Wilbur(1874~1964)와 메리Mary Matteson Wilbur(1872~1957) 부부는 사랑스러우셔요. F. 맥앤리스도 그곳에 있었어요. 그녀의 혈당 수치가 안타깝게도 다시 높아졌다고 해요. 케이티는 사랑스럽고 정말 후하게 대접해주었어요. 풍성하게 환영의 차가 제공되었고, 오랜 대학 친구들과 다른 손님들 열댓 명이 함께했어요. 나는 다과회 접시와 친구의 일요일 식사 접시를 모두 설거지했는데, 그녀에게 끼친 폐를 생각하면 아무것도 아니었어요. 나는 접시 닦는 것을 꽤 잘해요—거의 호텔에 취직할 수도 있을 듯해요! 여러분 모두 타자기로 이렇게 쓴 것을 싫어하시지는 않겠지요? 나에게는 많은 도움이 되는데, 다음 주부터는 모두 다시 손으로 써야 해요. 샐리가 타자기를 빌려주어서 그동안 정말 요긴하게 썼어요.

많은 사랑으로,
앨리스

캘리포니아, 코로나
1941년 2월 20일

친애하는 사람들에게,

드디어 1월 12일자 밴의 편지를 받았고, 메리 레이시는 19일자 편지를 보내왔습니다. 빌 쇼도 25일에 쓴 편지를 보내서, 다시 소통이 되는 느낌이 듭니다. 밴 부부가 그곳에 남겨둔 모든 살림살이와 여름 용품들, 물려받은 가재 등을 잃은 것을 제외하면, 화재에 대해 별로 할 이야기는 없습니다. 경찰이 현장에서의 1시간을 포함하여 4시간 반 동안 그들을 억류했기 때문에, 그들은 물건을 신경 쓸 여유가 없었습니다. 심하게 그을린 몇 장의 사진이 담긴 양철 트렁크를 화재 현장에서 건졌는데, 그중에 웰치 감독님의 사진이 있었다고 합니다. 밴은 한국인들 사이에서 성서공회가 조직되었고, 그들이 톰에게 영국 성서공회가 협력 단체 중 하나가 될 수도 있다고 말했다고 했습니다!!! 그들은 톰이 머물기를 원하고 있고, 톰은 가능한 한 오래 머물 계획입니다. 밴은 최악의 상황이 발생했더라도 지금은('전쟁이 시작되었는데 지금 여행하는 것보다'라는 뜻으로 추측됩니다) 머무는 것이 더 낫다고 생각한다고 말했습니다.

베이커 감독님은 마쉬 씨에게, 뭔지는 모르겠지만 무슨 일이 곧 일어날 것이라고 말씀하시면서 공개적으로 철수하라고 권하셨습니다. 디펜도퍼 박사님이 『월드 아웃룩』에 실은 글을 통해서 알 수 있듯이, 그는 좀 유화 정책 쪽으로 기울어서 인기가 별로 없는 것 같습니다. 나는 베이커 감독님 부부를 꼭 만나고 싶어서 27일에서 3월 1일 사이에 시간을 내어주실 것을 요청드렸고, 그 후에는 북쪽으로 떠날 것입니다. 우편물은 이곳으로 보내거나, 아니면 내가 3월 12일부터 24일까지 머물 샌프란시스코, 옥타비아로 2519로 보내면 내게 전달될 것입니다. 그 후에는 포틀랜드[오리건주]를 거쳐 동쪽으로 갈 것입니다. 수난주간에는 에번스턴에 있을 것이며, 그 후에는 콜럼버스, 내슈빌 등으로 갈 것입니다.

불쌍한 C. 사우어와 스나이더, 앤더슨 박사를 홀로 남겨놓은 채 무어 부부와 윌 쇼 그리고 데모리 박사가 곧 올 것이라는 소식을 들었을 것입니다. 사람들이 성탄절 카드를 어디로 보내야 할지 물어보면 나는 밴의 주소인 한국 서울 사직정을 알려줍니다. 밴은 그 카드들을 나누어주어도 괜찮을지 알 것입니다. 사람들에게 감사 편지는 기대하지 말아달라고 말해주세요. 불쌍한 한국의 어린 학생들에게는 정말 그 어느 때보다도 카드가 필요하니 많이 보내주시기를 바랍니다.

나는 패서디나에서 즐거운 주말을 보냈습니다. 월버 부부와 F. 맥앤리스와 함께 식사를 했지요. 월버 부부는 5월까지 이곳에서 머물 예정인데, 전과 똑같아 보였습니다. 에드나 로렌스가 살고 있는 온타리오에 방문했을 때, 나가사키에서 거주하던 스콧 부부를 그들의 집에서 만났습니다. 스콧 부부는 감독님이 모든 일본 선교사들에게 4월 1일까지 고국으로 돌아가라고 지시했다고 했습니다. 불쌍한 갓스이! 그들에게 깊은 연민을 느낍니다.

로지는 프레스턴 부부와 나이 드신 ORA를 만났다고 플로리다에서 편지를 보내왔는데, ORA는 종일 사람들과 어울리긴 하지만 혼자 살고 계시다고 합니다. 더글러스는 토론토대학에서 공중보건 일에 뛰어들었습니다. 나도 그처럼 똑똑하면 좋을 텐데요! 엘리자베스 로버츠Elizabeth Sophia Roberts(1884~1981)는 한 외로운 여자를 도와주러 간 시골 역에서 멋진 편지를 보내왔습니다. 그녀는 자신만의 방식으로 모든 동물, 벌레, 더위 등에 대해 이야기합니다. 그녀는 가능하다면 서울, 아니면 적어도 고베에 잠깐 들른 후 5월에 미국에 오고 싶어 합니다. 스웨덴으로 갈 계획이 아닐까요?

메리 영과 마리 쳐치는 코밸리스[오리건주]에서 단기 과정으로 농업 공부를 즐기고 있습니다. 나는 패서디나, 로빈크로프트에서 C. 베이커를 잠깐 만났는데, 그녀는 건강이 많이 회복되었습니다. 그녀는 남 워싱턴로 245에서 한동안 지낼 것입니다. 우리는 다음 주에 딜리스에서 스키야키를 먹기로 했습니다. 그녀는 내가 강연할 때 스웨어러Lillian May Shattuck Swearer(1872~1955), 앨리스 샤프Alice Jane Hammond Sharp(1871~1972), 해너 샤프Hanna Scharpff(1877~1964)와 함께 지역 모임을 위해 이곳에 왔는데, 모두 좋아 보였습니다.

맥라렌 가족은 집을 팔고 안식년 휴가를 가든지 지금 떠나든지 하려고 합니다. 그들이 다시 돌아올 가능성은 희박한데, 그건 우리 모두에게 엄청난 손실입니다. 브라우니는 켄터키주 베뢰아에서 자매인 엘리자베스와 함께 지내고 있고, 아마도 그게 더 나은 선택인 것 같습니다. 그녀는 강 씨네 소식을 듣지 못해 걱정하고 있습니다.

헨리는 한 달 동안 순회 설교를 하기 위해 아이오와에 갔습니다. 그가 샌프란시스코에서 디펜도퍼 박사님을 만났다는 것을 알고 있는데, 그것에 대해서는 아직 들은 바가 없습니다. 나는 헨리를 다시 만난 다음에야 동쪽으로 갈 것입니다.

단백질-비타민만으로 구성된 식단을 유지해 몸무게를 4.5kg 정도 감량했습니다. 맛있는 것들을 포기해야 하긴 하지만, 솔직히 이 식단이 나한테 좋은 것 같습니다. 이런 식으로 살아야 한다는 것, 아마도 그래야 하겠지만, 그것에 대해 생각하고 싶지는 않습니다. 세상이 너무 많은 어려움에 처해 있고 많은 사람이 굶주리며 더 나쁜 상황에 놓여 있어서, 그것에 대해 농담하는 것조차 부끄럽습니다. 아직도 흔한 사치, 안락, 낭비는 끔찍해 보입니다. 우리 모두 머지않아 종이와 양철 깡통, 유리병, 음식을 아껴야 할 때가 올 것이라고 생각합니다. 아 네, 나는 차와 커피도 끊었습니다. 재미chami 없어요!

강연하는 데는 힘이 많이 들지만, 사람들은 친절하고 나는 능력보다 더 많은 것을 해냈습니다. 내일은 YMCA 남자들의 아내 75명에게 강연하기 위해 다시 로스앤젤레스로 갈 것입니다. 한국과 인연이 깊었던 Y 친구들을 위해 강연하겠다고 생각했는데, 8시 45분 버스를 타고 가서 6시 40분에 돌아오는 기차를 타야 해 하루가 꼬박 걸립니다. 밴 박사님은 내가 생계를 위해 돌아다니며 홍보하는 것을 원하지 않으시며 그 일이 지금 내게 너무 힘들다고 생각하시는데, 나도 같은 생각입니다. 나는 별도로 스캐릿 일을 하고 있지만, 그렇다고 스캐릿대학을 위해 추가적인 수고를 많이 하고 있는 것은 아닙니다. 훨씬 더 많은 일을 하고 싶지만 한계가 있습니다.

모두에게 많은 사랑을 보냅니다. 원하는 만큼 이 편지를 돌려보시되, 편지가 한국으로 들어가지는 않게 해주세요.

앨리스

코로나
1941년 2월 21일

친애하는 애다와 애나에게,

내가 해야 하는데 끝내지 못하는 일들이 쌓여 초조해져서, 두 분에게 한꺼번에 편지를 쓰려고 해요. 애다, 항공 우편으로 보내준 당신의 2월 13일자 편지를 받고 기뻤지만, 아직 답장을 못했어요. 감독님과 디펜도퍼가 막 돌아온 참이어서, 풀턴 부인에게 어떤 조치를 취해야 할지 말할 충분한 정보를 갖고 있지 않다고 생각했거든요. 감독님을 만나 더 잘 알게 된 후에, 필요하면 풀턴 부인에게 전보를 보내려고 해요. 그들이 어느 길로 가야 할지 모르고, 빚지는 것을 두려워하며, 좋은 돈을 나쁘게 써버린다고 비난받을까 두려워한다는 것을 알아요. 그들은 우리처럼 한국을 사랑하지는 않으며, 우리에게도 이 일은 도박이에요. 재단에 대해 망설였던 것이 큰 잘못이었다는 것에 동의해요. 나 역시 일부 책임이 있지만, 결국 애번 부인이 결정을 지연시켜 재단을 잃게 만든 것이 사실입니다. 그녀를 좋아하고 과거에 수고해준 것에 감사하지만, 지금은 그녀에게 너무 많은 것을 맡길 수 없다고 생각해요. 나는 풀턴 부인을 잘 알고 있으니 무엇을 말해야 할지 더 명확한 판단이 설 때 편지를 쓰려 합니다.

밴은 편지에서, 활란이 감독님과의 대화를 준비하는 중에 자신이 활란과 이야기를 나누었다고 했습니다. 그러나 감독님이 내게 직접 말해줄 것이라고 하면서 그 후에는 편지를 보내오지 않았어요. 맥라렌 부부는 집을 파는 중인데, 집 판 돈을 이화가 사용하게 하고 우리가 환불해주는 방안을 제안했어요. 아마도 활란은 모리스의 제안에 대해서 듣지 못한 것 같아요. 밴의 편지는 개인적으로 보낸 것이어서 더 자유롭게 쓰였는데도 그 제안에 대한 언급은 없었어요. 밴은 모리스에 대해서 모르는 것 같아요. 모리스의 제안이 실행된다면 너무 금액이 클 거예요. 밴은 맥라렌 집의 가격에 대해서는 말하지 않았어요. 우리는 이화여고도 고려하고 도와주어야 한다고 생각해요. 배화처럼 우리를 후원해줄 노부인이 있으면 좋을 텐데요. 멋지지 않을까요? 맥라렌과 모리스 등이 추진하는 이 교환 사업이 성공한다면 학교들을 든든히 세울 수 있을 거예요. 기독교적 가치를 유지하는 한, 여선교사들은 기꺼이 몇 년 동안 일할 준비가 되어 있다고 생각해요.

진 보스웰이 부회계가 아니어서 너무 안타깝지만 아마도 언젠가는 그 자리를 맡겠지요. 때때로 이러한 변화들은 적응하는 데 시간이 걸려요. 풀턴 부인은 좋은 사람이며, 남부 사람들은 이화에 진실하다고 생각해요.

애다, 편지를 보낼 주소를 말해주지 않아서 클리블랜드로 보내요. 두 분이 함께 워싱턴을 방문했다니 기뻐요. 애나, 내가 돈이 있으면 돌아가겠다고 말했다고 한 사람은 베티 리인 것이 확실해요. 나는 결단코 돈에 대해서는 한 마디도 하지 않았어요. 돈이 이유의 전부라면 내일이라도 갈 수 있기 때문이지요. 나는 할 수 있다면이라고 말했으며, 그것은 매우 다른 뜻이에요. 내가 편지에서 그렇게 말했다고 베티 리가 잘못 전한 것이 불쾌해 그녀에게 답장을 쓰려고 해요. 나는 그녀가 계속 그렇게 말하는 것이 정말 싫어요. 만약 그런 말을 한 사람이 다른 사람이라면 내게 알려주세요. 그들이 우리가 어떻게 느끼는지 알기란 어려워요. 하지만 그것은 감독님이 우리 모두가 그냥 신경질적인 사람들이 아니라는 사실을 아시는 데는 도움이 될 것입니다. 언더우드 사람들과 다른 몇몇 사람들이 우쭐한 태도로 말하는 것은 좋지 않아요. 『크리스천 센추리』에 실린 홀리Horace Horton Underwood(1890~1951)의 기사는 형편없어요. 그는 핵심 주제, 즉 지역 고유의 지도자들과 그들과 관련된 우리의 존재에 대하여 무시하고 있어요. 그는 마치 우리가 더 이상 돈을 마음대로 할 수 없어서 화가 난 것처럼 말하고 있어요. 허 참!

당신이 이화가 구독하고 있는 잡지들을 끊는 것에 대해 내가 승인했는지 모르겠네요. 그들이 잡지를 끊자고 제안한 것이 아니라면, 잡지들 특히 『뉴욕 타임스』는 계속 구독하는 편이 좋다고 생각해요. 비싸기는 하지만, 잡지가 배달될 수만 있다면 그들에게 정말로 큰 의미가 있을 거예요. 구독하는 잡지의 목록을 줄일 수도 있지만, 그들이 그런 제안을 할 때까지는 기다리는 편이 좋겠어요.

협동위원회 문제는 어떻게 해야 할지 모르겠어요. 아무도 내게 편지로 알려주지 않았지만, 그들을 만날 때 무슨 말이든 있을 것 같아요. 뭔가 들은 것이 있는지요? 협동위원회는 이런 재정적인 문제들에 대한 승인 외에는 지금 거의 활동을 하고 있지 않아요.

네, 그레이하우스에서 술을 마시는 러시아인들과 신학교에서 사악한 일들을 하는 경찰들은 정말 나쁩니다. 이런 일이 일어나리라는 걸 예상하지 못했다면 우리가 계속 사용해야 했겠지만, 예상했던 것보다도 더 심하게, 더 빨리, 더 나쁘게 일어나고 있군요. 남자신학교가 여자 학과를 다시 설치할 가능성은 매우 희박하다고 생각해요. 뭔가 다른 계획을 세워야 하는데, 전에 자주 이야기했던 것처럼 이화와 협력하여 계획을 세워볼 수도 있겠지요. 그들이 지금 그 건물을 가지고 있다면 얼마나 좋을까요. 정부 쪽 사람들은 내보낼 수 없을 거예요. 우리가 떠나기 전에 여성들이 그곳을 차지하도록 처리해놓았어야 한다고 생각해요.

류나 다른 한국인들에게서 들은 소식이 있나요? 보브는 그녀가 동대문병원에 편지를 보낼 수 있고, 그들도 그녀에게 편지를 보낸다고 하더군요. 그녀도 말했지만 악마들은 바로 서대문 경찰이에요.

이제 편지를 그만 쓰고 치과에 가기 전에 내 방을 청소해야 해요. 하루 종일은 물론 밤새 일하고도 절대 피곤하지 않을 수 있으면 좋겠어요. 그러면 내가 하고 싶은 목표와 가까운 어딘가에 도달할 수 있을 텐데, 이래서는 어디에도 도달할 수가 없어요.

애나, 당신의 편지를 읽으면서 즐거웠고, 식단 조절을 잘하고 휴식도 좀 취하고 있다니 기뻐요. 셀마도 계속 건강하길 바라요. 모두에게 사랑을 보내요. 자주 편지 주세요.

애정을 다하여,
앨리스

⚜ ⚜ ⚜

주소: 뉴욕, 5번가 150
캘리포니아, 코로나에서
1941년 2월 24일

친애하는 친구들에게,

이틀 후면 이 평화로운 곳을 벗어나 다시 길을 떠나려고 합니다. 다음 머물 장소는 어디가 될지 모르겠지만, 이곳은 지난 6주 동안 내가 짐을 풀고 푹 퍼져 있을 수 있는 집이었습니다. 좋은 친구이자 조언자인 밴버스커크 박사님 부부는 항상 시간을 최대한 활용할 수 있게 해주셨습니다. 강연과 서신과 방문으로 너무 꽉 찬 일정을 소화하느라 푹 쉴 수는 없었지만, 틈틈이 리버사이드 가까이에 있는 이 작은 도시의 조용한 속도, 그리고 목사관 생활의 교제, 캘리포니아의 풍성한 과일과 채소를 즐겼습니다. 사람들은 평소와 다르게 습한 계절에 대해 불평하고 있지만, 거의 매일 태양이 비치고 대기는 온화합니다. 내가 유일하게 실망하는 것은 하루의 시간이 한정되어 있고, 내 힘은 제한되어 있다는 것입니다. 하지만 처음 왔을 때보다 기분이 나아졌으며, 덕분에 즐거운 시간을 보낼 수 있어 감사했습니다.

새해 첫날 라브 자매가 장미 퍼레이드에 데려갔던 것부터, 차를 타고 즐겁게 많이 돌아다녔던 것까지, 많은 친구들이 나를 기쁘게 해주었습니다. 남 캘리포니아 웰즐리 클럽 강연에 초대를 받아 즐거운 만남들을 가질 수도 있었습니다. 내 능력보다 강연할 수 있는 기회들이 더 많았고, 이 일이 현재 상황에서 부담이 되긴 하지만, 그렇게 관심을 가져준 사람들을 만나게 되어 기쁩니다. 2월 28일에는 패서디나에서 열리는 세계기도일 프로그램에서 강연할 예정입니다.

한국 친구들은 차마 편지를 쓸 엄두를 내지 못하고 있어, 그들에 대한 소식은 한국에 남아 있는 몇몇 미국인들로부터 듣고 있습니다. 이화여전은 우리가 남겨놓아야만 했던 무거운 짐을 용감하게 짊어지고 나아가고 있습니다. 지금까지는 미국에서 자금을 보낼 수 있었지만, 만약 돈을 보내는 것이 불가능해지면 길이 다시 열릴 때까지 재미협동위원회가 기금을 가지고 있게 될 것입니다. 그동안 교장인 김활란 박사는 모든 것을 기준에 맞게 유지하기 위해 최선을 다할 것입니다. 그녀의 용기는 많은 영감을 줍니다.

사람들이 아직도 한국을 떠나고 있어서, 평소 200명이 넘던 "외국인" 공동체는 이제 30명 정도입니다. 서울은 유령 도시 같습니다. 우리가 떠남으로써 긴장이 상당히 완화되었고, 어떤 경우에는 일할 수 있는 새로운 기회들이 생겼다고 들었습니다. 하지만 막 여행에서 돌아온 감리교의 공식 시찰자 베이커 감독님과 디펜도퍼 박사님은 지난 11월 우리의 철수를 승인하셨고, 일본에 있는 사역자들에게도 4월 1일까지 떠날 것을 촉구하신다는 말이 전해졌습니다. 라디오 뉴스가 가장 우울합니다. 어떻게든 더 나은 변화가 오기를 기도할 수밖에 없습니다.

프레즈노에서 모르는 사람들 사이에서 일주일을 보낸 후 버클리에 있는 남동생 가족과 며칠을 보내고, 그다음 북쪽과 동쪽으로 이동해 부활절쯤에는 시카고에 도착하려고 합니다. 내슈빌에 있는 기독교 사역자를 위한 스캐릿대학은 나에게 돌아다니는 동안 그 대학의 사업을 알리는 일을 맡아달라고 요청했으며, 나는 그 일을 하게 되어 기쁩니다. 이 기간에 어떤 평생직장을 찾을 수 있을지 모르겠지만, 이화로 돌아가는 길이 다시 열릴 때까지는 교회나 가정선교학교에서 일할 수 있으면 좋겠습니다. 나는 "하나님의 대기실"(다락방, 1941년 1월 26일)에 있는데, 내 차례가 되면 그분께서 나에게 말씀해주실 것입니다.

여러분 각자에게 쓰고 싶었던 길고 개인적인 편지 대신 이 편지를 보낼 수밖에 없다는 사실이 정말 실망스럽습니다. 여러분의 편지는 이 슬픈 몇 달 동안 정말 많은 의미가 있었으며, 기억해주신 여러분 모두에게 감사드립니다. 여러분의 인내와 꾸준한 친절, 그리고 우리 모두가 그곳에 있었을 때보다 지금 더 가치 있고 필요한 그 일에 지속적으로 보여주는 여러분의 관심에 감사를 드립니다. 이 땅을 이리저리 돌아다니는 동안 언젠가 여러분을 만나고 싶습니다. 미국이 이토록 아름답고 특권과 축복으로 충만해 보인 적이 없었으며, 자유의 공기가 이토록 달콤해 보인 적이 없었습니다.

충심을 다하는 여러분의 친구,
앨리스 R. 아펜젤러

⚜ ⚜ ⚜

뉴욕, 뉴욕, 5번가 150 <발신인: 랄프 E. 디펜도퍼>
감리회 선교 및 교회 확장국
해외선교부
1941년 2월 25일

미스 앨리스 아펜젤러
캘리포니아, 코로나, 러모나로 1012

친애하는 미스 아펜젤러께,

1월 14일 화요일 샌프란시스코에서 우리의 한국 방문에 대해 보고할 때, 당신이 그 작은 무리 안에 안 계셔서 아쉬웠습니다. 하지만 헨리 부부가 내가 헨리에게 전한 인상을 전해줄 수 있을 것입니다.

다만 김활란과 두 번의 의미 있는 만남을 가졌다는 이 특별한 소식은 직접 전하고 싶습니다. 그녀가 어느 날 우리가 머물던 조선호텔 로비로 찾아왔고, 우리는 방해받지 않으며 조용히 대화를 나눴습니다. 그리고 서울을 떠나기 직전에 사우어의 집에서 다시 만났습니다. 그녀는 특히 당신이 보내준 사탕이 귀한 선물이었다며 고맙다고 전해달라더군요. 또한, 지금 이화에 있는 전임자들의 사진과 비슷하게 찍은 당신의 사진이 필요하다고 합니다. 그들이 원하는 사진이 어떤 종류인지 아실 것이라고 말했습니다.

김활란은 어떤 편지도 쓰지 않을 것임을 모든 친구에게 알려달라고 했습니다. 협동위원회에는 이화여전을 위한 모든 선물을 3월 말이 되기 전에 보내줄 것을 요청하고 있습니다. "그것들을 빨리 보내주세요"가 그녀가 전한 말이었습니다. 이후 재단법인이 승인되면 한 번 더 시도해주길 바라고 있습니다.

이 유능한 사람의 능력과 훌륭한 정신에 한 번 더 감명받았습니다.

심심한 안부 인사를 전합니다.

진심을 담아
R. E. 디펜도퍼
사무국장

⚜⚜⚜

주소: 캘리포니아, 버클리, 프린스로 2815
프레즈노에서 1941년 3월 5일

친애하는 디펜도퍼 박사님께,

격려의 메시지를 담아 좋은 편지를 보내주셔서 감사합니다. 자금 지원을 요청하는 김활란 박사의 메시지를 박사님이 매코넬 부인에게 즉시 전해주실 수 있기를 바랍니다. 저는 매코넬 부인이 그동안 많은 노력을 기울여왔다는 것을 잘 알고 있지만, 현재는 연락이 닿지 않는 상황입니다. 보낼 수 있는 것은 무엇이든 즉시 송금하는 것이 시급합니다.

동봉한 편지의 타자가 너무 형편없어서 보내드리기 망설여지지만, 너무 중요한 편지라 박사님이 꼭 보셔야 할 것 같습니다. 이 편지는 홉스 부인의 친한 친구들을 위해 쓴 것입니다. 그들에게 가해지는 새로운 탄압에 관한 내용, 그리고 활란에 대해 공개해서는 안 된다는 부분이 가장 중요합니다. 그것을 주의 깊게 읽어주시기를 바라며, 베이커 감독님께도 보여드리기를 바랍니다. 짧은 시간에 상황이 이토록 급변했다는 사실에 놀라실 것입니다. 하지만 박사님의 방문은 명백히 좋은 인상을 주기 위해 마련된 것이었습니다. 이것은 우리 모두가 주의해야 할 내부 정보로서, 김 박사뿐만 아니라 현재 한국에 있는 다른 모든 그리스도인들에 대한 보호를 확실히 하기 위해 힘껏 최선을 다해야 할 것입니다.

5월 중 뉴욕을 방문할 예정인데 그때 박사님을 뵐 수 있기를 바랍니다.

진심을 담아,
앨리스 R. 아펜젤러

⚜ ⚜ ⚜

<발신인: 벨마 H. 메이너>

뉴욕, 뉴욕, 5번가 150
감리회 선교 및 교회 확장국
여성기독교봉사부
1941년 3월 5일

나의 친애하고 친애하는 앨리스에게,

정말 당신은 최고의 현장 통신원이에요. 다른 어떤 출처보다 당신을 통해 한국 소식을 더 많이 알게 되네요. 신속하게 답장하지 못해도 늘 인내와 너그러움으로 기다려주시고, 정말 성실하게 계속 편지해주셔서 감사해요.

무엇보다도 디펜도퍼 박사님과 베이커 감독님이 가지고 돌아온 소식을 무척 듣고 싶어 하신다는 것을 알고 있어요. 그들은 일본과 한국에서 정말 바쁜 한 달을 보냈는데, 한국에서는 사나흘만 계셨어요. 폭넓고 철저한 조사를 한 후 아주 확고한 의견을 가지고 돌아오셨지요. 일본과 한국에 있는 모든 감리교 선교사들의 완전한 철수를 권고하셨습니다. 전쟁이 발발하면 억류될 위험은 제쳐두고서라도, 일본 교회가 외국의 영향력에 너무 많이 휘둘린다는 의심을 받아 곤란해지지 않고 교회 방침을 자유롭게 이행할 수 있도록, 얼마 동안은 철수하는 것이 낫다고 판단하셨어요.

찰스 사우어는 3월 25일에 배를 타고 떠날 예정인데, 그가 마지막으로 떠나는 선교사예요. 아마도 그가 회계 담당이기 때문이라고 생각해요. 일본 철수에 관해서 극소수를 제외하고는 다른 선교사들의 항해 일정은 아직 받지 못했어요.

베이커 감독님은 이번 주 마지막 날 이곳에 오실 것이며, 우리는 그와 반갑게 회의를 할 예정이에요. 감독님이 선교사 여러분을 위한 계획을 세우는 데 우리를 도와주시기를 바랍니다. 나는 감독님을 만나 그가 받은 인상에 관해 듣기를 기다리고 있어요. 디펜도퍼 박사님은 감독님과 함께 메모해놓았던 것들로 일본에 대한 긴 보고서를 작성하셨어요. 돌아오는 배 안에서 작성하셨대요. 한국에 대한 방대한 양의 메모도 가지고 오셨으며 보고서를 만들 예정이십니다.

디펜도퍼 박사님은 활란을 만났고, 그녀와 면담한 보고서를 나에게 주셨어요. 이미 여러분 모든 이화 선교사에게 전달한 바 있지요. 그는 활란이 씩씩하고 쾌활했으며, "학교에 관해 여러 제안을 받았지만 학교를 <u>팔지 않을 것</u>이고, <u>편지하지 않을 것</u>이라고 그들에게 전해주세요"라고 말했다고 합니다.

당신이 밴버스커크 박사님 집에서 머물며 즐거운 시간을 보내고 의학적인 조언도 받는다니 참 좋아요. 다른 어떤 의사도 밴 박사님보다 당신의 필요를 더 잘 이해할 수 없을 거예요. 그가 "홍보 활동은 하지 말라"고 한 것도 놀랍지 않네요. 당신이 얼마나 그 일을 잘하는지, 또 우리는 얼마나 당신을 필요로 하는지요! 그래도 그 일이 당신에게 좋지 않다는 밴 박사님의 의견에 동의하며, 가능한 한 빠른 회복에 방해가 되는 일은 아무것도 하지 않기를 바랍니다. 스캐릿대학이 당신을 너무나 원했기 때문에 당신이 그 대학의 일을 맡았으면 했지만, 당신 스스로 그 일을 할 만큼 건강하다고 느끼지 않는다면 맡지 않는 것이 현명하다고 생각해요.

가을과 겨울 내내 당신을 생각하며, 당신의 엄청난 재능과 훈련과 경험이 최대한 발휘될 수 있고, 소년 소녀들을 사랑으로 돌볼 수 있는 집 같은 그런 곳을 찾을 수 있기를 바랐어요. 그래서 당신의 미래를 생각하며 캘리포니아, 태평양 연안 지역, 하와이를 염두에 두고 있어요. 당신의 거취에 대해 베이커 감독님과 상의해보려고 해요. 그가 그 지역을 맡고 계신다는 것을 아실 거예요. 감독님을 만난 적이 있으신가요? 메리 영에게 편지를 쓰긴 했는데 솔직히 너무 늦게 썼네요. 나는 해야 할 일을 다 해내지 못하는 것 같아요. 베티는 그녀에게 남미에 대한 편지를 쓴 것 같아요. 메리 빅이 좋은 일자리를 구했다는 소식도 들으셨지요? 나는 편지로 메리 빅에게 다른 주에도 그런 공석이 있는지 물어보았어요. 아시다시피 이 일은 정부가 추진하는 일이니 다른 곳에도 비슷한 일자리들이 있지 않을까 생각했어요. 그런데 그런 종류의 일은 메리에게는 조금 버거울 수도 있을 것 같은데, 어떻게 생각하세요?

패트 맥휴Patricia W. McHugh(1911~2000)에 관해 물으셨지요. 그녀는 아직 일본에 있어요. 우리는 그녀가 일본 선교사들과 함께 고국으로 돌아올 것으로 기대하고 있답니다. 그녀는 머물고 싶다고 편지에 썼지만, 선교국 (해외) 국장이 그들에게 귀국을 지시했으니 결국 돌아오게 될 것 같아요. 그녀는 예쁘고 다정한 여성이에요, 그렇지 않아요?

당신이 밴에게 보낸 편지의 사본을 보내주셔서 고마워요. 그 편지에는 당신의 소식뿐만 아니라 태평양 양쪽에 있는 많은 다른 사람들의 소식이 담겨 있더군요. 브라운리의 강 씨 가족은 어떤가요? 그는 감옥에 갇혔나요? 디펜도퍼 박사님은 변 프리츠가 풀려났는데 너무 야위어서 정말 다른 세상 사람처럼 보였다고 하셨어요. 그들은 얼마나 고통받고 있는지요! 브라우니에게서는 기분 좋은 편지를 받았어요. 그녀의 건강이 좋아졌다니 아주 기쁘고 안심이 돼요. 목에 가시가 박혔다니, 도대체 언제 어떻게 그런 일이 생긴 거죠? 가시가 박혔다는 걸 알지 못해서 의사에게 가보지 않은 걸까요? 기침하는 것이 가시 때문이라고 왜 진작 생각하지 않았는지 모르겠네요. 더 자세히 알고 싶어요. 어쨌든 그녀가 지금은 좋아져서 다행이에요.

아 참, 활란이 디펜도퍼 박사님과 감독님에게 이화를 위한 재단이 거의 완성되었다고 말씀드렸다는 것을 전해야 하는데 잊었네요. 그녀는 우리가 4월 1일 이전에 보낼 수 있는 모든 기금을 보내줄 것을, 그리고 이후로도 돈이 잘 들어갈지 확인하기 위해 나중에 다시 한번 시도해줄 것을 바라고 있어요. 박사님은 활란이 정부의 선처로 기금을 계속 받을 수 있는 허가를 얻고 싶어 한다고 생각하세요.

오늘 아침 선교부 수송 및 구매 부서의 해서메이어 씨에게 전화해 당신의 트렁크 보관에 관해 물어보았어요. 그가 트렁크들을 잘 챙기겠다고 했어요. 트렁크는 다음 주소로 보내주세요.

R. A. 해서메이어 씨
뉴욕, 5번가 150

감리회 선교부,
수송 및 선적 부서

짐을 보내기에 충분한 정보가 담긴 주소 같죠?

베티 리가 당신의 동부행을 걱정하는 편지를 보내드렸지요. 그녀는 당신이 너무 힘든 생활에 뛰어드는 것이 아닐까 걱정하고 있어요. 당신이 너무 보고 싶어서 가능한 한 빨리 오시라고 재촉하지 않을 수 없긴 하지만, 모든 계획을 세울 때 건강을 잘 지키시길 바랍니다. 어머니와 프랜시스와 나는 모두 당신을 만나기를 고대하고 있어요.

많은 사랑을 담아,
벨마

⚜ ⚜ ⚜

스캐릿에서
1941년 4월 21일

사랑하는 밴에게,

이 편지는 모네타의 집에 있을 때 쓰려고 했던 것인데, 모든 자매님들도 함께 읽을 수 있도록 해주세요. 이틀간 독감 비슷한 증세로 몇 가지 계획이 틀어졌지만, 모네타의 세심한 보살핌 속에 하루 종일 누워 있었더니 다시 일어날 수 있었어요. 에번스턴에서 지냈던 9일 동안 후회 없이 많은 경험을 했고, 좋은 친구들과 멋진 시간을 보낼 수 있어서 오직 감사할 뿐이에요. 18일 금요일에 가졌던 그레이스를 위한 재회 모임이 가장 즐거웠어요. 그레이스는 로스앤젤레스에서 왔고, 아들 도널드는 뉴욕주 로체스터에서, 번Tracy Verne Cutler Barnhart(1892~1967)은 아이오와시에서, 제시 브로크만은 일리노이주, 칼린빌, 세인트루이스 근처에서 왔으며, 오마Oma Goodson Norris(1899~1978)와 모네타와 나는 에번스턴에 있었어요. 생각해보세요!! 우리는 오전 8시 30분에 챌린저를 만났는데, 도널드의 기차가 연착된 사이 번의 기차가 도착하는 바람에 우리는 계속 서둘러야 했어요. 그레이스와 도널드 모자는 2시 30분에 먼저 가야 했는데, 모네타가 왕복 1시간씩 걸리는 그 끔찍한 교통지옥을 뚫고 네 번이나 차로 우리를 실어 날랐어요. 번은 5시에 떠났고, 오마는 홍역에 걸려 있던 지미에게 돌아갔지만, 제시와 나는 모네타와 함께 집으로 돌아갔다가 야간열차를 타기 위해 택시로 떠났어요. 우리는 가장 맛있는 식사를 나누고, 깊은 대화를 나누었으며, 지상에서 누릴 수 있는 완벽한 시간을 보냈어요. 우리는 꽤 많은 것을 알게 되었는데, 오늘 메리 레이시가 보내온 당신의 편지로 그녀의 말이 사실임을 확인했어요. 허브 B.Herbert Edgar Blair(1878~1945)가 풀려나서 기뻐요. 가장 기쁜 일은 당신이 통행권을 획득했다는 소식을 들은 거예요. “이 정도면 충분하다”라고 펜실베이니아의 네덜란드인들은 말하지요!!

네드와 모네타가 강연하러 간 동안 나를 돌봐준 애번 부인과 함께 24시간을 보냈으며, 애번 부인이 위원회 일로 다른 사람들과 뉴욕에 가 있을 5월 2일에 다시 만나기로 했어요. 자유 시간의 대부분은 사랑하는 메이 워즈워스 숙모와 함께 보냈어요. 그녀는 거의 81세가 되어 허약해지긴 했지만, 모든 능력은 명민하고 가슴은 그 어느 때보다 더 사랑에 차 있었습니다. 그녀의 살짝 달라진 외모에 익숙해지자 예전과 거의 똑같아 보였어요. 그녀는 자신을 위해 모든 것을 해주는 여동생과 조카와 함께 좋은 호텔에서 편안하게 지내고 있어요. 그녀와 함께 성금요일 밤에는 십자가에 못 박히심에 대해 같이 듣는 축복의 교제를 나누었으며, 부활절 전야와 아침을 보냈고, 제일감리교회에서 훌륭한 부활절 예배를 드렸어요. 티틀 박사는 위엄이 있었고 음악과 주변 환경은 완벽했어요. 비록 부족했지만 우리가 부활절 음악을 연주했던 지난날을 생각하며 큰 기쁨으로 눈물을 흘렸어요. 그때는 나에게 아주 축복받은 시간이었고, 내가 받은 많은 축복에 감사드려요. 소퍼의 아들 등 대가족과 함께 저녁 식사를 한 후, 강자의 남편이 나를 데리러 와 급히 그들의 교회로 가서 강연을 하고 만찬도 함께하며 많은 친절한 말을 들었어요. 50쯤 되어 보이는 회장은 내 옆에 앉으면서 마치 자신의 어머니와 함께 있는 것 같이 느껴진다고 말했어요!! 그들 모두 사랑스럽고, 언제 어디서나 그들과 함께 있는 것이 좋아요. 목요일에는 두 형제님이 점심을 먹으러 왔어요. 나는 외출할 기분이 아니었기 때문에 모네타가 친절하게 그들을 대접했어요. 루이스의 남편은 나를 제네바 호수로 데려가고 싶어 했지만, 그날 나는 건강이 좋지 않아서 가지 못했어요.

당신도 언젠가 소퍼 가족의 집에 가보게 되겠지요. 나는 모두가 모여 식사하는 중에, 한 사람 한 사람이 보여준 아름다운 환대가 모두 고마웠지만 우리 모네타가 최고였다고 말했어요. 그들 모두의 집에서 했던 식사들을 떠올려본다면 내가 한 말이 얼마나 큰 칭찬인지 알 거예요. 모네타는 모든 일을 부드럽고 우아하게 처리할 뿐만 아니라 운전도 능숙해요. 그녀는 틈틈이 위원회에 참석하고, 강연도 하고, 그 밖에 다른 일도 했으며, 그런 고된 하루 끝에는 아주 지치곤 했어요. 나는 그런 일들이 그녀를 완전히 녹초가 되게 하지 않기를 바랍니다. 그녀는 나를 양장점에 데리고 가서 사이즈가 큰 사람에게서 얻은 내 드레스 두 벌을 수선하게 했어요. 우리는 쇼핑을 한 번 했고, 그녀가 자기 차에 나를 태워 사방을 다녔어요. 우리가 실제로 할 수 있는 것보다 훨씬 더 많은 일을 하자고 이야기했죠. 네드는 이해심이 많고 성격도 좋고 재미chami있고 매력적이고 인내심이 깊어요. 대단한 사람이지요. 당신은 그를 꼭 알아야 해요. 그는 좋은 제2의 TT이고, 모든 누이들을 사랑해요.

4월 1일에 오리건주 유진에서 겪은 자동차 사고로 골절된 갈비뼈는 이제 거의 다 나았지만, 지겨운 접착 테이프를 떼러 오늘 케이트 박사에게 가요. 이곳은 스캐릿대학 홍보실인데, 그들은 스턴츠 박사가 자리에 없으니 내가 그의 사무실을 사용해야 한다고 주장했어요. 이곳에서 그들은 나를 많이 대접해주고 있어요. 빅과 나는 토요일 정오에 만나 일요일 오후까지 호텔에서 좀 쉬었어요. 그들이 그것을 좀 이상하게 생각한다는 것을 와그너Ellasue Canter Wagner(1881~1957) 자매님을 보고 알 수 있었지만, 우리는 그만큼 조용한 곳이 필요했어요. 어젯밤에 나는 커닝검 박사님과 오래 좋은 대화를 나눴어요. 확실한 것은 없지만 이 장소는 뭔가 희망을 품게 해요. 수 자매님은 글을 쓰고 있는데, 자신에게 잘 맞는 평생 직업을 갖게 된 것 같아요. 이제 내년에 50주년을 맞는 스캐릿을 위한 야외극이 준비될 거예요. 이 극이 "은둔자의 문"만큼 좋은 극이 되기를 바라요. 커닝검 박사님은 여름 학기 동안 이곳에서 책임자 역할을 해달라고 확실하게 내게 요청했지만, 가을 계획이 구체화될 때까지는 결정하지 않으려고 해요.

제인스빌과 콜럼버스에서의 시간은 메리, 준, 코린과 함께했어요. 그들이 몇몇 강연을 하도록 내 일정을 짜고 있기 때문에, 일상적으로 바쁜 것 이상으로 힘들어지지는 않을 거예요. 뉴욕에 갔다가 랭커스터에 가서 부흥이 필요하다고들 말하는 오래된 가정교회에서 2주 정도 일할 거예요. 그러면 금방 6월이 될 텐데, 정말 시간이 없어요. 시간은 어디로 가는 것일까요?

우리는 그레이스의 건강한 모습과 활력, 수술에 대한 씩씩한 태도에 용기를 얻었어요. 윌이 혼자 있어야 한다는 것만이 그녀에게 가장 힘든 시련이에요. 우리는 당신의 모든 말을 열심히 나누었어요. 도널드는 매력적이고 남자다우며 아주머니들ajumonies에게 사랑스러워요. 기차 승무원이 "세상에 당신을 따르는 소녀들이 산더미로군요!"라고 했는데, 좋은 농담이라고 생각했어요. 이쯤에서 편지 쓰는 것을 멈추고 이제 일을 좀 해야 할 것 같아요. 언제나 사랑하며, 앨리스

애나와 딸 셀마의 가족과 함께했던 즐거운 날 이야기도 잊지 않고 해야겠네요. 나는 시카고에서 좀 더 아래로 여행을 했으며, "칙"과 만나, 애나가 키와니스 사람들과 이야기를 하고 있는 곳으로 점심을 먹으러 갔어요. "그녀가 그들의 주의를 끌고 있어요"라고 그는 싱글벙글 웃으며 말했어요. 그는 애나를 아주 자랑스러워했고 그들은 모두 함께 아주 행복해요. 셀마의 어린 딸은 태어난 지 2주밖에 안 된 사랑스러운 작은 인형이었는데, 셀마도 아주 예쁘고 다정했어요. 나는 셀마가 14년 전에 집을 떠난 후로 만난 적이 없었어요. 다섯 살 난 아들은 사랑스럽고 튼튼하고 남자아이다워요. 칙은 젊고 날씬했던 때의 존 L을 생각나게 해요. 진취적이고 활달해요. 그들의 집은 현대식 주택의 표본 같고, 모든 것이 아주 예쁘고 편리해요. 애나는 내가 본 어떤 때보다 더 좋아 보이고, 아주 날씬하고 단정하고 침착하고 명랑하며, 전혀 피곤해하거나 떨거나 하지 않았어요. 깔끔하게 차려입고 머리를 말아 곱슬거리게 했으며, 이제 떠날 준비가 되어 있었습니다. 그래서 나는 시카고 사람들에게 그녀에 대해 이야기했어요. 아마도 곧 그녀에게 일정이 생길 것이라고 생각해요. 프랭크 베이커 부인도 만났어요. 그녀는 애다 맥퀴와 헬렌 B를 모네타와 나와 함께 점심 식사에 불렀어요. 모두들 나와 같은 처지에 있게 될 텐데, 준비는 되었으나 아직 연락이 오진 않았어요!! 가을이 되면 우리 대부분은 급여 대상자 목록에서 빠질 것이며 다른 일을 하게 되겠지요.

나에게 뭘 사오려고 생각하지 마세요. 당신이 오는 것만으로 감사할 따름이며, 빨리 오면 올수록 더 좋아요. 당신은 정말 자세한 편지를 보내주었고, 나에게도 당신 친구들에게도 주된 소식통이었으니 불평하려던 것은 아니었어요. 자연스럽게 들려서 다행이지만, 끝나서 아쉬워요. 어쨌든 그 일이 조금이나마 재미chami가 있었기에 다행입니다.

이제 무릎이 더는 안 아파서, 사실 어제 무릎 토시를 벗었고 오늘은 다시 착용하지 않았어요! 물론 여기 아래쪽은 더워요. 시카고는 부활절에 27도가 넘었어요. 그래도 그곳은 봄이 막 오려고 하는 정도였는데, 여기는 마치 지난달의 오리건주와 비슷해요. 오리건주 포틀랜드는 내가 경험한 중 가장 아름답게 꽃이 만발한 곳으로 그냥 동화 나라였어요. 내 영혼이 즐긴 이 모든 아름다움의 향연에 감사할 뿐이에요. 무엇보다도 이런 불확실성 속에서 나를 도와주고 의지할 수 있게 해주는 사랑에 감사해요. 캘리포니아 리버사이

드와 코로나로부터 시작해, 버클리, 포틀랜드로 올라오며 나는 정말 많은 것을 얻었어요. 아이다의 집에는 단 이틀 머물렀지만 우리는 그 시간을 알차게 보냈지요. 록키산맥은 멋있었어요. 비록 위쪽은 춥고 비가 내렸지만요. 이 땅에 봄이 오는 곳을 따라가게 되어 기뻐요. 차이치는 주위 환경의 모든 자연미를 최대한 활용했고 나를 잘 대접해주었어요. 나의 사랑하는 여주인들 한 사람 한 사람에게 항상 감사할 것이며, 단지 내 갈비뼈와 다른 여러 가지 이상한 일들로 아주 번거롭게 해드린 것 같아서 미안할 뿐이에요!! 글쎄요, 아마도 언젠가는 좀 더 건강해지겠지요. 빅은 내가 변한 것을 보고 싶어 했는데, 미안하게도 거의 어떤 차이도 발견할 수 없었던 것 같아요. 애나는 정말 스스로 이뤄나가고 있고, 나는 그런 그녀가 자랑스러워요. 내가 아직 그대로로 보일지라도, 지금만큼 건강하고 삶에 대한 준비가 되어 있는 것은 대단한 일이에요. 수 자매님도 더 건강하고 날씬하고, 더 안정되어 보여요.

나는 어제 이곳에서 전화를 하다가 E. 저다인을 우연히 만났고, 그녀가 우리에게 주변을 구경시켜주었어요. 이제 이곳에서 졸업하고 6월부터는 부모님과 함께 플로리다로 가서 한 교회에 있으려고 한대요. 그녀는 성숙하고 매력적이며, 우리가 좋아하지 않았던 사마귀들도 없어졌어요. 우리를 만나 기뻐하며 주위를 구경시켜주었지요. 빅은 캔자스시티에서 졸업해 새 스캐릿대학은 본 적이 없었기에 할 말을 잃고 너무 좋아했어요. 빅의 현 직장에 대해 내가 안타깝게 생각하는 것은 연주를 할 수 없다는 것이어서, 우리는 빅에게 "5월의 밤"을 한 번 연주하게 했어요. 빅은 480㎞를 운전해야 해서 머물 수가 없었어요. 그녀의 멋지고 작은 차는 너무나 사랑스러워요. 그녀가 가는 방향과 내 다음 여행지가 같은 길이면 좋겠다고 생각했어요.

할 말이 많고 모두 다 말하지 못했지만, 시간이 다 되었으니 또다시 작별을 고해야겠네요. A.

추신 2. 나는 삭감 조치에도 불구하고, 50만 엔을 지원받은 모든 홀스턴 친구들에게 축하를 보내야 해요. 미스 W는 그들이 전보를 받았다고 말했어요. 대단하지 않나요? 다음은 우리 차례예요!!

테네시, 내슈빌
“스캐릿대학”
1941년 6월 6일

친애하는 친구들에게,

여러분 중에는 내가 한국을 떠난 이후로 소식을 듣지 못해서 궁금해하는 분들도 있을 것이고, 또 어떤 분들은 내게 편지를 보냈지만 답장을 받지 못하기도 했을 것입니다. 변명하지 않고 말하자면, 고향과 평생의 일을 떠나게 된 슬픔, 그리고 얼마만큼 말해야 하고 얼마만큼 말하지 말아야 하는지에 관한 불명료성, 내 미래의 불확실성 같은 것들이 복합적으로 작용하여 내게 이상한 금지령처럼 작동했습니다. 캘리포니아주 코로나에서 6주를 보낸 것이 가장 오래 머문 것이었으며, 많은 곳을 방문했고, 방문하는 곳마다 강연하면서 하루하루를 꽉 채웠습니다. 어디에서나 친구들을 만나는 것이 즐겁고 위로가 되었으며, 편지도 많이 썼지만 충분할 만큼 쓰지는 못했습니다. 그래서 다시 한번 익숙한 등사판에 의지하고 있습니다!

지난해 11월에 한국을 떠나는 것은 끔찍했고, 아직도 악몽을 꾼 것만 같습니다. 그러나 그 이후의 일들은 우리 감리교인들에게 우리가 옳은 일을 했다는 확신을 주고 있습니다. 장로교 그룹의 일부를 제외한 다른 모든 선교회는 “안식년 휴가”라는 명목으로 철수했는데, 이때 떠난 이들은 자연스레 비난을 받았습니다. 선교사들과 아직도 연락하는 한국인들은 점점 더 큰 긴장과 박해에 직면하고 있으며, 대다수의 선교사는 이제 외국인으로서 일본의 군사 체제에 갇혀 친구들을 도울 수 없다는 것을 깨닫고 있습니다. 5월 28일자 『크리스천 센추리』는 선교사 철수에 대해 변화된 태도를 보여줍니다. 나는 “선교는 교회에 속해 있다”라는 사설을 지지하며, 이것이 교회가 도전을 직면하도록 일깨우는 데 도움이 되기를 바랍니다.

열 명의 선교사 선생님들이 철수한 것이 이화여전에 큰 짐을 안겨주긴 했지만, 긴장을 완화함으로써 대학은 성공적인 한 해를 마쳤습니다. 비록 “외국인”은 초대되지 않았지만, 예년과 같이 4학년 영어연극도 개최를 허락받았습니다. 미국인에게 교육받은 한 졸업생이 홀로 “이것은 가져갈 수 없다”라고 쓴 문구를 몸에 걸치고 있었는데, 그녀가 자신이 받은 모든 것에 대한 사랑의 표시로 그렇게 했음을 우리는 압니다. 대학은 4월에 개학했으며, 다섯 개 학과에 450명이 등록하며 역대 최다 학생 수를 기록했습니다. 한국인과 일본인 교수진이 모든 일을 하고 있습니다. 여덟 명의 여선생님들이 우리가 사랑하는 "롱뷰"에서 지내고 있다는 것을 알게 되어 기쁘고, 딸기 수확이 지난해와 마찬가지로 올해도 풍성하기를 바랍니다. 캠퍼스와 건물은 아름답게 유지되고 있으며, 대학의 표어인 "진선미"가 용기 있고 작은 교장부터 가장 낮은 시중드는 사람에 이르기까지 모두의 지지를 받는 일종의 오아시스가 되었다는 소식을 듣고 있습니다. 대학이 그때 건설되고 설비가 갖춰진 것에, 또 충돌이 생기기 전 새 교장이 취임한 것에 감사합니다. 이화는 이 질풍을 헤쳐나가 그 어느 때보다 강하고 훌륭해질 것이라고 믿습니다.

우리는 대학에 글을 써 보낼 수도 없고 들을 수도 없지만, 지금까지는 선교부의 예산이 보내졌고 받아들여졌습니다. 이화협동위원회는 이전처럼 계속해서 도움을 줄 예정입니다. 펜실베이니아, 필라델피아, 북 브로드로 6701에서 일하는 회계 담당자 매슬랜드 부인은 자신에게 보내진 자금이 이화여전을 위해 사용되도록 처리할 것입니다. 이화의 친구들은 이화가 그 어느 때보다 커다란 곤궁에 처해 있다는 것을 잊지 마시기 바랍니다. 만약 한국으로 돈을 보내는 것이 불가능해지면, 우리 모두 도울 수 있는 길이 다시 열릴 때까지 이곳에서 자금을 보관하고 있을 것입니다.

이곳으로 돌아와서 갖게 된 주된 기쁨 중 하나는 한국 친구들, 특히 우리 이화의 딸들을 만나는 것입니다. 이화가 그들에게 의미하는 바에 대한 감사가 옛 선생님들에게 친절하게 대하는 태도에서 흘러넘치고, 우리가 어디에서 만나든 그곳은 곧 작은 이화가 됩니다. 나는 시카고와 뉴욕에서 큰 그룹들을 만났고, 기쁘게 그들의 환대를 받았습니다. 특히 자랑스럽게도 지난주 우리 이화 학생 중 한 명이 프린스턴에 있는 웨스트민스터 콰이어대학을 졸업하게 되어 졸업식에 참석했습니다. 그녀는 호놀룰루에 있는 사람들에게 음악 목회를 하기 위해 이번 달 떠납니다. 다른 몇몇은 이화에서 가르칠 준비로 대학원을 다니고 있지만, 지금은 돌아갈 수 없습니다. 전쟁은 우리 모두의 삶에 영향을 미치고 있으며 아직 끝나지 않았습니다.

지난겨울 동안 태평양 연안에 머문 것은 나에게 매우 유익했습니다. 훌륭한 의학적 조언이 관절염을 완화하는 데 도움이 되었으며, 당부받은 규칙만 잘 지키면 건강해질 수 있다고 생각합니다. 규칙 중 하나가 추위를 피해야 하는 것이어서 남부에서 일자리를 구하고 있습니다. 1938년에 매우 기뻐하며 방문했던 스캐릿대학이 첫 번째 기회를 주었습니다. 6월 10일부터 8월 17일까지 여름 학기 동안 여주인 역할을 할 것입니다. 그 후의 계획은 아직 정해지지 않았지만 내 마음이 항상 머물러 있는 한국으로 다시 돌아갈 수 있을 때까지 어떤 교회 학교에든 있고 싶습니다. 하지만 내가 한국에 가는 것이 한국 친구들에게 도움이 될 수 있을 때에만 돌아갈 것입니다. 매일 어떤 방법으로든 그들을 위해 일하려고 노력하고 있지만, 그들의 능력과 헌신과 기독교 신앙을 믿기에 불안하지는 않습니다.

한 친구가 『런던 타임스』에서 발췌한 크리스토퍼 로빈의 아버지 A. A. 밀른이 쓴 시를 보내왔습니다. 그는 어디에서 봉사하든 상관없이 우리 모두가 말하고자 하는 것, 즉 전념하는 이상들을 다음과 같이 적고 있습니다.

옛 런던의 시간에 뒤덮인 벽들은
사람의 손으로 만든 작품일 뿐이다.
인간이 우리를 위해 만든 것은 넘어지고,
하나님께서 우리에게 불어넣으신 것은 서 있다.

과거의 화려함이 산산이 조각나
먼지가 되어버리면 어떻게 될까? 우리는
웨스트민스터 사원의 존속 기간보다도
더 오래 지속될 기념비를 세운다.

무너진 집 위에 우리의 발을 딛고 서서,
당당하게 고개를 든다, 모두가
완전무결한 영혼이
작은 거리마다 영원함을 보도록.

변함없는 관심과 신뢰를 가지고,

충심을 다하는 여러분의 친구,
앨리스 R. 아펜젤러

테네시, 내슈빌, 스캐릿대학
1941년 6월 13일

나의 소중한 밴,

오후 내내 당신과 이야기가 하고 싶었기에, 이제 그렇게 해보려고 해요. 아마도 당신의 편지를 읽을 사람들은 타자기로 쓴 것을 좋아할 테니, 옛 이야기를 타자기로 찍어봅니다. 5월 3일자 당신의 편지는 모두가 머물고 있는 집에 대한 소식을 전했는데, 멋진 소식이었어요. 당신은 울고 웃었을 것 같군요! 모든 것이 질서가 잡혀서 다행입니다. 그들의 사랑하는 마음을 축복하소서. 그들이 노력할 것임을 알고 있어요. 어제 헨리는 선교국이 부에노스아이레스에 제안한 멋진 일, 즉 와드대학에 부속된 미국 학교 교장 자리에 대한 편지를 보내왔어요. 미스 호웰은 그 학교가 대단한 곳이고 매우 중요한 곳이라고 하면서도, 헨리가 옛 고향을 버리지 말아야 한다는 내 생각에는 동의해요. 나는 헨리에게 이사야서 61장 1~4절을 전보로 보내며, 우리가 언젠가 그 일을 이어가기 위해 돌아가야 한다고 적었어요. 다른 사람들이 다 떠난다고 해도, 그가 떠난다면 그리스도인들은 굉장히 실망할 거예요. 그는 이미 뿌리가 너무 깊어요. 그는 메리와 나의 충고를 원했고, 나는 그에게 버티라고 확실하게 강조했어요. 그래서 그가 부에노스아이레스에 가기를 원하지는 않는다고 생각하고, 결국 호놀룰루로 갈 것이라고 추측해요. 하지만 답장을 받은 건 아니에요.

우리 가족이 해결해야 할 세 가지 문제 중 첫 번째가 메리예요. 메리네는 콜럼버스에 있는, 전에 독일 교회였던 곳에 있는데 좋은 곳 같아요. 목사관은 알맞은 크기로 주방과 식품 저장실도 넉넉하고 새로 단장했어요. 전임자가 12년 동안 그곳에 있었기 때문에 그들은 변화를 기뻐할 거예요. 아이들은 행복해요. 메리는 이사하는 것을 무척 싫어하니, 나는 이제 그들이 오래 그곳에서 머물기를 바랍니다. 코린이 그들을 만나고, 준 더넘도 만나서 메리가 마음에 맞는 친구들을 찾을 수 있으면 좋겠어요.

어젯밤 캐롤이 고등학교를 졸업했어요. 호놀룰루가 좋은 점은 캐롤을 부에노스아이레스에는 데려갈 수 없지만 호놀룰루에는 데려갈 수 있다는 것이에요. 보브 S와 에블린도 호놀룰루에 가요. 그들은 감독님을 만났고, 부에노스아이레스 이야기가 나오자 호놀룰루로 가기로 결정했어요.

여기에서 고향 사람들을 제법 여러 명 만났어요. 나이 든 스튜어트Stephen Alexander

Stewart(1876~1959) 부부가 점심을 먹으러 왔는데, 애리조나로 가게 된 것을 별로 좋아하진 않지만 불평 없이 갈 것이며 갈 곳이 생겨서 다행이라고 생각하는 것 같았어요. 피치 부부가 자주 오고, 제시 M과 꼭 닮은 베티 달비Harriette Elizabeth Dalbey(1903~1990)와 엘라 수 와그너가 이곳에 살아요. 빅은 주말을 같이 보내기 위해 오늘 밤에 옵니다. 그녀는 가끔 차를 몰고 올 수 있을 정도로 가까이에 삽니다. 브라우니는 불과 80㎞ 떨어진 켄터키의 오빠 집에서 사는데—그래서 더 힘들 수도 있어요.

당신의 편지는 프린스턴 콰이어대학으로 전달되었는데, 앨리스 맥이 내가 집으로 돌아가기 전 그 편지를 읽어달라고 해서 나이 든 해리 R은 기다려야 했어요. 그 편지는 길었고 얇은 종이에 쓰였다는 것을 기억할 텐데, 그녀는 편지가 전해준 소식에 감사했어요. 모든 세세한 것에 정말 관심이 많았어요. 왜 나의 딸[20]은 내 방을 사용하지 않았는지 궁금해요. 그 성악가[21]는 얌전하지만 잘 관리할 거예요. 마치 내가 거기서 다시 살 것처럼 말하고 있네요! 그런 기대는 절대 할 수 없어요. 그나저나 5월 8일자 내 편지는 받았는지 궁금해요. 당신이 어디에 있게 될지는 몰랐지만, 그 편지를 듣고 있기를 바랐어요. 지금 편지 쓰는 건 어떤가요? 예전과 같은가요, 아니면 더 쉬운가요? 답을 꼭 듣고 싶으니 질문에 표시해놓았다가 확실히 대답해주세요. 그리고 둘 다 8월에 돌아와 정착할 건가요, 아니면 톰만 돌아올 건가요?

당신과 우리 집에서 일하던 사람들은 무엇을 하고 있는지요? 엠마는 어떻게 지내며, 대가족과 함께 살던 일전의 그 조수는 어떻게 지내나요? 엠마는 다른 학교에 있다 온 새 직원을 좋아하는지요? 내 예쁜 아이인 Y[최예순]는 꽤 자주 편지를 보내와서 나를 좀 불안하게 만들어요. 괜찮을 거라고 생각하나요? 그녀의 남자친구에 대해 알아보았고 "그는 훌륭한 마음을 가진 뛰어나게 매력적인 청년"이라는 말을 들었어요. 나는 친구인 하버드대학교 대학원 부원장에게 확인해보게 했으며, 패트에게도 그의 가족에 대해 알아봐달라고 했어요. 만약 결혼에 관한 모든 문제가 분명하다면, 계속 진행하라고 말하고 싶어요. 그녀 자신이 더 나아질 수도 있으며, 적어도 변화를 가질 수 있겠지요. 우리의 옛 재봉사가 결혼하여 캘리포니아로 간다고 발표하면서, "네, 변화라고 생각해요"라고 차분하게 말했듯이요.

에블린 DEvelyn Louise Dacus(1907~1995)도 그렇게 생각한 것 같아요. 6월 24일 그녀의

20 해당 단어에 연결하여 수기로 "ok순"이라고 적혀 있다. "ok순"은 "예순", 즉 최예순을 가리킨다.

21 해당 문장 왼편에 수기로 "한복덕"이라고 적혀 있음.

결혼식에 초대를 받았거든요. 나는 올리브 베커의 편지를 마침 여행하는 중에 받아서 아직 답장을 쓰지 못했어요. 하지만 여기서 10일 동안 40통이 넘는 편지를 썼으니 분명 차이가 있겠지요. 편지 쓰는 시간을 미리 정해놓으라는 당신의 조언은 훌륭해요. 내가 해야만 하는 다른 일들이 자꾸 시간을 차지해버려서 편지를 쓸 수 있는 시간이 너무 적네요. 당신도 써야 할 편지가 이렇게 많았던 적이 있나요? 어려운 처지에 있는 사람들이 내가 예의 있게 답장을 주기를 기대할 수도 있는데, 그렇게 하지 못하니 그들 생각에 잠을 설치는 밤이 많습니다. 그래도 도움이 많이 되는 등사판을 구했어요. 그것으로 당신에게 밀른의 시로 끝낸 편지를 보냈지요.

이곳은 많은 면에서 집 같지만 가구와 시설이 더 우아해요. 나는 여름 학기 동안 여성학장 일을 하고 있는데, 이 일은 학업이나 음식이나 기숙사에 관한 것이 아닙니다—그러면 무엇일까요? 일종의 여주인 같은 역할을 하고, 끼니마다 식사 기도를 해요! 7시면 아침을 먹는데, 나는 이때 웃으면서 종을 가볍게 울립니다! 지금으로서는 그렇게 나쁘지 않지만 겨울 내내 해야 한다면 어쩌죠? 내가 꾹 참고 해내는 것을 상상해보세요. 채플을 인도하고 첫날 밤에는 파티를 열었어요. 오늘 밤 우리는 스토코프스키가 지휘하는 청소년오케스트라 연주를 들으러 야구장에 가요! 내가 표를 준비했어요. 나는 기숙사 손님방을 쓰고 있는데, 내가 대신 일해주는 미스 배글리의 방과 똑같은 스위트룸이에요. 이 일이 정규적인 직업은 아니어서, 겨울이 되면 미스 배글리도 강의를 하게 될 거예요. 그들은 채플에서 결혼식을 허락해주고, 나는 그것을 관리하고 있어요. 결혼식을 돕는 일에 익숙해진 것 같아요. 이미 세 번이나 했어요. 기숙사에 대해 살펴보자면, 규율은 없어요—모두가 좋은 학생들이라 아무도 감시받지 않아요. 동창생인 프랜시스 태프트의 딸 루이스 파이크를 기숙사와 내 식탁에서 만나게 되어 좋아요. 나는 내 식탁에 음식을 차려놓고 먹어요. 상담이 필요할 때는 상담을 하고요. 나는 새로운 선교 학습서인 『기독교의 의무』 관련 과목을 미스 호웰에게 수강하고 있으며, 그녀의 가르침과 우리가 읽을 많은 책들이 마음에 들어요. 많이 배워서 내 정신을 발전시키고 싶어요!!!!! 만일 『톰 아저씨의 오두막집』을 읽고 있는 내 모습을 보면 그들이 폭발할까 봐, 말하자면 이불을 뒤집어쓰고 H. B. 스토우의 삶에 관한 책을 읽고 있답니다. "페티코트 입은 십자군"이 제목이고 아주 좋은 책이에요. 북부에서 빌린 책인데 우편으로 반납할 거예요.

커닝검 박사님은 내게 참 잘해주시는데, 내가 파이퍼 부인을 오게 한 것에 깊은 인상을 받으셨어요. 나는 파이퍼 부인이 기부해주기를 희망하고 있어요. 방학 동안 내가 그녀를 만나러 뉴욕에 가는 비용을 커닝검 박사님이 지원해주실지도 모릅니다. 만일 그렇게 되면 휴일에 뉴잉글랜드에 가고, 그렇지 않으면 이곳에 머물면서 스모키산맥에 있는 장로교 및 감리교의 천국인 몬트리트와 주날루스카에 가려 해요. 그들은 내가 선교학과에서 도울 수 있을 거라 생각하고, 나도 그렇게 하고 싶어요. 그렇게 몇 시간을 하며 이 일을 계속하면 좋겠어요. 하지만 미스 배글리는 학생들과 잘 지내고 나보다 훨씬 젊으므로 정규직 선생을 원하지는 않을 거예요. 여기서 아무것도 안 되면, 그들이 내가 남부 학교에서 일자리를 얻을 수 있게 도와줄 거예요. 여기서 기다릴 만한 가치가 있다고 생각되면 겨울에 잡일들을 하며 좀 꾸물거리다 내년에 일자리를 얻을 수도 있어요. 그러나 꽤 영향력이 있는 샐리 루는 나와 같은 유형이 많이 있어서 더 필요하지 않으며, 박사학위를 가진 유명한 전임교수가 될 사람이 필요하다고 해요. 내 명예박사학위는 훌륭하긴 하지만, 나만의 연구들로 그것을 증명해야 하는데, 나는 그렇게 하고 있지 않아요. 무덤에 들어갈 때까지 준비를 계속하고 싶지는 않은 것 같아요! 내가 지금 알고 있는 것을 가지고 해야 할 일이 분명히 있겠지요!

돈이 있으면 어디로 보내야 할지, 또 편지는 어디로 보내야 할지 모르겠어요.[22] 추천할 사람이 있나요? 에델은 그들이 없어서는 안 된다는 것을 너무나 보여주고 싶어 하지만, 나는 그녀에게는 보내지 않으려 해요. 그들 장로교인들은 성인이고 순교자이기 때문에 모두 준비되어 있어요. 고통받는 불쌍한 영혼들이 너무 안쓰럽고 모두 어떻게 될지 걱정돼요. 할 수 있으면 모든 것을 편지로 알려주기 바랍니다. 헨리의 친구는 어떤가요? 그들의 집은 어떠하며, 그는 진짜 나쁜 사람인가요? 그의 여자친구는 어떤가요? 그녀의 학교는 어딘가요? 캐나다에서 훈련받고 최근에 결혼한 우리의 훌륭한 성악가가 그녀를 대신해서 가르칠 것이라고 들었어요. 여동생은 어떤 이유에서인지 캐나다에서 훈련받은 그 성악가를 별로 신경 쓰지 않으며, 다른 기혼자들은 데리고 있으면서 그녀는 결혼 후에 데리고 있을 생각이 없어 보여요. 고등학교에 다시 갔었는지요, 그리고 학교는 어땠는지요? 노즈 박사의 이야기에 웃었지만, 이해했어요. 그녀의 여동생은 어떤가요? 그들은 그 모든 일을 아직도 하고 있는지요? 모퉁이에 있는 오래된 교회는 어떤가요? 불쌍한 작은 설교자는 아직도 소심한가요? 차라리 죽었으면 좋겠다고 생각하고 있나요? 루이스와 함께 아름답게 완성된 "저 해밀턴 여인"을 보러 갔어요. TT는 그의 국가 영웅의 품행을 인정하려고 하지 않았지만, 언어와 연기는 즐겼어요. 베티 달비는 나이 든 제인 B. 이모와 함께 펄의 집에서 좋은 시간을 보냈대요. 지금도 건강해지고는 있지만, 아직 집에 돌아갈

22 이 문장 옆에 "K에게"라는 말이 수기로 첨가되어 있다.

수는 없지요. 그곳에 사랑하는 사람을 둔 불쌍한 영혼들! 동물들은 어떤지 들었나요? 당신 강아지는 어때요? 아낙과 가족은 어떤지요? 이곳은 8월처럼 더워서 좌골신경통이 거의 다 녹아 없어졌어요. 벌써 여름에 할당된 땀을 다 흘려버렸으니 더 더워지면 어떻게 견딜지 모르겠네요. 이제 당신에 대해, 그리고 당신, 우리, 그들과 관련된 모든 것에 대해 알고 싶어요. 보고 싶은 마음이 간절한데 당신을 곧 보지 못한다니 안타까워요. 광기가 멈추고 사람들이 다시 인간답게 살 수 있기를 항상 기도할 뿐이에요. 이건 베티 리가 내게 준 타자기예요. 꽤 좋지요?

당신의 옷은 멋질 것 같아요. 내가 새로 얻은 옷은 없어요. 모두 전에 가지고 있던 것들과 비슷한 것 같아서, 또 무엇보다 내가 왜 자신을 치장해야 하나 싶어서예요. 내게 필요한 것은 오직 체중 감량입니다. 빠졌던 2㎏이 다시 늘어서, 당신이 나를 보았던 때 그대로예요!!!! 이곳에서 잘 먹고 있으며, 애석하게도 더위가 식욕을 빼앗지 않네요. 내 방은 오후 내내 햇볕으로 뜨겁고, 이곳에서는 누울 용기가 없어 낮잠을 잘 수가 없어요. 하지만 지금은 자야겠어요. 항상 사랑하며…. 앨리스

⚜ ⚜ ⚜

테네시, 내슈빌, 스캐릿대학
1941년 6월 14일

친애하는 파이퍼 부인께,

뉴욕에 다시 왔을 때 부인을 뵙지 못한 것은 아쉬웠지만, 제임스 부인과 전화로 좋은 대화를 나누며 부인에 대한 소식을 들을 수 있어 다행이었습니다. 여행하는 내내 즐거우셨기 바라며, 여러 곳을 방문하셨던 일이 만족스러우셨기를 바랍니다. 부인께서 다니시는 것처럼 다닌다면 젊은 사람도 녹초가 될 것 같습니다!

제임스 부인이 말하기를, 어떤 한국인이 부인께 한국에 있는 모든 선교 재산이 압수되었다는 편지를 보냈다고 하더군요. 저는 제임스 부인에게 그렇지 않다고 말했습니다. 전쟁 중이라면 그럴 가능성도 있겠지만, 이화여전의 예를 들면 기독교의 후원 아래 여성

고등교육을 목적으로 하는 법적 지주기관이 운영하고 있으며, 우리는 설립 강령이 변경될지 모른다는 그 어떤 암시도 듣지 못했습니다. 미국에 있는 한국인들은 한국의 독립을 향한 열정과 조국에서 일어나고 있는 일들에 대한 분노로 인해 때때로 과장된 말을 합니다. 그러나 사실 그 자체만으로도 충분히 심각하므로, 저는 항상 그들에게 사실만을 고수하면 그들의 주장이 더 신뢰를 얻을 것이라고 말합니다. 우리의 그리스도인들이 계속해서 사역을 이어나가기 위해 최선을 다하고 있으니, 우리의 역할은 그들을 믿고, 최선을 다해 돈을 보내고, 그들을 위해 항상 기도함으로써 돕는 것입니다.

매코넬 부인이 아마도 말씀드렸을 텐데, 이화협동위원회는 좋은 모임을 가졌습니다. 그런데 부인을 뵙지는 못했네요. 우리는 이화를 위해 작년과 동일한 예산을 요청하는 것을 지지합니다. 어려운 상황 속에서도 계속 나아갈 수 있다는 믿음을 가져야 합니다. 김활란 박사가 우리를 통한 수입 유지에 의존하고 있으니, 그녀가 자금을 받을 수 없을 경우에 대비해 그녀를 위해 따로 모아두어야 할 것입니다. 기부금을 더 늘려야 하는데, 그것 역시 매슬랜드 부인의 관리하에 안전히 보관될 것입니다.

부인께서 스캐릿에 오셔서 저와 이곳 사람들 모두 매우 기뻤습니다. 저는 이곳을 볼수록 더 좋아하게 됩니다. 지역사회를 위한 봉사는 이전에 완전히 실현하지 못했던 일인데, 지금은 결혼식을 위해 채플을 꾸미고 있습니다. 이곳에 온 후 열흘 동안 결혼식이 세 번 있었고, 이들이 모두 품위 있고 질서정연하게 이루어지는지 살펴보는 것이 제 의무 중 하나입니다. 이러한 봉사에 대해 정리한 이 서류철에 관심이 많으실 것으로 생각됩니다. 내일 아침에는 경영 및 전문직 여성 클럽의 여성 200명이 8시에 채플에서 예배를 드린 후 아름다운 우리 식당에서 아침 식사를 할 예정입니다. 어제는 한 젊은이가 그의 성경학교에 다니는 20명 남짓의 어린 소녀들을 데리고 와서 말했습니다. "이 아이들의 어머니들이 스캐릿을 지원하는 일을 돕고 있어서 아이들에게 대학을 보여주고 싶었습니다." 그 작은 아이들은 교실의 아름다움과 품위를 모두 눈여겨보았습니다. 저는 아이들에게 성인이 되고 전쟁이 끝나면 유럽에서 이와 비슷한 아름다운 건물들을 볼 기회가 더 있겠지만, 바로 내슈빌에 이처럼 훌륭한 건물이 있다는 것을 자랑스러워해야 한다고 말했습니다.

이곳에는 우리의 사람들이 많이 있습니다—알제리에서 온 에스더 벤 다인은 막 떠났고, 한국에서 온 엘리자베스 달비는 새로 도착했습니다. 제가 이화의 사진들을 보여주자, 플로리다주 레이크랜드에서 온 한 여학생이 말하길, 파이퍼는 그녀의 대학에서도 명예로운 이름이라고 하더군요. 이화를 떠나 같은 정신을 가진 이곳에 와서 기독교적 사랑과 희망의 유대를 느끼며 삶의 보람을 찾을 수 있다는 것은 큰 위로가 됩니다. 올해 내내 이곳에 있게 될지, 이곳에서 어떤 일을 찾을 수 있을지는 아직 모르겠습니다. 저는 새로운 선교 학습서에 대한 미스 호웰의 수업을 수강하고 있습니다. 『기독교의 의무』에 관한 수업으로, 이 고무적인 주제를 공부하게 되고 읽어야 할 긴 도서 목록도 앞에 두고 있으니 기쁩니다. 계속해서 날씨가 아주 좋지 않았는데 오늘은 훨씬 나아져서 다행입니다.

사랑을 담아 보내며 즐거운 여름을 보내시기를 기원합니다.

언제나 충실하게,
앨리스 R. 아펜젤러

⚜⚜⚜

테네시, 내슈빌, 스캐릿대학
1941년 7월 16일

사랑하는 가족들에게,

드디어 밴에게서 긴 편지를 받았어. 이 편지는 상하이에서 6월 4일에 시작되었고, 펄 메이슨이 6월 11일에 발송한 것이야. 일부를 인용하고 일부는 요약할게.

상하이 페탱로 15
1941년 6월 4일

"우리는 지금 상하이에 와 있어요. 서울을 탈출해 왔지요. 톰은 아마도 7월 말이나 8월에 잠시 돌아가겠지만, 나는 다시는 그런 여행은 하지 않으려 해요. 떠나는 것이 너무 힘들었거든요. 활란과 은숙을 제외하면, 애오개교회에서 마지막 주일을 함께한 것이 한국인들과의 마지막 만남이었어요. 물론 너무 슬펐지만, 그들은 모두 그곳(교회)에 내가 있는 것이 아주 무서운 표정이었어요. 물론 이화 사람 중 우리를 환송하러 기차역에 나온 사람은 아무도 없었어요. 성서공회 직원들은 모두 나왔는데, 톰은 마지막까지 사무실에서 일했기 때문이고, 나의 경우 지난 한 해 동안 나와 이화의 관계에 대해 아는 사람이 없었기 때문이에요. 톰과 나는 떠나기 전주에 진관에서 저녁을 먹었지만, 조용하게 먹었고 많이 돌아다니지 않았어요.

교정은 여전히 아름답고, 활란은 정말 모든 것을 아주 깔끔하게 유지하기 위해 최선을 다하고 있었어요. 특별한 청소가 필요한 곳을 제외하면 학생들이 교실뿐만 아니라 건물 전체를 청소하는데, 내가 두 번 방문했을 때 모두 다 정말로 모든 것이 깨끗해 보였어요. 그런데 그 불쌍한 어린 소녀(활란)는 이 "남성 중심의 세상"에서 그녀가 얼마나 오래 버틸 수 있을지 모르겠다고 인정하면서도, 이를 악물고 목숨이 남아 있는 한 견뎌내겠다고 다짐했어요. 그녀는 당신과 고향에 있는 친구들이 원하는 모습에 가장 가깝게 그곳을 유지하겠다고 다짐하더군요. 앨리스, 그녀는 용감한 영혼이에요. 나는 그 사실을 점점 더 깨닫게 되었고, 심지어 톰도 그녀가 책임자로서 누구보다 잘 해내고 있는 것 같다고 했답니다. 마침내 톰은 당신이 그녀에게 일을 넘겨준 것이 옳은 결정이었음을 인정했어요. … 내가 할 수 있는 최선은 "배꽃"이 정말 잘 보살펴지고 있다는 걸 당신에게 확신시키는 일이에요.

… 톰에게 이곳으로 오라는 초청이 처음 왔을 때, 나는 너무나 실망했어요. 우리는 6월 19일에 배편으로 떠날 계획을 이미 세워둔 상태였거든요(어차피 쿨리지호가 차출되어서 가려고 했어도 못 갔을 거긴 했지만요). 하지만 톰의 사무실 일이 진전되면서, 그가 쉽게 되돌아가 마지막 정리를 할 수 있는 이곳에 우리가 오게 된 것이 결국은 하나님의 섭리였다는 생각이 들어요. … 또한 은퇴할 때까지 가능한 한 오랫동안 현장에 있어야 조기퇴직에 따른 퇴직수당 삭감이라는 불이익을 피할 수 있으니, 톰에게도 좋은 결정이었어요. 톰도 계속 일하는 것이 더 행복할 거예요. 그리고 우리가 이곳에 보내진 것은 축복이었어요! 정말로 우리는 모든 일이 순조롭게 풀려나가는 것을 보며 감격하지 않을 수 없었어요. 알다시피, 칼턴 레이시가 4월에 중국 교회 감독으로 임명되었어요. 그의 담당 지역은 푸젠성이에요. 그가 6월 말에 그곳으로 떠나면서, 그의 사랑스러운 집—훌륭한 고용인들과 그 밖의 모든 것—이 우리의 몫으로 돌아왔어요. 푸저우의 상황들로 인해 그는 지금 물건들을 가져갈 수 없는 상태였고, 우리가 그의 집과 가구 등을 사용할 수 있다는 사실에 아주 기뻐했어요. 아마도 우리가 떠날 때쯤이면 물건들을 그쪽으로 옮겨 갈 수 있을 것이므로,

아무것도 팔 필요가 없기 때문이겠지요.

이곳은 상하이에서 가장 아름다운 장소 중 하나이며, 이 집에서 일하는 사람들도 훌륭해요. 우리를 위해 일하던 이들과 마찬가지로, 이곳 사람들도 이 집과 20년을 함께해왔어요. GE 냉장고, 전기레인지 같은 멋진 가전제품도 잘 갖추어져 있어요. 무엇보다 미국성서공회가 자동차(플리머스)를 제공해주어 톰의 마음에 기쁨을 선사했어요. 그들이 레이시 감독님의 자리를 맡게 될 사람을 찾고 런던과의 조정을 마칠 때까지, 톰이 미국성서공회를 대신하고 있는 거예요. 영국해외성서공회 사람인 허즈퍼스 씨 부부는 매우 유쾌하고 활기찬 분들이에요. 이 두 공회는 이곳에서 함께 일하고 있는데, 같은 건물을 쓰고 사무실도 나란히 붙어 있어요. 물론 이곳에서의 업무는 규모가 훨씬 크지요. 톰은 비서 두 명을 데리고 일할 것이며, 그 모든 일을 해내기 위해서 바쁜 나날을 보내야 할 거예요. 하지만 톰에게 유익하고 훌륭한 경험이 될 거예요. …"

밴은 집이 넓어서 몸을 활짝 펴는 것을 즐긴다고 말했어. 물가는 비싸 보이지만, 환율은 금 1달러당 17.5~18달러래. 생활비는 서울보다 조금 덜 드는 것 같아. 그들은 프레지던트먼로호를 타고 무사히 도착했어. 나이 드신 드레이크 신부님Henry John Drake(1867~1947)을 포함해, 서울에서 많은 사람들이 그들을 배웅하기 위해 내려갔고, 그들은 떠나기 전에 서울회관 일을 몇 가지 처리한 후 핍스, 마쉬네, 쿤스네에서 식사를 했어. 그리고 마지막 두 밤을 윌 커와 함께 보냈어. 윌 커는 외롭다는 점을 제외하곤 괜찮대.

그들은 5월 28일에 상하이에 도착했고, 그곳에서 열리는 많은 사교 행사에 참석했어. 펄 메이슨이 단지 안에 있는 WFMS 회관에서 지내고 있었기 때문에 그녀가 배로 떠날 때까지 계속 만나며 즐거운 시간을 보냈대.

"아, 이곳에서 느끼는 자유! 아직 나이도, 왜 왔는지 이유도 질문받지 않았어요. 좋은 라디오도 가지고 있어요. …"

그녀는 코린에게서 서신을 받았는데, 내 서신이 6월 8일에 낭독되는 것을 들었다고 적혀 있더래. 지역 교회가 집 가까이에 있어서 예배에 잘 참석하고 있다고도 했어. 상하이에 있는 기독교대학들—난징대학(상하이 분교), 여자기독교의과대학, 항저우기독교대학, 쑤저우대학교, 상하이대학교, 세인트존대학교—의 합동 졸업식에도 참석했대.

"활란에게 프로그램들을 보내려고 하는데 서명 없이 중국어로 주소를 썼으니 별 문제없이 받게 될 것으로 생각해요. 나는 그녀가 다른 곳에서는 어떤 일이 일어나고 있는지 알고 싶어 한다는 것을 알아요—그녀는 굶주려 있어요. 하지만 그녀는 나 또는 벨마, 아니면 그 누구라도 그녀에게나 대학에 편지를 비롯해 여타의 물품을 보내는 것에 대해서는 조심스러워했어요. 그녀는 미국에 의지하지 않고 지금까지 잘 버텨왔다고 평가받고 있거든요. 절대적으로 필요하면 윌 커를 통해 무언가를 보낼 수도 있겠지만, 그는 연락하는 것에 신중한 입장입니다."

나는 어떤 것이든 우리 일로 윌 커를 성가시게 하는 건 현명하지 않다고 생각해.

호레이스 그랜트Horace Grant Underwood II(1917~2004)가 조앤Joan Davidson Underwood(1915~1976)에게 줄 결혼반지를 서울에서 살 수 없어 밴에게 사달라고 부탁했대. 결혼식 날짜는 7월 11일이야.

"아주 많은 프레지던트 계열의 선박이 미국 정부에 인수되고 있어요. 우리가 그곳으로 갈 수 있을 때쯤이면 타고 갈 배가 없을지도 모르겠네요. 하지만 그런 때가 오면 다시 그 나름으로 상황을 직면해야겠지요. 심각한 문제가 생기면 서울에 있는 것보다는 이곳에 있는 게 더 나을 것 같아요. 하지만 대부분의 사람들은 F. D. R.[23]의 마지막 발언 이후로 일본의 움직임이 조금 더 느려졌다고 느끼고 있어요.

요즘 다시 살이 너무 찌고 있어요. 요리사가 나를 감동시키려 애쓰고, 덕분에 나도 모르게 너무 많이 먹고 있네요. 이곳에서 일하는 사람들은 모든 것을 깔끔하게 유지하지만, 정작 우리는 그들을 볼 수도, 들을 수도 없어요. 지하실에 있는 그들의 거처도 우리의 거처만큼 좋고 깨끗해요. 그들이 그렇게 좋은 환경에서 지낼 수 있어 다행이에요. … 장학금 마련을 위한 자선 공연으로 열린 맥타이어고등학교 앙상블 음악 콘서트에 다녀왔어요. 물론 우리 전문학교 학생들만큼은 아니었지만, 우리 고등학교 학생들보다는 훨씬 뛰어나고 인상적이었어요. 건물과 캠퍼스도 아름다웠고, 부유한 가정의 여학생들이 다녀서인지 모든 것이 엄청난 규모였어요. 강당은 마치 웅장한 극장 같았어요—크고 아름다운 무대, 편안한 오페라 좌석까지. 그 모든 것이 매우 장엄하고 화려했어요."

---

23 Franklin D. Roosvelt.

레이시 감독님은 손님들을 접대하곤 했고, 사람들은 그의 손님들과 함께 즐거운 시간을 보냈대. 그 손님들 중 한 명인 푸저우의 폴 와이언트는 변 프리츠와 함께 드루대학교에 있었는데, 변 프리츠에 대해서도, 그리고 드루에서 보여준 그의 기독교적 영향에 대해서도 아주 좋게 말했대.

"루스 마쉬에게서 오늘 온 편지에는, 그들이 고국에 가려면 돛단배, 즉 노 젓는 배를 타야 할지도 모른다고 적혀 있어요. 그들은 쿨리지호와 태프트호를 예약했지만 두 배 모두 차출되었다고 하네요. … 톰이 어제 들은 바로는, 그가 도시에서 빠져나오자마자 아직 영국해외성서공회의 서기인 정 씨를 제외한 사무실의 모든 직원이 해고되었다고 해요. 상황이 점점 그렇게 되어가고 있어요!"

우기에 접어든 7월 3일부터 이곳은 한결 편안해졌어. 그 이후로 거의 매일같이 비가 오고 있어.

빅은 4일에 종일 나와 함께 있었고, 우리는 즐거운 시간을 보냈어. 허스트 부부는 며칠 전에 스테이션 왜건을 타고 왔는데, 그 차가 앞으로 2년 동안 그들의 집이 될 거라고 하더군. 이 기간 동안 집세로 나갈 돈을 차에 쓸 계획이래. 마치 집시 커플처럼 근심 걱정이 없어 보였고, 함께 점심 식사를 할 겨를도 없이 캘리포니아로 떠났어! L. P. 앤더슨 부부도 곧 올 거라는 소식을 들었어.

밴이 알려온 소식 중에서도 특히 활란의 메시지가 <u>편지를 쓰지 말라</u>는 내용이었다는 점이 중요해 보여. 그래서 밴의 제안으로 만들고 있던 '이화로 보낼 물건 목록'을 이제 더는 만들지 않기로 했어. 나는 『메소디스트 워먼』에도 그 목록을 실었는데, 혹시라도 문제가 되지 않았기를 바랄 뿐이야.

한 달 넘게 밴의 소식을 듣지 못해 매우 궁금했는데, 단순히 그녀가 편지를 쓰지 않았기 때문이라는 것을 지금 알게 되었어. 그녀가 나를 그렇게 오랫동안 외면할 리 없다고 생각했기에, 혹시 편지가 어디선가 사라진 게 아닐까 생각했지. 그녀가 편지 쓰지 말라는 메시지를 곧장 보내왔어야 했는데, 그것을 자주 언급했으니 우리가 이미 알고 있을 거라고 생각했던 것 같아. 사우어 씨는 내가 작성한 목록이 과연 적절했는지에 대해 회의적이야.

헨리, 루스, 캐롤은 9월 1일쯤 호놀룰루로 갈 예정이지만, 아직 출항하진 않았어. 캐롤은 하와이대학교에 입학할 예정이야. 헨리는 태평양 연안에 있는 좋은 대학 두 곳에서 자리를 제안받을 뻔했는데, 만일 그랬다면 먼저 둘 중 하나를 선택했을 테지만, 결국 결정이 내려진 지금은 가족 모두 만족하고 있어. 그 후 선교국은 그에게 부에노스아이레스로 가서 와드대학과 연계하여 운영되는 일종의 외국인 학교에 부임하길 요청했지만, 우리 모두 그곳은 너무 멀고, 그렇게 멀리 떠나게 되면 한국과의 관계가 끊어지는 게 아닐까 걱정됐어. 나는 헨리가 호놀룰루에서 가치 있는 화해의 사역을 찾을 것이라고 확신하며, 그가 한인들과 함께 있을 수 있게 되어서 너무 감사해. 나는 1월 1일쯤 그곳에 갈 계획인데, 내가 머물 수 있는 곳을 그가 얻어주길 바라고 있어. 아직 가을 계획은 세우지 않았지만 아마 스캐릿을 위한 여행을 좀 하게 될지도 모르겠어. 차라리 산속 학교에서 확실한 일을 구해, 나를 필요로 하는 이들을 진정으로 돕고 있다는 느낌을 받고 싶어. 하지만 이곳 생활도 무척 만족스러워. 이곳의 사람들과 이 공간을 정말 사랑해. "그리스도인과 세계질서"에 관한 미스 호웰의 강의는 매우 흥미롭고, 평소처럼 관련 논문들에 골몰하고 있는 나 자신을 발견하곤 해. 사람이 나이 든다고 해서 이와 같은 지적 탐구로부터 벗어나긴 어려운가 봐. 무엇보다 이곳에서 읽을 기회를 얻게 된 글들이 있어 감사할 따름이야.

너희들의 소식을 듣는 것이 참 좋아. 자주 편지 보내주길 바란다.

항상 사랑하며,
앨리스

테네시, 내슈빌
1941년 7월 19일

너무나도 사랑하는 예순에게,

오랫동안 너에게 편지를 쓰고 싶었는데, 이제야 이 편지가 너를 기쁘게 하기를 바라며 쓴다. 네가 다닌 학교가 있는 이 도시에 와서, 너에 대한 기억이 여전히 사랑받고 있음을 알게 되어 기쁘구나. 6월은 아주 더웠지만 7월엔 좀 나아졌어. 우리는 여름 학기의 전반기를 끝내고 후반기에 들어갔어. 총장님 댁 바로 뒤, 식당과는 수직을 이루는 위치에 새로 지은 깁슨 기숙사가 있는데, 나는 이곳에 있는 미스 배글리의 스위트룸에서 지내고 있어. 손님이 오는 경우가 아니라면 방 세 개와 욕실을 독차지하고 있지. 오늘은 번 부인이 와. 방들은 작고 천장은 낮아서 시원하게 환기가 되지는 않지만 모든 것들이 아주 사랑스러워. 나는 이번 여름에 이곳에서 가볍고 즐거운 일들을 도맡아 하는 여주인의 직무를 하고 있어. 가을에는 학교를 위해 여행하고, 겨울에는 선교 과목을 하나 가르친 뒤 다시 여행하라는 요청을 받았어. 이 모든 것은 내 고향으로 돌아가서 다시 일할 수 있을 때까지 하는 임시적인 것이지만, 이 일들에 감사하고 있어. 하지만 머지않아 어딘가에 좀 더 안정된 자리를 구할 수 있으면 좋겠다. 미스 배글리는 이번 여름에 시카고에서 공부하고 있어.

내 갈비뼈가 부러진 일에 대해 걱정했지? 고통과 불편함은 조금 있었지만 점차 나았고, 그 와중에도 난 쉬지 않고 여행과 방문을 하면서 모든 강연을 마쳤어. 내가 4월에 이곳에 있을 때 케이트 박사가 붕대를 풀어주어서 지금은 갈비뼈가 부러졌던 사실조차 완전히 잊어버렸어. 너의 모든 애정 어린 염려와 기도에 감사해. 어머니날을 기억해주어서 참 좋았어. 우리가 몸은 서로 떨어져 있어도 생각은 함께하고 있으며, 하나님께서는 이 시험을 통해 좋은 것을 가져다주시리라는 것을 믿고 있어. 네 편지들이 혹여 검열을 받아서 문제가 되지 않기를 바란다. 나는 머릿속으로 너희들 모두에게 매일 편지를 쓰고 있단다. 내 친구들에게도 그렇게 말해주기를 바라. 밴이 가버려서 네가 더욱 그리워지는구나. 밴네가 잘 지내고 있고, 행복하며, 편안한 집을 가지게 되어서 기뻐. 그들은 심지어 전 주인의 집에서 일하던 사람들까지 데리고 있고, 전보다 형편도 더 좋아졌어. 나는 그들이 바로 고국에 돌아올 수 없다는 소식에 매우 실망했지만, 그래도 그곳에서 유용한 일을 할 수 있다니 기뻐.

모두가 결혼을 하고 있어서 남은 사람들도 결혼에 대해 생각하고 있을 것 같네. 새 신부들에게 내 안부를 전해주고 진정한 기쁨을 누리기 바란다고 전해줘. 그 성악가와 바이올리니스트는 오랫동안 친구였고 공통점이 많아서 함께 행복한 가정을 꾸릴 거야—아니, 바이올리니스트가 아니라 그 피아니스트 말이야. 그 성악가와 가사과 신부도 사랑스러운 가정을 이루겠지. 네 친구가 대학원에서 훌륭한 성과를 내고 있다는 것을 알게 되어서 기쁘다. 내 친구인 학장은, "그는 좋은 심성을 가진 이례적으로 매력적인 남자입니다"라고 썼더구나. 내가 이번 가을에 그곳에 올라갈 것 같은데, 그와의 만남을 기대하고 있어. 네가 없으면 대학이 어떻게 될지 상상이 안 되지만, 모든 것이 확실하다면 너희가 함께 행복하길 바란다. 아마도 그러면 그레이스가 돌아올 수 있을지도 모르겠네. 그레이스와 아기는 어떻게 지내니? 분명히 아주 귀여울 거야.

이곳은 남부 교회의 중심지여서, 우리는 때때로 친구들을 만나는 즐거움을 누리고 있어. 미스 와그너는 이곳에서 내가 주로 만나는 친구이고, 미스 달비는 열심히 공부하고 있어. 나는 채플 근처에 사무실이 있어서 자연스럽게 피아노와 오르간 연습 소리를 자주 듣게 돼. 그리고 난 채플 결혼식에서 여주인 역할도 하고 있는데, 6월에만 결혼식이 여덟 번 있었어. 캠퍼스엔 무궁화가 만발해서 마치 고향에 있는 것 같구나. 나는 그의 자녀들이 아무리 어리석게 살지언정 우리가 여전히 아버지의 세상 속에 있음을 믿어. 그 사실을 보여주기 위해 네게 은행잎 하나를 보낸다. 젊은이의 삶이 지속되고 있으며, 많은 여학생들이 너의 사랑스러운 캠퍼스를 즐기고 있으니 감사할 따름이야. 네가 그 집에서 지내고 있다는 사실이 기쁘고 정원이 잘 가꿔지고 있기를 바라. 내 책상에 깐 유리 밑에 교수들 사진이 있는데, 너희 한 사람 한 사람이 나를 지켜보고 있는 것 같아. 매일 나는 의미 있는 일을 하려고 노력해. 편지 쓰는 일을 도와주는 학생이 한 명 있어서 135통의 일반 편지를 보냈고, 이 편지처럼 비공식적인 편지들은 더 많이 썼어. 미스 호웰의 강의를 하나 수강하며 매일 도서관에서 책을 읽는 즐거움을 누리고 있어. 모네타의 사랑스러운 집에서 그녀와 함께한 시간도 좋았지. 지금 들으니 에블린 D가 새신랑과 함께 그곳에 갔었다고 하네. 그들은 매우 행복해 보인다고 하더라.

나는 건강하고 더는 통증을 거의 느끼지 않아. 약간의 식단 조절을 하고 있으며, 필요한 비타민과 단백질을 먹으려고 노력하고 있는데 이런 노력들이 많이 도움이 되는 것 같아. 내내 심한 향수병으로 내 삶이 실제같이 느껴지지가 않아. 나를 정말로 필요로 하는 어딘가에 정착하면 좀 나아지겠지. 남동생은 블랜치의 남편과 함께 일하기 위해, 아내와 딸과 함께 그곳에 가기로 결정했어. 그들은 그곳을 좋아할 것이며, 그 공동체에 좋은 영향을 줄 수 있을 거야. 나는 동생에게 내가 있을 곳도 그곳에 얻어달라고 말했는데, 결국 그것은 한국으로 가는 길이 될 거야. 내 트렁크들은 아직 뉴욕에 있어. 난 차라리 산속 학교에서 일하고 싶은데, 적당한 곳을 찾을 수 있을 거라고 믿어. 어퍼만 씨를 방문해 그곳에서 내가 할 수 있는 일이 있는지 알아보려고 해. 류머티즘 때문에 이곳 남부에 머물고 싶은 마음도 있으니, 이곳에서도 괜찮은 자리가 있는지 알아보려고 해. 나는 아직도 꿈속에 있는 것 같고, 내 사랑하는 침대에서 곧 깨어나 소나무로 뒤덮인 언덕을 내다보아야 할 것만 같아. 다른 방은 겨울에 추운데, 왜 네가 내 방으로 들어가지 않았는지 궁금하구나. 밴은 모든 것이 아주 깔끔하고 사랑스럽게 보였다고 말했어.

모두에게 내 사랑을 전해줘. 그들이 어디에 있든, 어떤 상황에 있든 한 명 한 명을 생각하며 기도하고 있어. 항상 할 일이 아주 많았는데, 이제 비교적 한가하니 좀 이상하다. 항상 일에 파묻혀 있는데도 그 일들이 많이 중요하다고 느껴지지가 않아. IY는 아직 너와 함께 있는지, 아니면 다른 곳에서 바쁜지 궁금하다. 패트는 시골에서 일하며 새로운 경험을 즐기고 있는 것 같아. 이곳에 있었던 그 여학생이 너와 함께 있을 수 있으면 좋겠다. 개와 고양이는 어떻게 지내니? 너와 함께 있게 되어서 분명히 행복할 거야. 이사야서 49장 16절과 그 주위의 구절들은 특별한 의미를 가지고 있어. 나는 내 손바닥을 들여다볼 때마다 너를 생각해. 성경은 나이가 들어갈수록 더욱더 많은 의미와 가치를 가지게 되는 귀중한 약속들로 가득 차 있어. 네가 학생들에게 성경을 사랑하도록 가르치고 있다는 것을 잘 알고 있어. 빡빡한 일정으로 바쁘겠지만, 아주 잘하고 있다는 것을 알아. 자료를 살펴보면 점점 더 쉬워질 거야.

이제 편지를 마쳐야겠다. 앞에도 쓴 것 같은데, 총장님은 내가 가을과 봄 학기에 돌아다니기를 원하셔. 그는 방금까지 나에게 그것에 대해 이야기하고 계셨어. 나는 주님께서 내게 원하시는 일이 무엇이든 그 일로 나를 인도해주실 것이라고 믿고, 일이 흘러가는 대로 내버려두고 있어. 매년 많은 돈을 기부하고 계신 81세 된 옛 친구로부터 이 학교를 위해 큰 기부금을 받을 수만 있다면 정말 기쁠 것 같다. 그녀의 자금이 고갈되어버릴 위험은 없지만, 모든 것은 그녀가 어디로 그 자금을 보내고 싶어 하는지에 달려 있지. 물론 그녀는 모든 것이 의도한 목적대로 사용되기를 원하기 때문에, 그녀가 기부한 자금 중 일부에 대해서는 걱정하고 계셔. 비록 어떤 사람들은 모든 것이 인계되었다고 말하면 그녀에게 도움이 될 것이라고 생각하지만, 나는 그녀를 안심시키려고 노력해왔어.

벨마는 지금 휴가 중인데, 곧 이곳에 와서 사람들을 모두 방문하기를 기대하고 있어. 교회 사람들은 충실하게 항상 관심을 가져주셔. 이제 편지를 마쳐야 해. 너에게 항상 사랑을 보내며, 노소老少 · 고저高低를 불문하고 사랑하는 친구들 한 명 한 명에게도 모두 사랑을 보낸다—여러분 모두를 진심으로 사랑합니다.

언제나 애정을 담아,

상하이 페탱로 15 <발신인: 에드나 밴 홉스>
1941년 8월 15일

나의 가장 사랑하는 앨리스에게,

드디어 쿨리지호가 당신의 편지 한 통과 엘렌, 사촌 한 명, 그리고 앤 피터스Anne Cooper Pieters(1887~1994)의 편지 한 통씩을 싣고 왔어요. 우리는 또다시 편지에 굶주리고 있었어요. 마지막으로 받은 편지는 8월 3일에 코린에게서 온 클리퍼 항공 우편이었어요. 당신의 마지막 편지는 7월 22일자였으니, 벌써 3주가 넘었네요. 앞으로는 그 정도 간격으로 편지를 받는 것조차 바랄 수 없겠지요. 한 달에 한 번 프레지던트 계열의 배가 있을 것이라는 말들이 돌긴 하지만, 물론 그것은 태평양이 얼마나 태평한가[잔잔한가]에 달린 일이라고 생각해요.

어젯밤 루스벨트와 처칠의 거대한 비밀이 밝혀졌어요. 세계에 어떤 영향을 미칠지는 지켜봐야 할 거예요. 이곳에서 어떤 일이 벌어질지는 아무도 예측할 수 없지만, 우리가 있었던 곳보다 이곳이 더 나을 것이라고 생각돼요. 우리는 그곳에 있는 두 부류의 친구들의 안부를 정말로 걱정하고 있어요. 동결 이후로는 편지 한 줄조차 오지 않았어요. 알린의 남편 제럴드는 동결 조치 전인 7월 21일에 편지를 썼는데—우리는 그 편지를 8월 11일에 읽었으므로, 우편물이 그곳에서 어떻게 오는지, 혹은 오지 않는지 짐작할 수 있었어요.

마쉬 부부는 떠났어요—어제 오전 10시 30분에 200명가량의 사람들과 함께 이곳을 떠났지요. 그들이 지난 몇 달 동안 이곳에 머물러서 좋았어요. 비록—너무 더워서—계획한 만큼 쇼핑 등 많은 것을 함께하지는 못했지만요. 마쉬 부인은 아팠고, 나도 몸이 좋지 않은 날들이 있었기 때문인데, 아마 더위 때문인 것 같아요—그리고 마쉬 씨도 며칠간 집에 머물러 있었거든요. 그들의 배가 떠나기 전에 당신의 편지를 받지 못해 많이 속상해요. 하지만 그들을 통해 당신에게 편지 한 통과 상자 하나를 보냈어요. 그들에게 더 많은 걸 부탁할 수는 없었어요. 사랑하는 앨리스, 배 두 척이 왜 내 편지들을 가져가지 않고 지나쳐버렸는지 모르겠어요. 거의 매주 당신에게 편지를 써왔는데 말이죠. 이제 당신의 편지를 차근차근 읽으며 질문에 답할게요. 이 편지가 도착하기 전에 대부분의 답을 얻게 되었을 수도 있지만, 우연을 바라지는 않으려고요.

결혼식은 아주 멋있었어요—물론 와인프리드네만큼 성대하지는 않았지만, 이런 상황에서는 어쩔 수 없지요. 그들은 베이징으로 신혼여행을 갔는데, 꽁꽁 얼어붙은 계절에 가게 되었네요. 그들이 집으로 돌아오는 것을 허락받았는지는 듣지 못했어요. (메리 테일러의 편지에 의하면 이 신혼부부는 잘 돌아왔어요.)

우리가 떠날 때 좋은 읽을거리들을 버렸다는 당신의 말이 무엇을 의미하는지는 모르겠지만, 20여 권의 잡지를 말하는 거라면 모두 가져가도 돼요. 우리가 떠나던 때쯤부터 그 잡지들 대부분은 더 이상 오지 않았어요. 사람들이 그 무렵부터 우편을 다른 곳으로 돌린 것 같아요. 어떻게 우리에게 겨우 『크리스천 센추리』, 『하퍼스』, 『리더스 다이제스트』, 『월드 다이제스트』, 『시온 헤럴드』, 『이스트 포스트』만 오나 싶어요. 하지만 이곳에서는 어떤 새 책이든 잡지든 다 살 수 있어요. 해적판 책과 잡지들—즉 여기에서 복사되고 인쇄되었으며 매우 싼 것—이 많거든요. 재고가 대단해요!! 내게는 별로 올바른 일로 보이지 않지만, 이곳에 있는 모든 사람이 해적판을 이용하는 것 같아요. 어떤 잡지도 들어올 때 검열을 받지 않아요. 그곳에서는 『다이제스트』의 일부가 항상 삭제되어 있었지요. 우편물이 언제 올지 불분명해서 우리는 매주 일요일 밤 라디오를 청취하고 있는데, 이제부터는 더 많이 기대하려 해요. 한 달에 적어도 한 번은 클리퍼 항공 우편으로 편지를 보낼 예정인데, 편지를 받는 사람은 누구든 다른 사람들에게도 전달해주기 바라요. 당신이 요청하는 사항을 스캐릿에 주도록 그 부인을 설득할 수 있기를 바라요. 그 부인이 그렇게 해주신다면 당신의 큰 공적이 될 거예요. 그들은 당신을 계속 데리고 있을 수 있고, 돌아다니게 하지 않고 그곳에 그저 예쁘게 앉아 있게만 할 수도 있겠지요. 우리는 항상 기도 속에서 당신과 당신의 필요와 일을 기억하고 있어요.

"여동생"에게 물건을 보내는 것과 관련하여, 나는 그들이 물건에 세금을 매긴다는 것을 안 순간 바로 당신에게 경고를 보냈어요. 물건들을 붙들어 놓고 있어요—보내는 지역의 우체국이 아니라 물건이 처음 그 나라에 도착한 곳에서요. 지금은 모든 것이 바뀌었을 수도 있어서—뭐라 확실히 말할 수는 없네요. 어쨌든 우편엽서들이 가장 큰 문젯거리였어요. 하나하나 조사받아야만 했고, 문제가 되는 것에는 세금이 부과된 것 같아요. 교회 문서들 안에는 뭐가 있었는지 모르겠군요. 하지만 몰래 넣어 보내진 것이 있다면 잘 사용될 수 있기를 바라요. 어쨌든 그것들이 우편엽서보다는 문제가 덜 되었을 것이라 생각해요.

우리 거실 창문으로 들어오는 햇살을 당신이 언급했을 때 눈물이 났어요. 우리가 아끼던 옛 장소 맞지요? 아마도 언젠가는 우리가 다시 당신을 맞이할 수 있는 거처를 갖게 될 거예요. 그게 언제냐고요? 글쎄요. 찰스 사우어가 당신에게 보낸 7달러가 무엇을 위한 돈인지 기억나지는 않지만, 그는 무척 똑똑dok dok한 사람이니 틀림없이 우리에게 설명해줄 수 있을 거예요. 더 많은 돈에 항상 감사하게 생각해요—우리가 돌아가게 될 때 필요할 거예요.

이제 웃을 준비를 하세요—아니면 나의 멍청함에 분개하든가요. 당신의 마지막 편지를—동봉한 다른 것들보다—먼저 읽다가—"스내블리Gertrude Esther Snavely(1880~1962) 자매님이 제7이 되었음"이라는 구절을 맞닥뜨렸을 때, "무슨 뜻이지? 일곱 번째 부인이라는 걸까?" 하고 생각했어요. 당신의 5월 3일자 편지(그 전에 받은 적이 없었던 편지)를 읽을 때까지는 그것이 제칠일안식일예수재림교라는 것을 꿈에도 생각하지 못했어요. 그들이 그녀를 제칠일안식일예수재림교 병원까지 질질 끌고 갈 수는 없었을 테니, 내가 어떻게 그런 생각을 할 수 있었겠어요. 그곳이 그녀가 처음 시작했던 곳인가요? 그렇다면 정말 충격적이에요!! 그녀는 무엇을 할 계획인가요?—이제 그들을 위해 선교사로 나가려고 하나요? 그들의 근본주의가 매력적이었나 보네요. 세상에!! 어쩜!! 어쩜!! 다음은 뭐죠?

그 편지에는 이해할 수 없는 내용이 몇 가지 있는데, 아마도 내가 너무나 멍청해서 이해를 못하는 것 같아요—언젠가는 알아낼 때가 오겠지만 아직은 잘 모르겠어요. 예를 들어 이런 거예요. "서울회관을 위해서도 짐 아저씨에게 뭔가를 보내겠어요." 짐 아저씨는 메리언의 아버지를 가리키는 것이라고 추측됩니다. 서울회관은 그 테니스클럽을 의미하는 것일 텐데, 서로 어떻게 연결이 되는지 이해가 가지 않아요. 아무것도 우리에게 보내지 마세요. 필요한 것은 이곳에서 모두 얻을 수 있고, 만약 배달이 된다고 해도 새로 들어오는 것은 뭐든지 엄청난 세금을 물어야 할 거예요—그들이 모든 것을 동결시킬 수도 있어요. 지금이 당신의 돈을 아낄 수 있는 좋은 기회예요. 당신이 사람들에게 퍼주기만 하는 것에 대해 톰이 얼마나 걱정하는지 아시죠?

윌 쇼에게는 얼마나 잘된 일인지요! 그가 기운을 내어 제이콥의 영향에서 벗어났나요? 워커 박사님이 그를 바로잡지 않으셨을까 상상해봅니다. E는 어떤가요? 이상한 행동들을 계속하는지요?

내가 마지막 편지에 톰은 지금 돌아갈 수 없다고 썼었지요. 우리가 갈 수밖에 없는 상황이 오기 전 떠날 수 있기를 바라지만, 그럴 수 있을지 의문이에요. 우리가 어제 부두에서 만난 한 제칠일안식일예수재림교 사람은 우리보다 훨씬 북쪽에서 이곳으로 왔는데, 그는 마닐라에서 한 달간 휴가를 보낸 후 북쪽의 로버트슨네가 살던 곳으로 돌아갔었다고 해요. 우리가 마지막으로 만났을 때 그는 계속 버티려 하고 있었지만, 어제 말하길 겨우 빠져나왔다면서 지금 위쪽 상황이 끔찍해지고 있다고 했어요. 그래서 우리가 남겨두고 온 친구들이 많이 걱정돼요.

아펜젤러네가 호놀룰루로 가게 되어 정말 기뻐요. 돌아가는 것 다음으로 최선의 선택지라고 생각해요. 그들과 함께 있는 것이 캐롤에게도 좋을 거예요. 루스도 분명히 그곳을 더 편안해할 테고요. 귀국하는 길에 그들을 만날 수 있으면 좋겠네요.

제시와 레이첼은 집에 잘 갔다는 소식만 들었어요. 앤 피터스가, 그들이 고베 부두에서 맥라렌 박사를 만났다고 편지에 썼어요. 맥라렌과 라이너Ralph Olive Reiner(1882~1967)가 그들에게 작별 인사를 했다고 썼지만—맥라렌이 왜 그곳에 있었는지에 대해서는 쓰지 않았어요. 귀국하는 길이었을 수도 있지만, 잘 모르겠네요. ××—어제 받은 세 통의 편지에 답하고 이 편지까지 쓰면, 내가 받은 모든 편지에 답하는 거예요. 물론 나는 수백 명에게라도 편지를 쓸 수 있고, 밤새워 쓰면 다 쓸 수도 있겠지만, 결국 그 속에서 허우적거릴 게 분명하니 이 편지를 며칠 더 가지고 있으면서 내용을 추가하려고 해요. 이 편지가 우체국에서 우편 배달선을 기다리게 하느니 내 손에서 기다리게 하려고요.

다른 사람들에게 보내는 당신 편지의 복사본들을 보내주어서 고마워요. 거기에는 항상 내가 몰랐던 새로운 소식이 담겨 있어서 즐겁게 읽었어요.

사랑하는 앨리스—오늘은 8월 19일인데—9월 10일까지 출항하는 배가 없다고 해요. 그래서 이 일기 편지를 더 보관하고 있다가 상황이 좀 더 명확해지면 클리퍼 항공 우편으로 보내려고 해요. 지난 토요일, 오토와 그의 새신부가 도착했어요. 그의 동료도 함께 왔지요. 그들이 도착했다는 소식을 듣자마자 그들에게 가서 우리와 함께 지내자고 했어요. 이곳의 선교부는 그들이 한 선교사의 집에서 머물도록 준비해두어서, 우리가 오토 부부를 데려가는 것을 허락하면서도 결국은 그 선교사 집에서 지내는 편이 더 나을 거라고 하더군요. 그들이 배를 타려면 한 달은 기다려야 하니, 나중에 우리에게 올 수도 있어요. 그들은 기차로 여행하는 것을 허락받지 못해서 트렁크 등을 챙겨 청주에서부터 트럭으로 이동해야 했고, 제물포에서 배를 타고 왔어요. 청주에서 서울까지, 그리고 제물포까지 호송을 받았대요. 이곳 선교부 회계가 어제 크레인John Curtis Crane(1888~1964) 박사의 전보를 받았는데, 본국 선교부로부터 한국을 떠나라는 명령을 받은 다섯 명의 남장로교인을 위한 통행권을 구하라는 내용이었어요. 이제 더는 일본으로 가는 사람이 없기 때문에 배를 타기 위해서는 모두 이곳으로 와야 해요. 12명의 북장로교인들은 일본 정부로부터 즉각 한국을 떠나든지 기도일 사건에 대해 재판을 받든지 선택하라는 명령을 받았어요. 처음에 그들은 긴 진술서에 서명하라는 말을 들었다고 해요—그중 하나는 다시는 한국으로 돌아오지 않겠다는 서약이었어요. 그들은 서명하기를 거부했고, 결국 정부는 그 조항을 일단 제외했대요. 하지만 이 사람들이 떠날 때 그 조항은 해결되지 않은 상태였다고 하니, 결과가 어떻게 될지는 알 수 없어요. 블레어, 델마터Jean L. Delmarter(1894~1982), 버츠Alice M. Butts(1880~1968), 코빙턴Hallie Covington(1887~1973), 모드 쿡Maude Rose Hemphill Cook(1897~1971), 로스Lillian Ross(1900~1993), 번하이슬 부인Helen Blarivett Kirkwood Bernheisel(1873~1960), 클라크Charles Allen Clark(1878~1961) 박사(이미 떠남)가 명령을 받았고—다른 사람들은 이름이 정확히 기억나지 않아요. 무어 부인Ruth Emma Benedict Moore(1884~1968)도 같은 명령을 받았다는 이야기도 있어요. 그래서 그들 모두 곧 한국을 떠나게 될 거예요. 우리는 이들이 스스로를 위해서라도 떠나기를 바라요. 언더우드네가 이러한 조치에 강력히 반대하고 체면을 위해 남아 있으려 한다고 가정해 봅시다. 그러면 쿤스도 남아 있어야 할 텐데, 하지만 그는 "할 수만 있다면 상하이로 헤엄쳐 가겠어요"라고 말했어요.

××—8월 24일 일요일 저녁. 내일 3시 이전에 미 제4해병사단 우편 가방에 편지를 넣으면 검열 없이 보내질 것이라는 소식을 막 들었어요—마닐라를 거쳐 가겠지요—다른 경로가 있는지는 모르겠네요. 오후 10시, 우리는 방금 저녁 식사를 하러 상하이대학교(침례교 계열)에 갔다가 막 돌아왔어요. 한 부부와 아내 없는 남자 네 명이 일본 점령 지역 중에서 외곽에 위치한 큰 캠퍼스에서 살고 있었어요. 건물에는 폭탄, 파편 등이 명중한 흔적이 남아 있었어요. 졸업식을 겨우 한 번 했을 뿐인 그들의 새 채플. 그곳 1층에서 일본 병사들이 여러 마리 말들을 칼로 찔렀고, 값비싼 새 파이프 오르간은 완전히 망가졌어요. 아, 그 모습을 보니 가슴이 무너져 내렸어요. 우리의 아름다운 건물들이 자연스레 떠올랐고, 만일 일본과 러시아가 손을 잡는다면 그 건물들도 같은 운명을 겪게 될지 모른다는 생각이 들었어요. 그렇게 되지 않기를 바라며 기도해요. 그 대학교는 국제 정착촌에 방을 빌려 혼잡하고 어려운 환경 속에서 수업을 계속하고 있고, 그들의 아름다운 캠퍼스는 학생들의 안전 문제 때문에 방치된 채 점점 낡아가고 있어요. 지금 그곳에서는 (미국인) 남성 다섯 명과 여성 한 명이 남아 캠퍼스를 조금이라도 더 빼앗기지 않으려고 애쓰고 있어요.

오늘 교회에서, 한국에서 오는 22명이 이곳의 장로회에 첫 번째 귀국하는 배의 통행권을 요청하는 전보를 보냈다는 소식을 들었어요. 그래서 우리는 그들이 곧 올 것이라고 예상하고 있어요. 누가 올지 모르겠고, 언더우드네가 올지 궁금해요.

내일이 내 생일이기 때문에 우리는 적어도 (당신으로부터) 한 통의 편지를 받기를 희망하며 오늘 밤 <우편가방>을 청취하려고 해요. 어제 사랑하는, 그리고 그리운 코린으로부터 "생일에 사랑해요. 걱정하며"라는 전보를 받았어요. 요즘 여러분 모두 일본이 미국인들을 인질로 잡고 있다는 등의 이야기를 들으며 우리를 걱정하고 있다는 것을 알고 있어요. 일본과 한국에 있는 사람들이 어떻게 지내고 있는지는 모르겠지만, 우리가 거기가 아닌 이곳에 있어서 다행이에요. 물론 미국과 일본이 충돌하게 되면 여기에서 그들이 우리를 어떻게 할지 아무도 모르지만, 우리는 괜찮으리라 생각하니 걱정하지 마세요. 동맹국들이 매우 많고, 상황은 아주 많이 뒤얽혀 있으니까요. 그들이 할 수 있는 것은 우리를 가택 연금하는 것 외에는 별로 없었어요—그래서 대부분의 남자는 "보이 알게소"[24]가 최선이라고 생각하지요. 8월 25일 월요일 아침—사랑하는 앨리스—나의 행복한 생일이 시작되었어요—새벽 2시 15분에 <우편가방>이 전하는 당신의 사랑스러운 메시지와 함께요. 아, 그것이 오지 않았더라면 무척이나 실망했을 거예요. 단 한 통뿐이었지만, 뭘 더 바라겠어요?! 고마워요, 내 사랑. 톰이 나에게 중국 미술에 관한 아름다운 책을 주었어요. 오늘 밤에는 디캠프의 시간을 위한 저녁 만찬을 준비하려고 해요. 일석이조라고 생각해요. 생일 축하와 저녁 만찬을 겸할 수 있는 케이크 하나. 허즈퍼스 씨 부부(성서공회 사람들)와 YMCA의 올리버 씨 부부가 올 것이며, 다 합쳐서 아홉 명이 모일 예정인데 다들 좋은 사람들이어서 분명히 함께 즐거운 시간을 보낼 수 있을 거예요. 작년을 떠올려보세요! 당신이 내 곁에 있지는 않았지만, 그래도 가까이 있었지요. 당신이 산속에 있어서 기쁘고, 더위를 식히면서 잘 쉬기를 바라요. 우리에 대해서는 걱정하지 마세요. 하나님께서 과거에 우리를 어떻게 돌봐주셨는지 알고 있잖아요. 이번에도 우리를 저버리지 않으실 거예요.

많은 사랑을 듬뿍 보내며, 모든 일이 잘 풀리기를 바라요.

당신을 사랑하는

벤

24 이 말은 한글로 쓰여 있다.

1941년 8월 18일

친애하는 패런 부인께,

당신을 아주 많이 생각하며 편지를 기다리고 있었습니다. 뉴욕에서 르수드 부인을 만났을 때 당신의 소식을 물었고, 그녀에게서 소식을 들을 수 있어 기뻤습니다.

한국 소식을 계속 듣고 계셨다면, 우리 감리교인들 모두가 지난 11월에 한국을 떠나는 것이 사역을 위해 최선이라고 판단했다는 이야기를 들으셨을지도 모르겠습니다. 남동생과 저는 사랑하는 친구들과 익숙한 일상, 그리고 집을 떠나는 것이 정말 고통스러웠지만 양심에 따라 결정한 일이었기에 최선의 결과가 있기를 바라고 있습니다. 우리가 떠난 후 이화여전과 다른 기관들에서 긴장이 상당히 완화되었고, 김 교장은 우리로부터 "독립"했다는 칭찬을 받고 있다고 들었습니다! 그녀와 한국 기독교 지도자들은 큰 용기를 내어 무거운 짐을 짊어지고 있습니다. 우리는 그들에게, 또 그들도 우리에게 편지를 보낼 수 없는 상황입니다. 때때로 이런 침묵은 정말 견디기가 힘들지만, 하나님께서 그들과 함께하심과, 하나님의 일이 어떤 상황에서도 사람들의 마음속에서 계속될 것임을 알고 있습니다. 고통을 통하지 않고서는 배우지 못한다는 사실이 참 슬픕니다! 제가 이화에서 보냈던 마지막 편지와 이곳에서 최근에 쓴 편지를 함께 보냅니다.

어디를 가든 좋은 친구들이 있고, 스캐릿대학과 같은 머물 곳이 있다는 사실이 위로가 됩니다. 사람들은 우리에게 참 잘해줍니다. 언젠가 이곳을 방문하실 기회가 있으면 좋겠습니다. 그냥 지나가는 분들도 이곳에서 많은 영감을 받는 것 같으니, 꼭 한 번 들러보시길 권합니다.

털사[오클라호마주]에 있는 훌륭한 두 감리교회는 이제 단순한 인척 관계가 아니라 진정한 가족이 되었습니다. 당신을 방문했을 때 정말 즐거웠고, 그때를 종종 떠올리곤 합니다. 아드님에 대해 말씀해주세요. 아직 그런 시기를 보내고 있나요? 당신을 위해서라도 그렇지 않기를 바랍니다. 우리도 그런 시기가 있긴 하지만, 그런 시간이 짧아지길 기도합니다.

제가 미국에 안전하게 있다는 것을 알려드리고 싶었습니다. 그쪽으로 가게 되면 잠깐 들르겠습니다. 언젠가 소식을 주시기 바랍니다.

진심을 다해,

⚜ ⚜ ⚜

1941년 8월 18일

친애하는 파이퍼 부인께,

이곳에서 보낸 긴 여름이 다 지나갔습니다. 무더운 여름이었지만 제게는 그것이 좋았는지 건강해지고 잘 쉰 것같이 느껴집니다. 스캐릿대학이 있는 공간과 이곳의 사람들, 그리고 진정한 기독교 정신은 저에게 늘 기쁨이 되었고, 이 불안한 시기에 위안을 주었습니다.

동봉한 글을 통해 알게 되시겠지만, 커닝검 박사님은 저에게 스캐릿대학을 특히 북부에 알리고, 대학이 훌륭한 프로그램을 운영하는 데 필요한 지원을 구하는 홍보 일을 스턴츠 박사와 함께해달라고 요청하셨습니다. 좋은 일이 성장해나가는 모습을 보고, 새로운 친구들을 알게 되는 것을 좋아하기 때문에 저는 이런 일이 좋습니다. 또한 이 일은 아직 만나지 못한 친구들을 방문할 수 있는 즐거운 기회를 제공하기도 합니다. 관련 대화를 동봉했으니, 읽으신 후 제임스 부인의 프로그램을 위해 그녀에게 전달해주시기 바랍니다.

부인께서 선행을 베푸는 것에 지치지 않고 오하이오웨슬리언대학교의 채플 수리를 위해 3만 달러를 기부하셨다는 소식을 신문을 통해 알게 되었습니다. 그 오래된 장소가 얼마나 예배 장소로 부적합한지 말씀드린 바 있었기에 정말 기뻤습니다. 한국에서 온 우리의 친구 윌리엄 쇼가 종교 사역의 새로운 책임자가 될 예정인데, 그는 제가 그곳에 머물렀던 날 채플에서 말씀을 전했습니다. 제 조카 로나 레이시는 오하이오웨슬리언대학교 2학년이 됩니다.

얼마 전 우리는 백스터신학교로 차를 몰고 가서 어퍼만 부부와 점심을 함께했습니다. 그들은 부인이 그 학교에 주신 도움에 대해 이야기하며, 비밀이라고 하더군요. 부인이 행하신 선행들 덕분에 부인의 성함과 명성이 닿지 않는 곳이 없습니다. 영적 전쟁이 필요한 이 시대에 부인이 스캐릿을 모든 교회를 섬기는 중심에 있는 위대한 기념비로 만드시는 모습을 보길 기대하고 있습니다. 이에 관해 함께 이야기 나누고 싶습니다.

여행이 즐거우셨기를, 그리고 계획하셨던 다양한 방문을 잘 마무리하셨기를 바랍니다. 저를 아는 모든 분들께, 특히 다니엘 머너 부인과 로렌스 부인에게 안부 전해주시기 바랍니다.

이번 여름, 이곳에서 가장 뛰어난 학생 중 한 명은 남플로리다대학의 체육지도자 미스 긴이었습니다. 일전에 그녀는 그 학교의 학장이 떠났음을 알리면서 제게 그 자리를 맡아달라고 이야기한 적이 있습니다. 흥미롭게도 그 학교가 부인께서 채플을 지어주신 레이크랜드에 있는 아름다운 대학이라는 사실을 알게 되었습니다. 그 사실이 흥미로웠고, 기회가 된다면 좋은 말씀 부탁드리겠습니다. 저는 가르치는 것보다 학장 업무를 더 좋아하기에, 언젠가는 자연스럽게 제자리를 찾게 될 거라 믿고 있습니다. 저는 늘 바쁜데도 아직 "하나님의 대기실"에 머물러 있는 것 같습니다. 스캐릿은 이화와 매우 많이 비슷해서 저에게는 고향처럼 느껴집니다.

부인을 위해 이화의 사진 한 장을 확대해두었으니, 갈 때 가져가겠습니다. 9월 7일이 포함된 주에 뉴욕에 계실 예정인지요? 6월에 뵙지 못했는데 9월에는 꼭 뵈었으면 해서, 이번에는 뉴욕에 계시기를 희망해봅니다. 한국에서는 여전히 아무 소식도 들려오지 않고 있습니다. 라디오와 신문들은 동양으로 몰려드는 폭풍우에 관한 소식으로 가득합니다. 일본과 러시아가 싸우면 한국이 곧 휘말릴 것이기에 매우 걱정됩니다. 그렇지만 저는 하나님께서 부인과 그분의 다른 종들을 통해 우리에게 주신 이화가 살아남아, 소중한 한국 국민을 계속 섬길 것이라 믿습니다. 한국 국민을 향한 부인의 공감과 따뜻한 마음에 늘 감사드립니다. 그들은 부인을 사랑하며, 부인의 청지기 정신에 도움을 받은 이곳 사람들도 부인을 사랑하고 있습니다.

많은 사랑을 담아 보냅니다.

언제나 충실하게,

매사추세츠, 웨스트뉴턴, 체스트넛로 257
1941년 10월 9일

프랜시스 B. 세이어
고등판무관

친애하는 프랭크에게,

보스턴을 떠나기 전, 케임브리지에 있는 크라이스트교회에서 예배를 드리며 프랜시스가 강단에서 목사직을 수행하는 모습을 보고 싶었고, 그를 직접 만나본 후에 이 편지를 쓰고 싶었습니다. 사람들은 프랜시스에 대해 좋게 평가하고 있고, 당신도 그가 하는 일에 대해 큰 기쁨을 느끼고 있다는 것을 알고 있습니다. 이곳에 머무는 동안 우드로도 볼 수 있기를 바랍니다. 제가 케임브리지에서 당신의 집에 마지막으로 머물렀을 때 프랜시스와 우드로는 둘 다 어린 소년이었지요.

그런데 제가 지금 이 편지를 쓰는 이유는 필리핀에 계신 당신이 이 편지를 받기 전에라도 불쑥 나타날지 모르는 셍 탄차론수크라는 태국 청년에 대해 이야기하기 위해서입니다. 우리 이화여전 딸들 중 한 명인 최예순을 통해 그를 만났는데, 그들은 둘 다 1939~1940년에 시카고대학교에서 석사과정을 밟고 있었고, 같은 시기에 국제관에서 살았다고 합니다. 최예순은 작년에 한국으로 돌아갔고, 그 청년은 하버드에서 사회학 박사과정을 마친 후 현재 방콕으로 돌아가는 중입니다. 그는 미국에서 5년 동안 정부 장학생으로 공부했고, 아주 매력이 넘치는 사람입니다. 그가 10월 2일에 저를 만나러 뉴욕에 잠시 왔었는데, 우리는 그의 문제들, 특히 최예순과의 결혼을 가로막는 어려움들에 대해 이야기했습니다. 그는 제가 당신에게 이 일에 관해 편지를 써도 좋다고 했고, 나 역시 이 문제에 대해 꼭 당신에게 이야기하고 싶었습니다. 어느 누구도 할 수 없지만 당신이라면 방법을 찾을 수 있을 거라 믿기 때문입니다. 셍 탄차론수크는 확실히 개인적으로 기독교의 영향을 받지 않았습니다. 외국 학생이 미국의 명문 대학들에서 그렇게 오래 공부했음에도 기독교적 삶에 대해 제대로 이해할 기회가 없었다는 것은 비극적인 일입니다. 함께 있던 이화의 교사 한 분과 나는, 단지 그리스도인인 한 여성과의 관계에 대한 해결책으로서뿐 아니라 그 자신을 위해서라도 그에게 그리스도의 가르침을 전달하려고 노력했습니다. 나는 당신이 이야기한다면 그가 진지하게 귀 기울일 것이라 믿으며, 당신은 그를 도울 수 있는 가장 좋은 방법을 알 것이라고 생각합니다.

당신이 그 청년을 만날 때쯤이면 그는 이미 한국을 다녀간 후일 것이고, 상황을 지금보다 더 잘 이해하고 있을 것입니다. 그는 예순을 만나러 곧장 한국으로 갈 계획이었지만, 저는 그에게 일본에서 그녀의 오빠와 함께 만날 것을 강력히 권했습니다. 예순은 이화여전의 종교교육 책임자로 일하며 외부와의 접촉이 거의 차단된 상태입니다. 그녀는 매력적이고 유능하며 항상 인기가 많은 아름다운 사람입니다. 이화여전 졸업 후 스캐릿대학에서 종교교육학으로 학사를, 시카고대학교에서 석사를 취득했습니다. 생 탄차론수크는 불교도로, 유망해 보이는 그의 경력에 예순과의 결혼이 해가 될 것임을 인정했으며, 예순이 태국 사회에서 공식적으로 받아들여질지도 확신하지 못하고 있습니다. 그가 그리스도인이 되겠다고 결정하는 것은 정부 관리로서의 그의 위치를 복잡하게 만들 것이 확실합니다. 그렇기에 그들이 결혼하는 것은 불가능할 수도 있습니다. 저는 다만 그들에게 가장 좋은 길이 열리기를 간절히 기도할 뿐입니다. 예순은 어떤 사회에서든 성공할 것이고, 남편에게도 큰 힘이 될 사람입니다. 하지만 우리 젊은이들이 직면하고 있는 현실은 얼마나 가혹한지요!

우리가 많은 사람들의 삶을 바꾸어놓은 국무부의 메시지를 라디오로 들은 날이 바로 1년 전 오늘입니다. 나는 이제 고향에 돌아가야 할 때가 되었고, 휴가가 너무 길다고 생각하고 있습니다. 머리로는 우리가 옳은 일을 했다는 것을 알지만, 내 가슴에서는 큰 반란이 일어나고 있습니다. 남동생 헨리와 그의 아내, 그리고 그들의 막내딸은 호놀룰루로 돌아가 그곳의 한인 공동체를 돕고 있습니다. 원래 그는 부에노스아이레스로 가라는 요청을 받았지만, 임시직임에도 불구하고 자기 민족 곁에 머물기로 결정했지요. 필리핀으로 간 내한 선교사들도 그들의 사역에 즐거워하는 것 같습니다. 필리핀 사역이 매력적인 이유 중 하나는 한국에서 그리 멀지 않은 곳에 있기 때문일지도 모르겠습니다.

지금 이화의 사람들은 우리에게 글을 쓰는 것도, 우리에게서 소식을 듣는 것도 금지되어 있습니다. 그럼에도 불구하고 이화여전은 용감하게 헤쳐나가고 있으며, 역사상 최다 인원인 450명의 학생이 등록했고 활기가 넘친다고 들었습니다. 재정적인 문제들이 고통을 주고 있지만, 어린 교장은 모든 일을 훌륭히 해결해나가기 위해 최선을 다할 것이며, 그녀가 최선을 다한다는 것은 매우 훌륭히 해내는 것임을 알고 있습니다.

언젠가 만나뵙기를 고대하고 있는 세이어 부인에게 안부를 전해주세요. 그 청년이 나타나기 전에 이 편지가 당신에게 배달되어 당신이 그를 도울 수 있기를 바랍니다. 당신의 진정한 성공과 행복을 항상 기원합니다.

언제나 충실하게,
앨리스 R. 아펜젤러

⚜ ⚜ ⚜

주소: 뉴욕, 5번가 150
뉴욕주 베를린에서 1941년 10월 31일

친애하는 랭커스터 친구들에게,

인디언들이 아직 이곳에 살던 시절, 어머니의 조상들이 정착했던 사랑스러운 작은 계곡으로 돌아왔습니다. 그들은 인디언들의 주요 이동 경로인 하천을 피하려고 높은 곳에 있는 "분지"에 정착했습니다. 그리스월드 가문이 왜 높은 고지대를 선택했는지 궁금해했던 기억이 납니다만, 최근에서야 그 이유를 알게 되었습니다. 얼마 전 이곳을 방문했는데, 너무 아름다워서 그만 매료되어버렸습니다. 여러 곳을 방문했지만 어디를 가든 상관없이 이 작은 타코닉 계곡은 항상 사랑스럽습니다. 이 계곡의 화려한 색깔을 그리워했는데, 지금의 부드러운 색깔도 매력적입니다. 내가 지내는 곳의 여주인은 평생을 함께해온 친구이며, 우리의 증조부들께서도 친구 사이였다는 것을 알고 있습니다. 어머니의 무덤은 어머니의 부모님, 어머니의 조부모님의 무덤과 함께 이곳에 있습니다. 어머니께서 얼마나 삶을 사랑하셨는지, 그리고 어디를 가든 얼마나 삶을 더 달콤하고 행복하게 만드셨던지를 기억하면서, 이곳에서 항상 어머니의 가장 오래된 친구분들을 뵙고, 어머니의 무덤 위에 꽃을 놓는 대신 그분들을 위해 조그마한 일이라도 하려고 노력합니다. 나이 드신 친척 두 분은 91세와 94세의 숙녀 분들이신데, 나를 만나서 옛이야기를 나누는 것을 좋아하십니다.

여러분에게 마지막으로 편지를 보낸 후 한 달 동안 나는 뿌리 깊은 우정을 나누는 옛 친구들과 함께 시간을 보냈습니다. 로렌스 메이요 부인의 형제자매는 1880년대에 한국에서 살았고, 그 이후 그들의 가족과 우리 가족은 친구로 지내왔습니다. 나는 그녀와 매사추세츠주 웨스트뉴턴에서 3주간 함께 지냈습니다. 그녀는 내가 여러 곳을 방문하며 지내는 동안 자기의 아름다운 집을 본부로 사용할 수 있도록 해주었습니다. 그녀의 아들은 하버드대학교 대학원장이어서 우리는 항상 서로의 소식을 주고받습니다. 그들의 집에 머물며 여러 곳을 짧게 방문했던 이야기를 전해드리겠습니다.

웰즐리대학이 가까이 있어서, 이화여전 학생들에게 도움을 주고자 특별한 목적을 가지고 그곳을 세 번 방문했습니다. 웰즐리봉사기금은 이화 학생들을 돕기 위해 매년 100달러씩을 보내왔는데, 나는 그 기금을 유지하고 싶었습니다. 지금은 한국으로 그 돈을 보낼 수 없으니, 뉴욕주 로체스터에 있는 이스트맨음악학교에서 성악을 공부하는 한 이화 학생을 위해 사용하자고 제안했습니다. 그 학생은 이화여전 3학년일 때 어머니를 여의었고, 이후 아들을 낳지 못한다는 이유로 부인과 어린 딸을 집에서 쫓아냈던 아버지가 나타나 작은 집에 있던 모든 짐을 챙겨갔으며, 그녀마저 강제로 시집보내려 했습니다. 현재 뉴욕의 한국 쪽 선교국에서 비서로 일하고 있는 메이너 부인은 그 학생에게, 그녀와 어머니가 계획한 대로 대학 과정을 마칠 기회를 주겠다고 제안했고, 그녀는 기쁘게 그 기회를 받아들였습니다. 그녀의 아버지는 오래전에 버린 딸에 대해 사실상 아무런 권리가 없다는 것을 알고 있었기 때문에 한 마디도 할 수 없었습니다. 웰즐리기금은 지난 2년 동안 그녀를 지원해왔고, 사랑스러운 그녀는 현재 훌륭한 한국 청년과 약혼했습니다. 그 청년은 목사의 아들로서 드루신학교를 갓 졸업하고 시러큐스대학교에서 박사과정을 밟고 있습니다. 다음 주에 이 두 사람을 만나려고 합니다.

내가 보스턴에 도착했을 때 웰즐리봉사기금위원회가 막 모임을 열고 있었기에 그 학생을 지원하는 일에 대해 발표할 좋은 기회를 가질 수 있었습니다. 한 기숙사에서 저녁 식사를 한 후 여학생들과 이야기를 나누며 내가 가지고 간 사진들을 보여주었더니 그들은 큰 관심을 보였습니다. 위원회는 투표를 통해 100달러를 우리 학생 민덕순에게 지원하기로 결정했습니다(그녀가 또 다른 김 씨가 아니어서 얼마나 다행인지 모르겠습니다!). 또한 웰즐리에는, 한국에서 나의 유일한 웰즐리 친구였던 이의 딸이자, 자신은 한국에 있는 작은 외국인학교에서 공부한, 사랑스러운 3학년 학생도 한 명 있었습니다.

웰즐리를 또 한 번 방문한 이유는 미스 캐롤라인 해저드를 만나기 위해서였습니다. 그 분은 내가 웰즐리대학을 다닐 때 총장이셨으며, 1937년 내가 웰즐리에 갔을 때 도서관 기금으로 1,000달러를 이화에 기부해주셨던 분입니다. 그 이후로는 그분을 뵙지 못했는데 로드아일랜드주 피스데일에 있는, 조상 대대로 살아오셨다는 그분의 댁에서 함께 점심을 하는 특권을 누리게 되어 무척 기뻤습니다. 그분은 집안의 마지막 자손으로서 혼자 살고 계시지만, 85세의 나이에 아직도 그림을 그리고, 시를 쓰고, 좋은 일을 하며 사십니다. 착하고 참되고 아름다운 모든 것에 관심을 두고 사시는 그분의 모습을 곁에서 보는 것은 나에게 많은 영감을 주었습니다. 그분은 특히 내가 현재 하고 있는 일에 관해 물어보셨는데, 나는 그분의 다음 말을 늘 기억할 것입니다.

"너에게 용기와 인내가 필요할 거야."

나머지 두 번의 방문도 이화와 관련이 있습니다. 밀턴아카데미 과학과 과장의 아내인 호머 르수드 부인은, 내가 한국에 갔을 때 이화학당의 당장이시자 이화학당 대학과의 설립자이셨던 미스 룰루 프라이의 여동생입니다. 나는 항상 르수드 가문 사람들과 함께하는 것을 좋아합니다. 그들의 사촌 하워드는 보스턴대학교 대학원장이며, 그의 아내 루실은 좋은 친구입니다. 루실은 옛 WFMS 멤버들이 향수병에 걸려 함께 모일 구실을 찾는다고 말하며, 나를 위해 오찬을 준비했습니다. 약 30명의 여성이 참석했는데 대부분이 내가 아는 사람이었고, 그들은 이화와 스캐릿에 대한 나의 모든 이야기를 경청했습니다. 루실은 또한 스프링필드[매사추세츠주]에서 열린 뉴잉글랜드 총회에서 내가 강연할 수 있도록 자리를 마련해주었고, 10월 24일 자신의 차로 아름다운 시골을 지나 스프링필드까지 나를 태워주었습니다. 나는 기차를 타고 피츠필드[매사추세츠주]에 갔고, 그곳에서 친구들이 이곳 베를린까지 차로 데려다주었습니다.

마지막 방문은 에블린 그레이를 만난 것인데, 그녀는 보스턴신학교 교수인 리처드 M. 캐머런의 부인으로 매사추세츠주 콩코드에 살고 있습니다. 1923년 이화의 새 대학 캠퍼스 매입을 위해 3만 달러를 기부한 그 유명한 방문의 주인공이 그녀의 어머니로, 당시 그녀도 어머니와 여동생과 함께 왔었지요. 그들은 내가 방문했던 날 자신의 아이 다섯 명과 영국 아이 두 명을 데리고 있었습니다. 에블린 그레이가 이화에 그토록 후한 선물을 주었다는 것에 대해 자신의 아이들에게 한 번도 말한 적이 없다는 것을 알고, 나는 그 아이들에게 '너희 가족이 멋진 새 이화를 가능하게 했다'고 이야기해주었으며 그 이야기를 전할 수 있어서 기뻤습니다.

지금도 계속해서 미국으로 돌아오고 있는 많은 장로교 선교사들과 우리 감리회 선교부의 마지막 선교사인 J. Z. 무어 박사 부부로부터 한국의 소식을 직접 들었습니다. 『월드 아웃룩』 9월호에는 우리가 떠난 후에도 한국에 남아 있던 위원회의 한 사람이 철수와 관련된 한국 선교 정책에 대해 쓴 훌륭한 기사가 하나 실렸습니다. 데모리 박사는 우리의 가장 훌륭한 젊은 선교사 중 한 명이었으며, 번창하는 병원의 의사였습니다. 그가 지난 봄 샌프란시스코에 도착했을 때 만났는데, 그는 우리 선교회가 옳은 일을 했다고 느꼈다면서, 선교사들이 한국에 남았던 다른 선교회보다 우리 선교회의 사역이 더 잘 진행되고 있다고 말했습니다.

남동생 헨리와 그의 아내, 그리고 딸 캐롤은 호놀룰루에 행복하게 잘 정착했습니다. 그들이 섬기러 간 한인 사회로부터 큰 환영을 받았으며, 헨리는 8,500명의 한인이 사는 모든 지역을 매우 바쁘게 방문하고 있고, 또한 교회에서, 로터리 클럽에서, 총회와 모든 종류의 모임에서 강연하느라 바쁜 시간을 보내고 있습니다. 캐롤은 하와이대학교 신입생이 되어서 열심히 학업에 매진하고 있고, 한국 여학생 단체의 일원으로도 받아들여졌습니다. 나는 남동생이 하와이에 간 게 실수가 아니었다고 확신하고 있으며, 그는 때가 되면 한국으로 돌아갈 기회를 탐색하는 첫 번째 위원회에 들어가려 하고 있습니다.

나는 뉴욕주를 지나 토론토로 올라갔다가 오하이오주, 미시간주를 거쳐 시카고까지 여행한 후, 12월 초에는 내슈빌로 가서 한동안 머무를 예정입니다. 스캐릿대학을 위한 기금 모금에는 성공하지 못했지만 좌절하지 않습니다. 사람들이 이 일에 대해 더 많이 알게 되면 우리의 옛 감리회가 기쁘게 동참할 것이라 믿고 있기 때문입니다. 그래서 나의 옛 총장님이 말씀하셨듯, 추수할 때가 오리라 믿으며 지금은 용기와 인내를 가지고 씨를 뿌리려고 노력하고 있습니다.

A. R. A.

1941년 11월 1일

밴의 최근 편지들에서: A. R. A.

밴 부부는 최근에 철수한 모든 장로교인들을 집에 초대해 머물게 하거나 식사를 대접했다고 합니다. 무어 부부와 디캠프 부부도 며칠 그곳에서 머물렀고, 어느 날은 내한 선교사가 28명까지도 함께 있었다고 합니다. 한번은 빌링스 박사가 지나는 길에 전화를 했는데, 그때 톰은 요통으로 침대에 누워 있었고, 밴은 시내에 나가 있었대요. 그런데 요리사 토미가 전화를 받으면서 톰에게 물어보거나 바꿔주지도 않고 그냥 상황만 전하는 바람에, 밴 부부는 화가 났다고 해요. 밴은 돌아와서 빌링스 박사를 미친 듯이 찾아다녔지만, 그는 이미 거룻배를 타고 급히 선박으로 돌아가버린 뒤였습니다! 참 그답지요! 어쨌든, 왜 빌링스 박사는 톰을 보러 가지 않았을까요? 밴 부부는 크게 실망했습니다!

10월 5일자 최신 편지에 이러한 이야기들이 적혀 있었습니다. 그리고 다음과 같은 내용도 있었습니다. "일본은 외국 소식이 일본이나 한국에 서서히 퍼져나가지 못하도록 차단하라는 명령을 내렸어요. 외국 신문들은 금지되고, 정부의 공식 발표만 허용된다는데—마치 지금까지는 자유롭기라도 했다는 듯이 구는군요! 공개 검열—즉 편지에 검열받았음이라는 도장이 찍힌다는 것 정도가 새로운 변화네요. 어떤 외국 잡지도 들어가지 못하게 되어서, 한 신문은 '불쌍한 사람들, 그들은 이제 아무것도 알 수 없을 것입니다!!'라고 썼더군요. 여동생에게 편지를 쓰고 싶지만 모험을 해서는 안 되겠지요. 달러 지폐나 다른 어떤 진짜 돈도 편지에 넣어 보내지 말라고 사람들에게 말해주세요. 10월 15일부터 그런 모든 것은 압수될 것이라고 들었어요."

9월 26일 "진 델마터는 떠나기 직전에 이화여전 가사과의 방 선생(방신영)을 만난 후 다음과 같은 소식을 가져왔어요. 어떤 경우에도 더는 한복을 입어서는 안 된대요(아마 학교에서 입지 말라는 것이겠지요). 가을 학기를 시작하면서부터 학생들은 교복을 입어야 했어요. 학교는 비교적 평온한 분위기지만, 이번 여름에 터널 인부들의 감독관들이 이화에 거처를 내어줄 것을 요구했어요. 이화는 피하려 했지만, 그들이 롱뷰를 요구했어요. 그래서 대학은 영학관이 여름에 비어 있으니 영학관을 대신 제안했는데 그들은 선생들이 사는 집이 아니면 안 된다며 거절했어요. 결국 선생들이 영학관으로 옮기고, 그들이 롱뷰를 사용하게 되었어요. 방 선생 말로는 그들이 건물에 들어올 때 신발을 벗으며 조심하는 것 같고, 조용히 하며 무례하지는 않다고 하네요. 하지만—아, 나는 나쁜 말을 했어요! 이건 단지 시작일 뿐이며, 결국 그들이 어디까지 요구할지는 예상할 수 없다고요." (나중에 온 편지에는 이 사람들이 롱뷰에서 두 달만 지낼 예정이라고 쓰여 있었습니다. 네, 이 소식이 내가 들은 그 어떤 것보다도 더 걱정스럽습니다. 낙타가 텐트 안으로 발을 밀어 넣었습니다—앨리스)

"장로교인들 중 누구도 우리가 가장 관심을 가진 곳의 상황에 대해 아는 이가 없었어요. 하지만 한 기지에 있는 사람들은 다른 기지에 사는 사람들이나 그 기지에서 벌어지는 상황에 대해 모르는 법이죠. 포로수용소를 생각해 보세요! 한국에 있는 것이나 거기에 있는 것이나 별로 다르지 않아요."

그들은 일요일 밤마다 보물섬 KGEI 방송국의 <우편가방> 방송을 듣고 있으며, 자신들에게나 자신이 아는 사람들에게 보내온 편지가 없으면 실망한다고 합니다. 종종 방콕에 있는 패트 반하트에게 보내는 메시지를 듣기도 하면서, 다른 가족들의 이름을 듣고 익히고 있습니다. 여러분도 모두 가끔은 그들에게 읽어줄 20자 편지를 보내주시면 좋겠습니다. 나는 이 서비스를 너무 자주 이용해서 방송국이 내 편지를 계속 읽어줄지 걱정이 됩니다. 그래도 크고 좋은 소식만 있으면 언제든 주저하지 않고 바로 편지를 보낼 것입니다! A.

밴은 여성 클럽에 가입하도록 설득당하여, 해군에서 여주인 역할을 하는 이를 돕고, 때로는 그 밖에도 다양한 활동을 하고 있다고 합니다. 그녀는 이 모든 일을 좋아하고, 공동체에, 특히 떠돌고 있는 내한 선교사들에게 중요한 역할을 하고 있습니다. 톰은 자신의 일과 자동차(레이시 감독님의 차)를 무척 좋아하고 있다는군요. 집이 크고 쾌적하며, 일하는 사람들도 훌륭하다고 합니다. 만약 전쟁이 일어나면 자신들은 이 구내構內에 갇혀 지내게 될 뿐이라고 밴은 말하고 있습니다. 누가 알겠습니까????

모두에게 사랑을 보내며 앨리스로부터

⚜ ⚜ ⚜

오하이오, 클리블랜드, 코넬로 2102, 로지의 집에서
1941년 11월 10일

친애하는 분들에게,

로지는 야간 근무를 마치고 오전 7시에 돌아와 위층에서 자고 있습니다. 로지와 다른 분들이 어제 아멘트네 집에서 내게 진짜 한국식 생일을 선사해주었습니다. 나는 그 유명한 11월 9일을 기억하는 사람들과 함께하기 위해 다른 방문들을 서둘러 마쳤고, 처크와 로지를 지난 토요일[11월 8일] 밤늦게 만났습니다. 나는 처크를 위해 설교를 맡기로 했었기에 그것을 끝낼 때까지 계속 긴장하긴 했지만, 그 일을 하게 되어 기뻤습니다. 다음은 우리가 <우편가방>을 통해서 보내려는 시입니다.

> 헐버트 자매, 러들로Alfred Irving Ludlow(1875~1961), 홀과 헤스,
> 로지, 앨리스, 아멘트 부부는
> 11월 9일에 만났으며,
> 여러분도 이 날을 기억함을 알지요.

나는 어딘가에 "너희는 위로를 받으라"라는 성경 구절이 있다고 주장했지만, 정확히 일치하는 구절을 발견할 수가 없었습니다. 그런데 나중에 보니 정확한 구절은 고린도후서 13장 11~12절이었습니다. 11절: 마지막으로 형제들이여, 안녕히 계십시오. 온전하게 되며, 위로를 받으며, 마음을 같이하며, 화평하게 지내십시오. 그리하면 사랑과 평화의 하나님께서 여러분과 함께하실 것입니다. 12절: 거룩한 입맞춤으로 서로 인사하십시오. 그래서 이 구절이 내 생일 성경 구절이 되었고, 온전해지라는 명령을 내가 실행하지 못해서 예외가 생겼다는 점을 제외하면 모두 실천되었습니다. 가까운 곳과 먼 곳에서 보내주신 사랑의 격려가 가득한, 정말로 행복한 생일이었습니다. 많은 우편물도 큰 힘이 되었으며, 이에 기여해주신 여러분 한 사람 한 사람에게 감사를 드립니다.

버사, 로지, 헐버트 자매와 핀 L.은 저녁 식사에 왔고, 애다와 헤시는 나중에 합류했습니다. 미키의 딸들이 말하길, 내한 선교사들은 식당에서 어떻게 행동해야 하는지 모른다고 했다는데 그 말이 맞습니다. 우리는 시끄럽게 떠들어댔지만 다행히 근처에 사람이 없어서 문제가 되진 않았습니다. 일본 농담을 하는 것이 재미있었는데, 예를 들어 다음과 같은 새로운 것이 있었습니다. "내 피의 친족들에게 안부 전해주세요. … 당신의 썩은 친족으로부터, 서명." 저녁에는 미키의 가족들—부모님, 자매, 엄청나게 좋은 남편—이 왔고, 우리는 곰 인형 노래를 부르며 일본 묘기를 선보이고 소리를 질러댔습니다. 버사와 나는, 저녁에 집으로 돌아온 일본 남편에게 아내가 시중을 들며 바닥에 머리를 부딪히는 촌극을 연출했지요. … 전에는 이렇게 한 적이 없었지만 때로는 보여주어야만 할 것입니다. 그렇게 행복한 하루가 지나갔습니다. 우리는 **고국** 영사관에서 메이데이 영상, 그리고 함께 배를 탔던 사람들에 관한 영상을 몇 개 시청한 후, 로지가 근무하러 나가는 시간에 맞추어 집으로 돌아왔습니다. 오늘 밤에는 밴의 오빠 집으로 저녁을 먹으러 갑니다. 나는

밀린 편지들에 답장을 보내며 밀린 양을 조금씩 줄여가는 유익한 시간을 보내고 있습니다. 버트가 점심을 먹으러 올 예정이며, 우리는 씻고 이야기를 나눌 것입니다. 애다와 헤시는 일찍 가야 해서 오래 보지 못했습니다. 애다는 정부의 지원이 도움이 될 것이라고 했는데, 새로 한 치아 덕분에 인상이 달라 보였습니다. 사랑하는 버사도 반갑게 만났는데, 완전히 건강해 보이고 매우 유쾌하며 행복해 보였습니다. 그녀는 정기적으로 소식을 듣는다면서 우리가 그럴 수 없다는 것이 매우 안타깝다고 했습니다. 그녀는 마지막 날들에 대해 내가 듣지 못한 많은 것을 이야기해주었습니다. 그녀와 더 많은 시간을 보낼 수 있으면 좋겠습니다. 그녀는 늘 나에게 도움이 됩니다. 예쁜 드레스를 입은 헐버트는 아름다웠으며, 건강해 보였고, 지금은 활발히 돌아다니며 강연을 하고 있습니다. 헤시는 오두막 고아원에서 12명의 소년들의 어머니가 되어서 행복해 보였습니다.

아멘트네는 새로운 환경에 잘 적응해서 지금까지 본 가장 성공적인 정착 사례라고 할 수 있을 정도입니다. 그들은 하이츠를 지나 클리블랜드에서부터 차로 약 40분 걸리는, 넓은 주택지구로 건설되고 있는 오래된 시골 공동체 안의 작은 교회를 선택했습니다. 아주 귀엽고 활발한 고든은 마당에서 강아지와 즐겁게 놀고, 딸들은 걸어서 학교에 가는 것을 좋아합니다. 집은 낡았지만 넓고 편안하며, 아름다운 양탄자를 돋보이게 하는 나무 마루를 포함해 모든 최신의 편의시설을 갖춰 개조했습니다. M은 유능한 주부로서 집에 좋은 물건들을 갖추고 있었고, 음식도 훌륭했습니다. 처크는 경제적으로만 안정되면 다 괜찮을 거라고 말했습니다. 그의 교회는 아늑하고, 성가대석과 강단 등을 우아하게 개조해 매우 경건한 분위기를 자아냅니다. 그는 자신의 박사 가운을 입고 예배를 인도하기에 내게도 그 가운을 입히려고 했지만, 너무 커서 나는 대신 성가대 가운을 입었습니다. 그는 아름답고 경건한 예배를 인도했으며, 교인들은 그의 진가를 인정하는 듯했습니다. 분위기가 아주 좋았습니다. 만찬에 참석했던 손님들이 모두 내 설교를 들으러 왔지만, 나는 여느 때처럼 특별히 의식하지는 않았습니다. 그것은 대단한 방문이었고, 로지와 버트와 함께 계속되고 있습니다. 로지는 수요일에 나를 페인즈빌[오하이오주]에 있는 그녀의 자매 집으로 데려갈 것입니다. 금요일이나 토요일에는 앤아버[미시간주]에 갈 것 같은데, 얼마나 오래 머물지 몰라서 편지에 쓰지는 않았습니다.

토론토[캐나다 온타리오주] 방문 또한 매우 성공적이었습니다. 암스트롱 부부(해외 선교부)는 1937년에 방문했을 때와 마찬가지로 친절하고 다정했으며, 일정을 지나치게 많이 잡지 않아 내가 시간을 유익하게 쓸 수 있게 도와주었습니다. 나는 수요일 밤에 그곳에 도착했는데, 그녀가 나를 웰치 감독님이 계신 교회 저녁 식사에 데려갔습니다. 감독님은 내가 들어오는 것을 보지 못하셨는지, 내가 소개되자 깜짝 놀라셨습니다. 감독님은, '저 앨리스 아펜젤러가 어떻게 여기에 온 거지?'라고 생각하셨을 것입니다. 그는 아주 젊고 멋있어 보였으며, 감리교대학 운영자들의 교육의장으로 선출되셨고, 다음 날 79번째 생신을 맞으셨습니다. 만일 내가 오래 살 수 있다면 나도 그분처럼 그렇게 기운이 넘쳤으면 좋겠습니다.

금요일 오후에는 선교학교에서 나를 위해 큰 환영회를 열어주었고, 내 이름이 적힌 인쇄된 초대장들을 교회간間여성회와 그들의 모든 사람들, 그리고 내한 선교사들에게 발송했습니다. 영연방 사람들은 일을 제대로 하는 법을 알고 있는 것 같습니다. 나는 환영을 받은 후에 거의 한 시간 동안 강연을 해야 했습니다. 그곳에 있었던 한국과 관련된 사람들은 네첼Earl Aaron Knechtel(1897~1995) 부부, 버비지Willfred Arnold Burbidge(1897~1978) 부부(둘 다 교회가 있습니다), 파운드Norman Found(1892~1971) 부부, K. 고먼Kathleen Reeve Gorman(1894~1992), 웰번 부인Gertrude Sarah Otway Welborne(1896~1982), 미스 어윈과 뉴먼Herbert H. Newman(1893~1967) 부부(구세군), 베시Frederick George Vesey(1878~1973) 부부, 미스 로저스Mary Maud Rogers(1883~1964)와 미스 페일소프Emma May Palethorpe(1891~1974)(캐나다연합교회 사무실에서 근무), 그리고 봄에 인도로 가는 플로런스 테일러Florence Taylor(1902~?)였습니다. 그녀는 아주 맛있는 사탕 몇 개를 내게 주었습니다. 환영회가 파한 후 파운드 부부는 나를 그들의 집으로 데려갔고, 캐슬린 고먼과 함께 미트 로프 등의 부서 회의용 저녁을 대접해주었습니다. 아이들은 모두 건강했는데, 특히 아들들은 몸집이 크고, 딸들은 키가 크고 예뻤습니다. 팻시 고먼은 매력적인 젊은 아가씨로 매혹적일 정도로 영국적이었으며, 물론 아일린은 귀염둥이였습니다. 암스트롱 부부가 나를 데리러 왔고, 우리는 고먼네의 귀여운 작은 집을 보기 위해 잠깐 들렀습니다. 그 집은 한국에 있던 그녀의 작은 집과 아주 비슷했으며, 사랑스러운 물건들로 가득 차 예쁘고 아늑했습니다. 캐슬린은 학생들에게 음악을 가르치는 일을 시작하려 한다는데, 일이 생각보다 느리게 진척되고 있다고 합니다. 팻시는 경영 과정 강의를 수강하고 있으며, 나중에 대학에 가서도 계속하기를 바라고 있습니다. 그들은 누구보다 한국을 더 많이 그리워하는 것 같았고, 심지어 파운드의 아이들은 오랜만에 만난 이모인 양 내게 매달렸습니다.

이스트맨음악학교에 다니는 우리 학생 민덕순을 보기 위해, 지난 4일에도 갔었던 로체스터에 다시 가야 합니다. 나는 덕순과, 스캐릿에서 만났던 브라질 출신 선교사의 자녀인 사이러스 다우지, 그리고 도널드 커와 그의 딸을 다 데리고 기숙사로 갔습니다. 세 음악가가 연주하는 곡을 도널드와 함께 들은 후 덕순이 묵고 있는 집으로 갔습니다. 그녀는 잘 해나가고 있었으며, 좋은 침례교 가정에서 아무런 대가도 요구받지 않은 채 딸처럼 지내고 있었습니다. 그 침례교인들은 오히려 자신들이 가장 귀한 것을 얻고 있다고 생각합니다. 덕순은 아주 달콤하게 노래를 부릅니다. 그녀는 내가 웰즐리장학금 대상과 바꾼 사람이고, 도널드가 좋은 인상을 받은 사람이므로, 도트와 그녀의 친구들에게 분명 도움이 될 것입니다. 때때로 얼마나 모든 것이 합력하는지요!

마지막으로 자매들이여, 안녕히 계십시오. 온전하게 되며, 위로를 받으며, 마음을 같이하십시오. 앤아버에 갔다가 사랑하는 하디Robert Alexander Hardie(1865~1949) 부부, 베시Annie Elizabeth "Bessie" Hardie(1890~1974), 그리고 버네타를 보러 랜싱[미시간주]에 갈 것이며, 12월 1일까지 내슈빌로 돌아 갈 것이고, 그 도중에 일리노이주에 있는 시카고와 제시 브로크만의 대학에 갈 것입니다. 커닝검 총장님이 강의하시는 "기독교 사역자의 개인적 준비"를 보조해야 해서, 그 주제에 대해 좀 파고들어야 합니다. 많이 알지 못한다고 생각하니, 나를 위해 기도해주세요. 지금까지 재정적인 성공은 거두지 못했지만, 그래도 아직 희망을 가지고 있습니다. 미스 호웰의 집에서 엘라수가 쓰던 좋은 방을 쓰며, 그녀를 그리워하면서 안식년 중인 사람들과 지낼 예정입니다. 내 여행용 가방들을 받아 변화를 위해 짐을 풀려고 합니다. 시련을 잘 견디고 있으며, 기분도 괜찮습니다. 친절한 A 부인이 조용한 아침을 보내게 해줘서 많은 도움이 됩니다. 이제 작별 인사를 드리며, 생일을 축하해준 소중한 많은 분들 한 분 한 분에게 따뜻한 사랑을 전합니다. 여러분의 생일을 기록해둔 공책을 가지고 있지 않아 여러분의 생일에 축하 인사를 보내지 못했습니다만, 항상 한결같이 여러분을 생각하고 사랑하며 여러분을 위해서 기도합니다. 나는 또다시 밀린 편지들에 파묻혀, 비참한 죄인 같은 기분에 사로잡혀 있습니다. 하지만 답장을 쓸 수 있는 이 이틀이 도움이 될 것입니다. 짧은 방문의 소용돌이 속에서, 협의하는 것이나 감사를 전하는 것 이상의 편지를 쓰기는 불가능했습니다. 내 편지들을 너무나 예쁘게 만들어주었던 나의 주미가 그립습니다.

56세가 된 여러분의
앨리스로부터.

11월 11일. 내 사랑 밴,

당신에게는 따로 편지를 보내려고 생각했는데, 식사를 하고 로지의 교회에 가서 강연할 준비를 해야 하는 시간이 되어서 안타깝게도 그럴 수가 없네요. 우리는 당신의 오빠 가족과 함께 아주 즐거운 저녁을 보냈고, 파도치는 호수 근처의 귀엽고 작은 집에서 디키와 가족 모두를 만났어요. 당신 오빠 해리는 톰을 자기 인생에서 만난 가장 멋진 남자 중 하나라고 말했어요. 나는 당신 오빠가 아주 점잖고 신사적이고 잘생기셔서, 톰과 아주 비슷하다고 생각해요. 그의 부인도 친절하고 멋져 보였어요. 페기가 빨간 머리라고 생각했는데, 갈색이네요. 그녀는 연약해 보이지만 매우 다정하고 재미있어요. 그들은 모두 내 사진들을 주의 깊게 보았어요.

⚜ ⚜ ⚜

테네시, 내슈빌, 스캐릿대학
1941년 12월 2일

친애하는 밴과 소중한 분들에게,

나의 마지막 방문들은 그야말로 은혜unhei로, 추가로 주어진 선물 같은 순간들이었어요. 하룻밤씩 머문 후 급히 세인트루이스[미주리주]에서 출발하는 주간용 객차를 타고 밤새도록 앉아서 이동했더라면 무척 피곤했을 거예요. 현대식 객차라고들 말했지만, 바닥이 지저분하지 않은 것을 제외하고는 예전에 알던 객차보다 나을 것이 없었어요. 다행히도 트렁크 두 개를 풀고 일찍 잠자리에 들었더니 몸이 아주 가뿐해요. 다른 두 개의 트렁크는 친절한 친구들이 뉴욕에서 가져다주었기에, 1년 넘게 보관해두었던 짐들을 이제야 정리해보려 해요. 항상 가진 것이 너무 많아 보이지만, 고향에서 온 것들은 참 소중하네요.

먼저 어떻게 이곳에 자리 잡게 되었는지 설명할게요. 나는 엘라수가 이미 테네시주 브리스톨에 있는 은퇴자 아파트로 떠났다는 소식을 듣고 무척 실망했어요. 그곳의 교회 사람들, 즉 그녀의 평생 후원자들이 그녀를 불러서 일찍 간 것이지요. 그녀는 내가 사용할 수 있도록 작고 좋은 물건들을 많이 남겨두었어요. 그녀가 남겨둔 커튼, 비누 받침, 옷 덮개, 앞치마, 램프, 저울 등 덕분에 물건을 많이 사지 않고도 살림을 꾸릴 수 있을 듯해요. 엘라수가 돌아오면 일부는 가져가겠지만, 나머지는 다음 사람을 위해 남겨두려 해요.

이곳은 미스 호웰이 거주하는, 동창회관이라고 불리는 오래된 집의 식당이에요. 그녀는 선교국 회의 참석차 뉴욕에 가 있고, 우리 WFMS 여섯 명과 남감리교인 한 명이 이곳을 사용하고 있어요. 함께 지내는 이들은 맥켈비와 밴 다인, 컬리, 달비, 로저스예요. 애나 채핀은 성탄절 이후에 와요. 에스더 밴 다인과 함께 욕실을 사용하며, 넉넉한 서랍 공간과 옷장, 딱딱한 침대, 책상을 갖춘 방에서 지내고 있어요. 챙 달린 모자가 두 개 있는데, 하나는 송도에서 구한 내가 좋아하는 작은 챙모자이고, 다른 하나는 게임웰 부인이 준 작고 오래된 것이에요. 게임웰 부인의 어머니인 닌데 감독 부인이 1880년대에 조선에서 그 모자를 구했다고 해요. 나는 내 수업 "기독교 사역자의 개인적 준비"를 위해 공부하느라 바쁜 나날을 보내며 성탄절을 준비하고 있어요. 선물을 보내지는 않지만, 서신은 보내야 해요. 이곳 사람들은 모두가 매우 친절하고 분위기가 좋아서 마치 집에 돌아온 듯한 기분이 들어요. 진정한 나만의 집 다음으로 가장 편안하고 소속감을 느끼는 곳이에요.

모네타의 집에서 보낸 사흘은 매우 행복했지만 언제나처럼 너무 많이 먹었어요. 네드는 궤양 때문에 아파서 식단 조절을 해야 했고, 7㎏을 감량해 훨씬 건강해졌어요. 모네타도 식단을 조절해 4.5㎏을 감량했고요. 나는 지난여름에 뺀 살이 다시 쪘지만, 이미 아침을 과일로만 먹기 시작했으니 성탄절 향연 전에는 다이어트를 끝낼 수 있기를 바라요. 어느 날 아침, 나는 개릿신학교에 가서 소퍼 박사의 수업에 참석했는데, 마침 총장이 채플에서 그들의 재정 역사에 대해 얘기하는 걸 듣게 되었어요. 나중에 그와 재정 문제에 관해 이야기를 나눴고, 그는 나에게 강연을 요청했지만 나는 시간이 더 필요하다고 말했어요. 조지아 하크니스 박사와 점심을 했는데, 그녀는 언제나 내게 영감을 줘요. 일요일 오후에는 E. W. 앤더슨 부부가 한인교회로 나를 데려갔어요. 그 교회에서 곽칼과 약혼한 춘자의 친척 역할을 하게 되어 기뻤어요. 그들은 매우 행복해 보였고, 어떤 기회가 생기든 봉사할 준비가 되어 있었어요. 사랑스러운 강자는 항상 감사해하며, 내가 방문한 두 번 모두 일어나 감사 인사를 전했어요. 함께하는 것은 우리 모두에게 큰 의미가 있어요. 어느 날 모네타가 낮 1시에 다과회를 열고 저녁에는 교수들에게 멋진 뷔페식 식사를 대접해 그녀의 좋은 친구들을 만날 수 있었어요. 그녀는 이런 자리를 아름답게 꾸밀 줄 아는 사람이에요.

겐소네 가족들과 함께한 36시간도 참 즐거웠어요. 그들은 방 일곱 개짜리 아파트에서 보브와 애비게일, 그리고 막 말을 배우고 관심이 많아지기 시작한 어린 바버라와 함께 살고 있어요. 노리스네는 반대편 아파트에 살고 있어서 서로 식당 창문을 통해 대화를 나눌 수 있어요. 저녁에는 노리스 가족이 식사를 하러 왔고, 내가 처음 만나는 에스더 벡스탁웰과 올린이 차를 마시러 왔어요. 에스더의 아버지는 최근 신시내티에 있는 감리교 요양원에서 돌아가셨고, 어머니는 간호 일을 좀 하시므로 계속 그곳에 계실 예정이라고 해요. 에스더는 포스터가 살이 많이 쪘다고 하더군요. 그녀는 매우 상냥했고 올린도 건강해 보였어요.

시카고를 떠나 워즈워스 부인을 만나러 일리노이주 잭슨빌로 갔어요. 워즈워스 부인은 맥머레이대학에서 뜻깊은 만남을 주선해주었고, 매클러랜드 총장 부부를 만찬에 초대했어요. 총장은 내 채플 설교가 끝난 후 우리에게 캠퍼스를 둘러보게 해주었어요. 이 대학은 전에 일리노이여자대학이었는데, 워즈워스 부인이 어릴 때 그녀의 아버지가 총장을 지내셨다고 해요. 매클러랜드 박사는 맥머레이 상원의원으로부터 400만 달러의 기부금을 받아 파이퍼 도서관을 막 개관했어요. 그래서인지 그는 내가 이곳에서 배우고자 하는 것이 무엇인지, 또 그것을 어떻게 실현할 수 있는지를 정확히 알고 있었고, 귀중한 정보를 많이 나누어주었어요. 덕분에 정말 가치 있는 방문이었어요. 워즈워스 부인은 건강하게 잘 지내고, 1884년 결혼하며 떠났던 고향에서 다시 평온한 삶을 살고 있어요. 제네바에서 함께 살았던 사랑스러운 조카 메리 월러도 그녀와 함께 지내고 있어요.

그날 칼린빌[일리노이주]의 블랙번대학도 방문했어요. 제시 브로크만이 학장으로 있는 곳이죠. 마침 제시의 어머니도 계셨는데, 외부에 거주하시면서도 매일 들르신대요. 특별히 정해진 일정이 없다고 해서 편하게 만날 수 있었어요. 그녀는 수척해 보이고 휴가가 필요해 보였지만, 다행히 곧 방학이 시작될 거예요. 그녀의 두 딸도 잘 지내고 있어요. 진은 래드클리프대학에서 인사 자문 수업을 듣고 있으며, 줄리아는 우스터대학 4학년생이에요.

메리언 칸로를 세인트루이스[미주리주]에서 만났는데, 그녀는 손가락에 생긴 염증을 치료받느라 매일 그곳에 와야 한다고 했어요. 우리는 한 호텔에서 만나 함께 즐거운 시간을 보냈고, 정오에 의사에게 갔어요. 그녀의 손가락은 회복되고 있지만, 한동안은 상태가 매우 나빴었대요. 그녀는 자기 일을 좋아하고 건강해 보였어요. 일리노이주 레바논에 있는, 그녀가 근무하는 매켄드리대학을 보지 못해 아쉬웠지만, 그녀의 새로운 출발에 대한 이야기를 들을 수 있어 매우 기뻤습니다. 심야열차를 타고 돌아와 아침 7시 30분 이곳에 도착했는데, 여독이 남았지만 나쁘진 않았어요. 나는 친구에 관한 한 백만장자입니다. 친구들은 금보다 더 낫지요.

스캐릿이 예산 때문에 겪는 어려움으로 인해, 이곳에서의 내 지위는 아직 확실하지 않아요. 내가 도움을 주어야 하는데 아직 그러지 못하고 있으니 안타깝네요. 예산 문제라는 건 참 더러운 것이죠. 항상 손을 더럽히는 것에 익숙해져야 하는데, 그것만 아니라면 정말 좋아요. 나는 13일경 빅을 만나러 몽고메리[앨라배마주]에 가고, 성탄절 즈음 일주일 동안은 콜럼버스의 레이시의 집에서 지낼 거예요. 학교에서는 석탄을 절약하려고 우리가 예전에 그랬던 것처럼, 방학 기간 동안 기숙사 생활을 하도록 하고 있어요. 요즘은 따뜻해서 석탄을 많이 아낄 수 있을 텐데, 그들은 그렇게 하지 않네요. 나는 난방기를 끄고 창문을 열어두어도 여전히 더워요. 나의 소중한 양탄자와 챙모자를 다시 보니 좋군요.

메리언은 차이치의 두툼하고 조그마한 소책자를 가지고 있었는데, 거기에는 그녀의 새 직장에 관한 정보가 담겨 있었어요. 오리건주 동부 조든 계곡의 1,100만 평 규모 목장으로, 웅장한 경치를 자랑하는 곳이죠. 차이치는 다양한 학년의 아이들 일곱 명을 그곳에서 가르치며 즐거워한다고 해요.

『메소디스트 워먼』 12월호에서 레나 내프가 쓴 글을 발견하고 좋았어요.

루이스 파이크가 이곳을 떠났는데, 루스가 이질에 걸려서 루이스를 디트로이트로 호출한 것이라는 소식을 듣고 마음이 아팠어요. 상태가 안 좋은 것 같아요. 예전에 주날루스카 호수에서 만났을 때도 루스는 건강이 좋지 않아 보였어요. 루스는 오벌린[오하이오주]으로 돌아갔다가 그곳에서도 지내기 어려워 삼촌 댁에 의탁했다고 들었어요. 지금은 입원 중이라는데, 내가 디트로이트에 갔을 때 알았었더라면 좋았을 텐데요.

편지가 너무 길어졌네요. 어느새 시간도 많이 흘러버렸고요. 비록 글로 다 전할 순 없지만, 이렇게라도 사랑하는 사람들과 이야기 나눌 수 있어 참 좋아요.

사랑을 담아,
앨리스

12월 3일. 메리언의 생일.[25]

내 사랑 밴, 당신은 이 편지를 싫어하겠지만, 그래도 보낼 거예요. 그리고 곧 더 쓸 거예요. 공부 외에 하고 싶은 일들이 너무 많아서 스스로 시간제한을 두어야 해요. 꽤 오랫동안 당신에게서 편지가 없군요. 그렇지요. 10월 12일에 "여자 기숙사에서 모두 잘 지내요"라고 쓴 것이 마지막이었어요. 그래서 나는 남자들이 급히 떠났다고 추측하고 있어요. 늘 사랑하는 당신의 늙은 바보, 앨리스.

⚜⚜⚜

테네시, 내슈빌, 스캐릿대학
1941년 12월 5일

친애하는 분들에게,

다음 학기에 가르칠 과목을 준비하기 위해 공부하는 대신 내가 받기만 한 많은 편지에 답장을 쓰고 싶은 유혹을 떨칠 수 없어, 스스로 시간을 정해 편지를 쓰고 있습니다. 그 결과 대부분의 답장이 복사본 형식으로 될 수밖에 없음을 양해해주십시오. 베티 리가 나에게 준 이 타자기가 있어서 정말 다행입니다. 그녀는 남미에서 돌아온 후로 일이 바빠서 정신이 없습니다. 물론, 이화 만찬이 "금지된" 이후 나는 뉴욕으로 돌아가지 않았기 때문에 그녀와 아직 만나지는 못했습니다. 대신 시카고를 몇 번 방문했고, 그곳에서의 만남들은 정말 사랑스럽고 과분한 축복이었습니다. 나는 그 방문들을 은혜unhei라고 부르고 싶습니다.

첫 번째는 11월 22일에서 25일까지 모네타를 방문한 것이었습니다. 우리는 한인교회에서, 특별히 연희전문학교에서 온 바이올리니스트 곽칼과 미시간대학교의 바버 장학생인 우리 이춘자의 약혼을 축하하기 위해 예배 후 만찬을 가졌습니다. 나는 이춘자와 최

25 이 아래 부분은 타이핑된 윗부분과 달리 수기로 첨가되어 있다.

정림을 앤아버에서 만났었고, 그들의 훌륭한 성취가 자랑스러웠습니다. 춘자는 나를 일종의 후원자로 삼는 것을 기뻐했고, 나는 그들과 함께해서 매우 행복했습니다. 강자(미세스 이운택)는 그곳에서 목사 부인으로 자리를 잘 잡아가고 있습니다. E. W. 앤더슨 부부가 그 교회에 배정되어서 나를 데리고 가주었습니다. 나는 또한 가필드 앤더슨 부인Hattie Florence Peterson Anderson(1885~1971)과 버시와 함께 점심을 먹었고, 나오미Naomi Almeda Anderson(1884~1943)도 만났습니다. 버시는 앤더슨네와 연관되어 있는 베다니 병원의 관리자인데, 그녀에게 이상적인 자리입니다. 앤더슨 부인과 나오미는 로디지아에 가서 앤더슨Albin Garfield Anderson(1882~1971) 박사와 합류하고 싶다고 합니다. 앤더슨 박사는 원주에 처음 갔던 당시보다도 지금의 로디지아가 더 많은 도움이 필요하고 더 열악한 환경에 처해 있다는 것을 알게 되었다고 합니다.

나는 개릿을 방문하여 즐거웠지만, 채플에서 강연해달라는 갑작스러운 요청을 받아들이지는 않았습니다. 그러나 네드의 수업 하나를 청강하고, 조지아 하크니스 박사와 점심을 함께했습니다. 모네타는 나를 위해 다과회를 열었고, 나는 교수 친구들이 참석하는 저녁 만찬에도 참석하게 되어, 이제 그녀의 친구들과도 친해진 것 같습니다. 네드는 7㎏을 감량하게 되어 더 건강해졌으며, 모네타는 4.5㎏을 감량했습니다. 나는 지난여름에 빠졌던 몸무게가 다시 늘었는데, 이곳에 돌아온 이후 아침에 과일만 먹기 시작하면서 살이 빠지고 있습니다.

11월 25일부터 27일까지는 겐소네의 방 일곱 개짜리 아파트에 머물렀습니다. 그들은 애비게일과 보브와 14개월 된 어린 바버라와 함께 살고 있습니다. 노리스네는 반대편 아파트에 살고 있어서, 부엌 창문을 통해 이야기할 수도 있습니다. 그들이 저녁을 먹으러 왔고, 오마가 아이들이 잠자리에 들지 않은 것을 보고 아이들도 불렀습니다. 모두 잘 지내고 있습니다. 에스더 벡 스탁웰과 올린도 만났습니다. 에스더는 아주 상냥한 사람이었습니다. 그녀는 그들이 청두[중국 쓰촨성]에서 달이 뜬 밤을 싫어했다고 하더군요. 지금 그들은 안식년 휴가 중입니다.

다음으로 일리노이주 잭슨빌에 사는 워즈워스 부인과 함께 하룻밤을 보냈습니다. 나는 맥머레이대학에서 좋은 기회를 얻게 되었습니다. 그리고 칼린빌에 있는 블랙번대학에 가서 제시 브로크만을 만났습니다. 그녀는 어머니와 함께 있었는데, 그들은 함께 있어 행복해했습니다. 제시는 아주 멋진 방과 좋은 직업을 가지고 있습니다. 메리언이 손가락에 생긴 심한 염증을 치료받기 위해 의사를 만나러 세인트루이스에 가야 했기 때문에, 일리노이주 레바논에 있는 그녀의 직장인 매켄드리대학은 가보지 못했습니다. 그래도 대신 우리는 세인트루이스의 호텔 방에서 즐거운 시간을 보냈습니다.

나는 엘라수 와그너의 방을 쓰고 있습니다. 크고 높은 천장을 가진 이 방은, 내가 1938년 이 집에 머물 당시 식당으로 쓰였던 방입니다. 미스 호웰이 이곳의 책임자이며, 우리는 한 사람을 제외하고는 모두 WFMS 소속입니다. 채핀 부인도 이곳에서 살고 있으며, 성탄절 이후에 우리와 합류합니다. 나는 12월 17일부터 22일까지 빅을 만나러 앨라배마주에 갔다가, 오하이오주 콜럼버스, 남4로 1234에 있는 메리 레이시의 집에 가서 29일까지 있으려고 합니다. 내가 가르칠 과목은 가능성이 많아서 아주 재미있고 나는 자료 읽는 것을 좋아하지만, 조금은 두렵기도 합니다. 첫 수업 이후에는 괜찮아지겠지요.

여러 곳의 많은 친구를 방문하며 8월 21일부터 12월 1일까지 이어온 긴 여행은 멋진 경험이었습니다. 개인적인 방문 외에도 내 목표는 이화에 관한 관심을 되살리고 스캐릿을 소개하는 것이었는데, 나는 그 목표가 어느 정도 달성되었다고 믿습니다. 그러나 재정적인 수익은 전혀 없었습니다. 아마도 너무 빨리 선물을 기대한 것이었을 수도 있지만, 조금은 희망을 갖고 있었습니다. 스캐릿은 예산 기금이 절실히 필요하며, 내가 수익을 올리지 못하면 나를 계속 지원할 형편이 못 됩니다. 그래서 내가 뭔가를 얻어오지 못한다면 나는 이곳에 있기 힘들어져서 다른 직장이 필요할 것입니다. 그들은 나에게 정말 잘해주지만 나는 그들이 말하지 않아도 이런 사정을 이해하고 있습니다. 그래서 내 미래는 스캐릿의 미래와 함께 묶여 있다고 할 수 있으며, 내가 이들에게 도움이 되기를 바라고 소망하고 있습니다. 왜냐하면 [이하 소실]

테네시, 내슈빌, 스캐릿대학
1941년 12월 17일

> 빛은 아직도 빛나고 있습니다. 어둠은 결코 빛을
> 꺼트리지 못했습니다. 요한복음 1:5 (굿스피드)

친애하는 친구들에게,

10일 전, 나는 예년과 달리 특별했던 올 한 해를 보내는 내내 나를 도와주신 여러분 모두에게 감사의 마음을 전하고 성탄절의 기쁨을 기원하는 편지를 보내려 준비하고 있었습니다. 그런데 전쟁이 나에게서 모든 생각을 빼앗아 가버렸습니다. 하지만 호놀룰루에서 우리 가족이 안전히 지내고 있다는 소식을 조금 전 듣게 되어 편지를 쓸 용기가 생겼습니다. 헨리, 루스, 캐롤은 하와이 한인들을 위해 바쁘고 행복하게 일하고 있으며, 캐롤은 그 대학교를 아주 좋아합니다. 이로 인해 그들의 삶이 우리 모두의 삶보다 더 많이 바뀌지는 않을 것 같습니다. 그러나 일본이 지배하는 땅에서 사는 우리 친구들의 삶은 어떨까요? 그들이 겪고 있는 고통은 오직 하나님만이 아실 것입니다. 그 고통은 분명히 그 잔인한 권력의 지배를 받는 모든 그리스도인에게 큰 시련일 것입니다. 그러나 그들이 하나님의 보살핌 속에 있다는 사실을 믿으며, 우리는 언제나 한결같은 기도를 통해 하나님께서 영적인 목적을 이루시도록 도울 수 있다는 것을 압니다. 그래서 요즘은 두려움이 아닌 믿음으로 살아가려고 노력하고 있습니다.

스캐릿대학은 이제 미국에서 나에게 집입니다. 이 대학의 목적, 기준, 정신을 사랑하며, 돕고 싶습니다. 지난여름에는 여성학장대리를 맡았습니다. 지난가을에는 돌아다니며 개인적인 방문도 하고, 곤궁에 처해 있는 영원히 사랑하는 이화에 관해서도 이야기하고, 기독교 사역자를 육성하는 스캐릿대학을 많은 사람에게 소개했습니다. 겨울 학기 동안에는 "기독교 사역자의 개인적 준비"라는 커닝검 총장님의 과목을 가르칠 예정입니다. 이 과목에서 다룰 내용은 황홀할 정도로 훌륭하며, 나 역시 많은 것을 배우게 될 것이라고 확신합니다. 나머지 시간은 홍보 업무에 쓸 계획입니다. 나는 안식년 휴가 중인 다른 사역자들과 함께 편안한 방을 얻었고, 한국을 떠난 후 처음으로 짐을 풀었습니다. 그러니 내가 건강하고 복 받았다고 생각해주십시오.

지난해 12월 8일, 김활란은 서울에 있는 내 친구를 찾아내어 방문했고 다음과 같은 메모를 남겼습니다.

“나는 모든 위험을 무릅쓰고 당신을 만나러 왔습니다. 당신이 그분들(우리 미국 선생들을 말함)에게 편지를 쓸 때, 우리가 크리스마스 캐럴을 부르기 시작했다고 전해주세요. 우리는 어디에서나 캐럴을 부르고 있습니다. 언제나 외롭고 그분들이 그리워서 가슴이 아픕니다. 하지만 우리는 괜찮고, 진정한 그리스도인이 되기 위해서 그 어느 때보다 더 열심히 노력하고 있습니다.”

그러므로 우리는 하나님의 법을 거역함으로써 야기된 이러한 고통이 세상에서 사라지고 평화와 선의가 널리 퍼지도록 힘써야 합니다.

충심을 다해,

앨리스 R. 아펜젤러

1942년

테네시, 내슈빌, 스캐릿대학
1942년 1월 1일

친애하는 친구들에게,

12월 7일 이후 영원의 시간이 흐른 것 같아서 그 이전의 일들이 거의 기억나지 않습니다. 나는 12월 1일에 이곳으로 돌아와 이번 겨울 학기에 가르칠 "기독교 사역자의 개인적 준비" 과목을 바로 준비하기 시작했습니다. 그러던 중 기습 공격을 받았고, 호놀룰루에 있는 남동생과 그의 가족에 대한 엄청난 걱정에 휩싸였습니다. 15일에 그들이 안전하다는 소식을 들었고, 12월 11일 클리퍼 항공 우편으로 보낸 첫 번째 편지가 성탄절 전날 도착했습니다. 그것은 우리가 받을 수 있었던 최고의 선물이었으며, 콜럼버스에 있던 나는 레이시 가족들과 함께 큰 기쁨을 나눴습니다. 올케인 루스는 일요일 기습 공격 중 부모님에게 쓴 편지의 일부를 인용하여 보냈습니다. 그들은 오전 7시 55분에 포격 소리를 듣고 잠에서 깼지만 처음에는 크게 신경 쓰지 않았다고 합니다. 헨리는 진주만 너머 와하이와에 있는 한인교회에서 할 설교를 준비했지만, 이내 시내로 돌아와야 했습니다. 그가 떠난 후 라디오에서 경보 방송을 내보냈기 때문입니다.

"'비상사태가 발생했습니다. … 거리로 나오지 마십시오. 전화를 사용하지 마십시오. 라디오를 하루 종일 틀어놓으십시오. … 엄청난 재앙입니다.' 여러 언어로 지시가 내려졌습니다. … 오전 11시 30분, 헨리는 거리에서 급히 배로 돌아가는 한 선원에게 우리 배 세 척이 침몰했다는 소식을 들었습니다. 비행기들이 머리 위에서 굉음을 내며 발포하는 소리가 들렸습니다. 캐롤과 헨리는 다시 보려고 밖으로 뛰어나갔고, 나는 가슴이 쿵쾅대서 펜을 쥘 수도 없었습니다. … ROTC 학생들은 모두 캠퍼스에 출석해야 합니다. '오늘 밤 정전에 대비하세요—모든 섬이 정전될 수 있습니다. 집에서 불을 켜지 마십시오.' 나중에 우리는 이곳에서 몇 구획 떨어진 킹로에 폭탄이 떨어졌다는 소식을 들었습니다.

일요일 오후 1시 30분 유언 씨(감리교 목사님)가 헨리에게 전화를 걸어와, 네덜란드 배를 타고 인도로 가는 선교사들을 함께 만나러 가자고 했습니다. 그 선교사 중에는 내한 선교사였던 모드 넬슨Maude Violet Nelson(1900~1995)도 있었습니다! 그녀는, 증기선이 진주만으로 들어올 때 주변에 폭탄들이 떨어졌는데, 그것이 단지 연습일 거라고만 생각했다고 합니다! 일요일 저녁에 폭탄이 그들이 머무는 호텔 근처에 떨어졌고, 한 남자가 소리치는 것을 들었습니다. '빨리 뛰어가서 숨어요!' 캐롤과 나는 현관으로 급히 뛰어 들어왔습니다. 헨리는 그때 땅에 납작 엎드려 있었다고 하더군요. 캐롤은 벌벌 떨면서 내게 꼭 매달렸습니다. 그녀는 그때가 자신에게 정말로 유일하게 무서운 순간이었다고 합니다. 그날 밤 우리는 신발만 벗고 잠을 청했습니다.

12월 11일 목요일. 창고에 있는 물품을 점검할 공무원 업무를 맡을 18세에서 62세 사이의 남성들이 필요하다는 요청이 왔습니다. 캐롤은 매일 오전에 대학교에서 응급처치를 배우고 있습니다. 캐롤과 헨리는 긴급히 필요한 혈액도 헌혈했습니다. 캐롤과 나는 오늘 적십자사를 위해 붕대를 감으러 퀸병원에 갑니다. 대학 캠퍼스에는 참호가 만들어지고 있습니다. 캐롤은 더 이상 대학 생활을 누리지 못할지도 모릅니다. 모든 학교가 무기한 휴교했지만, 학교 건물들은 방어 시설로 사용되거나 집을 잃은 사람들을 위한 거처로 제공되고 있습니다.

헨리가 방금 차를 가져다 두려고 돌아왔습니다. 그는 남성들을 진주만으로 수송하는 트럭을 만나기 위해 걸어서 나갔습니다. 이전에는 자신이 군인이나 방위 요원으로 분류되지 않아서 쓸모없는 듯한 기분이 들었지만, 이제는 명확한 임무를 맡게 되어 다행이라고 느끼고 있습니다. 미스바. 많은 사랑을 담아, 루스."

루스가 나에게 성탄절 꾸러미들을 보내주어 나는 그것들을 콜럼버스로 가져갔습니다. 성탄절 전야에 늦게까지 깨어 여러 나라에서 저마다의 상황 속에 놓인 친구들을 떠올리며 영적인 교감을 나누는 가운데, 성탄절의 깊은 의미를 절실히 깨닫게 되었습니다. 그런 의미에서 나에게는 참으로 뜻깊은 성탄절이었습니다. 그러나 그 무엇도 우리를 그리스도의 사랑으로부터 끊을 수 없기에 감사가 넘칩니다. 오늘은 포스딕이 쓴 유명한 신간 『긴장 속에 살아가기』를 읽고 있는데, 이 책은 우리가 이 시대를 어떻게 의미 있게 살아갈 수 있는지를 명확하게 설명해줍니다.

나는 콜럼버스에서 세 차례 강연을 했는데, 두 번은 제부 존 레이시의 교회인 제4대문감리교회에서, 한번은 웰즐리 클럽에서 했습니다. 콜럼버스에 가기 전에는 앨라배마주에서 친구인 미스 모크와 함께 5일을 보내며 딥사우스를 여행했습니다. 버밍엄, 몽고메리, 그리고 우리 학생 중 한 명인 김갑순을 기억하며 따뜻한 칭찬을 아끼지 않던 몬테발로의 앨라배마대학도 방문했고, 도선까지 내려가보기도 했습니다. 미스 모크는 과거에 이화에서 일했으며, 현재는 공공사업촉진국에서 음악 사업 부주임으로 일하고 있습니다. 모두에게 사랑을 보내며, 앨리스 A.

⚜ ⚜ ⚜

스캐릿
1942년 1월 18일

사랑하는 가족에게,

헨리, 네가 성탄절 전야를 위해 보내준 멋진 클리퍼 항공 우편이 1월 5일에 도착해서 다른 사람들에게 전해주었어. 나는 일반 우편으로 편지를 보냈는데, 혹시 네가 못 받았을까 봐 이번엔 클리퍼 항공 우편으로 하나 더 보낼게. 한동안 소식이 없어 걱정했는데, 무서웠던 시간이 지나고 다시 연락이 되어서 정말 좋다. 아, 사랑하는 고향 사람들에게는 언제쯤 다시 편지를 보낼 수 있을까? 네가 선교국에서 온 편지들을 가지고 있으리라 생각하지만, 내가 뉴욕에 가면 확실하게 확인할게. 그래, 나는 22일에 뉴욕에 갈 예정이야. 마거릿이 그곳에 우리 셋이 잘 공간이 "충분히" 있다고 하더라. 그래서 이번에는 그곳에서 머무는 동안 마거릿과 데비와 함께 3박을 하려고 해. 26일 월요일에는 필라델피아로 가서 북동부 지역 회의에 참석해 스캐릿을 대표할 예정이야. 회의에서 내가 소개될 때 주어지는 시간이 1~2분 정도라, 할 말을 두 가지 정도 준비해놓으려고 해. 북동부 지역 회의의 가장 큰 장점 중 하나는 예전에 지내던 곳에서 알던 사람들을 틈틈이 다시 볼 기회가 있다는 거야. 남동부 지역 회의는 같은 기간 내슈빌에서 열려. 내가 아는 지도자의 대부분이 그때 내슈빌에 오는 것 같은데, 참석하지 못하니 아쉽다. 그래도 뉴욕에 다시 가게 되는 건 기쁘네. 2주를 보내기에 충분한 계획을 세워놓았으니, 어떻게 될지 두고 봐야지. 파이퍼 부인, 웰치 부부, 매코넬 부부, 베티(그때 마침 멕시코로 떠나서 만나긴 어려울 테지만), 콘래드(언더우드), 그리고 한국 관련 사람들을 만나기를 바라고 있어. 어쨌든 재미있는 시간이 될 거야.

마닐라에서 세이어 부부가 11월 22일에 보낸 성탄절 카드를 받았는데, 개인적인 소식도 적혀 있었어. 그들의 상황이 너무 안타까워서, 지금 케임브리지에 있는 크라이스트교회의 부목사 프랜시스 2세에게 용기 내어 편지를 썼어. 예전에 케임브리지에 갔을 때 그를 만나고 싶었지만 만나지 못했거든. 그는 아름다운 편지로 즉시 답을 보내왔고, 어머니의 옛 친구에게서 온 편지에 감사하는 것 같았어. 그들 가족이 옛집에서 하던 것처럼, 세아이가 방에서 성탄절 이야기와 시를 읽으며 성탄절 전야를 보내고 있을 때, 아버지로부터 "성탄절 사랑"이라는 내용의 전보가 왔대. 그것이 부모님으로부터 들은 마지막 소식이었고, 1월 1일에는 워싱턴에서 그들이 무사하다는 소식을 전해왔다고 해. 마닐라는 그다음 날 함락되었고, 그는 부모님이 군대와 함께 계신 거라고 생각하고 있어. 아버지가 도움을 주기 위해 그곳에 계셨다는 사실을 기쁘게 여기실 거라고 생각한대. 편지 쓰기를 잘했던 것 같아.

이번 성탄절에는 오랜 친구들 대부분과 많은 새 친구들에게서 소식을 들었어. 그리피스 부인에게서는 전혀 소식을 듣지 못해서 최근에 다시 편지를 썼지. 루스에게서 사랑스러운 긴 편지를 받았고, 패트에게서도 아주 멋진 편지를 받았는데, 성탄절에 온 가족이 함께할 수 있도록 내가 보낸 돈을 어떻게 썼는지 알려주더라. 가엾은 펄, 모두에게 얼마나 큰 슬픔인지. 회복이 어려운 상황이라면, 오래 고통스럽지 않기만을 바랄 뿐이야.

나는 첫 수업을 하며 다섯 명뿐인 학생들과 한 명 한 명 면담을 진행하고 학기 말 논문과 읽을 과제를 부여했는데, 모든 것이 오래 신던 구두처럼 자연스럽게 느껴졌어. 친근한 작은 규모의 수업은 마치 옛 이화 같아. 커닝검 박사님도 이런 수업을 좋아하시니, 내가 자리를 비울 때면 대신 가르쳐주실 거야. 그는 너무 바쁘지만, 더 많이 가르치고 싶어 하셔. 이 수업을 맡게 되어서 기뻐. 두 차례의 학생 토론회 후 다소 긴장된 분위기 속에서 채플도 인도했는데, 주님께서 내가 옳은 말을 할 수 있도록 도와주신 것 같아. 이와 같은 경험을 매우 자주 했는데, 이 아이들도 잘 이끌어줄 수 있었던 것 같아 기뻤어. 너희도 공감할 수 있겠지만, 이곳은 나에게 잘 맞는 WFMS 집 같은 느낌이야. 일요일 오후에는 이곳에서 안식년 휴가를 보내고 있는 국내외 사역자 30여 명이 모두 모여 기도회를 하는데, 마치 옛날로 돌아간 것 같아. 사랑하는 연로한 미스 호웰이 이 집의 관장이 되어 우리를 사랑하고 보살펴주고 계셔. 나는 7시 아침 식사를 위해 일어나지 않고, 내 방에서 과일을 먹지. 원하면 커피도 만들 수 있어. 지금은 좀 따뜻하지만, 일주일 내내 0도에서 영하 17도까지 내려가 마치 서울에서 가장 심한 한파를 겪었던 때와 같았어. 다른 점이라면, 이곳에서는 이런 혹한이 여러 해 만에 처음이라 다들 아주 생소하게 느꼈다는 거야. 이제 새들이 돌아오고 있고, 푸른 잔디도 보이기 시작했어. 어느 날 케이트 부인이 크레인 부인Florence Hedleston Crane(1888~1973)의 여동생 집에서 열린 다과회에 나를 데려갔어. 샬럿 벨 에든턴과 섀넌 P. 커밍Annie Shannon Preston Cumming(1907~2003)도 그 자리에 있었는데, 섀넌 커밍은 네 번째 아기를 임신 중이더라. 그들은 한국이 하루빨리 자유로워져서, 우리 모두 돌아가 그곳에서의 삶을 다시 꾸려갈 수 있게 되기를 기다리며 선교국에 임시로 고용되어 있는 상태라고 해. 한국 관련 사람들은 부정적인 소식은 절대 믿으려 하지 않는다는 것을 알고 있다고 했어.

보브가 보낸 일반 편지는 훌륭하더라. 네가 그와 함께 일하고 있어서 기뻐. 잭의 삼촌인 휴 모건 박사는 "미육군 군의관 장성 밑에 있는 전문 업무 부서의 의학분과장이 되기 위해, 대령으로 진급하여" 2월 7일에 밴더빌트병원을 떠나게 되셨대. 인용하기를 [이하 소실]

⚜⚜⚜

테네시, 내슈빌, 스캐릿대학
1942년 2월 8일

친애하는 친구들에게,

여러분에게 편지를 쓴 후 뉴욕에 다녀왔습니다. 스캐릿대학이 나를 고향인 북동부 지역에 대표로 보내주었는데, 멋지지 않나요? 나는 11일 동안 자리를 비웠고, 두 번의 좋은 주말을 보내며 파이퍼 부인을 비롯한 많은 친구를 만났고, 새로운 인맥도 쌓았습니다. 회의는 특별 연사 없이 우리의 옛 임원회의와 비슷한 분위기였습니다. 그들은 모두 남동부 지역 회의를 위해 내슈빌에 왔었고 훌륭한 자리였다고들 하더군요. 그렇지만 나는 북동부 지역 회의에 참석한 것이 만족스러웠고, 그것이 유익한 시간이었기를 바랍니다. 내가 하는 일은 오랜 시간이 지나도, 때로는 몇 년이 지나도 결과를 알 수 없는 일이지만, 희망을 놓지 않는 것이 중요합니다. 그렇지 않다면 모든 노력이 무의미할 것입니다.

브라우니가 남동부 지역 회의에 참석한 후 이곳에 머물러 있었기에, 나는 애나 채핀과 베티 달비와 함께 브라우니를 위해 작은 생일 파티를 열었습니다. 브라우니가 그렇게 건강하고 활기차 보이는 모습은 처음 본 것 같습니다—66세라고 하는데 20년은 더 젊어 보였답니다. 필라델피아에서는 톰의 누이인 엘렌 홉스를 만났습니다. 그녀는 자기 가족들에 대해 나보다도 잘 모르고 있는 듯했지만, 그 이후에 편지를 보내왔습니다. 성서공회가 12월 18일, 모두가 잘 지내고 있다는 전보를 런던에서 받았다고 하더군요. 노스 박사로부터 들었다고 합니다. 또 토론토에 있는 A. E. 암스트롱 부인으로부터 최근 일본에 있는 아르헨티나 공사를 통해 한국에서 "우리는 '모두 안전하고 건강하며 자기 집에서 살고 있다'라는 전보를 받았다"는 소식도 막 전해 들었습니다. 여기서 '모두'라는 것은 네 명의 캐나다인, 즉 스콧William A. Scott(1886~1979), 프레이저, 머레이Florence Jessie Murray(1894~1975), 번즈Beulah Vernon Bourns(1906~1990)를 의미합니다. 가장 최근의 믿을 만해 보이는 소식은 제임스 R. 영 씨에게서 들은 것입니다. 그는 예전에 『재팬 애드버타이저』에서 일했으며, 일본에서 13년을 보냈고, 두 달간 일본 감옥에 투옥되기도 했던 분입니다. 『리더스 다이제스트』에 "당신은 국빈이다"라는 글을 기고하기도 했지요. 그는 밴더빌트대학에서 2시간 동안 강연을 했고, 이후에도 질의응답 시간을 1시간 더 가졌습니다. 우리는 강단 위로 올라가 질문을 더 했고 애나는 커다란 사진에 멋지게 찍혔답니다. 나는 그녀 뒤에 숨어 있어서 사진에 나오지 않았지만요. 기회가 된다면 여러분도 꼭 제임스 영의 강연을 들어보세요. 그와 업턴 클로즈는 내실 있는 이야기를 들려주는 사람들입니다. 다음은 우리가 나눈 대화의 일부입니다.

질문: 우리가 한국 독립운동에 참여하면 한국의 친구들이 위험해질까요?

답변: 일본인들은 반드시 보복합니다. 우리는 그것을 잘 알고 있습니다.

질문: 한국의 독립에 대해 희망이 있나요?

답변: 없습니다. 일본인들은 그곳의 지도자들을 이미 제거했습니다.

우리는 한국에 여전히 훌륭한 지식인 지도자들이 많다고 말하며 이의를 제기했지만, 제임스 영은 "일본은 한국을 포기하기 전에 그들을 모두 다 죽일 것"이라고 단호하게 말했습니다.

처음 강단에 올라갔을 때 우리가 한국에서 살았다고 말하자, 그는 "매큔George Shannon McCune(1873~1941)의 사람들인가요? 아니에요? 그러면 베이커 감독님의 사람들인가요? 베이커 감독님은 어바나[일리노이주]에서 나의 목사님이셨지요. 여러분은 지금

경성에서 살고 싶지는 않으시죠, 그렇죠?"라고 말하며 얼굴을 찌푸렸습니다. "미나미 등등, 그들은 정말 비열한 사람들입니다"라고 덧붙였습니다.

그는 우리가 언제 한국을 떠나왔는지 물었습니다. "상황이 엄청 혼란스러웠지요, 그렇지 않았나요?" 그는 우리와 더 오래 이야기하고 싶어 했지만, 주최 측에서 그를 데리고 가버렸습니다. 그렇게 그는 정치 참여에 대한 나의 의문에 답을 주었습니다. 나는 정치에 개입할 수 없다는 확신이 더 강해졌습니다. 어떤 멍에가 와도 그것을 짊어집시다. 한국의 지도자들이 모두 희생된다고 해도, 나는 한국인들이 스스로 설 수 있도록 돕고, 그들이 독립을 준비할 수 있게 항상 일할 것입니다. 하나님께서는 지도자들의 희생을 막아주실 것입니다. 우리는 그분 안에서 소망을 품고, 그분께서 그들을 돌보아주실 것이라고 믿어야 합니다.

헨리는 지금 비토박이들을 위해서 호놀룰루에 있는 제일감리교회의 목사직을 수행하고 있습니다. (비토박이가 의미하는 바를 모른다고 말하지 마세요. 백인들입니다.) 원래 계시던 목사님은 가족과 함께 미국으로 돌아가기를 원했고, 베이커 감독님이 이를 승인한다는 전보를 보내셨습니다. 헨리로서는 승진을 한 것이지만, 나는 그가 여전히 그곳에 있는 한인들을 계속 도울 수 있기를 바랍니다. 대학은 아직 휴교 중이며 캐롤은 적십자 간호 교육을 받고 있는데, 개강 후 학점 인정을 받을 예정입니다. 나는 뉴욕에서 헨리의 딸 마거릿과 잭을 만났습니다. 잭이 졸업 후 바로 입대해야 해서, 그들은 봄방학 동안 코네티컷주 그리니치에서 결혼식을 올릴 계획이라고 합니다. 마거릿이 내가 결혼식에 참석하기를 원하고, 나도 그럴 계획입니다.

나는 벨마의 집에서 두 밤을 보냈고, 하룻밤은 버사 스타키와 함께 보냈습니다. 웰치 감독님 댁에서는 선교사들과 저녁을 함께했는데, 대부분 일본에 파송되었던 선교사들이었습니다. 애다 홀은 지금 뉴욕 사무실에서 일을 돕고 있습니다. 우리는 매주 일요일 5시에 이 집에서 안식년 휴가 중인 사람들과 기도회를 갖는데, 오늘은 내가 인도를 맡게 되었습니다—지금부터 20분 후여서 이제 편지를 마쳐야 합니다. 여러분 한 분 한 분에게 많은 사랑을 보냅니다. 나는 편지를 쓰느라 바쁘고, 또 즐겁게 가르치는 나날을 보내고 있지만, 이곳에서는 예상치 못한 일들이 계속 벌어져 놀라는 순간이 많아 별로 좋지 않습니다. 하지만 여전히 여러분 모두를 사랑하고, 여러분을 위해 많이 많이 기도하고 있습니다.

앨리스

스캐럿
1942년 2월 24일

가장 사랑하는 메리에게,

이 편지는 특별히 사무적인 내용이야. 편지를 쓰고 나면 바로 일을 해야 해. 3월 15일까지 제출해야 하는 소득세 신고서를 방금 받았어. 처음 해보는 일인데, 내가 소득세를 내야 하는 계층에 속해 있는지 몰랐어. 자산을 모두 정리해서 정확한 재정 상태를 파악하는 것은 좋은 일이지만, 꼭 해야 하는 경우가 아니라면 내가 절대 일부러 하지는 않을 일이야. 그러니 내 암스트롱 주식에 대해 알려주렴. 내가 가진 주식은 얼마나 되는지, 그것들은 어디에 있는지 알려줘. 네 책상이나 은행이나 금고에 있니? 그 주식에서 1941년에 이자나 배당금이 얼마나 나왔는지 알고 있니? 그게 신고서에 내가 답해야 하는 질문이야. 나는 거기에서 나오는 약간의 돈을 그냥 사용했는데, 얼마를 사용했는지는 기록해두지 않았어. 하지만 너도 얼마간의 주식을 가지고 있으니 1941년의 이율을 알고 있겠지. 3월 15일까지 신고서를 제출해야 하니, 가능한 한 빨리 확인해서 알려주면 좋겠어.

랭커스터에 있는 내 개인 계좌에 밴의 돈 114.08달러가 들어 있는데, 이 돈을 오하이오주 메리언에 계좌를 두고 있는 밴의 사촌 러셀 스네어에게 보내려고 해. 이 계좌에는 이자가 붙지 않는데, 내가 그동안 모르고 있었어. 더 빨리 알아차리고 뭔가 조치를 취했어야 했어.

어제는 적십자사를 통해 밴에게 개인적인 메시지를 보냈어. 발신인과 수신인의 이름, 주소 등(생년월일과 출생지, 부모의 이름과 출생지 포함)을 기입한 후, 25자 이내로 메시지를 작성하고 자필 서명하는 방식이야. 수신인은 그 메시지를 받고 뒷면에 답장을 적어 보내게 되어 있어. 적십자사는 유럽의 점령국에서도 이런 방식으로 연락을 주고받아 왔다고 하더라. 그래서 나는 소식이 오기를 기대하고 있어. 코린도 메시지를 보내고 싶어 할지 모르니 그녀에게도 말해줘. 모든 적십자사 지부에서 할 수 있으니 가보라고 하렴.

나는 노스 박사에게 밴으로부터 어떤 소식이라도 왔는지 물어보았는데, 그들이 괜찮다는 소식을 전해온 12월 18일 메시지 이후로는 아직 아무런 소식도 없대. 그가 소식을 전해줄 사람들의 명단에 내 이름도 넣어달라고 부탁했어. 톰의 누이인 엘렌 홉스조차도 아무런 정보를 가지고 있지 않더라. 그녀는 심지어 톰이 미국성서공회에서 일하고 있다는 사실조차 모르고 있었어.

내가 호놀룰루로 가려고 애쓰고 있는 것에 대해 어떻게 생각하니? 베이커 감독님은, 만일 헨리가 내가 가는 것이 좋다고 한다면 나를 추천해주시겠다고 편지를 보내주셨어. 그래서 나는 헨리의 편지를 기다리고 있어. 3월 3~4일에는 앨라배마주 보아즈에 있는 스니드전문대학 학장이 나를 인터뷰하기 위해 이곳에 올 거야. 벨마 메이너는 내가 진정한 사역의 장소로서 그 대학에 가기를 원해. 커닝검 박사님은 지금 이곳에 안 계시지만, 내가 호놀룰루로 가는 것에 대해 이야기했을 때 "한인들이야말로 내가 기꺼이 당신을 포기하고 보내줄 수 있는 유일한 사람들이라는 것을 알아주십시오"라고 말씀하셨어. 매우 좋은 말이긴 하지만, 충분히 분명한 말은 아니지. 스턴츠 박사가 자리를 비웠을 때 나와 함께 홍보 부처에서 일했던 크로포드 부인은 내가 떠난다는 말에 감정이 북받친 듯했어. 이런 반응이 나를 기분 좋게 하긴 하지만, 나는 마음속에서 스스로 기여하고 있음을 더 분명히 느낄 수 있는 곳으로 가고 싶어.

리처드가 결혼식 준비를 위해 샌프란시스코에서 동부까지 비행기로 오가고 있는 것을 알고 있니? 잭이 비용을 부담하고 있지. 그를 곧 만나게 될 예정이라 매우 기뻐. 헨리는 "부모는 결혼 계획을 기뻐함"이라는 전보와 함께 돈을 보냈어. 그래서 닷지 부부도 한시름 놓을 것 같아. 아직 닷지 가문과 휴일러 가문 사이에는 의견 차이가 있어. 불쌍한 마거릿이 그 갈등 속에서 어려운 시간을 보내고 있지! 차라리 두 가문이 같은 도시에 살지 않으면 좋을 텐데. 아이다가 결혼식에 갈지 궁금하네. 그녀의 생각이 지금쯤은 바뀌었으면 좋겠다. 로나로부터 사랑스러운 편지를 받았어. 그리고 루이스 파이크가 지난주 이곳에 왔었지. 꽤 바빠 보이던데—우리는 상당히 많은 주제에 관해 이야기했어.

테네시, 내슈빌, 스캐릿대학
1942년 2월 25일

친애하는 고향 분들에게,

지난달에는 여러분 앞에 "살아 있는 편지"로 나타났었는데, 이제 다시 편지를 쓸 시간이 되었네요. 잠시나마 고향에 돌아가 만날 수 있어서 즐거웠습니다. 제일교회와 모든 교인이 잘 지내고 계시기를 바랍니다.

학교에서의 나날들이 항상 그렇듯, 나의 하루는 꽉 차 있습니다. 학생들을 가르치는 것은 정말 즐겁지만, 이번 과목이 한 분기만 하는 단기 과정이라 3월 20일에 수업이 끝나면 섭섭할 것 같습니다. 3월 25일부터 5월 25일까지는 자리를 비울 예정입니다. 마거릿 아펜젤러의 결혼식에 부모를 대신해서 참석하고, 오하이오주 콜럼버스에서 열리는 여성기독교봉사회 집회에 스캐릿을 대표하여 참석하러 가야 하기 때문입니다. 또 그사이 기회가 닿는 대로 북동부 지역을 순회할 것입니다. 아마도 이곳으로 돌아와 또 한 번의 더운 여름을 지내게 될 것 같지만, 아직도 계획이 확실하게 정해지지는 않았습니다.

여러분을 만난 이후 남동생에게서도, 한국에서도 그 어떠한 소식도 듣지 못했습니다. 나는 일본에서 13년을 지냈고 그곳에서 투옥되기까지 했던 언론인 제임스 R. 영의 강연을 들으며, 마치 고향의 메시지를 전해 듣는 듯한 기분이 들었습니다. 우리가 한국에 대한 이야기를 많이 하면 그곳에 있는 사람들에게 해가 되느냐고 물어보았는데, 그는 이렇게 답했습니다.

"일본인들은 반드시 보복을 합니다."

그는, "지금 한국에 있지 않아서 기쁘지 않은가요? 한국을 떠나기 전에 상황이 꽤 나빴을 텐데, 그렇지 않았나요?"라고도 했습니다.

이 이야기를 들은 후, 나는 지금 점점 더 알려지고 있는 한국의 독립운동에 공개적으로 참여하지 않은 것이 올바른 대응이었다는 생각이 들었습니다. 물론 나는 한국의 독립운동을 지지하고, 한국인들이 자유를 되찾을 수 있기를 기도하며 힘쓰고 있습니다. 하지만 내 이름이 이용되어서 이미 박해를 받고 있는 한국의 친구들이 더 큰 고통을 겪게 되는 것은 원하지 않습니다. 그렇지만 우리 대통령이 자유를 누려야 할 나라들을 언급하며 한국을 함께 이야기했을 때, 나는 가슴이 뭉클했습니다. 한국이 자유를 되찾게 되는 날을 보게 해주시기를 하나님께 기도드립니다. 이번 달에는 한국에 대해 다섯 번의 강연을 했는데, 그중 두 번은 꽤 중요한 클럽에서 했고, 한 번은 100명의 여성과 오찬을 함께한 스캐릿 클럽에서 했습니다. 한번은 배글리 학장의 "한국 청소년운동" 수업 시간에 했고, 나머지 둘은 주일학교에서 했습니다. 내슈빌에는 감리교회가 32곳이나 있지만, 지금까지 간 교회는 여덟 곳뿐입니다.

한국에 관해 이야기하는 김에 새 책을 한 권 추천하고 싶습니다. 선교 사역을 다루는 책은 아니고, 일본 통치에 반대하는 한 혁명가의 삶에 대해 님 웨일스(존 데이 출판사)가 쓴 『아리랑』이라는 책입니다. 이 책과 함께 이승만 박사(레벨 출판사)의 『일본 내막기』를 읽으면 현재 벌어지고 있는 갈등에 대한 배경을 더 깊이 이해할 수 있을 것입니다.

어느 날 오후, 한 단체와 함께 감리교 정착 사업을 보러 갔습니다. 흑인 정착지에 대한 설명은 동봉한 전단에 설명되어 있습니다. 백인 100주년회관도 바쁜 곳입니다. 우리 여학생들은 100주년회관과 웨슬리의 집에서 현장 실습을 하고 있습니다. 어느 일요일에 대학 친구의 딸인 루이스 파이크를 손님으로 맞았습니다. 그녀의 부모와 유일한 남동생은 아직도 베이징에 있는 우리 선교부에 있고, 그녀의 유일한 여동생은 병에 걸려 보스턴에 머물고 있습니다. 이런 상황에서 우리가 만나 이런저런 이야기를 나눌 수 있었던 것은 뜻깊은 일이었습니다. 그녀는 앨라배마에 있는 시골 학교에서 교사로 일하고 있는데, 굉장히 다정하고 발랄합니다. 우리의 총장 커닝검 박사님은 그날 그녀와 면담한 후, "고양된 예배에 참석한 것 같은 느낌이 들었습니다"라고 말했습니다. 누군가에 대해 이보다 더 아름다운 표현이 있을까요? 그녀는 자기 학교가 방학하면 스캐릿에서 하던 일을 마무리하기 위해 돌아올 예정입니다. 지난여름에 그녀가 이곳에 왔다고 여러분에게 편지로 전한 기억이 납니다.

이번 달에는 별로 쓸 내용이 없을 것 같았는데, 어느새 편지 한 장이 가득 찼네요. 계속 더 쓸 수도 있을 것 같지만, 무리하지 않고 이쯤에서 작별 인사를 드립니다. 여러분 모두에게 사랑을 보내며 축복을 기원합니다.

충실한 여러분의 선교사,
앨리스 R. 아펜젤러

워싱턴 D.C. <발신인: 이승만>
노스웨스트, 호바트로 1766
1942년 3월 10일

앨리스 R. 아펜젤러 박사
테네시, 내슈빌, 19번과 그랜드가
기독교 사역자를 위한 스캐릿대학

친애하는 아펜젤러 박사님께,

매우 아름다운 성탄절 카드와 편지, 그리고 그 안에, 당신의 편지를 동봉하여 보내주신 것에 깊이 감사드립니다.

내가 이화여전의 카드를 무엇보다도 소중히 여기는 것을 박사님도 잘 아시지요.

호놀룰루의 제일감리교회를 책임지고 있는 당신의 남동생, 아펜젤러 박사로부터도 매우 흥미로운 편지를 받았습니다. 마침 지금 그에게 새로운 목사직을 맡게 되신 것을 축하하는 편지를 쓰고 있습니다. 이와 같은 시기에 그렇게 중요한 자리를 맡게 되셨다니 진심으로 기쁩니다. 그가 이전보다 더욱 적극적으로 한국을 도울 수 있는 위치에 계시니 참 다행입니다. 무엇보다 지금 그곳의 한인들은 그 어느 때보다도 더 많은 도움이 필요합니다.

신문을 통해 보셨을지 모르겠지만, 우리는 지난달 말 워싱턴에서 한인자유대회를 열었습니다. 이 대회는 엄청난 성공을 거두었으며, 우리가 2,300만 국민이 일본의 노예가 되어 굶주림과 절망감 속에 살아가고 있다는 사실을 미국 대중에게 잘 알렸기를 간절히 바랍니다.

우리는 하와이에서 대표자 두 명이 올 것으로 예상했는데, 그들은 아직도 도착하지 않고 있습니다. 그래도 머지않아 올 것이고, 우리는 그들과 만나 직접 이야기 나눌 수 있기를 간절히 고대하고 있습니다. 그들을 통해 하와이의 실상을 보다 생생하게 전해 들을 수 있을 것입니다.

아내와 함께 심심한 안부 인사를 전합니다.

진심을 다해,
이승만

스캐릿
1942년 3월 20일

이승만 박사
워싱턴 DC
노스웨스트, 호바트로 1766

친애하는 이 박사님께,

최정림 양이 자신의 일본어 실력을 번역 일에 사용하여 자유라는 대의에 기여하고 싶다는 편지를 보내왔습니다. 그녀가 받은 훈련과 신념을 고려해볼 때 이 일에 매우 적합하기에, 기쁘게 그녀를 추천하게 되었습니다.

최 양의 부모는 모두 한국인입니다. 그녀의 어머니 서 거트루드는 1907년[26] 이화학당 중등과 제1회 졸업생으로, 한국 여성으로서 최초의 고등학교 졸업생 중 한 명이었습니다. 그녀는 YMCA 간사인 최 씨와 결혼했고, 최 씨는 하와이에서 첫 근무를 시작했으며, 그곳에서 그들의 첫째 아이가 태어났습니다. 이후 최 씨는 도쿄에서 근무했는데, 그곳에서 둘째 딸 정림이가 태어났지요. 최 씨는 당시 도쿄 주재 한국YMCA 총무였습니다.

최 씨는 1916년경 세상을 떠난 것으로 기억하며, 저는 그 이후부터 이 가족과 알고 지냈습니다. 최 씨 부인은 유치원사범과에서 공부하는 동안 이화 캠퍼스 내의 거처를 제공받았고, 자녀들을 키우기 위해 열심히 일했습니다. 저는 정림이와 그녀의 언니가 유치원에 입학하는 모습을 지켜보았고, 마침 그 시기가 저의 안식년 휴가 기간만 아니었더라면, 그들에게 제가 직접 졸업장을 주었을 것이라고 생각합니다. 그들은 정동 캠퍼스에 있는, 이화학당으로 알려진 감리교 미션스쿨들—유치원, 초등학교 6년, 고등학교 4년, 대학 4

26 이화학당 중학과(중등과) 제1회 졸업식은 1908년에 있었다. 앨리스 R. 아펜젤러가 연도를 혼동한 것으로 추정된다.

년의 완전한 교육과정을 거쳤으며, 제가 기억하기로 1935년에 졸업했습니다. 정확한 날짜를 확인할 자료는 가지고 있지 않지만, 그 외의 내용은 모두 확실합니다.

일본어는 학교에서 반드시 사용해야 하는 언어였기 때문에 최 양은 일본어에 능통합니다. 하지만 그녀는 영문학을 전공했고, 이후 스미스대학에서 학사학위를 받은 후, 지금은 미시간대학교에서 바버 장학생으로 박사과정을 밟고 있습니다. 모든 일본식 교육은 그녀를 더 열렬한 한국의 애국자로 만들었을 뿐입니다. 미국과 일본 간의 전쟁이 발발하기 전까지, 그녀는 일본에 반대하는 공개적인 활동을 하는 것이 한국에 있는 어머니와 언니에게 해가 될 것을 우려하여 아주 조용히 지내왔습니다. 그리고 여전히 한국에서 보복당할 위험이 매우 크기 때문에, 저는 그녀의 요청에 따라 이 일이 철저히 기밀로 유지되기를 바랍니다.

최 양은 최고의 기독교적 성품을 지닌 젊은 여성으로, 겸손하고 매력적이며, 지적이고 근면합니다. 그녀의 미국 생활에 대해 더 궁금한 점이 있으시면, 미시간주 앤아버에 있는 미시간대학교에서 "동양 여성을 위한 바버 장학금"의 위원장을 맡고 있는 교수 W. 칼 루퍼스 박사에게 문의하시면 될 것입니다. 제가 도울 일이 있다면 언제든지 알려주시기 바랍니다. 앞으로 두 달 동안 제 주소는 뉴욕 5번가 150, 6층이 될 것입니다.

진심을 담아,
앨리스 R. 아펜젤러
명예 교장
한국 서울 이화여자전문학교

워싱턴 D.C. 콜로라도 빌딩 <발신인: 이승만>
한미협회
1942년 3월 30일

앨리스 R. 아펜젤러 박사
테네시, 내슈빌, 스캐릿대학

친애하는 아펜젤러 박사님께,

3월 20일자 편지 잘 받아 보았습니다. 최 양에 대한 박사님의 추천서는 육군과 해군 당국에 제출했습니다. 최 양이 미국 국방 사업에서 일할 기회를 우리가 찾아줄 수 있기를 바랍니다. 돌아가신 그녀의 아버지는 내게도 아주 소중한 친구였습니다.

자유대회는 우리에게 많은 도움이 되었습니다. 한국 문제가 점점 더 많은 관심을 받고 있으니, 머지않아 국제적으로도 인정받게 되기를 바라고 있습니다.

박사님이 하와이에 있는 당신의 민족인 한인들과 함께 생활하며 일하게 된다면 정말 좋을 것입니다. 박사님이라면 그들을 위해 아주 많은 일을 해주실 수 있을 것입니다. 하지만 지금 하와이로 가라고 권하기는 어렵습니다. 태평양은 폭풍의 중심이며, 일본은 그곳을 가만히 내버려두지 않을 것입니다. 한인들을 돕기 위해 그곳도 좋지만 이곳 미국에서도 하실 수 있는 일이 많을 것입니다.

『아리랑』은 진정한 한국인의 정신을 잘 보여주는 흥미로운 책입니다. 안타까운 부분은, 박사님도 정확히 말한 바 있듯이, 오직 한쪽 면만을 강조하고 있다는 것입니다. 특히 한국의 애국자들이 대부분 공산주의자라는 인상을 주는데, 이는 사실과 다릅니다.

워싱턴에 오시게 되면 꼭 알려주시길 바랍니다.

아내와 함께 행복을 기원합니다.

진심을 담아,
이승만

⚜ ⚜ ⚜

주소: 뉴욕, 5번가 150
코네티컷 그리니치에서
1942년 3월 31일

친애하는 친구들에게,

우리 마거릿의 결혼식에 대해 궁금해하실 분들을 위해 편지 한 통을 더 보냅니다. 내가 이곳에 올 수 있었을 뿐만 아니라, 마거릿의 남동생 리처드, 내 여동생 아이다, 프린스턴대학교 2학년생인 아이다의 아들 빌William Hampton Crom Jr.(1923~2009), 그리고 오하이오웨슬리언대학교 2학년생인 내 여동생 메리의 딸 로나 레이시도 함께할 수 있어 정말 기뻤습니다. 닷지 사촌들도 함께 참석해, 우리는 몇 년 만에 가족다운 재회를 했습니다. 마거릿은 이번 겨울에 집처럼 지냈던 조지 닷지 가족의 집에 머물렀으며, 그들의 딸 데비가 신부 들러리를 섰습니다. 닷지 가족의 아름다운 집은 그리니치의 한 시골 지역, 큰 나무들과 바위들 사이에 자리 잡고 있어서 피로연을 하기에 아주 적합한 장소였습니다. 그들은 피로연이 "간소"하다고 말했지만, 내 관점에서 보면 완벽했습니다. 많은 한국 관련 친구들—웰치 부인, J. Z. 무어 부부, 젠센Anders Kristian Jensen(1897~1956) 부부, 언더우드 쌍둥이들John Thomas Underwood(1919~1994) & James Horton Underwood(1919~2008), 커 부인, 메이너 부인, 우나 모아트-빅스, 줄리아와 토미 원, 스나이더의 딸들 부부, 신부 들러리를 한 조이스 데이비슨—이 와주어서 기뻤습니다. 사진과 동영상을 많이 찍었는데, 그중 일부는 여러분이 이미 보았을지도 모르겠습니다.

결혼식 자체가 아주 이상적이었는데 어떻게 표현해야 할지 모르겠습니다. 엄숙한 예배에 집중하지 못하게 하는 지나친 장식 없이, 흔히 찾아볼 수 없는 영성을 갖추고 있었습니다. 마거릿의 아버지가 그의 첫 설교를 한, 그리고 휴일러 가족을 만났던 그 예쁘고 작은 교회는 150명만이 들어갈 수 있는 아담한 공간이었습니다. 햇볕이 잘 드는 창은 개나리 가지로 장식되어 한국을 생각나게 했고, 성단소聖壇所는 상록수와 봄꽃으로 장식되었습니다. 잭의 평생의 목사님이셨고, 이곳을 공동체 교회로 키워오신 해럴드 월슨 목사님이 매우 경건하게 합동 예배를 집례했습니다. 겨우 스무 살이지만 아주 남자답고 책임감 있어 보이는 리처드가 누나를 신랑에게 인도하는 역할을 맡았고, 나는 신부의 어머니를 대신하는 영광을 누렸습니다. 잭의 유일한 형제인 코울터 2세가 신랑 들러리를 했습니다.

마거릿은 몸에 꼭 맞는 긴 새틴 드레스를 입고 얇은 명주 베일을 썼습니다. 그녀와 잭은 "나, 존은 마거릿을 신부로 맞이합니다"라는 서약 부분을 목사님의 도움 없이 직접 낭독했으며, 그들의 표정과 목소리에는 진실함과 경건함, 그리고 기쁨이 가득 담겨 있었습니다. 나는 이 젊은이들을 맺어주는 이 결혼식보다 더 의미 있어 보이는 결혼식은 결코 본 적이 없다는 생각이 들었습니다. 서약할 때 마거릿의 얼굴은 천사의 빛을 띠고 있어서, "그 얼굴이 천사의 얼굴 같았던" 스데반을 생각나게 했습니다. 반지 교환식 또한 특별했는데, 이들은 반지를 교환하며 "내 모든 사랑과 함께 드립니다"라고 말했습니다. 비록 두 사람이 세속적인 부를 가지고 있지는 않지만, 이들은 서로에게 줄 수 있는 가장 참된 부를 가지고 있습니다. 우리가 교회에서 나올 때 종소리가 울렸고, 모두 완벽한 결혼식이었다고 말했습니다.

마거릿의 부모와 우리가 머물던 집의 주인인 조지 닷지가 참석하지 못한 것이 유일하게 애석한 일이었지만, 조지가 앨라배마에서 전화를 했고, 피로연이 끝나기 전에 헨리, 루스, 캐롤과도 전화로 많은 이야기를 나누었습니다. 현대의 통신 기술이 우리에게 큰 행복을 가져다주었습니다. 이 완벽한 하루는 다음날 새벽이 되어서야 끝이 났는데, 가족들이 대화를 멈추고 잠자리에 드는 것을 계속 아쉬워했기 때문입니다.

5월 19일부터 23일까지는 콜럼버스에서 열리는 감리교 여성기독교봉사회 집회에서 작은 순서를 맡게 되어, 그 집회가 끝날 때까지는 내슈빌로 돌아가지 못할 듯합니다. 예정된 강연들이 가득 차 있어 바쁜 나날을 보내게 될 것 같습니다. 한국 일을 하기 위해 호놀룰루로 가려는 바람이 이루어질지는 아직 모르겠습니다만, 그곳의 상황을 잘 알고 있는 베이커 감독님, 감리사 프라이 박사님, 그리고 헨리의 허락을 받았으니 "가능해지기를" 바랍니다. 그 사이에 어디에 있든 스캐릿과 한국을 위해 일할 수 있음에 감사하며 지낼 것입니다.

신혼여행을 떠난 부부는 휴일러 가족이 소유하고 있는 사우스캐롤라이나주 찰스턴 앞바다의 작은 섬에서 일주일을 보내고 있습니다. 그곳은 흑인 관리인과 그의 가족 외에는 아무도 없는 조용한 곳입니다. [이하 소실]

⚜⚜⚜

워싱턴 D.C. 호바트 스트리트 17656 <발신인: 이승만>
한미협회
1942년 4월 2일

앨리스 R. 아펜젤러 박사
뉴욕시, 5번가 150

친애하는 아펜젤러 박사님께,

뉴욕에서 지난번에 보낸 편지를 받아 보셨기를 바랍니다. 조만간 총회에 대한 전체 보고서의 인쇄본이 나올 예정인데, 나오면 한 부 보내겠습니다.

부탁드리고 싶은 일이 있습니다. 박사님과 선교사 동료들이 대한민국임시정부를 어떻게 생각하는지에 대해 적은 편지를 워싱턴 D.C. 콜럼비언 빌딩에 있는 존 W. 스태거스 씨에게 보내주실 수 있을까요?

상황은 다음과 같습니다. 우리는 1919년 조직된 이래 중국에서 활동하고 있는 대한민국임시정부를 공식적으로 인정해줄 것을 미 국무부에 요청해왔습니다. 그런데 중국 공산당과 연계된 미국 내 한국 공산당 단체들이 국무부의 결정을 방해하고 있습니다. 그들은 대한민국임시정부가 한국 내에서는 거의 알려지지 않았으며, 해외에 있는 소수의 사람들만을 대표할 뿐이라고 주장하고 있습니다. 반면에 공산당은 한국에서 다수의 지지를 받고 있다는 인상을 심어주려 하고 있습니다. 이는 명백한 거짓말이지만, 미 국무부 당국은 진실을 모릅니다.

한국 국민을 잘 아는 사람들의 몇 마디 말이 미 국무부 당국을 설득하는 데 큰 힘이 될 것입니다. 이 편지들은 공개되지 않을 것이며, 오직 극비리에 사용될 것입니다.

또한 궁금한 점이 있습니다. 한국에 있는 한국인들은 내 이름을 알고 있는지요? 그들은 민족주의 정부보다 공산주의 정부를 더 좋아하고 있는지요? 스태거스 씨는 우리의 충실한 친구이자 법률 고문입니다. 보내주시는 편지들은 진실을 입증하는 구체적인 증거로 쓰일 것입니다.

진정으로 한국을 위하는 선교사라면 누구라도 주저하지 않고 이 정보를 제공해주실 것이라 믿습니다. 그리고 여러분의 성함은 비밀로 지켜질 것임을 다시 한번 확실하게 약속드립니다.

행복을 기원합니다.

진심을 담아,
이승만

⚜⚜⚜

뉴욕, 5번가 150
1942년 4월 8일

친애하는 밴플리트 씨, 그리고 밴과 톰에게 관심이 있는 분들에게,

어제 파크가와 57번로에 위치한 미국성서공회의 회장인 에릭 노스 박사를 방문했습니다. 노스 박사는 상하이에서 일하고 있는 홉스 씨의 상사입니다. 물론 홉스 씨는 여전히 영국해외성서공회에 속해 있지만, 현재 상하이에서 칼턴 레이시 감독님을 대신해 일하고 있습니다. 노스 박사는 상하이에 있는 영국해외성서공회의 허즈퍼스 씨로부터 최근에 소식을 들었다고 말했습니다. 허즈퍼스 씨는 충칭으로 편지를 보냈고, 그 편지의 내용은 전보를 통해 도달했다고 합니다. 노스 박사가 여러분에게 이 소식을 이미 전달했는지 모르겠습니다만, 만약 미국성서공회의 최신 회보를 받고 싶으시다면, 노스 박사에게 어떤 소식이라도 보내달라고 요청하여 명단에 등록하시는 것이 좋겠습니다.

노스 박사는 다음과 같이 말했습니다.

> "상하이의 상황은 다른 곳들보다는 좀 나은 편인 것 같습니다. 많은 것이 담당 관료에게 달려 있습니다. 홍콩은 상황이 매우 좋지 않지만, 상하이에서는 어느 정도 자유롭게 왕래할 수 있으며, 출입증 등을 보여주어야 하긴 해도 출입이

완전히 제한되지는 않습니다. 대부분 자기 집에서 생활하고 있고, 음식은 부족 해도 대우는 꽤 괜찮은 것 같습니다."

너무 오래 시간을 뺏고 싶지 않아, 그들에게 돈을 전달하기 위한 방법에 대해서는 자세히 묻지 않았습니다. 그러나 직접 연락이 가능한 이곳 선교국 간사들에 따르면, 충칭에 있는 선교부 회계들을 통해 돈을 전송함으로써 점령된 중국에 있는 모든 지역으로 자금을 보낼 수 있었다고 합니다. 홍콩만 예외인 것 같습니다.

최근에 마닐라에서 보내온 소식에 의하면, 모든 선교사와 동료들이 석방되어 사역을 재개할 수 있게 되었다고 합니다. 일본인들이 선교사들의 일을 다소나마 존중하는 모습도 보였다고 전해집니다. 아슬아슬한 탈출이 있었고, 선교사 중 몇몇은 현재 어디에 있는지 알 수 없지만, 지금까지는 선교사 중 누구도 목숨을 잃지는 않았습니다. 모든 위험을 고려해볼 때 이는 놀라운 일이라고 생각합니다.

저는 내슈빌에 있는 스캐릿대학에서 학기를 마친 후 조카 마거릿의 결혼식에서 그녀의 어머니 역할을 대신하기 위해 뉴욕에 왔습니다. 마거릿의 부모는 막내딸 캐롤과 함께 호놀룰루에 있는데, 이곳 코네티컷주 그리니치에서 결혼식 피로연을 하는 동안 전화로 이야기를 나눴습니다. 이 통화는 그들 모두에게 큰 기쁨을 안겨주었습니다. 마거릿은 사랑스러운 신부였고, 잭 휴일러는 멋있는 신랑이었습니다. 마거릿의 유일한 남동생인 리처드가 결혼식에서 그녀를 신랑에게 인도하기 위해 캘리포니아에서 왔습니다. 잭과 마거릿은, 잭이 대학을 졸업하고 참전하러 가는 6월까지 함께 살 작은 아파트를 프린스턴에 구했습니다.

저는 4월 내내 이곳에서 스캐릿을 위해 강연과 여타의 일을 할 것이고, 5월 19~23일에 열리는 감리교 여성 집회에 참석하기 위해 오하이오주 콜럼버스로 갈 예정입니다. 그 후 여름에는 다시 스캐릿에서 여성학장대리를 하기 위해 내슈빌로 돌아갈 것 같습니다. 저는 호놀룰루에 있는 한인들 사이에서 일하기 위해 그곳으로 가려고 노력하고 있습니다. 남동생 헨리가 제일감리교회의 목사가 되어서 예전처럼 한인들과 함께할 시간이 없기 때문입니다. 계획대로 되지 않을 수도 있지만, 가고 싶은 마음이 매우 간절합니다.

부활절에는 한인교회에서 친구들과 즐거운 교제를 나누었습니다. 예배 후 저녁에 식사와 비공식 모임 자리도 가졌습니다. 많은 한국 선교사들이 그곳에 참석했습니다.

여러분 모두의 행복을 기원하며, 사랑하는 사람들이 집으로 우리에게 돌아오고 있다는 기쁜 소식을 들을 수 있는 날이 곧 오기를 바랍니다.

진심을 다해,
앨리스 R. 아펜젤러

한국에서는 아무런 소식도 듣지 못했습니다. 커 부인은 선교사들이 한 건물에, 아마도 동대문 밖에 있는 제칠일안식일예수재림교 건물에 억류되어 있을 것이라고 생각하고 있습니다. 그럴 가능성을 시사하는 말들이 있었다고 합니다.

⚜⚜⚜

뉴욕, 5번가 150
1942년 4월 15일

친애하는 이 박사님께,

에비슨 박사님이 오셨을 때 이 편지의 사본을 만들 준비가 되어 있었기에, 스태거스 씨에게 보낸 편지의 사본을 에비슨 박사님의 봉투에도 동봉해서 보냅니다. 이런 증언을 보낼 수 있어서 기쁘며, 제가 할 수 있는 어떤 방법으로든 기꺼이 돕겠습니다. 결코 공산주의자들이 박사님의 위대한 일을 망치게 두어서는 안 됩니다. 『아리랑』은 아마도 대중에게, 그 집단이 한국을 대표한다는 인상을 심어주고 있을 것입니다. 이 책은 인기가 있으며, 보수적인 다른 책들보다 더 많은 독자를 보유하고 있을지 모릅니다. 하지만 선정적인 것은 대중의 마음을 사로잡을 수는 있어도, 그 인기가 오래 지속되지는 않습니다.

한국의 상황은 이제 점차 알려지기 시작했고, 박사님의 명성도 꽤 알려져 있다고 생각합니다. 저는 어제 한 교회 오찬에서 강연을 한 후 이화의 사진들을 보여주고 있었습니다. 그때 식사 중이던 한 흑인 참석자가 다가와서 말했습니다.

"한국은 독립하게 될 것입니다."

"한국 사람을 아시나요?"라고 저는 물었습니다.

"네, 한 사람 알고 있습니다."

그는 볼리비아에서 왔고 매우 예리한 사람이었습니다.

물론 한국에 대해 가장 많은 관심을 갖고 있으며 정보도 풍부하고, 한국이 자유를 얻었을 때 가장 많이 도와줄 사람들은 바로 선교사들입니다. 아마도 지금은 다른 사람들이 정치적 자유를 위한 투쟁을 돕고 있을지 모르지만, 교회 사람들이야말로 한국을 사랑하고 끝까지 도와줄 진짜 친구들이라는 것을 아시게 될 것입니다.

지난달 내슈빌을 떠나기 직전에, 저는 테네시주, 내슈빌, 모래나로 1809에 사는 로버트 E. 파크 박사님 부부와 식사를 했습니다. 파크 박사님이 한국에 관심이 많고 1919년 3.1운동과 연관이 있었다는 사실에 매우 놀랐습니다. 그를 우편 수취인 명단에 올려줄 것을 이 박사님에게 요청하겠다고 말씀드렸습니다. 그의 부인은 저명한 예술가이며, 두 사람 다 한국에 다녀온 적이 있었습니다. 그들은 윤 T. H. 박사님을 방문했던 기억이 있으며, 그때 활란이 그들의 배에 타고 있었다고 합니다. 그들은 그녀에 대해 알고 싶어 했지만, 저는 그녀의 상황에 대해서는 언급하지 않았습니다. 불쌍한 윤 박사님, 요즘 얼마나 큰 고통을 받고 계실까요? 우리가 떠나기 전의 상황은 끔찍했고, 작별 인사를 나누며 역에서 함께 울었던 윤 박사님의 모습을 결코 잊지 못할 것입니다.

저는 헨리의 큰딸인 마거릿의 결혼식 참석차 이곳에 와 있습니다. 마거릿과 잭 휴일러는 잭이 대학교를 졸업할 때까지 프린스턴에서 살고 있으며, 잭은 졸업 후 전쟁에 나가야 합니다. 우리 젊은이들은 정말 훌륭한 정신을 보여주고 있습니다.

박사님과 모든 친구분들께 안부를 전합니다.

진심을 다해,

뉴욕, 5번가 150
1942년 4월 15일

존 W. 스태거스 씨
워싱턴 D.C.
콜럼비안 빌딩

친애하는 스태거스 씨께,

한국 국민을 대표하고 있는 것으로 알려지기를 바라는 한국 공산주의 집단이 이승만 박사가 이끄는 한국위원회를 반대하고 있다는 사실을 알고 있습니다. 나는 불과 17개월 전에 떠나온 한국에서 한국인과 함께한 평생의 경험에 비추어볼 때, 집단으로서의 한국인들은 공산주의자가 아니라고 주저 없이 말할 수 있습니다. 물론 한국에 있는 사람들이 표현할 수는 없지만, 만약 그들이 자유롭게 자신을 표현할 수만 있다면, 길고 힘든 시기 동안 이 운동을 이끌고 있는 책임 있는 지도자들을 통해 그들을 대표할 대한민국임시정부를 선택할 것이라고 믿습니다.

나의 아버지는 한국에서 서양식 교육을 하는 최초의 학교를 세우셨고, 이 박사는 아버지의 제자 중 한 명으로 아마도 아버지에게 민주주의의 개념을 처음으로 배웠을 것입니다. 이 박사는 그의 민족을 위한 자유라는 대의를 위해 평생을 헌신하며 살아왔고, 나는 한국인들이 그를 신뢰한다고 확신합니다. 일본의 힘이 커지면서 대부분의 사람들이 한국 독립은 헛된 꿈이라고 생각할 때, 이 박사는 한국의 독립이 반드시 이루어질 것이라 믿고 결코 노력을 게을리하지 않았습니다. 그의 저서 『일본 내막기』는 그가 평생 해온 일을 담은 가치 있는 기록이며, 널리 알려져야 할 책입니다.

나는 어린 시절부터 이 박사를 알았고, 공감과 관심을 가지고 그의 경력을 지켜보았습니다. 나는 1885년에 한국에서 태어난 첫 번째 미국인 아이로, 총 41년을 한국에서 보냈으며 그중 26년은 선교 사역을 했습니다. 1915년부터 1940년까지는 한국 서울에 있는 이화여자전문학교와 연결되어 있었고, 지금은 미 국무부의 강력한 권고에 따라 잠시 한국을 떠나왔을 뿐입니다. 일본에 속한 땅에서 사는 미국인으로서, 우리 선교사들은 한국을 둘러싸고 있는 정치적 문제들을 피하려고 하는 동시에 한국 국민들이 그들의 문제를 해결하고 더 나은 미래를 준비할 수 있도록 이상과 함께 실용적인 교육을 제공하여 돕고자 했습니다. 기독교 선교사들이 한 일에 한국인들이 열정적으로 반응했다는 사실은 한국에 대해 조금이라도 아는 사람이라면 누구든 잘 알고 있습니다.

일본인들은 한국 국민을 얽어매고 재갈을 물렸으며, 자유로운 국민에게 허락되는 모든 표현의 수단을 박탈했습니다. 그러나 일본인들이 폭탄보다 더 두려워하는 "위험한 생각들"은 억누를 수 없습니다. 기독교는 모든 형태의 억압에 위험한 것으로 인식되는 힘입니다. 공산주의 운동은 일본제국도 휩쓸었지만 가혹하게 진압당했습니다. 님 웨일즈의 책 『아리랑』은 중국 공산당에 가입한 한국인들의 활동을 공정하게 묘사하고 있습니다. 하지만 그들이 한국 내 책임 있는 주체나 다수의 충성심을 확보한 적은 한 번도 없습니다. 그들은 폭력 외에는 그 무엇도 너무 느릴 뿐이라고 느끼는 사람들에게 절박한 수단으로서 호소력을 발휘합니다. 하지만 한국 최고의 인재들 대부분은, 그들이 국가 간 경쟁에서 자리를 차지하려면 배워야 할 것이 매우 많다는 것을 깨달았고, 자유라는 위대한 목적을 위한 수단으로 교육과 실무 경험을 중요하게 여기고 있습니다. 그래서 그들은 한국과 해외에서 준비해왔고, 지금은 국민을 위해 일할 준비가 되어 있는, 잘 훈련된 남자들과 여자들이 많이 있습니다.

임시정부는 이러한 책임감 있고 잘 교육받았으며, 잘 훈련된 사람들을 대표합니다. 한국은 자연스럽게 오랜 기간 관계를 맺어온 중국과, 가장 실질적인 우정을 보여준 미국에 도움을 청하고 있습니다. 한국은 다른 억압받는 국가의 국민들과 함께 억압에 맞서 민주주의가 이끄는 싸움에 참여하기를 원합니다. 기독교 운동이 자국의 국가 정체성을 지켜주었고, 타고난 훌륭한 자질을 발전시킬 기회를 국민들에게 주었기 때문에, 한국은 그들의 나라를 위해 기독교계가 행한 일들에 감사하고 있습니다.

한국은 어려움을 겪고 있는 세계 여러 나라들 사이에서 중요한 위치를 점해야 합니다. 한국의 든든한 친구인 미국이 대한민국임시정부를 인정하고, 생존권을 위해 싸우고 있는 연합국에 한국이 기여할 수 있는 힘을 결합해야 합니다. 전에는 중요해 보이지 않던 국민과 장소들이, 이제는 전쟁 중인 국가들에게 절대적으로 필요한 존재가 되는 것을 우리는 최근에 목격했습니다. 한국은 현재 아시아의 분쟁에서 무시되어서는 안 될 전략적 중요성을 가지고 있습니다. 미국은 한국이 오랜 역사 동안 그들 자신의 것이었고, 다시 되찾아야만 할 땅을 세계 속에서 차지하도록 도운 것에 대해 결코 후회하지 않을 것입니다.

나는 이 편지가 기밀로 처리되기를 바랍니다. 이 편지가 다른 방식으로 사용되는 것은 괜찮지만, 내 이름으로 게재되는 것은 원하지 않습니다.

한국 국민을 돕는 데 중요한 역할을 해주심에 감사드립니다.

진심을 다해,
(미스) 앨리스 R. 아펜젤러

추신: 나에 대한 추가 정보는 『후즈 후, 1940~1941』에서 확인하실 수 있습니다.

⚜⚜⚜

워싱턴 D.C. 콜로라도 빌딩 <발신인: 이승만>
한미협회
1942년 4월 18일

앨리스 R. 아펜젤러 박사
뉴욕시, 5번가 150
감리회 선교국 전교轉交

친애하는 아펜젤러 박사님께,

4월 15일자 편지와, 스태거스 씨에게 보낸 편지 사본을 함께 보내주셔서 진심으로 감사드립니다. 이 편지가 미국 정부로 하여금 한국을 인정하지 못하게 만드는 바람직하지 않은 요소들을 잠재우는 데 도움이 될 것이라고 확신합니다.

친구분들도 같은 취지로 편지를 쓰도록 최선을 다해 격려해주시기를 바랍니다. 에비슨 박사가(혹은 원하시면 박사님 자신이) 친구분들에게 그런 취지로 편지를 보낼 수 있도록 제게 그분들의 주소를 알려주시면 고맙겠습니다.

호놀룰루에 있는 남동생께도 편지를 써서 이 문제에 대한 의견을 줄 수 있는지 물어봐주실 수 있을까요? 모든 편지가 큰 도움이 될 것입니다.

우리는 로버트 E. 파크 박사 부부에게 우리가 발송하는 회람 중 하나를 우편으로 보내고 있습니다.

우리 부부가 함께 박사님의 행복을 기원합니다.

진심을 다해,
이승만

⚜⚜⚜

뉴욕, 5번가 150
1942년 4월 28일

나의 매우 소중한 애다에게,

신문들은 바스에서 일어나고 있는 끔찍한 폭격들에 관해 이야기하고 있고, 나는 당신을 생각하며 특별히 당신을 위해 기도하고 있습니다. 그래서 지금이 편지를 쓰기에 좋은 때라고 생각해요. 검열관의 편의를 위해서 타자기를 사용하고 있기는 하지만 타자기 상태가 썩 좋진 않아요. 나는 이 타자기에 "스키피"라는 이름을 붙였는데, 편지를 보면 그 이유를 알 수 있을 거예요. 이 타자기는 메이너 부인의 것으로, 그녀가 떠나 있는 동안 내가 그녀의 사무실을 사용하고 있으니 이에 대해 불평은 하지 않으려고요. 친애하는 게일James Scarth Gale(1863~1937) 박사님의 사랑스러운 기도는 꼭 그분답네요. 그분의 목소리가 들리는 것만 같습니다. 메리와 헨리가 좋아할 것 같아서 그들에게 이 편지의 사본을 보내려고 해요. 한국에서 우리는 얼마나 축복받은 삶을 살았는지요! 그 어떤 것도 우리에게서 그것을 빼앗아 갈 수 없어요. 나 또한 일본인들에게 지독하게 실망했지만, 이런 대참사를 막을 수도 있었던 쪽이 강해질 수 있도록 자유주의자들을 더 많이 돕지 않은 것에 대해 기독교인으로서 조금은 책임감을 느껴요. 나는 사이토 자작과 우리가 아는 다른 사람들이, 세계를 결국 이와 같은 재난에 빠뜨려버린 세력에 반대하는 일을 하고 있었다고 믿어요. 외국인이든 본토인이든, 그곳에 있는 우리 친구들의 고통에 대해서 생각하지 않을 수 없어요. 쿤스 부부, E. H. 밀러 박사, 라이너 씨는 우리가 마지막으로 들은 바로는 감리교신학교 구내에 있었어요. 언더우드 쌍둥이는 부모님의 25주년 결혼기념일인 12월 6일에 전화 통화를 했다고 하고, 그것이 내가 아는 한 가장 최근에 한국으로부터 직접 들은 소식이에요.

마거릿의 결혼에 관한 설명을 동봉해요. 전쟁이 이들을 갈라놓기 전에, 이 젊은이들이 비록 짧지만 행복한 시간을 함께할 수 있어 기뻐요. 잭은 졸업 직후 6월 26일에 군대에 가야 해요. 곧 그들과 하룻밤을 보내기 위해 프린스턴으로 가려고 해요. 알렉스는 행복해 보이고, 그렇게 가까이 사는 당신의 상황은 꽤 이상적으로 들리는군요. 전쟁이 그토록 가까운 곳에서 벌어지고 있지만 않다면 말이지요. 당신이 안전하게 지내기를, 그리고 이 끔찍한 일이 곧 끝나기를 기도해요. 세상에, 얼마나 비참한 광경인가요!

당신의 편지는 스크랜튼 사람들로부터 받은 유일한 소식이에요. 내가 메리언에게 편지를 계속 보내지 못하고 있었기 때문이지요. 하지만 이제 편지를 보냈고, 곧 소식을 듣게 되기를 바라고 있어요. 여러 곳에 흩어져 있는 대가족은 위험에 처하기가 쉬워서 소식을 물어보기가 두려워요. 우나는 내가 잠시 머물고 있는 이곳 프린스조지호텔에 있고, 나는 그녀의 옆방에 있어서 우리는 서로 소식을 나누고 있어요. 그녀는 건강하고 언제나처럼 씩씩해요. 예전에 다녔던 회사로 돌아가게 되어서 기뻐하고 있고, 우연하게도 옛날에 그녀의 상사였던 러들럼 씨를 위해 다시 일하게 되었어요. 그녀의 자매인 베티도 이곳에서 살고 있어요. 우리 친구들 중 누구든 만나게 되면 내 안부를 전해주세요. 리처드는 아주 남자답고 책임감 있는 사람으로 자랐고, 대학 공부 외에도 주유소에서 일주일에 32시간씩 일하고 있다고 헌트 사제님에게 이야기해주세요. 나는 성장한 리처드를 보고 무척 기뻤어요. 결혼식에서 우리 집안의 많은 "손주들"을 본 것도 매우 행복했지요. 아이다의 아들은 키가 180㎝가 넘고 잘생겼으며, 메리의 맏딸 로나 레이시는 메리를 닮아 상냥하고 예뻐요. 마거릿은 헨리의 오랜 친구인 휴일러 가문의 모든 사람들에게 많은 사랑을 받고 있어요. 부모끼리 친구 사이인 또 다른 좋은 짝은 6월에 결혼할 도널드 커와 진 브로크만이에요. 나는 그들을 이곳에서 보았는데, 그들은 윌과 떨어져 있어도 씩씩하게 지내고 있는 그레이스와 함께 있었어요. 그레이스가 들었다는 마지막 소식에 의하면 윌은 아직 경성제국대학에서 학생들을 가르치고 있다고 해요. 나는 많이 돌아다니며, 원할 때마다 늘 우리 사람들인 한국인들과 다른 사람들을 볼 수 있으니 복이 많아요. 휴 밀러 Hugh Miller(1872~1957) 부부는 편안하게 정착했는데, 밀러 씨는 삶과 정원을 즐기고 있지만 밀러 부인은 자신이 그림자에 불과한 것처럼 느껴진다며 매우 우울해하고 있어요. 하디 부부는 위치를 잘 잡아서 베스가 그들과 함께 지내며 퇴근 후 도와주고 있고, 그레이스와 가족은 그 근처에서 살고 있어요. 하디 부인은 예전과 같지만, 하디 박사는 기억을 잃었어요. 그는 조용히 앉아 있었지만 나를 알아보지도 못했죠. 말을 걸면 대답은 하지만 기억하지는 못해요. 이미 세상을 떠난 분들과는 이런 일을 겪지 않았다는 것이 다행이에요. 셔우드 홀 가족은 인도에 있으며, 셔우드는 특유의 열정을 발휘해 인도를 위한 결핵 크리스마스 씰을 발행했어요. 그간 인도에는 크리스마스 씰이 없었거든요. 미스 키스가 한국을 위해 뭔가 더 많은 일을 하고 싶어 한다는 소식을 들었어요. 그녀에게 축복이 있기를! 모두가 이제는 독립의 기회가 오기를 바라고 있어요. 애니와 제시를 볼 수 있기를 바라며, 미시간에 다시 가게 되면 찾아보려고 해요. 내 편지에 대한 답장은 아직 없지만, 편지가 반송되지는 않았으니 애니가 편지를 쓸 거라 믿어요. 제시는 여전히 플로리다에서 사업을 계속하고 있는지 궁금해요.

당신이 이 긴 편지를 다 읽느라 지칠 것 같으니 이만 마쳐야겠네요. 나는 당신과 함께 보낸 시간과 어릴 때부터 쌓아온 오랜 우정 덕분에 받은 축복을 생각하는 것이 정말 좋아요. 당신이 건강하고 안전하기를 기도해요. 이 편지가 당신에게 무사히 도착할 수 있게, 그래서 내가 당신을 잊지 않고 있다는 것을 당신이 알 수 있도록 항공 우편으로 보내요. 내가 바라는 일정은 5월 16, 17일에 로지와 함께 있다가 메리가 살고 있는 콜럼버스로 이동하고, 이후 여름에 내슈빌로 돌아가는 것이에요. 한국인들과 함께 있는 것이 정말 좋고, 그들을 위해 더 많은 일을 하고 싶어서, 호놀룰루에 갈 수 있는 길이 열린다면 정말 기쁠 거예요. 당신과 알렉스, 그리고 다른 모든 친구들에게 많은 사랑을 담아 보내요.

언제나 한 마음으로,
앨리스

테네시, 내슈빌, 스캐릿대학
창립기념일, 1942년 5월 30일

친애하는 여러분, 특히 이화의 분들에게,

이 사랑스럽고 황금 같은 하루 내내 지나간 메이데이들을 떠올리며, 이화의 여러 캠퍼스에서 지금의 메이데이는 어떤 모습일지 상상해보았습니다. 하나님은 신실하시니, 모란꽃은 활짝 피어 있고 햇빛과 비는 한국을 풍성히 열매 맺게 하고 있으리라 확신합니다. 제시 맥라렌이 심은 관목과 나무들이 자라나고, 준태는 그것들을 돌보며 '그곳을 깔끔하게 관리하겠다'던 그녀와의 약속을 지키고 있겠지요. 다른 모든 사람들도 각자의 역할을 하고 있을 것이며, 진선미의 정신이 여전히 살아 숨 쉬고 있을 것입니다. 중국이나 다른 어딘가에 있을 밴, 호주에 있는 제시, 이화로부터 멀리 떨어진 이곳에 있는 우리 모두가 메이데이를 기억하고 있으리라는 걸 나는 확신합니다. 우리는 오늘 오후 라디오 방송과 교회에서 노래를 부르는 존 루이스 교수의 집에 모여 아름다운 소풍을 즐겼습니다. 그 집은 그래니화이트파이크에 있는 "노래하는 물"이라고 불리는 곳에 있는데, 반 시간 운전해 가야 하는 거리에 있습니다. 집은 평평한 바위 위로 흐르는 얕은 개울을 내려다보는 산비탈에 자리 잡고 있으며, 그 너머에는 숲과 들판이 펼쳐져 있습니다. 그날은 완벽했고, 나는 그 모든 것을 사랑했으며, 하나님께서 우리에게 이 세상을 어떻게 지키고 사용하기를 원하시는지 알려주는 아름다운 세계에 감사했습니다. 내일 오전 7시에 스캐릿은 50주년 창립 기념 축하 행사를 시작합니다. 축하하는 방식은 커닝검 박사님과 스캐릿대학답습니다. 시대가 어렵다 보니, 스탠리 존스 선교사가 인도하는 나흘간의 수련회를 한 후 4일에 졸업식을 합니다. 나는 그간 많이 사랑하게 되었던 내 첫 4학년생들이 떠나는 것이 아쉽습니다. 하지만 모든 어려움에도 불구하고 행복한 창립기념일이 될 것이며, 이 기념일에 대한 나의 특별한 관심을 나누고 싶습니다.

수난주간부터 5월 6일까지 나는 파이퍼 부인이 남쪽에서 돌아오시기를 기다리며 뉴욕에 있었습니다. 호텔에 그렇게 오래 머무는 것은 비용이 너무 많이 든다고 생각했지만, 스턴츠 박사가 그렇게 하기를 권했기에 나는 시간을 최대한 활용하려 노력했습니다. 사람들에게 내가 필요한 곳이면 어디에서든 강연할 준비가 되어 있다고 말했고, 파이퍼 부인의 조카인 제임스 부인 덕분에 그들의 교회인 세인트폴런드 세인트앤드루교회의 여성기독교봉사회에서 강연을 하게 되었습니다. 그때 나는 제임스 부인에게, 스캐릿을 파이퍼 부인께 소개할 수 있도록 도와달라고 부탁했고, 지금 파이퍼 부인의 일을 돕고 있는 조카 가필드 머너 씨를 만나게 해달라고도 했습니다. 사람들은 머너 씨가 까다롭고 감리교 일에 무관심하다고 경고하면서, 내가 그와 "접촉"해야 할 것이라고 조언했습니다. 그래서 제임스 부인(그녀는 파이퍼 부인과 같은 아파트에서 가깝게 사는 조카이고, 마치 딸과 같으며, 내 오랜 친구입니다)에게 머너 씨를 만나게 해달라고 한 것입니다. 파이퍼 부인의 나이나 이화와 나에게 오랫동안 베푸신 친절을 이용하고 싶지는 않고, 오직 그들이 스캐릿대학의 진가를 알아보고 그에 따라 판단해주시기를 원한다는 걸 알리고 싶다고 했습니다. 제임스 부인은 내가 올해 어떤 것도 바라지 말아야 하는 많은 이유, 불확실성, 이미 이행하기로 한 약속 등에 대해 이야기하며 만류했습니다. 나는 파이퍼 부인이 우리의 일에 관심이 있으시고, 도울 수 있을 때에는 도와주시리라는 것을 알았기에, 면담 행렬의 한 자리를 얻고 싶다고만 말했습니다. 스턴츠 박사가 그 일에 대한 명확한 설명서를 작성해놓았으므로, 나는 제임스 부인에게 그것을 머너 씨에게 전달해줄 것을 부탁했습니다.

그들이 돌아온 후 면담을 할 수 있기까지 꼬박 일주일을 기다려야 했고, 나는 J. R. 모트 박사님 다음 차례였습니다! 파이퍼 부인이 대부분의 이야기를 했지만, 머너 씨도 한자리에 있었습니다. 그들이 모트 박사님과 이야기를 끝낼 때까지 기다리는 동안 한국에 있었던 댄 머너 부인, 그리고 오리건에서 두 번 만난 적이 있는 또 다른 자매 로렌스 부인이 나를 환대해주었습니다. 머타는 파이퍼주니어대학에서 그들을 만난 적이 있습니다. 이 모든 접촉은 도움이 되었습니다. 파이퍼 부인은 한 가지 일도 더는 도와줄 수 없다고 하시면서, 상황상 지금 가지고 있는 것보다 더 많은 것을 약속해놓았고, 그 돈을 다 지급하려면 원금을 잠식해야 한다고 하셨습니다. 머너 씨는 우리의 서류를 펴놓고 애니 고모에게 몇 가지 점을 설명했으며, 나는 그가 스캐릿에 대해 꽤 잘 알고 있고 호의적으로 생각하고 있다는 사실에 기뻤습니다. 내가 떠날 때, 사랑하는 연로하신 부인은 나를 딱하게 바라보시며 친절하게 입 맞추어주셨습니다. 나는 그녀가 우리에게 기부금을 주셨든 주지 않으셨든 상관없이 항상 우리에게 좋은 일을 해주셨다고 말씀드렸습니다. 그녀는 자비롭고 동정심이 많으시지만, 그녀의 조카가 말했듯이 모든 주문 사항을 이행하려면 10억 달러가 들 것입니다.

머너 씨는 나와 함께 아래층으로 내려가겠다고 했고, 사업 문제에 관해 이야기 나누고 싶으시다며 나를 지하철역까지 데려다주었습니다. 그가 다음 날 저녁 식사를 주선하여 나는 긴 이야기를 할 기회를 얻게 되었고, 덕분에 앞서 언급한 좋은 결과를 얻을 수 있었습니다. 그래서 그날 저녁은 지난 1년간의 수고와 기다림에 대한 보람을 느낄 수 있었고, 그 일이 이루어진 데에 깊이 감사했습니다. 현금 15,000달러는 파이퍼 씨의 재산에서 감리회 교육국으로 이미 보내졌지만, 그들은 그 돈을 스캐릿에 배분해주었습니다. 나는 그 소식을 5월 20일 콜럼버스에서 강연하기 바로 전날 밤에 듣게 되었고, 이 놀라운 소식이 가져다준 기쁨 덕에 강연할 때 기운이 넘쳤습니다. 커닝검 박사님과 이곳에 있는 모든 분들이 함께 기뻐해주셔서, 나는 마침내 스캐릿에게 짐이 아닌 존재가 되었다는 안도감을 느꼈습니다.

집회는 성대했고, 특히 그곳에 모인 사람들은 대단했습니다. 우리는 전날 저녁 레이시네 집에서 전통적인 한국식 선교 만찬을 가졌는데, 사우어 부부와 쇼 부부가 공동 주관하여 26명이 참석했습니다. 친애하는 G. H. 존스 부인Margaret Josephine Bengel Jones(1869~1962)은 1890년대 초 이화에 있을 때 존스 씨George Heber Jones(1867~1919)와 함께 성곽을 따라 산책하던 당시의 이야기로 우리를 즐겁게 했습니다. 웰치 부인, 창백해 보이지만 건강을 되찾고 있는 나오미, 브라우니, 헐버트 자매, 모네타, 메리언 칸로, 채핀 부인, 미스 헤인스Emily Irene Haynes(1877~1960), A. 헌터, E. 디켄Ethel Mae Dicken(1892~1969) 등이 우리와 함께해주어서 참 좋았습니다. 우리는 할 수 있는 한 함께 붙어서 시간을 보냈습니다. 언제 다시 함께하게 될지 누가 알겠습니까?

베티 달비는 떠났으며, 그녀의 쾌활한 존재가 없으니 이곳은 이제 전만큼 행복한 곳이 되지 못할 것 같습니다. 그녀는 이곳에서 살며 열심히 좋은 일을 한 훌륭한 기록을 남겼습니다. 베시 올리버Bessie Orena Oliver(1888~1974)는 당분간 근처에 있을 예정이며, 우리는 함께 "말뚝을 박고" 있습니다. 루이스 파이크는 여름에 다시 왔고, 기숙사의 내가 있는 층에서 지낼 예정입니다. 나는 마치 그사이 1년이 흐르지 않은 것처럼 같은 자리에 앉아 있지만, 좋은 선풍기로 무장을 했습니다.

스탠리 존스는 기대했던 것보다 더 훌륭하고 재미있었으며, 많은 도움을 주었습니다. 나는 그의 설교를 일곱 번 들었답니다. 무어 감독님, 브래그 부인, 미스 매키넌 등이 참석했습니다. 커닝검 박사님은 사표를 제출하셨지만, 이는 천천히chun-chunnie 처리될 예정이라 아마도 당분간 큰 변화는 없을 것입니다.

콜럼버스에서는 베이커 감독님과 한 마디 이상 말할 시간이 없었습니다. "호놀룰루에서 뵐게요"라고 내가 말했습니다. "거기에 가고 싶어요?"라고 감독님이 물으셨고, 나는 "네"라고 대답했습니다. 모든 것은 하나님의 손안에 있습니다. 하와이 주변의 태평양 지역과 우리 해안에서 군사 활동이 증가한다면 나는 호놀룰루에 갈 수 없을 것입니다. 하지만 그런 일이 없기를 바라며, 갈 수 있기를 희망합니다. 아직도 나는 단지 돈을 모금하고 강연하며 돌아다니는 것이 내가 오랫동안 하고 싶은 일은 아니라는 생각이 듭니다. 이 일의 중요성이나 이 학교 앞에 놓인 커다란 기회와 도전을 과소평가하는 것이 아닙니다. 그러나 내가 해야 할 다른 일이 있다고 생각합니다. 한편으로는 감사하고 행복하며, 누군가에게 쓸모 있는 사람이 되기를 바랍니다. 한 과목을 수강하고, 그 후에는 적십자 응급처치 과목을 수강한 뒤 지난여름처럼 모든 편지에 답하고 싶습니다.

교환선에 대한 생각은 전율을 느끼게 하며, 우리가 사랑하는 누군가가 그 배에 있을 것이라는 희망을 줍니다. 물론 나는 밴과 톰에 대해 생각하고 있습니다. 불쌍한 코린 그레이는 협심증과 암으로 많이 아파서 콜럼버스의 한 병원에 입원해 있습니다. 충실한 사촌인 밀드리드 하디스티가 매일 그녀를 방문하지만, 코린은 거의 마지막에 다다른 듯 보이며, 아무것도 먹지 못하고 있습니다. 그녀는 아주 말랐고 머리는 하얗게 되었습니다. 나는 콜럼버스에 있는 동안 그녀를 네 번 방문했고, 밴과 여러분의 이름으로 꽃을 가져다주었으며, 그녀를 위해 쓸 것들을 밀드리드에게 전달했습니다. 그녀는 콜럼버스에 있는 백십자병원에 입원해 있으며, 여러분 중 누구라도 그녀에게 카드를 보낸다면 분명히 고마워할 것입니다.

M. 체리Julia Mabel Cherry(1894~1990)가 데려왔던 신학교 학생 김순희는 건강이 악화되어 아마도 교환선으로 추방될 것입니다. 그런 일이 일어나면 끔찍할 텐데, 일본 사람들이 그녀를 어떻게 대할까요? 나는 그녀를 작년 4월에 본 후로는 다시 만나지 못했습니다. 이곳 사람들은 그녀를 돕기 위해 할 수 있는 최선을 다했습니다. 장강자(시카고한인교회 이운택 목사 부인)는 또 아들을 낳았습니다. 모네타가 이 부부의 다른 아이들에 대해서 잘 알려주었습니다.

나는 최근 『용의 씨』를 읽었는데, 점잖은 사람이 즐기기에는 너무 사실적이고 끔찍한 내용입니다. 하지만 그 당시 중국에서 살았던 여인들에게 듣기로, 그 이야기는 전부 진실이라고 합니다. 뉴욕에서 한 달 이상을 보낸 후, 보스턴에서 6일 동안 주로 감리교 친구들과 연락하면서 지냈습니다. 웰즐리에 가지 못한 것이 아쉬웠지만, 가기가 쉽지 않았습니다. 그래도 버펄로[뉴욕주]에는 들렀고, 도널드 커와 진 브로크만이 6월 20일 결혼식을 할 예정인 보웬네 집에도 갔습니다.

모두에게 사랑을 보내며,

⚜⚜⚜

1942년 6월 1일

친애하는 러헤드 목사님께,

이번 달에는 못 보냈지만 지금까지 매달 여성기독교봉사회에 편지를 보내왔는데, 목사님께는 좀 더 빨리 편지를 보냈어야 했습니다. 그런데 목사님으로부터 편지를 받고, 목회를 그토록 성공적으로 이어가고 계시다는 소식을 들어 기쁩니다. 스탠리 존스 선교사가 큰 역량으로 이끌고 있는 스캐릿의 멋진 수련회에 세 분 모두 오시면 좋겠습니다. 50주년을 이렇게 알맞게 기념하며, 앞으로 더욱 큰 임무를 준비할 수 있도록 하는 것이야말로 스캐릿답습니다. 날씨가 덥긴 하지만 많은 동문이 돌아오고 있고, 저는 이곳에 있어서 기쁩니다. 더운 밤에는 여전히 익숙해지지가 않지만, 우리가 함께 곧 그럴 기회를 갖게 되기를 희망해봅니다.

저는 스캐릿대학에서 급여를 받으며 잘 지내고 있습니다. 하지만 한인 사역을 위해 하와이로 가거나, 아니면 적어도 캘리포니아로 가기를 아직도 희망하고 있습니다. 메이너 부인과 선교국 사람들이 이 문제를 해결하려고 애쓰고 있지요. 베이커 감독님과 하와이 사역의 책임자인 감리사 프라이 박사님, 그리고 헨리는 제가 가는 것을 모두 찬성하고, 저는 선교국 사람들도 설득했다고 생각합니다. 물론 스캐릿대학 일을 계속하는 것이 더 쉬우며, 선교 사역으로 돌아가면 현재 받는 급여의 절반 정도밖에 받을 수 없을 것입니다. 그러나 저는 그것을 원하며, 제가 저의 동포인 한국인들에게 충실하다는 것을 제일교회가 알고 있으면 좋겠습니다. 8월 말까지는 이곳에 있을 것이며, 그때쯤 9월에 떠날지, 아니면 홍보 일을 위해 이곳에 남을지 알게 될 것입니다.

이 일에 있어서 저를 위해 기도해주신 모든 분들에게 감사드리며, 기도가 만족스럽게 응답받았다고 전해주시기를 바랍니다. 파이퍼 부인은 우리의 모금운동 첫해에 록펠러 기금 1만 달러에 상응하는 생활 기부금으로 15,000달러를 스캐릿대학에 기부하셨습니다. 뉴욕에서 그녀를 한 달 동안 기다렸고 면담을 위해 며칠을 더 기다렸는데, 그녀는 지금으로선 아무것도 할 수 없다고 하면서 만남을 거절하셨습니다. 하지만 우리는 상세한 설명서를 준비했고, 저의 충직한 친구인 그녀의 여조카 해리 제임스 부인, 그리고 현재 파이퍼 부인의 일을 책임지고 있는 그녀의 남조카 가필드 머너 씨가 그 서류를 꼼꼼히 살펴보았습니다. 저는 그들 각자와 두 번씩 좋은 대화를 나눴으며, 애니 고모가 정말로 하고 싶어 하시는 일을 할 수 있는 방법을 찾아낸 것은 바로 그들이었다고 믿습니다. 돈은 파이퍼 씨의 재산에서 이미 감리회 교육국으로 보내졌지만, 아직 배분이 되지는 않았기 때문에 그 돈을 교육국으로부터 받을 수 있었습니다. 파이퍼 부인은 그 방식이 마음에 든다고 하셨습니다. 그럼에도 불구하고, 제가 그녀의 도움에 바로 지금 얼마나 감사하고 있는지 목사님은 이해하시리라 생각합니다. 호텔 계산서와 비용 통장에 대해 걱정하기 시작할 즈음이었는데, 이제는 조금이나마 여유가 생겼습니다!

콜럼버스에서 강연하기 직전에 파이퍼 부인의 기부 소식을 듣게 되었고, 그 소식이 오기 전에 숙모와도 같은, 아버지의 친구분이셨던 고故 줄리언 S. 워즈워스 씨의 부인이 우리에게 1,000달러의 연금을 기부해주셨습니다. 나는 부인에게 그녀가 북부 교회에서 기부를 시작하게 했다고, 마치 마개를 뽑아서 흐름이 시작될 수 있게 하신 것과 같다고 말씀드렸습니다. 『메소디스트 워먼』 5월호에 쓴 짤막한 글에 이때의 감정을 적었는데, 아마 목사님은 이미 읽으셨을 수도 있겠습니다. 그래서 요즘은 감사하는 마음으로, 하나님께서 제가 하기를 원하시는 일이라면 무엇이든 다시 헌신하고 있습니다.

사순절 예배에 대해 알려주셔서 감사합니다. 에디스 허쉬는 충실하게 달력을 보내주고 있습니다. 오늘보다 시간이 더 많은 여름에 몇몇 숙녀분들에게도 편지를 쓸 예정입니다. 모든 친구들에게 안부 인사를 전하며, 특히 기도로 도와주신 것에 감사드립니다. 저는 항상 기도가 필요하며, 공식적인 관계가 무엇이든 상관없이 그들이 저를 잊지 않기를 바랍니다. 더 많은 선교적 관심을 불러일으키지 못해서 죄송스럽고, 지난 몇 년 동안 실질적이고 지속적인 신뢰로 급여를 지급해주신 데에 감사드립니다.

가족분들께 안부를 전하며, 변함없는 도움에 감사드립니다.

충심을 다해,

테네시, 내슈빌, 스캐릿대학
1942년 6월 11일

사랑하는 헨리, 아이다, 메리에게,

영광스러운 이 아침은 변화를 위해 참 좋은 시간이며, 아버지의 별세 소식이 우리의 삶을 바꾸었던 40년 전 6월 18일 그날과 똑같구나. 나는 너희 하나하나를 생각하며 그 사이 긴 세월 동안의 우리의 삶을 반추하며 내 생각을 이야기하고 싶어.

아버지께서 모든 다양한 사람들에게 큰 존경을 받으셨기 때문에, 한국에 있는 동안 나는 아버지의 삶과 그가 세상에 끼친 영향에 대해 많은 감사를 받았어. 그곳에서 보낸 약 26년간, 그리고 마지막 순간까지, 나는 내가 아버지에 대해 한 번도 말한 적 없는 사람들로부터 아버지가 그들에게 어떤 의미였는지 듣곤 했어. 아버지의 17년간의 섬김, 그리고 44세의 나이에 두 한국인의 생명을 구하기 위해 기꺼이 자신을 희생하셨던 일은 한국에 영원하고 숭고한 흔적을 남겼으며, 절대 잊히지 않을 거야. 어떤 일이 생겨도 한국에는 늘 기독교 교회가 존재할 것이며, 아버지의 이름은 한국 교회의 설립자이자 수호성인 중 하나로 항상 기억될 거야. 아버지의 고귀한 업적과 삶에 관한 기록은 우리 자녀들과 손주들이 항상 자랑스러워할 수 있는 것이지.

우리 가족의 삶에서 두 번째 시기는 1902년부터 1915년까지 랭커스터의 집에서 어머니의 지도를 받을 때였어. 이전에 한국에 있었던 시기는 너희에겐 그저 어렴풋한 기억일 수 있겠지만, 랭커스터에서의 시기는 너희가 가장 잘 기억하는, 우리에게 가장 큰 영향을 준 어린 시절이지. 어머니는 자신이 가진 모든 것을 우리에게 주셨고, 애정 어린 노동과 희생에 자신을 바치셨으며, 교육과 훈련에 있어 찾을 수 있는 최상의 것을 우리에게 해주셨어. 쉬펀학교, 프랭클린 앤 마셜 아카데미, 웰즐리, 프린스턴, 베를린에서의 여름들, 음악 수업들, 치과와 병원, 감리교회가 줄 수 있었던 모든 것은 어머니의 선물로서 우리 각자의 일부분이 되었어. 어머니에 대한 우리의 기억은 소중하고 성스러우며, 너희들은 자신의 가정에서 아이들에게 어머니의 훈련 정신을 실천해나가고 있지. 어머니 또한 어디서든, 특히 랭커스터에서 우리가 늘 자랑스러워할 자취를 남기셨어.

아버지만큼 어머니도 갑작스럽게 떠나셨고, 우리 가족의 삶에 또 하나의 엄청난 변화를 가져왔지. 당시 너희 셋은 캐논데일[코네티컷주]에 있었고, 나는 한국에 있었어. 어머니께서 우리에게 주려고 정말 열심히 노력하셨던 재정적인 지원 없이, 우리는 자립해야 했지. 어머니는 우리의 교육비로 발생한 빚을 갚고 싶어 하셨지만 너무 일찍 세상을 떠나셨고, 남기신 것은 대부분 없어져버렸어. 그러나 어머니는 늘 교육이 우리의 최고의 유산이 될 것이라고 말씀하셨고, 어머니와 아버지께서 우리를 위해 세우신 계획을 충실히 이행하셨어. 1915년부터 1920년까지는 우리 각자에게 결정의 시간이었어. 많은 것을 실험하며 평생 할 일에 관해 결정하고, 동양으로 돌아가고, 너희 셋이 결혼했지. 다행스럽게도 너희는 인생에서 꼭 맞는 동반자를 찾았고, 비록 나는 그렇지 않았지만, 너희의 행복한 결혼 생활과 가정을 보며 늘 만족하고 있어. 나는 그동안 너희가 환대해주어서 즐거웠고, 헨리와 아주 가깝게 살아서 그의 집과 가족은 마치 내 집과 가족처럼 느껴져.

1920년부터 1940년까지 우리는 각자의 일과 가정생활을 이어갔어. 나는 이화에 몸담아 일하며 1922년에 당장이 되었고 1935년에는 새 대학 건물을 지어 이사했어. 내 모든 능력에 대한 도전 의식, 이화가 작게 시작해서 중요한 기관으로 발전함에 따라 커진 업무에 대한 관심, 이화 가족으로서의 생활에 대한 만족감, 그리고 같은 정신을 가진 공동체에서의 사회생활에 대한 만족감을 갖고 있었지. 질병이나 노령으로 인한 경우를 제외하고는 이 생활을 떠날 생각을 해본 적이 없었어.

헨리와 루스는 마거릿, 리처드, 캐롤과 함께 나와 거의 비슷한 생활, 즉 학교와 교회 일을 하며, 서울외국인학교와 서울유니언교회 및 서울회관을 중심으로 하는 외국인 공동체에서 행복한 가정생활을 했지. 원산 해변에서 보냈던 여름들, 함께하신 노블 박사님 부부[루스의 부모님]와 루스의 남자 형제들과의 시간은 가족과의 생활을 완벽하게 만들어 주었고, 우리가 오래 헤어져 있지 않고 계속 함께할 수 있게 해주었어. 헨리는 배재를 인가받은 최초의 고등학교로 시작해 가장 중요한 고등학교로 만들었어. 그러고 보면 배재는, 적어도 기독교인들 사이에서는 항상 가장 중요한 학교였지. 바로 옆에 있는 제일감리교회와 그의 꾸준한 관계 역시 유익했어. 헨리는 최고의 설교자이자 가장 유능한 행정가로 인정받는 뛰어난 선교사였지. 루스는 항상 사랑스러운 가정을 꾸렸고 상당히 이상적이라고 생각되는 가족을 일구었어.

아이다는 일본과 시베리아에서 몇 달을 보낸 후 빌 크롬과 결혼하여 군대 생활 속으로 들어가게 되었는데, 비행장이 있는 주둔지에서의 생활이었어. 아이다가 마닐라에서 크롬과 결혼했을 때 그는 대위였지만, 이후 꾸준히 진급했고 우리는 그가 지금 북아프리카에서 하는 일을 자랑스럽게 생각해. 그의 많은 업적은 내 분야가 아니어서, 나는 가족 내에서 이야기할 때조차도 그것에 대해 평가하지 않으려고 해. 하지만 나는 그의 인품이 그의 경력과 함께 성장했다는 것, 그리고 그는 내가 이제껏 만난 최고로 훌륭한 남자 중

한 명이라는 것을 확신하고 있어. 그와 아이다는 늘 진정한 가정을 꾸렸고, 가정을 사랑했으며, 두 아들 빌과 커티스Curtis Griswold Crom(1925~1972)는 좋은 가정생활의 결과를 보여주고 있지. 아이다는 건강이 좋지 않은 채로 거주지를 자주 옮겨 다녀야 해서 많은 문제와 씨름하며 살았지만 늘 가정과 가족이 중심이었고, 뛰어난 남편을 둔 매력적인 아내라고 회자되지.

메리와 존은 1932년까지 한국에서 우리와 함께 있었어. 너희가 함께한 첫 10년간의 선교 생활은 한국 교회에서의 종교교육에 중요한 기여를 했어. 자녀인 로나, 잭John "Jack" Veere Lacy Jr.(1924~1996), 메리 로이스Mary Lois Lacy(1925~2013), 데이비드가 그 기간에 태어났고, 우리가 사랑했던 바로 그 옛 배재 운동장에서 뛰놀며 자랐지. 미국에 온 이후로 존은 감리교회의 목사직에서 꾸준히 승진했고, 메리는 내가 듣기로 다양한 사람들을 만난 분들로부터 칭찬받는 목사 부인이라고 하더구나. 내 친구들은 너희의 아이들에 대해서도 늘 칭찬하곤 해.

이제 우리는 1940년 이후, 한국과 그곳의 업무 그리고 일상을 떠나와 우리 가족사의 새로운 다섯 번째 시기에 살고 있어. 전쟁은 번갯불처럼 우리에게 떨어져서 우리 넷 중 적어도 셋의 삶을 크게 바꾸어놓았고 우리 모두에게 영향을 미쳤어. 헨리, 루스, 캐롤은 호놀룰루에 있으며, 언제나 목숨이 위협받는 상황 속에 놓여 있지만, 그곳의 제일감리교회에서 중요하고 인정받는 사역을 담당하고 있어. 빌 크롬은 해외에서 현역으로 복무 중이고, 아이다는 집에서 프린스턴대학교에 다니는 빌과 고등학교에 다니는 커티스를 돌보고 있지. 먼저 말했어야 하는데, 마거릿은 잭 휴일러와 결혼했으며 잭은 6월 16일 프린스턴대학교를 졸업하고 6월 26일 포트 브래그에서 군 복무를 시작할 예정이야. 리처드는 스무 살이고 캘리포니아대학교에서 졸업반이야. 리처드와 다른 우리 청년들이 징집되기 전에 모든 것이 끝나기를 바라. 레이시 가족은 아직 특별히 관련되지는 않았어. 내 삶은 한국을 떠날 때 뿌리째 뽑혔고, 미국에 와서 마음에 드는 일을 찾으며 즐거운 생활을 하고는 있지만, 여전히 아주 뿌리내린 느낌은 들지 않아. 스캐릿대학과 함께한 1년간 나는 생활 기부금으로 두 개의 큰 선물, 메이 워즈워스 숙모의 1,000달러 연금과 헨리 파이퍼 부인의 15,000달러 지원금을 확보할 수 있었는데, 덕분에 이곳에서 체면을 세울 수 있었어. 나는 높은 수준을 지닌 이 학교의 중요성을 믿고 있으며, 이곳에서 역할을 할 수 있게 되어서 기뻐. 학장대리로서 두 번째 여름을 맞이하며, 이곳에서의 일이 즐겁고 마음에 들어.

채플 예배가 있어 편지 쓰기를 멈춰야겠다. 오늘의 찬송가는 시편 23편, 감리교 찬송가 70장, 스코틀랜드 시편집이야. 나는 이것을 오늘을 위한 교훈으로 삼겠어—주님은 나의 목자시니 내게 부족함 없어라. … 진실로 선하심과 인자하심이 내가 사는 날 동안 나를 따르리니, 내가 주님의 집에 영원히 살리로다. 부모님께서 우리에게 주신 것에 대한 감사와 그 사이의 세월에 대한 감사, 그리고 미래에 대한 믿음이 내가 너희에게 전하고자 하는 바야.

너희를 사랑하는,
앨리스

손주들도 모두 이 편지를 읽었으면 좋겠다.

⚜⚜⚜

테네시, 내슈빌, 스캐릿대학
1942년 6월 22일

친애하는 분들에게,

선교 강연을 마치고 돌아온 후 베시 올리버가 편지들을 읽어주었고, 나는 느긋하게 앉아서 편지들 하나하나를 진심으로 즐기며 들었습니다. 각각의 편지가 얼마나 특색 있고 사랑스러운지요! 로빈이 그렇게 저칠다는 것이 밝혀졌으니, 여러분은 그 편지들을 잘 보관하기 바랍니다. 진, 당신은 자신의 편지가 보관할 가치가 있다고 생각하지 않을지 모르지만, 분명히 밴은 그 편지들을 보고 싶어 할 거예요. 나는 왠지 밴 부부가 모든 장로교인들(내가 소식을 듣지 못한 호주인들은 제외하고)과 A. W. 테일러 부부, 그리고 희망하기는 다른 모든 사람과 함께 아사마호를 타고 있을 것이라고 생각합니다. 선교사들을 대하는 일본의 태도가 인상적이지 않나요? 마치 일본이 그 나라에 친구로서 간 사람과 사업이나 병역의 의무를 다하기 위해 간 사람의 차이를 알고 있다는 것을 보여주려는 것처럼 말이지요. 콜럼버스에서 우리는 그들이 겪은, 말로 다 할 수 없는 위험과 공포에 대해 들었으며, 또한 그들이 얼마나 훌륭하게 도움을 주었는지도 전해 들었습니다. 잭이 마닐라에 있는 종합병원에서 일하고 있다는 소식을 부츠 부인Florence Schumacher Boots(1896~1976)이 들었다고 하더군요. 일할 수 있다는 것은 큰 은혜입니다—일본 장교들의 치아에 금 충전재를 넣는 일일지라도 말이지요! 나는 잭이 일본 장교들의 머리를 홱 움직이게 할지라도 별로 개의치 않을 것이라고 단언합니다!

오늘 하루는 비통한 생각과 기억으로 가득했습니다. 오전 8시 라디오 방송은 민간인, 특히 여성들은 하와이에서 미국 본토로 철수하라는 명령을 받았다는 소식을 전했습니다. 이제는 철수라는 단어가 얼마나 싫은지 모릅니다—이 명령은 틀림없이 캐롤과 루스에게도 적용될 것입니다. 물론 루스는 헨리와 함께 남겠다고 탄원할지도 모르지만요. 헨리는 호놀룰루에 있는 군인들을 위해 필요한 일을 하고 있으며, 점점 더 보람을 느끼고 있기 때문에 떠나지 않을 것이라고 생각합니다(5월 28일자 『크리스천 애드버케이트』에 실린 "그들은 1마일을 더 걸어 교회에 간다"를 보세요). 라디오 방송은 이번 가을 호놀룰루로 가려던 내 부푼 계획을 무산시켜버렸습니다. 헨리가 닷새 전에 보낸 편지를 바로 지난주에 받았는데, 8월 말쯤 나를 만나기를 기대한다는 내용이었습니다. 하지만 알루샨 열도에 대한 일본의 새로운 공격이 상황을 완전히 바꿔버렸습니다.

아이다의 남편인 항공대 대령 빌 크롬은 현재 카이로에 있습니다. 우리가 모두 그렇듯 아이다도 틀림없이 이번 사태에 가슴 아파하고 있을 것입니다. 오늘 뉴스는 온통 검은색입니다—하나님의 뉴스가 아니라 땅의 뉴스입니다. 오늘 내 강연을 들은 소수의 청중 중에도 먼 타국에 아들을 보낸 어머니들이 있었습니다. 앞으로 미국은 결코 지구의 한 지역으로만 남아 있을 수는 없을 것입니다.

여러분 대부분은 친애하는 파이퍼 부인이, 록펠러 기금 1만 달러를 보조하는 생활 기부금으로 스캐릿대학에 15,000달러를 기부해주셨다는 소식을 들으셨을 것입니다. 우리 모금 활동의 5년 중 1년치 비용에 해당하는 금액이지요. 또 우리 가족의 오랜 친구인 워즈워스 부인도 연금 1,000달러를 기부해주셨습니다. 덕분에 나는 체면을 세울 수 있었습니다. 호놀룰루 계획이 무기한 연기되었으니 앞으로 무엇을 해야 할지 모르겠습니다. 사람들은 이곳에 머물면서 모금을 더 하라고 말합니다. 베시 올리버도 같은 일을 하고 있습니다. 나는 종종 차라리 계산대 뒤에 서 있거나 식당에서 요리하는 일을 하고 싶다고 느끼지만, 때로는 이 아름다운 학교, 진실로 "왕국의 식민지"인 이곳에서 일할 수 있다는 사실에 감사하지 않는 나 스스로에게 부끄러움을 느낍니다. 나는 이 학교를 사랑하고 돕고 싶습니다. 그러니 내가 할 수 있는 것은 무엇이든 기쁜 마음으로 감당할 수 있도록 기도해주세요. 기도로 도움을 준 여러분 모두에게 정말 감사합니다. 여러분의 기도가 없었다면 파이퍼 기금은 결코 받지 못했을 것입니다. 파이퍼 부인의 일을 책임지고 있는 그녀의 남조카 가필드 머너 씨, 그리고 그녀의 여조카이자 딸 같은 사람으로 내가 수년간 알고 지낸 제임스 부인과 직접 만나 논의할 수 있는 좋은 기회를 얻었습니다. 그들은 조사 끝에, 감리회 교육국이 이미 받았지만 배분하지 않은 자금에서 우리에게 이 15,000달러를 제공할 수 있다는 것을 알아냈습니다. 수표가 도착했으며, 모금 운동에 가장 도움이 될 방식으로 사용할 예정입니다. 사랑하는 파이퍼 부인의 친척들이 그녀의 뜻을 존중해주니 정말 다행입니다. 보통 부유한 나이 든 고모와 가까워지면 코 베어갈 준비를 하는데요! 파이퍼 부인의 조카들은 기독교의 바른 가르침을 잘 보여줍니다.

이번 여름에 나는 작년에 머물렀던 방으로 돌아와서 여성학장대리로 작년과 같은 역할을 맡고 있습니다. 엄선된 많은 훌륭한 학생들이 새롭게 입학했고, 루이스 파이크와는 다시 한번 같은 층을 쓰게 되어서 기쁩니다. 그녀는 이번 여름에 석사학위를 받을 예정이며, 그녀의 자매 루스는 건강을 회복한 후 보스턴에서 일하고 있습니다. 루이스는 다음 가을에 한 고등학교에서 성경을 가르치게 되었습니다. 그녀의 부모는 아직 베이징에 있고, 그녀의 유일한 형제도 베이징에 있습니다. 우리에게 멋진 소포들을 보내주곤 했던 밴의 친구 코린 그레이가 콜럼버스에 있는 병원에서 병마와 사투하고 있다는 소식을 들었던 분들이라면, 그간의 우리의 기도가 응답을 받아서 그녀가 회복되고 있다는 소식에 무척 기쁘실 것입니다. 오하이오주 콜럼버스에 있는 백십자병원을 통해 코린에게 연락을 취하실 수 있습니다. 나는 오늘 릴리언 졸리 휘트먼으로부터 편지 한 통을 받았습니다. 그녀의 남편은 일본에서 마닐라로, 그리고 싱가포르, 버마, 인도를 거쳐 지금은 실론의 콜롬보에서 근무하고 있습니다. 그녀의 남동생은 서중국으로 돌아가는 중이지만, 그녀와 아들 보비(현재 키가 168㎝라는군요)는 패서디나에 머물고 있습니다.

이곳에서 한국 관련 친구들과 함께하는 것은 즐겁습니다. 지난여름에는 엘라수 와그너였고, 지난겨울에는 애나 채핀이었으며, 지금은 바로 홀 건너편에서 베스가 수개월간 함께 있을 예정이라 좋습니다. 큰 힘이 됩니다. 어제 우리는 함께 교회에 갔고, 서울에서 우리의 마지막 성가로 불렀던 더들리 벅의 감사 찬송을 들었습니다—“오 주님, 당신을 믿습니다. 결코 절망치 않게 해주소서.” 나는 “아멘”이라고 화답했습니다.

여러분 한 사람 한 사람에게 이야기할 것이 많지만, 이번 여름에는 편지에 꽤 답장을 잘하고 있으니 이 편지는 여기서 마치려고 합니다. 딕시, 그 쟁반들은 어떻게 할까요? 이곳에 두면 잃어버릴지도 모릅니다. 당신에게 보내줄까요? 블랜치, 당신의 아름다운 편지는 보석 같습니다. 로빈이 당신의 다음 계획을 알게 될 때까지 기다릴 수 없으니, 내게 직접 편지를 보내주세요. 룰라 밀러가 5월에 당신을 방문했나요, 제시? 사랑하는 연로하신 한나를 만나서 아주 좋았습니다. 그 무엇도 그녀의 상냥한 마음을 움츠러들게 할 수는 없지요. 파이어티, 당신의 공예 작업은 마치 옛 이화 난로에서 스튜를 끓이며 만들어내던 혼란스러운 상태 같네요—기억하나요? 그레이스 맥Grace Harmon McGary(1889~1985), 만일 당신이 이곳에 다시 오게 된다면, 스캐럿에 내가 있는 곳을 문의하면 된다는 걸 기억해주세요. 브라우니를 만나고 싶지만, 김장철이 아니어서 아쉽네요!

여러분 한 분 한 분에게 사랑을 보냅니다. 내가 여러분을 아는 것은 축복이며, 우리가 사랑하는 사람들을 위해 기도하거나 스스로 무엇을 하고 있는지 모르는 사람들을 위해 기도할 때, 자비의 보좌 앞에 여러분이 자주 함께 있다는 것을 알고 있습니다.

애정을 담아,
앨리스

⚜⚜⚜

1942년 7월 3일

G. 맥아피 매큔 박사
극동지역 정보 코디네이터 전교轉交
워싱턴 D.C.

친애하는 매큔 박사님께,

이 상황에서 무엇이든 내가 알고 있는 것이나 할 수 있는 것이 조금이라도 도움이 된다면 기꺼이 돕겠습니다. 내가 외국어를 배운 것은 기본적인 의사소통을 위한 것이었기 때문에 어떤 언어든, 심지어 영어를 사용할 때조차도 과학적이거나 기술적인 어휘는 잘 사용하지 않습니다.

나는 한국어가 아주 편하고 한글Ennmoon을 읽고 쓸 수 있지만, 어학 수업에서 일찍이 배운 한자들은 모두 잊어버렸습니다. 그래도 한국어를 듣고 이해하고 말하는 데는 전혀 어려움이 없습니다.

1916년부터 1919년까지 프랭크 헤런 스미스Frank Herron Smith(1879~1965) 박사의 야간 수업에서 일본어를 공부했습니다. 덕분에 상당히 능숙해졌고, 일본 후쿠오카에서 3개월간 공부한 후에는 일본 관리들과 원활히 소통할 수 있었습니다. 또한 일본 여성들과 교류할 기회도 있었고, 기독교인들과도 교제할 수 있었습니다. 다만 히라가나와 가타카나는 배웠지만 모두 잊었습니다. 이 문자들은 지금 내 머릿속에 남아 있지 않습니다.

내 프랑스어는 녹이 슬었지만, 다시 사용하다 보면 감을 되찾을 수 있을 것입니다. 1929년에 노드-도이처 로이드의 배를 타고 여행할 때는 독일어를 더 많이 사용했습니다.

나의 관심은 항상 인성 형성과 기독교 교육에 있었기 때문에, 한국을 휩쓸고 있는 정치적인 쟁점들에는 깊이 관여하지 않았습니다. 이곳의 한인 공동체에도 내가 정치적인 면에서 그들을 많이 도와줄 자격은 없을 것 같다고 말해왔습니다. 하지만 그들의 간절한 염원에 공감하며, 그들이 개인으로서 그리고 국민으로서 더 나은 삶을 살 수 있게 내가 할 수 있는 모든 도움을 줄 것이라는 사실은 그들도 알고 있습니다.

당신이 한국 국민의 이익을 위해 헌신하신 아버지의 뒤를 따르고 있음을 알게 되어 기쁩니다. 이제 선교사의 2, 3세대 자녀들이 도와야 할 때입니다.

6월 22일, 라디오를 통해 하와이 제도에 있는 비非필수 민간인에게 철수 명령이 내려졌다는 소식을 들었지만, 그 이후로는 아무런 소식도 알 수가 없었습니다. 이것이 어떤 의미인지, 그리고 내 남동생 헨리와 그의 아내, 딸이 돌아와야 하는지 알려주실 수 있을까요? 그는 호놀룰루 제일감리교회의 목사이며, 특히 군인들과 중요한 일을 하고 있는 것 같습니다.

당신과 가족분들께 안부를 전합니다.

진심을 담아,

ARA

테네시, 내슈빌, 스캐릿대학
1942년 7월 4일

친애하는 친구들에게,

오늘은 내가 가장 조용하게 보내는 독립기념일이지만, 모든 미국인에게는 가장 깊이 생각하는 하루가 되기를 바랍니다. 6월 22일 이후로 전쟁이 한층 더 가까이 다가왔습니다. 그날 아침 일찍 라디오에서 두 가지 안타까운 소식을 들었습니다. 하나는 리비아의 투브루크가 함락되었다는 것이었습니다. 내 여동생 아이다의 남편인 윌리엄 H. 크롬 대령은 미 항공군과 함께 카이로에 있습니다. 두 번째 소식은 해군이 모든 "비非필수 민간인", 특히 여성과 어린이들에게 하와이 제도를 떠나 본토(미국)로 철수하라는 명령을 내렸다는 것입니다. '무너진 가정'과 '길고도 슬픈 이별'을 의미하는 철수라는 단어가 얼마나 싫은지 모릅니다.

철수 명령이 내려진 지도 벌써 2주가 지난 월요일이지만, 어떤 소식통으로부터도 추가적인 소식을 들을 수는 없었습니다. 어제 호놀룰루에서 온 편지를 받았는데, 그들의 삶이 여전히 긴장 상태에 놓여 있긴 하지만, 미드웨이 해전에서의 승리가 그들에게 조금이나마 안도감을 주었다는 내용이었습니다. 편지를 쓴 날짜는 6월 19일이었고, 그 밖에 특별한 내용은 없었습니다. 동생 헨리는 하와이에 남을 것이고, 그의 18세 된 딸 캐롤은 떠날 것이며, 아내인 루스는 두 선택지 사이에서 고민하겠지만 불가피한 경우에만 떠나게 될 것이라고 생각합니다. 캐롤은 하와이대학교 1학년 과정을 이수하며 간호사 보조 과정을 마쳤고, 9월부터는 정규 간호사 훈련을 시작할 예정입니다. 그녀는 가정경제학 전공으로 시작했지만 전쟁으로 인해 전공을 바꾸게 되었는데, 다행히 새롭게 선택한 길을 좋아하고 있습니다.

이러한 하와이 소식을 접하고 나니, 내가 희망했던 대로 이번 가을에 하와이에 가는 것은 불가능하다는 것이 확실해졌고, 나는 계획을 변경해야 했습니다. 6월 11일 편지에 헨리는 8월에 내가 오기를 기대한다고 썼고, 한인 친구들도 그렇게 썼습니다. 오늘은 한인 "손주들" 중 한 명이 연필로 내가 오기를 기다리고 있다고 쓴 편지를 받았습니다. 갈 수만 있다면 반드시 갈 것입니다. 내가 스캐릿에서 일하는 것을 좋아하는 이유 중 하나는, 이런 내 마음을 잘 이해하고, 길이 열리는 대로 내가 한국인을 위해 일할 수 있도록 적극 지원해주기 때문입니다. 그래서 나는 스캐릿대학 홍보 일을 하며 올가을 다시 여행을 다닐 계획이고, 겨울 학기에는 학생들을 가르칠 예정입니다.

올여름 하고 있는 일은 아주 잘 진행되고 있습니다. 숫자는 적지만 정선된 학생들이 있고, 나는 학장으로서 그들과 함께하는 것이 정말 좋습니다. 미국 내에서 온 사역자들, 외국에서 돌아온 사역자들과 교류할 기회가 있고, 한국에서 온 친구들도 종종 방문하고 있습니다. 1941년 9월에 마지막 그룹과 함께 서울을 떠났던 장로교 선교사 진 델마터가 최근 이곳을 방문해 몇 시간 머물며 가장 최근 소식을 직접 들려주었습니다. 그녀는 12월, 진주만 공습 이후 호놀룰루에서 우리 가족을 만났습니다. 마닐라에서 빠져나올 수 있었던 마지막 배 프레지던트쿨리지호를 타고 왔는데, 당시 그 배는 금을 운반하고 있었으며 한 달간 항해를 했다고 합니다. 상하이에서 한 달, 마닐라에서 3주를 보낸 후에야 비로소 통행권을 얻을 수 있었다고 하네요. 자신이 떠날 때 이화의 모든 일은 잘 진행되고 있었다고 했습니다.

나는 한국에 남아 있던 나머지 모든 장로교 선교사들과 몇몇 다른 사람들, 그리고 그 외의 해외에 있던 친구들이 미국으로 돌아오는 교환선들에 탔다는 것을 알고 무척이나 안도했습니다. 하지만 이제 억압받는 나라들에서 어떤 일이 벌어지고 있는지 누가 이야기해줄 것인지 생각해보면, 이 소식은 또한 슬픈 소식이기도 합니다. 우리 감리회가 이러한 상황을 예견하고 적절한 시기에 사역과 사역자들을 위해 대비하는 지혜를 가졌던 점은 참으로 감사한 일입니다. 이 마지막 그룹은 가진 것을 하나도 가져오지 못한 듯합니다.

이곳은 지난여름보다 대체로 시원하지만 휴양지는 아닙니다. 나는 이곳을 집으로 삼고 있어서 기쁘고, 조금이라도 도움이 되고 싶습니다.

언제나 충실하게,
앨리스 R. 아펜젤러

테네시, 내슈빌, 스캐릿대학
1942년 7월 22일

아주 멀리 있지만 항상 가까운 소중한 친구들에게,

나는 오늘 여러분 모두를 내 사랑스러운 은행나무 아래로 초대해 함께 차를 마시고 싶습니다. 어떤 이들은 이곳을 황량한 황무지로 만들려고 하지만, 나는 이곳이 하나님의 정원이라고 믿으며, 그 마음을 담아 은행나무 잎 하나를 보냅니다. 호놀룰루에 있는 헨리, 루스와도 계속 긴밀히 소식을 주고받고 싶어서, 이 편지를 그들에게도 한 부 보낼 생각입니다. 6월 22일 전에는 내가 이번 가을에 그들과 합류하게 될 거라 기대했으며, 그 후로도 오면 안 된다는 말을 그들에게 직접 듣지는 않았습니다. 하지만 현재 여성과 아이들을 철수시키고 있다는 소식을 들었기 때문에, 나에 대한 좀 더 분명한 부름이 있고, 그곳에 있는 우리 동포에게 장애물이 아닌 도움이 될 가능성이 있을 때까지 기다리려고 합니다. 나는 언제든 출발할 준비가 되어 있습니다. 선교국이 아직 승인을 하지는 않았지만, 설득에 거의 성공한 상황에서 갑작스러운 철수 명령 소식을 들었을 때의 실망감은 컸습니다. 이제 다른 것을 선택하고 그 선택에 최선을 다하기로 결심해야만 했으며, 그것이 스캐릿대학에서 계속 일하는 것임을 받아들이게 되었습니다. 이렇게 마음이 맞는 그룹과 함께 일할 수 있고, 내 의지로 결정하기만 하면 되는 기회가 있으니 다행입니다. 그래서 해야 할 일을 받아 들고, 여러분이 이 글을 읽기 전에 다시 여정을 시작할 것입니다. 어디에서나 우리 친구들을 만나고, 교회를 위한 지도자들을 훈련하는 이 학교에 사람들이 관심을 가지게 하며, 우리의 수고가 주님 안에서 헛되지 않음을 확신하는 가운데, 내가 만나는 모든 사람이 굳건하고 흔들리지 않고 항상 주님의 일로 충만하기를 격려할 것입니다. 그 어느 때보다 더 영적인 메시지가 우리의 실질적인 생활에서도 가장 근본적인 토대가 되어야 함을 확신합니다.

이 편지의 다른 한 부는 스코틀랜드에 있는 메리언 스크랜튼 존스에게 보냅니다. 우리는 정동의 옛 구내에서 불과 한 달 차이로 태어났기 때문에, 그녀는 내 첫 번째 친구입니다. 그녀는 지난 2월 남편과 사별한 후 혼자 용감하게 삶을 직면하고 있는데, 페기가 그녀와 함께 지내기 위해 갔고, 다른 딸들도 형편이 될 때에는 그녀를 찾습니다. 메리언의 어머니인 어거스타는 영국 남부에서 지내며, 때로는 다른 가족들도 그곳에서 함께 지냅니다. 내 동료 중 또 다른 사람들로는 인도에 흩어진 우리 한국 친구들, 즉 셔우드와 메리언 홀, 러크나우기독교대학의 베커Arthur Lynn Becker(1879~1978) 박사 부부, 오랫동안 공주에서 지내다가 지금은 농업 일을 하는 윌리엄스 부부가 있습니다. 셔우드, 나는 당신이 인도에서 새로 만든 결핵 씰을 아주 자랑스럽게 생각하며, 이번 성탄절에 그것의 판매가 방해받는 일이 일어나지 않기를 바라요. 당신이 이 편지를 확실히 받도록 항공 우편으로 보냅니다. 남아프리카에 있는 앤 보로우Anne Nancy Borrow(?~?) 박사도 동료 중 한 사람입니다. 그렇게 당신을 많이 필요로 하는 곳을 찾아내어 도움이 되는 사역을 할 수 있다니 정말 멋있습니다. 마지막 그룹은 내 호주 친구들, 제시 맥라렌, 프랜시스 클러크Frances Louisa Clerke(1879~1956), 한국을 방문하곤 했던 일본의 콘스탄스 던컨, 그리고 한국을 사랑하며 선한 목적을 위해 헌신적으로 일하고 있는 조지나 스위트 박사입니다. 여러분을 생각하면 마음이 풍요로워지고, 여러분을 위해 기도할 때면 왠지 여러분의 삶과 사역에 내가 조금이라도 참여하고 있는 것 같은 느낌이 듭니다.

소식이 있을 듯해 교환선들이 오기를 기다려야 할 것 같습니다. 핵심 구성원은 아니지만, 그들이 어떻게 지내는지 어서 빨리 듣고 싶습니다. 곧 로렌수마르케스에서 전보가 올 것 같습니다. 나는 가필드 앤더슨 박사가 그들을 만나러 갈 수 있지 않았을까 하는 생각도 했습니다. 로디지아가 지도상으론 로렌수마르케스와 그렇게 엄청나게 멀어 보이지 않아서요. 언더우드 가족, 쿤스, 캐나다 선교사들, 그리고 많은 분들을 떠올리며 그들이 우리에게 전할 말이 무엇일지 생각해보세요! 일본과 호주 간 교환이 이루어질 것이라는 소식을 들었을 때, 나는 맥라렌 박사가 곧 온다는 소식이 들려오길 기대했습니다. 밴(토머스 홉스 부인)으로부터는 소식을 전혀 듣지 못했지만, 이 배편에 상하이에서 온 사람은 많지 않다는 것을 알고 있습니다. 그 후 아무 소식이 없을 때 계속될 끔찍한 침묵을 생각하게 됩니다. 이 침묵이 얼마나 오래 계속될까요? 이곳 스캐릿에는 남편이 중국에 가 있는 여성이 두 명 있는데, 그들은 그동안 매우 용감하게 버텨왔습니다. 헨리 박사는 구호 활동을 하러 지난가을에 돌아갔다가 홍콩에서 붙잡혔는데, 그의 부인은 그가 지금 집에 돌아오고 있다고 생각하고 있습니다. 시드니 앤더슨 씨는 상하이에 있는 대형 감리교회인 무어기념관에 있으며, 그의 부인은 그가 돌아온다는 소식을 전혀 듣지 못했습니다. 두 여성 모두 영감을 주는 사람들입니다.

늘 방독면을 지니고 다녀야 하는, 그리고 지속적인 정전을 경험하고 있는 호놀룰루의 우리 가족 외에도, 여동생 아이다의 남편 윌리엄 H. 크롬 대령이 미항공대와 함께 북아프리카에 있어 그곳에 대한 뉴스도 자세히 살펴보고 있습니다. 다행히 현재 상황에서는 약간의 희망이 보입니다. 아이다와 아들들은 워싱턴에 있고, 장남인 빌은 프린스턴대학교 3학년에 재학 중입니다. 레이시네는 아직 오하이오주 콜럼버스에서 살고 있으며, 그곳에서 존은 목회 활동으로 바쁜 나날을 보내고 있습니다. 레이시의 네 자녀는 고등학교와 대학교에 재학 중입니다.

지난해 나는 이곳을 출발하여 보스턴을 거쳐 시카고까지 다녀왔습니다. 겨울에 몇 달간 이곳에서 강의를 하다가 다시 떠나 주로 뉴욕 근처에 머물렀습니다. 우리의 사랑하는 오랜 친구이자 후한 이화 후원자인 헨리 파이퍼 부인은, 처음에는 스캐릿을 위해 기부하는 것이 어렵다고 하셨지만 결국 부군의 재산에서 이미 감리회 교육국으로 기부되었으나 아직 분배되지 않은 현금 중 15,000달러를 우리에게 주기로 결정하셨습니다. 그녀와 그녀를 돕는 조카는, 우리가 5년 안에 75,000달러를 모금하는 조건으로 록펠러 일반교육국에서 우리에게 5만 달러를 지원하겠다고 약속했다는 사실에 깊은 인상을 받았습니다. 이러한 조건으로 인해 그녀의 선물은 25,000달러의 가치가 있습니다. 우리는 이 생활기부금을 위한 125,000달러라는 모금 목표액에서 45,000달러 이상을 확보한 것입니다. 그 기금이 모금된 후에는 고정적인 수입을 위해 투자될 수 있는 정기적인 기부금을 추가로 마련해야 합니다. 모든 사람이 전쟁 채권을 구매하라는 권고를 받는, 그리고 온갖 기부 요청이 쇄도하는 전쟁 상황에 이 모든 것은 쉽지가 않습니다. 하지만 나는 교회의 사역이 우리가 싸우는 모든 것의 궁극적인 성공의 기반이라는 것과, 오직 그리스도인들만이 이것을 깨닫고 있으며 책임을 져야 한다는 것을 교회에 상기시킬 수 있어 다행이라고 생각합니다. 우리 가족의 오래된 친구인 친애하는 J. S. 워즈워스 부인이 내게 제일 먼저 1,000달러의 연금 기부로 진정한 격려를 해주셔서, 16,000달러 이상이 올해 내가 이룬 손에 잡을 수 있는 결과였습니다. 그렇지만 나는 손에 잡을 수 없는 포상을 받은 것이 훨씬 더 중요하다고 생각하는데, 해야 할 일이 별로 남아 있지 않다고 생각하는 많은 사람 앞에서 내가 하나님 나라의 더 위대한 일을 계속할 수 있었기 때문입니다. 위대한 새날이 우리가 가진 모든 것을 큰 소리로 부를 것이며, 우리는 지금부터 젊은 일꾼들을 찾아서 훈련시켜야 합니다.

이번 여름에 나는 다시 여성학장이 되었고 라틴아메리카에 대한 과목도 하나 수강했습니다. 비서의 도움을 작년처럼 받지 못해서, 지금은 주로 서신과 관련된 일을 하고 있습니다. 한 달 안에 다시 떠나게 될 텐데, 어디로 가야 할지 아직 모르겠습니다. 아마도 노스캐롤라이나주 몬트리트에서 열리는 남장로교회의 한국 선교 50주년 행사에 가게 될 것 같고, 그곳에서 레이놀즈William Davis Reynolds Jr.(1867~1951) 부부와 많은 다른 옛 한국 친구들을 만나게 될 것입니다. 그 후에는 워싱턴, 볼티모어, 뉴욕으로 이동해, 한국에서 돌아온 사람들을 만나기를 희망하고 있습니다. 이후 서쪽으로 출발해 캘리포니아까지 가는 일정이 될 것 같습니다. 올해는 이곳에서 보내는 시간보다 이동하며 보내는 시간이 대부분일 것 같군요. 스캐릿은 나에게 관대해서 내가 원하는 계획을 세우고, 편안하게 여행하고, 내 판단대로 하라고 말합니다. 나는 그들이 옳았다는 것이 증명되기를, 그리고 내 두 번째 해가 첫 번째 해보다 더 의미 있기를 바랍니다. 종종 내가 정말로 도움이 되고 있다고 느낄 수 있는, 더 분명한 섬김의 장소를 찾기를 바라지만, 전반적인 상황을 고려할 때 내 역할이 필요하고, 그 역할을 할 기회를 얻게 되어 다행이라고 생각합니다. 내가 건강하고 삶을 잘 견디고 있는 것 같으니 그것 또한 하나의 큰 축복입니다. 스캐릿대학의 총장님이 연세 때문에 사임하셔서 곧 변화가 있긴 하겠지만, 학교 일은 안정적으로 유지될 것이라고 생각되며, 커닝검 박사님은 명예총장으로서 귀중한 봉사를 계속하실 수 있을 것이라고 믿습니다.

가는 곳곳마다 만날 수 있는 한인들을 만나고 있으며, 그들과 함께 있으면 항상 아주 행복하고 편안합니다. 이곳에서 공부하던 우리 이화 졸업생 중 결혼하지 않은 이는 한 명뿐이고, 세 명은 올봄에 사랑스러운 아내를 맞이하게 되어 기뻐하는 훌륭한 한국 청년들과 가정을 이루었습니다. 미시간대학교 피아노 전공의 바버 장학생인 이춘자는 연희전문학교 출신의 바이올리니스트 곽칼과 결혼했습니다. 역시 미시간대학교에 다니는 최정림도 연희전문 출신이며 시라큐스대학교 대학원생인 한필립과 결혼했습니다. 최정림의 어머니 거트루드는 스웨어러 씨Wilbur Carter Swearer(1871~1916)가 구출했던 어린 노비였습니다. 뉴욕주 로체스터에 있는 이스트맨음악학교에서 성악을 전공하고 있는 민덕순은 명성황후의 조카손녀인데, 역시 연희전문 출신인 김 목사와 결혼했습니다. … 나는 이 젊은이들이, 보호와 동반자가 필요한 지금 같은 상황에서 서로 짝을 갖게 되어 매우 기쁩니다. 물론 시간이 될 때마다 우리 선교 가족들도 만나고 있습니다. 뉴욕 프린스조지호텔에서 내 방은 우나 모아트-빅스의 바로 옆방이었습니다. 그녀는 다시 스탠다드 석유회사를 다니고 있는데, 서울에 있었을 때 상사였던 러들럼 씨 밑에서 또 일하게 되었다니, 신기하지 않나요? 사랑으로, A.R.A.

테네시, 내슈빌, 기독교 사역자를 위한 스캐릿대학
1942년 7월 31일

강용흘 씨께 보내는 공개편지
뉴욕, 웨스트 115로 633

친애하는 강용흘 씨께,

『아메리칸 매거진』 8월호에 실린 당신의 글, "일본인들이 행진해 올 때"를 큰 관심을 가지고 읽었습니다. 우리가 사랑하는 땅 한국의 입장을 널리 알려주어서 기쁩니다. 한국에는 세계를 향해 목소리를 낼 수 있는 유능한 대변인들이 많이 없는데, 당신은 『초당』과 『동양인 서양으로 가다』를 통해, 전략적으로 중요한 이 국가에 대해 잘 알지 못했던 많은 사람에게, 이 나라의 비극적인 운명이 더 큰 나라들의 역사에 영향을 미쳐왔음을 알렸습니다. 극동 문제는 올바로 해결되기 전에는 결코 진정한 해결에 이를 수 없을 것입니다. 정의와 기회의 날이 한국에 어서 오기를 기원합니다!

당신의 글에 실린 대부분의 내용은 한국에서 내가 직접 경험하고 관찰한 사실과 일치합니다. 나는 1885년 11월 9일에 한국에서 태어난 최초의 미국인 아기였고, 한국에서 어린 시절을 15년간 보낸 후 선교사로서 26년간 사역한 것을 큰 영광으로 생각합니다. 한국 혈통이 아닌 사람이 한국 국민과 함께 그리고 한국 국민을 위해 느낄 수 있다면, 내가 그렇다고 믿습니다. 나는 한국에 관한 이야기가 세상에 올바르고도 최선의 모습으로 진술되기를 간절히 바랍니다.

그러나 당신의 글에서, 내가 보기에는 한국이 서양 문명을 받아들인 후 이룬 가장 뛰어난 성취, 즉 기독교 복음에 응답한 것에 대해서는 어떤 언급도 찾아볼 수 없어서 실망스러웠습니다. 당신의 글을 읽는, 한국을 잘 아는 사람들의 대부분은, 그 땅을 위한 사역에 수백 명의 생명과 많은 보물을 쏟아부은 기독교 교회를 통해 한국에 대해 들어왔습니다. 그들은 돌아온 사역자들, 그들의 선교회를 통해 온 한국인들, 한국을 방문했던 사람들로부터 한국 기독교인들의 헌신과 희생에 대해, 더 나은 삶을 향한 굶주림과 갈증에 대해, 열의와 관용에 대해 들어왔습니다. 한국은 아직 정치계나 경제계에서 큰 영향력을 발휘할 수 있는 위치에 있지는 않았지만, 거의 전적으로 기독교 교회를 통해 주어진 기회에는 놀랍도록 크게 반응했습니다. 1784년경, 한국인들이 중국에서 로마 가톨릭 기독교인들과 처음으로 접촉한 이후, 초창기부터 오늘날까지 한국의 영혼은 그리스도의 가르침 속에서 삶 자체보다 더 소중한 가치를 발견했습니다. 1860년대에 박해를 받으면서도 신앙을 포기하기보다 신앙을 지키기 위해 목숨을 바친 최소 1만 명의 한국 순교자들의 이야기는 교회사에서 영광스러운 장章 중의 하나입니다. 나는 기독교가 단순히 신학적인 개념이 아니라, 한 민족의 마음과 정신을 변화시키고 한국의 영혼을 구원했다고 믿습니다. 한국인들은 기독교에서 개인으로서, 그리고 하나의 국가로서 자신들을 위한 희망을 보았습니다. 오랫동안 유교의 윤리와 불교의 헌신, 희생을 훈련받으며 자라온 이들은, 그리스도에 대한 믿음을 통해 더 풍성한 삶을 발견했으며, 그 신앙이 그들을 만족시키고 더 나은 미래를 향해 나아갈 용기를 주었습니다. 기독교의 이상인 형제애, 구원, 미덕에 대한 보상, 하나님 아버지에 대한 지식은, 기존의 신앙 속에서 그들이 찾던 최고의 것을 성취하게 했으며, 그리스도를 따르려는 사람들에게 위대한 도전을 제시했습니다. 수천, 수백만의 한국인들이 2세기 반 동안 이 신앙을 고백하고 지켰으며, 이 신앙에 의해 변화되었고, 이 신앙을 포기하기보다 차라리 죽음을 택했습니다.

어쩌면 당신은 종교가 개인적인 문제이지 국가적인 문제가 아니며, 한국 국민 중 기독교인의 비율은 2%에 불과하다고 말씀하시겠지요. 맞습니다만, 우리가 지금 쓰라린 경험을 통해 배우고 있듯이, 사상이 세계를 지배합니다. 일본 군국주의자들은 오래전부터 기독교 운동이 자신들의 목적과 상반되는 위험한 사상으로 가득 차 있다는 것을 인식했으며, 지나친 잔인함과 박해를 통해 그들 자신의 두려움을 드러냈습니다. 하나의 언어를 사용하는 작은 단일민족인 한국은 기독교적 이상들로 충만해졌습니다. 한국에서 모든 분야의 가장 훌륭한 지도자들은 기독교인이거나 기독교의 영향을 강하게 받은 사람들입니다. 중국의 경우, 일반 대중은 한국인들보다 기독교 사상을 접할 기회가 적었지만, 중국의 지도자들은 국가적 차원에서 몇몇 기독교 사상을 실천했습니다. 더 나아가, 전쟁은 중국에 새로운 통합의 계기가 되었고, 대규모 인구 이동과 많은 사회 변화를 가져다주었습니다. 만일 한국이 그와 같은 단결된 행동을 할 준비가 되어 있다면, 그것은 기독교 운동이 한국을 국가로서 새롭게 자리 잡을 수 있도록 이상과 훈련을 제공했기 때문입니다.

내가 한국에서의 기독교의 역할을 지나치게 강조하고 있는 것일까요? 이것이 전부 생략된, 한국에 대한 당신의 그림이 사실에 더 가까울까요? 나는 그렇게 생각하지 않습니다. 첫째로, 한국 개신교 복음주의 선교연합회가 1941년에 낸 최신 통계에 의하면, 1939년 수치들을 사용하여 한국에는 가톨릭과 개신교를 합쳐 등록 교인 및 교리 수강 중인 예비 교인만 해도 388,082명의 기독교인이 있다는 것을 상기시켜드리고 싶습니다. 그리고 지지자들까지 포함하면 한국 인구 2,200만 명 중 100만 명 정도가 기독교 신앙을 갖고 있다고 추정됩니다. 이들은 1939년 한 해 동안 교회에 2,464,526엔을 헌금했습니다. 농업국인 한국에서 교회는 가장 멀리 있는 산속 마을과 가장 외딴 섬에까지 들어갔습니다. 선교사들과 한국인 기독교 사역자들은 남녀를 불문하고 계곡을 돌아다니고 산을 올랐으며, 붐비는 도시의 거리와 시장에서 일했습니다. 내 아버지 대에서 작게 시작했던 선교, 그리고 아버지께서 번역하여 출판하셨던 성경은 한국인의 생활의 모든 부분에 영향을 끼쳤습니다. 그리스도인들은 한국의 훌륭한 정신이 받아들인 보편적인 가치를 한국사회에 제공했기 때문에, 존경을 받았고 사람들이 따랐습니다. 이 무명의 억압받고 가난에 시달리던 사람들이, 인류에게 알려진 최고 최선의 가르침 속에서 자신들과의 유사성을 발견했다는 것은 주목할 가치가 있지 않은가요?

교회와 함께 항상 따라오는 다양한 형태의 사회적 개선도 일어났습니다. 로마 교회는 주로 종교 예배에 집중해오긴 했지만, 일부 학교와 고아원을 운영했습니다. 개신교 교회들은 한국이 필요로 하는 것을 최대한 충족시킬 수 있는 훌륭한 프로그램을 운영하며 한국에 눈에 띄는 봉사를 해오고 있습니다. 젊은이들은 농업, 산업, 학문, 과학, 상업 등 다양한 종류의 미션스쿨을 통해 현대 교육을 받을 기회를 얻었습니다. 한국에는 뛰어난 기독교대학도 세 개 있는데, 연희전문학교와 이화여자전문학교, 그리고 "신사참배 문제"로 1939년에 문을 닫은 평양의 숭실전문학교입니다. 이화여전만 보아도 1936년 개교 50주년을 맞이했을 때, 학교가 시작된 이래 100명 이상의 외국인 선교사들이 그곳에서 장단기 근무를 했다는 것이 밝혀졌습니다. 세브란스병원과 의과대학 및 간호사 양성학교는 많은 의료 구호기관 중 가장 규모가 큽니다. 기독교인들은 유치원, 공중보건, 나환자 보호시설, 시각장애인, 결핵 환자 및 기타 소외 계층을 위한 다양한 사회복지 활동을 선도했습니다. YMCA는 지금 한국인들이 뛰어나게 잘하는 스포츠를 소개하여 팀워크, 공정한 경쟁, 몸과 마음과 정신의 전인적 발달이라는 이상을 정립했습니다.

온 인격을 섬기는 기독교 교회는 선교사들에 의해 도입되었지만, 최근에는 앞서도 언급했듯이 훈련받은 한국 기독교인들이 교회와 기관들에서 활발하게 효과적으로 지도력을 발휘하게 됨에 따라 선교사의 역할은 부차적인 것으로 변모했습니다. 외국인에 대한 일본 군국주의자들의 압력은 본토인의 지도력을 발전시키는 이 자연스럽고 바람직한 운동을 가속화시켰고, 1940년 9월 일본이 공개적으로 추축국에 들어가면서 절정에 달했습니다. 이 위기 속에서 대부분의 선교기관은 이미 유능한 한국인 지도자들이 일을 맡고 있었으며, 이들은 무거운 짐을 짊어진 채 그 일을 계속해나가겠다고 결의했습니다. 그러므로 1940년과 1941년, 미국 선교사들 대부분이 이런저런 이유로 철수를 강요받았을 때 그것이 전적으로 재난이었다고만은 할 수 없습니다. 그 선교사들 중 마지막까지 남아 계셨던 분들이 지금 귀국하는 중입니다. 가톨릭교도는 주로 독일인, 프랑스인, 아일랜드인이어서, 추축국이 그렇게 많이 괴롭히지 않기 때문에 철수하지 않고 남아 있습니다. 평생의 일과 집, 그리고 가장 소중한 친구들을 포기하는 것은 가슴이 아팠지만, 추방당한 그 어떤 선교사도 자신의 일이 헛되었다고 느끼지 않습니다. 추방당한 선교사들은 자신이 빠지면 무너질 수밖에 없는, 생명 없는 구조물을 지탱하는 버팀대로 스스로를 생각하지 않고, 땅에서 결코 사라지지 않는 풍성한 수확을 이루어내는 살아 있는 씨앗을 뿌린 사람으로 스스로를 생각합니다. 과거 내한 선교사들이었던 수백 명은 현재 북미와 많은 다른 나라들에 흩어져 있지만, 다시 돌아갈 날을 고대하면서 아직도 한국을 위해 충성스럽게 일하고 있습니다. 그 선교사들을 아는 사람들 또한 한국을 사랑하게 되었고, 이들은 모두 한국의 가장 많고도 확실한 친구들이라고 할 수 있습니다. 그들은 과거를 믿으며, 기회가 오면 더 나은 미래를 위해 제일 먼저 한국을 돕는 사람들이 될 것입니다.

당신은 글에서 "미국인들은 한때 우리의 좋은 친구였습니다"라고 하면서, 자신의 노동에 대해 분명 충분히 보상받았을 미국인 기술자들이 건설한 공공 토목공사들을 열거했습니다. 그러나 당신의 미국 친구들 대부분, 즉 교회 사람들은 기술자들의 공헌이 한국에 실질적으로 풍요로운 삶을 제공한 기독교의 봉사의 양에 비하면 미미하다고 주장할 것입니다. 만약 한국을 찾은 이들이 외교관과 사업가들뿐이었다면, 오늘날의 한국은 어떤 모습이었을까요? 그들의 역할이 분명 있었지만, 현재 그 흔적은 대부분 사라져버리고 만 것 같습니다. 그러나 기독교 교회가 한국에 가져다주고, 한국이 자기의 것으로 만들며 증식시킨 영적 가치들은 결코 파괴될 수 없습니다. 이 가치들은 전쟁, 고립, 박해를 이겨낼 것이며, 그동안 기꺼이 그리고 아낌없이 행해진 기독교의 봉사가 빚어낸 선의는 동양과 서양이 한국의 삼천리 금수강산에서 다시 만나는 날, 새로운 한국을 건설하는 주된 재료가 될 것입니다.

진심을 다해,
앨리스 R. 아펜젤러

그립스홀름호에서 수집된 것들—앨리스 아펜젤러
1942년 8월 23일

친애하는 친구들에게,

다음은 한국과 지금 귀국 중인 우리 친구들에 대해 내가 지금까지 알게 된 모든 정보입니다.

로렌수마르케스에서 윌 커로부터, 그레이스가 8월 3일에 보냄:
"멋진 소식임, 특히 결혼식(도널드와 진 브로크만). 매우 건강함. 감리교신학교에 억류됐었음. 어려움 없었음. 집에서 음식 옴."

리우데자네이루에서 8월 10일에 에델 언더우드로부터:
"에드나 홉스는 상당히 아팠습니다. 자기만의 작은 부엌이 있고, 대접해야 하는 부담 없이 친구들을 만날 수 있는 감리교 아파트로 이사했습니다. 6월에 사람들이 상하이를 떠나기 전까지만 해도 그녀는 교회에 나갔고 꽤 건강했습니다. 톰은 "평소처럼 사업"을 해나가고 있습니다. 교단 소속으로 상하이나 베이징에서 철수한 사람은 없습니다.

맥파레인 씨와 크로우 씨를 제외한 영국인과 미국인은 모두 한국을 떠났습니다. 크로우 씨의 막내 루시(7세)는 애오개에 있는 감리교 초등학교에 다니고 있습니다. 에드윈(16세)과 앨리스(12세)는 우리와 함께 있습니다. 그들을 좋은 집으로 보내게 될 때까지 처음 몇 주 동안은 생활이 조금 불편하겠지요. 허먼은 마닐라에 있었고 에드나는 오리건 대학교 3학년생입니다.

동대문병원이 팔려서 이화는 25만 엔의 기부금을 받게 되었습니다(양 박사의 보고). 다른 감리교 재산은 처분되지 않았습니다.

패트 반하트가 이곳에 있습니다—안부 인사를 전하네요. 쿤스에 관해 신문에 실린 것은 모두 사실입니다. (E. H.) 밀러 박사는 더 나쁜 상황입니다—지옥 같은 5주가 아니라 5개월을 보냈습니다. 라이너는 쿤스보다 더 힘들고 긴 시간을 보냈습니다. 그가 겪은 고통은 최악이었습니다. 밀러는 가장 오래 고생했고, 쿤스는 지옥과 같은 고통을 겪었지만 마음과 삶에서 그곳을 천국으로 만들었습니다. 기적입니다.

계획: 쿤스는 전쟁 사역을 위해 즉시 프리스코[텍사스주]로 가라는 요청을 받았습니다.

그는 선교국에 전보를 보내 허락을 받으려 하고 있습니다. 호레이스 G.는 해군에 입대하려고 했지만, 육군으로부터 임무를 제안받아서 계획을 변경하게 될 것 같습니다. 우리는 현재 브루클린[뉴욕시]으로 갈 계획입니다. 12월 6일 존과 제임스와 나눈 전보와 전화는 지난 몇 달 동안 빵과 고기처럼 큰 도움이 되었습니다."

리우에서 탤미지John Van Neste Talmage(1884~1964) 박사가 풀턴Charles Darby Fulton(1892~1977) 박사에게 보낸 편지를 몬트리트에서 읽음:

(인용 아님). 탤미지 박사는 12월 8일에 감옥에 수감되어 4월까지 갇혀 있었습니다. 건강이 별로 좋지 않습니다. 그의 부인은 미스 닷슨Mary Lucy Dodson(1881~1972)과 미스 루트Florence Elizabeth Root(1893~1995)와 함께 지냈고, 탤미지 박사가 감옥에 있는 동안 그녀는 조금 회복되었습니다. 그에게 타자기를 가져가는 것은 허용되지 않았고, 피난민들은 한 사람당 여행 가방 두 개씩만이 허용되었습니다.

나는 레이놀즈 부부와 다른 한국 관련 친구들과 함께 몬트리트에서 닷새간 훌륭한 총회에 참석했으며, 8월 18일에 그들이 남장로회의 한국 선교 50주년을 기념할 때 그들과 함께 소중한 추억과 소망을 나누었습니다. 선교사들과 그들의 자녀들을 중심으로 약 50명이 참석하여, 지난 50년에 대한 장대한 야외극을 공연했습니다. 나는 큰 감동을 받았으며, 혼란과 박해, 철수, 그리고 교회가 계속 나아가는 마지막 장면은 너무 가슴이 아팠습니다. 레이놀즈 박사 부부는 마지막으로 후임 선교사들이 될 한 무리의 젊은이들에게 횃불을 건네주었습니다. 뉴랜드Sarah Louise Andres Newland(1891~1981) 자매님은 아름다운 선교 정신을 보여주었습니다. 다음날 그들은 그 지역 특유의 비가 내리는 가운데, 큰 사교 모임과 만찬을 가졌습니다.

나는 주날루스카 호수에 갔지만 그곳에서 동모를 칮을 수는 없었고, 버시니아주와 테네시주 접경의 브리스톨에서 거주하는 엘라수 와그너에게 잠깐 들르기로 결정했습니다. 지금은 일요일 오전이고, 우리는 멋진 방문을 하고 있습니다. 엘라수는 아파트가 아닌 큰 집에서 평생 살게 되었고, 미스 로우더Rosa May Lowder(1884~1979)와 함께 살고 있습니다. 내가 알기로 이것이 우리의 연로한 선교사에게 해줄 수 있는 가장 편안하고 완벽한 조치여서, 이에 나는 정말 기쁩니다. 집이 없다는 것은 우리 대부분에게 새로운 경험이고 쉽게 익숙해지지 않는 일입니다. 내일 밤, 나는 돌아오는 친구들로부터 소식을 듣기를 고대하며 뉴욕으로 가려고 합니다. 그들을 만나는 것이 이번 가을에 할 강연을 준비하는 데 최고의 도움이 될 것이라고 생각합니다. 그 후 길이 열리는 대로 다시 돌아다닐 것입니다. 모두에게 사랑을 보내며,

앨리스

⚜⚜⚜

주소. 뉴욕, 5번가 150—워싱턴 DC에서
1942년 9월 11일

친애하는 밴과 톰의 친구들에게,

오늘은 밴과 톰 홉스 부부의 일곱 번째 결혼기념일인데, 이곳 워싱턴에서 보내는 오늘이 옛 이화에서 결혼식을 올렸던 그 아름다웠던 날을 그대로 닮았습니다. 하늘도 그대로이고, 나는 이 모든 것의 통렬한 아름다움과 세월이 가져온 변화를 다시 한번 생각하고 있습니다. 에델 언더우드가 말하길, 난징의 해리엇 휘트머가 밴이 내게 보내는 긴 편지를 받아왔다고 해서 그 편지를 기다리고 있습니다. 나는 그 편지에 대해서 몰랐고, 해리엇은 내가 뉴욕에 있다는 사실을 모르고 도착한 것 같습니다. 그래서 나는 해리엇에게 편지를 보냈지만 아직 밴이 보낸 편지는 받지 못했습니다. 다만 밴이 상하이에서 해리엇에게 보낸 짧은 편지를 에델이 내게 보내줘서, 그 소식은 조금 알게 되었습니다. 나는 이 짧은 편지를 메리 레이시, 코린, 해리 밴플리트에게 보냈는데 요지는 다음과 같습니다.

"우리는 7월 28일에 상하이를 떠나기로 되어 있는 영국의 본국 송환선을 타고 갈 계획입니다. 동아프리카에서 미국으로 갈 수 있는지는 아직 모르겠습니다. 우리는 어디에 있든 하나님의 손안에 있고 하나님은 완전한 평화와 진정한 위로 속에 우리를 지켜주시니, 모두에게 우리에 대해 걱정하지 말고 우리를 위해 계속 기도해달라고 말해주세요." 밴은 그들이 예전에 좋아하던 것들을 즐겨 읽었다고 말했습니다. 톰은 성서공회에서 정규직으로 일하는 것을 좋아하고, 유니언교회의 회계로 일하는 것도 좋아했습니다. 사랑

스러운 옛 손글씨와 친숙한 문체가 밴을 다시 가까이 느끼게 합니다. 나는 그들이 그 배에 타고 있기를, 비록 미국으로 돌아오는 것은 지연될지라도, 곧 자유국가에 있게 되기를 바랍니다.

내가 들은 바에 의하면, 상하이 거주자들은 큰 변화 없이 살아가고 있습니다. 홉스 부부는 레이시 감독님의 집을 떠나, 같은 구내에 있는 감리교 아파트의 더 작은 숙소로 들어갔습니다. 편지에 클립시트에 실을 수 있는 흥미로운 세부 사항들이 담겨 있기를 바랍니다.

나는 이곳에서 미스 플로런스 깁슨의 친절하고 후한 환대를 즐기고 있으며, 그녀가 너무나 따뜻하게 대해주셔서 꽤 오래 머물고 있습니다. 그녀는 내가 내민 숙식비를 거절하시면서, 더 줄 수는 없는 형편이지만 그 돈은 스캐릿에 주시겠다고 말했습니다. 손님방은 그녀가 기독교 사역자들에게 바친 것이며, 그녀는 그곳에서 기독교 사역자들이 머물 때 가장 행복해하는 것 같습니다. 그녀는 80세로 몸은 좀 약해지셨지만 정신과 영혼은 매우 예리하며, 우리가 사랑하는 것들을 그녀도 사랑합니다. 미스 깁슨은 인덕을 도와줄 수 있는 사람으로 하비 시몬스 씨를 나에게 소개해준 분이기도 합니다. 인덕이 가지 않게 되었을 때 우리는 갈 사람을 김활란으로 바꿨고, 미스 깁슨은 활란이 미국 학위들, 특히 박사학위를 받게 도와주셨습니다. 이것은 그녀의 인생에서 큰 기쁨 중 하나였습니다. 꼭 1년 전, 며칠 동안 미스 깁슨과 함께 있을 때, 밴이 활란에 관해 이야기하는 긴 비밀 편지를 보내왔습니다. 그 당시 나는 활란이 자신의 집을 팔았고, 이화여전을 계속 운영하기 위해 많은 노력을 하고 있다는 소식을 여러분에게 전했습니다. 이제 우리는 그들이 결국 대학을 포기하거나 동대문부인병원을 희생할 수밖에 없었다는 사실을 알게 되었고, 병원은 의료 활동을 계속 이어갈 수 있기에 병원을 좋은 가격에 팔아서 35만 엔을 이화여전 기부금에 넣었다는 소식을 들었습니다. 나는 로제타Rosetta Sherwood Hall(1865~1951) 박사님에게 그곳이 아직도 병원이라는 것을 알면 조금은 위안이 되지 않겠느냐고 말씀드렸습니다. 그녀는 "그건 나에게 도움이 되지 않아요"라고 반박하셨습니다. "그 병원은 이제 부인 병원이 아니잖아요." 우리는 모두 형식에 충실합니다!

나는 이곳에 있는 동안 스캐릿을 위해서는 많은 것을 할 수 없었지만, 한국 사람들과 만날 기회는 몇 번 있었습니다. 이(승만) 부부와 점심과 차를 함께했고 또 만날 것이며, 공주라 불리는 민덕순, 최정림 부부와도 함께 저녁 식사를 했습니다. 그리고 한길수, 서울에 있었던 척추지압사 정 박사 및 배 씨와도 식사를 했습니다(이 사람들은 다른 사람들,

그리고 내가 이야기 나눈 대부분의 선교사와 좋은 관계를 맺고 있지 않은 것 같습니다. 한 씨의 소식은 대부분 허구인 것 같습니다). 채핀 부인과 나는 휴 밀러 씨와 함께 식사했는데, 그는 우리에게 한 달 된 예쁜 아기 휴 3세를 만나게 해주었습니다. 불쌍한 밀러 부인은 정신없이 매우 불안해했으며, 이로 인한 중압감이 밀러 씨를 엄청나게 늙어 보이게 만들었습니다. 나는 채핀 부인과 함께 그녀의 자매 집에서 점심을 먹었습니다. 그녀는 생김새도 말투도 블랜치를 닮았습니다. 그 후 이번 주 어느 날, 애나 채핀은 뉴욕에 있는 '국내 선교부 동원 개시일'로부터 로스앤젤레스에 있는 '멕시코 소녀들의 집' 부副감리사로 가야 한다는 말을 듣고 그날 밤 떠났습니다. 이후 그녀에게서는 아직 소식을 듣지 못했습니다. 애나와 함께해서 재미있었고, 그립스홀름호 사람들을 만났을 때 뉴욕에서 그녀와 함께해 특히 즐거웠습니다.

위쪽에 다음 문장들을 겹치게 찍어서 미안합니다. 다음과 같이 찍었어야 했습니다.

"우리는 7월 28일에 상하이를 떠나기로 되어 있는 영국의 본국 송환선을 타고 갈 계획입니다. 동아프리카에서 미국으로 갈 수 있는지는 아직 모르겠습니다. 우리는 어디에 있든 하나님의 손안에 있고 하나님은 완전한 평화와 진정한 위로 속에 우리를 지켜주시니, 모두에게 우리에 대해 걱정하지 말고 우리를 위해 계속 기도해달라고 말해주세요."

에스더 H.가 쿠바에서 행복하게 지내고 있다는 것을 알게 되어 참 기쁩니다. 오늘 루스 코블렌츠 윔스가 전화를 했습니다. 어젯밤에는 맥스와 마거릿 (하우저) 베커와 식사를 했고, 에블린과는 차를 마셨습니다. 맥아피 매큔은 뉴욕에 다녀온 후 몸이 아파서 힘들어했습니다.

많은 사랑을 모두에게 보내며,
앨리스

주소: 뉴욕, 5번가 150 … 메릴랜드, 볼티모어
1942년 10월 2일

친애하는 친구들에게,

에드나 밴 홉스가 보낸 일기 편지를 해리엇 휘트머가 8월 25일 그립스홀름호에서 발송해주어서, “배달이 지연되지 않고” 뉴욕에서 전달되어 어제 내게 도착했습니다. 이 편지는 밴의 고운 손글씨로 빽빽하게 쓰여서 검열하는 데 시간이 꽤 걸린 것 같습니다. 해리엇이 이미 중요 사항들은 이야기해 주었으므로, 다음은 여러분을 위해 발췌한 세부 내용입니다.

1942년 1월. “12월 8일 우리가 전쟁 포로가 된 이래 줄곧 나 자신에게 약속했던 일기 편지를 이제 새해를 시작하며 쓰려고 해요. 즉시 당신의 마음을 편하게 해야 하고, 이곳에서의 우리의 상황에 변화가 거의 없다는 것을 말해줘야 해요. 일본은 믿을 수 없을 정도로 친절하고 사려 깊게 대해주었고, 지금까지는 원하는 만큼 자유롭게 이동할 수 있기 때문에, 우리는 우리 자신을 ‘가석방 중인 포로’라고 불러요. 12월 23일까지는 자동차 사용을 허락받았어요. 그 후에는 의료 및 사회봉사 요원들만 차량을 사용할 수 있어요. 이곳은 ‘자전거 타는 사람들의 도시’가 되었어요. 자전거 가격은 거의 자동차 가격만큼 올랐는데, 지난주에 가장 저렴한 자전거는 900(중국)달러였어요. 그래서 인력거가 다시 진가를 발휘하고 있지요.

12월에 레이시 감독님이 그의 가구를 푸저우로 보내달라고 전보하셨을 때 우리는 그의 집을 포기하고 나와서 … 같은 구내 페탱로 7에 있는 WFMS 숙소로 이사했어요.” 그 다음 밴은 삼면에 창문이 있고 개인 욕실과 옷장 공간이 있는 큰 다락방을 묘사했는데, 그녀는 그 다락방을 아늑한 생활을 위한 숙소로 개조했다고 합니다. 그들은 그곳에서 식사도 하고, 매일 오후에는 차를 마시며, 작은 난로 하나로 따뜻하게 지내고 있습니다.

“당신이 이 편지를 읽게 될는지 모르겠네요. 정말 이상하고 뒤죽박죽인 세상이에요. 사람들은 상하이를 떠나서 안전할 것이라고 생각했던 마닐라로 갔는데, 지난 열흘 동안 그들은 전투의 한가운데에 있었고, 오히려 우리는 이곳에서 평화롭고 조용하게 지내고 있어요. 12월 8일 아주 이른 아침에 톰은 미국과 영국의 포함들이 강에서 나포되었음을, 그리고 전쟁이 시작되었음을 알리는 전화를 받았어요. … 라디오를 통해 이곳의 책임자인 일본 장성이, 침착하게 있으라고 명령했어요. 영사들은 자국민들에게 가능한 한 실내에 머무르라고 조언했고요. 하지만 도시 전체는 비교적 조용했어요. 톰은 이틀 동안 집에 머물렀지만, 그 후 등록에 필요한 서류를 구하기 위해 수요일에 내려갔어요. 우리는 목요일 아침 일찍 내려갔고, 약 한 시간 동안 줄을 서서 등록한 후 집에 돌아왔어요. 친절하고 신속한 조치와 명령으로 모든 것이 순조롭게 처리되었어요." 목요일 밤 그들은 미리 사둔 표로 러시아 발레를 보러 갔습니다. 그녀가 이 이야기를 전한 까닭은 그들의 삶이 얼마나 정상적인지 보여주기 위함입니다. "첫 며칠은 마닐라로부터 약간의 소식을 들었지만, 나머지 모든 세계와의 소통이 단절된 것이 이상해요. 모두가 12월 14일 일요일에 <우편가방> 메시지들을 기대하고 있었지만, 아무런 메시지도 오지 않았어요. 은행들은 보고서가 만들어지고도 남을 만큼 오래, 수일간 문을 닫고 있었어요. 일본인들은 아주 현명하게 평소처럼 사업을 지속하고 싶다고 이야기해왔어요. 한 사람당 일주일에 40달러(미화 약 4.50달러)만 찾을 수 있다는 소문이 돌아서, 우리는 각자 하루에 5달러로 긴축할 방안이 있을지 알아보기 위해 집 안을 살펴보기 시작했어요. 우리는 잘하고 있어요."

성탄절에 대해서는 "여러 상황에도 불구하고, 우리가 그것을 내적으로 기리고 간직했으니 나름대로 뜻깊었어요"라고 말했습니다. 그들 가족 13명은 최선을 다하며 서로 즐기는 난민들인 것 같습니다(WFMS 관리자 미스 녹스, 전에 서울에 있었던 킬보른 씨Edwin Lawson Kilbourne(1891~1980) 부부, SME의 루시 짐 웹, 침례교인 M. 커들백, 베이징의 힐다 호그, 정교회 선교사 두 명(I. 밀러, K. 매코이), 말론 부인과 그녀의 여동생인 자유침례교인 미스 워커, 병상에 있는 SME의 미스 토머슨, 그리고 홉스 부부). "우리는 명랑한 사람들이고 상황의 밝은 면을 보기 위해 노력하는데, 그렇게 하는 것이 요즘에는 도움이 돼요." 그들은 구운 햄과 소스로 맛있는 성탄절 만찬을 하고, 옷을 차려입고, 노래하고, 아름다운 라디오 음악을 들었습니다. 그녀는 '라디오가 끊어졌다'고 말하지 않았으므로 나는 그들이 라디오를 들었다고 생각합니다.

밴은 건강이 좋지 않았습니다. 2월 12일에 그녀는 침대에 누워 있다고—체중이 줄고, □□□□□, "배탈"을 너무 많이 한다고 했습니다. 3월 20일에는 정밀 검사를 받고 간 주사를 맞았으며, "2개월 동안 지독히 힘든 시간"을 보냈습니다. 모든 지방이 빠져서, 9㎏ 정도가 줄어 49㎏까지 체중이 내려갔는데, 이는 그녀가 결혼하던 당시와 같은 수준입니다. 그녀는 "뚱뚱한" 것보다 낫다고 하면서, 옷을 줄여서 입었다고 합니다.

4월 20일, 모두가 송환 소식에 흥분했습니다. 의사는 밴이 그곳을 떠나야만 하고, 톰이 그녀를 돌봐야 한다는 증명서를 써주었습니다. 하지만 결국 그들은 영국 배를 기다려야만 하고, 남아프리카에 머물러야 할지도 모른다는 것을 알게 되었습니다. 톰은 체중이

81㎏까지 줄었고, 건강은 어느 때보다도 좋으며, 버스를 타러 걸어가는 것을 즐긴다고 합니다. 근무 시간은 8시 30분부터 12시 30분까지 반나절이며, 오가는 데에 1시간씩 걸립니다. 그는 공동체 교회의 회계가 되었고, 모임 등에 참여하는 것을 좋아합니다.

"1월 8일에 미국에서 온 우편물을 발견했을 때 얼마나 설렜던지요. 9월 27일자 그레이스 커의 편지와 10월 11일자 루스 무어의 편지가 홍콩에서 막혔다가 전쟁 후 첫 배로 배달되었어요. 미국에서 이곳의 미국인들에게 보낸 전보는 스위스 영사관을 통해 전달받고 있어요. 우리는 앨리스에게 '모두에게 즐거운 크리스마스'라고 적은 성탄절 전보를 뉴욕시, 5번가 150에 보냈는데, 앨리스가 전보를 받게 되면 해리, 엘렌 그리고 다른 소중한 친구들에게 전달해주리라 믿어요." (나는 이 전보를 받은 적이 없습니다. 밴 또한 내가 2월에 보낸 25자 편지를 받지 못한 것 같습니다. 앨리스) 플레상 부부가 가까이 살아서 밴은 이들에게 불어를 배우고 있습니다. 이들은 4월에 일본의 폭격에 대해 들었습니다. 밴은 CIM 병원과 M. 윌리엄슨 병원에 2주간 입원했습니다. 편지는 6월 22일에서 끝났고, 변함없는 사랑과 기도를 약속하며, 우리도 그렇게 해주기를 부탁했습니다. 그녀의 병명은 췌장 흡수불량증입니다. 사랑으로, A.R.A.

⚜ ⚜ ⚜

기밀** 특별히 이화에게

J. L. 부츠 부인 전교轉交
뉴욕, 클레어먼트로 99
1942년 10월 22일

친애하는 여러분에게,

내 마음은 언더우드 가족을 방문했던 기억들로 가득 차 있으며, 우리들의 소중한 친구인 여러분과 이 경험을 나누고 싶습니다. 하지만 우리 이야기가 무분별하게 회자되는 것은 원하지 않습니다. 이 편지에 클립시트에 실을 만한 이야기는 많지 않을 것입니다.

그냥 여러분과 함께 있을 때처럼 자유롭게 이야기하고 싶고, 하고 싶은 말이 많아서 이것저것 다 전하려 합니다.

에델은 루퍼스 부부를 방문하러 앤아버에 갔을 때 많이 아팠습니다. 결국 점심 식사 도중 들것에 실려 병원에 가서 11일 동안 입원해 있었습니다. 병원은 대응이 매우 느리고 무관심하다는 인상을 주었지만, 마침내 에델이 경련성 대장과 방광, 심장, 맹장 등 여섯 가지 질환을 앓고 있다는 결론이 나왔습니다. 에델은 천천히 움직이려고 노력하면서도 계속 나에게 말을 걸었는데, 자주 눈을 감았으며 생각하는 것조차 힘들어 보였습니다. 나는 그녀가 말하는 것을 그만두게 할 수 없었고, 그녀는 잘 잤다고 말했습니다. 우리는 10시에 잠자리에 들었으며, 나는 오늘 정오까지 그녀 곁에 있었습니다. HH는 집에 없었고, HG와 조앤이 에델을 돌보고 있었습니다. HG는 생김새, 목소리, □□□□□, □□□□□까지 모든 면에서 아버지를 꼭 닮았고, 조앤은 사랑스러운 어머니를 아주 많이 닮았습니다. 데이비슨 가족은 위니프리드와 어린 데이비드와 함께 남아프리카 케이프타운 인근에서 안전하게 지내고 있습니다. 언더우드 가족은 존 토머스[둘째 아들]의 오래된 저택 바로 옆에 있는 4층짜리 좁은 집에서 살고 있으며, 편안하게 자리 잡았습니다. HH는 장로회 선교부 연금과에서 11월 1일 정식으로 업무를 시작하는데, 그는 그 업무에 대해서 아직 아는 바가 없다고 합니다. 그는 워싱턴에서 많은 일을 처리해야 했지만, 이제 거의 마무리되었다고 생각하는 것 같습니다.

번이 저녁에 방문했는데, 유령처럼 보였지만 언제나처럼 용감하고 대단한 모습이었습니다. 그녀는 많은 어려운 결정을 내려야 하는 상황인데, 주로 재정적인 결정들입니다. 상자들이 캘리포니아에서 막 도착했는데, 화물편으로 127달러가 들었습니다. 이는 패트가, 그들이 들어갈 아파트를 집처럼 꾸미기 위해 즐겁게 산 새 가구들입니다. 패트가 물건들을 정리하며 즐거워했기 때문에, 번은 그곳에서 그들이 보낸 9일 동안 아주 행복했다고 말했습니다. 하지만 장례식 비용을 비롯한 여러 지출로 인해 재정적으로 그녀는 생각만큼 사정이 좋지 않습니다. 에델은, 그들이 어쨌든 11월 1일까지는 그 아파트를 떠나야 하니 어디엔가 정착하게 될 때까지 자기 집으로 들어와 지내라고 강권하고 있었습니다. 이런 상황을 겪으면, 가족이 곤경에 처했을 때 도울 수 있게 여분의 돈 몇천 달러라도 있었으면 하는 바람이 듭니다. 그들은 화이트플레인스[뉴욕주]에 있는 작은 아파트를 고려하고 있는데, 그곳에는 많은 Y 사람들이 있습니다. 그들은 그녀가 진정으로 유대감을 느끼는 유일한 사람들입니다. 번은 일해야겠다고 말하지만, 육체적으로 해내기 어려울 것이 분명합니다. 프랭크는 11월 4일쯤 군에 입대합니다. 낸시는 아델피아카데미에 잘 다니고 있으며, 언더우드네 아이들과 에드 크로우도 그 학교에 다니고 있습니다. 언더우드네는 에드를 후원하고 있으며, 에드윈의 형 허먼은 바탄[필리핀]에서 실종되었다는 보고가 있었습니다.

YWCA는 기독교여자절제회WCTU와 힘을 합치고 있습니다. 이 절제회는 일본에서 매우 강한 영향력이 있어서 벙커 부인Annie J. Ellers Bunker(1860~1938) 등의 후원 기금을 설립하려 하고 있습니다. 기독교여자절제회는 좋은 일을 하고 있으며, 애국적 동기에서 군인들에게 술을 금하게 하여 전쟁에서의 승리를 도모하는 일 등을 하고 있습니다. 그들은 한국에서 소녀의 아버지 외에는 누구도 그녀를 매춘부로 팔 수 없다는 내용의 법을 통과시켜 많은 소녀들을 구했습니다. 쿤스 부인은 수백 명의 소녀가 막사 안으로 끌려가는 모습을 보았으며, 수백 명의 일본과 한국 소녀들이 배에 실려 군인들이 있는 곳으로 그렇게 보내지는 것도 보았다고 합니다.

나는 이화 교수진의 사진을 가지고 갔기 때문에, 에델이 그들의 얼굴을 떠올리며 자기가 알고 있는 것들을 말해줄 수 있었습니다. 내가 수집한 정보들은 다음과 같습니다.

음악과 전임교수인 정 앨리스의 자매 엘렌은 부영사인 존슨 부부를 위해 일했다는 이유로 많은 고초를 겪고 감옥에도 갔습니다. 그녀는 앨리스의 집에서 살고 있으며 개인 간호 일을 조금씩 하고 있습니다. 그녀가 이름을 언급한 몇몇 사람들은 괴롭힘을 당하고 공적 생활에서 물러났는데, 홍 에스더도 그중 한 명이었습니다. 심지어 이 씨의 사업까지 영향을 받게 되어 그녀는 집에서만 지내고 있습니다. 또 한 사람은 최이순이었으며, 그녀는 결혼 후 새로운 애기능 거주지에서 살고 있답니다. 백 씨 가족은 연희전문학교에 있는 같은 집에서 계속 살고 있으며, 백 씨는 조선기독교서회에 있습니다. 그들은 현재 꽤 잘 지내고 있는 것 같고, 백 씨는 대학도서관과 명목상으로 관계를 맺고 있습니다. 에델은 앨리스의 가족은 건강하다고 생각하고 있습니다. 고통을 많이 겪은 또 다른 사람은 김신실로, 그녀는 에델과는 말해본 적이 없습니다. 그들 중 용기가 있었던 사람은 단지 몇 명뿐으로, 어린 방신영이 그중 한 명이었습니다. 가사과 선생들인 방신영과 유복덕과 후지모토藤元緑(1913~?)는 1년 전 한 덴마크 선교사가 만주에서 여학생들을 데리고 오자, 에델이 이화에서 한식을 먹도록 주선했을 당시 그녀를 부르러 왔습니다. 그것이 에델이 이화에 갔던 마지막이었습니다. 그 세 선생은 다른 손님들과 함께 와달라고 에델을 초청하러 방문했던 것입니다. 하지만 에델은 우리가 1940년에 느꼈던 것과 같은 이유로 말을 삼가야 한다고 느꼈던 것 같고, 결국 그들이 언제 그녀를 보내줄 수 있는지 묻는 것은 한국인들에게 맡겼습니다.

에델은 경성역 승강장에서 활란과 이야기를 나누었는데, 활란은 에델에게 등을 돌린 채 말하지 않는 것처럼 보이게 하면서 우리에게 메시지를 보냈습니다. "그들에게 제가 아주 건강하고 전혀 아프지 않다고 전해주세요. 열심히 일하고 있으며, 음식과 연료를 구하는 것이 어렵기는 하지만 잘해나가고 있다고요. 우리 어머니와 이정애의 어머니는 저와 함께 가사실습소에서 살고 계십니다. (에델은 은숙에 대해서는 알지 못하는 것 같았습니다.) 혹시 모를 침략에 대비하여 우물을 온 데 파고 수조도 만들고 있습니다. 모든 학과의 강좌는 이전과 동일합니다. 대학은 계속 운영되고 있다고 걱정하지 마시라고 전해주세요." 에델은 활란이 영감을 준다고 말합니다. 그들은 처음에는 떨어져 걷다가, 그다음에 함께 걸었으며, 다시 조금 더 가까워졌습니다. 이는 그들이 떠나기 직전인 5월에 있었던 일입니다.

고 글래디스와 에블린은 여전히 사회복지관을 운영하면서 잘 지내고 있고, 에블린은 가사과장입니다. 그들은 신부들을 만주의 어려운 상황에서 살아갈 수 있도록 준비시키고, 단기 과정과 야간 수업을 개설하는 등 시대에 맞춰 일을 조정했습니다.

조앤과 HG는 12월 7일 전에 3개월 동안 밀러의 집에서 살았는데, 이화 음악과는 평소처럼 연습을 하고 있었다고 합니다. 들리지 않으세요??? 들을 수 있길 바라지 않으시나요????? 그녀는 계 박사가 80% 개선되었으며, 그의 이전 방식, 곧 우월한 방식에서 벗어나 다른 덜 훈련된 음악가들과 기꺼이 협력하게 되었다고 말했습니다(계 박사와 로디가 협력하고 있는 것으로 판단됩니다. 로디는 이전처럼 정진하고 있고, 이번 봄에는 연희전문 콘서트를 성황리에 개최했습니다).

채선엽은 이화에서 가르치지 않고 있는데, 너무 많은 괴롭힘을 당했고 남편이 반대했으며 세 아이를 돌봐야 한다고 합니다. 그들은 그곳에 있는 선교사의 집에서 살고 있습니다. 밀러네 집을 제외하고는 모두 사람들이 살고 있는데, 그 집은 너무 커서 대학에서 사용하게 될 것입니다. 에델은 증인들 앞에서 자기네 집이 연희전문이 필요로 하는 어떤 방식으로든 사용되기를 바란다고 크게 말했답니다. 그 집은 장로교 자산 관리인인 겐소의 비서가 관리하고 있습니다. 유부용은 결혼했지만, 여전히 학생들을 가르치고 있습니다.

김 SY는 완전히 신경쇠약으로 제정신이 아니었습니다. 에델은 경찰 탓이 아니라 과로 탓이라고 하면서도, 확실하지는 않다고 했습니다. 도서관 사서인 김영희는 힘든 감옥 생활을 했지만, 다시 출소했습니다.

김애마는 심신을 허약하게 하는 서양 유치원 용구를 모두 포기하고 일본 것만 쓰라는 명령을 받았습니다. 그녀는 받은 것을 사용했을 뿐이지 그것이 우수해서 사용한 것은 아니며, 그것을 바꾸기 위한 돈이 없다고, 만약 다른 것을 준다면 당연히 기쁘게 바꾸겠다고 대답했습니다. 그들은 그녀가 가진 것을 그냥 쓰도록 허락했습니다! 겨울에 가장 추운 석 달 동안은 유치원을 닫았지만, 여름에는 내내 운영했습니다. 새 도로는 아직 완공되지 않아 지금도 공사 중에 있습니다. 영학관과 롱뷰는 일본 가족들에게 세를 주었는데, 이들이 터널 너머로 한국 사람들을 계속 감시했습니다. (그들은 아마 그 터널 위에 앉아 우리를 첩자라고 생각했을 것입니다.) 딕은 언덕을 넘어 돌아다녔고, 에드 크로우는 그를 만나러 나왔습니다. 72세인 불쌍한 크로우 씨는 치매에 걸려 잠을 많이 자고, 크로우 부인은 에델에게 와서 자녀들이 교육을 받을 수 있는 고국으로 데려가달라고 간청했습니다. 에델은 그들을 위해 사회보장국에 지원을 신청했으나, 간호학을 공부하고 있는 스무 살 난 딸 에드나에게 돌볼 책임이 있으며 17세인 아들 에드도 일을 할 수 있으니 그들이 12세인 어린 앨리스를 충분히 보살필 수 있다는 대답을 들었습니다. 앨리스는 테러호트[인디애나주]의 가톨릭 시설에 가 있습니다. 개신교인들이 이런 집 없는 사람들을 돌볼 수 없다는 것이 안타깝습니다. 그래서 에델은, 그들이 교육을 받을 수 있게 할 테니 부모의 이름을 삭제하라고 크로우 부인에게 말했습니다. 크로우 부인은 그대로 하겠지요, 가엾어라! 그들은 친척이 없습니다. "니카이도二階堂眞壽(1894~1977)는 연희전문에서 중추적인 인물입니다. 그를 공략할 가치는 없지만, 명목상으로는 모든 위원회의 위원장입니다." 마츠모토 씨는 자신이 목격했지만 도울 수 없었던 모든 일에 매우 슬퍼하며 떠났습니다. 그는 실패했다고 느꼈습니다. 지금은 히로시마여학교의 교장입니다. 그들은 베커의 집에서 살았고, 둘 다 3월에 떠나기 전에 에델을 방문했습니다.

최활란은 교회 일 등에 어느 때보다 더 적극적입니다. 에델은 그녀를 길에서 만났고, 그들은 같이 있는 것처럼 보이지 않으면서 함께 시간을 보내기 위해 뒷길을 걸었습니다. 어떤 사람이 에델에게, 이제 유일한의 회사에서 사장이 된 찰스가 기독교에서 받은 훈련에 따라 살고 있지 않다고 말했습니다. 에델은 조 그레이스에게 전혀 도움이 되지 못했다고 말하며, 지금도 자신은 아무런 도움이 되지 못한다고 했습니다. 채스워크는 제물포로 가는 길에 있는 소사에 내려가 있습니다. 그녀는 그곳에서 사는 것을 거부했지만, 그는 만약 그녀가 그와 함께 가지 않으면 다른 사람을 얻겠다고 말했고, 결국 그녀는 함께 떠났습니다. 제임스와 그의 아내는 좀 나아졌으며, 제임스는 더 올바르게 되었습니다. 활란의 아들인 허버트는 그녀에게 큰 슬픔을 안겨주고 있습니다. 딸들은 사랑스럽습니다.

불쌍한 활란, 나는 그녀를 위해 충분히 기도하지 못했습니다.

박 그레이스는 시간제로 학생들을 가르치고 있고, 예순은 종교교육부를 지키고 있습니다. 그레이스의 남편은 아직도 보성에서 학생들을 가르치고 있습니다.

그들은 모두 전쟁이 다가오고 있다고 느꼈고, 현금을 집에 많이 두고 가능한 한 많은 양식을 챙겼습니다. 이번 주 『새터데이 이브닝 포스트』에 실린 에드거 스노우의 "우리가 먼저 일본을 쳐야 한다"를 읽어보세요. 한국인들에 대한 이야기가 나오는데, 소름이 돋습니다.

바이올리니스트인 곽칼과 음악과 출신인 그의 아내 이춘자는 플로런스 부츠와 나와 함께 저녁을 먹었습니다. 곽칼과 플로런스는 최고로 아름답게 연주했습니다. 나는 그들이 곧 파이퍼 부인을 위해 연주하게 되기를 바랍니다. 춘자는 연습을 하지 않고 있지만, 나는 작년에 그녀가 연주하는 것을 들었습니다. 칼은 정부 일을 하고 있고, 춘자는 집안일을 하며 연습을 시작했습니다. 윤성덕은 한인교회에서 반주를 하고 있으며, 아주 힘차게 연주합니다. 춘자가 이곳에 있는 동안 그 일을 할 수 있으면 좋겠습니다.

플로런스는 필리스와 함께 사는 유니언신학교의 맥기퍼트홀에 있는 멋진 아파트에서 나를 살게 해주고 있습니다. 이 아파트는 침실이 세 개인데, 두 사람이 모두 공부를 하고 있어서 나는 자유롭게 하고 싶은 것을 할 수 있습니다. 샤록스 부인Mary Ames Sharrocks(1868~ 1950)의 딸들이 어머니의 74번째 생신을 축하하기 위해 생신 축하 다과회를 열었습니다. 거기서 우리는 매우 소심해 보이는 릴리언 딘 밀러Mary Lillian Dean Miller(1886~?)와 식사를 했습니다. 윌 커는 이번에 치질로 두 번째 수술을 받았습니다(이런 용어는 철자를 잘 모르겠습니다). 이 사람들은 모두 증상이 악화할 수 있으니, 회복할 수 있는 충분한 기회가 주어져야 합니다. 언더우드네는 모두 영양이 부족하여 빈혈이 있습니다. 에델은 오랫동안 충분한 휴식과 정밀검사가 필요한 상태에 있었으며, 이제 휴식을 취할 수 있기를 바라지만, 회복에 많은 시간이 걸릴 수 있는 수술을 받아야 할 것 같습니다.

나는 스캐릿을 위해 많은 일을 하고 있지 않은 것 같아 걱정되지만, 일정표가 나왔고 다음 주에 두 번의 강연이 예정되어 있습니다. 모두에게 사랑을 보내며, 타자가 엉망인 이 편지를 용서해주기 바랍니다. 그렇지만 여러분을 사랑하고 있고, 축복을 받게 되면 그것을 가능한 한 빨리 함께 나누려 하고 있다는 것을 알아주세요. 왜 그런 축복을 받는지는 알 수 없지만, 감사할 뿐입니다. 우리 랭커스터교회는 나에게 10월 11일에 강연할 기회를 주었고, 내가 그들의 선교 프로그램에 포함되지 않더라도 그 프로그램을 계속하기로 결정했습니다. 그들은 성실하며, 그들을 알아온 어느 때보다 지금이 더 열정적이라고 생각됩니다. 베티 리는 그곳의 한 초교파 기관에서 이틀 동안 강의를 했고 큰 인기를 얻었습니다. 도로시 샌드와 나는 그녀의 강의에 네 번, 오찬에 두 번 참석해 남미에 대해 많은 것을 배웠습니다.

여러분의 오랜 친구에게 곧 편지를 보내주기 바랍니다.

앨리스 A.

⚜⚜⚜

주소: 뉴욕, 5번가 150 … 현재 뉴욕, 풀라스키에서
1942년 11월 28일

나의 정말 소중한 밴과 톰에게,

당신들이 이곳에 오려고 노력하며 아프리카에 있었다는 소식을 노스 박사를 통해서 템플 박사에게 받은 것이 내가 받은 소식의 전부예요. 하지만 두 통의 편지를 항공편으로 보내는데, 한 통은 케이프타운으로 보내고 다른 한 통은 런던으로 보내면서, 당신들이 성탄절에 그중 하나라도 받게 되기를 희망해봅니다. 내 편지에 그토록 많은 우편요금을 지불해야 한다고 생각하는 것이 교만일지 모르지만, 그 편지가 몇 달간의 침묵을 보상해야 하므로, 또 이번 성탄절에 내가 당신들에게 보낼 수 있는 유일한 것이어서 비용이 훨씬 더 많이 든다고 해도 꼭 보낼 거예요. 당신의 멋진 일기 편지는 그립스홀름호가 도착한 후 한 달이 지나서야 내게 배달되었어요. 아마도 편지가 길고 정교하게 쓰여 있어서 검열관들이 검열하는 데 시간이 많이 걸렸기 때문인 것 같아요. 하지만 에델 언더우드가 당신이 해리엇에게 보낸 짧은 편지 한 통을 구해줬고, 그 안에 거의 같은 내용이 쓰여 있었기 때문에 그 편지를 통해 당신에 대한 정보를 얻을 수 있었어요. 나는 12월 8일부터 긴 침묵이 시작된 이후, 내가 구할 수 있었던 모든 소식의 파편을 복사해서 보냈어요. 나는 당신의 편지를 엘렌과 당신의 가족, 그리고 코린에게 보냈는데, 모두가 나처럼 당신을 만날 날을 숨죽이며 기다리고 있어요.

내가 추측하기로 당신은 지금 남아프리카에 있고, 이 편지를 그곳에서 받게 될 것 같아요. 길고 힘든 항해 중에 그곳에 잠깐 들른 것이 도움이 되리라 생각해요. 이런 상황에서 당신들이 또 한 번 동양에서 겨울을 보내지 않아도 된다는 사실에 대해 얼마나 감사한지 말로 다 표현할 수가 없어요. 당신이 필요한 의학적인 치료를 받게 되기를, 그리고 그곳은 여름이니 당신을 괴롭히는 모든 고통이 완전히 낫기를 바라요. 이제 바다 여행의 위험이 훨씬 줄었다는 소식도 들었고, 전쟁 소식이 우리 쪽에 유리하게 흘러가고 있어 모든 것이 더 밝아 보여요. 고국으로 곧 무사히 돌아오게 되기를 끊임없이 기도해요. 안전한 장소에 도착했을 때 전보를 보내주었으면 좋았겠지만, 분명히 편지가 이곳에서 천천히 행차하고 있는 것이겠지요. 당신이 지금 남아프리카에 있다면 그립스홀름호에서 소식을 들었을 것 같지만, 어쨌든 중요한 사항들을 얘기해볼게요.

모두가 여행을 잘 마치고 무사히 도착했어요. 모두 한국에 억류되어 있었는데, 남성 12명과 A. 페더슨은 감리교신학원에, 여성들은 각자의 집에, 평양의 천주교인들과 다른 남성들은 한 집에, A. 버그만Anna Leah Bergman(1894~1978)과 E. 마이어스Edith G. Myers(1907~1984)는 각자의 집에 억류되었었어요. 감옥에서 고문을 당한 사람들은 큰 고통을 겪었어요—쿤스와 라이너는 물고문을 받고 거의 죽을 뻔했으며, E. H. 밀러는 사람들로 가득 찬 지독한 감옥에서 5개월 이상을 보냈어요. 맥라렌 박사도 감금되었지만, 폭행을 당하지는 않았어요. 그들은 여행 가방에 넣을 수 있는 것만 가지고 나왔기 때문에 모든 물건이 그곳에 그대로 남겨졌어요. 그럼에도 모두 기쁜 마음으로 받아들이고 있으며, 자신의 증언이 가치 있었다고 느끼고, 남아 있기로 한 선택을 잘한 일이라 생각하고 있어요. 에델은 활란에게서 좋은 소식을 가지고 왔고, 방 선생과 이화의 다른 사람들과 이야기를 나누었어요. 그들은 계속 전진하고 있으며, 상황은 작년과 거의 비슷해 보여요. 동대문병원이 팔려서 35만 엔이 이화여전 기부금에 더해졌어요. 이는 우리 선교회가 병원보다는 대학이 더 필요하다고 생각했다는 것을 보여줍니다. 병원은 이제 개인이 운영하고 있어요. 당신이 떠날 때와 같은 사람들이 모두 여전히 훌륭한 정신으로 충실하게 일을 맡아 하고 있어요. 그렇게 큰 변화가 있었던 것 같지는 않고, 단지 많은 일이 증가했을 뿐이어서 그들 모두에 대해 기분이 나아졌어요. 우리도 알고 있었듯이, 상황은 전반적으로 더 나빠지고 더 힘들어졌을 뿐이에요. 연합군의 승리가 확실해질수록 그들은 더 잔혹하게 박해를 받을 것이기 때문에, 그 어느 때보다 더 우리의 기도가 필요해요. 당신이 이 부분에 대해서는 나보다 더 잘 알고 있을 거예요.

그립스홀름호에서 내렸을 때 가장 안 좋게 보였던 사람은 쿤스 박사와 패트 반하트였어요. 쿤스는 샌프란시스코에서 정부를 위해 열심히 일하고 있지만, 패트는 세상을 떠났어요. 그는 브루클린에 있는 아파트에서 10월 9일 심장마비로 사망했는데, 그들은 그 아파트에 막 세 들어갔었고 그곳에 배치할 가구도 샀었어요. 그는 아무런 전조 증상도 없이 저녁 식사 후 편지를 쓰다가 어지럽다고 말한 뒤 쓰러졌대요. 번과 낸시는 혼자 있었으며, 번이 언더우드 부부를 부르러 사람을 보내서 언더우드 부부가 즉시 왔고, 프랭크도 한 시간이 안 돼서 왔어요. 번은 아시다시피 멋진 사람이지만 너무 나이가 들었어요. 장례식은 그들의 많은 Y 친구들이 사는 화이트플레인스에서 진행되었고, 번은 나에게 찬송을 불러달라고 부탁했어요. 반주해주는 악기는 없었지만, 나는 찬송을 불렀어요. 우리의 많은 친구가 그 자리에 참석했어요. Y는 처음에는 번의 재정적인 걱정을 덜어주기 위해 해야 할 일을 다 하지 않았지만, 지금은 그녀의 건강이 일을 할 수 있는 상태가 아니니 그녀를 돌보겠다고 약속했어요. 프랭크는 조지아의 주둔지에 있고, 팻시와 낸시는 브루클린 워싱턴가에 있는 모호크 호텔에서 번과 함께 지내고 있어요. 그곳은 언더우드 가족의 집과도 가까워요. [이하 소실]

⚜⚜⚜

주소: 테네시, 내슈빌, 스캐릿대학
1942년 11월 30일

가장 친애하는 앤에게,

우리는 꼭 2년 전 오늘 샌프란시스코에 도착했는데, 그날을 기억하게 해주는 당신의 멋진 편지가 왔네요. 한국에서 온 친구들과의 만남에 대해 아주 자세히 써줘서 고마워요. 나는 당신이 보낸 편지의 요약본을 만들었으며, 복사본 한 통을 진 델마터에게 장로회 선교국의 주소인 뉴욕주 뉴욕 5번가 156으로 보내려고 해요. 다른 주소는 가지고 있지 않지만 이 주소로 보내면 진 델마터가 받을 것입니다. 나와 연락이 끊긴 거트루드 스내블리에게도 복사본 한 통을 보낼 거예요. 그녀가 고국에 돌아오자마자 제칠일안식일

예수재림교로 개종했다는 소식을 들었겠지요? 그런데 그녀는 지금 필라델피아에서 감리교 연금을 받으며 살고 있어요. 웰치 감독님은 이 소식을 듣고 크게 웃으시며, "좋군요! 거트루드에게 딱 어울리네요"라고 말씀하셨어요. 그녀가 폐렴으로 입원했을 때 루 박사가 그녀를 개종시킨 것 같아요. 그녀는 특히 신앙 치유에 관해 항상 특이한 관점을 가지고 있었는데, 그것이 시험이 되었던 것 같아요.

이번에는 지난번처럼 당신의 편지가 답장을 기다리게 하는 잘못을 저지르지 않으려고 하지만, 타자기를 오늘만 사용할 수 있어서 가능한 한 빨리 요점만 쓰고, 나머지는 내가 발견한 것으로 봉투를 채우려고 해요. 밴에게 보내는 편지가 성탄절 전에 도착하기를 바라며, 남아프리카 케이프타운에 항공 우편으로 1달러 10센트를 내고 부쳤어요. 당신의 편지에서 유일하게 실망스러웠던 점은 당신이 홉스 부부를 만나지 못했고, 그들에 대해 아무것도 모른다고 한 부분이었어요. 그들이 송환을 기다리고 있다는 것이 우리가 들은 최근 소식이며, 그 소식은 런던에 있는 영국해외성서공회의 템플 박사에게 보낸 편지에 있었어요. 그래서 밴에게 보내는 내 편지의 복사본 하나를 템플 박사의 주소로도 보냈어요. 당신은 언제 로렌수마르케스에 있었는지 날짜를 알려주지 않았지만 아마 8월이었을 것 같네요. 톰이 템플 박사에게 보낸 편지는 7월 31일에 상하이에서 보낸 것이었는데, 지금은 밴과 톰이 어디에 있는지 알 수가 없어요. 어쩌면 그들이 아직도 상하이에 있는 게 아닐까 하는 생각이 드는데, 정말로 탈출했다면 전보를 보냈을 것 같기 때문이에요.

"뚱뚱한 사람들"과 그들의 행동에 대한 묘사 등, 당신의 이야기는 모두 재미있었어요. 당신이 배들을 만날 수 있었고, 또 그렇게 많은 친구를 만나게 되어서 정말 기뻐요. 몇 달 동안 고된 업무에 지쳤으니, 당신은 휴가가 필요했을 거예요. 도움을 받고 외부 활동도 즐기고 있다니 매우 기뻐요.

쿤스 박사는 거의 쉬지 않고 곧 샌프란시스코에서 정부 업무를 맡았으며, 한국인들에게 정보를 전달하려고 노력하고 있어요. 쿤스 부인은 자녀들을 방문하고 있었지만, 곧 샌프란시스코로 가서 그와 함께할 거예요. 최근에 돌아온 사람들이 모두 그렇듯이 그녀는 매우 불안해 보여요. 에델 언더우드는 여러 가지 문제들, 심장 문제와 신우염 등으로 매우 아프지만, 수술이 필요하지 않기를 바라고 있어요. 조앤과 H.G.가 그들과 함께 있고, 그들의 고모가 소유한 4층 집에 살고 있어요. 크로우의 두 자녀는 모두 살 곳이 정해져서, 에드윈은 네브래스카주에서 에델이 알고 있는 가족과 함께 지내게 되었고, 앨리스는 배에서 알게 된 메리놀 소속 신부의 자매와 지내게 되었어요. 호레이스 언더우드는 강연이 많아 매우 바쁘며, 11월 1일부터 장로회에서 일해요.

패트 반하트는 정말로 전쟁으로 인한 사상자예요. 그는 태국에 있던 단체에서 일본어를 아는 유일한 사람이었고, 일을 끔찍이 열심히 하며 수용소에서 중개자 역할을 하느라 엄청난 중압감을 느꼈어요. 그립스홀름호에서조차 그 단체를 적극적으로 도왔어요. 나는 그를 한 번 만났는데, 그때 그는 완전히 지쳐 보였고 거의 웃지도 못했어요. YMCA는 정말로 패트에게 쉴 기회를 주지 않았고, 그는 막 긴장을 풀고 가족과 시간을 보내기 시작하려 할 때 사망했어요. 패트와 번은 패트의 부모님을 뵈러 아이오와에 다녀왔어요. 프랭크는 전쟁에 나갔고 그 가족은 늘 건강 문제에 시달려서, 번에게는 패트가 무척이나 필요했어요. 우리는 모두 번을 걱정하고 있지만, 번의 정신이 이 사별의 충격을 이겨낼 수만 있다면 그녀는 계속 나아갈 수 있을 거예요.

리처드는 육군 항공단에 합격했지만, 내년 봄에 캘리포니아대학교를 졸업할 때까지는 입대하지 않아도 돼요. 헨리, 루스, 캐롤은 호놀룰루에서 잘 지내며, 그들의 교회는 군인들을 위해 많은 일을 하고 있어요. 아널드 사제님이 당신과 멀지 않은 곳에 계셔서 기뻐요. 그분께 내 안부를 전해주세요. 그분과 함께 있었을 때 나는 늘 즐거웠어요. 사제님이 구내 주변에서 가방들을 끌고 다니시는 모습, 그리고 사제님이 업무에 필요한 장비를 제대로 갖추게 하려고 애쓰는 야코보의 모습이 그려져요! 아, 우리는 언제쯤 집에 다시 돌아갈 수 있을까요? 당신과 내가 조금이라도 더 젊을 때 그렇게 될 수 있을까요? 소식만 들으면 아주 고무적이지만, 물론 잘못된 낙관론에 대해서는 경계해야겠지요.

메리 테일러는 여전히 사랑스러워 보였으며, 아무도 그녀가 그렇게 심각한 눈 문제를 가지고 있다는 걸 눈치채지 못했어요. 한쪽 눈을 잃었지만 브루스의 형편이 좋아졌고, 그의 방위산업체, 아니면 무엇이든 간에 그곳에서 행복하게 일하고 있으니 그녀도 만족하고 있을 것이 확실해요. 우나는 언제나처럼 아주 명랑하고 다정해요. 뉴욕에 가면 늘 그녀를 만나요.

불쌍한 애스트리드! 윌 커는 한국에서 다른 어떤 여성도 그녀처럼 일할 수 없었을 것이라고 말해요. 그녀는 소탈하고 좋은, 진정한 동료였으며, 언어 문제와 관련해서 도움을 정말 많이 주었어요. 그녀가 탈출할 수 있었기를 바라지만 그랬을 것 같지는 않네요.

로제타 홀 박사님을 위로하려고, 비록 동대문병원은 팔렸지만 의사가 샀으니 계속

병원으로 유지될 것이라고 말씀드렸는데, "그런 건 나에게 도움이 되지 않아요! 여자 의사가 산 것이 아니고 부인병원으로 운영되는 것도 아니잖아요!"라고 퉁명스럽게 대꾸하셨어요. 그녀는 여기에서 한복을 입으시는데, 그 어느 때보다 더 이상하고 기묘해 보이세요. 가끔 미국 옷을 입을 때조차 흰색이나 밝은색을 입으셔서 햇빛이 몸에 닿을 정도예요. 그녀는 뉴욕주에 있는 고향인 작은 마을 리버티에서 혼자 살며 예약을 받아 환자를 보십니다. 우리의 연금은 은퇴한 선교사들에게 충분한 안락함을 제공하지 못해서 그녀의 삶은 제한적이지만, 모든 인습에 경종을 울리고 계시며 그것이 주된 즐거움이세요.

당신의 편지를 먼저 에델 언더우드에게 보내서 조앤과 다른 사람들이 그 소식을 즐길 수 있게 하고, 그다음엔 캘리포니아에 있는 미스 코스트럽에게 보내려고 해요. 나는 아마도 이번 겨울에 캘리포니아에 가게 될 거예요. 지금으로서는 어디에서 지내게 될지 모르겠지만 걱정하지는 않아요. 모든 곳에 일자리가 있고, 내가 할 수 있는 것보다 해야 할 일이 더 많지만, 학교 생활 후에 이렇게 돌아다니는 것은 내 취향이 아니에요. 견디기 힘든, 일종의 노숙자 같은 느낌이 들어요. 하지만 나는 곳곳에서 한인들과 만났으며, 내 모든 친구를 즐겁게 방문했어요. 에비슨 박사는 전에 거주했던 모든 사람과 연락을 취하고 그들이 한국의 대의에 관심을 가지게 하려고 노력하고 있어요. 나는 그들이 가진 모든 최고의 열망에 깊이 공감하고 있으며, 전쟁 동안 충분한 정보와 정서가 준비되어서 평화가 찾아왔을 때 한국인들이 다시 자신들의 정부를 가질 수 있기를 바랍니다. 일본 치하로 돌아간다는 것은 현 정권이 승리했다는 것을 의미하기 때문에 상상할 수 없는 일이에요. 그래서 비록 우리가 사랑하는 사람들에게 더 많은 분노가 쏟아질지라도, 일본을 이기고 선량한 사람들에게 그들이 결코 경험하지 못한 진정한 자유를 누릴 기회를 주는 것 외에는 다른 방법이 없다고 생각해요. 나는 지금 전개되고 있는 일들에 대해 몹시 괴로워하고 있을 일본 그리스도인들을 누구보다 더 측은하게 생각해요. 그루 대사는 강경한 태도를 보이고 있지만, 그 또한 그들의 국가가 하는 일에 대해서 정말로 고통스러워하는 일본인에 대해 매우 동정적이에요.

이제 편지 쓰기를 멈추고 오랜 시간 이곳에서 타자를 치게 해준 여주인에게 예의를 갖추어야겠어요. 사람들은 나에게 아주 잘해주고, 곳곳에서 내가 받을 자격이 있거나 전할 수 있는 것보다 더 많은 친절을 베풀어줘요. 이곳에는 이화인들이 많은데, 모두 유익한 삶을 살며 자기 민족을 가장 잘 대변하고 있어서 이들로 인해 무척 기쁩니다. 이들은 대도시에 있는 한인교회들에서 주도적인 역할을 하고 있으며, 사람들은 이들을 알고 싶어 합니다.

⚜⚜⚜

테네시, 내슈빌, 스캐릿대학
1942년 12월 17일

존 R. 템플 박사
런던 E.C. 4
퀸 빅토리아로 146

친애하는 템플 박사님께,

지난달 노스 박사님은, 당신의 편지를 인용하여 톰과 에드나 홉스의 친구들에게 편지를 보내셨습니다. 그 내용은 그들이 7월 31일에 상하이에서 송환을 기다리고 있으며, 남아프리카에 도착한 후 미국으로 오는 비자를 받고자 한다는 것이었습니다. 그것이 우리가 받은 가장 최근 소식입니다. 제 친구 중 한 명이 중국에서 영국인들을 로렌수마르케스로 데려오는 첫 송환선을 만났지만, 그곳에서 홉스 부부는 보지 못했다고 합니다. 우리는 그들이 탈출했기를, 그리고 곧 그들로부터 소식을 듣게 되기를 바랄 뿐입니다.

박사님은 홉스 부인과 내가 서울에 있는 이화여전에서 오랫동안 함께 일했던 것과, 1935년 이화를 방문하셨을 때 함께 만났던 것을 기억하실 것 같습니다. 에드나의 건강이 좋지 않아서 너무 걱정됩니다만, 그녀의 정신은 할 수 있는 한 최대로, 아주 용감하게 견뎌내리라는 것을 알고 있습니다. 우리는 상하이에서 허즈퍼스 씨가 다른 많은 사람과 함께 체포되었고 강 건너에 억류되었다는 소식을 들었습니다. 그렇게 오랫동안 희망해온 본국 송환들이 곧 이루어지기를 기도합니다.

동봉한 편지를 홉스 부부에게 첫 번째 주소로 보내주시고, 또한 그들에 대해 어떤 소식이라도 알게 되시면 제가 받을 수 있도록 저를 우편물 수신자 명단에 계속 올려주시면 깊이 감사하겠습니다. 우리는 영국 국민의 정신에 영감을 받아, 시련의 시기에 여러분의 위대한 힘과 믿음이 우리에게도 함께하기를 바랄 뿐입니다.

즐거운 성탄절과 복된 새해를 맞으시기를 기원합니다.

진심을 다해,
앨리스 R. 아펜젤러

추신. 동봉한 편지를 읽는 것이 현명하다고 생각하시면, 읽어보셔도 괜찮습니다.

⚜⚜⚜

테네시, 내슈빌, 스캐릿대학
1942년 12월 23일

친애하는 러헤드 목사님께,

성탄절을 맞아 사랑스러운 달력을 보내주셔서 감사합니다. 저는 이곳에서 휴일을 즐기고 있지만 곧 떠날 준비로 매우 바쁠 것 같습니다.

동봉한 자료에서 보시다시피 호놀룰루로 발령이 났습니다. 이것은 제가 오랫동안 바라왔으나 계속해서 연기되었던 것으로, 저를 매우 행복하게 합니다. 제가 다시 해외 임무를 맡게 되었으니, 목사님은 저에게 이어오시던 지원을 중국에 있는 두 명의 선교사에게로 이전하는 것에 대해 제가 어떻게 생각하는지 궁금해하실 것 같습니다. 저는 그런 변화가 교회에 도움이 될 것이며, 세상에서 가장 흥미롭고 중요한 곳 중 한 곳으로부터 새로운 관심과 풍부한 정보를 가져오게 만들 것이라 믿습니다. 전시 상황에서는 편지를 자주 받지 못하더라도, 선교사들이 있는 지역에서 일어나는 일들에 대해 계속 알 수 있기를, 그리고 선교사들에 대한 충실한 마음을 이어갈 수 있기를 바랍니다. 제일교회 분들이 저에게 신실하다는 것을 잘 알고 있으며, 그들의 직접적인 지원을 받든 받지 않든 차이는 전혀 없습니다. 새 일을 그들이 기도와 관심으로 도와주리라 믿습니다.

새 일은 제가 항상 해온 대학 행정 업무와는 꽤 다를 것입니다. 한인감리교회 임 목사님이 편찮으셔서 그 어느 때보다 저의 도움을 필요로 하십니다. 교회에 가서 할 수 있는 어떤 일이든 해서 도울 것이고, 물론 때때로 이 일에 대해 랭커스터에도 편지를 쓸 예정입니다.

건강하시기 바라며 루스 파이퍼가 부모님에게서 좋은 소식을 들었기를 바랍니다. A. G. 앤더슨 부인이 로디지아에 있는 남편과 함께 지내기 위해 아프리카행 비행기를 타신다는 이야기를 들었습니다. 그들은 오랫동안 한국에서 선교사로 활동해오셨습니다.

이 편지는 교회에 보내는 저의 1월 편지를 대신할 것입니다. 복된 성탄절과 우리 주님을 섬기는 좋은 새해를 맞이하시기를 기원합니다. 지난번 마지막으로 방문했을 때 제일교회에서 다시 강연할 기회를 주셨던 것에 대해 진심으로 감사드립니다. 하나님께서 모든 면에서 복 주시고 우리 모두에게 평화의 새해를 주시기를 빕니다.

충심을 다해,

1946년

1946년 12월 4일까지—하와이 준주, 오아후, 와히아와, 우편함 565
1946년 11월 20일

친애하는 친구들에게,

추수감사절이 다시 돌아왔고, 내가 받은 축복이 너무 많아서 다 셀 수조차 없습니다. 그중 최고의 축복은 한국으로 돌아갈 수 있는 길에 청신호가 켜진 것입니다. 지금까지의 과정은 다음과 같습니다.

1. 9월 25일, 주한미군 사령관 하지 장군이, 과거 한국에서 일했고 다시 와달라고 초대받은 여선교사들의 귀환을 허가해주었습니다. 감리교 명단에 포함된 인원은 22명입니다.
2. 10월 9일, 국무부의 허가를 받았습니다.
3. 11월 12일에는 여권이 하와이주지사로부터 승인을 받았고, 12월 4일에는 군수송선에 탑승할 수 있는 통행권이 승인되었습니다. 이렇게 일이 빠르게 진행될 수 있었던 것은 많은 친구들이 도와주었기 때문입니다. 표를 사서 가는 상업적인 여행과는 아주 다릅니다. 마지막 장애물은 짐입니다. 살 수 있는 물품도 없고 인플레이션 때문에 정상적인 생활이 어려운 상황이니, 가정용품, 식료품, 생필품을 모두 가져가라는 지시를 받았습니다. 하지만 그 밖에 필요한 물품들을 가져갈 수 있게 군이 허락해줄지는 모르겠습니다. 나는 서울에 있는 남동생 헨리가 그곳에서 꼭 필요한 물품에 대해 무선 통신으로 답변해주기를 기다리고 있습니다.

헨리는 현재 호놀룰루에 있는 제일감리교회에서 받은 1년간의 휴가 기간 동안 국무부와 서울 주재 미군을 위해 일하고 있습니다. 그의 아내는 캘리포니아에서 기다리고 있지만, 1월에는 이곳 목사관에서 지내게 될 것 같습니다. 그들의 아이들은 결혼 후 미국에서 살고 있습니다. 우리는 한국에서도, 또 이곳에서도 오랫동안 함께 일해왔기 때문에 한국에 가면 가족들이 그리울 것 같습니다.

여러분은 지금 주로 러시아인들로 인해 한국에서 발생하는 어려움과 불확실성에 대한 소식을 접하고 계실 것입니다. 한국인들은 그들의 땅을 갈라놓은 철의 장막 때문에 그 어느 때보다 더 큰 어려움에 처해 있습니다. 그들은 지금 오랜 친구들이 함께해주기를 바라고 있고, 많은 사람이 한국으로 가고 있습니다. 이화여자전문학교는 9월에 이화여자대학교로 개교했고, 학생 수는 1,000명으로 증가했습니다. 김활란 총장은 미국에서의 유익한 방문을 마치고 이화로 돌아가 수많은 문제와 씨름하고 있습니다. 오랜 박해 끝에 교회들이 다시 세워지고 있으며, 모두 영적인 도움이 필요하다고 말하고 있습니다. 나와 함께할 일행 네 명, 즉 채핀 부인, 애다 홀, 클라라 하워드, 애다 맥퀴는 배를 타고 파나마를 경유하여 12월 8일경 도착할 예정입니다. 성탄절을 한국에서 보낼 수 있기를 바랍니다!

하지만 나이가 많으신 한국인 목사님만 계시고 훈련받은 지도자는 너무나 부족한 이곳의 작은 한인감리교회를 떠나는 것은 괴롭습니다. 그러나 적합한 사역자들이 나타날 것이라고 믿습니다.

나의 가족이자 동거인인 엘마 로젠버거가 지난 1월에 떠나서 올해는 조금 낯설고 외로운 한 해를 보냈습니다. 그녀는 세실 L. 매티스 씨와 결혼하여 플로리다주 세인트클라우드에 정착했습니다. 나는 사랑스러운 하와이에서 거의 4년을 보낸 것과, 이곳에서 우정과 하나님의 선하심을 새롭게 경험한 것에 대해 항상 감사할 것입니다. 하지만 이제는 나의 자리로 돌아가서 다시 일할 수 있게 된 것에 감사하고 있습니다. 앞으로 어디에서 어떻게 살게 될지는 모르겠지만, 보살핌을 잘 받게 될 것은 확실합니다.

이번 성탄절에 풍성한 축복이 함께하기를, 그리고 새해에는 천사들의 노래를 실현하는 데에 한 걸음 더 가까워지기를 기원합니다. 개인적인 말을 더 쓰지 못한 채 이런 편지를 보내야 해서 미안하지만, 여러분에게 손을 흔들며 알로하라고 인사할게요! 우리 모두에게 하나님의 축복이 함께하기를 기원합니다![27]

언제나 충실하게,
앨리스 R. 아펜젤러

27 하단에 "1946년 12월 7일"이라는 도장이 찍혀 있다.

1947년

(편지 보낼 주소; 5센트 항공우편 소인 사용)
미스 앨리스 R. 아펜젤러, 민간인
감리회 선교부
캘리포니아, 샌프란시스코
USAMGIK 군사우체국 235 단위 2
군목 사무실 전교轉交
1947년 9월 19일

친애하는 친구들에게,

그토록 친절하게 보내준 편지와 소포들에 대해 아무런 소식도 듣지 못하고 오랫동안 편지를 기다려온 친구들이 있겠지요. 보내준 모든 것에 감사하는 마음은 컸지만 계속 편지를 쓰며 매일의 업무를 해내기가 불가능했습니다. 6년 만에 다시 만난 한국의 친구들이 내게 원하는 만큼 함께 시간을 보내려 노력하고 있으니, 멀리 있는 친구들은 이해해 주리라 믿습니다.

한국 국민은 특히 "철의 장막"으로 인해 조국이 분단되면서 큰 고통을 겪고 있습니다. 러시아는 북쪽 사람들을 손아귀에 쥐고 있을 뿐만 아니라, 미국이 통제하는 남쪽도 공산주의 선전을 통해 차지하려 하고 있습니다. 그러나 매일 1,000명이 넘는 피난민이 자유를 찾아 밤을 이용해 38선을 넘어 도망쳐오는 것을 보면, 그들에게 자유가 얼마나 소중한 것인지 알 수 있습니다. 그들은 재산을 잃고, 38선에 도달하기 전에 대개 돈과 따뜻한 옷마저 빼앗깁니다. 그들은 그곳에 있는 미군을 구원의 천사처럼 여긴다고 하는데, 서로 더 잘 알게 되면 그 영광이 양쪽 모두에게서 사라지지 않을까 우려됩니다. 러시아의 이웃 국가들과 함께 실행 가능한 기반을 마련하려는 노력은 지금까지 성공하지 못했으며, 공산주의 선전은 독초처럼 자라고 있습니다.

여러분이 보내준 것들로 이 사람들을 돕는 일에 작은 역할을 할 수 있어서 기뻤습니다. 여러분이 내게 준 옷들이 많은 사람들을 행복하게 했습니다. 최근에는 아버지가 북에서 목사로 계신 한 용감한 졸업생에게 옷과 신발 등을 주었습니다. 그녀는 이화보육학교를 졸업했으나 지금은 미국 정부도서관에서 일하고 있습니다. 얼마전에는 그녀의 열일곱 살 난 남동생이 막 탈출해서 그녀에게 왔습니다.

3월 중순부터는 일주일에 나흘씩 이화여자대학교로 지프차를 타고 가서 수업을 하며, 다양한 방면으로 도우려고 노력하고 있습니다. 5월 31일에 대학은 몇 년 만에 처음으로 성대한 창립기념일 행사를 가졌습니다. 이화 창립 61주년인데, 작년 11월이었던 나의 61번째 생일을 끌어와 그날을 또한 내 "환갑Whangap"이라고도 불러주었습니다. 졸업생들이 환갑잔치를 마련했고, 학생들이 운동장에서 멋진 프로그램을 진행한 후, 돗자리가 펼쳐지고 환갑을 축하하기 위해 산해진미를 수북이 쌓은 전통적인 상이 마련되었습니다. 나는 줄무늬 소매가 있는 수놓은 녹색 저고리와 청록색 비단 치마를 입고, 결혼식에서도 쓰지만 환갑잔치에서도 쓰는 작은 바늘꽂이 같은 족두리도 썼습니다. 화사하게 차려입은 참가자들이 (할머니의 후손들처럼) 절을 한 후, 축사와 음악이 이어졌습니다. 그 후 우리는 파이퍼홀 3층으로 갔는데, 그곳에는 환갑상에 올랐던 음식들을 포함한 진수성찬이 차려졌습니다. 비가 많이 올 것이라는 예보가 있었고 실제로 약간 오기도 했지만, 우리 모두에겐 행복한 날이었습니다. 수천 명의 구경꾼이 몰렸고, 많은 사진사가 그 그림 같은 장면들을 담았으니 틀림없이 여러분도 그 사진들을 보게 될 것입니다.

우리 다섯 명의 "개척자"들은 5월 15일에 그레이하우스에서 나와 길 건너편 이화여자고등학교에 있는 우리의 옛집으로 이사했습니다. 그레이하우스는 겨울에 편안했지만, 그래도 우리는 군대 숙소가 아닌 이곳에 우리만의 집을 가지게 되어 기쁩니다. 감리교 남선교사들은 바로 옆에 있는 "젠센의 집"에서 거주 중인데, 그곳은 내가 태어난 곳이기도 합니다.

6월 말에 감리교 여선교사 일곱 명이 더 와서 우리는 12명이 되었습니다. 그와 동시에 해외선교총회 방문단이 와서 7월까지 우리와 함께 일했습니다. 전에 이곳에서 선교사로 일했던 미스 빌링슬리Alice Margaret Bilingsley(1903~2003), 그리고 여성기독교봉사부 해외과 과장인 프랭크 G. 브룩스 부인이 우리와 함께해주었습니다. 그들이 떠난 다음 날 캐나다인 동료 셋이 이화대학으로 일하러 와서, 이제 우리는 15명의 여성으로 구성된 행복한 가족이 되었습니다.

우리의 집에는 짐과 화물이 쌓여 있고, 구석에서는 사람들이 친구를 만나고, 거실은 회의로 바쁘며, 식당은 항상 사람들로 가득 차 있어서 역 근처 호텔과 큰 회의장을 합쳐 놓은 것 같은 모습입니다. 장마가 7월 내내 이어지고 8월 중순까지 계속되더니 그다음엔 더위가 찾아왔습니다. 하지만 지금은 날씨가 다시 아주 좋아졌습니다.

9월이 되기 전에 사람들은 각자의 집으로 이사를 가기 시작했습니다. 미스 잭슨Carrie Una Jackson(1883~1962)과 레어드Esther J. Laird(1901~1968)는 원주로 갔고, 미스 블랙Nannie G. Black(?~?), 다이어Nellie Arkansas Dyer(1902~2000), 스미스Bertha Allen Smith(1885~?)는 송도(개성)로, 서울에서 채핀 부인과 미스 쿠퍼Sallie Kate Cooper(1896~1978)는 성경학교로, 미스 다니엘스Elda Scott Daniels(1906~1997), 하워드, 맥퀴는 이화 캠퍼스에 있는 영학관으로 갔으며, 미스 올리버, 샌델Ada Sandell(1896~1989)과 머레이 박사는 태화여자관으로 갔습니다. 누구도 휴식을 취하거나 휴가를 가지 않았지만 미스 맥퀴를 제외한 모든 사람이 9월 9일 개학을 위해 준비가 되어 있습니다. 미스 맥퀴는 악성 빈혈로 육군 병원에 갔는데, 다행히 회복되고 있어서 감사합니다.

우리는 지금 미국에서 오는 일정이 지체되고 있는 네 명의 선생님, 즉 미스 처치, 헐버트, 맥베인Dorothy C. McBain(1906~1985), 우드의 일정을 메우느라 바쁩니다. 1,200명의 우리 학생들은 행복하게 지내고 있으며, 교통수단, 의자, 책상, 책, 기타 용품이 부족한 문제 등 많은 어려움에도 개의치 않고 우리에게서 더 많은 것을 배우고 싶어 합니다. 물품들이 도착하고 있다는 사실에 감사하며 다시 함께하게 되어 기쁩니다.

이곳에서 맞이하는 우리의 새로운 장章은 무한한 관심, 다양성, 도전을 동반하지만, 사도 바울이 말했듯이 "대적하는 자가 많습니다."[28]

우리를 도와주어서 고맙습니다. 친구들 모두에게 사랑을 보냅니다.

언제나 충실하게,
앨리스 R. 아펜젤러

(내게 보내는 소포는 한국 서울 이화여자대학교로 보내주세요.)

28 고린도전서 16장 9절.

(편지 보낼 주소; 5센트 항공우편 소인 사용)
미스 앨리스 R. 아펜젤러, 민간인
감리회 선교부
캘리포니아, 샌프란시스코
USAMGIK 군사우체국 235 단위 2
군목 사무실 전교轉交
1947년 10월 14일

친애하는 친구들에게,

여러분이 보내준 여러 가지 선물이 모두 무사히 배달되었고, 개봉하고 분류한 뒤 필요한 이들에게 잘 분배했다는 사실을 알려드리기 위해 이 편지를 씁니다. 마치 산타클로스의 작업장과 같이 작은 방 전체가 수차례 선물 상자들로 꽉 찼습니다. 모든 선물이 좋은 상태로 도착했지만, 보낸 사람의 주소가 분명하지 않은 경우가 일부 있었습니다. 여러분이 보낸 선물이라는 것을 알 수 있도록 주소를 명확하게 잘 써주시기를 바랍니다.

어떠한 물품이든 환영하며, 모두 필요한 사람에 의해 잘 사용될 것입니다. 좀 좋은 옷은 멋진 물건들을 선호하는 젊은 선생들에게 전달할 것입니다. 여기서는 옷을 거의 살 수 없으며, 더구나 이 선생들이 받는 월급으로는 더더욱 살 수 없습니다. 남성복은 그런 사람들뿐 아니라 러시아 지역에서 도망쳐 오느라 목숨밖에는 건진 것이 없는 많은 사람들에게 나누어줄 것입니다. 날마다 1,000명이 넘는 사람들이 오고 있는 상황에서, 우리는 보내준 선물들로 우리가 아는 사람들만을 도울 수 있을 뿐입니다. 신발은 언제나 특별히 감사한 마음으로 받고 있으며, 따뜻한 코트나 스웨터 등도 대단히 귀중한 보물입니다. 또한 새로운 무언가를 만들 수 있는 재료는 항상 환영합니다. 옷을 제대로 갖춰 입어 본 적이 없는 궁핍한 사람들이 여러분이 보내준 천 조각들로 옷을 지어 입을 것입니다. 다음과 같은 물품들이 크게 환영받습니다. 새 양말(남성용, 여성용, 아동용 양말), 새 스웨터나 중고 스웨터, 모직 목도리(중고), 뜨개질용 털실, 따뜻한 속옷, 전구, 플러그, 코드, 재봉 재료(즉 실, 바늘, 꿰맬 무명실, 재봉틀 바늘), 연필, 공책, 중고 핸드백과 지갑, 중고 식탁보와 이불, 비타민과 다른 의약품도 감사히 받겠습니다.

『월드 아웃룩』에 실린 내 광고를 보고 많은 분이 산타클로스처럼 선물을 보내주었습니다. 보내준 청소용품은 우리 대학의 큰 건물들에 거의 다 필요하지만, 이화는 식당, 우유 판매점, 식료품점 등 돈을 벌기 위한 사업도 다양하게 진행하고 있어 그런 곳에서도 청소용품이 요긴하게 사용될 것입니다. 교직원들도 청소용품을 좋아하기 때문에 금방 소진될 것 같고요. 우리의 유일한 규정은 어떤 것도 팔지 않는다는 것인데, 지금까지 그 규정을 위반한 경우는 없었습니다. 중고 성탄절 카드들은 올가을 모두에게 기쁨을 가져다줄 것이고, 우리는 그 카드들이 다양한 용도로 쓰일 수 있도록 일찍 나누어줄 예정입니다. 모든 개인과 단체에 감사드리며, 우리를 생각하며 기도해주시기를 바랍니다. 한국에서 우리가 영적인 힘과 지혜만큼 필요로 하는 것도 없습니다. 그러므로 여러분은 정말로 기도를 통해 우리를 도울 수 있습니다. 이화대학은 9월 9일에 개학했으며, 많은 학과에서 1,200명이 넘는 학생들에게 수업을 하고 있습니다. 그중에는 이북에서 온 학생들도 많아 도움이 필요할 텐데, 여러분의 선물이 큰 도움이 될 것입니다.

다시 한번 감사드립니다.

충심을 다해,
앨리스 R. 아펜젤러

(내게 보내는 구호품은 한국 서울 이화여자대학교로 보내주세요.)

정말 환영받는 좋은 책들을 보내주셔서 감사합니다. 식품은 대학을 위해 대접할 일이 많은 김활란 박사에게 주었습니다. 새해 복 많이 받으세요![29]

⚜⚜⚜

29 이 부분은 수기로 첨가되어 있다.

(편지와 개인적 선물 보낼 주소; 편지에는 5센트 항공우편 소인 사용)

미스 앨리스 R. 아펜젤러, 민간인
감리회 선교부
캘리포니아, 샌프란시스코
USAMGIK 군사우체국 235 단위 2
군목 사무실 전교轉交
1947년 12월 15일

친애하는 친구들에게,

이 편지가 성탄절이나 새해, 발렌타인데이, 부활절에 여러분에게 배달된다면, 그 기념일에 맞는 축복을 기원하는 나의 진심 어린 인사로 받아주세요.

올해의 세 번째 이사를 10월 18일에 했습니다. 나는 이제 옛 이화를 영원히 떠나 이화대학에 1.6㎞ 더 가까운 곳인 서대문 밖 언덕 위에 위치한 감리교 여성성경학교로 이사했습니다. 이곳은 한때 기독교 사역자를 훈련하는 신성한 장소였으나, 전쟁 중에는 일본의 "사상경찰"에 의해 사용되며 끔찍한 일들이 자행된 곳이기도 합니다. 건물 또한 심하게 훼손되어 문과 창문들이 없어졌고, 벽과 바닥들도 손상되는 등 모든 것이 열악한 상태가 되었습니다. 채핀 부인은 과거처럼 복구 작업에 돌입했는데, "그리스도를 위한 십자군" 기금의 도움을 받아 새로 페인트를 칠하고, 창문을 달고, 배관 설비를 갖추고(수도와 전기가 곧 들어오리라고 기대합니다), 조명을 달아서 이 건물을 거주할 만한 곳으로 만들었습니다. 건물에는 선교사를 위한 숙소, 채플, 도서관(채플과 도서관 모두 지금은 가구가 전혀 없는 상태입니다), 교실, 기숙사가 있습니다. 이미 성경학교 하나가 10일 동안 열렸고, 또 다른 과정에서 약 30명의 젊은 여성들이 공부하고 있습니다. 전쟁을 서치며 한국 교회 안에서 여성 사역자들이 거의 다 사라졌기에, 이제 우리는 무슨 일이든 다 해야 합니다.

나는 20년 동안 내 집이었던 옛 이화를 떠날 때 눈물이 좀 났습니다. 그간 수리 작업으로 바빴던 5월에서 10월까지의 몇 달간, 우리는 옛 이화가 우리에게 안식처였다는 것을 실감하게 되었습니다. 지금 나는 자그마한 대학 교실을 사용하고 있는데, 전망이 아름답고 조용한 곳입니다. 난방이 며칠 동안 되지 않아 영하에 가까운 날씨에는 불편했지만, 벽난로와 난로로 버텼습니다. 연료는 굉장히 비쌉니다. 지금처럼 대부분 전기가 들어오지 않게 되기 전까지는 전기난로가 유용했습니다. 전기가 들어오지 않는 것은 정치적 상황과 관련이 있는 것 같습니다. 우리 전기는 계약에 의해 러시아 지역에서 오는데, 이는 안심할 만한 조치가 아닙니다!

오랫동안 보지 못한 옛 친구들—미스 쳐치, 헐버트, 로버츠, 우드와 우리 선교사들의 아내 몇 명—이 최근에 돌아와서 기쁩니다. 우리 새 가족 중 한 사람은 호놀룰루에서 살았고 그녀의 가족도 내가 잘 알고 있는 한인 박 에스더입니다. 그녀는 훌륭한 YWCA 사역자로, 미국 회원들의 지원을 받아 한국YWCA에 최초로 훈련받은 간사로서 오게 되었습니다.

불행히도 건강상의 이유로 첫 인적 손실이 발생했습니다—로이드 스나이더 씨와 미스 애다 맥퀴가 고국으로 돌아간 것입니다. 미스 맥퀴는 악성 빈혈로 3개월 동안 이곳의 육군 병원에 입원해 있었고 좀 나아지는 것 같았지만, 의사들은 그녀를 비행기에 태워 메이오 클리닉으로 보냈습니다. 그녀는 이화에서 많은 일을 했고 모두에게 사랑받았기에, 이화는 큰 슬픔에 빠졌습니다.

한국에 있는 모든 선생들이 그러하듯이 우리는 난방이 되지 않는 교실에서 학생들을 가르치고 있는데, 동상과 감기, 손가락이 굳어지는 증상으로 인해 열심히 가르치기가 어려웠습니다. 마침내 교수진은 여름방학 기간을 줄이기로 결정하여, 이제 겨울에 2개월을 쉬게 되었습니다. 그래서 오늘부터 2월 15일까지, 오랫동안 미뤄왔던 책상 업무를 마무리할 계획입니다. 일할 사람이 필요한 구제 사업이 많고, 선교위원회 일은 끝이 없습니다. 미군과 다른 친구들을 환대할 수 있는 시간이 조금 더 있으면 좋겠다고 생각합니다. 매우 기쁘게도, 나는 한국 오라토리오합창단 그리고 우리 국제 합창단과 함께 "메시아"를 다시 부르기로 했습니다. 3월 이후로 합창단에서 노래하는 것이 주된 여가 활동이 되었습니다. 이곳에서 나는 음악을 사랑하는 사람들, 미군 소년들과 장교들, 민간인 노동자와 한국인들을 만납니다. 한국인들은 몇 년 새 음악에서 괄목할 만한 발전을 이루었습니다.

최근 우리에게 큰 위협이 되고 있는 공산당의 활동에 대해 좌절스러운 보고들이 있었습니다. 북한과 공산주의자들로부터 도망쳐온 수천 명의 사람들 한 명 한 명을 만날 때마다 우리는 믿을 수 없을 정도로 심한 공포와 박해에 관한 증언을 듣게 됩니다. 그러나 우리는 이것이 전 세계 차원의 영적 문제라는 것을 알고 있으며, 우리가 지금 이곳에서 전선을 지킬 수 있다면 이 영적 전쟁에서 변화를 이끌어낼 수 있을 것이라 믿고 있습니다. 에베소서 6장 12~13절이 오늘날 한국에 있는 우리에게 해당하는 말씀 같습니다.

"왜냐하면 우리의 싸움은 혈과 육을 상대하는 것이 아니라, 통치자들과 권세자들과 이 세상 어둠의 지배자들과 하늘에 있는 악한 영들을 상대로 하는 것이기 때문입니다. 그러므로 하나님의 전신 갑주를 입으십시오. 그래야만 여러분이 악한 날에 그들을 대적할 수 있으며, 모든 일을 행한 후에 설 수 있을 것입니다."

우리는 우리가 승리하는 편에 속해 있으며, 마지막에 결코 실패하지 않을 것임을 알고 있습니다. 만약 공산주의가 한국에서 승리한다면 모든 선교사와 한국 기독교 지도자들은 틀림없이 "숙청"당할 것입니다. 그러나 우리는 그런 일이 일어나지 않을 것이라는 믿음을 가지고 있습니다. 나는 다른 어떤 곳으로도 갈 생각이 없다는 것을 내 모든 친구에게 전해주십시오. 이곳에 온 지 1년이 거의 다 되어가는데, 이제야 업무에 적응하고 있습니다. 원하는 편지를 다 쓸 수도 없고 모든 분과 연락하며 지낼 수도 없지만, 여러분을 사랑하고 기도하는 것만은 결코 잊지 않고 있으며, 나이 드신 분이나 젊은 분이나 여러분을 생각하며 추억 속에서 큰 기쁨을 느낍니다.

충심을 다해,
앨리스 R. 아펜젤러

(내게 보내는 구호품은 한국 서울 이화여자대학교로 보내주세요.)

1948년

1948년 2월 21일

친애하는 친구들에게,

이 편지는 특히 한 번 이상 선물꾸러미를 보내주신 분들에게 보내는 것입니다. 계속해서 선물을 보낸다는 것은 그 일에 대한 신뢰를 보여주고, 처음 보냈던 것의 결과에 만족한다는 의미일 테니 더욱 소중하게 생각됩니다. 여러분이 우리를 위해 아낌없이 보내주신 모든 것들은 그것을 필요로 하는 사람들이 감사하며 사용하고 있습니다.

처음 언급한 품목들 외에도 필요한 몇 가지가 더 있어서, 내가 쓴 첫 번째 편지를 수정하여 동봉합니다. 모든 크기의 고무장화와 덧신들이 많이 필요해서 추가하겠습니다. 현재 길이 지독하게 질척거리고 대중교통은 거의 없어, 건강은 말할 것도 없고 소중한 신발을 보호할 수 있는 것이 꼭 필요합니다. 최근 몇 켤레의 덧신을 받았지만, 원하는 사람은 많은데 덧신의 수는 너무 적어서 큰 도움이 되지 않았습니다. 남성복도 많이 필요한데 다른 물품들보다는 적게 왔습니다. 남교원들, 여교원들의 남편들, 교정에서 일하는 직원들, 목사님들, 교회 직원들 등을 위해 남성복이 필요합니다.

동면하듯이 최대한 편하게 지내려고 노력했던 긴 겨울방학이 지나가고, 모든 이화대학 사람들은 다시 학교로 돌아오게 된 것을 행복해하는 듯 보였습니다. 2월 16일, 전교생과 교수진이 모두 함께 만날 수 있는 유일한 장소인 체육관은 마루에 앉은 학생들로 꽉 찼습니다. 김활란 총장은, 특히 전 세계를 충격에 빠뜨린 인도 간디의 비극적인 죽음과 현재 서울에서 열리고 있는 유엔위원회를 언급하면서, 오늘날 한국에 영향을 미치는 사건들을 바탕으로 영감을 주는 메시지를 전했습니다. 많은 문제가 복잡하게 얽혀 있고, 러시아의 위협이 공산당의 우려스러운 활동을 통해 나타나는 상황에서, 김 총장은 우리 각자에게 기독교 민주주의의 이상과 활동을 지지하는 데에 자신의 역할을 다할 것을 요청했습니다.

조금 확보된 석탄은 질이 나빠서 제대로 열을 내지 못하고, 난방은 전력에 의존하는데 전기가 거의 들어오지 않습니다. 그래서 우리는 성탄절 이전과 마찬가지로 난방이 되지 않는 교실에서 학생들을 가르치고 있습니다. 하지만 해가 점점 더 길어지면서 우리는 매일 더 행복해지고 있고, 아직 그늘진 구석에는 눈이 여기저기 쌓여 있지만 봄은 분명히 오고 있습니다.

지속적으로 선물을 보내며 우리 일에 관심을 가져주시는 여러분에게 다시 한번 감사를 드립니다.

신실하게,
앨리스 R. 아펜젤러

여러분이 보내주신 모든 좋은 것들에 감사드립니다. 설탕은 다 쏟아져버려서 받지 못했지만, 다른 것들은 잘 배달되었습니다. 다섯 명의 선교사가 거주하는 교내 "영학관"에 커튼을 달 수 있게 되어서 기쁩니다.[30]

⚜ ⚜ ⚜

한국 서울
1948년 5월 17일

<u>복사본</u>: 『월드 아웃룩』의 미스 매코넬께 보내는 편지

친애하는 미스 매코넬께,

『월드 아웃룩』 4월호 47쪽에 앨런 레이먼드의 글이 인용되어 있는 것을 보고 깜짝 놀랐습니다. 오늘날 우리는 한국에서 지나치게 민감해진 것 같습니다. 미국과 한국에서 세속적인 언론은 현재의 한국 생활에서 느껴지는 막연한 불만과 좌절, 실망의 목소리를 다루고 있습니다. 그러나 종교적인 언론에서 굳이 이런 것들을 다시 게재할 필요는 없을

30 이 부분은 수기로 첨가되어 있다.

것 같습니다. 비록 그것들이 사실일 수도 있지만, 거기에는 다른 면도 있으며, 진정한 상황을 전달하기 위해서는 반드시 그 다른 면도 함께 알려야 합니다. 한국인과 한국에 있는 미국인들은 60년간 우호적인 관계를 유지해왔지만, 현재의 상황이 양측에 긴장과 분노, 감정의 폭발을 야기하는 데에는 많은 이유가 있습니다.

젊은 미군들이 즐길 만한 것이 거의 없고, 한국 사람들과의 사회생활도 금지되어 있다 보니 이들은 이곳에서의 생활을 싫어하며, 그저 귀국하기만을 원하고 있습니다. 이들은 한국 사람들과 대화를 나누지 못하며, 한국인의 반응을 이해하지 못합니다—예를 들어 왜 한국인들은 도로에서 더 빨리 비켜주지 않을까요? 한국인들은 자동차를 거의 보지 못한 채 살아왔고, 미국인들은 자동차로 도로를 가득 채우고 있습니다. 남의 일에 간섭하지 않고 자기 길을 걸어가던 점잖은 한국인에게, 미국인은 무례하고 느닷없어 보입니다. 어쨌든 이곳은 그들의 나라이고, 군정에 대한 본능적인 반감이 있는 것은 한국만의 특이한 현상이 아닙니다! 거리에 있는 사람은 왜 미국인들이 이렇게 오랫동안 이곳에 있는지, 그리고 왜 자신의 삶이 더 편해지기보다는 오히려 더 힘들어지는지 정말 이해할 수가 없습니다. 부당한 38선은 여전히 나라를 두 동강 내어 숨통을 조이고 있습니다. 모든 것을 북에 남겨둔 채 목숨을 걸고 탈출해온 200만 명이 넘는 피난민들로 인해 남한의 인구는 팽창하고 있습니다. 피난민 중 많은 사람들이 아주 좋은 최고의 교육을 받은 이들이며, 이들을 부양하는 문제는 심각한 상황입니다. 이들 대부분이 그리스도인이고, 가난에 시달리는 한국인들은 친척과 교회 친구들을 돕느라 더욱 어려워지고 있습니다. 톤 단위의 미국 구호품은 많은 피난민이 생활하고 정착하는 것을 가능하게 해주었으며, 대부분 감사하게 받아들여지고 잘 사용되었습니다. 그러나 아무리 상대가 친절하다 해도 다른 사람에게 계속 신세를 지고 싶어 하는 사람은 없습니다. 한국인들은 자유를 사랑하며 수십 년 동안 독립을 위해 싸워왔습니다. 그런데 한국을 항상 볼모로 잡아두었던 외세가, 이번에는 러시아가 한국으로 들어오는 것을 허락했기 때문에 현재 공산주의의 위협은 한국인들을 강하게 압박하고 있습니다. 공산주의에 어떻게 대처할 것인가는 우리 시대의 중요한 문제이지만, 한국에서는 기다릴 시간이 없습니다.

그리스도인인 군인들은 한국 그리스도인들을 만날 기회가 많아 종종 좋은 친구를 사귀는데, 그래서 이곳에서 근무하는 군인들 중 가장 행복한 사람들입니다. 나는 "그리스도를 위한 청소년"에서 적극적으로 활동하던 미군들을 아는데, 그들은 한국을 떠나는 것을 정말 아쉬워했고 귀국 후에도 잊지 않고 다시 이곳에 도움을 보내주고 있습니다. 몇몇 군목들은 주일예배에 헌금으로 들어온 돈을 한국 기독교 학생들을 미국으로 유학 보내는 데 사용했으며, 그런 친절에 대해 모두가 매우 만족하고 있습니다.

부정적인 면은 이미 너무 많이 다뤄졌으니, 종교적인 언론이 알려야 할 것은 이러한 건설적인 일들입니다. 한국 감리교회의 분열 문제는 과도하게 강조되었으며, 아무리 좋은 뜻에서라고 해도, 외부의 간섭보다는 한국인들에 의해서만 해결될 수 있는 문제입니다. 미감리교인들은, 자신들의 교회가 백 년 동안 분열되어 있었음을 알면서 왜 그토록 거룩한 손을 공포 속에 들어 올려야 할까요? 한국인들은 과중한 짐을 지고 혼란해하며 고군분투하고 있지만, 자존심 있고 지적인 이들을 세워주고, 이들을 믿고, 이들이 스스로를 도울 수 있도록 돕는 것이 우리가 그리스도인으로서 해야 할 역할입니다. 이렇게 하는 것이 미국이 이곳에서 건설적인 일을 할 수 있는 유일한 방법이고, 보람 있는 일이 될 것입니다.

첫 총선이 5월 10일에 있었는데, 질서정연하고 지적으로 진행되어서 자랑스럽습니다. 유권자의 90% 이상이 투표에 참여했으며, 그중 많은 사람이 여성들이었습니다. 여성들은 여성이 아무도 당선되지 않아서 실망했지만, 이 남성 중심의 세상에서 너무 많은 것을 기대했는지도 모릅니다. 하지만 그들은 침묵당하지 않을 것입니다.

당신의 훌륭한 일에 대해 감사드리며 심심한 안부 인사를 전합니다.

앨리스 R. 아펜젤러

미스 앨리스 R. 아펜젤러, 민간인
감리회 선교부
캘리포니아, 샌프란시스코
USAMGIK 군사우체국 235 단위 2
군목 사무실 전교轉交

한국 서울
1948년 5월 22일

친애하는 미스 핀리께,

4월에 당신에게 편지를 보낸 이후, 당신과 함께하는 친구들로부터 네 개의 소중한 상자를 받았습니다. 모든 식품은 김활란 박사의 식료품 저장실에 보관되었습니다. 이화여자대학교 총장으로서 그녀는 손님을 대접할 일이 많기 때문에, 당신이 보내주신 좋은 물건들은 그녀에게 큰 도움이 되었습니다. 특히 여기서 구하기 어려운, "여러 가지가 섞인" 젤리며 통조림 과일 등 모든 것을 기쁘게 받았고, 많은 사람이 그 덕분에 즐거워했습니다. 청소용품들도 이곳에서는 구하기 힘든 것들이었고, 대학 건물과 교직원 모두에게 필요한 것이어서, 미국 친구들이 보내온 모든 좋은 물건들에 매우 감사하고 있습니다.

한 상자에는 아름다운 책 두 권이 들어 있었는데, 『고고학의 로맨스』와 화집이었던 것 같습니다. 이 책들을 도서관에 비치할 수 있게 되어 기쁩니다. 관련된 모든 분들에게 감사하다고 전해주십시오.

우리는 5월 10일에 있었던 선거에서 사람들이 투표한 방법에 대해 매우 자랑스럽게 생각합니다. 전라남도 사령관의 고문인 해럴드 머피 대령이 그곳의 선거에 대해 이야기하는 것을 들었습니다. 20명이 죽임을 당했고, 공산주의자들이 투표를 하면 죽이겠다고 위협한 많은 곳에서도 등록 유권자의 95%가 투표에 참여했습니다. 위협을 받았던 일부 마을들은 밀집 대형으로, 즉 맨 앞에는 총을 가진 경찰들, 그 뒤로는 창과 곤봉을 든 남자들, 그 뒤로는 건장한 남자들, 그리고 마지막에는 나머지 유권자들인 노인, 여성 등의 순서로 대열을 이뤘습니다. 같은 대형을 역순으로 배치해 뒤쪽도 보호했습니다. 또한 양쪽의 제방을 따라 창병槍兵 등이 측면을 보호했습니다. 그 행렬에 대해 기록 영화를 찍었기를 바랍니다. 머피 대령은 프랑스 유엔대표단을 대동하고 "우리 국민"에 대해 매우 자랑스럽게 이야기했습니다.

우리를 생각해주는 모든 분들에게 인사를 전합니다.

진심을 다해,
앨리스 R. 아펜젤러

서울
1948년 6월 13일

친애하는 미스 핀리께,

1941년 초, 당신과 함께 보냈던 저녁과 리버사이드[캘리포니아주] 집회를 물론 기억하고 있습니다. 그 이후로 참 많은 사건이 일어났지요! 당신의 편지를 받게 되어 무척 기쁘고, 다행히 잠깐 여유가 생겨서 답장을 쓰고 있습니다. 보내주시는 멋진 상자들 뒤에서 지식과 애정 어린 관심이 더해지고 있다는 것을 알게 되어 기쁩니다. 즐거웠던 저녁 만찬이 생각납니다. 거트루드 스틸 브룩(윌리스)은 가장 친한 친구 중 하나이지만, 제가 이곳에 돌아온 이후로 그녀에게 편지를 쓰지 않아서, 그녀는 제가 여전히 자기를 그렇게 생각한다는 것을 모를 겁니다. 이곳에서의 삶이 저에겐 너무 벅차고, 그렇다고 제가 젊어질 수도 없는 노릇이니 개인적인 서신은 제쳐둘 수밖에 없는 것 같습니다.

여성기독교봉사회원들에게, 뉴욕에 있는 이화협동위원회의 총무 토머스 홉스 씨가 교수들을 한두 해 미국으로 유학 보낼 수 있게 하기 위한 장학기금 조성에 노력을 기울이고 있다고 말씀해주십시오(아마도 당신은 이화유치원사범과를 만든 에드나 밴플리트, 즉 지금의 홉스 부인을 아실 것입니다). 교수들은 보통 장학금과 경비의 일부를 지원받을 수 있지만, 귀국 여비 등으로 1,000달러가 들기 때문에 더 많은 돈이 필요합니다. 당신이 보내주신 30달러처럼 모든 여분의 돈을 그 기금으로 보내고자 합니다. 뉴욕 11, 5번가

150, 홉스 씨에게 보내주시면서 저를 언급해주시기 바랍니다.

당신의 소식을 들으니 정말 반갑고, 또 편지해주시길 기다리겠습니다. 선물 상자들도 계속 보내주세요—모든 물건은(심지어 조금 사용한 것일지라도) 대부분 환영받습니다. 연필, 공책, 양말, 고무 제품, 신발, 모든 종류의 중고품들이요. 지금 이곳에선 모든 것이 훨씬 더 구하기 어려워졌고, 품질도 나빠졌으며, 한국 돈은 거의 가치가 없습니다. 따라서 보내주시는 모든 것이 우리에겐 대단해 보입니다. 회의에 필요한 자료를 찾아내실 수 있을 것 같은 것들을 봉투에 담아 보내겠습니다. 행복을 기원하며 감사의 마음을 전합니다.

진심을 담아,
앨리스 R. 아펜젤러

⚜⚜⚜

이화여자대학교
(한국여자기독교대학)
총장 김활란 박사
한국 서울
1948년 9월 8일

재미(북미)이화대학교협동위원회 위원
뉴욕, 뉴욕 11, 5번가 150

친애하는 친구들에게,

김활란 박사는 9일 비행기로 한국을 떠나 9월 12, 13, 14일에 뉴욕에 머물 예정입니다. 이 서한의 사본 한 통을 우편으로 보내겠지만, 그녀도 사본을 하나 가지고 가는 것이 더 안전할 것 같습니다. 이 편지는 이화여자대학교 이사회가 보내는 공식 서한으로, 김활란 박사가 과학관 건립의 시급성에 관하여 여러분에게 전달하는 요청을 실행해달라는 공문입니다.

현재 여러 학과가 과학실험실과 강의실을 매우 필요로 하므로, 빨리 계약을 체결하고 부지를 정리해야 한다는 것이 이사회의 일치된 의견입니다. 서리가 내리기 전까지 겨우 두 달밖에 남지 않아서 하루하루가 중요합니다.

지금 건축에 대해 반대하는 첫 번째 이유는 세계정세의 불확실성과 위험성, 특히 현재 한국의 문제이자 위협인 러시아에 관련된 것임을 알고 있습니다. 우리는 이 모든 우려를 충분히 알고 있지만, 1931~1932년에 겪었던 우리의 경험 또한 잊지 않고 있습니다. "만주사변"이 일어났고 그 후 일본은 광적인 행보를 시작했습니다. 세계의 격변 앞에서 건축은 무모한 일이므로 계획이 중단돼야 한다는 말을 언제 들을지 모르는 상황이었습니다. 그러나 스와인하트 총감독은 건설 계획을 강행했고, 1931년 가을에 주요 자재들을 구매했습니다. 미국에서 중단 명령이 오지 않자 우리는 1932년 3월에 공사를 시작했으며, 여덟 개의 건물로 이루어진 전체 학교가 완공될 때까지 하나님의 인도하심을 믿고 공사를 진행했습니다.

그 건물들에서 5년간 일한 후, 선교사들은 1940년 11월에 철수해야 했습니다. 우리는 한국으로 돌아오고 나서 선교사 숙소인 롱뷰를 포함한 이 건물들이 얼마나 중요했는지 알게 되었습니다. 김 총장이 캠퍼스에서 거주할 이 집이 없었다면, 그리고 이 위풍당당한 학교 건물들이 사용될 수 있게 이곳에 있지 않았다면 여성고등교육은 전쟁 기간 동안 완전히 소멸되었을 것입니다. 이 건물들은 항상 당국의 존중을 받았습니다. 김 박사는 주로 대학이 사용할 수 있도록 이 건물들을 지킬 수 있었고, 현재 이 건물들은 고등교육을 받으려는 여학생들로 넘쳐나고 있습니다. 이 객관적인 교훈에 주의를 기울여야 합니다. 우리는 지금 1931년과 마찬가지로 미래를 알 수 없지만, 두려움이 아니라 믿음이 승리한다는 것을 배웠습니다. 그래서 우리는 계속해서 전진할 용기를 갖게 되었습니다.

일부 기독교 단체들이 이 위기 상황에서 위험을 감수하기를 주저하는 이유를 이해하기 어렵습니다. 미군정은 지난 3년 동안 한국에 막대한 돈을 지출했습니다. 경제위원회는 경제 재건을 위해 거의 1억 5천만 달러의 예산을 집행하고 있습니다. 교육부는 서울대학교 의과대학과 병원 재건에 2억 원을 지출하고 있고, 구세군은 하나뿐인 병원에 이미 2만 5천 달러를 투입했습니다. 제칠일안식일예수재림교는 병원을 확장하는 데 수천 달러를 썼고 큰 기술학교 건물에 수천 달러를 더 투입하고 있습니다. 위험성은 산재해 있으며, 공산주의자들이 위험을 무릅쓰고 전복 활동에 막대한 자금을 투입하고 있는 상황에서 기독교 단체들이 너무 소심하고 지나치게 신중한 정책을 따르는 것은 좋은 전략이라고 보기가 어렵습니다.

물가는 엄청나게 높고, 환율은 매우 나쁘고, 자재는 지독하게 비싸고 구하기도 어렵습니다. 이러한 상황이 곧 개선될 것이라는 희망은 보이지 않으며, 오히려 가격, 자재비, 인건비는 매주 상승하고 있습니다. 그러므로 신속한 조치가 필요하다고 믿습니다. 우리는 지금 미국 정부 기술자들로부터 좋은 조언을 받고 있으며, 한국 계약자들은 입찰에 참여하길 열망하고 있습니다. 더 이상 지체하는 것은 아무런 이점이 없으며, 향후 몇 년간 증가할 과학 연구 수요에 대비할 수 없게 될 것입니다. 내년 여름까지 이 건물을 완공해야 합니다. 경고와 부정적인 예측에도 불구하고, 지난해 한국에서의 기독교 사역은 큰 진전과 새로운 희망을 보여주었습니다. 전진하는 한 걸음 한 걸음은 민주주의의 입지를 강화하고, 자유 정부와 기독교의 진보에 대항하는 세력을 약화시킬 것입니다. 부디 김 박사의 탄원에 귀 기울여주시고 즉시 일을 시작할 수 있게 전보를 보내주실 것을 강력히 요청합니다.

진심을 다해,
앨리스 R. 아펜젤러, 이사회 서기

⚜ ⚜ ⚜

미스 앨리스 R. 아펜젤러
감리회 선교부[31]
한국 서울
미육군 377기지 병원
1948년 9월 25일

친애하는 친구들에게,

이 편지에서는 특별히 내가 최근에 보인 "묘기"에 대해 이야기하려고 합니다. 1943년 호놀룰루에서 왼쪽 발목이 부러진 이후로 계단을 내려갈 때 늘 조심해왔는데, 9월 21일

31 "모든 우편을 위한 새 주소"로 "10센트 항공우편 폴더 사용"이라는 말과 함께 편지 위 여백에 수기로 첨가해 놓았다.

오전 7시 25분, 몸 상태가 아주 좋아서 방심하고 말았습니다. 나는 층계참에서 세 번째 계단을 내려가던 중 뒤꿈치가 걸려 한 계단 미끄러지며 오른쪽 발목으로 쿵 하고 착지했습니다. 나는 뼈가 부러지는 그 끔찍한 느낌을 알고 있었고, 웅크린 채 누워서 "오! 오!"라고 소리쳤습니다. 가족들이 달려왔고, 곧 구세군 의사 메리 리처드슨과 간호사 미스 엘리자베스 로버츠가 그레이하우스에서 도착했습니다. 그들은 나를 1947년 초 한 달간 입원했던 이 미군병원에 다시 입원할 수 있도록 조치해주고 엑스레이 검사를 했습니다. 작은 뼈 두 개가 부러졌고 약간의 탈구가 있었습니다. 진통을 위해 마취제인 펜토탈 나트륨을 투여했고, 무릎 위까지 거대한 깁스를 하게 되었습니다. 군의관인 대위 바넷 박사는 그 자신이 선교사가 되고 싶어 하는 사람으로, 이해심이 아주 많습니다. 그는 내가 깁스를 4주 동안 해야 한다고 말했는데, 얼마나 오랫동안 이곳에 있게 될지는 확실하지 않습니다. 채핀 부인은 집에 오면 나를 돌보아줄 여성을 고용하겠다고 말하지만, 의사는 내가 목발을 사용할 수 있게 될 때까지는 퇴원할 수 없다고 말합니다.[32]

한편 나는 이 오래된 곳에서 이전의 병실과 똑같은 병실에 누워 편하게 지내고 있습니다. 이 병실은 옛 미나카이백화점 건물 4층에 있으며, 북한산 쪽과 침대가 있는 쪽 뜰이 내다보이는 창문이 나 있습니다. 날씨가 좋아서 편안하며, 의사가 많이 돌아다니라고 권고했기에 매일 일어나 휠체어를 타고 다닙니다. 사람들이 침대 열 개가 있는 병실 전체에 두어도 남을 만큼 많은 코스모스, 과꽃, 달리아를 가지고 오고 있습니다. 현재 이 방에는 다른 환자가 두 명뿐인데, 하와이 힐로에서 온 어린 중국 소녀와 교사 한 사람입니다.

물론 엉덩이뼈가 부러지지 않은 것만으로도 다행입니다. 밝은 대낮이었고, 아무런 방해도 없었으며, 튼튼한 계단에서 부주의하게 걸었던 것 외에는 아무 이유가 없었으므로 이 사고는 전적으로 내 잘못입니다. 지금은 그 자리에 난간을 설치하고 있다고 합니다! 만약 다음번이라는 것이 있다면, 그때는 완전히 정신을 잃어버려서 다른 사람들을 귀찮게 하지 않았으면 좋겠습니다! 메리언 칸로와 지넷 헐버트에게 내 수업을 떠맡긴 사실이 슬픕니다. 파이퍼홀 너머에 과학관을 짓기 시작하라는 허가가 나왔는데 이화건축위원회 일을 하지 못하고 있는 것도 너무 실망스럽습니다. 내가 하는 다른 일들은 큰 문제가 없으며, 생각하고, 읽고, 쓰는 것은 따라잡을 수 있습니다. 나는 바로 지금 진행되고 있을 선교사 수련회를 머릿속에서 한 시간 한 시간 따라가고 있습니다. 앨런 페이튼의 『울어

32 옆에 수기로 "(10월 4일)"이라고 첨가되어 있다.

라, 사랑하는 조국이여』라는 훌륭한 책을 읽었습니다. 누군가가 한국을 위해 그런 책을 쓸 수 있으면 좋겠습니다. 이 책은 남아프리카 국민들과 그들의 문제에 대해 깊이 알고 쓴 정말 선교적인 책입니다만, 성공회의 관점에서 쓰였습니다(『옴니북』 10월호에 축약본도 나와 있습니다).

이사회를 통해 곧 일반 편지를 발송할 예정이며, 그다음에는 매일 가능한 한 편지를 많이 쓰겠습니다. 골절을 겪어본 사람이라면 누구나 통증과 불편이 무엇인지 알 것입니다. 그러나 나는 보살핌을 잘 받으며 좋은 음식을 먹고 있고, 라디오를 들으며 창밖의 풍경을 즐기고 있습니다. 헬렌 그러프-스미스가 지금 이곳에서 사서로 일하고 있으며, 모든 사람이 잘 돌봐주고 있습니다.

여러분의 편지를 기다리며, 알로하 인사를 보냅니다.

여러분의 친구,
앨리스 R. 아펜젤러

⚜⚜⚜

11월 5일[33]

친애하는 마거릿에게(이렇게 불러도 괜찮겠지요?)

이화를 위해 홉스 부인에게 80달러라는 큰 선물을 보내주고, 소포들도 보내준 것에 대해 당신과 당신의 친구들에게 매우 감사드려요. 사용처가 지정되지 않은 여분의 기부금은 장학금과 별개로 따로 여행 경비로, 또 그 외의 많은 것들을 위해 매우 소중히 사용할게요. 모든 물건들이 정말 좋네요. 김활란 박사는 손님을 대접할 일이 많으므로 식품은 모두 그녀의 식료품 저장실에 넣었어요. 하지만 맛있어 보이는 과일 토핑을 따로 챙겼듯이, 이제는 군인 매점을 이용할 수 없으므로 몇 가지 식품은 내가 보관하고 있으려고 해

33 이 편지는 위 편지(친구들에게 보낸 1948년 9월 25일자 편지)의 뒷면에 수기로 적혀 있다.

요. 우리는 이런 진귀한 음식을 좋아하는 한국 교수들을 손님으로 초대해 잔치를 벌일 때 그 토핑들을 사용했어요. 모든 종류의 옷들이 필요해요. 무엇이든 보내주실 때는 새 주소로 보내주세요. 우리 이화는 얼마 전 도둑이 들어 약간의 손실을 보았어요. 지금은 지키는 사람이 있을지 모르겠네요. 우리는 그냥 여러 가지를 시도해보아야만 할 것 같아요. 10월 중순 이후로 운영을 멈춘 관대하고 신속했던 군사우체국이 그리워집니다.

이곳의 분위기는 지난 5월처럼 여전히 긴장되어 있지만, 나는 국민들이 그때처럼 용감하게 이 끔찍한 위협에 저항하기를 바라고 있어요. 11월 여성기독교봉사회 프로그램은 한국에서 진행되니, 내가 편지에서 언급한 예배를 드릴 때 우리를 위해 기도해주세요. 사람들은 우리가 떠날 것인지 궁금해하지만, 국무부가 제칠일안식일예수재림교 병원이 돌볼 군 병력을 800명으로 예상한다고 발표하는 것을 들었는데 선교사들이 퇴각할 생각을 해야 할까요? 아무도 그런 생각을 하지 않겠지요!

나는 잘 지내고 있고, 편안하게 지내며, 활동적인 생활에서는 놓칠 수 있는 조용한 즐거움을 누리고 있어요. 11월 11일에 깁스를 풀기를 바라고 있지만, 몇 달 동안은 발로 차지는 않으려 해요. 모두에게 감사와 사랑을 보냅니다.

당신의 친구,
앨리스 R. 아펜젤러

1949년

서울
1949년 1월 1일

친애하는 미스 핀리께,

당신과 우리를 기억하는 모든 분이 새해 복 많이 받으시기를 바랍니다! 메리언 칸로가 저 대신 편지를 썼다는 걸 알고 있습니다만, 그 후로 네 개의 상자가 도착했기에, 이 상자들이 잘 도착했다는 것을 알려드립니다. 우리는 이번 성탄절에 뭔가 특별한 것을 하고 싶었는데, 마침 이 꾸러미들이 왔다는 것은 우리에게 정말 큰 의미가 있습니다. 당신이 보내주신 것들은 항상 품질이 좋고, 품목 선택도 훌륭합니다.

몇몇 졸업생들의 아이들에게 놀이 도구를 주며 즐거운 시간을 보냈습니다. 그간 우리는 놀이 도구와 장난감을 거의 받지 못했는데, 그것들은 수요가 많습니다. 샤워 커튼은 아직 달지 않았지만, 달기에 좋은 자리를 찾아보겠습니다. 바느질 용품들, 골무, 헝겊 조각, 크레용, 그리고 물론 비누도 정말 유용했습니다. 의류, 특히 스웨터와 코트는 많이 필요합니다. 강 씨네 가족에게 고기를 주었는데, 고기는 특별한 것이기 때문에 그들은 그것을 성탄절 만찬으로 먹었다고 합니다. 그녀는 목사인 남편이 일본 감옥에서 고문으로 사망한 이후 정부 여성국에서 일하며 자녀 교육에 최선을 다하고 있습니다. 그녀의 고등학생 딸이 요즘 저를 도와주고 있는데, 저에게는 손과 발이 필요하고 그녀는 돈이 필요하기 때문입니다.

도움을 주신 모든 분께 감사를 전해주시기 바랍니다. 당신은 정말 우리에게 좋은 친구입니다!

사랑으로 행복을 기원합니다.

진심을 다해,
앨리스 R. 아펜젤러

1949년 1월 1일[34]

12월 18일에 개봉한 상자에 관한 영수증을 보냅니다. 최근에 도착한 모든 좋은 물품들로 성탄절 선물 상자들을 만들었습니다. 특히 아이들의 옷과 신발을 구하는 데 어려움을 겪고 있는 몇몇 졸업생에게 필요한 것들을 줄 수 있어서 기뻤습니다. 아이가 일곱 명 있는 한 가족은 아버지가 교사이고 어머니도 전에는 교사였던 집인데, 신발, 여러분의 귀중한 고무 덧신, 코트와 다른 옷들을 갖춰 입고 기뻐했습니다. 적은 월급으로는 식비와 기타 비용도 충당하기가 어려운데, 무상 공립학교가 없어 등록금과 교육비가 큰 부담이 되고 있습니다.

12월 6일, 교수진의 만찬에 참석하기 위해 캠퍼스에 갔습니다. 3개월 만에 모두를 다시 만날 수 있는 기회를 갖게 되어 매우 기뻤습니다. 불도저들이 새 과학관을 지을 부지를 정리하면서 캠퍼스는 거대한 흙더미로 변했습니다. 그날 김활란 박사가 파리에서 보낸 무선 전보는 유엔이 한국을 승인했다는 소식을 전해왔고, 그 소식을 들은 모든 한국인에게 한없는 기쁨을 안겨주었습니다. 이곳의 현재 상황은 얼마 전보다 나아졌습니다. 매일 밤 경찰들이 화재를 감시하고 있기는 하지만, 유엔의 승인과 미국의 도움으로 공산주의자들이 격퇴되고 있기 때문입니다. 최근 네 명의 남자들이 총을 들고 총장의 집인 롱뷰 뒤쪽 나무들 속에 숨어 있는 모습이 목격되었습니다. 그들은 붙잡혔고, 이제 그곳에는 삼엄한 경비가 세워졌습니다. 나란히 있는 작은 한옥에서 김 박사의 나이 드신 85세 어머니가 살고 계신데, 그분이 해를 당하실까 두렵습니다. 그분은 온돌바닥을 더 편안하게 느끼시며, 예전에 '전도부인'이셨습니다. 그분의 막내딸이 학교에 가는 기회를 얻을 수 있었던 것은 그분이 그리스도인이 되셨기 때문입니다. 어머니가 그리스도를 알지 못하셨다면 한국은 지금과 같은 김활란을 가질 수 없었을 것입니다. 지금도 어머니는 아침과 밤에 찬송가를 부르며 자신만의 예배를 드리신다고 하는데, 경찰들은 대부분 예전에 그런 것을 접해본 적이 없다고 합니다. 어머니는 경찰들과 이야기를 나누며 그들이 이를 이해하고 믿게 되기를 바라십니다.

---

34 이 편지는 윗부분이 잘려 있고, 발신일도 왼쪽 여백에 수기로 첨가되어 있다.

나는 의사의 허락을 받고 퇴원했지만, 아직 칼슘을 복용하고 있습니다. 아직도 목발을 사용하고 있고 발이 부어서 신발을 신을 수 없으므로, 바라던 대로 1월 17일에 일본으로 떠날 수 있을지는 모르겠습니다. 대학이 개강하기 전에 하고 싶은 일이 아주 많기 때문에, 일본으로 떠나지 못한다 해도 크게 상관은 없습니다. 우리는 많은 소식을 듣지는 못하지만, 미국인들이 중국에서 철수하고 있다는 소식은 들어서 알고 있습니다. 베이징에 있는 한 친구는 이런 철수의 경험을 세 번이나 했다고 합니다. 나에게는 한 번이면 충분하고, 우리 사람들을 이곳에 남겨두고 떠나야 하는 것보다 더 나쁜 일은 없다고 생각합니다. 공산주의자들은 일본인들보다 더 나쁠 것이고, 그리스도인들은 그들에게 가장 먼저 희생될 것입니다. 한 지역 전체가 불타고 있는데 자기 집은 타지 않을 것이라고 자신할 수는 없습니다. 그럼에도 불구하고 우리는 여전히 희망을 잃지 않고 기도하고 있습니다. 많은 미 국무부 직원들과 많은 군대의 주둔이 신뢰를 줍니다. 2년 전 한국에 돌아왔을 때부터 떠날 날짜가 정해져 있었지만, 우리는 우리의 일을 하면서 계속 머물 수 있기를 희망합니다. 지금까지는 겨울 날씨가 온화했지만, 그래도 많은 것이 필요하니 꾸러미를 계속 보내주시면 좋겠습니다. 보통 1월과 2월이 가장 추우므로, 곧 날씨가 추워질 것입니다.

안녕히 계세요. 그리고 당신과 우리 모든 친구들, 새해 복 많이 받으세요.

언제나처럼,

ARA

모든 우편을 위한 새 주소:
한국 서울 정동 34, 감리회 선교부
1949년 1월 18일
(10센트 항공우편 폴더가 가장 빠름)

친애하는 친구들에게,

오랜 시간 기다렸을 텐데, 보낸 소포에 무슨 일이 생겼나 궁금해하고 있을 것 같습니다. 지난 10월에 군사우체국에서 우리에게 더 이상 군사우체국 서비스를 제공할 수 없다고 통지했습니다. 대부분의 물건은 국제 우편으로 안전하게 도착하지만, 단단하게 포장되지 않은 소포에는 조사관이 손으로 구멍을 낼 수도 있습니다. 가격은 관세를 내지 않도록 가능한 한 낮게 신고해주세요.

이 추운 계절에는 따뜻한 옷, 신발, 덧신이 가장 필요합니다. 교사와 목사들은 옷을 살 수 있을 만큼의 수입이 없는데, 우리의 많은 졸업생들이 이 계층에 속해 있습니다. 아홉 명의 식구가 있는 가족에게 신발과 따뜻한 옷을 제공해줄 수 있어 기뻤습니다—이 가정의 아내는 우리 졸업생이고, 교사인 남편이 아픕니다. 과거 이화여고의 우수한 교사였던 또 다른 졸업생은 최근에 아기를 업고 나에게 왔습니다. 8년 만에 나를 만난 그녀는 눈물을 펑펑 쏟으며, 러시아 지역에서 도망 나와 두 달 동안 산들을 넘고 넘어 피난 온 이야기를 했습니다. 그녀는 남편과 아이들과 헤어졌고 감옥에도 갇혔었지만, 마침내 가족이 다시 만났고 이제 아무것도 가진 것 없이 새 삶을 시작하고 있습니다. 여러분의 선물들은 이러한 사람들을 돕는 기쁨을 주고 있습니다.

남녀노소 모든 사람을 위한 따뜻한 옷 외에도 여러분이 보내주신 모든 물품들이 필요한 것들입니다—바느질 재료, 학교에서 필요한 면과 비단 자수실, 연필과 양초(쓰던 것도 좋습니다), 비누, 수건, 서판書板 등이 특히 유용합니다. 포장된 식품을 보내는 경우 종이 포장지가 자주 찢어지므로, 가루나 설탕은 한 번 더 포장해주십시오. 건포도와 말린 과일들도 좋습니다.

성탄절 카드를 백만 장 가지고 있다고 생각했지만, 더 있었더라면 더 많이 사용할 수 있었을 것입니다! 이화의 대학생들은 몇 장씩 받았지만, 고등학생들은 하나도 받지 못해서 그들도 각자 하나씩 가질 수 있게 캠프용 배낭에 가득 채워서 보냈습니다. 올해도 다시 여러분의 카드를 기다리고 있는데(전에 카드를 하나도 주지 못했던 한 시골 출신 졸업생에게는 벌써 몇 장 주었습니다), 카드는 따로 포장해서 보내주십시오. 그 카드들은 영어 수업과 주일학교에서 성탄절에 대해 가르칠 때 사용되며, 장식과 선물로 사용되기도 합니다. 우편 요금을 절약하기 위해 불필요한 종이는 잘라서 보내주셔도 좋습니다.

새 정부가 출범하고 유엔 등의 승인과 경제적 지원을 받게 되어서 한국의 상황은 희망적으로 보입니다. 이승만 대통령의 부인은 미스 쿠퍼가 이끄는 이북에서 온 100명이 넘는 여성들의 기도 그룹 모임에 참석하시기 전, 오늘 우리 집에서 점심을 함께하셨습니다. 모든 참된 그리스도인들은 아무리 비천할지라도, 우리에게 가장 큰 위협인 공산주의와 맞서는 방어막이 되어줍니다. 한 지역 전체(중국)에 불이 났으니 이곳도 더는 안전하다고 할 수 없지만, 1948년에 시작된 위대한 발걸음을 바탕으로 1949년에는 더 나은 일이 있을 것이라 기대해봅니다. 9월 21일에 발목뼈 두 개가 골절되어 가을 내내 누워 있었지만, 이제는 회복되었습니다. 방문객이 많이 왔으며, 편지를 써야 할 만큼 다 쓰지는 못했어도 제법 많이 썼습니다. 하루하루가 의미 있었고, 시간을 헛되이 보내지는 않았습니다. 우리는 이제 연료를 아끼기 위해 겨울방학을 길게 갖고 있는데, 대신 여름방학을 짧게 해서 그 기간을 보충할 것입니다. 김활란 박사는 미국에 머물고 있고 새 과학관에 대한 계약이 체결되었습니다. 새 학기와 함께 3월의 교정에서는 새로운 생활이 시작될 것입니다. 우리는 이 시기를 잘 지나가기 위해 힘과 지혜가 필요하므로, 여러분의 기도에 의지하고 있습니다. 충실하게, 앨리스 R. 아펜젤러

⚜⚜⚜

일본 도쿄, 1949년 1월 27일[35]

친애하는 미스 핀리께,

옛 친구들을 만나고, 11년 전 마지막으로 방문한 이후의 많은 변화를 살펴보기 위해 며칠 동안 이곳에 와 있습니다.

---

35 이 편지는 위 편지의 아래쪽에서 시작되어 뒷면으로 이어지며, 수기로 첨가되어 있다.

1월 22일에 당신이 보내주신 귀한 상자들을 열어보았습니다. 식품은 교수진과 손님들을 대접하는 데 쓰이도록 대학에 보냈습니다. 저는 오렌지 껍질 한 상자를 따로 보관했습니다. 당신이 그것을 보내셨는지요?

옷은 더할 나위 없이 좋고 항상 필요합니다. 멋진 미국 물건들을 좋아하는 딸들을 둔 두 피난민 가족이 있지요. 관련된 모든 분들께 감사를 전해주시기 바랍니다. 모두 새해 복 많이 받으십시오.

진실하게,
앨리스 R. 아펜젤러

추신. 오렌지가 4486, 미스 페퍼로부터 좋은 상자를 하나 받았는데, 아마도 당신의 봉사회에 속한 분이 보내주신 것 같습니다. 두 벌의 좋은 코트 중 하나는 "프로젝트 가족"의 둘째 딸인 강 메리에게 정말 잘 맞았습니다. 이 가족에 대해서는 예전에 편지로 언급한 적이 있는데, 생전에 목사이셨던 남편을 둔 부인, 그리고 그분이 이북에서 데리고 온 네 자녀로 이루어진 가족입니다. 메리에게는 매서운 날씨에 입을 외투가 없어서 여성용 봄 코트를 줬었는데 잘 맞지 않았었습니다(그녀는 14세입니다). 이번에 이 사랑스럽고 따뜻한 짙은 자주색 코트를 받고 그녀는 매우 기뻐했습니다. 우유와 가루비누도 감사합니다.

ARA

⚜⚜⚜

한국 서울 정동 34, 감리회 선교부
1949년 4월 19일

친애하는 분들에게,

우리가 안전하게 지내는지 걱정하는 편지들이 많이 와서, 먼저 온 편지들에 급히 답장을 보냅니다. 이 편지를 받으실 때쯤, 여러분은 틀림없이 언더우드 살해와 관련해 네 명의 남자가 체포되었다는 소식을 듣게 될 것이고, 그에 관한 자세한 내용은 곧 발표될 것입니다. 나도 아직 자세한 내용은 모릅니다. 홉스 부부가 친절하게 기사를 발췌해 보내주고 있어서 『뉴욕 타임스』에 실린 딕 존스턴의 기사들을 확인했습니다. 여러분이 나보다 더 먼저 기사들을 접할 것입니다. 그것이 내가 확인할 수 있는 가장 정확한 보도입니다.

언더우드의 집에 침입했던 사람들은, 1) 그 가족의 남자들이 시내에 갔다는 것, 2) 그들이 차를 가지고 갔다는 것, 3) 낮에는 경찰 경비원이 없다는 것, 4) 집이 외딴곳에 떨어져 있어서 도움을 청하는 데 시간이 걸리리라는 것을 파악하고 있었습니다. 전화가 훼손되어 있었는지에 대해서는 듣지 못했습니다. 내 생각으로는, 그들은 다른 때에 더 쉽게 접근할 수 있었을 언더우드 부인이나 미스 모윤숙을 해치려던 것이 아니라, 모두 반공산주의자인 연희대학교 교수들의 아내들을 협박하려고 그 집에 들어간 것 같습니다. 현재 언더우드 가족은 평상시처럼 침착하게 지내고 있으니 대단합니다. 아버지와 아들 호레이스는 장례식 다음 날 대한기독교서회 이사회 모임에 참석하여 활발한 역할을 했습니다. 이달에 어학당이 끝나면 호레이스 그랜트와 조앤은 아버지와 함께 살기 위해 이사할 예정입니다. 조앤은 매우 지쳐 보이지만 용감하게 상황을 이겨내고 있습니다.

3월 28일 양주삼 박사님이 체포되셨는데, 이는 한국에 큰 충격이자 수치입니다. 그는 **수갑을 찬 채로** 잡혀가셨습니다. 처음에는 그를 전차에 태우려고 했는데, 누군가가 택시를 타도록 설득했다고 합니다! 그는 48시간 동안 구속되어 심문을 받았다고 들었는데—전형적인 낡은 일본식 방식입니다! 70세라는 나이 때문에 마포 교도소 병동에 수감되셨습니다. 그의 많은 동료가 감옥에서 심한 고통을 당했지만, 그에게는 이번이 처음 겪는 감옥 생활입니다. "부역자들"을 처벌하고 제거하려는 새 정부의 움직임은 매우 유감스럽습니다. 지금은 옛 잘못들을 들춰낼 때가 아니라 새 나라를 건설할 때입니다. 공산주의자들은 이 큰 실수를 얼마나 즐기고 있을까요! 그들은 이런저런 비난으로 우리 기독교 지도자들을 모두 제거해버리고 싶어 합니다!

스탠리 존스 박사는 2주 동안 이곳에서 머물며 수천 명에게 힘 있는 메시지를 전했습니다. 그가 한 가장 큰 일은 분열된 감리교회 양측에 영향력을 발휘하여 화합하게 한 것입니다. 양측이 함께하는 총회 날짜가 4월로 정해졌고, 그 후 연회들이 열릴 것입니다. 몇몇 완고한 사람들은 이번 총회에서 제외될 것이며, 더 이상의 방해는 허용되지 않을 것입니다.

어제 김활란 박사가 뇌출혈로 사망했다는 소문이 자자했습니다. 이야기의 출처를 알 수는 없지만 금방 들은 소식, 즉 그녀가 수술했다는 소식에서 비롯된 것이 틀림없습니다. 소식은 때때로 라디오를 통해 먼저 전달되기 때문에 우리는 라디오를 열심히 듣고 있는데, 다행히도 그 소식은 사실이 아니었습니다. 우리는 그녀가 3월 14일에 보스턴대학교에서 법학 박사학위를 받았다는 자랑스러운 소식을 들었으며 빠르게 잘 회복하여 그녀를 필요로 하는 이 캠퍼스로 조만간 돌아오기를 바랍니다.

박 에스더는 호놀룰루에 있는 집에 갔다가 샌프란시스코에서 열린 YWCA 전국대회에 참석한 후 돌아왔습니다. 그녀가 다시 우리 조국으로 돌아오게 되어서 매우 기쁩니다. 존스 박사의 집회들로 우리는 모두 바쁜 나날을 보내고 있습니다. 그는 29일에 이화여대에서 강연을 했고, 김애마 총장 직무대리는 롱뷰에서 그에게 한식 만찬을 대접했습니다. 그는 이 엄청난 강연 일정을 소화하는 것 외에 꾸준히 글도 쓰고 있습니다. 또한 예리한 관찰자로서 좋은 질문을 하고 기억력도 뛰어납니다. 정동에 있는 세브란스병원에서 전한 일요일 오전 기념 설교에서는 그리스도와 건강에 관해 훌륭한 메시지를 전했습니다. 존스 박사의 책들을 아는 분들이라면 그가 그 주제를 어떻게 다룰지 잘 알 것 같습니다. 나는 그의 책 『길』에서 나 자신과 내 모든 친구들을 발견합니다.

동대문병원은 머레이 박사와 미스 로버츠를 책임자로 해서, 여성과 어린이를 위한 병원으로 개편되었습니다. 남은 것이 거의 없고 재정도 부족하지만 처음부터 새롭게 다시 시작합니다. 화재 이후 새 지붕을 얹었습니다.

내 모든 친구들에게 사랑을 보냅니다. 언제나 충실하게,

앨리스 R. 아펜젤러

추신. 언더우드 부인은 17일에 그 집에 있었던 유일한 미국인이었고, 손님들은 모두 한국 여성들이었습니다.

1949년 5월 7일[36]

나는 투병 끝에 별세하신 이 씨의 부인인 하복순 부인에게 미스 리드가 보낸 상자를 통째로 주었습니다. 그녀의 남편 이 씨는 척추암에 걸려 부활절 직전에 숨을 거두었습니다. 아이가 일곱이나 되는 이 대가족은 음식과 기타 생필품이 필요했습니다. 이들은 내가 아는 가장 훌륭한 가족 중 하나입니다. 아버지와 어머니는 항상 서로를 깊이 사랑했고, 아이들은 화목한 분위기 속에서 자랐습니다. 오랫동안 이 씨는 한국감리교 총회의 총무였지만, 전쟁 중에는 가족을 부양하기 위해 학교 일을 시작했습니다. 그는 일제 치하에서 1919년부터 1923년까지 5년을 감옥에서 보냈습니다. 그의 부인은 이화여전 졸업생이지만, 남편이 없는 동안 어린 아들을 키우기 위해 유치원 교사 훈련을 받았습니다. 그녀는 수년간 교직에 있었고, 그동안 남편은 신학교육을 받았습니다. 그는 그리스도에 대한 사랑을 증언하며 큰 고난을 겪은 후 세상을 떠났습니다. 부활절 아침에 그리스도와 함께하기를 원했기에 그리스도와 함께 고난을 겪었고, 결국은 그의 바람대로 된 것입니다. 어제 이 씨 부인이 이곳으로 왔는데, 나는 그녀가 자리를 잡을 수 있을 때까지 여러분이 보내 준 옷이나 물품으로 도와줄 뿐만 아니라, 재정적으로도 지원해야 한다고 생각합니다. 그녀의 큰딸은 6월에 이화여대를 졸업하고, 아들은 배재를, 둘째 딸은 이화여고를 졸업합니다. 두 딸은 그 아들이 대학에 다니는 동안 가족을 돕기 위해 학생들을 가르칠 예정입니다. 모두 똑똑하고 훌륭한 아이들로, 막내는 일곱 살입니다. 우리 어머니는 첫째인 내가 16살일 때 네 아이와 함께 남겨지셨지요. 그래서인지 나는 홀로 키워야 할 아이들이 있는 여성들에게 특별한 동정심을 가지고 있습니다. 내가 지금 특별히 관심을 가지고 있는 이러한 가족은 둘입니다. 다른 한 가족은 강 씨네 가족인데, 이 아버지 또한 목사였고 일본 감옥에서 세상을 떠났습니다. 어머니는 일하고 있으며, 네 아이가 있습니다. 장녀인 샬롯은 6월에 이화여대 음악과를 졸업할 예정이고, 아들은 내 아버지가 세우셨고 내 남동생이 수년간 교장으로 있었던 배제를 졸업합니다.

나의 제자였던, 그리고 지금은 나의 좋은 친구인 박인덕을 아신다니 기쁩니다. 그녀는 한국에 대한 관심을 불러일으키기 위해 많은 일을 하고 있습니다. 전쟁터가 되어버린 감리교 송도(개성) 구역을 포함한 접경 지역에서의 싸움과, 특히 일부 한국 군인들이 공산

36 이 편지는 윗부분이 잘려 있고, 발신일도 왼쪽 여백에 수기로 첨가되어 있는데, 1948년이라고 적혀 있으나 편지의 내용으로 보아 1949년으로 판단된다.

당 쪽으로 탈영했다는 소식은 지금까지 이곳에서 들은 최악의 소식입니다. 우리는 여러분의 기도가 필요합니다. 이화에 새 과학관의 주춧돌을 놓는 것은 믿음의 행위였습니다. 1938년에 교장의 집인 롱뷰를 지은 것이 옳았다고 증명된 것과 마찬가지로, 과학관을 짓는 것도 훗날 옳다고 증명될 것이라고 믿습니다. 롱뷰는 김활란 박사가 대학을 계속 열어놓을 수 있도록 도와주었습니다.

다시 한번 감사드리며, 행복을 기원합니다.

ARA

⚜⚜⚜

1949년 5월 21일

친애하는 미스 핀리께,

2월 10일에 보내주신 상자는 두 달 만에 이곳으로 배달되었고, 늘 그랬듯이 좋은 것들로 가득 차 있었습니다. "짧은 바지"는 신통했습니다. 이곳 사람들은 뜨개질한 속옷이나 속바지 같은 것들을 아주 좋아합니다. 물론 저는 탐욕스럽게도 "토핑"을 챙겼습니다, 비록 제가 다 먹는 건 아니지만요! 토핑은 디저트를 아주 멋있게 장식해줍니다. 모든 친구들에게 감사를 전합니다. 편하신 시간에 편지를 보내주세요. 이제 잘 걸을 수 있고, 더 좋아졌습니다.

사랑을 담아,
앨리스 R. 아펜젤러

⚜⚜⚜

한국 서울 정동 34, 감리회 선교부
1949년 7월 24일

(10센트 항공우편 폴더가 가장 빠름. 덮개에도 글씨 쓸 수 있음.)

친애하는 피시백 부인과 콜럼버스의 친구들에게,

당신의 이름이 새로운 이름이어서, 우리에게 상자들을 보내주는 충실한 친구들 모두를 위한 이 편지를 이번에는 당신에게 쓰겠습니다. 내 방 앞 현관이 조금 비워지자마자 또 다른 많은 상자가 다시 수북이 쌓였습니다. 이 상자들이 많은 사람을 행복하게 해주기를 바랍니다. 특히 그 어느 때보다 지금이 더 절실히 필요한 시점인 것 같습니다. 내가 아는 남편 잃은 여성들은 필요한 물건을 얻기 위해 바로 이곳으로 옵니다. 나는, 상자를 풀 때 지켜보고 있다가 강 씨 부인에게 찾아가 물건을 살펴보러 가라고 알려주는 새가 있는 게 분명하다며 강 씨 부인을 놀립니다. 여러 번 그런 일들이 있었는데, 그녀는 세 딸을 위해 드레스, 신발, 속옷, 아들을 위한 옷, 비누, 연필, 양초, 공책, 종이, 실, 바늘 등을 찾아냈습니다. 이 물건들은 그곳에서는 누구나 당연하게 여기고 몇 센트면 쉽게 살 수 있는 것들이지만, 이곳에서는 적은 수입으로 생활을 이어갈 수 있도록 큰 도움을 주는 것들입니다. 이외에도 내가 아는 남편 잃은 여성들, 강 씨 부인, 권 씨 부인, 이 씨 부인에게, 비누와 양초와 연필은 내가 구해줄 수 있으니 그런 것들은 사지 말고 돈을 식비에 쓰라고 말했습니다.

큰딸 강 샬롯은 이대 음악과를 졸업했고 독주회에서 아름다운 연주를 선보였습니다. 그녀는 가능한 한 빨리 오하이오주 베레아에 있는 볼드윈-월리스대학의 음악학교로 갈 예정이며, 전에 이화여전에서 가르쳤던 머타 스토버가 그곳에서 그녀를 돌봐줄 것입니다. 강 샬롯의 "할머니"는 은퇴 후 켄터키주 먼포드빌에서 살고 있는 미스 샬럿 브라운리인데, 그녀는 강 샬롯의 부모가 목사의 길을 가고 좋은 기독교 가정을 꾸릴 수 있게 도와주었었습니다. 강 샬롯은 한국어를 배우자마자 바로 영어를 배웠으니 미국에서도 잘 적응할 것입니다. 2년 전에는 한국 기독교 청년 대표로 기독교학생대회에 참석하기 위해 오슬로에 가기도 했습니다. 그녀의 남동생은 내 아버지가 설립하신 한국 최초의 남학교인 배재를 졸업했고, 이번에 국립대학교에 입학합니다. 중학생인 두 명의 어린 딸도 있어서, 우리 어머니가 네 자녀를 혼자 교육하기 위해 고군분투했던 것에 대해 말씀하곤 하셨듯이, "숲을 빠져나오기" 전에 그 어머니는 아직도 해야 할 일이 많습니다.

이 씨 부인은 부활절 날 남편이 세상을 떠난 후 일곱 명의 자녀를 홀로 교육하고 생계를 책임져야 하는 어려운 상황에 직면했으나, 지금은 그때보다는 훨씬 나아 보입니다. 6월에 세 자녀가 졸업했는데, 장녀는 이화여대 교육학과를, 장남은 배재중학교를(우등으로), 차녀는 이화중학교를 졸업했습니다. 장남은 국립대학교에 입학했고, 차녀는 이화여대 아동교육과 입학시험을 통과했습니다. 그녀는 어머니가 밟았던 그 과정을 따라가 더 나은 삶을 살아야 할 텐데, 지금까지는 그 비용을 충당할 방도가 없어 보입니다. 장녀는 그녀의 아버지가 학장이었던 학교에서 가르칠 예정이며, 따라서 그 학교 소속이 되어 지금 사는 집에서 계속 지낼 수 있습니다. 나는 죽어가는 그 아버지에게, 그의 가족을 위해 내가 할 수 있는 일을 해주겠다고 약속했습니다. 그래서 나는, 주로 다른 사람들의 도움을 통해서지만, 그들이 첫 번째 월급을 받게 될 때까지 살아갈 수 있도록 지켜줄 것입니다. 이 불확실성이 지배하는 땅에는 보험이 없으므로 하루 벌어 하루 먹고살아야 합니다.

샬롯 외에도 우리가 미국으로 보내는 십자군 장학생이 있습니다. 그녀는 좋은 기독교 가정에서 성장한 사랑스러운 성악가인 노형숙으로, 드포대학에서 성악을 공부할 예정입니다. 김 씨의 부인인 전수진은 하와이대학교에서 1년간 대학원 공부를 할 수 있는 미국여학사협회의 장학금을 받게 되었습니다. 하지만 항만 파업으로 인해 그녀가 그곳에 제때 도착하지 못할 수도 있습니다. 내 남동생은 호놀룰루에서 로스앤젤레스의 로버츤교회로 전속되었기 때문에 하와이에 있지 않아 그녀를 도와줄 수가 없습니다. 우리는 이곳에서 좋은 설교자들과 함께 총회를 진행하고 있으며, 여기에는 150명이 참석하고 있습니다. 플로이드 샤클럭 박사 부부가 아주 훌륭한 강의를 하고 있습니다. 작별을 고하며, 모든 것에 대해 여러분 모두에게 감사드립니다.

앨리스 R. 아펜젤러

한국 대천(예전의 모래시계 해변)
1949년 8월 5일

친애하는 마거릿에게,

6월 11일에 세 개의 커다란 상자가 도착했는데, 그 안에 가득 담긴 너무도 훌륭한 물건들에 대해 어떻게 감사의 말을 전해야 할지 모르겠네요. 이번에는 멋진 놀이 도구와 장난감이 특히 환영받았어요. 류형기 박사의 어린 딸(12살)이 결핵에 걸리는 바람에 한동안 침대에 누워 지내야 해서 그것들을 좀 주었어요. 그리고 이번에는 식품 대부분을 내가 보관했는데, 여름에는 사람들이 떠나서 대학에 식품이 필요하지 않기 때문이에요. 캔디는 정말 맛있고, 우리가 사랑하는 "토핑"은 아이스크림의 계절인 지금 더 사랑받고 있어요. 책들은 도서관에 비치했고 비누는 대학에 보냈어요. 당신은 정말 충실하고 가장 사려 깊은 친구예요! 관련 있는 다른 사람들에게도 감사하다고 전해주세요.

이 멋진 곳에서 2주를 보내면 기운을 회복할 수 있을 거예요. 아름다운 해변, 바다, 섬들, 소나무로 덮인 언덕, 노을의 노래가 나를 쉬게 해요. 수영도 하고, 자주 보지 못하는 이들과 교제하는 이 모든 시간이 좋은 변화를 가져다줘요. 예전에 우리가 좋아하던 여름 휴가지들은 지금의 소련 지역에 있어요. 38선을 따라 치열한 전투가 벌어지고 있고, 곳곳에서는 잔인한 침투가 범해지고 있으니 우리를 위해 계속 기도해주세요. 그렇지만 우리는 괜찮으니 걱정은 하지 마세요. 감사와 사랑을 보내요.

당신의 친구,
앨리스 R. 아펜젤러

베이커 감독님이 내 남동생을 로스앤젤레스로 전속시키셨어요. 남동생은 호놀룰루를 떠나기 싫어했지만, 다행히 새로 간 곳도 좋아해요.

A.

서울, 1949년 9월 1일

친애하는 마거릿에게,

이렇게 간접적으로 편지를 보내는 것에 대해 용서해준다면, 내일 비행기편으로 이 편지를 보낼게요. 우리에게 그토록 많이, 그리고 매번 좋은 것들을 보내주는 당신의 에너지에 놀랐어요! 8월에 당신에게서 온 상자 네 개를 열었어요. 그중 하나에는 좋은 학용품과 그림들, 그리고 동양적인 디자인의 식탁보가 들어 있었고, 또 다른 상자 하나에는 통조림 고기가 들어 있어서 즐겁게 나누어줄 예정이며, 토핑은 우리 식료품 저장실에 넣어두었어요. 전기가 들어오면 아이스크림을 먹을 수 있는데, 토핑이 얼마나 아이스크림을 더 맛있게 만드는지 몰라요! 나머지 두 상자에는 가루비누와 가루식품이 섞여 있어서 쓸 수 없게 되었어요. 판지가 때때로 찢어지기 때문에 가루들은 분리해서 따로 포장해야 해요. 그러나 신발, 옷, 장난감, 책들은 손상되지 않았고, 모두 유용한 곳에 잘 쓰일 거예요. 백만 번 감사해요!

남동생 헨리는 지금 로스앤젤레스에 있는 로버츤공동체감리교회에 있어서, 당신은 아마도 그곳에서 헨리 부부에 대해 듣고 만날 수 있을 거예요. 그들은 호놀룰루를 떠나고 싶어 하지 않았지만, 새로 간 곳도 좋아하고 있어요. 나는 바닷가에서 상쾌한 2주를 보냈고 이제 노동절에 개강할 준비가 되어 있어요. 다시 한번 감사드리며 알로하 인사를 전해요.

앨리스 R. 아펜젤러

한국 서울 정동 34, 감리회 선교부
1949년 9월 1일

친애하는 데이비스 부인께,

비록 이곳에 도착한 멋진 상자들이 많은 분들의 손길을 거쳐온 것이고 여러분이 협회로서 이 일에 함께해주셨다는 것을 알지만, 당신이 저에게 보내주신 편지 덕분에 저도 다시 당신에게 편지를 씁니다. 클러치필드 부인, 엔로 부인, 손턴 부인, 프로스트 부인의 이름도 상자들에 적혀 있네요. 그분들에게도 도와주셔서 특별히 감사하다고 인사 전해주시기 바랍니다.

보내주신 옷들은 모두 매우 좋았습니다. 저는 항상 이 옷들을 고물상처럼 되어버린 뒷현관의 공간에 다른 옷들과 함께 쌓아둔 채 누군가 올 때까지 기다리거나, 물건이 필요한 사람들을 제가 직접 부릅니다. 어제는 제가 생각하고 있었던 두 여학생이 와서 지금부터 추운 날씨에 사용할 수 있는 물건들을 한 보따리 가지고 가며 기뻐했습니다. 한 명은 이화여대를 7월에 졸업했고 다른 한 명은 4학년생입니다. 그들의 아버지는 우리 교회에서 은퇴하신 목사님인데, 지금은 한 정부 건물의 관리인으로 일하며 가족을 부양하고 있습니다. 그의 첫 번째 관심사는 항상 교회입니다. 그는 건강 때문에 목사직을 그만두고 금강산으로 갔었는데, 그곳에서 호텔 사업으로 넉넉한 생활을 하게 되었습니다. 하지만 해방 후 공산주의 통치하에서 지낼 수 없다고 느껴 가족과 함께 탈출했고, 거의 아무것도 없이 이곳으로 왔습니다. 2년 전, 그의 옛집 바로 남쪽에 있는 남한 영토의 산속에서 가정선교 사역을 시작했는데, 그 지역 사람들은 처절하게 가난하고 방치되어 있었습니다. 새로 통합한 한국감리회와 지난봄 그곳으로 파견된 두 사역자가 이 지역의 사역을 넘겨받았습니다. 그 후 그는 지난겨울 굶주리며 불결하게 지내는 거리의 사람들을 보고, 감리교 교회들에 요청해 무료 급식소를 열도록 했으며, 그들에게 씻고 이발할 수 있는 장소를 제공하게 했고, 가장 추운 계절 동안 그들을 잘 돌봤습니다. 지금은 퇴근 시간 후에 파고다공원에서 설교를 하고 있습니다. 이토록 많은 피난민이 이 아래 지역으로 몰려와 온갖 문제가 발생한 것은, 러시아가 이 나라를 둘로 분열시켰기 때문이라는 것을 당신도 알고 계실 것입니다. 지난봄 저는 이 여학생들이 예쁘고 좋은 옷을 받으면 얼마나 놀라고 행복해할까 생각했습니다. 이들의 아버지가 이 선물들을 보내주신 모든 분에게 감사를 표현하러 오셨으니, 그분의 인사를 전해주시기 바랍니다.

당신의 새 구두에 대한 기획에 실망을 드리게 되어 대단히 죄송합니다. 그 구두들이 너무 예뻐서 우리 모두가 신고 싶지만, 아쉽게도 신을 수 있는 사람이 거의 없습니다. 한국 사람들은 굽이 높은 구두를 좋아하지 않으며, 여대생 몇 명을 제외하면 누가 신을 수 있을지 모르겠습니다. 미스 칸로는 잘 맞는 구두 한 켤레를 발견했습니다. 저는 발목이 부러진 후로는 "실용적인 신발" 외에는 아무것도 신지 못하는데, 대부분 발바닥의 아치를 지켜주는 신발만 수년째 신고 있습니다. 며칠 후 선교 집회를 할 때, 우리는 그 구두들을 신을 수 있는 사람이 있으면 누구든 가져가도록 내놓을 예정입니다. 또한 모두 새 구두여서 약간의 세금을 내야 했지만, 겨우 1달러였으니 그것에 대해서는 걱정하지 않으셔도 됩니다. 여러분 모두가 이 새 구두같이 좋은 물건들을 보내는 것에 대해 기뻐하신다는 것을 알고 있어서 더 좋은 후일담을 전해드리고 싶었지만, 여러분은 진실을 알기 원하신다고 확신합니다. 조금 사용한 남성용 혹은 어린이용 신발이 특히 필요하고, 작은 사이즈의 평범한 여성용 신발도 필요합니다.

물론 비누는 많이들 좋아하며, 저는 보내주시는 비누를 항상 나눠줍니다. 제가 아는 사람들에게 좀 나눠주고 나서 나머지는 모두 대학교에 보내 위원회가 일반 사람들에게 나눠주도록 합니다. 꼭 필요로 하는 적절한 곳에 물건들을 나눌 기회를 가질 수 있어서 감사합니다. 데이비스 부인께서 셔먼 구역의 회장이 되신 것을 축하드립니다. 머지않아 소식을 다시 듣게 되기를 바라며, 행복을 빕니다.

진심을 다해,
ARA

9~10월. '다락방' 한국인들은 십자군 장학생들입니다. 강 샬롯의 아버지에 대해서는 9월 16일자 편지를 참조해주세요.[37]

37 편지지 왼쪽 여백에 수기로 추가되어 있다.

Letters of Alice R. Appenzeller

(Original Text)

Alice R. Appenzeller

The Year 1916

Sorai Beach, Korea,

August 19, 1916.

I'm going to begin my letter with a quotation from another letter, which is just the kind of vacation letter I am going to write. It is from two missionaries in China who say,

"Don't you remember how our families used to wonder if we ever did any studying at college? We made glowing pictures of each picnic or class show, and gave detailed accounts of the basketball season, but seldom mentioned the fact that we spent quite a few hours each day emphasizing the academic side of our college life. We have a feeling that you'll wonder if we ever do anything in a 'missionary line' after reading this epistle, because we are deliberately omitting that side and shall try to give you a peep or two at our surroundings and our good times."

Here I am with my vacation nearly gone and nothing to show for it but a very healthy body and no nerves at all! I know that the very best thing one can say about a holiday is that one feels rested and refreshed and ready for whatever may come. But I can't forbear one little moan over the unanswered letters that have to go back to Seoul with me. However, there is not much room for regret over a summer that has been filled with undisturbed quiet and leisure, a summer where I have been with dear friends in a place of surpassing beauty. Imagine Miss Lee and me in a tiny thatched Korean hut built on a rocky cliff that juts into the bay. The waves sing there ceaseless song at our feet while just a little to the right stretch the miles of golden beach which encircles the bay. Behind and around us are the soft green mountains and out on the horizon six islands are set like jewels in the silver sea. I think of Kipling's lines,

"East where the silence broods,
By a purple wave on an opal beach
And the hush of the Mahim woods."

and when the bay is full of junks,

> "Where the junk sails lift through the homeless drift
> And the East and the West are one."

It is all just like that and we have a pine grove, too, right down by the water where we often take our books and spend a lazy afternoon.

All of us who come to Sorai feel that God has given us this place as a special blessing. We are a missionary community of about one hundred people from all over Korea and a month or two here makes new people of us. There is very little organization and we all do just as we please. We enjoy doing things together and for the past month have had first a daily Bible class and then a class in Japanese, for you know we have to learn that as well as Korean. Then there are sports on the beach, moonlight sails on the bay when the old Korean boatman takes us out in his picturesque junk and we sing all the evening. Picnics, tramps, sings, many a quiet talk together fill the days most delightfully. I have studied and worked only as much as I felt like doing but I have made resting my chief business and feel that I have accomplished that. I did finish up my second year's language work in July so that I can begin on the third year now.

Perhaps you will be interested in knowing what all this costs us in dollars and cents so that you can know what missionary luxury really is! We pay $80.00 for the hut for the season, $9.00 a month to our faithful man of all work who waits on us hand and foot, our living averages $.50 a day, and our traveling costs us all of $10.00! I have never enjoyed such a free vacation and as I think of the sizzling ones I used to spend in America over the cook-stove and I wish I could think that you are all having as perfect a rest after a long hard winter as I have had. But how gladly would I give it all to be with my Mother in our kitchen,—I wouldn't exchange one of those hours for many days like these, thankful as I am for all the good gifts that make life rich now.

What was it that kept me so busy all last spring that I couldn't write to you? Really, it is hard for me to remember except that I know that every moment of every day was full. In March there were Conference, examinations, and Commencement. During vacation a new room was done over for me so that now I live on the court opposite the girls' rooms. It is a less desirable room than most of them but all our Ewha room are comfortable with good closets and plenty of sunshine. With the new term came May Day, the grand event of the spring, when the girls give a little cantata and exhibition of physical culture. There was the school picnic, too, a gala day for big and little. At Conference I had been appointed Assistant Principal and during the spring the Principal took a country trip, leaving the school with its three hundred odd persons and their three thousand wants to my tender mercies. I didn't do much studying those days but taught my classes and attended to things as they came up as best I could. There is so very much that I must learn about the running of a school before I take charge. I know there will be more responsibility of that sort for me this winter and I am in no way adequate to it in myself. I shall need your help very much all through the year.

One of the most impressive gatherings that I have ever attended was a meeting held on our last day of school. At the girls' own suggestion they met at 5.30 A.M., led by our pastor who spoke of the rich talents that God had entrusted to them. He showed that God had given them more than any other girls in the country, perhaps, and so that much would be required of them. Then he asked them how many would be willing to pledge their time to definite personal work with the women and girls whom they would meet this summer. We could see the idea kindle in their faces as one by one they rose and pledged up to thirty days for the summer, a total, if I remember rightly, of over three years of continuous service for one person. It was done in such a sweet, glad way, simply out of grateful love to the Christ who has given them all they have. It will be interesting to hear them tell of their summer's experiences when we all meet in a few weeks.

As the days grow cooler I am beginning to feel the pull of my work again and a longing to be back with my girls. Our lower school opens September first, but I do not begin to teach until the twentieth. We leave here in a few days for tho the little house says "Stay", the winding road says "Go" and I must be off to see where it leads.

The Year 1917

Ewha HakTang, Seoul, Korea.

Nov. 12, 1917.

Dear friends far away,

The Ewha missionaries have long regretted that they could not write you all the letters that your constant kindness richly deserves. We long for the chance to tell each of you the things you want to know about us and the work, your present interest in which we believe would be increased by more information. So we're trying the plan of taking turns in writing a general letter about Ewha, believing that our friends will be glad to hear about the school, even tho the letter is signed with a strange name. If you will wait patiently your own pet missionary's letter will surely come!

You would have heard much about our union evangelistic effort if you had been in Seoul this autumn. The special aim has been to make a definite, personal effort to reach the nearest person who does not know Christ, and not to give upon until he becomes the disciple of our Lord. The Christians entered most heartily into the plan, many of them giving most of their time in October to personal work. When the special meetings began all over the city, it was an interesting sight to see the Christians bringing in their "sheaves" after a long day's work. They sat by the people they had brought—now a well-dressed woman with her servant, now an alert student; here was a prosperous-looking business man, who had evidently faced the question and made up his mind; there, a poor old woman, whose wistful eyes asked if it could really be true that it would help to believe in Jesus. The pastor's admonitions after the heart-searching sermon, sound strange to American ears, accustomed to Christian environment. He would say something like this:

"A follower of Christ can have nothing to do with idols or spirit worship, so you must put all signs of such things away. Then on Sunday and Wednesday at certain hours we all meet in the church for worship and instruction. You will want to own a Bible, God's Word, and a hymnbook, and always bring them to church. Those who have led you here will help you to become established in the faith of our lord Jesus, whom you are learning now to love."

Our Ewha girls eagerly took as much part in the campaign as they could, attending the meetings, praying as few young girls that I know pray, and visiting in the homes of the day students. It is estimated that about 800 "new believers" have been gained; we hope, by persistent "follow up" work that each one of them will become true Christians, and we ask your prayer, for it will be, for many of them, a hard fight, and they must have help if they are to be true.

One of the recognized events of the Korean autumn is the time when all Korean housewives put up their winter "kimchee," the peppery pickle indispensable to a Korean meal. It must be made at the same time everywhere, at the moment when the first hard frost has made the cabbage ready to cut. No other work is of any importance then—business lessons, everything gives way to the sacred "kimchee vacation." So Ewha closes all but her primary department and works for a week at packing 160 great barrel-like earthen jars with food for her family of 200 or so. First the ingredients are brought in by the cartload and man load—Thousands of cabbages, turnips, red-peppers, onions, with quantities of garlic, ginger and other delicacies too mysterious for any but an Oriental mind to fathom. Then the girls and teachers get to work, standing for hours working with the icy vegetables, sorting, washing, peeling, chopping, stuffing the spices into the cabbage heads, and finally putting them all into barrel. They have lots of fun over it, singing and chattering as gayly as girls at home when they're having a working "bee". They're unselfish, too, and try to help each other. Just this morning a teacher came to ask me to make one of our most delicate college girls stop working outdoors, for she nearly died of pleurisy once and is frail. Going out to investigate, I was greeted with a merry chorus.

"There's the bad girl! Catch her!"

When I reproved her for disobeying orders, a look of real distress came over her bright face, as she protested that she could stand the hard work as well as the other.

When the kimchi is thoro[ugh]ly "ripe" its savor so permeates the culinary department that our American visitors usually put their handkerchiefs up to their noses. But it's like strong cheese, delicious to those of us who like it, and I'm one!

Never a term goes by without some thrilling incident and strangely enough it usually comes when Miss Frey is itinerating on that "last straw" circuit of hers in the country, and the school is left to the tender mercies of an inexperienced substitute, who, however, is getting her experiences faster than she can assimilate them, perhaps. One of our most valued teachers was rescued as a child from an unprincipled mother, whose thwarted aims of enriching herself by making a fine match for her daughter had made her determined not to lose the opportunity with her other two daughters. Our teacher has not been home for fourteen years, for Miss Frey knew it would not be safe to let her go. This fall the mother was arrested for financial crookedness, and while she was in jail the father and eldest daughter put the thirteen-year-old, who looks about eight, into school here, and the youngest, a mere baby, into the home of a relative. But against the express wishes and in the absence of the father, a good Christian, the mother had arranged to marry the second child to a man of twenty-five, and had already received $15.00 as guarantee. Accordingly, as soon as released from prison she rushed up to Ewha, demanding her children, and making all sorts of appeals, frantically protesting that she could not live without her children and would kill herself if she didn't get them. Knowing nothing of the bargain, the eldest daughter was torn in an agony of uncertainty as to her duty, for knowing her mother's resolute character, she feared she might carry out her threat. One night she came, storming like a maniac vowing that she would not leave the spot till she had her children, and we had to give them up, seeing to it, however, that she should be prevented from leaving the city, and hoping and praying for the father's arrival.

It was surely the Lord, who sent him to us the next night, a little man, but strengthened by a mighty indignation and a just cause.

"I am determined that my children shall go to school," said he, with flashing eyes. "My wife is trying to sell our little girl, and is frantic because she fears the bargain will fail. That man has been trying for months to tempt me with money. 'You are so poor, just let me help you out,' he would say.

"'No.' I replied. 'It's none of your business if we starve! You are trying to get my precious child, and you can't have her! Don't you dare to give my wife a cent!'

"So I sent him away, but while I was absent on business, my wife fell into this sin. Pastor," Turning appealingly to the American man who was helping us with this problem, "How far can a Christian go in such a matter? Would it be wrong for me to use force to make wife obey?"

Assured that good, old fashioned means might be necessary to save two lives, he went out with his head high. Whatever the method he used, it was more than usually persuasive, for he triumphantly brought back the child the next day. The sweetest, happiest little girl in school now! I never see her dear little face that I don't thank God for letting us have a part in saving her from an unknown fate.

Winter has set in early, cool, nice and other necessities have risen so in price that we wonder how we are going to run the school on the present appropriation: To say nothing of the fact that we must soon bring our school up to the advanced government standards, involving great additional expense in teachers' salaries, or our school, built up at such cost of life and treasure, will be taken away from us. It is our daily prayer that this problem may be solved in a way pleasing to God who will surely show us what He wants us to do. As Christmas approaches we think of you who have sent us gifts to make Christmas cheer for these girls, and as we sing "Joy to the World" around our tree we shall thank God for His great gift, and for you, who are helping to give Him to this needy world.

Faithfully yours,
Alice R. Appenzeller

The Year 1922

Address: Ewha Haktang, Seoul, Korea.
Sorai-by-the-Sea, Korea, July 20, 1922

Dear Friends,

When the last busy days in New York were really over and the last things done, for a full day after I had sunk into my seat in the train I hadn't the energy even to read. It never did seem really true that I was on my way back to Korea until I actually arrived; it seemed more like a continuation of the delightful and varied experiences of my furlough. After two stop-over visits with friends in South Bend and Chicago, I met my two travelling companions, old friends, and we settled down to enjoy the wooly scenery of the real West that we passed through in our route through Salt Lake and Cheyenne. The two days in San Francisco were spent in an orgy of last shopping—one has a sort of frantic feeling when one knows that one will not see real stores again for six years. We liked the looks of our pretty, new boat, the Hoosier State, but alas for appearances. Artistic furnishings are not the chief requirement in an ocean liner, in my opinion. This ship rolled miserably, and we were miserable in her, though the weather was not really rough. However, I wished for at least ten days more on board, for an ocean voyage, even when one is sick, is a rest, and I needed one.

We docked at Yokohama too late for more than an over-night peep at old friends in Tokyo, and a glimpse of the fascinating shops of Yokohama. One more day brought us to Kobe, where we took the train for the two days' trip to Seoul, including one very bad night on the Straits of Korea. How dear and familiar the rice-fields, templed hills and quaint people look to an Oriental like me. I believe I got the full measure of enjoyment out of my visit to America, but now I'm more sure than ever that this is where I belong. It is one of the great satisfactions of life to find one's own place, and I am thankful that mine is such a nice one.

Ewha commencement was going on when we arrived, the evening of March 24th. An unprecedented fall of snow the day before had made it necessary to postpone the services.

After just a peep at my family, including a new brother-in-law and a three-year-old niece grown almost out of recognition, I hurried to the church. Such a joyous reunion as it was, then and through the days that followed. The new school year began April 4th, but before that I had the pleasure of fixing up my new room with all the pretty American things that many friends had given me. Then, in less than a month I had a new nephew, Richard Dodge A., and a new niece, Alice Lacy, both on the same compound, or campus with me. Can you wonder that this is really home to me now?

Most of my effort since my return has been in finding myself in the changed environment, for things do move here these days, and our young people are showing a new initiative and demanding a new standard that is a challenge to the best that we can do for them. I've taught a heavy schedule, but from this fall I'm to be principal, so I fear I shall not have much time for teaching. One of the most interesting experiences has been the small part I had in the first Korean Women's Summer Conference that has ever been held, preliminary to something like Y.W.C.A., which we have never had here. Silver Bay never saw a more interesting conference than this one, where Korean women, fully recognizing the difficulties, are taking on themselves the responsibility for pioneering in the social and religious uplift of their own people. Now I am getting a real rest at my beloved camp here by the sea, where sister, brother-in-law, Baby Alice and Dog Scamp and I are making the most of our holiday, which will be over for me before the middle of August.

The Year 1923

Ewha Haktang, Seoul. Korea.
July 18, 1923.

Dear Friends,

Some of you have been asking about my personal work, wondering just what I do all day long, so this will be a bit of personal history.

You know I belong to a great institution, Ewha Haktang, which now has six departments, from kindergarten to college, with 675 students and about thirty teachers. For a year I have been principal, with charge of the educational and disciplinary work of the school. Miss Walter is the treasurer, with responsibility for the buildings and construction, of which there has been much during the year. There are about eight of us missionaries working here, some still in language school, doing very little teaching, for one can't take regular work the first two years. Others, like the kindergartner and music teacher, devote themselves entirely to their departments. I have to be sort of general superintendent sometimes giving special time to this, sometimes to that part of the work but with a general knowledge and interest in the whole. Administration in a big school here is much the same as in America, with some extras. There are the government officials with whom to deal; educational policies are just in the making, and demand one's best thought and effort; and we have far more to do with the lives of the girls, their private and family affairs, finances, marriages, careers, etc. than American schools have. There are still mercenary parents here who would sell their attractive, educated daughters in marriage or concubinage to the richest may they can find; many girls are very poor and have to be helped; the self-help department is a great aid to some of these.

But I'm still not telling you what I do with myself, am I? Well, every morning I teach, four courses in all, two in education, one of them in Korean in the College Prep. Dept. and the others, including history and English in the College in English. I'm afraid I shall not have time to teach so many hours this winter, but I don't want to give any of them up! Very often visitors from other countries, or Japanese or Koreans interested in education come to see us, and it is our pleasure to show them the work. This usually takes some part of every day. Then from 11:20 to 12 we have chapel, and after that come office hours. The afternoons are taken with office work, interviews, and the thousand things a principal has to do, and almost every evening is taken with some meeting, committee, or gathering of some kind in connection with the work. I am always interested in music, and help in the concerts that the Koreans have come to make a large part of their recreation. I always feel that helping our young people to find wholesome recreation is a very important part of our work.

There are the different societies at school in which we have our part, — literary, missionary and King's Daughters. The latter is my special care, with responsibility for the leaders of all the circles. This year we organized a Y.W.C.A. in which I am especially interested. The conference this summer will mean a great deal in this new movement in Korea.

I wish I could tell of my love for the work of the First Church, the church my father founded and which I joined on probation as a young girl. Its life and growth are very close to my heart. Then there is the "foreign" community, friends of childhood and new friends, missionaries, business people, consular officials, among whom there is a very pleasant and helpful social life. We have English services, a women's club and tennis courts, which furnish the exercise I enjoy most. In the winter I climb some of the beautiful mountains which surround Seoul. Then with my own brother and sister and their families here, don't you see why I am so busy and happy, and why I'd rather be here than anywhere else in the world?

Faithfully yours,
Alice R. Appenzeller.

The Year 1924

Jan. [19], 1924

Dear Helen,

I am in Chemulpo, off for the week end to see if I can't get some letters written, and I don't know how I'm going to make it go on this strange machine, but perhaps you will forgive the mistakes. I have been wanting to write to you for so long, and now I must write to send you this letter, which will explain itself. If the World's Committee sends you an invitation to go to the Convention in Washington, I hope you will let nothing prevent your accepting. It will be hard for you to go just before you graduate, I know, but it is so important for the work here for you to attend and see what kind of body you find the Y.W. to be. There are some here, particularly the conservative Presbyterian group, who think that we are running a risk in uniting with the World's Y.W.C.A.—that they are too worldly, etc. This will be the one opportunity to get into touch with the leaders, present our cause and persuade them to give us a scholarship and get a girl trained.

Now, as far as a candidate is concerned, Hamna has resigned, feeling that she was not the one for that place of leadership. None of us here feel that Esther is the one either, fine as she is in many ways. She lacks balance, and more experience in the world will be necessary before she will be a wise leader. She graduates from college this spring. There would be practical difficulties about getting permission for her to go, etc:, that would greatly hinder our work, we all believe. I am sure this is not just the opinion of foreigners, but of all the workers, and those most experienced and interested. But Sungsil has come out wonderfully in the last year, as she has worked at the Evangelistic-Social Center, (Tai Hakwan), and is very popular not only with our people, but with the Presbyterians and S. Methodists. Her beau, Mr. Yum of New York, died last summer, you know, so that she is over with that business, I think, for some time at least. I believe we could trust her for five years anyway, and that she would represent us well. Her lameness would not be a serious hindrance. What do you think of this? You can help more than anyone else in getting us that scholarship, and I hope you will talk Sungsil up as much as you can. Pastor Kim Changchun can't say enough in praise of her work in Chungang Church, and everywhere those who know her seem to think very highly of her. She is willing to go and will do her best.

You are right about the need of trained girls, but you will see how it is when you come back, and how very few are ready for it, or have proved themselves worthy of so great a responsibility. Alice Kim is a beautiful example of a very successful returned student; she is immeasurably helpful in all sorts of ways, does more than two of us could do with the girls, and has thrown herself whole heartedly into the work of the school. She helps Miss Church in running Frey Hall, and works very hard. My only fear is that her health will not hold out. When Miss Young goes on furlo this summer she will be practically alone in her department, with Sungduk and Hamna as practically the only music teachers. I hope Esther Beck will hurry out and help us. We are looking for someone now who will fulfil the requirements of the Clotilda McDowell scholarship; you know that that means teaching experience, etc. If Hamna will take it perhaps we can send her; but personal matters stand in the way, and it is a serious thing to promise to come back and work, etc., and girls often would like the opportunity but don't want to be tied down to the obligation. She is the only one eligible now, tho Sungduk could go. The latter is still rather young. You know, it is no easy matter to raise money enough to finance a girl thru a long course in America, and we want to be mighty sure of her before we do it. We have all worked hard at getting the money that you have used, as you know; it doesn't drop from the skies, and yet I am so happy for all that we have been able to do, because of the lovely way in which you are making good. Everyone is more than pleased, and I heard enough compliments about you at Gen. Ed. to turn your little head quite around. You must not feel that you have <u>any obligation whatsoever</u> to any of us; you have to your people and to God, and that is all. The other day Mr. Suh Kwangchin, my old teacher whom I helped thru college, brought me five yen and said he was going to begin to pay back the debt he owed, not to me, but to some poor students who needed help. I felt happy enough to shout; I had always told him that I didn't want the money back, but wanted him to pass it on to others. So that is what we want, and nothing else; that will be our rich and beautiful reward.

You have heard about the wonderful gift of money to buy the college site. We are in process of negotiations now, and shall soon own the property, we hope. The Southern Methodists are asking their Board to come in with us in the college work at Ewha, and then we shall be able to apply for recognition, so that our diploma will have practical value. With better equipment we are striding forward. Just now we are very short of workers, and those of us who are here are nearly dead with the work there is to do, while much that should be done is not done at all. I am trying to get a stenographer-bookkeeper for Ewha; it is very inefficient for anyone as well trained for direct work with the girls to be sitting doing the books and spending most of her time at routine work that any business woman could do better and faster. We all have many school letters, all sorts of work that should be done that is not done because there is no time. Bishop Welch is evidently going to send Miss Walter to Pyengyang during Miss Dillingham's furlo, but when she comes back the situation will be all the same, only that it is almost impossible without her now. Miss Hulbert and I are doing books between us, but she is not well enough to have such a burden, and the varied duties of my position make it impossible for me to give the time to desk work that it needs. So if you know a good business woman who would like to come out on a three years' contract, just tell Mrs. Thomas about her. Our school would be twice as efficient if we had such help. We have good Korean secretaries, but this is work that needs an American trained secretary, like Mr. Owens at Severance.

I have brought down a big pile of letters to do today, so must stop chatting with you, and trying you with all my mistakes. I hope you will get a typist who can write more presentable letters than any of us can. With much love and constant interest in all that you do, and faithful prayers,

Monnett Hall **<From: Helen Kim>**
Delaware. Ohio
Feb. 4, 1924.

My dear teachers:

It has been so long since I have written to you and I hardly know where to begin. When

I look ahead two or three years away from home, it seems like ages; but as I look back the year and half that is already past it seems like a flash of a moment. But that short period of time has given me the experiences that will be of great value in the years to come. My longing to go back home is becoming more intense every day and I may show up any one of these days if you do not keep up sending me some things for me to restrict my feelings with. My patriotism and love for my people are being fanned by what I see and hear every day.

At the Indianapolis Convention of the Student Volunteer Movement which was held for five days right after Christmas, we, Koreans, received such rich blessings accompanied with abundance of suffering. Were it not the voice of Jesus saying, "Follow the Gleam" through the darkness and amidst the chaos, I don't know what we could have done. To be sure, there were some of the Korean delegates whose primary interests were different from ours and as a consequence they haven't allowed themselves to taste such a combination of bitter and sweet. This sounds so abstract and it may not be fair to you to stop at this place. What I mean is that even in the Christian world the materialistic standard of value has its place and Korea with her glorious past of moral character and her recent development of Christian life was not given a single minute during the whole convention to contribute what she has to give. I had to suffer, I had to weep for Korea as well as for the world. What I can write on this paper is so inadequate to express our experience, but we will trust you to understand it regardless of its inadequate presentation. I hope to talk to you all about it when I get back. All such experiences challenge you and me, all the workers in Korea, to a greater vision and devotion. Well, I do not mean to stay on such subject very long. So moving on to another subject:

We just found out through our school paper that Bishop Welch is going to give our commencement address. I am so glad for it will seem like home to have him here. Right after graduation, I am intending to go to Philadelphia to spend a few days with Marcella before I go on to New York where I wish to go to the Y.W. training summer session. I know I will need the training and hope to get it next summer if the circumstances will allow. Then for next winter, my plans are not definite yet. My Professors recommend Boston in preference to Columbia and I may be able to get a better scholarship there too. So the conditions so far are more favorable to go to Boston than to New York. But I want to feel into situations more before making the final decision.

The mid-year examinations are over and we have registered today for the new semester's work. I have signed up for the following courses: English—Browning's work with collateral reading on the works of other writers of the Victorian period; The Beginnings of Hebrew History; The Psalms and Job; The Special problems in the Administration of Religious Education; Philosophy—Thought Development of the Nineteenth Century; Philosophy—The philosophy of Religion. I anticipate to get very much out of these courses. During the last semester, I had two course in philosophy, one in Bible, one in debate and one in English, Study of Tennyson's poetry with collateral reading on Carlyle, Ruskin and Arnold. In every course the professors were just wonderful in bringing the subjects home to us. If this institution was located in a large city, I would stay here for my further work.

Just to tell you again what kind of work you are doing, I am going to tell you my recent experience with a Japanese girl. I am rooming with her. She has very sweet disposition and all of us are enjoying her companionship very much. Well, she is a graduate of Tokyo Women's College and entered Ohio Wesleyan as a Junior. She is finding it so hard to get along with her studies that she has to carry only twelve hours of work. But she is very bright and capable of absorbing new knowledge. What I mean to say is this. Tokyo Women's College did not give her any better foundation than what our college has given me. Keep up your good work making it stronger and higher each year. Help the girls to develop their creative and critical faculty, for without that they will be lost in the world. This sounds dictative, against my intention.

I think you will all be glad to hear that I am gaining in physical strength this winter. I don't think I have ever felt so well and strong before in all my life. And I expect to go back ready for all kinds of battles. I think it is largely due to the proper nourishment, I am getting. I hope our girls were getting it too. Miss Walter has told me at the Demoines Convention that the college girls were having very much better meals than they used to, and I am so glad to hear about it. Korean girls can take higher work in education and still be strong if they are properly fed; it is proven. I hope the little ones will get it too very soon for they need all the nourishment they can get during their adolescent period. During so many odd hours of the night I lie awake thinking of all these things and hundreds of other needs of my people and wish I or some of my friends, in whose treasure stores I can have my hands in, were millionaires and billionaires. But our Father owns all the billions and millions that is in the world, is the conclusion we all have to come to. If we teach people how to be real stewards of God and help them to live up to what they know, all our problems will be solved eventually. The news of the college site challenged me to have greater faith in the workings of God. I congratulate you all for it and for the greater things that are coming to us.

I have been reading Maude Royden's books lately which made me feel still prouder of my own sex. Undoubtedly, some of you must have had some contact with her. Isn't she a wonder? If God permits I wish to see her before I go back. Such a keen thinker as well as a zealous preacher of the four-fold gospel is what our higher education ought to produce.

Professor Scott Nearing, an American radical socialist, has recently given an address in Chicago. Listen to some of his statements, The only surviving capitalist empire in Europe today is Great Britain who is on the verge of the last step. France was destroyed because she won the war and Germany was destroyed because she lost the war. And Russia is the only living nation today which is on the way to reconstruction. What he tries to say is that the old system of capitalism can not survive and that this new age has to find a new system to live by. "Russians are the only living men today who want to try a new system and live a new way. If we want to live in a better world in the future, we have to make it and build it as we want to have it." I think there is a great deal of truth in his ideas and if he goes a little farther in his thinking and gives some constructive and practical suggestions to bring about the change, he may be making a great contribution to the world. Probably you have heard about the power that the English Labour Leaders are gaining in the Parliament today. If their proposed plan works out in England, I think England will not have to go through such a horrible catastrophe that the Russia went through and still be revolutionizing the whole economic system. I have taken a little time to write this much in order to show you that most of the serious-minded people of America today and her youth, the coming generation, are doing lots of thinking to change the old order that the old principles may be preserved. It is the most wholesome and hopeful sign to look for the better in the future.

Our classes for the new semester begin tomorrow and I better stop this letter and write others. I am always thankful and happy to hear from any of you even though I am not very prompt in sending the individual answers. I wish to thank especially Miss Appenzeller, Miss Hulbert, Miss Church, Miss Young and Miss Morris for the letters, Christmas greetings and magazines and news that you have sent me to cheer my days now and then and to boost me up to work and think more and more every day. And I also thank the rest for their silent messages through prayers and good will. Any time when God tells you to give me advices, suggestions and reprovements, please don't hesitate to do so, for I need them. And any time when you feel I can do anything for you folks out there in any way, I will be so happy to be called on.

With the deepest gratitude for what you have done for me and what you are doing for our people,

I am yours with love and prayers,
Helen Kim

Mar. 20, 1924.

Dear Helen,

Your short letter, posted twenty-one days ago, has just come. I can sympathize with you in your busy life, and admire you for keeping up as well as you do. If I could ever have a couple of consecutive, uninterrupted hours, I could get lots done, but they never come to me, and the other things have to be done, so there is much correspondence, and writing of all sorts that is neglected. We are asking officially for a stenographer-book-keeper for Ewha, and unofficially asking all our friends to help us to find the right woman. I hope you can help us, and if you know of anyone, give her name to Mrs. Thomas. We must have clerical help if we are to do the work we should do here.

I have asked Sin Wekyung for a full report for you, and I hope she will send it so I can enclose it in this letter. I will tell you a few things about my impressions of the Y.W.C.A. work now, and I hope you will be able to get help for us. I feel that we shall never have the real thing until we get some trained workers, so that is the first and most important thing. Mr. Cynn will see you, I hope, and he can give you the details, for he knows the work very well. He leaves here in a few days, and may be addressed in care of the Y.M.C.A. Madison

Ave., New York.

The training for permanent leadership should be arranged for abroad, and I think the N. Y. training school is the best place. We have asked for the Dow Scholarship there, and the Y.W. people will be asking you about that. We do not know how much that scholarship means, whether board and tuition, or only tuition. But our plucky little group has voted to send Kim Sungsil somehow or other to the Training School, if we get the scholarship. There are probably strong demands for it from other fields, but I hope you can get it for us. We shall be praying hard for it and for you, as you represent the work here. Your letter sounds as though you were really going. You will be quite a conference-jangji by the time you get back here, won't you? You will enjoy this one, and I want you particularly to meet and talk with my very dear friends, Miss Eleanor Richardson, the Executive Sec. of Chicago, who is sure to be there. She is missionary-hearted and will be a real help to us, tho she has no personal means.

We are not absolutely sure that Sungsil will be able to do the work when she gets back, because of her lameness; but her other qualifications are all right, and we would rather send one with the right spiritual and intellectual and social qualifications and with a physical handicap, than one who was not just the one in other ways, but had a perfect physique. Sungsil is very well, never has any health trouble, and last year was able to get a government certificate for passport. She has done excellent work in the year she has been away from Ewha—one hears nothing but praise of her ability, energy and leadership, either from Koreans or foreigners. I think she will take in America and win friends after she gets there, so that all I feel we need provide for is her passage and travel, and enough to get her started. I think they will want to have some income regularly guaranteed her, and that will be hard work for all of us, but I believe that there is no other way in which the work will be started. No one can expect to do it who has had no experience in Association work. So far we have done the best we could, but one can't really say there is any real Y.W. work, of the kind that is characteristic of the Association the world round, going on in Korea, because there is no one to do it. All of us who are interested are tied up with other work to which we must give most of our time. You know Sungsil, but she has developed greatly since you were here; Kim Changchun thinks everything of her in his church, and has changed his whole opinion of Ewha since knowing her. He thought before that the girls were proud, and did not know what they knew so much and were so capable. So the biggest thing we can do now, I believe, is to get somebody trained to lead. It is a big job getting the money to send a girl to America and keep her going, but it is worthwhile when the right person goes. Our experience with you encourages us to keep on and try some others. But it really is a sad thing to know that there are opportunities lying idle for the want of properly qualified persons to take them. Besides this possible chance, there is the U. of Michigan scholarship, one in Domestic Science in Oregon, one in music in Alice Kim's place, but no one is ready to go. We are all rejoicing in a wonderful moral victory that Hamna has won over her love affairs, and hope she will be able to go next year. We were afraid we'd lost her, but her better self has prevailed, and our earnest prayers have been answered.

The next best thing to training in the U.S. is training in some Y.W. in the orient, and we are sending, at least Mrs. McLaren is furnishing the money to send Yu Kakyung to Shanghai in July for a month's training there. Miss Dingman wrote us about that. Be sure to see Miss Dingman, who is a good friend to us all and will do what she can. I feel we should all have accomplished much for the work if we could have written oftener to these new and interested friends, but it has been impossible. I enclose a letter to Miss D., which I will ask you to give to her. We are delighted that there is this opportunity for training in Shanghai, and think it will mean a great deal.

The country associations seem to have been sleeping peacefully this winter. They expect Seoul to do everything for them, and then complain because it is not good enough. There was complaint about the conference last summer, and we paid the fare of those who came up to a secretaries' training class just held at the Y.M.C.A., but they thought we should have paid the board too! They contribute nothing to the work of the national Committee, and don't want any representative to go to the country to stir them up for fear they'll have to give something. These things are terribly disappointing, but I'm telling you so that you'll know why I think it so necessary to have trained leadership. It probably will work out that there must be a sort of model association in Seoul before the country places will feel any interest. They united last summer, but it has been only a form, and they do not want to take any responsibility.

The Seoul city association has been jealous of and had trouble with the national, but that is much better now. The city has started a little work, but the national does not do much but keep itself going holding monthly prayer- and business-meetings, and getting up the summer conferences. They want to come to Ewha this year, and I think we will let them. It is too bad that the country people don't appreciate and help in all the work and financial responsibility that is involved in a conference. It takes more and better leadership than we have at present to work out these problems.

I am delighted that you are going to take the summer training course in this work, and hope you will not find it too strenuous. The question of where you will study next year is an important matter, and I hope you will find just the place and work that will be best for the work that you want to do. Miss Walter wrote that you were thinking of Boston, and that you wanted to take more Bible work. I prefer Boston to New York if you want that work, as the School of Religious Education of Boston University is very fine there. It would be so nice if you could be with Laura, and Miss Young says she wants to study in Boston next year, too. I am so happy that you are interested in the Bible work and want to specialize in it. Miss Trieschmann is coming to us this fall, and she has just taken her master's degree in Religious Education in Chicago. You could work in with her beautifully, and teach some pedagogy, or education, as we call it now, as well. I am sure that a year in Boston would be just what would fit you best for that work. There is an unlimited field for it here, as you know.

This letter has been written in my office, one sentence at a time, between callers, so I fear it is not very coherent. I am looking forward to the time when I can write more letters, and have more time in which to plan the work and do it as it should be done. It seems wrong to me to spend my time on work that a stenographer could do, when there is so much that remains undone that I know I could help with.

Let me see what I can tell you of the latest news. Esther Whang is to be matron in the kodung dormitory, and we all hope for a better regime than we've ever had here. Kim Kumbong and probably In Sara are going to Dong Moksa's school in Mukden. Chun Whanja, Kim Ella and Pak Sunai go to Wonsan, Chang Unwha to Taiku in Chu Aigyung's place for she is coming to college, and Choi Daisy, Yang Unsam and Im Chungja to Kongju. Noda Kim will stay here, and Kathryn has already gone to Yungbyen. We are glad to have some graduates to send out. They say of Aigyung that she has been the best possible advertisement for Ewha in Taiku, and that six girls are coming from there. We shall have a large upper school than ever before; Ahn Laura and two outside girls will be in the first college class, and there are a number from Chungsin and other schools coming into the preparatory. We have had about 200 applications so far. We have a fine M.A. from Michigan

U. to teach history in the college, Mr. Chung W. Cho, highly recommended by Dr. Rufus, and a science teacher from Japan for higher work as well as Ko. Every year there are more and better qualified Korean teachers, and that is one of the most encouraging things about the work. I think we ought to have the best year we've ever had. In June we're planning Ewha Home-Coming Week, and going to try to get all the old girls back. I wish you could be here. We'll have Founder's Day at that time, about June 20th. I suppose you'll be having your commencement about that time.

Sept. 19. [1924] **<From: Helen Kim>**

Dear Miss Appenzeller,

I am enclosing the answer I have from Miss Smith who was left at the training school alone to keep the office going. You will see again how anxious they all are to have and help Sungsil in their school. Then I am also enclosing a general letter written to my English-speaking friends in Ewha. Please have it circled among all the missionary teachers and other Korean girl friends of mine who read English. I intend to write another general letter in Korean to them, but I may not get it done for some time yet and I am thinking of them so much too.

Now, about my work when I go back! I do not know yet when I am going back. I am not going back before I get what I came here for. And I am just beginning to get the idea of the ultimate thing to be achieved before going back. I hope it will not take me more than three years from now, but I cannot say definitely yet.

I want to be able to present to my people the Christian philosophy of life or a system of life that I have at least thought through, in comparison to all the religious and philosophies of life in the past. And I want to help them to think through and have their own Christianity and its workable yet ideal philosophy of life. You have mentioned in your letter about the questions the young people are asking today in regard to the Bible. In order to be able to help them to do the synthetic thinking and put emphasis upon the essentials of religion and the spirit of Bible, I need to study more than Bible. And when I go back to teach religion and life, I don't think I want to teach Bible as much but as a source of inspiration and help as any other good religious books. God does not want us and Jesus did not mean for us to hang our religion and base our Christianity upon the words and the book of the Bible but upon the spirit that is behind and sometimes beyond the verbal words. Worshipping the book is just as much of an idolatry as worshipping the money or any other gods. Don't think for a moment that my respect and regard for Bible is in any measure decreased, for it is only increased. It is the source of inspiration and right spirit. Therefore when one maintains and insists upon the ignorant people that it is a book of final authority ignoring the facts of life and of the world, which is really against the spirit of the Bible, I do not think it is Christian. The truth, the beauty and the spirit of the Bible needs no defending. They will live on in the face of criticisms and sciences. So, even to be prepared for the work you have suggested, just another year is not enough. And I am positively sure that I must stay longer and study more deeply into the subject. Yes, I will teach Bible, but not in the way it was always taught and may be not in the way you expect me to teach. I am not yet clear and definite in my ideas, but I want to have it (referring to Bible study) as a part of the work in the department of religion and philosophy. I cannot fully express myself, but I know you will understand what I mean. Of course there is other side to the question which I am not going to mention here. I wish I can have an interview with you in person. Help me and direct me if I am not right in my thinking, please.

Must close now.

With much love,
Yours Helen Kim.

Ewha Haktang, Seoul, Korea.

Nov. 29, 1924.

Dear Helen,

Everybody has gone to a basket-ball game at the Y, but I'd much rather talk with you this evening, altho it looks as tho my typewriter were going to be cranky and not spell. Well, I'll write anyway, and trust you to make it out.

I've been thinking and praying a great deal about your letter of Sept. 19, which, I confess frankly, was a great disappointment to me. I had heard various rumors from time to time,—that you were going to Europe, going to stay for your Ph.D., going to study theology, and what not, but I don't usually believe things till they come straight. And now I wonder how I can say what I have to say so that you will really understand it. The whole thing in a nutshell is that, from every point of view that I can see from this end, I believe you would better come back when you have your M.A. When Alice Kim was about to graduate she had very tempting offers to stay on for another year. I urged her to return, telling her that the thirst for more and more gets worse rather than better, that one never can learn all there is to know anyway, and that we must all share what we have learned with those who are so far less blessed than we. I begged her to come back to the very definite place that only she could fill. She found it very difficult to decide, for her teachers were urging her to stay; but she came, and I don't think she has ever regretted it. She has given us two (this is the beginning of the second) years of fine service, and is leading in innumerable activities. One year more away would have put just that much time and experience between her and her people, and she felt the difficulties of readjustment even after two years. I know Miss Young has told you all this, so I need not enlarge on it.

The situation here is even more needy than when I first wrote, asking you to prepare to teach Bible. Miss Trieschmann is detained on account of her health, so the Bible classes are held in the same old way that you know, with the work divided out among the best teachers available. We certainly hope you won't teach it in the old way when you come back—don't worry about that! I hope I stand for progress, and welcome any change for the better. I don't know whether I ever taught you Bible, but I'm sure that from Miss Pye, or Miss Hulbert or me you would get much the same point of view that you have found in

America in your study. You may not have recognized it here, but the conservatives on this field are very doubtful about my fitness to be in this school because of my liberal views! No one will ever hold you back here from anything helpful or constructive. The question of what your department would be called, or how it would be organized would have to be worked out after you got into things here. We are racing along, and you'll not find the same girls as you found here before, in many ways, I mean. I do not worship the Bible as a fetish, as I know some in this country are almost in danger of doing, as you suggest, but I know of no other means of imparting spiritual truth so directly and practically as by means of Bible study. I shall always want it taught in this school, while I am here. Philosophy is the study of mature minds, and so far it has had no part in the curriculum, partly because none of us have been trained to teach it. Now we are ready to include it in the curriculum, perhaps this spring, and there are a number of men who are qualified to teach it—Dr. Lee, Ph. D. from Zurich, Mr. Ahn Tongwon of our faculty, Mr. Cho of our faculty, etc. Everyone seems to have majored in that. But <u>your</u> distinction will be that of fitting into the heart life of the rising generation, as only a woman and a Korean can do, and winning them to the joyous, liberating, lifelong service of Jesus Christ, without whom nothing in this world or the next can matter. This is the great privilege that is awaiting you, and I pray you, don't wait till it is too late to fill this place.

You will think me extreme in urging this, thinking that two years more would not make much difference. Perhaps being the first Ph. D. woman in Korea would help more than two years of service, you argue. Our people revere scholarship, and if there were others to do this work I might not be pleading with you. But there is no one else and these 400 girls from the first Ko up need you. Of course, you feel inadequately prepared, and the fact that you realize what a universe of truth there is before you unexplored, means that you have learned something. But learning and thinking are only relative, and the aim that you have of getting through is unattainable. We must each do the best with what we have, learning as we go on. If you come back and teach for five years, I promise you that I will do everything in my power to get you the opportunity to return for your doctorate. Meanwhile you will be gathering material, and your work will have real value for your people. If you stay on now you'll work on something that has come to your mind after contact with <u>others</u>, not from your own people, and, after all, they are the ones for whom you are doing all this. It is not for personal culture or growth primarily that you wish for study but so that you may serve.

I feel that if you understand the situation you will be drawn back to this hard, but inspiring place. It was your influence that persuaded Miss Trieschmann to give herself to Korea. Now the same need calls you as called her.

Of course, if you come back to teach religious education here, you will probably have to change your course and take more practical subjects the second semester. The beginning German will not be of use to you, for I don't suppose you can get graduate credit on it, and it is a hard language (I speak from 13 years of close experience with it) I can think of other things that you would get more out of, lots of them! I hope you can take some good Bible courses, and some in the theory of religious education.

Perhaps I'd better summarize before I stop: 1. The longer you stay away the more out of touch you get with this changing people. Mr. Cynn finds that things have moved fast even in a few months. 2. There is no one to do this work at Ewha. The College hopes to register in the spring, everything is pointing forward, and we must have help, of the kind that you can give. 3. You may not feel very smart with nothing but an M.A., but you'll be the first Korean woman with one, and you'll be better qualified than anyone else to do this work. 4. After a reasonable term of service, if everything is all right, we will do all we can to give you another opportunity for study. We know that you are worthy of it, and we believe that you should have your Ph.D. sometime. You will want mental and spiritual refreshment by that time. Those who really "become" out here are not barred from further opportunity, as you can know if you just think over your acquaintances, Mrs. Hahr, Mr. Cynn, Mr. Ryang, Mr. Kim, etc. You will then be more mature and be able to make your work count for more in every way, both for yourself and for your people.

There is just one more thing I must say, and that is to assure you again of our full sympathy. Your point of view at present is the natural one, after two years of being away from conditions here, and of being in a scholastic atmosphere. We trust you and know that you are sincerely trying to think out what is best. Because we differ does not mean that we don't understand, but just that we are in touch with things and see this situation and need. I know that you are openminded enough to listen to this appeal and to decide in the wisest way. We are trying to look at it from the viewpoint of the greatest good to the greatest number, and I know you are, too. I am not expressing a personal view in writing to you like this, but have the endorsement of every one of the foreign faculty, and of the Ewha Board, who are very anxious to get you back in time to be a teacher in the new

Your M.A. will qualify you for all the work we have in Korea or are likely to have for some years, in the eyes of the authorities. I shall await your answer with great interest and concern; I don't think you can even imagine the difference it will make to Ewha whether you decide to come back next summer or not.

I'm glad you were in my own home neighborhood, and saw some of my church friends. I have often been to Millersville, when I had friends going to school there. But I feel that Boston is my home too and I'm happy to have to know the dear old place, and hope you will love it, as I do. You must promise me to go out to my Wellesley. I enclose a card of introduction to Miss Hart, head of the English Dept., whom you may have seen when she was here. She is a special friend of mine, and will do all she can for you, as she is particularly interested in Oriental students. Miss Pendleton, the President, is a friend, too, and has been here, and so have Miss Kendrick, head of the Biblical Dept. Prof. Macdougall, of the music dept. is a true friend, too. I'm just love to have you see these people. This paragraph is for Laura, too, so that if you ever have a chance to go out to Wellesley, don't forget to mention me. I graduated in 1909 and my sister Ida in 1914, ages ago, you see. I hope you can go there in May or June, when it is one of the loveliest spots in this old world.

Please give the enclosed to Miss Young. I hope you'll have a happy Christmas and the best new year of all, and that it will bring you back to us! With constant love,

A.R.A.

The Year 1925

11 E. Newton St. **<From: Helen Kim>**

Boston, Mass.

Jan. 4, 1925.

My dear Miss Appenzeller:

I found yours of Nov. the 29th when we came back from our hilarious visit in New York. We had such a lovely time there that we have, at least I, forgotten that I am Helen Kim. And we were so very sorry to come away. I will trust the others to tell you all about it. And I will proceed with our business which is more urgent to talk about.

It would be interesting to see that letter of mine when I go back and see why you were so disappointed in it. I am very sorry that it did, but I didn't mean to disappoint you so. But that is in the past and we will profit more by talking and looking forward to the future than by whining about the past. At any rate I want to beg your pardon if in any way I wasn't just what I should have been.

I am coming home as quickly as I can after the school is over next June. The first thing that influenced me most to decide it was my recent letter from home. My parents who do not have many more years to live in this world are needing me terribly. And when I knew of it there is nothing in America that could make me stay. My father especially is too ambitious for me to tell me all about the home conditions. He still wants me to stay telling me that everything is all right at home. But my brother wrote me in detail against the wishes of my father. And I must go back and do all I can to help them out. The second thing that influenced my decision was the awful disapproval of so many of my real friends to the idea of staying couple more years in America. So I am coming in summer taking the earliest boat I can get.

Now about my work. I will go ahead and plan the courses for the different grades throughout the whole school. I don't know just what nature it is going to take. But I want the Bible itself take the greatest part of the plan. I will get the best man in the school on the subject to help me. And as the plan is developed I will let you know. But I would like to know how many hours will be allowed in each grade for this work. And how many grades are there in Po, in Ko, in Prep. and in College? I would also like to know whether the school can give any money to be spent on the literature of the department. As I think of it now, it seems best to let the old work continue until the end of the school year, March 1926. And meanwhile let the supposed-to-be teachers get together and study and make over, if necessary the whole plan and get it installed the next year. It seems as though we will have a better success if we do that. Another thing I need to know is the number of weeks in each term. I can guess and not be very much mistaken. But such uncertain work is unnecessary when there is the source of correct information.

If some of those men can teach Philosophy, I would advise you to include it in the curriculum, a little of it at least. One course in philosophy, if taught well, will broaden the minds of the girls as no other single course can do it.

While we were in New York we went to see Sungsil. She has developed so much since I saw her last. She has given us some very valuable and up-to-date information about the conditions out there. She is loved and well taken care of, we saw. She told me about the hundred dollars the association at home had send her. She doesn't seem to have had any clear understanding of sending that back if not needed for the travel. And if there wasn't that understanding it is not possible for her to send that back in view of the fact that the people here are going to meet all the rest of her expenses of all kinds. Miss Rice who is looking after her like a mother says that if she did send back what she has brought with her it would be difficult for her to ask other people to give. It is very hard for the association to give up that much money, we know, but it may come back in hundred-fold in some other way.

I must say goodbye now, as it is getting late and I have many more letters to write yet. Please, give my best love to the rest of your big family and thank Miss Conrow for her greetings. Please thank Miss Morris for me and tell her I am going to write her real soon. I got her present in time to go round during the christmas holidays like a peacock.

Hope this letter will fly to you so you will be relieved of the unnecessary anxiety for me.

With much love,
Always yours,
Helen Kim.

P.S. Thanks for the enclosed card. I will go out to Wellsley(?) sometime before I leave. That is one of the places I always wanted to see partly because it is your school and partly because it is a girls' school.

I would also like to know whether or not I will be expected to teach College Bible in English.

Seoul, Mar. 29, 1925.

Dear Helen,

I have to stay home from church to write to you, and this letter is much later than I had hoped. Until I get some secretarial help there will always be this trouble, I fear. Do help us find the right person. You have no idea how much there is to do here now, with the new developments. The college registration is going forward, examinations are being given now, courses arranged, etc. and we have hope of having all the official papers signed within a month. I can't tell you the details that would interest you, as I should love to do, but must content myself with the high spots this time.

Your dear letter of Jan. 5 lifted a great cloud from all our hearts. My only regret is that I wrote anything that hurt you; I certainly never meant it, and the family here read the letter and approved it before it was sent. I merely wanted you to know the reasons we felt it was better for you to come. Your family reason was an added and very strong one. I feel sure you will never regret this decision. I have your other letter and my answer, and you may read them when you come, if you wish. We shall probably often have different opinions, but I think we shall always have the same purpose and the same heart, and the rest doesn't matter.

Your idea of letting the old Bible courses continue this school year is good. We shall have to reorganize the course in college, Kg. Normal and Music, because the number of years is different. The course in the school is as follows:

Primary	6 years.........	3 hours per week,	about 40 wks
Higher Common	4 ″	3 ″	″
----------	----------	----------	----------
Liberal Arts	5 years	2 hours per wk.,	about 40 wk
Music	4 ″	″	″
Kg. Normal	2 ″	″	″

Some of the classes in college, music Kg., etc. will have to be taught together at first, but I think each should have its own Bible course to suit its own girls. You will not be expected to teach it in English, but the students will use English reference books and should be encouraged to do more and more reading in connection with this work.

I hope you will get a good bibliography, but there is not really much spare money for books. I would rather have you know just what you will want and order from here after you arrive, if we haven't the ones you need. I brought out some when I came, notably the six-vols. of Kent, The Historical Bible, which we are using. There are a good many good reference works in history in our library now, and we are adding to the shelves all the time. We have Hastings Bible Dictionary, and I wish we could have his new Bible Encyclopedia which I see advertised. But I think you will find it just as satisfactory to send for the books. We have a permanent arrangement with Miss Amy G. Lewis in our office in N.Y. and books come very quickly; she sometimes is able to get good reductions for us. We encourage the girls to buy their text books now, and a good many do. I brought out $80 worth of books with me with extra money I got. We are just receiving a new Encyclopedia Britannica as a gift of the Library Service.

All of us who love the Y.W.C.A. can hardly wait for you to get back; we are especially counting on you for the summer conference. It hasn't been fully decided yet where it will be held, but it always comes toward the end of Aug. We need your advice and experience, and I know you will be called on to give all the time you can. Mrs. McLaren is still our main stay; she is not able to go about much, for she has heart trouble, but we go to her and always find her an inspiration.

We should certainly not have let Sungsil know about our money difficulties if we could have helped it, and I didn't mean for her really to ask for the $100 to be returned. They received $30 from the Steamship Co. which really does belong to us, so we owe $70 now, which we will surely return sometime. I have written Miss Rice, or Miss Adams, rather, and I think they'll understand it all now. I received the $100 from them this week. We were about Y400 in debt on this because of the terrible loss by exchange; we couldn't collect anything more here for that, for our people had given to the limit, so I was assuming the debt personally and have written to some rich friends who are interested in the Y.W. If any money comes we can return it. It did seem too bad to have it mentioned when they are doing so much, but I tho't Sungsil would be receiving some money personally and could apply some of that. She evidently worried over it and so they sent it; I will do my best to pay them back, but we just simply haven't any money now. You will see how it is when you come; it is very hard even to carry our budget, and we aren't able to employ anyone to act as secretary, as we should. But we shall look up when you come to help us! There is another reason why you just had to come back! We can think of new ones every day.

Misses Walter and Van Fleet have come, bringing all sorts of good news from you girls. We are sorry to lend Miss W. to Pyengyang even for a year, but hope it will work out for the best somehow. It is time to divide the college now, and by next year we must surely have her back. Van is as dear as ever, and is putting new life into us. When the rest of you get back we old work horses will feel like sitting back and letting you pull a while! Misses Church and Hulbert are in great need of relief, Miss Conrow has too heavy a load and is showing it, and Miss Brownlee isn't well. I'm tough as ever, but am planning to go to China for a real rest this summer so as not to give way to the little signs I have felt that I had better go slower. It is impossible to do less while one is here.

I must write Miss Young now, so I'll close, with no end of love to you and Laura. We are so proud of you both, and so eager for you to come back into this happy, busy place. We certainly do need you.

I must say before I close that we tried to get the Reference Committee to ask for more money for your salaries, but they wouldn't do it because it makes too great a discrepancy between those who have been to U.S. and those who were educated here. So the appropriation is $600 a year, and your salaries will be Y100 a month. Your living will not come up to ¥20.00 so you have more left in proportion than the missionaries. Of course, there are several sides to this, and money matters are hateful, anyway, but I hope you will feel that this is the best we can do now. Doubtless more will be given later. We gave Alice Kim Y10 a month more than was appropriated because we raised every teacher on the place that much a year ago. The pay roll scares [REST OF LETTER MISSING]

⚜⚜⚜

Ewha Haktang
SEOUL, KOREA.
May 2, 1925.

Dear Sister Georgia,

You encourage one to be very friendly, you know! Perhaps you don't think I have been, with two Christmas presents unacknowledged! But it is my real friends who have to wait the longest while I write the local and strictly business ones, and the people I'm afraid of. I so often think of dear Miss Frey's joke about having a trap-door put in the attic and pulling the ladder up after her. I have letters like yours around on my desk for months but no chance to write them; today I've run away to another house for a rest, so a few of my friends are hearing from me. I remember your injunction, "When you rest, do nothing". It is an excellent one, I think, if it were possible to follow it, but until I get a little more worn out while I rest I read or write letters. It is the greatest joy to know that one's conscience is a wee bit lighter.

We have appreciated your letters and the chocolate money so much. Miss Marker brought it over to me; I gave Mansu his share and he was so pleased and bought his high school daughter a pair of shoes. Alas! they were stolen the next day—you know, the girls have to take them off in the house and leave them in racks for that purpose outside the door. He is the same old dear as ever, and he and I are making the pageant with which we shall celebrate Ewha's fortieth anniversary on May 29 and 30. It will be written up so you'll hear about it. It will give episodes from every period of the school's history, and Miss Frey's name will have the place of honor. Mrs. Thomas and the Welches are supposed to be here, Mrs. T. already being in North Korea now. To return to Mansu: dear little Lucy nearly died trying to have what he swears will be her last baby in January. She hadn't the strength for the ordeal and was terribly sick at the hospital for weeks afterwards. However, she was spared to her lovely large family of boys and girls who are all so devoted to her, and was able to come out on commencement day and see three of them graduate—Margaret from college, Charlotte from "Kodung" (higher common) and Jeannette from primary (six years). Margaret has now returned for the music course, which she can finish in two years. She is a beautiful girl, much sought after by suitors whom her father has a hard time warding off till the right time. Samuel is in his last year at Paichai, and is crazy about athletics. Mansu said he was going to write to you, and I'll ask him for her letter before sending this, perhaps, tho I don't know that I'll wait any longer.

I'll see that you get the extra postals. I'm so glad you like them. They really do give a good idea of the place. Miss Hillman has been sick for months with heart trouble, and is now at the Gray House just across the street, where she enjoys watching the panorama of Ewha from her window. We are looking forward with such eagerness to the return of Helen Kim and Laura and Mary Young, and really can hardly hang on till they get here. We are especially short of music workers now that we have a regular department in connection with the new registered college. We are expecting our registration papers to be signed any day. We have about 730 pupils above kindergarten, and nearly 100 there.

I am staying over Sunday with Blanche Bair, and when I mention that I was writing to you she asked especially to be remembered. She is appointed to Seoul now at this Social Evangelistic Center, a very fine property in the middle of the city, with a lovely, new house on it. She has charge of the school for married and older women, and there is all sorts of social service work here besides.

We had the usual candy pull on Miss Frey's birthday, inviting the college girls, most of whom still remember her, and the girl teachers. We gave the girls a special feast at their new year with the money you sent, and they appreciated it very much. You have been getting the general letters, which keep you informed of the chief events in the school. It is a busy, happy and pretty big place now.

You asked about the health conditions, what made so much T.B. I think it was undoubtedly not being able to keep warm enough in the old days. Poor old Piety took an awful cold that last winter she was here, teaching in cold classrooms, as we used to have to do, and couldn't shake it off. Now we do keep at a far more even temperature, and the health of both students and teachers show it pays. We have a resident woman physician now, besides dear old Hannah, the nurse, whose two sons are in America, you know.

I certainly did think I'd write you in California. I appreciated your sending me that precious seed, and I gave it to Miss Marker, as she's a famous gardener, but never heard whether it grew or not. She leaves for furlo this month, and we're glad to have her go, she is so tired.

If you see Margaret Noyes Skinner again, please give her my love and tell her about me. I wish her husband would look me up the next time he comes to Seoul, and bring his parties around to Ewha. There is nothing they could see in Seoul that would be more interesting.

I am writing on the Corona that was Miss Frey's. I use it constantly in the office, and have got so used to it that I don't use my own Underwood. Just now this one is in need of overhauling, and I don't know what to do about the irregularity of the keys. But I do like being able to carry it about. I'm planning to go to Chefoo with Miss Church this summer, and shall take it along for school letters.

Alice Kim is to be married June first to a fine Korean she met in America who followed her back here and is now the X Ray man at Severance.

Now I just must stop. Remember me to Mr. LeSourd and all the family, who must have grown out of recognition by this time. I hope you'll have a good summer and all keep well. With much love and frequent thoughts,

Affectionately yours,
Alice R. Appenzeller.

How did you like Miss Frey's Things? Do they fit into your house well? Miss Marker is taking the brass.

Ewha Haktang
SEOUL, KOREA.
June 24, 1925.

Dear Mrs. Gray,

Through all these months since your college land was really purchased I have waited for time to write something like an adequate statement of it to send you and to preserve in the archives of the new college. My days are brim full of the thing that seems absolutely imperative each moment. With no secretarial help I have found it very hard to attend to correspondence.

The enclosed is an account of how the lovely valley came into the possession of the "Woman's Christian College." Isn't it a romantic story? I have saved some accounts of this purchase that appeared in the local papers, but did not want to send them to you without a letter. As you requested, your name has never been mentioned in connection with this purchase. I put your names into this statement which is not for publication, but just by way of record. Whenever you will consent to let your names be used we shall be very happy to let others know who the friends are who have made this beginning of a union college for women possible.

The enclosed financial statement will show you what we have been doing. We secured a splendid keeper for the grounds, a member of the little church where you waited that cold afternoon, you remember. By the way, they are planning to build a new church there to accommodate the more than 800 members, college boys and farming people, who belong but can never worship together in that little building. This man gets Y15.00 per month and the use of the farm land, but finds it hard to manage and educate his five children on that amount. One of his girls is in Ewha. He has taken splendid care of the property which is hard work in a land where the poor people go out every day to gather what fuel they can and are tempted to steal the trees in a fine grove like ours. All during the cold months he stayed up at night in a little thatched dug-out that he built himself in the woods so that he could hear any cutting. No one told him to do this, but he feels his responsibility and acts accordingly. The President of Chosen Christian College, whose daily walk to the city takes him thru our land, says the property is far better taken care of than it was before. We have built the keeper a little thatched house and he has dug two wells. He seems as interested in the place as if it were his own, for his religion has given him the sense of stewardship in helping in the way he can in the work of the Kingdom.

The property has been surveyed and staked off with substantial stone markers. We are now negotiating to secure an irregular piece of land owned by the Railway Company, and jutting into our property at the south. This will probably cost about Y3,000.00. This and other expenses so far have been met from the balance of the money you sent.

When you were here I remember your saying that you would expect to keep up the taxes, etc. $200.00 per year will cover that item and the keeper's salary and incidental expenses. We shall be glad to receive it at any time and in any way most convenient to you.

Ewha has had a most interesting year and more since you saw us. We have organized the College according to Government Regulations and have received recognition of our work from the educational authorities. When we celebrated our Fortieth Anniversary on May 30th, with Bishop and Mrs. Welch present, we were glad to announce ourselves a "Semmon Gakko." Our English name is Ewha College. This puts us in the same rank as the Tokyo Woman's College. Our work is not greatly changed, but our diploma will mean much more. Baron, now Viscount Saito and the Viscountess have been most friendly from the first, in fact urging us to register. We have a Literary Department of 55 students and a Music Department of 15 girls from every church body in Korea. The fact that we have the Woman's College land and are planning to move the college out there some day made it possible for us to register Ewha College. The present site is inadequate for a college, but our plan of registering on this site and then growing into the other has been heartily approved.

Bishop and Mrs. Welch were away from us more than a year and are now back. We feel as tho father and mother had come home. Mrs. R. L. Thomas, Secretary for Korea of the Woman's Foreign Missionary Society of the Methodist Episcopal Church, was the guest of honor at our 40th Anniversary. We got as many of the old students back as possible, and had a historical pageant of Ewha. I enclose a program. I can personally remember most of this development and my heart is full as I think of what God has wrought. Things are moving so fast here and with so few of us to do the work sometimes it seems discouraging. The ghosts of things left undone haunt me day and night sometimes, such things as writing this letter. But the joy of it all is to know that even with our inadequacy God does use us and things do happen.

I think of you so often and of your daughters. It was good to have word of you thru Mrs. Avison, who said that she had met you—and to receive such a good letter from Mrs. Cameron a short time ago. Hoping you are well, and that I may have a letter from you sometime, and with kindest regards to you all,

Faithfully yours,

Alice R. Appenzeller.

The Year 1926

Ewha Haktang, Seoul, Korea.
July 26, 1926.

Dear Friends,

Vacation time again, and the opportunity to write to you. It came to me late this year, for, when we planned to close school on July 16, which is the usual time, the authorities sent word that that was too early, and we must run till the 21st. We begin again Sept. 2nd so there isn't a great deal of time for personal letters and play. I'm just now at Wonsan Beach, one of the two beautiful places nature has provided us for vacations, visiting my brother and his lovely family. Though we live very near to each other all the year, I see so little of them that it is a treat for me to be with the children, and all three of them are as dear as children can be. I had hoped to occupy my own little cottage at Sorai this summer, but the work went on more slowly than we expected, so I can't go there except for ten days in August, when I expect to go up to see the finishing touches put into things—particularly shelves, closets; etc. Some of you have been sending me gifts of money from time to time, and they've all gone together to help build a little house on the lot that was given me for my father's sake the first summer I came to Korea. Last year I really felt ashamed to hold the lot all these years and not build on it, but without the presents that I have received it would not have been possible. My partner is Miss Rosenberger, a trained nurse in our mission, so we are calling our little place "Appenrose". She is on furlo now, so I'll have it to myself for two summers, and then I'll be away for two. I do hope to have a good vacation in it next year, and shall always feel that it is because of my friends that I have this privilege.

The year has been one of steady progress in all of our six departments. The development of the college is the most interesting, perhaps. The Southern Methodists have just joined in our work, so it will really be a union college to that extent from now on. This spring we had applications from 18 different high schools, 10 of whom were not mission schools. This shows that our college has made its place already, even though it has been registered for only a year. We have 110 girls in the two departments, arts and music, and the constant problem now is where to put them all, and how to get teachers enough. We have added a large playroom to our kindergarten building, so that all the normal training work can be done there. Our two American-trained "returned students", Helen Kim and Laura Ye, who came back last September, are the mainstay of the whole place, a perfect joy in every way. The only trouble is to keep them from undertaking too much work and killing themselves. This summer we sent another of our teachers to America for study; she holds the Clotilda Lyon McDowell Fellowship and will study at Horner Institute, Kansas City.

The outstanding event of my year was a wonderful trip to Japan last spring. The educational department of the government-general invited all principals of mission schools of high school grade and above to go on an educational and sight-seeing tour of Japan, being gone from April 19 to May 13. They paid our transportation and we were entertained for many of our meals, so you see it was a most generous offer. The best part of it was that the leader, Mr. Oda, was a man we all knew and thought a great deal of, a fine Methodist young man who was educated in our schools in Nafasake as a boy, and then took degrees at two American universities. He is one of the truest gentlemen I have ever known, and did everything possible for our comfort and pleasure. There were 27 of us, men and women, and what we did not see of Japan in that time I'm sure was not worth seeing. We visited dozens of schools, of course, but besides that we went to hospitals, welfare institutions, factories, and saw all the beautiful things that one can see nowhere else in the world—wonderful gardens, ancient temples, and flowers everywhere, for the cherries were still in bloom. We had an entrée to things that most people don't see, and everywhere we were met by educational and municipal authorities, and treated like royalty. We knew enough not to take this personally, of course, for they wanted us to see and appreciate the best in their country, which we were delighted to do, and to realize the progress that they have made in education. We were impressed with the modern school buildings that we found everywhere, and with the earnest and enlightened way in which they are attacking their educational problems. They want us to realize that just any old thing won't do, and that if we expect to have schools in their empire we must fall in with their educational plans and not lag behind. I think we all felt that no longer could poor, ill-equipped schools, with low educational standards and poor teachers be maintained. Such work has always been a disgrace to the name of our Lord, and yet too often mission schools have been no better than that, because so little support was provided.

I'll try in a few words to sketch our trip for you. We had special cars for every long journey, and travelled very comfortably. The first stop was Miyajima, an Island in the beautiful In-land Sea. Here we stayed in a Japanese inn, sleeping on the floor. It is a fairy like place, and was lovely in the moonlight. At Hiroshima we were entertained by missionary friends of the Southern Methodist Church, and saw other schools besides their famous one for girls. The Asano gardens there are among the finest in Japan. At Kobe we saw Kobe College for girls, and Kwansei College for boys, besides several government schools. At Osaka, Kyoto and Nagoya we were entertained at luncheon by the mayors, grand style, with French cooking and beautiful decorations. Osaka is a great industrial and commercial city, just like a hustling city in America. We stayed at a hotel that might have been anywhere, and went thru two big newspaper offices that were no different from the N.Y. Times, that I could see. I was fortunate enough to have a college friend in Kyoto, so I stayed with her and commuted to Osaka while the party was there. Kyoto is the ancient capital and the cultural center of Japan; we were most interested in Doshisha University and its venerable president, Dr. Ebina, who has been in active Christian work for forty years, and is one of the finest leaders in Japan. At Nara we were given a special treat. It is an old city of wonderful temples and art treasures, and about 700 tame deer are kept in the park, where they roam about and bow their heads for you to give them something to eat. They had the keeper call them together especially for us to see—and it was pretty sight to see the creatures come bounding in, hundreds of them, in answer to the bugle. There is a fine girls' normal school there, and most wonderful temples, one of them containing the largest statue of Buddha in Japan. The one at Kamakura, where we had a delightful Sunday, is more impressive, however. Yokohama got nearest to our hearts, for even after three years it is a city of desolation. But the brave way in which they are rebuilding, the splendid schools that are going up and the spirit of the people in spite of every handicap called forth our deepest admiration. One of the functions that we enjoyed most was a beautiful luncheon given us there by the mayor, who had formerly been an official in Seoul. He invited missionaries, educators and Christian workers to the number of about seventy and gave us a splendid time. His speech was characteristic of the spirit of the new Yokohama, and he is having a great part in the reconstruction. He sent official cars to take us around to see the city. One of the most interesting things we saw was an earthquake museum which showed many of the relics left from that fateful Sept. first, 1923.

Tokyo was one grand whirl of schools and institutions, including research laboratories. We had two fine luncheons at the superb Imperial Hotel, one by the Japan-America Society, when we were entertained with the Board of Trade of Los Angeles, who happened to be visiting at the same time, and one by the Pan-Pacific Union. Prince Tokugawa was host at the first one. It was the mausoleum of his famous family, who used to be "shoguns" in old Japan, which makes Nikko the most gorgeous place in Japan. It is a beautiful mountain place, where hundreds of cryptomeria trees grow. The avenue leading up to the temples is twenty miles long, with high trees all the way. The temples are of red lacquer, richly decorated with chased brass and gold, a wonderful sight as they shine thru the grand old trees. The red pagoda is perhaps the loveliest thing there. I thought of Solomon's temple and the ritual of the Hebrew temple all the time we were there.

From Nikko we climbed three hours up the steep mountain to a lovely lake, and snowballed each other there on May 6th. We stay there overnight and walked down the next day in the rain.

On Sunday in Tokyo we went to Korean church, where 300 students gathered. They had luncheon for us afterward; I saw several of our former students there. Every Sunday was left free, and each one was a welcome break in our busy schedule. We returned by train thru what is known as the Japanese Alps, among the finest scenery in Japan, a long 13 hour ride, with 10 tunnels, but well worth it. The last stop was Nagoya, where we saw a feudal castle 300 years old, with great wall and dungeons, just like the castles in Europe. After that I took an extra two days to visit Nagasaki, where our society is building a fine new school. When I got back I found that everything had gone well, my divided up work had been provided for, and that the trip had done me a heap of good.

There was a barely a month until our annual Conference began, and then just a little more time until the upper departments of school had closed. We did not have the usual May Day this year because the country was in mourning over the death of the last king to occupy the throne of Korea. The funeral, held in the old Korean way, was a gorgeous affair which, with the rehearsals for it and general excitement, took many days. My brother and I were invited to the ceremony, where we had a fine view of the brothers of the dead king, the emissary from the Emperor of Japan, and the Belgian ambassador, who represented the Diplomatic Corps from Tokyo. I never saw so much gold lace and such gorgeous decorations in all my life.

Alice R. Appenzeller.

The Year 1927

Ewha College, Seoul, Korea.
Nov. 23, 1927.

Dear Friends,

Christmas time again, and many of you haven't heard from me all the year. I never forget you, but my sister says I ought not to try to keep up a circulation of 200,000, like a New York daily. Well I just can't drop any of you, so you know that you'll hear from me sometime, even tho it may be after many years.

My year divides itself into four parts: the first three months are full of problems and perplexities, firing and firing, closing one school year and opening another, finding jobs for the graduates and making schedules. Every year I think I'd like to take a trip to the South Seas just at that time. But if we live thru it April comes, with the new school year everything is fresh and lovely outdoors, and the school atmosphere as different as day is from night. My brother and I always dread the "Ides of March"; he got thru this year without a strike and we had a lovely commencement, in spite of all sorts of red tape difficulties that proceeded it. For the first time in the history of Korea a class of 11 girls was graduated from an approved college, 8 in the literary and 3 in the music depts.

April, May and June are heavenly in Korea, and everyone works with a will. I had the pleasure of being on a survey committee that visited the schools of our WFMS all thru the north. I loved being out in the country and seeing those teeming little hives where so many of our girls work—so much to be done, such good human material; so little to do with, so many things to discourage. It is good to see how much they do mean to their generation. July and August are the hot, rainy months, and this year it was my turn to have a real vacation, and I took it under my own little roof at Sorai-by-the-Sea. My pal and I, both being of Swiss extraction, call our little place "Chalet Appenrose", and we love it all the more because the gifts from so many friends have made it possible. I've been to Sorai nine different summers, and now at last to have a little place on the land that was given me in

1915 in my father's honor is indeed a joy.

The autumn is just like spring, full of lovely sunny hours and the rush of busy days. We could not have carried on our schedule this year if we had not had help from three China missionaries, who, when they had to give up their own work, turned in and helped us all they could. Two of them are here now, Blanche Loucks of Wuhu and Minnie Raab, of Nanchang.

The tribe of Appenzeller is increasing, so that I have four nieces and three nephews here. The latest addition is Mary's baby, David Appenzeller Lacy, born on Nov. 18. Am I not a rich auntie? We are all right here except Ida, who with her husband and two little sons lives in Dayton, Ohio. It is rather nice to have someone to visit when one goes home. I was supposed to be going next spring, and Ida urged me to visit her in Washington, but I asked to have my term extended one year, and almost at the same time Capt. Crom was transferred to Dayton, so that was that. Henry and I, both having charge of schools, have a great deal in common, besides our family relationship, and go to school functions, etc. together. Altho I am sorry not to be seeing my friends for another year, 1929 is going to be great year for me, so I warn you to prepare to celebrate.

Ever faithfully,

Alice R. Appenzeller.

The Year 1929

Room 710, 150 Fifth Ave.
New York City
Dayton, O[hio]. Nov. 1. '29.

Dear Friends,

You're all eager to hear the news from the great Sixtieth Anniversary at Columbus, so I'll scratch off some notes on the train & try to get them copied. It was a great meeting in every way. One was impressed first of all by the immense crowds, so big that unless you went hours before or sat thru the lunch hours, as many did, you couldn't possibly get a seat, & often not even standing room. The crowds came from the very first day of the public meetings, so that the King Ave. Church was packed all the time. I couldn't get in to hear Bishop McConnell Sun. a.m. though I went 40 min. early, so I left my standing room for someone else. Never leaving heard the Bishop. I was disappointed, but I knew there were two other big services to come that day, so went home.

The commission service was the best of all the services to me, not so spectacular, but very full of the best spirit of the missionary enterprise. Bishop Welch was more helpful and dear than ever, looking very tired, but speaking with his old fervor and power. Eleanor & Mrs. W. were just there for the day. I had breakfast at the hotel with Eleanor & Betty Lee—no other time! E. is going back to Tokyo soon, having put on 20 lbs. They say she looked ghastly when she came. I wish she'd stay here—Mrs. W. is so lonely without her!

There was a great deal of criticism of the management of the Anniversary when it was found that there were at least 2000 more people wanting to come to the meetings at each session than could be accommodated. It was a mistake to have the booths at the rear of the room & around the sides, for they had to be kept dark thru and yet people were buzzing all the time, and there was so much confusion that the people in the back seats couldn't hear. The police helped lots, but many women who had come long distances were disappointed. Of course it was wonderful publicity, but hard on those who wanted to hear & see. The programs were all good & carried out on time. The last day was the best. We got up at 4 a.m. & were at the church before 5 for the communion service. They let us go out after receiving communion, & 4000 people were served in 3 hours! The gifts from the countries were magnificent & made it the most beautiful service of its kind I've ever seen. I had one of the 10 min. "Country Portraits" was scared & bothered by the amplifier, but got thru & was told that I was heard. Ex. Daily will tell you of special things.

Korea got good publicity. A. Hunter did very well with the booth, which all helped at. The little gifts were very cunning, too. A woman who helped unpack them said they came in better shape than the things from any country. The brass plates were nice & the "niceuse gifts" were received in a big K. brass bowl. I didn't hear what was being done with the things. There were so many K. missionaries there, & all appeared, first or last. Miss Miller spoke for the K. Missionary Society. Unsook Saw did well, especially in her speech the last day, but Induk Pak Kim made the hit of the whole meeting. She has not only her old charm, ease, sensing of a situation, but has added a tremendous amount of American pep which makes her talks "so over big." Everyone was wild about her & they did keep her everlastingly talking! She looked very tired, poor child. It was a joy to me to be with her, & I'm looking forward to Christmas with her and Maria Pak at Mrs. Brockman's apt. in N.Y. I took both girls with me to speak to a Y.W. group at Ohio State U. & of course they made a hit. Then Induk was invited to two luncheons given for me by college friends, & everywhere she charmed the people. Her experiences have strengthened her and she talks with conviction.

Nov. 4. Dayton. No other way than to scratch on in pencil, as I'm out of ink.

You'll have to wait for the Of[ficial]. Letter to get word about appropriations. The only 소리 I heard was "nothing for new work." I did my best for Home Ec., speaking in the Trs. Dept. & making it our first advance need for College. It takes time for them to get a new idea, & to most of them, this was brand new. If publicity enuf is given to the Secs, we may get it next year. I spoke specially to Miss Watson, who laughed & said, "Harriett wants $5000!" "And she needs it too!" rejoined Miss Miller who was with me. Miss M. was as dear as ever. She says 분옥 will be there this summer: doesn't advise her taking W.G. unless required by gov't, as she thinks she won't get enuf more out of it to make it worthwhile. We'll have get her back somehow, I suppose. It's an awful pall for that dept. but it's so worthwhile & appealing. I got $100 as a special gift to keep tide over, just from mentioning it. Of course, you all see how I can't go off on this or that side issue & miss out on my big object, so I'm trying to keep the big college project first in my tho'ts & everybody's. Keep up the pleading & sobbing on H. Ec., everybody keep writing your Secs. about it, & perhaps by next fall they'll be ready, to do something. Meanwhile I'll slip you what I can, but I have too many irons in the fire so don't depend on me. Helen, Myrta & Moneta will be here to share the load next fall. It's not a light one alone, tho I do not feel alone in this work at all. I feel the strength of your prayers & faith and have never had a keener sense of divine approval in anything I've undertaken.

I had lunch & a good talk w[ith] Mrs. Lavell of the Canadian Bd., so I'll not go to Toronto unless it's necessary later. They're all tied up till 1931, but she was interested. I gave her the statistics, & she's worth keeping at. I've heard nothing since last spring, have hoped for word of some new action at their activity in summer when Brownie addressed them, but none has come. This is the same business of the necessity of advertising & keeping at them. A delegate from the S. Presby. Bd. Mrs. H. P. Cooper, Lebanon Ky. who knows the Harrisons was there, too, so I gave her the material, too. The Can[adian]. Ch[urch]. collect their money a year ahead of expenditure, not behind, as we do, so objects have to be approved then money for them collected, then disbursed. I do hope our Can. friends in K. will keep up the battery, as they did for the 함흥 school. Mrs. Lavell seemed so pleased that they'd done that at last. It was Florence Hooper who put me onto Mrs. L. She said the C.'s were very good help when they did get under a thing.

I feel very 친하오 with all the Secs. now: they certainly were cordial, & all seem to love Ewha & the K. work specially.

I'm leaving in a day or so for Nashville to do what I can with Miss Case for H. Ec. & the college bldgs. (important). H. Morris—please find out <u>exactly</u> how many Can. mis[ssionry]. girls are in college now; The document sheet I have has only 87 or so in college & only <u>one</u> Can. girl, so my argument that we were educating their girls who appealed to Mrs. L. was weakened by figures.

Alice Appenzeller

The Year 1932

Ewha College
Seoul, Korea
September 14, 1932

Dear Secretaries:

As you meet about the council table of the Foreign Department, I wish to send you the latest news of Ewha College.

BUILDING PROGRAM This is the outstanding event and answer to the prayers of many years. Captain Swinehart is here and at work investigating water supply, problems of roads and layout, and awaiting the cable which we expect from the Ewha Committee in U.S.A., giving permission to go ahead with our plans.

Vories and Co., now building Kwassui College and Kobe College of the American Board, the best architect we know of in this part of the world, has been preparing our plans, which we hope will be satisfactory.

Building materials are still so low in price that we can get twice as much for our money as would have been possible two years ago. We shall have twice as much money as we expected if exchange does not go higher before the money gets to the field. At present estimates we can build three large buildings of the best modern fire-proof construction for $169,410. Counting exchange at 23, this equals ¥736,568.80.

I know that this amount is not immediately at hand, but the Woman's Council of the M.E. Church, South, has designated their special Week of Prayer offering in November for Ewha College. They are hoping to raise enough for a building in memory of Miss Esther Case. In good years these collections have amounted to as much as $80,000, but last year it fell to $20,000, I am told. The inspiration of Miss Case's interest in this work and her efforts for it almost to the day of her death will mean much. Her last letter to me said, "Pray that the offering may be large."

We are encouraged also to know that the Young People's Thank Offering next year may be given to our building fund. Now is the time for money to be changed into building materials and not left in the uncertain safety of banks or securities.. We shall need the full $200,000 asked for on this restricted building program even for the bare necessities of moving out on this campus.

These building estimates do not provide for full equipment. We may have to take our furniture from here, but would rather plan for new. There is no estimate yet for living accommodations, either for missionaries or Korean women teachers. We need a residence for each. Mrs. Emerson, of Madisonville, Ohio, has designated $10,000 in her will for a missionary residence, as you may remember.

CUTS Our first cut has come from the Woman's Missionary Society of the United Church of Canada. While they have cut all their other work 25%, they have cut cooperating work 10%, beginning January 1st. Their support has gone to the new Home Economics Department, which is in the critical stage of seeking government recognition. It will be impossible to withdraw anything from their budget, which needs to be increased, so the cut will have to fall on the school as a whole.

The talk of a possible 10% cut from our Society has been considered and all the work carefully gone over. Many workers sacrificially offered to take cuts in their appropriations if it should be absolutely necessary. When you see the poor little day schools of Seoul which have offered, and know also of country work which is so difficult and needy, it is very touching. Most of all we at Ewha College have been deeply moved by the loyalty of our fellow workers who have decided that even though other work should be cut, the College must not suffer. They realize the necessity for an enlarged budget as soon as we occupy new buildings, and loyally expressed their appreciation of our work, which serves the whole country.

Mrs. Chaffin said that when they moved into the new Bible School some years ago there was not money for proper heating and her feet were frozen. She said she did not want this to happen to us. We can know that our College is worthwhile when our fellow workers feel that way about it.

But knowing you and the spirit behind you, and encouraged by the favorable exchange and apparent improvement in business conditions, we do not in our hearts believe that the cut will come. We are sure it will not if you can help it.

With best wishes for a fine meeting this year, I am

Faithfully yours,
Alice R. Appenzeller

ARA:SR

Ewha College
Seoul, Korea
October 14, 1932

Dear Friends,

There are a number of you I think who will be interested in the same news, so I will write a general letter.

The summer vacation scattered our family far and wide—some went to Chiri San, some to Japan, Wonsan, Sorai, and the Diamont Mts. How fortunate we are in our lovely vacation places. Everyone had the best time ever. I had a particularly generous vacation, although not a great deal of rest. One month in Sorai with Rosie was very delightful. Miss Barlow was with us for the last week. I was getting off the chore of being chairman of the social committee, but managed it with the least possible exertion. There was so much school correspondence and work that my personal letter pile did not get its usual attention.

The middle of August I went to Japan and spent several delightful days at Nogiri with Catherine Fanning while waiting for Capt. Swinehart to arrive. I met him in Karuizawa at Dr. Vories' office and we worked on plans, which have been submitted to the Foreign Department of the W.F.M.S., now in session at Tulsa, Oklahoma. We are eagerly awaiting a cable from them giving us permission to go ahead with the work, let contracts etc.

The Main Building will house Literary and Home Economics Departments,

Administration, library, a students' lunch room, gymnasium etc. This will eventually be the Home Economics and Administration building and will be placed almost due West of the grave site on the flat part among the trees. We plan the Music Building for the hillside almost due South of Main Hall, with practice rooms facing out on the valley toward C.C.C. Besides 40 practice rooms and many class and chorus rooms, there will be the chapel auditorium for 500. The Dormitory will be on the Western hill just above where the May Day pageant was given in 1930. It will accommodate about 170, and has a faculty entertainment suite with kitchen, dining room etc. On the hill behind the dormitory is space for residences whenever we can get them. We are hoping there will be money enough to put up a house for us and one for the Korean women teachers by the time we move out there.

The wonderful thing about the work now is, first, that we got Capt. Swinehart's services; and second, that exchange is so favorable and prices so low that we can put up these buildings for as little as $200,000. We haven't the money actually in hand yet, but the Southern Methodist women are giving us their special offering this fall, which we hope will be enough to put up the dormitory. Moreover, the W.F.M.S. is behind this project and have assured us that they will see it through, which means everything. Meanwhile, Capt. Swinehart is putting all his time on preliminary work—removing numerous graves from the site, staking out the ground, planning roads, etc. He and Mrs. Swinehart live at the Center but he had the front office in Gray House and is busy there with several assistants.

It is nice to have some furloughers coming back, even though we still long for others who are not returning yet. Myrta Stover and Ethel Butts came in the other day looking very well. Grace Wood has returned after a summer at home. Mary Young and Van come in November. Moneta Troxel returned last spring, and Miss Dameron went home via Siberia. She went with the Hirsts and Miss Dillingham and all had a good trip over, but the Hirsts were held up in Manchuli for eleven days on their way back to Korea because of floods and washouts. The conditions in Manchuria have been terrible. Mrs. Deming writes of awful suffering through works of nature and works of man. They are doing heroic work there. It makes one almost ashamed of the comfort and security which we have. Things are just as usual with us. The other day the schools were all ordered out to a service to "cheisa-hao" to the spirits of those who had died in Manchuria. The Christian schools all refused to go, and in Pyengyang there has been some pressure. We know that we are following a consistent policy and it is no use for anyone to try to force us into ancestor or spirit worship. Dr.

McLaren thinks that is a fundamental principle and that we should take a far stronger stand in this religious matter than we have. He thinks that we have compromised whenever we have joined in anything that seems like worship of the creature rather than the creator.

You can imagine the lovely autumn weather we are having—the beauty of leaves beginning to turn, and bright blue and gold days. We escape when we can for mountain walks or boat picnics, and are glad the girls are learning to enjoy these outdoors things too. Everyone who can is taking a trip to the Diamond Mts. They say they are more beautiful than ever.

Our latest project in the College is an English Practice House, where two English teachers and six or seven of the senior girls live together. They have rented half of the old DeCamp house and are having lots of fun fixing it up with the aid of store box dressing tables, book cases etc.

Cathie Blair and Bruce Hunt were married in Pyeng on Sept. 27, and spent their honeymoon on Chiri. Dr. Levie and Ruth Miller were married last week and they also went to Chiri for their honeymoon.

Federal Council was very interesting this year. Dean Woodsworth of Kwansei Gakuin was fraternal delegate and Will Shaw preached the communion sermon. A united evangelistic effort is to be made this year, which Dr. Will Blair is heading up.

The Appenzellers are well and the children long-legged. You would hardly know them. Margaret is just her mother's height and asking for her shoes and clothes.

Eleanor Found and Donaldson Koons have both had light cases of scarlet fever. There is also typhoid around—several cases in our dormitory.

Dr. Cutler has returned to Pyengyang after spending some time with us while she had dental work done. While she was here she made her first trip to the Diamond Mts.—went for a week-end with Miss Hulbert and Miss Baker. She certainly is active.

Marion Conrow, who is attending a meeting for English teachers in Tokyo, met the Welches when they landed in Yokohama on Oct. 10. They spent the day in Tokyo and had a big reception at the W.F.M.S. House for them in the afternoon. Premier and Mrs. Saito and all the Japan church leaders were there. The Welches returned to Yokohama to sail that evening.

A.R.A.

The Year 1935

Ewha College, Seoul, Korea
June 29, 1935

Dear Friends:–

A month since the Dedication and I haven't been able to write to any of you. It was the sort of occasion that made one long for time to appreciate it, to dwell on its significance and to enjoy the many beautiful messages that poured in. I should have liked a week right after it to write friends about it and all that the new college means to us. But leisure, always welcome, hardly ever comes when we think we need it most, and there has been none this month. Everything that had been put off till after Dedication had to be done. The next day we had Board of Managers meeting, and on Monday government inspectors chose to visit us! There were Mission and church board meetings arranged especially because Bishop and Mrs. Welch were here. This is their last official visit and of course we wanted to be with them as much as possible. They were so generous and absolutely helpful and delightful. We are petitioning General Conference to send them back in any capacity they can. It is too bad to let them stay away as long as they are able to come, for they mean so much to us.

Our new brother-to-be, Tom Hobbs, usually comes at the busiest times—or perhaps his presence seems to take more time than anyone else's and make more stir in our peaceful household! At any rate, the parlor doors haven't been closed so much in my 20 years at Ewha as during this "co'tin", as Dixie calls it. Van was sick from the time she went to Pyengyang till he came, but got better every day while he was here and now seems her natural sparkling self. That word is not only for the lovely platinum ring he brought her with its (microscopic) Ewha pear-flower and Korean emblem around the band and its lovely filagree setting for the diamond. Her Corinne has been busy on the trousseau and things seem quite bridal already. Mrs. Welch selected for me in Shanghai a lovely carved camphor chest for her, and she's enjoying it. The wedding is to be September 11, 4 P.M. in the old co'tin' parlors. It's supposed to be smallish, with a big reception. They go to Japan for two months, then back here to live. Van says that whatever she does outside of her home will be for Ewha, so we're somewhat comforted. It will be a joy to have her back in Seoul anywhere, and we know she'll always belong to Ewha. We'll take him in, too.

Welcomes and farewells have also crowded in. Marie Church arrived from furlough May 27th, just before the Dedication. She thinks our rush of getting off before 8 A.M. and getting back at 6 is pretty wearing. We've had the Kerrs nice old Buick as almost a gift from them and got a driver, so it's been easier. M. Stover drives the Ford. After we get moved we'll sell one of the cars. They're both pretty shabby, but better than the roads they travel on.

J. Hulbert and G. Wood go with the big party Dr. Boots is conducting through Siberia, leaving July first. Capt. & Mrs. Swinehart will be going back by the end of the summer. He's getting city water connection for us, and that will be best. But, as Mrs. Nicholson wrote in her beautiful dedication message, we realize this is not the end, but the beginning of the enterprise, and Captain is eager to see it through while he can. He suffers from arthritis in a rapidly advancing stage, and sees that he can't go on indefinitely working so hard as now. Mine is not so advanced and we hope the deep X ray therapy will check it. I'm supposed to go to Pyengyang for it every 2 or 3 weeks, but it's 6 weeks and I'm on the train now, returning tomorrow. I just couldn't get away sooner this time. It costs about ¥20.00 a trip,

A.

The Year 1936

Ewha College
Seoul, Korea
June 2, 1936

Dear Friends:

The last of the Fiftieth Anniversaries is over, I hope, and a glorious week we had with smiling weather and thousands of smiling faces. You will read about it in the enclosed programs and imagine the scenes. The program of Thursday morning, the 28th, was on the playground of old Ewha, the audience facing the terraces and Main Hall. Governor-General Ugaki came in person, the first visit he has made to a Christian school, I understand, and read a very complimentary address.

The dedication and pageant on the hillside beyond Pfeiffer Hall, Ewha College, were attended by tremendous throngs—from seven to ten thousand people. They behaved very well, considering, but even with the loud speakers not everybody could hear, and with the restlessness of the crowd many could not see. But the spectacle was gorgeous, and the dances beautiful. At the end, when the whole school repeated the Moving Day scene, coming down the hill and massing on the stage while "Thanks be to God" from "Elijah" was played, we all felt the greatness of the river of blessing that has grown through these years.

The celebration closed fittingly with a great service at Chungdong Church on "Ewha Sunday" when my brother preached. Now we turn to our neglected work and June will be busy and hot before July and vacation bring relief.

I have felt much better since the weather has been warmer, and have got through all these extra things very well. My present plan is to be at Wonsan Beach from about July 15—August 25 at my brother's. Their lovely Margaret graduates from High School this month and goes to California in July, the first separation in that family. I plan to go on furlough early in December and stay in sunny climes through the winter, in Honolulu and California. I hope we will meet in the spring.

Faithfully ever,
Alice R. Appenzeller

⚜⚜⚜

Aug. 24, 1936

My precious, I'm thanking God this day for the year that is past, which has brought us both so much. I believe it's been the happiest year of your life, but I'm sure happier ones are ahead. May each be better than the last, as you live nearer to the Father and more and more deeply in His love. The love that has come to you is blessing others, me most of all, and I'm thankful for it, you know. It has come back to me so richly, and what I thought had been taken away has been transformed into more beautiful love. So, even if I'm not always big enough to appreciate or receive it, you know that I am glad and thankful, and that that is growing in me, for which I daily pray.

This has been our very most leisurely, luxurious, lazy and perhaps happy visit together, hasn't it, this past week? I knew you were generous and hospitable and wouldn't mind having me around, but I didn't think that Tom would be so cordial as he is. You both overwhelm me with kindness, which I can never repay. I'm being a <u>very</u> generous receiver, you see!

Happy birthday, and at least 48 more of them together and I'll be somewhere near!

With more and more love,

Your old friend,
Alice.

Ewha College

Seoul, Korea

September 17, 1936

Dear

I note that among the items for the program of the General Executive meeting is recognition of the Fiftieth Anniversary of Ewha. I wish to write you, therefore, in addition to the material you have already received, about the memorial plate which is being prepared. Unfortunately there was a mistake in the lettering, and as such work progresses slowly here, the tablet is not yet finished. It is to be of brass 47×16½ inches, above the mail box in the entrance of Pfeiffer Hall, our administration building. It will be both in English and Korean and reads:

In Grateful Recognition of
The Woman's Foreign Missionary Society
of the
Methodist Episcopal Church
which since founding this institution in 1886
has continuously shown its faith in Korean womanhood
by its liberal gifts toward
the material and spiritual needs of the school
****
Fiftieth Anniversary
May, 1936

This is just a token of our appreciation of the Society without which there never would have been an Ewha.

Besides the above, our two founders have been recognized by bronze placques in bas-relief. It is the custom in Japan, and latterly in Korea, to have a bronze statue made of those whom the institution wishes to honor, such as the founder. We were able to persuade our grateful alumnae not to spend money in that way but they wanted to put up something special for Miss Frey. Therefore a medallion was cast of her and Mrs. Scranton. Under the portraits are the inscriptions:

In Grateful Memory of
Mrs. Mary Fitch Scranton
1832-1909
First Missionary for Women's Work in Korea
Founder of Ewha Haktang, 1886
****
Erected at the Fiftieth Anniversary
May, 1936

In Grateful Memory of
Lulu E. Frey
1869-1921
Founder of Ewha College, 1910
and Kindergarten Training School, 1914
****
Erected by the Alumnae Association
May, 1936

Our furloughing representatives, Misses M. Conrow, J. Hulbert and Grace Wood will supply material for whatever you may need. We hope the two latter will return to us this fall.

I feel constrained to plead with you for new missionaries. We are asking for English, music, religious education and home economics workers. We cannot carry on much longer without reinforcements. Grace Wood was our latest addition and she is now a seasoned missionary. The average age of the rest of us is nearly fifty. Of the eleven now on the staff of the College and Kindergarten Training School, only one, a Southern

Methodist, seems to be abounding in health and able to carry all the work she wants to. One, Harriett Morris, gave out under the strain last spring and is living off the campus now, doing very light work. All the rest carry full work or more, but under difficulties more or less serious. We must have help if the missionary staff is to keep abreast of the great challenge here.

I am practically off on furlough myself, just waiting until Vice-president Helen Kim, returns from the World's Y.W.C.A. Convention in Columbo, Ceylon, to which she has gone as sole delegate from Korea. She will become acting president.

We are still hoping that someone will give us a residence. The "institutional pressure" may account for the health disabilities mentioned above. We either commute from a distance or live over the music building where, when windows are open, there is a din of practice, and when they are closed a dull rumble. Our rooms are small and crowded, with no common rooms or facilities for entertaining. After we have walked up the hill to Case Hall the two more long flights sometimes seem very long. We are glad that we did not take money from the building project to put up a house for ourselves first, for we have been so busy that we should not have been able to give attention to building ourselves as nice a home as we hope to get when it does come. A special gift of $10,000.00 with full exchange is what we need.

Hoping I shall meet you all before long,

Faithfully yours,
Alice R. Appenzeller
President

Ewha College

Seoul, Korea

November 20, 1936

Dear Friends:

Very soon I will have a chance to meet some of you again, after almost six years. My furlough this time is planned to avoid cold weather, so I am stopping in Honolulu with Mary Z. Oleson, spending the rest of the winter on the west coast and driving east in March, southern route, with Van and Tom Hobbs. They pick me up at San Luis Obispo, at the Van Buskirks.'

The day after Thanksgiving I leave Seoul, arriving in Honolulu December 11th on the Chichibu Maru, leaving there December 24th on the Empress of Japan. My niece, Margaret Appenzeller, 2326 Le Conte Avenue, Berkeley, Calif., will forward my mail this winter. The Board address, Room 710, 150 Fifth Ave., New York City, will always reach me.

As I leave this lovely place my cup is again brimming with thankfulness for all that the years have brought. There is the great satisfaction of seeing the new college completed and its work being carried on by capable and devoted hands. Dr. Helen Kim, our distinguished alumna, will be Acting President during my absence.

Korea is home to me, for most of my years have been spent here; but a furlough is a fine thing, both for the ones who go and for those who are afforded a change by their absence. I am looking forward with real joy to seeing you sometime in 1937. With best wishes for Christmas and the new year,

Faithfully yours,
Alice R. Appenzeller

The Year 1937

884 Pacific St., San Luis Obispo, Cal.
6/3/37 3 P.M.

Dear Friends,

This morning I received this telegram from Mr. Hobbs: "Wichita, Kan. 12.30 P.M. Operation Monday morning. Edna facing it bravely and hopefully." I don't know how widely he may be sending this word, but I'm taking it on myself to send it to you friends who know how to pray, just as we do at home in Korea, that they may be undergirded with prayer during this great trial. I am sure that you will join with us, not only on Monday, but constantly until danger is past.

Van was miserable when she got here, Jan. 29th, and tho she rested as much as possible during our stay in Pasadena, etc. she got no better. Then before they left there, about Feb. 13th, jaundice set in. They sought medical advice and were told that they might continue their journey. When they got to Wichita Miss Walter took Van at once to a doctor, and one week ago she entered Wesley Hospital for observation. We think the operation must be for gall-stones. Tom is staying with Mr. Walter Morris, Harriett's father, at 1155 River Blvd. There are many Korea families there, besides the ones I've mentioned- the Conrows, Nobles and Dorothy Smith's parents, and all will help in every way they can, I'm sure.

I know that we can rely on you to help in the best and realest way, that her precious life may be spared, and that their journey which they planned so joyfully may be continued without too long an interruption.

Much love to you all,
Alice Appenzeller

Sent to

1 Newells
2 McAnlis
3 Nobles
4 Dillingham—air
5 Nortons
6 Raab
7 Choi Esoon
8 Nevitt
9 Raney
10 Pye
11 Lacy—air
12 Lucas
13 Margaret A.
14 Mrs. G.H. Jones

⚜⚜⚜

884 Pacific St.
San Luis Obispo. Cal.
Mon. Mar. 8, 11.45 [1937]

Dear Tom,

Van's dear letter mailed at 8.30 p.m. Sat. reached me at 3.20 p.m. Sunday! I don't feel so far away when it takes less than 21 hours for a letter. And I'm right beside our darling's bed watching with you in my heart, and praying constantly and with faith that she may be all well again. I'll not mail this till the last minute before the train; for I'm expecting a telegram from the operation. I'm calling no news good news, so you won't be bothered with me, but I know you'll keep me in touch.

Dr. Van is a great comfort to me: he explains things, & we realize the gravity of the situation and the terrible strain on you. This is so unexpected, & yet how wonderful that you stayed in Wichita that snowy day! I believe it's all in the Father's plan for you, His dear children. These doctors must be wonderful, considering what they did for Jean Walter. She's a living testimonial! You are among congenial, understanding Christian friends there. Don't hesitate to lean on them for any human help: Jean is a tower of strength & good sense & helpfulness, as you've already found, another Ewha sister who loves our Van, and will spare nothing to help. I feel helpless so far away, when I want to be there. If she wants me or I could do anything, be sure to let me know. I could be there very soon.

I'll write Van a little note now, which you probably can't read to her yet, but I just want to send. Read it & tell her anything you wish. Her letter yesterday broke me up, but I have an assurance today that it's going to be all right. I know she and you are "more than conquerors through Him that loved us." My heart is too full, I can't say it well, but you know I'm with you in loving her and wanting to help.

Your sister,
Alice.

Read enclosed.

San Luis Obispo.
Mar. 8, 1937 –

Darling,

You won't feel like hearing this letter, but I want to write it. Your dear letter came in about 20½ hours, think of it! It was just like you & I'll always keep it. You are so brave always, and meet everything in triumphant faith and peace. I'm right with you every minute, believing that the many, many prayers for you now will be, are being answered and that wonderful healing will come to you. And, darling, I'm thinking that if I get to Wichita early in April I can travel to Ohio with you after all, and help take care of you. You know I want to, and feel like going right to you now. But I know I'd only be one more for the friends there to take care of, so I'm minding my own business here.

Dentist didn't pull my tooth today, but is making bridge first. Mrs. Van & I went to hear Commissioner Barr Sat. night. Wasn't he surprised to see us! He kept referring to me as possessed of so much more knowledge, etc. all evening till I was embarrassed. He showed nice slides Miss Erwin had gotten up. Had a poor crowd. I gave a short speech of appreciation of S.(alvation) A.(rmy) work in K. He lives in San L.

Mrs. Sleeper seems all set to go to Ewha! Answered my "gentle" questionnaire nicely, "never smokes nor drinks," prefers to keep house, etc. I wrote you were in the hospital & she replied, "What a shame Mrs. H. was waylaid by illness, I thought she seemed very tired when she was here, but such a delightful & radiant personality!" So say we all. I'm sending the correspondence on to Ewha & hope they'll take her.

Mrs. Harris has moved back of the church. Dr. Van Buskirk stayed there. Mary Alice came up Sat. for the Epworth Leage convention. Mrs. Van sent her some judge & Dr. enjoyed seeing her.

We had a rather interesting speaker here last evening. Dr. Mills, editor of Pacific Christian Advocate. He stayed for supper after the meeting.

Goodbye, my precious. I have to write you, just for something to do. You won't feel like bothering with my letters yet, but may amuse yourself with them later.

No telegram, so I'll mail this. "My heart and thy heart" — we are always together, no matter what.

Your loving
Alice.

San Luis Obispo, Mar. 24, 1937

My darling,

Jean's letter written Sunday sounds so encouraging that, in spite of bleak rain today "There is sunshine in my soul." I'm sure you feel, as I did in the hospital, that the worse you feel, the more the doctors tell you you're doing well. But they know, and we on the outside are pulling hard, hard for you Darling, in two weeks I'll be with you. You must be well enough so we can have some good visits. I haven't made dates beyond Wichita so we can plan together. Somehow, I belong to you first, tho my sisters might not like me to say it.

So glad Marion got home. It will be so good to see her.

My chores are pretty much done & I'm about ready to leave Sat. Went thru the old mission here yesterday. Last night I treated the family to ice-cream, with crushed peanut brittle over it—what was supposed to be used for your wedding dinner, but had coconut in it, 'member?

Jean was to buy you a bouquet for me and that's my Easter gift. May this be a wonderfully precious time for you and Easter day be full of joy because you are getting well. I'm glad. I'll be with Margaret & I hope we'll find a beautiful church and service to attend. Haven't been to a really fine one yet. Dr. Fosdick at 1 p.m. Sun. is still the best, & I can see him in my mind & the beautiful church as I listen, but I'm hungry for the reality.

Remember, no matter how hard it may be, we're holding you up in prayer, and God is answering, more and in a better way than we can know.

Chungai Lee is new dorm matron & I'm sure Helen is happy about that. I'm hoping the Southerners have cabled their gift of $7,000. for the house, so building can begin at once.

Dr. Van has asked me to assist him in the communion service Thurs. might, as recognition of the K. Methodist Church, he says. They work so hard, against such a stone wall of apathy. We're praying they'll respond and that a lot of people will join the church Easter morning, The news that you're getting well is all I want, so let me have it!

Your old,

A.

The Year 1938

Ewha College
Seoul, Korea
May 9, 1938

Dear Home Friends:

Here I am at last after what seemed like a very long journey. Each time I cross the Pacific I realize anew its vastness and the great separation that it brings between east and west. Now I find myself in a different world, almost another planet, Mars perhaps, where there is no oxygen and ordinary human life is difficult. It is almost unbelievable how quickly changes have come. The government is well satisfied with its nationalization program affecting every part of life here. Though I have been accustomed to things here for many years all the elements found in other countries governed in the same way are having strong influence now.

Our campus nevertheless is lovelier than ever. The eternal hills look down upon us unchanged, azaleas, weigelias, spireas, lilacs and other lovely things are blooming unafraid. The way the girls smile at me and the cordial greetings of my fellow workers here at Ewha and elsewhere assure me that I am back at home again. I am "eating my way" back into the community, for almost every evening I am invited to be with some group of friends. One of the loveliest welcomes I have received was a concert by the music faculty. Our distinguished violin teacher, Dr. Keh, Dr. Phil. from Zurich, Switzerland, son of a Korean Presbyterian pastor, got it up and played two beautiful sonatas of Brahms and Mozart. He and I often talk German together and he knows I like German music. Miss Phughyong Rhyu was the other soloist, the beautiful young woman who was educated in Canada by United Church friends. Then there was a very lovely women's chorus and an original song sung by the students. We have almost 400 girls now; everything is running in beautiful order so that the government inspectors who visited us two days this week, examining every detail, gave us rather unusual praise.

But I want to tell you more about my arrival. The voyage on the President Coolidge was one of the pleasantest that I have ever had. With a cabin to myself, a favor that came because the passenger list was so small, good weather and pleasant company the trip which I had rather dreaded proved enjoyable. I sat in the writing room rather more than I really wanted to, but even so many of you kind friends have not received answers to your letters, all of which were most welcome. In Yokohama two Ewha met me, one who is studying music there and the other, Esoon Choi, whom I met last year in Oregon. Both have been on our faculty before and now are working on Japanese language. I went to Aoyama, Tokyo and saw our W.F.M.S. folks there, Miss Sprowles and Miss Juliet Knox of Pittsburgh who sailed the next day for U.S. I disembarked at Kobe where kind friends helped me through the customs. K. Fanning, a Wellesley friend met me there and we had a delightful Sunday together. Then came the day's ride along the beautiful Inland Sea of Japan, one night on the ferry and then my dear friend, Mrs. Hobbs, and her husband were on the pier at Fusan. I can hardly get over the wonder that she is back in her home here and well again, when she so nearly left us last year. In this good company it seemed a short time till 1:35 When we came to Seoul and I fell into the arms of a whole stationful of friends. You know it is the custom in the Orient to go to the station when friends arrive or depart and it is surely a delightful one for the traveler. Outside the station all the Ewha students were lined up but they did not sing the school song as they did when I went away. It has been translated and is sung only in the national language now. But their welcoming smiles made me feel again how much I must live up to.

Our new house is still only a hole, in good rock, but we hope to move in the fall. It will be a comfortable home for six of the American faculty. It seems natural to be back in building work, which I enjoy. My present room is next to my former one, a music practice room in our "pent-house". Our view of mountains, green valleys and shining river is incomparable.

The work of Ewha College seems to me more important now than ever. With the Christian schools reduced in number there have come new problems and greater responsibilities. The girls are very alert and eager for the best that we can give them; Dr. Helen Kim has made the necessary adjustments with courage and grace. I find a new unity and devotion in the faculty, for great issues make us forget lesser things that often spoil the spirit of a working group. Just what my contribution to the situation will be I cannot see now. But the Psalms mean more to me than ever, and even in these few days there has come a new sense of the Everlasting Love which must draw all men. Do not fail to pray for us now, for spiritual strength is our need and confidence.

Faithfully yours,
Alice R. Appenzeller

The Year 1939

November 14, 1939

Miss Sallie Lou MacKinnon

Doctors' Building

Nashville, Tennessee

U. S. A.

Dear Miss MacKinnon:

This is an answer to your letter of September 7 about Askings. We appreciate so much your understanding of our needs for maintenance and for development into a finer Christian college than we have ever been. As you say, "I realize that with the advance in living expenses and salaries it is absolutely essential for the school to have more money annually if it is to hold a first-rate faculty." It means much to us to have our officers at home appreciate this problem.

Mrs. Pfeiffer's latest gift of $25,000.00 to Ewha endowment is most encouraging. We have managed in various ways to get through this year, but to have added income assured lifts the burden and give us heart.

The enclosed financial statements show that up to the present, and for some years past the Woman's Council has paid ¥12,000.00 annually, ¥7,200.00 in cash and two missionary salaries, counted as ¥4,800.00. Actually, since Miss Dameron's and Mrs. Maynor's return to U.S. and Miss Mauk's arrival, only one salary is being used.

In place of this second salary, we present the names of two splendid young women, well known to you, whom we need very much, Miss Yeasoon Choi and Miss Sangsoon Kim. Since Miss Troxel has become Mrs. Soper we are looking forward even more eagerly to having Miss Choi in the Religious Education work with us. We are delighted that the WFMS has appointed Miss Lena Knapp, whose experience in U.S. will prove invaluable, not only to Ewha but to all our work. She and Miss Choi will make a splendid team here at College.

Miss Kim is no less needed in the KTS, which has long been an integral if unofficial part of the College. Your Board has made valuable contributions to it, especially through Miss Howard's year of service some time ago. Now this will be continued and extended in Sangsoon Kim's appointment here. As you know, Miss Brownlee is now the only missionary in the KTS, and she is in her last years before retirement. Miss Kim is one whose high professional work and strong Christian influence are appreciated not only here, but I am told that she has made a fine impression in America. Your Board may well be proud of having given these two Koreans special training and of sending them back to carry on in two very needy places.

If and when Mrs. Maynor is ready to return she will always find her place here in the heart of Ewha. Of all our missionaries she and Miss Troxel meant most in religious leadership and intimate counselling, and we want her back. I believe the Methodist Church will see that she has a chance to come!

As to the cash appropriation of ¥7,200.00 we would respectfully urge an increase of 10%, making ¥7,720.00 the annual grant. The Executive Committee of your Mission has already met, and because Mrs. Maynor always represented us at these meetings we neglected to get this through. But I feel sure of their sympathetic interest and believe that they approve these askings for 1941, viz. 10% increase in cash and two national workers' salaries in place of one missionary. We expect both of the young women back in 1940, Miss Kim in time for the opening of school in April and Miss Choi next summer. The problem of paying their salaries in 1940 will have to be met.

Mary Vic Mauk came to us when we were very low, having lost four missionaries the past two years, Misses Stover, Dameron, Mrs. Maynor and Miss Troxel. She cannot make up to us for what we have lost in them, but she has brought in herself her own beautiful gifts—her high quality of professional work, her willingness as well as efficiency, and one of the sweetest personalities that we have ever had. She means much in our home life and we are looking forward to many happy years of fellowship.

Other things of which I would like to write will have to wait for another letter. All is well with us. We had the privilege of hearing Dr. Kagawa in our chapel yesterday.

Dr. Kim wants me to write some of these official letters and we will both sign them. She carries the heavier load, and I am glad to help.

Faithfully yours,
Alice R. Appenzeller
Honorary President
Helen Kim, President

Ewha College, Seoul, Korea
November 22, 1939

Dear Home Friends:

Our greatest school event lately was the visit of Dr. Kagawa, who gave us and the Chosen Christian College boys a fine talk in our chapel. He refused to be "entertained" or feasted, as the Oriental custom is, but set standards of extreme simplicity in travel and living, for he says he wants to be able to speak to the poor and suffering and to understand them. He is a great Christian and I am glad to have seen him at last. He gave a fine message to our Seoul Union Church (English service) Sunday afternoon. My brother Henry is pastor this year, as I think I have written, and as for many years past I am chairman of the Music Committee.

My birthday caused me no pangs as the prospect of advancing age has in the past (especially in my twenties!) Everyone was so kind and generous, and my school and other families so comforting that I just felt thankful for all my blessings. Why I should have so much in this world of woe I can't understand, but I do accept it as a trust and take up the days' load as it comes. You would be interested in the variety if I should tell it all; life is never monotonous, you may be sure.

One interesting experience I must tell you about. I was beguiled into going to our beautiful Diamond Mountains for a couple of days when the foliage was a glory, and in the exuberance of the moment climbed the highest peak, about 6000 feet, I think. Of course we were already part of the way up, but it was a terribly steep 4 hour pull at the end, and the whole climb over 10 miles each way. We spent the night on the top in a big sort of chalet where we lay right down on the floor with over 100 hikers, mostly men. The wind raged but we were under warm blankets. Up at five for the simple Japanese food provided, for we had come without preparation, and out to see the sunrise at six. It was glorious, coming up out of the Japan Sea; we could see a long line of coast, including our summer place, Whachinpo, and flocks of lesser peaks about us. The descent took about 6 hours and we got our train at three and were back in Seoul at 10:30 PM. It was quite a stunt for an old girl, one I shall not attempt again, though I am glad to have done it.

Christmas plans are very nice. School activities will begin soon and we think our Ewha Christmas the nicest ever. I am in charge of the party for the janitors and helpers and their families, a group I love to be with, for they enjoy everything so much. Then all through December the air on our campus rings with Christmas music. We have no radio that helps much in that, but the fun of making our own joyful noise unto the Lord! The Hobbs' (our Edna Van Fleet and her husband, nicknamed Tommy Traddles, because he is so nice to his wife's sisters) have invited us for a house-party Christmas eve. We will go from our English church service there Sunday evening and stay through dinner Christmas Day. I will see my family in between and go with them to the Underwoods' dinner at night. You remember these friends always have the old-timers for Christmas dinner, ever since their father began the custom in the 80's. We have a long winter holiday to save coal, so until January 18 can do as we please, except for a few days when Bishop Arthur Moore holds mission meeting. Some are travelling to neighboring lands, but I am going to stay home and try to catch up with myself. I am like the man who was such an intemperate golfer that his friend tried to warn him by saying,

"You'll have nothing laid up for a rainy day!"

"Oh," he replied, "You ought to see how much I already <u>have</u> laid up for a rainy day!"

Wishing you each true Christmas in your hearts and homes, and praying that the angels' message may really come to this world of need,

Faithfully yours,

Alice R. Appenzeller

November 27, 1939

ITEMS SUITABLE FOR MEMORIAL GIFTS

(not named in order of special need, but for choice)

I. Two salaries at $420.00 each per year. These have been on the W.F.M.S. askings for a long time. The present incumbents are wonderful, highly trained women, now at work here:

(1) Miss Emma Kim, Dean of the Kindergarten Training School. Graduate of Ewha, then National College of Education, Evanston, Illinois. Excellent worker. Her father was one of the first ordained preachers in Korean Methodism, my father's friend.

(2) Miss Youngie Kim, also second generation Christian, mother a Methodist Bible Woman. Graduate of Ewha College, Music Department, and of Juilliard School of Music, New York. She taught here a number of years before going abroad, and returned only last summer.

These salaries are ridiculous for such people, but seem more in local currency. Even so our salary scale is lower than any college in the land. There are others also whose salaries are not provided for and are taken from an over-crowded budget, – one, Miss Evelyn Koh, Ph.D., Head of the Home Economics Department; another, Mrs. Grace Pak Chang, Head of the Religious Education Department. All are grand people, carrying heavy work in their chosen fields.

II. A lump sum could be given to Ewha College through the treasurer of the cooperating Committee in America, Mrs. J. W. Masland, 6701 N. Broad Street, Philadelphia, Pa. Credit could be given the local church if you wish, by sending it first to the local Woman's Foreign Missionary Society Auxiliary president, designating it for Ewha College. The income of this could be a memorial fund for any special work you choose. We already have several gifts like this, which add to our endowment.

Suggested pieces of work:

(1) Religious Education budget, not salaries.

(2) Improvement of grounds, planting, etc. This is a considerable item as yet unprovided.

A wonderful Australian missionary specialist in this line gives her services, but is constantly hampered by the lack of money to work with.

(3) Emergencies, extras. I use special gifts for such things and love to be able to take care of special needs that always come unexpectedly—sickness, extra entertaining or travel.

(4) The Library Fund. This is a constant, growing need in any live college. It is one of the most neglected of our needs, because not spectacular, yet it is starving a college not to buy books. Any sum designated for this is welcome and books bought from it can be marked. Books can be selected along one particular line of interest.

III. Building and equipment needs. A new one year home-makers course to be offered next spring brings 100 more students to the campus all at once and necessitates extension and change, viz.

A. Remodeling one classroom into a cooking laboratory. At least ¥1,000.00 or $400.00.

B. Do. for sewing laboratory.

C. Extra pianos and organs are needed for practice. We are carrying a debt on this now, but a fund for one or more pianos, to renew when they give out, would be a beautiful memorial.

Alice R. Appenzeller
Ewha College

1939 Christmas at Ewha College

Seoul, Korea
December 22, 1939

Dear Friends:

Was yours one of the ninety packages of used Christmas cards that the mailman carried over the hill to remind us that the blessed season was near? I am sure you will be glad to know how much happiness the cards brought. There is not one left and we could have used more. You see, pretty greeting cards with colored pictures, especially those of the beloved Christmas story, are almost impossible to get here. So first we let the faculty and staff each take five cards. Then the students had their turn, and how eagerly they pounced upon them! I used some in teaching about Christmas customs in my English conversation class, to the girls' evident pleasure. Many were taken to distribute in Sunday schools where Ewha students teach. Then the rest were all given yesterday afternoon when the whole College and Kindergarten Training School, staff and students went about the joyful task of making Christmas for those less fortunate than themselves.

They had given about ¥300.00, most of which was spent in rice for the very poor who do not even have houses to live in. Hundreds of families dig a hole in a sheltered hillside, spread straw on the floor and make a thatched roof over it and crawl in for the bitter winter. Rice, warm clothing, a few cakes and toys and your pretty cards made at least one bright spot in the lives of these patient poor. Almost 300 students and teachers visited dugouts in various parts of the city; fifty others went to two hospitals to sing to the patients.

This year my assignment was the Christmas party for the janitors and cooks on the campus and their families. These include a carpenter, a registered fireman and technician, two night watchmen, messenger boys, a telephone girl, the boy in the co-operative store, and some women who clean. Each has a family, and how they love to come to the assembly room in Pfeiffer Hall where the chairs are set in a friendly circle. Two Christmas trees with their mysterious packages caught many a bright eye. Mothers with babies on their backs, toddlers in gay colors who kept the center of the stage in spite of their parents' efforts to restrain them, and older children who had been to school and know how to sit very still were there, with 70 of the faculty and students as hosts. The latter gave a much-appreciated program, ending with a one-act play which they had dramatized. It was about a poor little flower girl who is cruelly scorned by various people on the cold street, when St. Nicholas comes along and judges all the hard hearted ones and rewards the poor child. After that some of the children performed and then came Santa himself, our Korean bookkeeper, with a package for each guest. Cakes, fruit and barley tea completed this happy annual event.

When our committee met to plan for gifts we were appalled to realize how little we could get for 50 sen (about twelve cents) a person. The substantials that used to be included, warm gloves, socks, scarfs, etc. were out of the question. Toys were ruled out as being not worth what they cost now. So the pitiful list was three pencils and a few sheets of paper for each school child, a cake of locally made laundry soap for each adult, and a little towel for each baby. This was supplemented by some further gifts by teachers—children's socks, a few little toys, some thread, a religious picture for each family, ten Bibles and hymn books from Miss Dameron—and several of your cards. Next year won't you please send us the cards and also cotton or woolen cloth patches, odd bits of yarn (not in whole balls, for nothing must be saleable) and small used toys? Mark each package "No commercial value" and send them any time during the year. These will add Christmas cheer to the Ewha girls, who enjoy distributing them and to the people who receive them.

Christmas in 1939? With so little peace and goodwill on earth that the angels' song seems to have been forgotten? In this "hijoji" (not usual time), when stern economy rules and gaity and color are frowned upon, and there are no Christmas trees on sale? We happen to be clearing a place for a skating rink, the tops of some pine trees that had to be cut down furnished chapel, kindergarten, dormitory and residence with Christmas trees as usual. Each of the last four mornings at chapel we have looked at a living picture, prepared with exquisite taste by Miss Loucks. The Annunciation, with a radiant white angel and a slender Mary wrapped in a shimmering veil was first. Next day we saw the shepherds (the aforesaid messenger boys) bowed in reverent wonder before the angel; then came the wise men (three professors), and yesterday a picture of the Virgin in red and blue, with golden halo, bending over the manger, Joseph standing protectingly beside her and shepherds and wise men kneeling in adoration. With the accompaniment of fitting music arranged by Miss Young, each tableau was an experience that stabbed one with beauty. The Sunday service in chapel which began the week was the glorious message in song—carols, anthems and even the Halleujah Chorus. As we stood listening we felt ourselves a part of that countless host in heaven and on earth, that acknowledges our Lord and His Christ as supreme forever. So it is that Christmas at Ewha College in 1939 means more to us than Christmas ever meant before.

Alice R. Appenzeller

The Year 1940

April 26, 1940

Dear home friends:

Our lovely campus is ablaze with "canary", the Korean name for her native forsythia. We have quantities of it and Mrs. McLaren, our beloved "judicious gardener" of the Australian Presbyterian Mission has planted quantities more, and lots of other native shrubs. It's been so cold that poor Lena Knapp, our "newkie", who, being a native of Northern N.Y., thought she knew all about cold, says she's discouraged! She hadn't reckoned on what she calls "the inner cold", i.e. not having rooms warm enough to work comfortably in. It's our necessary economy, because coal is very expensive and hard to buy, that makes us stop furnace fires too early. We pile on the clothes and do the best we can. Fortunately the electric heater in my office keeps me from aching too much.

Miss Knapp is grand, seems to like everybody and is already a favorite. She is helping in our Religious Education work, teaching in the Theological Seminary and has been to the country twice. She has rooms both at Gray House in town and English House here. She fits into any situation, understands, and gets to work to help. We need more missionaries like her!

Ewha College opened April 4th with the largest enrollment in history, 437. By departments the numbers are:

Literary Department	63
Music Department	80
Home Economics Department	155
Kindergarten Training Dep't	89
	387
Home-Makers' Course	50
Total	437

After years of effort, at last the Kindergarten Training School has been given permission to become a regular department of the college, with a three year course. In answer to a great demand a one year home-makers' course has been added.

Many adjustments as to rooms and arrangements were necessary to accommodate all these girls, and pounding and sawing are still accompanying instruction. The library is getting new shelves for more books; the Kindergarten has added a work-room in the attic, and the laundry laboratory is being enlarged.

It is interesting to see how the Home Economics Department which has been almost like a step-child, "ill-housed, ill-clothed, ill-fed", as it were, because there has never been adequate appropriation for it, has outstripped all other departments in numbers. About 150 girls applied, but we are allowed to take only 50 in a class.

This week one of our finest girls, Kyunghi Lee, gives a post-graduate piano recital. Here is the program. She and her sister were so desperately poor that they did not have enough to eat, but they had a tremendous ambition to study. The elder sister, Soonhi, graduated from the Music Department with honors in composition. Kyunghi is even more talented; she painted the stationery that you have sometimes received from me. She has worked in every way she could and Miss Grace Wood has helped her. Now she is one of our best performers, and is fine at accompaniments and on the Hamond organ. How many talented young people there are who would make the world better if they had a chance! Instead, what is happening to them? Oh, the pity of it all!

Our second number of the Korea Mission Field, which Dr. Koons and I are now editing, is at the printer's, and material for the June number is in hand but not ready. I have to prepare the manuscripts, which come in all shapes from busy missionaries, and read proof several times. We are trying to put many short bits of information—"Flashes"—into the magazine, which we hope will be useful.

My brother's wife is in California now. What a happy time for all the family there! Carol, our 16-year-old, is taking good care of her father. I enjoy being with them all I can.

With love to all my friends,

Faithfully yours,
Alice R. Appenzeller

Ewha College
Seoul, Korea
September 4, 1940

Dear Friends:

When I returned from my summer vacation I found my room piled high with parcels. It has been quite a business to sort and put away the cards and other things, and now I am writing to tell you that your gifts have arrived and are all ready for the big Christmas distribution which we are anticipating. Before they were put away I noticed that some of the cards were disappearing. I found that one little office girl had helped herself, and I did not have the heart to scold her. She saw them lying in piles, but when I explained that they were specially sent for use at Christmas time, she seemed quite surprised. I let her take a bunch, because she seemed to want them as much as anybody. Some others melted away in the same manner, probably because the girls thought they were for them. Anyhow, only a few were taken, but you can see how desirable they are to the girls. So thank you each one for every package that has come.

Those of you who sent other things, too, would be thrilled if you could see the pleasure they have given already. Most of the scraps of cotton or woolen cloth, so rare and prized now, went to the Home Economics Department for first choice. A few minutes after they had received them the teachers had divided them all up: larger pieces for children's clothing, smaller for quilting, applique designs, trimmings, etc. One package had some pieces of white flannel, which were eagerly taken for baby clothes. All the thread and yarn is appreciated, and we could use much more. Trimmings, beads, buttons, and fancy things are not of any use to us, though fancy wrappings are nice. But it is the more substantial things that are most acceptable such times as these.

The students at the English House, twelve of them, selected scraps of woolens, silks, and cotton flannel for house slippers which they are planning to make for their own use this coming winter. Even the Korean chaperon was as delighted with her choice and as eager to begin cutting out her shoes, as the girls, after the supper table was cleared one night. Later it is hoped that by harmonizing and combining the larger pieces of percales, gay kitchen aprons may be made from the remnants. The Home Economics handicraft teacher just dropped in to say that her class had made serviceable purses out of some of the materials and embroidery thread.

We are having more rain, after the floods and ruined crops of the summer. College closed July 20th in a downpour and opened again yesterday in the rain. It is pouring today and everyone had to sit in wet clothes. You know we are out in the suburbs, and our nearest conveyance to town is the railroad, half a mile away. But, though skies are ominously dark, and we do not know what is coming, all sang with hearts full of thanksgiving at our opening chapel:

> "I know whom I have believed
> And am persuaded that He is able
> To keep that which I've committed
> Unto Him against that day."

In that confidence we go into a new term. Two days of helpful faculty conference preceded the opening. There is the most beautiful spirit of helpfulness and unity, and at the seven hour meeting, where 35 speeches were made and interpreted (because some of us are not bi- or tri-lingual) the discussion on counselling and guidance showed that we were more eager for the task than ever before. Each day is so precious, there is a sense of immediacy that gives point to everything. We have often been told that we should live as if this day were our last, but most of us have not felt that it might be literally true before. But we are all well and going happily about our ordinary tasks so far.

It is a great joy to have two lovely new alumnae back on the staff. Miss Yeasoon Choi was our beautiful "Spirit of Ewha" of the 1932 pageant. She was in U. S. four years, getting her B.A. in religious education at Scarritt College, Nashville, and her M.A. at the University of Chicago. Miss Kapsoon Kim was two years at Alabama College, Montevallo, where she took her B.A. in speech and dramatics. She will be in the library for the present. They both have much to give, and we hope that the adjustments they must make will not be too hard.

With best wishes,

Faithfully yours,
Alice R. Appenzeller

⚜⚜⚜

September 30, 1940

Dear Wellesley Service Fund:

Your scholarship girls in 1940 are all in the Music Department. Even over here where everything sounds so cheap, a musical education costs twice as much as that in the other departments. So the Wellesley Service Fund, which has become famous at Ewha for its helpfulness in time of need, is giving four girls their tuition. This is what I have heard about them.

Chunghi Sone ("Calm Radiance") is a senior and president of her class. Her major is in piano, but she has literary talents as well — a very pleasing combination. Last year she won the poetry contest in the whole College. She is not pretty, but has an attractive, birdlike look.

Yung-eun Koh ("Enduring Grace") was born on Quelpart Island, south of Korea. Many customs there are different from those in Korea, especially regarding women, who are much freer than the secluded women of the peninsula have been. They are heads of their families, going out and making the living while the men stay at home. I have often seen women divers on the west coast of Korea, hundreds of miles from their island, diving all day long for seaweed, which is sold for food. They are strapping Amazones, with their babies and husbands in the boats with them.

When a little girl Yung-eun went to Japan where her parents settled in the big modern, industrial city of Osaka. There she graduated from the Poole School, an Episcopal school for girls. Then for two years she taught in a little day school of the Methodist Mission on Kangwha Island, near Seoul. Finally she was able to come to college to study the music she loves. She was president of her class last year.

Chunghi Koh ("Straight Happiness") is president of the sophomore class.

Hoo-pok Auh ("Great Blessing") is a junior, talented in singing. Her step-father was for many years head of a department in our neighboring men's college, but has been lately prevented from carrying on his work, though the college is eager to have him come back. He lived in America for many years, is devoted to this step-daughter and very grateful for the help that the Service Fund is giving.

The two pictures of these girls, which I have just had taken for you, are natural. They show the chapel entrance and the front of Case Hall, our music building. It is full all day long. With eighty majoring in music, and eighty-three students of the Kindergarten Training Department also taking music and almost all of them practicing here, you can see why the fifty pianos and twenty organs are used from 6 A.M. to 9 P.M. It is a terrible din that blares out of the open window in warm weather, even though the rooms are sound-proof and students do not disturb each other. Every little while my turn comes round to be on duty over there from 7-9 P.M. It is interesting to peep through the clear bit in the frosted glass window of the heavy door and see the girls pounding away, or doing their la-la-la's. They are hard workers, and their music course means much to them. They often sing and play over the radio. Korean folk songs, which they have redeemed from the stigma formerly attached to them because they were sung only by dancing girls, are among the most popular items that they give.

Last year your money went chiefly to one of our young faculty members who was studying voice in Tokyo under an Italian teacher. She will be there till next spring, but has made other financial arrangements so that we are not giving her any help now.

We have not had many visitors from abroad lately, but Dr. Henry Van Dusen of Union Seminary, N.Y. certainly saw a lot on the day that he and Mrs. Van Dusen spent with us, and we appreciate the splendid publicity he has given us in many addresses and in his book, "For the Healing of the Nations." No doubt you have it in the Christian Association library. We miss seeing our friends these days, and hope that if you know of anyone coming this way you will let us know. Discerning tourists have done us many a good turn. It was a lady and her daughters, Mrs. P. H. Gray of Detroit, who gave us money to buy this beautiful campus.

World events seem to be touching us now in a more sinister way than before, but we are glad that we could open College September 2nd and sing with joy,

> "I know Whom I have believed,
> And am persuaded that He is able
> To keep that which I have committed
> Unto Him against that day."

Faithfully yours,
Alice R. Appenzeller
Honorary President

ARA: CSC

October 7, 1940

Mrs. J. M. Avann
2026 Orrington Avenue
Evanston, Illinois
U. S. A.

Dear Mrs. Avann:

So much is happening with such rapidity here that I feel I must write you now, instead of waiting to hear from the last meeting of the Cooperating Committee.

First of all, I wish to express my heartfelt thanks for your cable approving our Zaidan. As one who has been anxious for its accomplishment during the last decade, words fail me to express my feeling of gratitude and happiness over the cable. And as the news is broadcast over the campus, I found everybody reacting in the same way. We have been busy ever since preparing the documents to be submitted for permission.

Next, I want to state briefly the movement of the Christian Church here that affects our College directly. And in that light, I want to state some of the immediate steps we need to take, and some of the leads for the longer future of our College.

As you have probably heard from other sources, in Japan proper all the Protestant Evangelical bodies are uniting in one Christian Church. To make the Church national or more indigenous seems to be one of the main motives for this movement. As one of the vital factors, independence in finance and in leadership is declared. And the Korean Christian Church is moving to participate in the movement. In fact the General Board of our Korean Methodist Church decided unanimously to unite with the Japan Methodist Church, which will soon be only a part of the One Church. Not only Church work and its immediate activities, but also all the institutions that are in any way connected with the Church are not to receive any help on current budget from foreign countries and are not to have foreigners in leading positions. You will see right away how this affects us.

In the first place, we must not receive any financial help on budget. I understand that we can receive gifts for different purposes at any time. The idea is that we should not depend upon income from foreign countries for our ordinary existence. Furthermore, if we leave our endowment in U.S.A., we cannot even bring the interest from it for our budget. So you see, in what fix that puts us.

We are expecting to take the following steps as soon as possible:

(1) Take drastic economic measures on all sides provided that we do not undermine the real educational process. This will mean heavier working load for the faculty and staff than is borne now.

(2) Increase enrollment by starting additional classes to Home Economics and Home Makers Departments.

By doing both, we can carry on, provided the income from our endowment is not cut off. And under the present regulations, we cannot bring the interest annually from U. S. A. as we are doing now. The only way for you to let us have that income is to send the endowment out, either in cash or in stock, to be held here in the name of the Zaidan. So I earnestly beg you to consider our desperate situation and take the following measures at that end:

(1) Send us the endowment as soon as possible either in cash or in the present stock.

(2) Do not let the Missions stop appropriating from next year. Let them continue the help as gifts and begin using it for our necessary equipment, both the things to be imported from U. S. A. as requested in my last letter, things still need to be done here before the campus can be considered finished. We are repairing the roads and skating rink, building the boiler room for the Canadian unit of the dormitory. Even this morning we do not have water, because our pump is old and worn out. When water is cut off, furnaces have to stop, and there is no way to cook the dormitory meals.

(3) Then after the present work is all well-established, take your long look into the future of our College, and let the appropriations become gifts for our practice institutions and for our Medical Unit which must come sometime as an important part of this only Christian College for women in Korea.

You have not thought of stopping your help to us, and why should you now when all you need to do is changing the form of help on budget to gifts without strings? This may be even God's way of building our future. I want us both here and at that end not to get submerged under this current, but to ride on it and accomplish God's will for our College.

I feel confident that I have the full support of all our group here, both official and unofficial on the statements and requests made in this letter.

With love and prayer as ever,
Signed by Helen Kim & Alice R. Appenzeller

Ewha College, Seoul, Korea
October 7, 1940

Dear Friends:

This month's letter is harder to write than any that I can remember. If you could visit us you would see our campus lovely with masses of pink and white cosmos, and glowing with autumn leaves and wild asters. The busy days pass by full, for the girls and teachers, of extra activities that come with the times, when every group of any kind is considered not its own, but as belonging to the nation to use as it sees fit. So our girls go through the many drills, disciplines, and speeches that are now considered a part of their education, but which were unknown a few years ago.

While everything looks the same, and we are treated as kindly as ever, momentous changes have come about in the councils of the church, as well as other bodies. Financial aid from abroad is to be repudiated, missionaries are to be relieved of responsibilities that involve leadership, and serious doctrinal changes, in line with recent political events, may drastically change the life of the church. If you wish further information, consult the church papers or write to the Board of Missions in New York. It is all too new and difficult for me to attempt to elucidate. I have been very busy with the extra meetings that have naturally followed, so that my regular work has suffered. We go about our tasks, meet our students and the colleagues of years with especial affection. With them there is no change toward us, unless it be an undefined consideration, such as one would show to a friend who might soon be taken away.

May I emphasize the necessity of calmness and wisdom now? If any emergency should arise, we shall be cared for. Meanwhile we want you to keep on writing to us, even more, if you can, but keeping to personal things. Please keep up your regular contributions, for they will be used for their intended purpose as long as possible. You can realize that, with the College facing a seventy percent reduction in its income, our little president has an almost impossible burden cast upon her. Do not add to it by stopping your help now. You will be notified when it is necessary to stop. Our girls are as worthy and responsive and sweet as ever. We and they are caught in the whirpool of these times, the reasons for which are so far away and so complicated that we cannot understand them. We have been reading about others' troubles, and then one day we hear that they have come to us. We are in no physical danger, and do not anticipate any. All of us intend to stay right here and work as long as we can. The new orders will probably be carried out in March, at the end of the school year, though lightning speed seems to be the fashion, and one is not surprised at anything. I hope that all necessary repairs and replenishing of equipment can be done before this, so that at least we can be tided over a hard place. We join with those of many lands now strangely involved, but are ourselves not suffering even inconvenience. It is the sinister implications that one dreads. Yet sudden change can also be in a different direction, and the typhoon that we are now in, as one of our leaders said, may pass and leave us, though battered, able to return to our course.

Words of strength and beauty have lately come to me in the new hymnal our Union Church has just bought. This hymn has been constantly in my thought for the past two weeks.

Faithfully yours,
Alice R. Appenzeller

Ewha College, Seoul, Korea

November 2, 1940

Dear Friends:

The skies seem to be caving in on us, as Edna St. V. Millay says, and it looks as though two weeks will close this long happy drama of our life here. The bell is ringing, the curtain is falling. The American consul, Mr. O Gaylord Marsh, who has been working very hard on our problems, has been able to get the Matson liner "Mariposa" to call at our nearby port, Jinsen on November 15th, and he expects 250 American citizens to be evacuated from Korea on that ship. That is the port (formerly called Chemulpo) where my parents landed 55 years ago. It was in those waters that my father lost his life trying to save two Korean friends. My brother and I are glad that, since we must go, we can depart together from this place. It breaks our hearts, but we hope that before long we can come back again to our beloved home here, and go on with the work that has been our life for so long.

The reasons why we are leaving will be explained later. Three chief ones, given in order of importance as I see them, are these: our presence is daily causing our colleagues embarrassment and suffering; the Korean Methodist Church has been changed, forced into a mold that is impossible for us to recognize; the U.S. government has strongly urged us to leave now, "while transportation is available". Our best friends among our people say they cannot ask us to stay. "We love you, we need you, but we cannot have you", is the way one put it, with tears streaming down her face.

Since October 9th we have known this might come, and have tried in every way to avoid this final step; but it has come as an inescapable duty, and we have made complete withdrawal our Mission policy. A committee of five men is to remain, wind up our business and come away as soon as possible. We pray that our action may help bring peace and an order in which Almighty God and His laws shall be the rule of life.

We shall land in San Francisco Nov. 30th and I expect to spend Christmas with the Appenzeller-Noble families there. My California address will be my cousin's home, Mrs. A. L. Bailhache, 2519 Octavia St., San Francisco. But the best permanent address of all missionaries is 150 Fifth Ave., New York. Letters are forwarded promptly from there. Some Presbyterian missionaries and most British people are remaining, for the present, at least.

Some are as firmly convinced that they should stay as we are that we should go. Nothing is plain, every issue is complicated, so each can but follow what seems to him right.

Our work is being provided for as well as possible, with the burden carried now entirely by our colleagues. They need all our prayers. President Kim will move into our house, which we are leaving fully furnished.

These are the saddest days I have ever lived through, utterly unreal. The usual farewells, gifts and expressions of appreciation that our people love to give us when we part from them are impossible now. But richer fellowship of the heart is coming to us in unforgettable experiences. We know that nothing can separate us from our friends, and that we shall always be working together, even though oceans come between us. Most of us do not know where we shall go or what we shall do next, but we have no anxiety. We think gladly of you, and hope to see you before long.

Faithfully ever,
Alice R. Appenzeller

S.S. Mariposa, Nov. 26, 1940
Address, 2519 Octavia St.
San Francisco

Dear Mrs. Masland,

This is about Ewha College, and the telegram I'm going to send you from the boat, which will say,

PLEASE CABLE NOW TWO THOUSAND SIX HUNDRED DOLLARS DUE EWHA COLLEGE ENDOWMENT JANUARY. RECEIPT OF FUNDS UNCERTAIN LATER URGENTLY NEEDED TO HOLD WORK. APENZELLR

I can hardly get used to writing plainly, for we've been muzzled so long. And now we're afraid that something we write will get back and harm our people in Korea. The fact is that now we can do something to send Helen Kim money to carry on. To wait till that is due in Jan. may mean that we can't get it to her. Endowment money can be received now, even tho appropriations will not be received. We want to put as much money as we can get hold of into Dr Kim's hands now, so that she can invest it and have something to run on. If we don't, she will have a terrible time, and her burden is already almost too heavy to bear.

The police interference in Korea is so much worse than anything Bishop Abe told us to expect. He felt it during his few days in Korea in Sept. and could hardly believe the difficulties that were everyday experience with us. One China missionary on this boat said in public that, tho he'd been thru shot and shell in both armies in war areas in China, and he told us terrible things about his experiences, he would rather endure a year of that than six months of the mental torture that Japanese rule brings. That is what Korea, and especially Koreans, are under. At the very least we want to help make it easier.

Dr. Helen and I made a covenant before we parted, that we would work for Ewha as long as we lived. She said twice, while we were standing weeping, with our arms about each other, "I will carry on the work of this college until I die." God grant that she may live long and that she will be allowed to fulfil her vow. Prayer and the intelligent help that we can give are the best that we can do for her now. Our presence was no longer possible. She was willing and would have been glad to have us stay, in spite of difficulties that the presence of "so many foreigners" was continually bringing her; but we should have had to take the part of acquiescing and actually approving the whole Japanese national program. You ask whether we haven't been doing that up to the present. Yes, our being on the staff was so requested, even tho we did not attend the ceremonies or ever go thru many of the things required of nationals. But with the new church structure and the definite requirements of the past months, which are growing worse all the time, we did not feel that we could agree and continue to work. Our withdrawal is a protest that they understand and have noticed.

Again, you wonder how we can send money when we have withdrawn ourselves. We know that if the salaries can be paid and the college kept going under Dr Kim and the fine Christian staff there, whether every meeting and public utterance is kept up now as before or not, Christ will be exalted, His message to people, especially women, will be lived and proclaimed, and that the work of 54 years will be held for the time, surely coming, when the prisoners will be released and those that are bound will be free. We must help the college to weather this dreadful storm; I know you and all our friends will do all you can. We are sending statements from this ship that will help you to understand why we are coming home like this. It is heartbreaking, and every day makes us feel worse. But, as our Lord said, sometimes "when thou shalt be old another shall gird thee and carry thee whither thou wouldst not." Even in these places He leads and will bless. Hoping to hear from you soon,

Faithfully yours,
Alice R. Appenzeller

⚜⚜⚜

The Late Thanksgiving Date **<From: Edna Van Fleet Hobbs>**
Nov. 28, 1940
Hilltop, Seoul

Dear Ones All—

Gone! Gone! Gone!—but not forgotten. We were all so glad to have chammy letters from Alice, Bert and cards from Esther etc. I can't believe yet that I won't meet you wondering around some place.

I have been kept very busy so that it is hard in some ways to realize that it is almost two weeks since you left—in other ways the "Inchun Incident" seems to belong to another age.

As I wrote to the boat that all day the Sun. after you left we prepared for the big move out of our dear little nest to the hilltop. We slept in our new home Mon. night but had to work all day Tue. to finish off our house and pack away in the trunk room the few things we kept in case we stay or return.

Mr. Snyder had everything as nicely planned and arranged for us. Gave us his own nice, big sunny, S. E. room with wash basin & running water. It is the warmest room in this nice warm house so you know I'm comfy. I rearranged it to my liking—making it seem a much bigger room. When Mr. S saw it he said he wished I'd go all over the house and arrange it.

We use our wardrobe trunks for dressers and have a dressing table. Thus we do not unpack our trunks—except for a few things we hang in the big closet we have—have my trunk in there. Of course under the bed are suitcases & small trunks—but who knows that but us? The first morning our Anak came up—before I had rearranged the room, she broke down and sobbed and wept. Couldn't bear to think of us in such close quarters, but after we straightened up she felt better about it.

We do have a nice jolly family and for once I'm getting plenty of "man" talk. I'm so thankful for Tom's sake, he needs someone with whom to talk things over. For four days and a half he was at the Chong No Police Station being questioned (Home for meals & night). He says they couldn't have been nicer & more cautious but they did it up thoroughly. Had been thru all his correspondence, annual reports and account books. His four men are still in but he thinks they'll soon be out now. They told him that he stood high with his men. When they dismissed him they implied that they were convinced he had nothing to hide. He thinks his Society will now fare better than it otherwise would have done and he's glad he's been thru it. The set at Chong No seems much better to deal with than at West Gate and since we've moved to the Hilltop we are out of the W.G. jurisdiction for which we are glad.

But I started to tell you about our nice family. Dr. Demaree has been with us for a week. Laugh & grow fat? Well I guess that is what we're doing. One screamingly funny story after another. Must say this complete change of life is our great salvation. Dr. Anderson is always nice and have a nicest congenial group. Dr. McLaren pops in at news time when he's up from the country. We do seem to waste a lot of time trying to get the news but we're eager to know what really is going on in the world. The J. Adv. has fallen so low it only disgusts one to read it. We keep midnight hours to get the best. We're hoping to hear from some of you Sat. Dec. 6. Oh, how our ears will stretch out to get every word.

Dr. Anderson added all his food supplies to the larder as did we so I guess we won't starve. Dr. Demaree has more in Wonsan to bring down as we need. Mr. Snyder is a good provider so just expect the next time you see me to find me as Ringling Bros. "Fat Lady". I can't mourn over the loss of you all and waste away in this crowd (as I'd hoped to do).

× × A memorable Thanksgiving Service over—37 present including the "McCully girls", Mr. McFarland, Helen Henderson and Am. Consular folks. Mr. Marsh read very impressively the Presidents prayer—so beautifully worded and so meaningful. The quartet

Demaree, McAnlis, Shaw, Watts added music to the service and Dr. Koons in about 15 min gave a most appropriate, helpful message. The collection for the Blind school was ¥65.00—not so bad for that group including 4 children and one Korean woman. Last year it was ¥206.00.

We have had lunch and Tom and Dr. A. have gone back to their offices and while I was setting the table & fixing the center piece for our dinner tonight Tom called and told me that his four men, Mr. Chung, Mr. Saw, Mr. Kim, Mr. Yang—and the S.P.C.A. inspector had just been released (almost 3 mo. in retirement)! What a real cause for thanksgiving and rejoicing.

We—very 갑작이 invited all the says who hadn't invitations out to dinner tonight. So Bertha Starkey, the Pieters and the Koons are to dine with Mr. S, Tom and myself. Our other 2 men going to Underwoods. We're having Pheasant & the fixings. So life goes on and we'll be gay in spite of the funeral we had a couple weeks ago.

But I must give you the diary (of my days at least) since you left.

Reading Circle met on Mon. Nov. 18 with Mr. Phipps rev. the book on "Call for Fed-Union" which we had to miss because of moving. Tue. we worked in the house but all others excited and concerned for Miss Lawrence. But of that week spent in "settling in" (as Tom says) so knew little of outside fairs. Sat. night Mr. Snyder had the Marshes and Kerrs in for waffle & pheasant supper. A good time was had by all. Sunday there were 35 at church—10 of those present will be gone next Sun. It was decided to have church in Seoul Union after next Sun. ——Fri. 22nd on way to Mrs. Phipps for Red Cross work & stopped to see Mrs. Marsh for a minute & found her and Grace K. sitting on the steps just inside the gate. Told me they were waiting to receive E. Lawrence for whom Mr. M had sent his car. Soon she rolled in smiling having been cleared of all charges and the Procurator asked her—even before going home to wash & clean up—to attend a <u>banquet</u> which he had prepared to give her. She tho't she'd have to go but John Genso got her out of that. Dr. Koons told us that E. Lawrence was supposed to have paid for the banquet so that poor procurator was stung.

There were 6 at Red + meet and I read Alice's letters which I rec'd just before going all were delighted to hear all she had to say.

This week I've been frantically trying to get off a few Xmas remembrances—mostly only Club Calendars. But want my dear ones to know we do think of them all—you too!!

On Wed. we went out to the cemetery to plant some D. Perkins roses and stopped en route to deliver some chairs, clothes etc. at Longview. □□□□□ gave us a more than cordial reception. She had just had her bath & felt frisky. The place is not being occupied except by Ye's son and the animals. My little Sis said they did not have enough coal so would have to wait until spring to move in. Everything nice and clean. Tho't I'd go under best seeing the bravery of that little girl I just didn't dare let myself go. Felt your spirits all about and couldn't believe one or more of you wouldn't round one of the doors into the room. Tried to find Berts diplomas and gloves but succeeded in finding only hundreds of burnt pictures. What do you want done with them? You didn't say—only wondered what had become of them. Left them with our faithful boy and will await your orders. No one out there may communicate with you in any way and it will help greatly if you write no letters to be sent there. Orders from powers that be just a day or so after you left. Write me and I will in some way get word there tho we too are not to be seen there.

Now love to all of you all the way down the line from the Apps to Young and Zola and then all the way back again. I must get this over for Doug and K. to take who are leaving tomorrow. E. Lawrence & McCully girls on same boat "Russia". Tom and the rest of our family send greetings to you all and best wishes for a beautiful Christmas as you are reunited with dear ones at home.

Always longing for news from you

Van Tom.

Hope Bert sees my bro. soon and explains all. Please be sure to tell him those rolls must be developed soon. Hope you can see them with him and explain.

Her affliction was reported over radio 2 or 3 times so America knew too.

Please get this word to my brother. 1427 Sohofield Bldg. Cleve.

My Darling

You must have a note all for your own but please send the general one on to those interested. I'll get started to writing regular letters soon. You left no Cal. address so I'll use the one Ruth & Henry gave in our guest book. I'm sure they will get it to you sooner than

Via N.Y.

Darling it was agony going out there (longview) on Wed. but I had to do it. Had things to take out for House, lib, museum & the sisters and to look for Berts diplomas which she said was in her washstand drawer but were not. Hope she finds them in her trunk. I just couldn't go in to the other rooms tho I did walk down the hall and look in with aching heart. Your room I couldn't approach I knew it would be fatal and to break down before the courage of that little girl would be selfish indeed.

These are her messages—

1. No possibility of any connection or communication with any of you. Powers stated that any such relationship with us here or there would be misunderstood & she would probably be suspected of what Cox was.

2. Has rec'd verbal confirmation that the app. for Zaidan can be presented on Christian basis. When it goes thru will cable Avann. Memberships in this can be only peopling living in Empire. She is adding no one to replace those gone but will hope when times are normal to just back those gone or put on other foreigners.

3. Wants to know if you and Anna C. conferred on the boat in regard to getting the interest on endow. to come into her in Jan.

4. Said if zaidan goes thru satisfactorily, that should need come, any of the W.F.M.S. interests that need protecting could be "held in trust" in this new Zaiden and she would be glad to have it and for that purpose if at anytime the need arises.

5. Everything is going on in quite a normal way. Teachers have cheerfully loaded up Music lessons have been taken care of by having all girls below senior rank having 1/2 hr lessons. Srs. Have full hr.

If I can serve you and her in this way by being a go between it will be well worth being left behind. Don't know just how we can communicate but will find some way. Will try to get a letter off with someone going on Cleve. Dec. 11. Don't know yet of anyone going from here but there's sure to be someone for more and more are deciding to go both from here & Japan. Wonder just what is going to happen. Sort of feels as tho the going of so many has stopped something.

Oh, I'm so thankful for the release of Tom's men. He's been as concerned for them with cold weather so near. It's been delightfully warm so far. You must pray now that the right kind of Korean Bible Society can be formed. That Pres. Group are trying hard to get it and C.L.S. for themselves wouldn't that be awful? If that could get straightened out Tom would be so relieved. He's so worried about it. However with his men out I think things will take on new life & he'll have the help he needs. These men in the house are a big help to him.

I'm so enjoying the hand lotion 기씨 and hope you can get another. Let us speak of Yitongie as Mrs. McGary's son H. as my little sis — Unsook as sis (small) or Chummy. Longview as the asylum Dorm — three wings. Music as Esther Chapel as essays (Emerson's essays — see?). Even tho I send by special messenger I think best to be careful lest it should get into wrong mail bag.

Please do write Mary L and tell her I'm sorry to repeat my last years gift and to have nothing for the children. There just isn't a thing to send from here. And no gift for you my Dear except my deepest love. I know you don't want things and have a feeling no one else does. I'll try to get letters off "as possible as I can" but there isn't much chammie to write. I find it as hard to write anything, for after Tom's grilling on his correspondence — they can make much out of nothing so don't think me too dumb when you get what I'm able to write.

If you get in touch with Barbara Robson or Edyth Nevitt and any others you will I know tell them all our "hyengpyen" and help them to understand.

Love to all the Apps. — to Dr. & Mrs. Noble and many others. Do take care of your dear self for me. You'll know we'll want to hear as often as possible but don't spend all your time writing. Remember that newspaper & mag. clipping often came thru when the papers & mags. themselves do not. Sent in a dif. wrapper and with newspapers or in some such way you can keep us informed — or tell other friends to do so.

As folks continue to leave from here we feel we still have a link with you but when there are no more to go we'll have to depend on pretty thin rations I fear.

I wish I could relay Dr. Koons splendid message — perhaps you'll see E. Lawrence or someone who can tell you. You & Henry had honorable mentions.

This must came to an end now and I must go down and see if Mitami needs any of my sage advice. I don't do much but occasionally drop a hint. I'll keep Anak on only to the end of this month and then call her as I need her. The two servants here are quite efficient and we don't need more. Of course no brek. in bed nor teas etc. but that's good for us.

Mr. S. has taken over our supplies and we just pay a straight four yen a day each. Even so that is cheaper than housekeeping as we'll save in the end. Of course we won't feel like entertaining a lot (no chance either) tho Mr. S. urges that we ask any and all we wish. He's too generous. Don't worry about us. We're comfy and happy as can be expected without all you dear ones (you in particular).

Boundless oceans of love and God bless and keep you and give you peace. May you soon find what will be best and happiest for you to do. My love to Betty when you write.

Always and ever your own loving
Van

878 Roanoke Rd. **<From: Ada B. Hall>**
Cleveland Hts. Ohio
Dec. 2, 1940

Dear Alice:

Even tho I haven't been able to let you know I have appreciated your letters. They have been a great help in the few speeches I've had to make, beside their information—you see I filled in—in between.

To say the least I've been with you all in tho'ts & prayers & even dreams. One night dreamt Unsook was sick and what a time I had before I had to leave. Well, I truly hope not for she & Helen depend so on each other.

I asked Mrs. Masland to send the order for Dec. now & she said she had. It never comes in till after Dec. but on such an occasion she sent it earlier but besides the $2600 we also have due for the yr. from Jan to Mar $900 shouldn't that be in the cable too—Mrs. Masland said the order sent in Sept. had not been drawn yet. Do you know anything about it & how much they got in M.O's. It would take some time to get the checks back here so may be not time yet.

Mrs. Masland thot that we wanted the furnace sent to Jinsen so held it up for some time. I said Dr. Helen Kim—via Jinsen—but guess all right now if she's sent the money. Can they receive it?

I'm glad S.Y. has taken over the English—good sport!

You'll be paid furlough salary for a yr. but I think Mrs. Masland has something for you to do. You'll hear.

I haven't known what to write so haven't and we were not sure when you were leaving! What a mess! What a strain for you all!

Last week I was in Philadelphia to the first annual meeting of the B. of M & C. Ex of Meth. Church. Very few mishes—only one from Japan, one from Korea and one from China of our group were present. Dr. Cable & Eulene Smith arrived & was Eulene excited.

I wrote Mrs. Avann hoping she would come & have an Ewha Coop meeting—but she seemed to think all finished—nothing to do until the new one elected. Also that the Zaidan was going thru after a talking with individuals etc. finally Mrs. McConnell gathered those who were there the last day for lunch & part of the time was put in about Ewha. Mrs. Bragg, our Pres. was present, also Mrs. Bebee, chairman of the mission side of our W.S.C.S. I think they saw the seriousness of it & Velma was asked to write a friendly letter to Helen. We both censored it and think it will be all right. This may help to pave the way for the cable. I'd add more, the approp. for Jan to Mar. it was there balance there to pay it. Sometime Sauer has much on hand tho they wanted very little in Dec.

I'm going to have the nerve to ask her to cable all other fund now for next quarter or half year. Is that too much? I'm pretty sure she has funds she can use without borrowing at any bank.

The old Ewha Coop Com. goes on just the same till a new one elected which will not be till their Ex. Com. meets—tho. there is a Sub. Com. of the Ex. Com. which is to meet on emergencies, so telegraph Mrs. Masland this is an emergency also about Ewha High! Oh! If this had only gone thru 2 or 3 yrs. ago when we worked so hard then I could [be] writing churches need but she will claim it was never her fault. I saw her Sec. in Phila.

I tried to talk to Bishop Baker but he always was so busy, tho said he'd see me the last day afternoon but at 2:30 no sight of him & I had to make my train. Saw Bishop Welch and he was much concerned & sympathetic.

Cables have been coming from Japan for someone to go there & at once. The last morning one arrived again. Bishop Moore, Baker, & Miss McKinnon were to go—but Moore cannot go till middle of Jan. Someone said they hoped he would see someone might go in his place. Miss McKinnon is not well so doubt if she could go now. She looks well but does not feel so. Getting passports is another question—but I hoped they could go "on a visit to the East." Bishop Moore thinks too late now. Said it should have been 6 weeks ago.

I stopped & saw dear old Hannah Pak on my way back. She looks so well—has gained 10 Ibs. Arthur & family were there. She's going with them till Xmas & then back to Julian's. They are within 6 mi. of Altoona where the Pennsylvania line stops. Address Julian Park, Duncansville, Pa.

You will hear from Betty Lee. She wants you to stay where its warm.

Alfrida wrote & if she does not have to come East I'll go to Chicago to see her about 8 or 10th. Also hope to see Mrs. Chaffin.

You know I wouldn't be surprised if there weren't some Japs in the P.O. Dept to get our letters. I still find it difficult to write & speak freely.

Mabel Bennett Wright was in Cleveland visiting her husband's people. She had not heard from her sister since last June. Where is Bertha Starkey & Van & Tom when you do come there let me know & I'll try to be here. Let me know anything I can do. Can they receive packages. I've sent some small ones.

Do you know about Money Orders. Could they receive small sums that way? Did they get any coal for the stokers.

Love,
Ada B.

Cin. Br. promised $1000 on the Aogai Kdg. in memory of Brownie. Wouldn't it help if sent now?

WOMAN'S FOREIGN MISSIONARY SOCIETY **<From: Mrs. J. W. Masland>**

OF THE METHODIST EPISCOPAL CHURCH

Dec. 5, 1940

Miss Alice R. Appenzeller,

2519 Octavia St.

San Francisco, Calif.

My dear Miss Appenzeller:

Your cable asking us to send $2,600 due Ewha College endowment, was received, as well as a letter from Miss Hall, also urging me to do the same thing. We have complied with this request and have included the $15.00 from the Hazzard Library Fund and $15.00 income on the Grace Cook scholarship, as well as the special gift from Mrs. Fritz of Lancaster, Ohio, about which you wrote us some time ago.

We have also dared to send one-fourth of appropriations for 1941. I do not know whether that was wise or not. I am also agreeing to Miss Hall meeting Miss Kostrup and Mrs. Chaffin in Chicago. They will confer together over the financial situation of our work in Korea, and let me know further.

I have received a communication from Mr. Sauer today stating wherein he needs funds to carry on up until March 31st when the school year ends.

I have also cabled Mr. Sauer as suggested: ARE EWHA HIGH CLEARANCE PAPERS AVAILABLE, and am awaiting his answer. If it comes through YES, I will immediately answer with the second cable proposed, namely: PERMISSION GRANTED.

We cabled $5,780 to Mr. Sauer, and I have written an air mail letter to him giving him the detailed figures. I thought it best to cable to Mr. Sauer rather than to Unsook Saw. The cable cost us $24.45. We are not charging this against the college, but rather against an emergency fund.

I hope you will find it possible to take up the work suggested by Scarrit College, as I know you will be much happier to be kept busy than idle. If you come in the direction of Philadelphia, I trust you will get in touch with us. We would love to see you.

Yours with love,
Sincerely,
Elizabeth S. Masland
Mrs. J. W. Masland, Treasurer

ESM:S

878 Roanoke Road **<From: Ada B. Hall>**
Cleveland— Dec. 9— 1940

Dear Alice:

Yours & Mrs. Masland came together. I thot 5¢ was regular air mail—like foreign. Well its live & learn.

Mrs. Masland may have sent you a copy of the cable but here it is.

$2600 —	Endow due Jan 1, 1941	
15	Lib. Fund	〃
15	Cook Schol.	〃
467.10	Mrs. Fritz gift for Ewha (Library) (This had been sent in Oct. 1.)	
2682.90	1st yr. from Jan. to Mar.	
$5780.00		

The $900 is due Apr. 1—but we have always counted it as on the old year. I've always made the adjustments with the W.F.M.S. Mrs. Masland sent an order to Unsook for $900—Oct 1st but the check has not been returned as drawn. Do you know? Then I urged the next $900 due Jan 1 be sent now—which she did Nov. 18. If you have one of the old Balance sheets—capital a/c Mar. 31, 1940 you will see at the bottom Mrs. Pfeiffer's gifts.

$60,000 @ 6% = $3600 (This due each yr. Jan. Apr. July. Oct.)
65,000 @ 4% = 2600 (This is due Jan 1)

The increased dividends they think will not be paid this yr. tho we counted on it.
It is this $900 or 1/4 of $3,600 that I want sent now but due or not pd in till Apr 1.

⚜⚜⚜

311 Shashoku-cho **<From: Edna Van Fleet Hobbs>**
Seoul, Dec. 9, 1940

Darling

Over a week since I have written you but I just had to get the last letters and Christmas pkgs. off. Most of these will be late for Christmas but that will make little difference as they're mostly calendars or hanks. No inspiration for any one this year and not a tho't or glint of idea for Tom.

It has been a blessing that it has not been cold. No fire at the college and such places until Dec. 1. I have been so warm and comfy in this room I've felt almost ashamed. We have sun all day long and that helps of course and being on second floor the floor is always warm. No woolies so far and no pig. Think of that for me. Yest. morn was so warm I had the window open all morn. We went down to the Union in the late aft. I didn't know it had turned colder and I got quite chilled for I hadn't worn enough clothes and only my (your) blue coat. It is much colder today outside but I have on only little silk pants & my blue boucle(?) dress full of holes.

We are getting "settled in" and this living in smaller quarters and in our trunks is probably helping to prepare us for retirement. No breakfast in bed, no bed turned down at night, no shoes shined and all those little attentions Anak and Taikunie gave us. Good for us too I guess. Anak was with us until the end of Nov. when it seemed best that she discontinue as it rather complicated things here. Servants here liked her but it didn't seem wise to have them depend on extra help.

Sat. Nov. 30. Mrs. Koons put on a Bowling supper, to the which most everyone went. Sun. night we had supper at Pieters never dreaming that the Mariposa would dock before Monday, but hoped to hear from Florence McA.—and not from Henry and all the rest. We got home in time but Mr. S. was not here and I didn't know how to manipulate the concern so we missed all but James Morris letter. We're hoping for more tonight.

Grace Kerr is having all the wifeless men for supper tonight then they are all coming over here hoping to get a letter from Dorothy and I'm hoping for word from you. I guess I'll just cave in if we do. I've held up pretty well but don't know what that might do to me.

Wed. night we were at Koons for dinner. They had K.M.F. Folks to do something about vacancies. Snyder takes Koons place who goes into yours. Jessie put on board which she vows she won't do. Thu. was a holiday Prince Sionji's funeral. Tom worked down in our garage knocking down and packing the carved Japanese furniture. In late aft. we went to Union. One game I made 141 Tom made 176.—going strong.

Fri. a.m. I went to Mrs. Tchirkine's for shampoo and curl—then to Mlle. □□□□□ to have my old blue washed turned dress fitted. Having it made coat dress style and think it is going to be quite a success and so nice and warm. From there went to Meijiza to meet Tom, Dr. Anderson & Dr. Miller. We took our lunch and made a day of it to see Broadway Melodies 1940 very highly recommended by Dr. Koons. It was good of its kind—a bit too much of the same and again Tom felt he'd wanted a lot of time. Mr. Phipps, Mrs. Davidson and I have decided to date each other for movies and leave our spouses (who are always bored) at home.

Sat (yes't) Dec. 7. Helped get table and house ready for dinner guests. About four Tom and I went to Union and bowled several games. I made 142. We had Phipps, Taylors and Una. Mon. night we are to go to Berthas for Sukiyaki. Have had no contact with little sis for over a week. Tuesday night is Pres. Station meeting and we go to Dr. McAnlis for it & supper. Next Sat. Mr. S. signed up to give the bowling supper for which I will have to be responsible. Monday 16. Taylor-Hunt will read "Eager Heart" for the Dec. Woman's Club meet to which all the men are invited.

Oh, each day makes me realize more than the day before the loss of you and our other dear ones. Passing Gray House hurts—which reminds me that those Russians who were with Mrs. Kumabe have moved into the Huss Studeny Gray House. They have the Bishops suite and use Brownie's room for their kitchen so my hairdresser told me. Said (this for you only—I could hardly keep from laughing) it was so dirty they tho't they'd never get it cleaned up. Another interesting bit of news is that the school where Ruby and Ruth and Hallie were have rec'd. yest. a gift with no strings whatsoever of between three and four hundred thousand. Also that the building where Anna used to hold forth was rented to some business firm by the man who took Chung ○○'s place when he died. Went ahead all on his own it seems. That seems to me more than high handed.

There are many interesting things I would tell you if I could.

Church at Seoul Union today for the first and at 4:30 tho I protested and told them it spoiled the whole afternoon having it at that hour. I'll never be able to live down that remark now. Will Kerr is hon Pastor again. So glad he took it.

Think I'll have this now and finish in the morn. ××× —

Mon. a.m. Will & Grace and the bunch came over after supper last night. I was so disappointed not to hear from you but all were excited over a letter read—from Donald telling of his plans for Xmas for himself and Dorothy. Another letter from James Moore and one from Barnharts. One to someone in Malaya or someplace mentioned Portia Billings and Margaret App.

Church at Seoul Union yesterday was ever so nice. Chas. Sauer preached. Will Kerr played the organ & Bill Shaw sang a solo. It was nicely arranged and the 30 present (plus 3 children—2 Und. & 1 Henderson) just filled the room nicely without crowding. So much better than Morris Hall for that number. Louise Im and Mrs. Kumabe and Mr. Wood of China were only ones who probably not be regular. Otto De Camp and Miss Wood were married on Fri. (in Chungju) and Sat. by the Consul here in Seoul.

××× — Have just been down to our garage to instruct the packer and stopped at Jessie's as I returned. Only there a few minutes when her student—Nina □□□□□(?) arrived for her economics lesson. Rachel teaches at school, 5 hrs. a day and Jessie has several classes at home. She seems to be quite well these days. Taking on more and more her husband's angle of thinking and both at times condemning various mission actions (don't repeat).

I wonder how much you have heard of Corinne's terrible accident. Hit by a car in Columbus Ohio—concussion of brain & brain torn, collar bone broken. Mildred feared for a time it would be fatal but a cable came a full month after the accident saying "Home soon to work in two months. Wish you were here."—and how I do wish I could have been with her, but how could I be in two places at once and poor old Tom needed me so desperately then—still does but things are definitely better now. Wish you could tell her & instruct her about the mail bag. No definite address just Edna & Tom Hobbs somewhere in orient. We'll be expecting a letter Dec. 29 or Jan. 5. It's getting to be a habit—but you know letters mean more to us now than ever before.

Wish you were to be with us tonight to eat sukiyaki. I'm so hungry for it and oh how I would enjoy a good Korean meal.

The Avisons were to have sailed on the Empress of Russia Dec. 4 but it was taken off and we heard yest. that they have taken passage on the Cleveland, which I think sails Dec. 11. Hope this makes that boat. Then you'll get two of my epistles. Still we know not of our future. No word yet from Dr. Temple. There is a wee possibility Tom may be sent to Australia for a time for deputation work. That would be a nice experience but I'd rather get to USA now. Wish I could be a mouse and hide in the toe of your Christmas stocking.

Both of us send love to you. Remember us to Apps, Nobles and all mutual friends with our greetings.—Love you so much. Miss you so much. Want you so much.

Your loving

Van

Tue. Morn.

Sukiyaki at Berthas last night was delicious. Nearly killed myself eating. Sorry to miss my little sis who came while we were gone, left note saying to see Jessie with whom she'd had good visit. Marshes and Kerrs and all the wifeless men—no only 4 were there last night. It was all so nice. I'll see Jessie this morn but the note said from yesterday carols are being sung down all halls—every place "but each time I hear my heart aches from being lonesome and homesick for these. But we're all right trying harder than ever to become real Xians." It was such a pathetic little note I couldn't keep tears back.

Must get this off now to catch the Cleveland sailing the 14th so this may reach you for New year which I hope will be very happy for you.

Love some more
Van

⚜⚜⚜

49 PORTLAND AVENUE **<From: Henry V. Haight>**
SHERBROOKE, QUEBEC
December 6, 1940

Dear Dr. Appenzeller:

Your circular letter of November 2nd is very moving. We shall be glad when we can meet you and you can talk freely. In the meantime, please tell me what I should do about the quarterly contribution I have been making. Should I continue to send it to Ewha College, or should I send it to Pynghyong Rhu, or what?

We are having a very early winter, snow and below zero weather.

I have been busy as Church Treasurer, as Chairman of a committee to raise funds for Y.M.C.A. World Service, and now Y.M.C.A. War Service, and also working fulltime and overtime, designing munitions machinery. Our Rotary Club has just held a fair to raise money for Crippled Children and other work.

Sincerely yours,
H. V. Haight

⚜⚜⚜

2519 Octavia St., San Francisco

Dec. 16, 1940

Dear Mr. Haight,

I am glad to get your letter, and enclose something that may add to your information. We had a delightful voyage home, but the heartache seems to get worse all the time. Everyone is so kind, and never did our beautiful, free country seem so good to us, in contrast to what others must live under.

We are trying to send all the money we can to Ewha College right away. By cabling our treasurer in Seoul, Rev. C.A. Sauer, funds can be paid to the college treasurer. You know that one great point in the new "indigenousness" of the Japanese and Korean churches is to refuse foreign money for their work. The time limit at which this is to be enforced varies with the temper of the police in charge. We hope trying to get money out there ahead, so that the college need not suffer quite so much. I am writing Mrs. Armstrong today; if she will send say half of next year's appropriation to Ewha in the way I suggest, perhaps you would add a half year's allowance for Puyong to the amount the cables. If you don't wish to do that, please send that amount to Mr. Sauer for Ewha College. Do not mention any Korean names, for that is likely to get them into trouble.

One of the last times I saw Puyong she spoke of you, hoped I'd see you, sent her regards and greetings. She is happy in the prospect of her marriage, I think. The young man seems all right, and interested in her continuing her musical career. She will probably go on teaching, especially now that the missionaries are not there, so her support will be needed more than ever. I do hope we can find ways of continuing it and all the help that our beloved college must have. I have boundless faith in Dr Helen Kim and in our faculty. Of course, we don't know how much interference may come to them, but we can only have faith, with which nothing can be done anyway.

You are surely more than busy, so I especially appreciate the personal attention you give so faithfully to your project in Korea. Be assured that your labour is not in vain in the Lord, and that sometime you will find your reward.

Please excuse this poor letter, written on a borrowed typewriter. It takes you my sincere wishes for real blessing and joy at this Christmas time, when all of us need more than in other years to realize the presence of Immanuel.

Sincerely yours,

⚜⚜⚜

2519 Octavia St., San Francisco, (Fillmore 3471)
Dec. 15, 1940

Dear Bishop Baker,

It is good news for all of us who love the Japanese and Korean Christians and the Church there, that you are going to help them. I am sure it is a real sacrifice for you to leave just before Christmas, and that it is hard for you to arrange this trip on short notice. But it has been so very important this fall that Methodism (what is left of it) in the Orient should have some authoritative help, that we are glad to have you go even now, late though it is in the avalanche that has roared over us. We long to have your judgment on things and your interpretation of events as they stand and of things that are ahead.

I shall make every effort to see you before you sail, but am writing this so that you may have some matters of which I wish to speak in your mind. Perhaps you had better destroy this letter before you reach Japan, for the police are going through papers, and you never know what they'll take. I think their new German advisers may be acting as censors, and they will be more thorough than the Japanese could be.

First, I do earnestly hope that you will go to Korea. Do not listen to anyone who tells you that it is all over there, there is nothing you can do, our work is closed, you could not talk with anyone without getting him or her into trouble. All this may be true, but the Koreans and the Americans need to have you see the situation at first hand. So please put it into your schedule from the first. You will find all our Mission huddled into two houses; up on the S. Methodist hill, in Mr. Snyder's house, are Drs. Anderson and Demaree, and Mr.

and Mrs. Hobbs. Van is doing a lot to keep that house a home, I'm sure. Mr. Shaw is with Mr. Sauer, on the Seminary compound. Hugh Cynn is in Henry's home, and Helen Kim is occupying our "Longview" at Ewha College. I hope you can see these places.

Second, about Ewha College. You must talk with Helen Kim or someone of authority there, if you can't see her. We want to know how they are doing. Money has been sent them since we came here. I'll try to get exact figures for you before you leave. Miss Hall is working hard on the problem of getting money out there as soon as possible.

I want to know about the Zaidan; Helen had doubts latterly as to whether the Christian basis would be allowed, and is ready to drop getting the Zaidan and undertake the college under her own name if they do not allow the Christian basis. Ask her about the "Founder". Ada Hall is now Founder; she appointed me Acting Founder when she came on furlough, and I appointed Helen Kim the same when I came away. What is best to do about that? It is most important. You will hear how things have gone since we left, and what their hopes and fears are.

Third, I am ready to go back on the next boat, if there is anything I can do there to help. I don't care about my "face"; if I made a mistake by leaving, I want to rectify it at once, and am willing to pay my own way back, if necessary. The Mission absolutely would not allow any women to remain, tho several of us were very eager to stay. Mary Young who has just gone to Oregon, said that she did not want to take work here till she could know from you what you thought the prospects were of her being able to get back. We shall be grateful if you will keep this especially in mind and let us hear when you return. Further, find out what we can do to help. I am staying in Southern California for the winters, at the Van Buskirks in Corona, and hope to see you before I go east.

The enclosed are general letters which Mrs. Baker might be interested in. I think of you both and of Lois with sympathy and deep understanding, and hope that somehow the Christmas time may be even more precious to you all, as you give up your personal wishes as a real sacrifice to the Christ Child.

Faithfully yours,

ARA

⚜⚜⚜

2519 Octavia St., San Francisco, Dec. 15, 1940

Dear Velma,

I have this typewriter only today, and I consider it a good use of the Sabbath to work it. I've copied some of the enclosed, and will make as many more as I can. Your dear one-handed letter to the ship wrung my heart. Hope you're OK again, but I'm afraid it's not as trivial as you tried to make us think. Such things cause much pain, and that wears one down. I hope you're in Oneonta now, for you need time to pull up there. I'll enclose a note to Mamma too. Can't tell you how much I appreciate her writing that sweet note.

Mary Young stayed for the Jurisdictional meeting and spent the last night with me. We had a regular old Ewha time—ate, sang, prayed, cried, laughed, talked half the night. I've been so lonely without any of my family, while she was visiting cousins. Now I'll have to wait till I get to LA to see more Ewha folks. No one quite like them, is there?

You see, I've written Bishop Baker. I'm thankful that they're getting out there at last. They just didn't see any emergency before. I found some of the women, especially one secretary the other day quite oblivious to the reasons why we were at home, tho she'd been to the Phila. meeting. Could <u>anyone</u> think we'd run away, just come because Uncle Sam said so? Another woman said that her husband, a DS, feared that World Service would fall off because "the mishes had all come home." You are so understanding, telling us to find <u>temporary</u> work and be ready to return. How can Christians do anything but give and work and pray with the world in this state? If this can't bring us to our knees, God help us! He'll have to stab our spirits broad awake with even greater tribulation. Dear little Helen kept saying over and over, "It's because of our sins that these things are coming to us. We Koreans have not had the character to build on, and God has to show us by suffering." I guess that's true of all of us.

The opportunity to do some work for Scarritt pleases me, tho I don't know yet what it is. I told Betty Lee that I feared it would be shortsighted to do anything to spoil this one chance of real rest and recuperation. It won't come again, and I'm here in S. Calif., or shall be, with everything to help me to physical efficiency. If they think of having me travel around and ring doorbells, walk or stand much, I'm afraid it would be foolish to do it. But I appreciate being thought of, and told them so.

At the meeting the other day I heard the Susanna Wesley Home for Oriental Girls, in Honolulu mentioned. It is under the former Home Missionary Society, I believe. I'm going to write Mr. Lim and see what it is and if there's an opening. It sounds fine to me. I really would like some sort of school work, real contact with girls and boys, some place where my experience would count. One of the mountain schools is what I seem to hanker for most. I don't seem to be ambitious for a place in the educational or religious world. If I can just use what I know and do something for people that need me, I'll be thankful. You doubtless know the field in the South, what schools there are and what openings, or can find out. I haven't written Miss Ransom, but I've mentioned this to Betty. Most folk think I should go on "promoting" something or other; Helen thinks I should spend all my time for Ewha, keeping the home fires burning, as it were. I told her I couldn't live off that, and that there were so many other appeals, in China, etc that one couldn't hope for much just now. But I told her that I'd always work for Ewha, all my life, no matter what, and that's what I'll do. Poor darling, if only we could really do what she needs now.

None of the family have written me and I'm homesick for everybody. Sangsoon wrote about the most understanding and comforting letter, to which I refer in my general, about our sowing the seed. The enclosed picture of Yongil he brought to me to give you. I met him several times on the train, but he called and presented one for me, too. I had it in my purse that morning at customs in Chemulpo, and tore mine up, for fear they'd see it and hurt him. But I'm glad they didn't see this one, in my baggage. He's a good boy, and you made him. We're all worried about Brownie and hope she's getting proper medical attention. Dr Rue told Mrs. Chaffin to have her looked after right away. I loved rooming with her on the boat; she was my first intimate friend in Korea, and I love her more all the time.

I hope you have seen Mary Vic, for the more different people you see, the better picture you will get of the whole. You must have received a copy of our WFMS statement, too. We did that for the officers, because none of us were seeing them soon, and, besides it is a good thing to have the record of events. I wonder what it is that you'd like me to tell you.

Do I think Helen has much chance of keeping the College, and keeping it Christian? Yes, her administrative staff is now the best ever. Saw Toosoo is very fine, brilliant, thoroughly understands the J's, can outsmart them, and is firm and thoroughly true to the Christian ideal- so Helen says. SY, bless his heart, rushed back from his vacation in Kyoto when he heard we were going, and had loaded himself with an English schedule. That is what he does best; they think Pak Chonghyung better as head of dept, as SY is rather less firm. Evelyn Koh is the best head of H Ec ever, and Mary Joh is a fine administrator for the music dept. Emma Kim is doing well in KTS, Shinsil is fine, and Chungai keeps the dormitory up financially and otherwise. Having the girls room by depts works better. Pokyu and Kapsoon will do well in the English House.

I'm more worried about Yeasoon than anyone. Her permit hasn't come, there's no money to take her on as 3rd in the R Ed; I.Y. Kim and Grace Chang are running that, tho Grace has just had a baby, and has been ill and sad for so long that she can't do what is needed. I arranged for Y's salary till April, if they think they can keep her. She is terribly unhappy over all the things that would make any right-thinking person unhappy. She minds the cold, really depended on us for comfort and fellowship. She's trying hard, but it's a terrible bump on the rocky earth, and my heart aches for her. Besides all the good times she had here, was that Siamese boy who was so congenial. It's a mighty hard and disappointing world for her now, and I pray that she'll rise above it all and make herself so indispensable that she'll stay at Ewha anyway. If she had to leave she'd be heart-broken. Unsook is Helen's chief joy and dependence, and surely is mighty capable, cheerful, efficient and helpful in every way. She helped me thru that last night, getting thru piles of magazines and papers for me and taking last pootaks with the greatest efficiency and chungsin. Helen thinks she's enough in favor at court so that she'll be allowed to carry on. No telling, but we've got to have faith and hope as well as love to keep up in this world.

I think the Church, both Methodist and Pres. is in a bad place. They've given in too much. I told the folks I saw that I thot so, and that they'd have to work out their own salvation with fear and trembling. It will be worse than that. After giving up so much and assenting to what they know is not right, they're not spared any persecution, so what's the use? I do wish the J Christians would lead the way and ever stand up against these powers of darkness, and not leave it all to the poor Koreans, who get it double, as Christians and as Koreans. Dr Ryang got off and has not taken part in any of this, for he got onto it. I don't blame him, for he tried but couldn't keep Bishop Chung from going into it. After all, he did his job when he had it. Of course, H. Cynn is the leading brain in all this, and I think he's leading the wrong way, and have told him so. He and Bishop Abe think they can get ahead by preparing something acceptable to the J's before they're required; but I've never seen that stunt work. It isn't straight enough, even for the Orient. But I will not judge these poor people, knowing myself to be less a Christian than most of them, and certainly safe and comfortable, when they have so much trouble. Monday A.M. I must close now, as I have to give up this machine. As to our prospects of returning to Ewha, and what we can do there again, you know as much as anyone. They all said, and I believe sincerely, "Come back soon, Rest well and come back." Some said in two or three years. I haven't hope for anything until the German influence and the mad army are checked and a more liberal regime, which the best J people long for as much as we do, comes in. That may be long, but I don't see why Christian people can't shorten the time by prayer and faith. There'll be many wounds to bind up and much service of love to render to the poor J's as well as to our own K folks when the time comes, and their real friends who love them and can help them without hurting their pride will be the ones they'll want back. I do hope the Missionary Society will reserve appropriations for Korea, as near to the present amount as possible, and let them accumulate for that time that surely is coming. I'm thankful this catastrophe came near enough to the end of the year so that appropriations were made for 1941. But I think as much as possible should be sent at once, as long as it can be received, to our treasurers, Mr. Sauer and Mr. Snyde to hand out as they can. Ada Hall is working hard on that, and Mrs. Masland has been most cooperative. If the College, and high schools too, can get appropriations this year, they can adjust.

ARA

2519 Octavia St., San Francisco

Dec. 16, 1940

Dear Mrs. Armstrong,

It is two weeks since we arrived from Korea. I should have written you sooner, for I am sure you are anxious to know how things are. We felt that our presence at Ewha, and elsewhere, was hindering rather than help the Koreans at this point. Dr Helen Kim would have been glad to have us stay, in spite of the difficulties involved, but made it clear that it would have to be on the basis of complete and active acquiescence and cooperation with the "New Structure" and what it implies. As Americans we found that impossible; as Christians many of the Koreans find themselves in disagreement, but most of them are trying to get by with the least notice. I think this policy will not hold, and that greater persecution faces the Church. But we have turned our institutions over to the best Korean leaders, and we believe they will do all they can to keep them up to standard in every way. Dr Kim has undertaken the work very courageously, even facing the terrible cutting off of money. So far there is no definite time set after which money may not be received, as it depends on the temper of the local policeman, in whose hands so much of our work and the lives of our people rest.

Mrs. Masland has cabled what money she could get hold of for Ewha College to Rev. C.A. Sauer, Seoul, our mission treasurer remaining there. He will transfer it to the college treasurer, if possible. I am writing to urge you to do the same for as much of 1941 Ewha money as you can send. If you prefer to send it to your mission treasurer, that is all right, just so no time is lost. I have written Mr. Haight, who asked Rhyu Puyong's money, to send it this way, and at least for two quarters. We may not be able to help our Korean friends at all after this, so we should get all that we can to them. Mr. Sauer has funds that he can transfer; you should get in touch with Mrs. Masland for details about that, but need not delay your cable to find out first. If you can get the money, do send it please. It is good to know that you are always ready to help.

Puyong is well, and happy in the prospect of marriage next spring to the fine young man of her choice. She asked me to give her love to all her friends. No doubt she will continue to teach after the wedding, since there are no missionaries at Ewha. I can't yet make it seem true, nor feel that I have really left. I will surely go back as soon as I can, but there must be great changes before that is possible. I think I must have sent you this letter from Seoul, but here is another copy.

The Martins were on the Mariposa with us, but I do not know what other members of your mission have come since. It is all tragic. One can only endure these terrible things only as one has faith in the ultimate triumph of God. It is in faith that we are sending money back to Korea, hoping it may reach its destination and attain its purpose.

You and all my British friends are very often in my thoughts and prayers, and my deepest sympathy is with you. We want to help all we can, but know that as Christians intercession for each other is the most effective help. Please give my greetings to Dr Armstrong and all my friends. May Christmas bring you true blessing and comfort as you realize the truth of Emmanuel.

Faithfully ever,

ARA

Toledo, Ohio **<From: Ada B. Hall>**

Monday p.m. Dec. 16

Dear Alice;

In a bus station & hope there is time to get this off to you. I received your telegram in Chicago & after Alfrida & I worked till Sat. noon I left for Monticello to see Mrs. Chaffin again. We tho't we might go onto N.Y.—but the meeting was postponed but learned there Bishop Baker is leaving on the S.S. Taft, Dec 20. So Mrs. Chaffin & I worked till late last night getting a letter to Mrs. Beebe & a/c copy to him air mail & Mrs. C said she'd write you and what I especially wanted you to see him about had better not be to him in writing—but talk.

This gift of J. H.'s we could never pay back so much that is about $70,000—even

$100,000 $23,000 couldn't be paid for in over a year—but if we get 1/3 exchange as Mrs. Masland seemed to indicate perhaps we could manage about 70,000 if it can be done without hurting Erik J. H. or the institution. Bishop's power of attorney could help him to decide—since there is no time to talk with the powers that be in N.Y. & Mrs. Masland. We've recommended that Sauer meet Bishop in Japan. Of course don't know—but I'm hoping to get some more things to him as the boat mail does not get out from Monticello so that I could get it off as quick here.—I'll be back at 878 Roanoke Rd. Cleveland Hts, Ohio. If you think amicable get Bishop and J. H. together. almost as bad as leaving Korea. End as for time. Hastily Ada B.

I'm writing Cin. Br. about the $1000—either they haven't sent it to Mrs. Masland or she did not think it was connected with Ewha. What about Brownie—is she really sick. Pearl & Betty tho't so—had little over half an hour with them at the station as they passed thru.

And did they really get coal? Of course that is $5000 more almost than our budget. There never is enough to pay bill in Nov. & Dec.—nor July & Aug. having the Endowment coming in January any time till Mar. There were bills on Sewing machine, laundry repair and H. Ec kitchen tho Harriett promised to help 1000 on that & then the Kdg Bldg. went over the Budget. Also 1941 Gym suits uniforms (not all but some cloth was paid in advanced. However that always is and is a hardship when not much cash. If the money arrived there would be enough to pay the $10,000 undesignated gifts (deficit we budgeted on) and a little extra I think. The budget would have cared for these expenses in about 3 yrs—but now—alas—alack.

Helen will hold on if she can—but what a strain & where can she get enough money? There would have been some balance on sal[ary] adj[stment]—but what about the music—who is helping now?

Couldn't you write Velma & Miss McKinnon & see if they won't cable their 1st Yr's sum to Snyder. More if they will, but at least that much. If they can close this school year without too much deficit it will help them.

What about the Canadians too? I know your writing is endless—even mine seems so. No one understands why I write so much & postage does break me up nearly—tho not the reason for 5 cents on air mail when 6 due.

Give Dr & Mrs. Van my best wishes when you see them.

You know Fraser & Cranor have money still in Korea. Maybe you could see them & persuade them to give some to Ewha now. Mr. J. H. Morris & Fraser do not hit it off well—Morris say Fraser took some of his. I think Morris has not been able to get his all out either. I wondered if he could "give" some of it to Ewha. It would have to go on the books strictly as a gift, & so ordered by him. Then in due time we might make some adjustment with him. He doesn't have much from what he says. If this is to be considered it must not be told or talked about. The J's are too prominent everywhere.

You write Bishop Baker & Miss McKinnon about urgency of visit.

Mrs. Masland sent cable thru American Express—may be all right but I think if direct to Dai-Ichi, Ginko, Ltd.—Keijo—much better. Being too careful has held up too many things. How much did you receive from Patsy. Did you turn over to college or Miss Kostrup? Do you know about the others at Ewha?

I'm leaving tomorrow for Chicago & may stop at Montecello first—don't know address there c/o Alfrida Kostrup, 1856 N. Sawyer Ave. Chicago, Ill. What is your opinion of Cyrus.

You didn't say anything about yourself & your knees. How are you?

Love, Ada B.

Kostrup—Dec. 12 night letter—

Tell Ada Morris will gladly transfer up to 300,000 yen. Pay later. Stop. Communicate with him. How much w[oul]d be wise? Don't know ab 900 Oct. first. Have written asking McK. cable money to Snyder

Alice

2519 Octavia St., San Francisco

Dec. 16, 1940

Dear Friends,

This is our first landing place, the home of our hospitable cousin, Mrs. Anna Dodge Bailhache and her husband. Here my brother and I dumped our trunks, containing all our worldly possessions, and here I shall stay till the end of the month, when I expect to go to visit around Los Angeles. Then I go to Corona, where I shall be happy again with my old friends and neighbors, Dr and Mrs. Van Buskirk. Corona is 50 miles SW of L.A. and I am sure will be good for what ails me. My knees are so much better that no one else knows there is anything the matter with me. But I'll be glad to get into the sunshine this winter.

The Appenzellers have a nice apartment in Berkeley, and Carol has entered the senior class in the high school there. The other two children are overjoyed to have the family near. Jack Huyler, Margaret's special friends, is coming from Greenwich, Conn. for Christmas, so it's going to be a happy reunion. We're having the family celebration on Christmas Eve, and next morning all of us are going to the Nobles' in Stockton for the day. Henry has already had some nice invitations to speak both at churches and clubs. I spoke briefly at the meeting of the Western Jurisdiction of the Woman's Division of Christian Service of the Methodist Church. How fortunate we are that we are united in a time like this! Neither my brother nor I know what we shall do, but we are thankful for the understanding welcome we are receiving, and are not worrying. I want to be ready to go back to Korea whenever the way opens. Let us hear if you know of any work that you think would suit us.

We have not had a line from Korea since we left, but hope that the boats just in will bring us mail. Bishop Baker sails on the Taft. Dec. 20th for Japan, at the urgent request of Bishop Abe, I hear. We are glad he and Dr Diffendorfer are going, hard as it must be for them, and are eager to hear their report. We longed for episcopal help in October, but even now there is much that they can do. The Orientals like to deal with officials.

I will quote from two paragraphs which I wrote in a statement sent to WFMS officers from the Mariposa, Nov. 22, 1940:

"Our last days in Korea were filled with tearful partings from Korean friends, who braved the consequences and streamed into our homes. Spies and police were everywhere. The special train on which we were transported to Chemulpo had several on board. From the moment we landed at the station there, and through the six hours of grilling customs, examination officers scrutinized our every move, while camera men clicked at us. The group of Koreans who came to the pier were also subjected to this record, for whenever a missionary spoke to them or shook hands across the dividing rope, a movie was taken of the meeting. What this may mean for those dear friends we dread to think. We left many friends in prison, subject to unthinkable torture and indignities. We know that most of them are suffering because of their Christian faith and loyalty to us; and to help them by removing our presence was one of our main reasons for leaving. We know, too, that everything we tell of their sufferings may make it harder for them and for the missionaries left still in Korea. We beseech you, for their sakes, to refrain from quoting us in public, or allowing this to get into print.

"In spite of the apparent yielding of organized Methodism to overwhelming forces, our last conversations with individual Christians showed us again how unconquerable is their faith, how patient and forgiving their love, and how great their courage, as they add our burdens to their own. They know that we are not abandoning them, but that we will continue to work for them all our days, and hope to see them again sometime. We leave Korea in the full confidence that the Christian Church there cannot be overcome by principalities and nothing can separate them from the love of Christ!"

ARA.

2519 Octavia St.
San Francisco
Dec. 16, 1940

Dear Miss Ransom,

I hear that you would like to know what we want to do during the time we must be away from Korea. We certainly appreciate the generosity of the Society in paying our salary for some time to come, but long before the year is up I hope I can be off that list.

I am just 55 years old, and have been in school work for 31 years. Before going to Korea I taught for five years in The Shippen School, Lancaster, Pa. and my subjects were German and Bible. In Ewha College for many years I taught English, history and education, and Bible. I like music, have always played the piano and sung, so can help in a rather amateurish way in chorus singing.

For twenty years or so my work was almost entirely in administration, as you know, which involved much personal counselling. Now as I face the beginning of a new life, I do not find even a proper ambition to get into the educational or religious world in any important or prominent way. Probably my disability of arthritis keeps me feeling rather hesitant about attacking a big job. I am much better, and after a time in S. California I hope to be free from handicap in this. I do want most sincerely to fill in some useful place, where my experience and age will be an asset, rather than a liability, and where I can be with people who need what I have to give. What my mind seems to turn to with most interest is work in one of the mountain schools of the South, where underprivileged boys and girls would find what I have experienced interesting and stimulating. I should like to be matron or teacher of the subjects I have mentioned above. Religious education, helping in YWCA or student work would be along my line, too. One place that I heard mentioned which belonged to the former Home Missionary Society, I think, is the Susanna Wesley Home for Oriental Girls in Honolulu. I'd love to be there, ready to hop back to Korea, and in touch with the Orient. I don't know whether there's any vacancy there, for no doubt others would like that place, too. It is the only place that I know by name that I thought I'd like to go to.

This is enough to give you an idea, I'm sure. City work does not appeal to me, for I think the nervous wear of it would be hard. I love the country and mountains. The above is my present address, and I shall be most happy to hear from you and to answer any questions. Most people think I ought to "promote" something or other, and Helen Kim wants me to spend my whole time for Ewha while I'm away. I told her that wouldn't give me a living, but promised her I'd work for Ewha all the days of my life and always try to do her good. So that is my unofficial assignment.

My Christmas greetings to you and the other friends in New York. I suppose I'll be back there next spring. It is wonderful to know that such grand people are backing one up and it helps heal the heartache of these tragic days. Will you kindly pass the enclosed around among my friends, as I have few copies, having no regular access to a typewriter here.? Hoping you will have a real Christmas of deep beauty and blessing, with love,

Faithfully yours,
ARA

⚜⚜⚜

Tuesday evening **<From: Ada B. Hall>**
Dec. 17/40

Dear Alice:

The day has been spent trying to get a letter to Sauer and figures to Pak and the same to Mrs. Masland, but hers is another day yet any way.

Mary's letter came with Helen's plea. I told Mrs. Avann I felt it true and it was what I tried to get across to those I met in N.Y. (Mrs. Avann let me read it first in Chicago) I wouldn't want to put any spokes in the wheel if Ewha could get the ¥300,000 but I couldn't promise anything. Mrs. Avann and Moneta seemed to hope something like it could be done but I do not see how. If I can find out definitely about the pump and furnace, I'll telegraph you and you can tell Bishop to tell Helen. Helen would like a cable, I'm sure but it won't get there. I'm sure to do any good this year. Had S. Y. returned? Did you write the Canadians?

It is difficult for Mrs. Masland to do some things when we have another Treas. after Jan 1 but for once I think we need to take the initiations as they have done in the past. They look after theirs and ours sometimes without consulting us so we will have to do the same.

I take it you will stay with your family until after Christmas—may it be a Happy one—in spite of all, when we were together in Chicago, it seemed as tho it must be Korea.

Whatever responsibility you take in your conference with the Bishop and J. H. is all right with me. Whatever goes must go, strictly as a gift, that is if it goes.

There is much I still want to know and write but must get this off.

Love to all

Ada B.

As of Dec. 29, 1940

To Tom and Edna Hobbs
Somewhere in the Orient.

This is in answer to your welcome letters of Nov. 28 and Dec. 9, received at Christmas time. They brought relief from anxiety which was growing worse every day. Especially grateful for Tom's good news and all other information. I have been busy with Anna and Ada and will continue.

Glad to know of your happy hilltop family and all the friends. Be sure of our constant love and prayers. We saw Bishop Baker and Dr. Diffendorfer off on their ship. They are en route to Tokyo; we hope they can see you.

Henry and Ruth have an apartment in Berkeley, He preaches twice today at First Methodist Church, Oakland. Has spoken at two clubs and is invited to preach at an inter-church Radio Service. He enjoys 1927 De Soto. Drove the family to Stockton to a happy Christmas reunion. Jack came from New York to spend the holidays, and yesterday Margaret's parents gave a tea announcing her engagement to Jack. I heartily join in the family happiness. Richard and Carol are having a grand time with many friends in school and out.

I am alone at my cousin's most of the time, writing much and meeting the family here and elsewhere. Dr. Reed is giving me elaborate medical examinations, which have delayed my going south. I am all right, but am off all sweets, starches and fats. Going soon to Los

Angeles, then to Corona for a long visit. Scarritt has asked me to do some field work, but I have not decided yet.

Everybody is scattered and even letters are scarce. Lena seems headed for Buenos Aires. Marion and Vic seem to be considering some good jobs near home. Charlotte is visiting sisters. All are homesick and long to be together again as of yore.

With loving wishes for a much better new year,

Alice

Letter to be broadcast from Treasure Island, Sunday, 6 A.M. December 29, 1940. Van begged for letters like this; I can't go to broadcast personally, but anyone can and a letter Address:

Mr. Norman Page
K.G.E.I. Mailbag Hour
General Electric Station
Treasure Island, San Francisco

The Year 1941

930 ELDER AVENUE **<From: James H. Morris / To: Ada B. Hall>**

MILLBRAE, CALIF.

January 4th, 1941

Miss. Ada B. Hall,

878 Roanoak Ave.

Cleveland Heights,

Cleveland, Ohio.

Dear Miss. Hall,

On December 18th. last, Alice Appenzeller telephoned me, and requested me to go into San Francisco the next morning and see Bishop James Baker, who was sailing on the Pres. Taft for Yokohama that day, and she said that he would probably go on through to Seoul.

I drove in and arrived at the Californian Hotel at 8.45 A. M. the Bishop was in his room and said that he would be down in a few minutes, he finally came down at 9.15.

He told me that the Women's Foreign Missionary Society of the Methodist Church wanted Yen Seventy Thousand paid over to Mr. Chas. A. Sauer their Treasurer in Seoul, for the use of the Ewha College on or before February 1st. 1941, and wanted to know if I could arrange to loan them that amount, He said that on account of the Japanese Authorities refusing to allow any Missionary enterprise to accept any more money for the support of their work from any Foreign Country that it was necessary to make some other arrangements for what was required for the work to be carried on.

I told Bishop Baker that I thought I could arrange the matter and I have been busy on it ever since, otherwise I would have written you before this time, I received a telegram yesterday stating that the money could be paid to Mr. Sauer in cash, and that it would not pass through the Bank.

The Bishop asked me at what rate of exchange I wanted on the Yen and I told him that if it was a cash transaction, I could sell the Yen 20 or $14,000.00 for the Yen 70,000.00, Alice Appenzeller said that they might not be able to pay the whole amount at once, But might pay $8,000.00 and the balance in six or eight months, I said that under circumstances of that kind instead of the Board paying any interest on the money that I thought they should pay at the ratio of 22 or for the Yen 70,000.00 the sum of Yen 15,400.00 and the Bishop said that he thought that would be satisfactory, I said that as soon as Mr. Sauer had received the money and wired to that effect, they could pay the $14,000.00 or pay $8,000.00 and give a promissory note for $7,500.00 payable six or eight months afterwards.

As you very well know the Japanese are very suspicious of everyone when it comes to money matters and to draw out at one time the sum of Yen 70,000.00 would immediately make them start making investigations to find out what the money was going to be used for, So I am arranging to have the money paid to Mr. Sauer in cash, instead of passing through the Bank, Mr. Alex. McFarlane who holds my Power of Attorney will hand the money to Mr. Sauer,. Alice suggested that it would be a good idea if I would have Mr. McFarlane turn this money over to Mr. Sauer and call it a donation, so that if they did make any trouble about the matter they could not say much when it was donated.

I am sending this by Air Mail and upon receipt of this please wire me if it is all satisfactory, or if you have time write me fully by Air Mail, the Pres. Cleveland sails on the 10th. inst. at noon and I would like to write Mr. McFarlane regarding this matter on that boat if possible to do so, and to wire him to pay to Mr. Sauer the amount as a donation the sum of Yen seventy thousand (Yen 70,000.00) or if you have any better suggestions to make how this money should be turned over to Mr. Sauer to avoid any complications with the Authorities please do so and I will be governed accordingly.

It would be much easier to pay over to Mr. Sauer from time to time cash payments in smaller amounts like Yen 15,000.00 Or Yen 20,000.00 instead of such a large sum as Yen 70,000.00 at one time, if you think this could be done as the Authorities would not be so suspicious of the smaller amounts.

I had an experience last spring, Marion wrote me in February last year stating that they were coming home in May and that if I had anything that I wanted to send them from Seoul they would be glad to bring it for me, So I wrote Mr. McFarlane requesting him to send to Mrs. C. H. Stephan, Nagoya, Japan. a draft for Yen 10,000.00, When Mr. McFarlane made application to the Dai Ichi Ginko Ltd. for this draft, Mr. Iho in the Dai Ichi Ginko, asked Mr.

McFarlane if he knew what it was for, and he said that I was sending it to Mrs. Stephan who was my daughter for traveling expenses,. Mr. Iho said oh I know Mrs. Stephan very well and know that she is Mr. Morris daughter, But that amount for traveling expenses was quite large, and that Mr. McFarlane would have to make application to the Finance Dept. before they could issue the draft, So they wrote out the application in the Bank and they sent it in, After ten days they sent for Mr. McFarlane and said that they could only let him have a draft for Yen 2500.00 and that was all he got, Mr. Stephan only takes enough cash to Japan for living expenses and the rest is banked here, Iho said that on account of them knowing that I lived in a Foreign Country the Government was very particular what was being done with money drawn or drafts issued from any account where the owner was not a resident of the Empire of Japan. So under these circumstances money matters in Chosen have to be handled carefully so that they will not become suspicious and make trouble.

Sincerely hope you had a Merry Christmas, and that this will be a very Happy New Year for you.

With kind regards and best wishes,
Yours sincerely,
J. H. Morris

cc to Miss. Alice Appenzeller.

P. S.
January 4th. 1941

Dear Miss. Hall:—

My registered telegraphic address is "SIRROM MILLBRAE" Calif. which is my name backwards, there are two other Morris folks here so I registered my name as above.

Just received a letter from Frank Williams from Manila on their way to India dated Dec. 3rd. they went down from Kobe to Manila on the Pres. Coolidge, Detectives were sent along with himself and family all the way from Kongju to Kobe, They took two note books and some printed books from him when they went through his baggage crossing the Straights from Fusan to Shimonesaki. He said that the Halls were already packed and ready to go on the Cleveland, But at the last minute they trumped up some other charges against them, and that they had to have another trial, and they had no idea when they would get away.

Frank said that he expected to be arrested and taken back at any time between Kongju and Kobe and that he sighed with relief when he got on board the Pres. Cleveland. Says that Korean employees of Bible Society and C. L. S. were in prison, But were released and were instructed to do everything they could to help the authorities to get the Foreigners out of the Bible Society and the Cl. L. S. He also said that Rev J. Z. & Mrs. Moore were getting ready to leave, which was quite a surprise after the letter he just sent out.

Yours sincerely,

1012 Ramona St., Corona, Calif.
Jan. 15, 1941

Dear Mr. Morris,

Your letter was awaiting me when I arrived here Monday night. I wish it had been forwarded, but since it really was addressed to Miss Hall, no doubt she has attended to it with the officers of our Missionary Society. They are much occupied just now with trying to get us settled, meeting in N.Y. right now over our problems, I hear, so we may have to wait a little to get their attention. I am happy that you had direct word from Mr. McFarlane that the deal would be made, and that it need not go through the bank. I hope that it has all been fixed up before this with satisfaction to all. If they won't allow you to use some of your own money even in their own country, it is merely a confession that they are keeping your money themselves. I surely hope there will be no trouble to anyone over this transaction, and that Ewha College can invest it so as to receive good returns from it.

I have not heard from Miss Hall since I saw you, but am sending her a copy of this letter. I asked you and her to do all the business about rates of exchange, etc. since I have no experience or knowledge about that. She has doubtless gotten into touch with our authorities, and I hope all has been approved. As we have cabled this quarter's appropriations already, it may not be easy to pay you at once. Miss Hall will know and you told me that you would be willing to trust us for almost any time. We appreciate that, but hope we shall not have to keep you too long. There will be documents that will safeguard you better than any arrangements with the Japanese that you may have at present, I'm sure.

Miss Lawrence was at a Chinese dinner I got up in L.A. last Friday, and said she saw the Halls off, in Kobe, so the new charges must have been unimportant. I don't know what boat they took. Miss L. seems well, but has a story to tell! My last letter from Mrs. Hobbs said that the Anglicans were all leaving, only Fr Hunt to stay a short time. The reduced community seems to be having a good time, mostly at the S. Union, bowling, having meetings and suppers, and even church services there.

I've had delightful visits down here, seeing most of the folks and being taken around to all the sights. I saw the Rose Parade and went up Mt Wilson for the first time. The Newells, Miss Dillingham and the Van B's are about as before, all getting a little older. Even Mrs. Johnson of Chiksan doesn't change so much, tho she'd 89 and quite miserable. Olive drove me around quite a bit. It is a comfort to be with Korea folks, for it's always a bit of home with them. I'm invited to speak a good deal, but shall not find it easy while down here, and hope to escape some.

It was a disappointment not to see Marion, but I'll be up that way before going east, and hope to see all of you then. It was lovely seeing you in your beautiful home; no one I've seen has a nicer one. With love to Mrs. Morris, and thanks for your co-operation in our work for Korea,

Sincerely yours,
Alice R. Appenzeller

1012 Ramona St.
Corona, Calif.
Jan. 15, 1941

Miss Evelyn K. Welles
For the Education Committee
Wellesley Service Fund

Dear Miss Welles,

Your letter of Nov. 11th has just reached me here. You have doubtless heard that all of the American teachers of Ewha College have withdrawn and come away from Korea. It all seems still like a bad dream, and that we must just be on furlough. There is still hope that our absence may not be permanent, but that at least some of us may go back. Meanwhile we shall always try to serve our brave little college and her fine president, Dr. Helen Kim and her staff, and the girls who are so happy there. College is more of a privilege to Korean girls than it ever could be to anyone in America.

First, I want you to know that Ewha College is going on. We shall do everything in our power to help them, even though it is difficult to give financial aid now, because the government is insisting, along with a purely national faculty, that they should at once become financially independent. Perhaps your Service Fund contribution has already been sent. If it has, I hope it can be cashed and used as intended. If not, will you please send it to the treasurer of the Ewha Co-operating committee, Mrs. J. W. Masland, 6701 N. Broad St., Philadelphia, Pa. She is assembling as much money for Ewha as possible and getting it to the college as circumstances permit. The whole matter of allowing money to be sent is still uncertain, subject to the whims of the officials who happen to deal with the matter. I will inquire about the money, if you tell me that you have sent it to Korea. If the check was in my name it will be returned to me, but if to Ewha College, as in the past, I do not know. I promised to let you know at once what to do, in case money was not to be sent out there, but I am late, I fear. However, I do not think it will be lost.

The enclosed letter explains the chief reasons for our departure. We felt that it was best for the college to go away and leave the president and the administration free to make decisions without the suspicion that "spies" were influencing them. We were all called that by the local press, and circumstances became very difficult for our friends because of us. We did not ourselves experience anything but inconvenience, and I do not think that any of us were in actual danger. But things are not getting better, and it may be necessary for all foreigners to leave soon. We hear that Dr. Kim was told by the police, after seeing us off, that she should not have gone to all that trouble for us, and that she was not to write to us nor hear from us. So we are not writing direct to the college. As long as other Americans are in Seoul we can send some word. But you can see how cut off they are. All the same I have been told that the girls were singing carols down the halls as they always love to do, and that various lovely Christmas programs were given in the chapel. "We miss you more than ever, but we are trying harder than before to become real Christians." was the message.

I am spending the winter in California with friends, but hope to go east in the spring, and shall certainly get to Wellesley before commencement. It will be a pleasure to meet those who are helping my Ewha girls.

Faithfully yours,
Alice R. Appenzeller

WELLESLEY COLLEGE SERVICE FUND **<From: Elizabeth Bell>**
WELLESLEY COLLEGE
WELLESLEY, MASSACHUSETTS

224 Olive Davis Hall
March 1, 1941

My dear Miss Appenzeller,

The adviser of the Education Committee of Service Fund, Miss Wells, has suggested that

I write to you for advice concerning our check for Ewha. Mrs. Masland has written us about a a gift of $900 of the Woman's Foreign Mission Society for the purchase of a pump and heater for Ewha, and has suggested that our gift of $100 be added to the fund for the pump and heater. We wonder if our money would be of more use this way or if we sent it as a separate gift to be used as in former years. We should appreciate your advice on this matter, and may I add our hope that you have not changed your plans about coming east and to Wellesley this spring.

Sincerely yours.
Elizabeth Bell,
Chairman Education
Committee

1012 Ramona St., Corona, Calif.
Jan. 17, 1941

Dear Mrs. Masland,

Your letter of Jan. 11 is here, but I don't quite understand it. What is this last check for $103.25? I have already received from you two checks, one on Nov. 30, for 168.25, some salary and travel, I don't know just which is which, and on Dec. 30 $124.21. Is this last some balance due in Korea? I haven't figured up, but Miss Hall will know. Did you send this check to my bank? If not, I'd like it and all salary checks to my account, care of

Mr. J. Chester Jackson
Farmers Bank and Trust Co., Lancaster, Pa.

I wrote from San Francisco when I received the check for 124.21 that I had not turned in a travel account because I had not yet used the money. There was one item of $5.50 for getting my trunks to my destination, if you'd like to have it. I expect to start east in March, and after I get there shall give you my account. Won't that be all right?

It looks like Miss Hall's writing on the envelope. Is she working with you? That would be fine, for she would be fine help. No doubt she has told you all about our financial talks with Mr. Morris and Bishop Baker. I am eager to hear how it all turned out.

Today I got rather good news from Ewha, that they'd had Christmas programs as usual. Yeasoon Choi, who wrote Dec. 23rd, had received her government permit to teach and has taken full schedule in Rel. Ed. This is especially for Miss Hall, if she's with you. Miss Choi was one of our Scarritt girls.

I have decided to do some work for Scarritt, limited by the opportunities and my own schedule. Dr. Stuntz is very nice to work with, and has given me full liberty- so I'm doing what I thought I could not do. An Ewha-Scarritt double header went over well at a luncheon he gave in Los Angeles recently, so I think it will go in other places.

This check for one dollar came back from Korea from a YWCA friend of mine.

With love and best wishes for the new year,

Faithfully ever,
Alice R. Appenzeller

⚜ ⚜ ⚜

Jan. 18, 1941 **<From: Ada B. Hall>**

Dear Alice:

At present I'm in Washington D. C. having the opportunity to see a Pres. inaugurated that I didn't want to see. Well, life does seem crazy these days anyhow.

You knew you had some money left with the Treas. in Korea did you not? Couple years ago you didn't want it in your bank account & told me to keep it—Alfrida didn't bring that ledger with her so neither of us quite remember how much it was—but when we do hear—where do you want it sent? Mrs. Masland can give you a check & we use the money there. We have to have more yen there than we have.

Mr. Morris wrote me and wanted an answer by the 10th. I couldn't give it alone & as I was going to Phila. to work with Mrs. Masland a few days. I said she'd telegraph, which she did to wait till she saw the Com. in N.Y. where she was going. Mr. Morris sees the danger—but I think he has not quite understood some things. He said the W.F.M.S. wanted seventy thousand—well the W.F.M.S. officially didn't know anything about it. They would or Mrs. Masland would be willing if they were sure it was safe. He wanted about $5,000 now & 6 little later. Well, Mrs. M. hasn't that & for this year the college hasn't that much after equipment & the 2,600 for Zaidan & all is taken out. You see 20 for there is nothing to draw from but the appropriations. It does seem with so many of us at home we all ought to do something & I believe we could if we'd get desperately under the load. Suppose we'd try to raise somehow, someway $1,000 each—at least that would be 10,000 & if all did it would be more.

I suggested to Mrs. Masland that Mr. Morris would have to take all the responsibility—we'd pay only when we knew the college had received the gift—& I hope it wouldn't hurt the college. They know he is wanting to get his money here so as I told him I bet his being watched & I bet there are spies in our P.O. system.

Mrs. Masland is simply swamped with everything but most of our a/c's are settled—a few like yourself have not sent in your travel a/c's. She thinks she'll see daylight by the middle of March but I don't know. Jean Bothwell who has always done the bookkeeping part has gone to N.Y. & Mrs. M, yet doesn't know what that means—but she will when she tries it out. There are so many Com. meetings yet too & they'll be continued.

I couldn't quite make out the spelling of Dr. Van's address whether u, n, m, or w about like mine sometimes.

Connie wrote you'd sent a newsletter around but I hadn't received any by the 9th of January—since then haven't received much mail so don't know if I have any or not.

I hope you are having nice sunny weather & the knees and all are improving.

Give my very best wishes to Dr. & Mrs. Van & Mary—my—she must be a full fledged young lady—and what about Margaret Appenzeller? I hope to see Mary Billings if I stay long enough in Cleveland on my return.

Several others [such] as Amendts & Mrs. Sauer in Ohio—but where? Jessie B. was to be in Cleveland just when I was in Phila[delphia]—and again such is the way of life.

Be good to yourself & let me hear any news.

Love,

Ada B.

Address: 150 Fifth Ave., New York
At 1012 Ramona St., Corona, Calif.
Jan. 23, 1941.

Dear Mrs. Pfeiffer,

When I heard of the death of Mr. Hurh, I immediately thought of you, and of how much you had helped him. His life and service were a different thing because of what you did, and all Koreans appreciate it. Just before leaving Seoul I went to see Louise Hahn's Kindergarten Training School, and was delighted with the fine buildings and development I saw there. She told me how much you meant to that place, and sent various messages, which I hope to deliver in person before long.

You can guess how hard it was for my brother and me to leave Korea, and for all the other missionaries, too, whose very lives were bound up in that beloved country. With my mind I know we were right in our decision, but my heart still rebels, and I feel uprooted and lost. People are so very kind, interested in all I have to say, hospitable and generous that I can't be lonely or unhappy—only that the ache is always there for my dear people struggling with such terrible problems. If I did not believe that they were better off without me just now, I couldn't stand it. I have been visiting about, and now I'm with old friends in a quiet parsonage, where I can do as I please and help with the housework. In March I shall go north, and in April work my way east.

Since coming to America I've been asked to help acquaint the former M.E. Church with Scarritt College for Christian Workers, Nashville. Perhaps you remember that I spent some time there in 1938 and fell in love with the place and people. Now that it belongs to the whole church, we of the north have inherited something good, and it is our turn to help it to its next stage of more buildings and endowment. I find that Ewha and Scarritt combine very well in a speech. Dr. Hugh Stuntz finally got me into this work, by saying I could do it in my own way, when and where I pleased. So I am following leads made by others, and do not have to organize committees and interview strangers.

I met Dr. Stuntz here at the educational meeting of presidents of Methodist Colleges. There I saw several men whose colleges you have helped. When south I heard a good deal about Pfeiffer College, and I hope to visit it and Bennett someday.

Dr. Helen Kim is carrying on the best she can, and we are trying to get money to her so that the college need not suffer. She has grown and is showing wonderful courage and devotion. I am so thankful that we built the college when we did, for now it is strong and important enough to be safer than if it had been just the struggling little school that it was before Pfeiffer Hall and the other buildings were put up. God is there as well as here, and He has a plan for Ewha which I pray may not be spoiled.

I hope you are well. Please give my love to Mrs. James and let her see this letter, for I always think of you together. I am swamped with work, letters, speeches, in this rest time, the only bit I'll get. I'm glad to be well enough to work, and am enjoying the warm sunshine and other pleasures of this beautiful land.

With much love always, and with loving messages from Dr. Helen Kim, too,

Faithfully your friend,

Jan. 27, 1941 **<From: Ada B. Hall>**

Dear Alice,

You will be wondering where I've been — on a spree. Mrs. Masland asked me to work with her for a few days on the missionary a/c's (She swamped especially since Jean Bothwell has gone to N.Y.) then on the way home I could go via Washington D.C. for the same price so I went that way, saw Mrs. Chaffin and on the way home again stopped off at Jessie B's at her sister's in Johnstown. She gave the wrong number but I found her just the same and looks quite well. Her knee has been quite improved from her fall — but she still has to do lots of massaging.

I'm sending you the copy of the letter I had to write Mr. Morris, Mrs. Masland asked me to as I said. I know their main reason, tho she didn't say it, was they feared for the College. Anna was asked and she heard their discussions or some of them. Anna was visiting Mrs. Huett a friend of hers formerly from Washinton. Mrs. Huett (or however it is spelled) had a tea party at which were Mrs. Pfeiffer, Mrs. McConnell & Mrs. Masland — don't know who else. Mrs. Pf asked many questions. Since the police have come down on Helen so perhaps it is best not to do anything. Of course the laws have been so for some time very small sums could be taken out.

Mr. Morris might get a small sum to Mr. Sauer. He could cancel then some of his checks. I think much will have to be left up to Mr. Sauer's discretion. From Mrs. Masland's letter Mr. Shaw has come or has started home.

Thanks for the Broadcasting address. I hope to wr[ite] it someday.

Do you send copies to Mrs. Masland. I think she as well as Mrs. Avann should hear all. You have such a good chance to get all news. If any who gets any would send to you and send as you did before it would help us all. I'd be glad to help on the postage — whoever sends to me. Vic sent me a copy and sure glad to get it.

Mrs. Underwood wrote Anna that she was glad the Russians were on the Gray House. Well just proves Hans & friend are as good Germans as others to keep their word. Brownies room is their kitchen! Won't it be a mess if we ever get back. News is not favorable along that line.

Congratulations to Margaret tho I don't know the man. Sounds a happy union — but doesn't seem possible Margaret can be old enough for a bride. How they do grow! We are having lots of snow & slippery weather. Yesterday 5 deaths due to skidding. I want to get out to 16 Park Ave. Norwalk, as soon as the roads permit.

I wrote Miss Robinson to cancel most of H.S. Magazine this spring—but send the music book order. Is that consistent and right?

Love,

Ada B.

Thanks for the Birthday Greetings—quite different from last year!

⚜⚜⚜

Copy **<From: Ada B. Hall>**

Cleveland Hts, January 27, 1941

Dear Mr. Morris;

Mrs. Masland has written me asking that I write you the results of their meeting in N.Y. She says "Unless Mr. Sauer could use Mr. Morris' money (yen) we do not see how we could use it at present."

One reason is that much of the gold for 1941 has already been sent and most of the remainder is to pay for the equipment bought and paid for here.

Another big reason that I know is, that many feel it is not safe for the receivers. It may cause them endless trouble. If it was a really true gift I don't see the danger but otherwise we are not good at lying.

Bishop Baker is there now we hope. Dr. Diffendorfer will be back Feb. 15, so we may have more definite news then.

Sincerely

Ada B. Hall

Copies to Mrs. Masland, Mrs. Avann, Dr Appenzeller, Miss Young

No copy

P.S.—The $2,600 for Zaidan has to come out of appropriations unless we can get some gifts. ABH.

1012 Ramona St., Corona, Calif.
Jan. 30, 1941

Dear Ada,

I hoped to get most of the enclosed to you sooner, and now come this. Poor dears!

Well, I'm glad somebody is honest, for I'd clean forgotten that I had some extra money in Seoul. Tho[ugh]t it must be left from some salary account, when I had it transferred here. Please have anything like that sent to my banker, for my account.

Mr. J. Chester Jackson, Farmers Bank and Trust Co., Lancaster, Pa.

I'd like them to notify me whenever they deposit anything, I mean Mrs. Masland's office. She must be swamped, as you say. Are you going to help her? She'd get a treasure! I wish you would, or at least stay somewhere in the Dept to help us all.

Mr. Morris told me that he'd trust us, wait any length of time, was the idea. I'm sure he's well off to do that, even if he had to wait a couple of years. Of course, in that case we'd have to give him interest; but there should be papers safe-guarding him, so that his heirs wd get it if he died. We'll have to wait for Bishop Baker's return before we can tell. If this succeeds, I'd like to do the same for Ewha High. Perhaps all the schools will find local money, as Paiwha and CCC have. Hope so. There's plenty to do with ours.

You know, I'll raise money whenever I can, but haven't any chance here. Have to go where it is, or where I know it is. But trust me to be on the job. I'm taking Scarritt to my heart, too, but that only enlarges, doesn't crowd anyone out.

Mrs. Sauer is in Los A—941 N. Serrano St. Ada McQ has been with her, but she and Ethel B have gone to Chicago. I haven't their addresses.

You and Mary Lacy both got missed on this first news sheet. I sent one copy each to folks I thot wd copy and send quickly, and as you seem not to have a typewriter, your was to come from somebody else, forget who. Please return this white one, my only copy, but not the others. I'm trying to get as many of this last off, so won't write more now. Wish I had my Choi here. He quit Dec 1st, as there wasn't much more English work to do, and money scarce.

I've written Mrs. Masland that I can't send my travel act. till I travel!!! 5.50 for trunks is all so far. I'm not counting trip down here, as I'm going back, to SF

Goodbye—write soon. Always lovingly,

Pass these on to our folks as you wish. I'm not worrying ab spies here YET!!!

1012 Ramona St., Corona, Calif.
Feb. 6, 1941

Dear Mrs. Masland and Miss Hall,

Last evening I read in Korean the message from the Korean Methodist Bishop to his people. The Van Buskirks get the little paper, and Mrs. Van and I read it. He said that so far some people, (institutions, churches, etc., I suppose), had still been receiving foreign money, some up to Jan. 1st and some not so long. But he announced definitely that they would have to stop entirely on April 1, 1941. He was addressing the churches, districts, pastors, etc, so perhaps he did not mean the schools. But it is something to think about, and I'm passing the word on to you.

Of course I know that there is no money at hand, and that it may be very hard to borrow for our work, with the uncertainties that there are. I think the plan to use Mr. Morris' money is a good one, but we shall have to wait to hear from Dr Diffendorfer how it works out, how suspicious and obstructive the authorities are just now. My thought is that, if "farewell gifts" are allowed up to April 1, as Bishop Abe told Dr Helen, we should seize our opportunity, either thru Mr. Morris, which seems to me our best way, or in some other. From some letters, particularly from Mrs. Kerr, in work among the Japanese Presbyterians, it looks as if the tension were letting up on foreigners. I hope I may get the news that Dr Diffendorfer brings.

Miss Evelyn K. Welles of Wellesley College Service Fund wrote me that she had sent their subscription for $100. to you, as I directed. Under the circumstances I think this can go into general use for Ewha. Wellesley has wanted it to be used for scholarships, because the personal stories of girls interest them more than other item. We do not need scholarships as much as before, tho I should not change this under ordinary conditions.

I enclose my check for $5. which is the first money that has been given me for speaking. It does not seem to be the custom to pay missionary speakers out here. I am very busy going about, and Dr Van Buskirk thinks I may be doing too much. Soon I must decide just when to stop and move on.

With every good wish,

Faithfully yours,
Alice R. Appenzeller

1012 Ramona St., Corona, Calif.
Feb. 8, 1941

Dear Friends,

The days are flying by, many of them busy with preparation and delivery of speeches, some with visits with friends, some with quiet here in this nice little town. I see I've said “busy with quiet”, and it’s true that those days seem busiest with the little chores of everyday life, catching up on all sorts of things, and working at my desk. I am very happy and comfortable in this little Methodist parsonage, the home of old neighbors in Seoul, Dr and Mrs. Van Buskirk. Their only daughter, who graduated from UCLA last spring, teaches in the desert near Barstow, and only gets home once in a while. The Vans love Korea as I do, and we like to talk everything over. They are very helpful to me in my present problem of treatment for my various mild ailments, especially arthritis, for which I have been put on a strict all-protein-vitamin diet. Dr Van, who used to be a medical missionary, is a wise adviser, and Mrs. Van is a loyal helper.

According to present plans I shall leave these parts early in March, do some speaking around San F and in April proceed to Portland, etc. and on east. I may delay a little longer if it seems best. My only regular work is to try to represent and interpret Scarritt College for Christian Workers, Nashville, Tenn. to the Methodist Church, wherever I happen to be. It formerly belonged to the Southern Church, but now belongs to us all. I know it as a fine school with a promising future, and I’m glad to do what I can to help. I have no special schedule, but speak of it at every opportunity. It fits in well with my Ewha talks, so does not cause me much extra effort. I shall go by there on my way east.

My brother and family have moved to 2815 Prince St., Berkeley, Cal. for the present. He too is very busy speaking, and will be spending a month in Iowa in work for the Board very soon. I haven’t heard much from them lately, for all are busy in school. Margaret takes two secretarial courses in San F. Jr College, where her uncle Glenn Noble teaches, and makes her home with them. She has one course in the Pacific School of Religion in Berkeley. He fiance, Jack Huyler, is in Princeton. They had a good time during the holidays, when the engagement was announced. Richard is a sophomore in Cal. and Carol a senior in Berkeley High. Ruth is busy taking care of all of them.

Mails from Korea seem very slow, and it’s hard to wait between letters. My latest told that the Hobbs’ house had burned down on Jan. 7. They were not living there, but had moved in with Mr. Snyder and two other men, in preparation for possible sudden departure. Their best things had been sent to America, but they had much of value stored in the attic, which was all lost. The house was rented to a Korean family, who probably lost everything.

Tension toward the Americans seems to be somewhat eased. One friend wrote, “You’re going seems to have stopped something." That was what we hoped it would do, that it would prevent rather than lead to war. But our Ewha friends were told that they must not write to us nor hear from us, so we are not writing. We have been able, however, to send funds to the college, and our Co-operating Committee here, with Mrs. J.W. Masland, 6701 N. Broad St. Philadelphia, as treasurer, is collecting everything possible, and will forward money as opportunity offers. The Mission Boards will know what to do, so I hope no one will feel that our work is over, or that there is no way to help. It is needed now more than ever, if only it can be received. Nothing definite is known, and some say that "gifts" may be accepted, so we'll keep trying to help our beloved college and her gallant president, Helen Kim, to carry on. The teaching schedule is very difficult to manage with so many gone; but I worry less about that just now than about finances, knowing that there are good teachers available, if government approval for them can be secured. We knew when we left that things must change, but why necessarily for the worse, just because we were not running them? This is the era of Korean leadership, come upon them too suddenly and in a way not of their choosing, but still with great possibilities for the development of wonderful leadership. They want us to come back as soon as the way opens, which means, when the Japanese ruling party changes to a more liberal view. That may be any time, for they change more easily than most governments, having no settled convictions, and going so much against natural and spiritual law in their present mad career. I am so sorry for the people, so loyal and willing to sacrifice, and so misled. I am trying not to write or say anything that might harm my friends in Korea, so please do not quote me for publication.

ARA

16 Park Ave. Norwalk, Ohio **<From: Ada B. Hall>**

Feb. 13, 1941

Dear Alice:

Many thanks indeed for all your letters and this last. I think it most important. I haven't staid put very long in one place and difficult for mail to follow me.

I know they intended to send all of 2nd yr. appropriations but will it get there before Mar. 31st? Sauer wrote Mrs. Masland to let him know the sum they expected to send & he might make adj there—but from now on, Mrs. Fulton sends the money & she has ideas of her own. Our ladies all wanted Jean Bothwell to go in as associate Treas. Gives her more authority & she could sign checks too and she's been in our work for so long but Mrs. Fulton wouldn't hear to it that way—must be only asst. so again our ladies gave in but some were quite stirred up over it. Mrs. Masland is really our only past present & future connection outside of Mrs. Brooks of D. M. Br who knows us fairly well & Mrs. Masland hasn't been in any too long.

I think copies of your letter should go to Mrs. Avann, Velma, Mrs. Perry, Mrs. McConnell & Mrs. Bebee too. Mrs. Perry has been chairman of Co-op Com. & Mrs. McCon. last summer expressed her wish for closer touch & she is always willing to do the duty work. She will always work.

The Com. which met middle of Jan. should have elected a new Co-op Com. but until done the old one functions.

The "gossip" might not hurt Mrs. Avann & Mrs. Masland for it really shows conditions.

No doubt you received Sauers' letter of council meeting. Little less than a year ago our ladies quibbled over a College Zaidan—our people on field felt danger of H.S. going with College Zaidan & now they are all recommended—and we will never work together if formed this way—Makes me sick!

Now they fuss about borrowing a little money to send in advance not only for Ewha but all work there. I've been told to please not ask again. (I laughed at the please) so until you are ordered not to I hope you send copies & very much urging to Mrs. Fulton about all appropriations. Where's their faith!

Mrs. Thomas has written wondering if we Koreans could not form—a prayer circle—

agonized prayer that really counts—and I guess it is the agonizing that does it.

It seems terrible for Tom & Van to lose so many things—tho she wrote me much had been sent to U.S. early. There may be more accidents, but we will all have to take what comes. It just doesn't seem right hardly for us to be so comfortable and the world in such a mess.

We are ordering music books but not renewing magazines due Apr 1. What do you think about it?

This coming week hope to be in Cleveland—Stanley Jones & party expect to be in E. Cleveland. I may see the Hulbert girls then too.

Give my best wishes to the Van Buskirks.

Love,

Ada B.

I've put on weight—now trying to get it off—no fun—you know. I'll write Mrs. Chaffin to urge sending in advance. Calling is best—as letters are sometimes held. One of hers with check was held for months until after he promised not to receive any more. ABH

⚜⚜⚜

Address 150 Fifth Ave., New York
At Corona, Feb. 19, 1941

Dear Van et al,

When the Raabs brot me back from a lovely weekend, I found your good letter, with general one enclosed. It is Jan 12, but one Mary L just sent is 19th and Bill Shaw's the 25th, so I feel quite in touch again. Very anxious to see Bsp, and hope I can when I'm in LA again next week. I leave here the 27th, will bunk with Katie again in her nice little apt and make my big Day of Pr speech in Pasadena. That night D Smith is taking me to see the Lunts in

"There shall be no night", a real bat, and we're going to a hotel to sleep, rather than disturb someone. I'll see Olive and other friends over Sun, then on to Fresno and "itinerating", Mar 3-10. San F for a couple weeks after that, then to Ore. and points east.

Asked Dr Van Buskirk today whether he thot promoting work'd be good for me and he said he thot it'd be last choice. After my speech yest one of the officers said she thot I shd work for the Women's Soc somehow, field work, etc. Dr says my idea of a school is the best. I'm asking him to wr Velma his observations at the end of my visit, next week. He is a good, wise adviser and friend.

Oh, the fire! You are wonderful in your restraint, and dear TT, I just knew he'd take it like a hero! It might have been so much worse that I can't but be thankful your lives and as much property as you have were not lost. I don't think I'll make copies of your letter, as my time is so short and so terribly full. Oh how I long for my "Chum". Let me know ab him and your builder friend, and Sunam, too. So glad you saw the boy. My very best to all these friends. Wasn't it strange that dear Bsp W's picture should have been saved? I had an awful scare the other night when Grace's electric pad caught fire and began to flame at 3AM at the Raabs'. It had been out of order, but I foolishly didn't shut it off, when I saw that it wasn't working. When I got up, feeling rather warm, the air fanned the flame and was just beginning, so that I patted it out and didn't even scorch the sheet. But the thot of what might have been kept me awake the rest of the night.

I enjoyed eating over Sun, put on 2 lbs, took them off yest, but confess I do feel better without the sweets which my soul loveth.

Nice letter from Brownie at Elizabeth's, Berea. She's better and feels happier, but worried ab her family far away. Any word, even that all is as before, wd be welcome to her. Be sure to get her word. So you think you'll stick it out. I hope and pray there may be no difficulty, but improvement, tho everything points in the wrong direction. One can hardly sleep after hearing the 10 o'clock Richfield. Don't know how often the station will want our letters, but if different ones contribute, it'll be better. I know Feb 9 went thru, and hope to get word that it was OK. Rosie writes from Fla. that she ran into dear old O.R., who keeps house alone, if you can imagine it! He told me that simple eating was suiting him best, and I know he's out with people a lot, so I spose he likes getting what he wants to eat and being alone when he wants to rest. The Prestons were there, too, she said. Old Rosie always lands on her feet, and I'm not worrying ab her.

I think I'll plan to have as much of Holy Week in Evanston as pos, with Moneta and Mrs Wadsworth, then on to Lacys,' Nashville and Pa., NY, New E. etc. When and where and how my job is to come, only the Lord knows. If only it were with you!!!

People ask where to send Xmas cards, and I'm going to give your address for the present. You'll know best, and can tell me if best not to send at all.

Saw the Scotts of Naga. in Ontario, where Edna L lives. They told me of Bsp's order to their folks to come too. It's so tragic; my heart goes out to Peckie and the others from that school, just our own story over again. One of the NC folks on our ship was here yest at the Dist Mtg I addressed; said hubby still there. She'd seen Dif in San F, Henry was there, and they got the dope. Sounded to me like something rather contradictory, that all we'd been worried ab were out, but I'll wait to get Henry's version. Haven't heard from him since he started for his month in Iowa. I still have 4 more speeches; took on one in LA, group of 75 wives of Y men. Thot I'd better do it for my Y friends.

Hollis and Mary are lovely. FMCL was there, too. Her blood sugar is high again, poor child. Katie was dear and so hospitable. Wel tea was in a down pour but ab 15 came out in it, old college friends and some others. I washed all the dishes for tea and my friend's Sunday meals; thot it the least, after all her trouble. I'm quite good at it—cd almost get a hotel job! Wonder if you all hate being written to this way. It's such a help to me, and from next week on I'll have to do all by hand again. Sally's loan certainly has been a boon.

Much love, Alice.

Corona, Calif., Feb. 20, 1941

Dear Folks,

At last I've had a letter from Van, Jan. 12, and M. Lacy sent hers of 19th. So with Bill Shaw's of 25th, I feel in touch again. Not much about the fire, except that they lost everything they'd saved for housekeeping there, and summer things, heirlooms, etc. The police detained them 4½ hrs, one hr on the spot, so they couldn't attend to things there. A tin trunk with a few pictures badly scorched was saved, Bsp Welch's picture among them. She says Bible Sec. has been organized among the Koreans, and they tell him the British one may be one of the co-operating societies!!! They want him to stay, and he plans to, as long as possible. She said that even if the worst happened, they thot they'd better stay now (instead of travelling now after war begins, I suppose.)

Bsp Baker openly commended Mr Marsh for evacuation, saying something, no one knows what, is imminent. Dr Dif seemed less popular, rather leaning toward appeasement, as one can see by his World Outlook article. I'm very anxious to see the Bakers, and have asked for time between the 27th and March 1st, after which I'm starting north. Mail will be forwarded either from here or 2519 Octavia St, San F, where I'll be from about Mar. 12.-24. After that to Portland and east. I'd like to be in Evanston for Holy Week, and to Columbus, Nashville, etc. after that.

You heard that the Moores and Will Shaw are coming soon, also Dr Demaree, leaving poor C. Sauer, Snyder and Dr Anderson alone. People ask where to send Xmas cards, and I'm giving Van's address, 311 Shashoku Cho, Seoul, Korea. She'll know whether they can be distributed. Tell people not to expect letters of thanks. I'm sure the poor K kiddies need those more than ever, and I hope many will be sent.

I had a nice week-end in Pasadena. Dined with the Wilburs and F McAnlis. W's are here till May; seem just the same. Saw the Scotts of Nagasaki in their home in Ontario, where E. Lawrence lives. They heard that Bsp ordered all J mishes to come home by Apr 1. Poor Kwassui! My heart goes out to them.

Rosie writes from Fla that she ran into the Prestons and old ORA, who lives alone, tho he's out with people all day. Douglad ran into a public health job in Toronto U. Wish I were smart! Cute letter from E. Roberts from a country station where she went to help a lone woman. She tells ab all the animals, bugs, heat, etc in her own way. She hopes to come to US in May, stopping in Seoul, if possible, or in Kobe, at least. Plans to go on to Sweden. I wonder?

M Young and M Church are enjoying rural study, short course at Corvallis. I saw C. Baker at Robincroft, Pasa. and found her much improved in health. She'll be there a while, 245 S. Washington St. We're having sukiyaki at Dilly's next week. She with Swearer, Sharp, Scharpff were here for Dist Mtg when I spoke. All look fine.

The McLarens are supposed to be going on furlo, or leaving ab now, selling their place. I guess there's little likelihood of their return, and that wd be a terrible less to all of us. Brownie is with her sister Elizabeth in Berea, Ky. and sounds better. Worries bec she doesn't hear a word about the Kangs.

Henry has gone to Iowa for a month's itinerating. I know he saw Dr Dif in SF, but I haven't heard yet about it. I'll not go east till I can see him again.

I've done ab 10 lbs with my all-protein-vitamin diet, and confess it's doing me good, tho I have to give up the goodies. To have to live this way, and I probably shd, is what I don't like to think of. But it makes me ashamed even to joke about it, with the world in so much trouble and so many starving and worse. The luxury, comfort, waste that is common still seems terrible to me. I think we'll all be saving papers and tin cans, glass bottles and food before long. Oh yes, I'm off tea and coffee, too. No chami!

My speeches seem to take lots of strength, but people are kind and I've had more than I cd do. Tomorrow I'm going in to LA again to address 75 wives of Y men. I thot I'd do that for my Y friends, who've meant so much to Korea, but it takes the day, 8.45 bus and 6.40 train back. Dr Van doesn't want me to travel and promote for a living, thinks it's too hard for me now, and I agree. I dreg Scarritt in on the side, but haven't gone to much extra trouble for her. I'd like to do much more, but there are limits.

Much love to all. Pass this on as you choose, just so it doesn't get back to K.

Alice

⚜ ⚜ ⚜

Corona, Feb. 21/41

Dear Ada and Anna,

Guess I'll write you together, as I'm getting nervous over all I have to do and never finish. Ada, I haven't done anything ab your airmail of Fe 13, which I was glad to get. With Bishop and Dif just back I didn't think I had information enough to tell Mrs. Fulton what to do. After I've seen Bsp I'll know better and if necessary will have her cable. I know they don't know which way to turn, and are afraid of debt, and of the accusation of throwing good money after bad. They don't love the K's as we do, and even with us it's a gamble. I agree that the hesitation over zaidan was terrible. I did some of it, but Mrs. Avann was really the one who lost it for us by her delay. I don't think we can put too much into her hands now, fond as I am of her and much as I appreciate her service in the past. I know Mrs. Fulton enough to write her after I know more what to say.

Van wrote that she'd talked with Helen in preparation for the talk H was going to have with Bsp. but she didn't write afterward, saying he'd tell me. The McLarens are selling their place and offered to have Ewha use the money, having us refund. Probably H hadn't heard of the Morris proposition. Van didn't mention it, tho her letter was one she had privately mailed, so she wrote more freely. I don't think she knew ab Morris. If that went thru, there'll be too much. She didn't say what the McL place wd cost. I think we shd consider Ewha HS and help them, too. Wish another old lady'd think of us, like Paiwha. Isn't that wonderful? If this exchange business, McL, Morris, etc. works, we can set the schools up. I think the mish women will be ready to give for several years, if Christian standards are maintained.

Too bad J Bothwell isn't Asso. Tr. but she'll probably be later. Sometimes these changes take time to adjust. Mrs. F is a fine one, and I think the southerners are loyal to Ewha.

Ada, you don't say where to address you, so I'm sending to Cleveland. Glad you two had a visit in Wash. Anna, I bet it was Betty Lee who said I said I'd go back if I had the money. I never said that, not a word ab money, for I cd go tomorrow if that were all. I said <u>if I could</u>, wh means something very different. She criticized me for writing that to her and I tried to ans her, so am disgusted that she keeps saying it. Let me know if it was someone else. It's hard for them to see how we feel. But it helps to have Bsp see that we weren't all just jitterbugs. The <u>superior</u> way that Underwoods and some others talk isn't very nice. Hollie's article in Xn Century is terrible. He ignores the main issue, that of native leadership and our presence in relation to them. He talks as if we were mad bec we cdn't control the purse any longer. Oh well!

I don't know that I approve your cutting off the Magazines from Ewha. If they have not suggested it, I'd rather let them go on, especially the NY Times. That is expensive, but if it gets thru will really mean much to them. The list cd be cut, but I'd rather wait till they do it.

Don't know what to do re the Co-op Com. No one has written me, but I suppose there will be something said when I see them. Have you heard anything? It's rather inactive now, except as it approves these financial matters.

Yes, Russians drinking in Gray and police doing their wicked works in Bible Sch is pretty bad. I guess we shd have stayed on if we didn't expect some of these things to happen, but that's more and faster and worse than I anticipated. I don't think there is the least chance that the mens Sem will put in a women's dept again. We must plan something else, probably with Ewha, as has been mentioned often before. Wish they had the bldg now. Probably can't get the gov folks out. I think we shd have seen to it that women occupied it before we left.

Have you heard from Lew or any Koreans? Bob says she can write E Gate and they write her; it's just W Gate police that are devils, as she says.

I must stop and vacuum my room before going to the dentist. Wish I cd work all night as well as all day and never get tired. Then I might come somewhere near what I want to do, but this way I just never get anywhere.

Enjoyed your letter, Anna, and am glad you're getting on with your diet and having some rest, too. Hope Thelma keeps well. Love to you all. Write often.

Affectionately,
Alice.

Address: 150 Fifth Ave., New York
At Corona, Calif.,
Feb. 24, 1941

Dear Friends,

In two days I shall be leaving this peaceful spot and taking to the road again. Where the next real stop will be I do not know, but this has been home for the past six weeks, where

I have unpacked my trunk and spread out. Dr and Mrs. Van Buskirk, my good friends and advisers, have given me every opportunity to make the most of my time. It has been rather too full of speeches, correspondence and visits to be very restful, but between times I've enjoyed the quiet tempo of this little town near Riverside, the fellowship of parsonage life and lots of good California fruit and vegetables. People are complaining of the Unusually wet season, but the sun shines almost every day and the atmosphere is mild. My only disappointment is that there are not more hours in the day and that my strength is not unlimited. But I feel better than when I came and am thankful for my delightful visit.

Many friends have contributed to my pleasure, from New Year's Day, when the Raabs took me to the Rose Parade, to many delightful drives. An invitation to speak at the S. California Wellesley Club brought pleasant contacts. There have been more opportunities to speak than I could fill, and though this work is a strain under present circumstances, it is gratifying to find people so interested. On Feb. 28th I speak on the program of the World's Day of Prayer in Pasadena.

News comes from the few Americans remaining in Korea, as Korean friends dare not write. Ewha College is carrying bravely on with the heavy burdens that we had to leave. Funds from U.S. have been going through so far, but if it should become impossible to send money longer, it will be held by the Co-operating Committee in America until the way opens again. Meanwhile I know that Dr Helen Kim, the president, will do her best to keep everything up to standard. Her courage is inspiring.

People are still leaving Korea, so the "foreign" community, normally over 200, is now about 30. Seoul is like a ghost city. We hear that tension was considerably eased by our departure, and in some cases that new opportunities of work have appeared. But word comes that the Methodist official visitors, Bishop Baker and Dr Diffendorfer, just back, have approved our withdrawal last November and are urging the workers in Japan to leave by April first. Radio news is most depressing. One can only pray that somehow a change for the better may come.

After a week in Fresno among strangers, I shall spend some days with my brother's family in Berkeley, then go north and east, arriving in Chicago about Easter time. Scarritt College for Christian Workers in Nashville has asked me to represent its work as I go about, and I am happy to do this. What permanent occupation I shall find for this period I do not know, but hope it may be in some church or home mission school, until the way back to

Ewha opens again. I am in "God's waiting room", (The Upper Room, Jan. 26, 1941), and He will tell me when my train is ready.

It is a real disappointment that I must send this instead of the long, personal letter that I had hoped I might write to each one of you. Your letters have meant so much to me during these sad months, and I thank all of you who have remembered me. I appreciate your patience and constant kindness, and the interest that you continue to show in the work that is even now more deserving and needy than it was when we were all there in it. I hope to meet you sometime on one of my journeys up and down this land. Never has America seemed so beautiful, so full of privilege and blessing, and never did the air of freedom seem so sweet.

Faithfully your friend,
Alice R. Appenzeller

BOARD OF MISSIONS AND CHURCH EXTENSION **<From: Ralph E. Diffendorfer>**
OF THE METHODIST CHURCH
150 FIFTH AVENUE NEW YORK, N.Y.
DIVISION OF FOREIGN MISSIONS
February 25, 1941

Miss Alice Appenzeller
1012 Romona Street
Corona, California

My dear Miss Appenzeller,

I was disappointed that you were not in the little group in San Francisco on Tuesday, January 14, when I reported on our visit to Korea. Henry and his wife can tell you of the impressions I gave him.

I want to pass on this special word, however, that we had two good visits with Helen Kim. She came on one day to the Chosen Hotel where we visited in the lobby undisturbed, and we saw her again at the Sauer home just before we left Seoul. She told me particularly to say to you that the candy was a rare treat and thanks you for it. They want, also, a photograph of you comparable to those now at Ewha of your predecessors. She said you would understand the kind of photograph they want.

Miss Kim says to inform all of her friends that she will not do any writing. She is asking the Cooperating Committee to send all gifts of money for the College before the end of March. "Speed them along" are her words. She then wants a try to be made after the Zaidan Hojin is approved.

I once more have been impressed with the ability and fine spirit of this able person.

With kindest regards,

Sincerely yours

R. E. Diffendorfer

Executive Secretary

abg

Address: 2815 Prince St., Berkeley, Cal.

At Fresno, March 5, 1941

Dear Dr Diffendorfer,

I appreciate your good letter with its encouraging messages. I hope you can get word at once to Mrs. McConnell about Dr Helen Kim's request that money be sent. She knows what has been done, and I am out of touch now. It is urgent that whatever can possibly be sent should be cabled at once.

The enclosed is such bad typing that I hate to send it to you, but feel it is so important that you must have it. It was made for Mrs. Hobbs' intimate friends. The part about the new pressure that had come upon them and that there must be no publicity about Helen is most significant. I hope you will read it carefully and let Bishop Baker see it, too. I'm sure you wonder how things could be so different in a short time. But your visit was obviously staged with a view to making a good impression. This is inside information that we must all heed and do all in our power to secure the protection that not only Dr Kim, but all other Christians in Korea now.

I expect to get to N.Y. sometime in May and hope to see you then.

Sincerely yours,
Alice R. Appenzeller

BOARD OF MISSIONS AND CHURCH EXTENSION **<From: Velma H. Maynor>**
OF THE METHODIST CHURCH
150 FIFTH AVENUE, NEW YORK, N.Y.
WOMAN'S DIVISION OF
CHRISTIAN SERVICE
March 5, 1941

My dear dear Alice,

Really you are about the best field correspondent that I have. I believe I get more news from Korea through you than from any other source. You are very patient and generous to continue your letters so faithfully even though I do not answer as promptly as I should.

First of all, I know you are eager to hear what news Dr. Diffendorfer and Bishop Baker brought back. They certainly had a busy month of it in Japan and Korea, only three or four days in Korea. They made wide and thorough investigations and came back with very definite opinions. They recommended that there be complete evacuation of all Methodist missionaries from Japan and Korea. They felt that aside from the danger of internment if war should come, that it was better to withdraw for a while in order to leave the Japanese church free to work out its policies without embarrassment of foreign influence or of being suspected of yielding too much to foreign influence.

Charles Sauer is sailing March 25 and he is the last to come out. I suppose because he is treasurer, perhaps. As for the Japan evacuation we have not yet received schedule of sailing dates except for a very few.

Bishop Baker is expected here the last of this week and we are going to enjoy the conference with hem. Hope he will help us work out plans for you missionaries. I am looking forward to seeing him and hearing him tell of his impressions. Dr. Diffendorfer had a lengthy report on Japan which he and Bishop worked out from their notes. They did this on the boat as they returned. They also had copious notes on Korea which are being put into the form of a report.

Dr. Diffendorfer saw Helen and gave me a report of his interview with her which I have already passed on to all you Ewha mishes. He said she was brave and cheerful and said "Tell them all that I have had offers for the school but I will not sell out and tell them I will not write."

It is splendid that you have the joy of living in the Van Buskirk home and also the medical advice that Dr. V. is able to give you. I doubt if any other doctor understands your needs any better than he does. I am not surprised that he says "No promotion work." How well you do that and how much we need you! Still I quite agree with Dr. V. that it would be bad for you and certainly we want to do nothing that would hinder you from getting well as soon as you possibly can. I did hope you could do the Scarritt work for they wanted you so much, but I think you are wise not to undertake it if you do not feel well enough to do it.

All the autumn and winter I have been thinking of you and wishing that we might find just the place where your splendid talents and training and experience could be used to the best advantage, where you could have a home to put your stuff and some boys and girls to love. I am keeping California, the Pacific coast region, and Hawaii in mind as I think of your future. I shall talk to Bishop Baker about you. He has that area you know. Have you seen him at all? I have written Mary Young, though I must confess that the letter was far too late. Just don't seem able to get through all that should be done. I think Betty has written to her about South America. Guess you heard from Mary Vic of the grand job she landed. I have written her to ask if there are any more such openings perhaps in other states. You know it is a government project and I thought there might be similar positions in other places. I think that kind of work would be too strenuous for Mary though, don't you?

You ask about Pat McHugh. She is still in Japan. We expect her home with the Japan missionaries. She has written that she wants to stay but since the Board Executive (Foreign) has ordered them to come home, I imagine she will come. She is one fine sweet girl, isn't she?

Thank you for a copy of your letter to Van. It gives news of yourself and of many others on both sides of the ocean. What about Brownlee's Kang family. Was he put in prison? Dr. Diff said that Fritz Pyun was out, looking very emaciated and very other-worldly. How they do suffer! I had a good letter from Brownie. I am so relieved and happy that she feels better. When and how did she get that bone in her throat? If she knew when she got it in, I wonder why she did not go to a doctor and why she did not attribute her cough to that long ago. I wish I knew more about it. Any way I am glad she feels so good now.

Oh, I think I forgot to say that Helen told Dr. D. and Bishop that the Zaidan for Ewha was almost through. She wants us to send all the funds we can before April 1st. and then try once again afterwards to see if the money will come through all right. He thinks that she is in the good graces of the government enough that she hopes to get their permission to continue to receive the funds.

I called Mr. Hasemeyer of the Transportation and Purchasing Department of the Board of Missions this morning and asked about storing your trunks. He said they would take care of them. Send them to

Mr. R. A. Hasemeyer,
Transportation and Shipping Dept.,
Methodist Board of Missions,
150 Fifth Ave.,
New York.

That ought to be address enough to get them here, don't you think so?

Betty Lee has written you her fears about your coming East. She feels that you will be plunged into a life that is too strenuous. I want to see you so much that I can hardly keep from urging you to come as soon as you can but I do hope that you will guard your health carefully in all your plans. Mama, Frances, and I all look forward to seeing you.

Much love,

Velma

⚜⚜⚜

At Scarritt, April 21/41

Van darling,

This is what I'd hoped to write at Moneta's, and let all the sisters look over your shoulder. But near-flu for 2 days spoiled a few plans, tho M's grand care and a day in bed fixed me up. We did so much in the 9 days I was there that there's nothing to regret, just thankfulness for a wonderful visit with wonderful friends. The climax was on Fri, 18th, at the reunion for Grace. She came from LA, Donald from Rochester, NY, Verne from Iowa City, Jessie Br from near St Louis, Carlinville, Ill, Oma and M and I were there. Think of it!! We met the Challenger at 8:30 AM, Donald's train was late, Verne's in between, so we visited violently every moment. The Kerrs had to go on at 2:30, so M drove us down thru that awful traffic for 1 hr each way 4 times. Verne left at 5 and Oma returned to Jimmy, who had measles but Jessie and I went back home with Moneta and left on night trains later, by taxi. We had the nicest meals and best visit and it was ab as perfect as earthly things can be. We caught up quite a bit, so your letter today from Mary L confirms what she told. Glad Herb B got out. Best of all is to hear that you're getting passage. Enuf is plenty, the Penn Dutch say!!

I had 24 hrs with Mrs. Avann, who took care of me while Ned and M went speaking, and Mrs. A and I have a date for May 2 in NY, when she and others are there for com work. Much of my free time was spent with dear Aunt May Wadsworth. She's nearly 81, frail, but when I got used to a slightly changed appearance seemed same as ever, with every faculty as keen and her heart more loving than ever. She's comfortable in a good hotel with her sister and niece who do everything for her. Spent Easter Even and Morn with her, and enjoyed the blessed fellowship of hearing The Crucifixion with her Good Friday night and the wonderful Easter service at First Methodist. Dr Tittle was grand and all the music and surroundings were perfect. I wept a tear for bygone days when we did the Easter music, tho poorly, with deep joy. But it was a very blessed time for me and I'm thankful for my many blessings. After dinner with the grand Soper family, mainuries, son, etc, KanJa's husband rushed me off to their church, where I spoke, had a feast afterward and listened to many kind speeches. The chr, a man who looked 50, said when he sat beside me he felt just as if he were with his own mother!! They're all so dear, and I love being with them anytime, anywhere. Two brothren come to lunch Thurs. M kindly had them, as I didn't feel like going out. Louise's husband wanted to take me to Lake Gen, but it was my bad day so I missed it.

You'll be visiting the S's yourself sometime. I said at table when the reuners were gathered, that I'd enjoyed the beautiful hospitality of each one, but that our M was up to standard! If you recall meals in all their homes you'll know what high praise that is. M runs things as smoothly and graciously as she does everything, and drives expertly besides. She had her committees, speeches and other work in between, and was very tired at the end of those strenuous days. I do hope they didn't knock her completely out. She took me to a dressmaker to have two dresses made over tha a fatter person had given me. We shopped once, and she took me everywhere in her car and offered to do much more than we could get in. Ned is grand, so understanding, good tempered, interesting, chami, patient, etc, otf You must all know him. He's a good TT No 2, and loves all his sisters.

My rib, fractured in the auto accident at Eugene, Ore April 1st, is about well, but I'm going to Dr Cate today to have the horrid adhesive taken off, I hope. This is the publicity office, Dr Stuntz is away but they insisted I must use his office. They taijup me lots here. Vic and I met Sat noon and went to a hotel till Sun PM, getting a good rest and visit before appearing. They thot it rather queer here, I cd see, Sis Wagner, etc, but we needed that much quiet. Last night I had a good, long talk with Dr Cuninggim; nothing definite, but rather hopeful of something for me, either here or around. Sis Sue is writing, and seems to have a life job, which is just right for her. Now it's a pageant for S 50th next year. Hope it'll be as good as The Hermit's Gate. Dr C definitely asked me to do a hostess job here during summer school, but I'll not decide that till I see what autumn plans materialize.

Time in Zanesville and Columbus is divided between Mary, June and Corinne, so it won't amount to more than the usual whirl, for their scheduling me for several speeches. After NY I go to Lancaster for a couple weeks work in the old home church, which needs reviving they say. That will be into June, so there just aint no time nohow. Where does it go.

We were encouraged with Grace's healthy looks, pep and courageous attitude toward the operation: thot of W's being alone are her hardest trial. We devoured word of you all. Donald is most attractive, manly, lovely to the ajumonies. The trainman said, "My, you have a pile of girls!" and he thot it a good joke. Guess I'll stop with this page and do some work now. Dear love ever, Alice

I must not forget about my lovely day with Anna, Thelma and family. I made any extra trip down from Chi and "Chick" met me at a distance and took me to lunch in a place where A was speaking to the Kiwanis. "She's holding them," he chuckled. He's so proud of her and they all are so happy together. Thelma's little daughter was just 2 weeks old, a darling little doll, and T herself very pretty and sweet. I hadn't seen her since she left home 14 years before. The boy 5 is adorable, sturdy, all boy. Chick reminds me of John L in his youthful, slim days. He's enterprising and fine spirited. Their home is like a little model for a modern house, everything so pretty and convenient. Anna looks better than I ever saw her; very slim and trim, steady and smiling, not all tired and trembly. She was smartly dressed, hair rolled and curled, and now she rarin' to go. So I told Chi folks ab her and I guess she'll have a sched. Mrs. Frank Baker was one. She had Ada McQ and Helen B to lunch with Moneta and me. All are about in my shoes, ready but not yet elected!! By fall most of us should be off the pay lists and on some others.

Don't think of any shopping for me. I'll just be thankful if you bring yourself and the sooner the better. I didn't mean to complain, for you're been wonderful about writing, and my chief source, and so to your friends. Glad I sound natural, but sorry that is over. Glad there was some chami to it, anyway.

My knees don't hurt any more, and yest I actually took off my knee warmers and didn't put them back today! It's hot down here, of course. Really was over Easter in Chi, 82. But spring was just thinking of coming there, and it's more here like Oregon last month.

Portland was the most beautiful blossom time I had, just fairyland. I'm thankful for all the feasts of beauty my soul has been enjoying. Most of all for the love that helps me thru these uncertainties and that I can count on. In each place from Riverside and Corona up thru Calif, Berkeley, Portland and on I've had so much. Only two days at Ida's, but we made good use of the time. It was cold and rainy up there, but gorgeous in the Rookies. I'm glad to follow spring thru the land. Chaichie made the most of all the natural beauties of her environment and gave me so much. I'll always be grateful to each of my dear hostesses, and only sorry that I seem to make to much work—my rib and my various other queers!! Well, may be I'll be different some day. Vic was hoping to see me changed, but cd hardly detect any difference, I fear. Anna has really done something with herself, and I'm proud of her. But to be as well as I am and ready for life is a lot, even if I do still look natural.. Sis Sue looks better, too, slimmer and more steady.

Ran into E Gerdine when I telephoned here yesterday and she showed us around. She's graduating here now and going to be in a church in Fla with her parents from June. She's mature and attractive, has dropped the excrescencies that we didn't like. She was happy to see us and showed us about. Vic had never seen this new Scarritt, having graduated in Kansas City, and was quiet speechless, loving it all. My regret ab her present job is that she can't play, so we had her play May Night once. She had to drive 300 miles, so cdnt stay. Her nice little car is a dear. I wished that drive and my next journey were on the same way.

You see I have lots to say and am not near thru, but time is up, so farewell again. A.

PS 2. I'd taken this cut, but must send congratulations to all Holston friends on the half million yen gift. Miss W told me they'd had a cable. Isn't it glorious. Our turn next!!

"Scarritt College,"
Nashville, Tenn.
June 6, 1941.

Dear Friends:

Some of you have not heard from me since I left Korea and are wondering what has become of me. Others have written since I came, but have had no reply. Without trying to excuse myself I must say that a strange inhibition has come over me, a compound, I suppose, of grief at leaving my home and life work, of uncertainty as to how much to say or to leave unsaid, and of the indefiniteness of my future. Six weeks in Corona, California, has been my longest stop, and much travel and speaking wherever I have been visiting have kept the days full. It has been a joy and comfort to meet friends everywhere, and I have written many letters, too, but not enough. So I resort again to my old friend, the mimeograph!

Leaving Korea last November was terrible, and I still feel as though it were a bad dream; but subsequent events have convinced us Methodists that we did the right thing. All other missions except part of the Presbyterian group have come away "on furlough", but those who made the first break naturally got most of the criticism. Increasing tension and persecution are following those Koreans still associated with missionaries, and the majority of the latter realize that, as foreigners, they cannot now help their friends, caught in the Japanese military machine. The Christian Century of May 28th shows a change of attitude toward missionary withdrawal. I endorse the editorial, "Missions Belong to the Church," and hope it will help to arouse the Church to its challenge.

At Ewha College the withdrawal of the ten missionary teachers brought great burdens, but eased the tension so that the college has finished a successful year. Even the senior English play was permitted, as usual, though no "foreigner" was invited to see it. We know that the American-trained alumna who put "You Can't Take It with You" on alone did it as a service of love for all that she had been given. The college opened in April with its largest enrollment, 450 girls in five departments. Korean and Japanese faculty are carrying all the work. We are glad to know that eight women teachers are occupying our beloved "Longview", and we hope the strawberries are as abundant this year as they were last. We hear that the campus and building are beautifully kept, an oasis in which the college motto, "Truth, Goodness, Beauty" is upheld by all, from the gallant little president to the humblest attendant. We are thankful that the college was built and equipped just when it was, and that the new president was installed before the crash came. We believe that Ewha will weather this blast and emerge stronger and finer than ever.

We can not write nor hear from the college, but so far the appropriations of the Mission Boards have been sent and received. The Ewha College Co-operating Committee expects to continue helping as before; the treasurer, Mrs. J. W. Masland, 6701, N. Broad St., Philadelphia, Pa. will see that funds sent to her are used for Ewha College. We hope that Ewha's friends will not forget her need, greater now than it has ever been. If it should become impossible to send money to Korea, we shall keep it here until the way opens again for us all to help.

One of my chief pleasures in returning here is in meeting Korean friends, especially my Ewha daughters. Their appreciation of what Ewha means to them overflows in kindness to their old teachers, and wherever we meet becomes a bit of Ewha. I met larger groups in Chicago and New York and enjoyed their hospitality. Especially proud I was last week to attend the graduation of one of my Ewha girls from the Westminster Choir College at Princeton. She goes this month to Honolulu to give her ministry of music to her people there. Several others are doing graduate work in preparation for teaching at Ewha, but cannot return now. The war is reaching into all our lives and the end is not yet.

It was very profitable to me to stay on the Pacific coast during the winter. Excellent medical advice helped to put my arthritis under control, and if I follow the rules I think I can be well. One of them is to avoid cold, so I am looking for work in the south. Scarritt College, which I visited with so much pleasure in 1938, gives me my first opportunity. I am to be hostess during the summer session, June 10-August 17. After that my plans are still indefinite, but I hope to stay in some church school, until I can go home again to Korea, where my heart must always be. But I shall not go back until my presence there can be a help to my Korean friends. I believe in their ability, devotion and Christian faith and am not anxious, though I am trying to work for them in some way every day.

A friend has sent me this quotation from The London Times, a poem by A. A. Milne, Christopher Robin's father. He expresses what all of us would say, the ideals to which we are committed, no matter where our service lies:

Old London's time-encrusted walls
Are but the work of human hands;
What man has fashioned for us, falls;
What God has breathed into us, stands.

What if the splendor of the past
Is shattered into dust? We raise
A monument that shall outlast
Even the Abbey's span of days.

On broken homes we set our feet,
And raise proud heads that all may see
Immortal in each little street
THE SOUL IN ITS INTEGRITY.

With unchanging regard and confidence,

Faithfully your friend,
Alice R. Appenzeller

Scarritt College, Nashville, Tenn.
June 13, 1941

My precious Van,

I just feel like talking all afternoon with you, and think I will. Probably your readers will like typewriting best, so here goes for an old ramble. Yours of May 3rd was wonderful, all about your visit home. I guess you did laugh and cry! Delighted that all is in order. Bless their dear hearts. I know they will try. Yesterday Henry wrote about a grand job the Bd offered him in Buenos Aires, prin of Am school attached to Ward College. Miss Howell says it's a grand place and very important, but agrees with me that H shd not desert the old home. I wired him Isaiah 61:1—4, and said we'd be going back for that some day. It'd discourage the Christians terribly if he left, even tho others are going. The roots are too deep. He wanted Mary's and my advice and I surely urged him to hang on. So I guess it'll be Honolulu, for I don't think he wants to go to BA. Have not had a reply, however.

Mary is the first of our 3 family problems to be solved. They're in Columbus at a former Ger ch, sounds nice. Parsonage is good size, with plenty of kitchen and pantry room and has been redone. Former was there 12 years so they'll be glad to have a change. Kids are happy. M hated so to move that I hope now they'll stay a long time. Hope Corinne will see them, and June Dunham, too, so M can have some congenial friends.

Carol grad from HS last night. One strong card for Hon is that they can take her with them, and not to BA. Bob S and Evelyn are going there, too. They'd seen Bsp and decided on H when the BA thing came up.

Have seen quite a few home folks here. The old Stewarts came to lunch, not so pleased to be apt. to Ariz, but we'll go where we're sent and be glad for a place, I reckon. Peaches comes often, Ellasue and Betty Dalbey, Jessie M's double, are here. Vic comes tonight for week-end. She's near enough to drive up sometimes. Brownie is only 50 miles away in Ky at her brother's- so it might be worse.

Your letter was forwarded to Princeton Choir Col and Alice Mac made me read it before she'd let me go home, and old Harry R had to wait. You remember it's long and on fine paper, but she appreciated the news. So interested in every detail. Wonder why my daughter didn't take my room. The singer is yamjan, tho and will care for it. As if I'd ever live in it again! Never expect to. By the way, wonder if you got my letter on May 8th. Didn't know where you'd be but hoped you'd be attentive. What about writing now? Same as before, or easier? Please be sure to mark my questions and ans them, for I have to know. Are you both returning in Aug to settle, or only T?

What are the servants doing, yours and ours? How is Emma and the former assistant with the big family? Does E like her new worker, who used to be in the other school? Y—My pretty child writes quite frequently and makes me rather anxious. Do you think it's OK? I investigated her beau and hear that "he's an exceptionally attractive young man with a fine mind." I got my friend, the As. Dean of the grad school Harvard to check, and have also asked Pat to inquire ab his family. If all is clear on the marriage question I'd say go ahead. She may better herself and at least wd have a change as our old dressmaker said when she announced she was marrying and going to Cal. "Yes, I think it'll be a change", says she, imperturbably.

Evelyn D thot so, too, for we have her invitation for June 24. I have not yet written Olive Becker, for hers came just when I was travelling. But I've wr over 40 letters in the ten days here and ought to feel the dif. Your advice ab budgeting letter time is fine. It budgets itself by the other things I must do, and all the time I can sit and do it is too little. Have you had too many? Well, I wake up nights thinking of the folks in troubled places who cd expect that I'd be so decent as to ans them, but I don't. However, I've got out a mimeo wh helps lots. I sent you the Milne poem wh closes it.

This is like home in many ways, but more elegant in furnishings and facilities. I have work of the dean of women for summer, not academic or food or housing—then what? Just being sort of hostess and seeing that the blessing is said every meal! Brek at 7, and I'm there smiling and tapping the bell! Not so bad now, but what if I had to all winter? Guess I'd stand it. Led chapel and had a party first night. Tonight we go to hear Stokowski lead his youth orchestra in the baseball park! I arranged ab tickets. Have guest room in dorm, same suite as Miss Bagley, whose work I have. In winter she teaches, too, as this really isn't a job. They allow weddings in chapel, and I'm in charge. Seems familiar to be helping there. Had 3 already. See ab dorm, but there are no rules—everybody's good and so no one is watched. It's nice to find Louise Pyke, my dear classmate Frances Taft's daughter in the dorm and at my table. I serve the food at my table. Do what counselling may be needed. I'm taking course on the new mis study book, "A Christian Imperative" under Miss Howell, and like her teaching and the many books we're to read. Hope to get lots of them and improve my mind!!!!! Am now reading life of HB Stowe under the bedclothes, as it were, for if they caught me reading of Uncle Tom they'd go up! "Crusader in Crinoline" is title, and very good. Borrowed it in the north and shall mail it back.

Dr Cuninggim is lovely to me, and quite impressed that I got Mrs Pf to come. I'm hopeful that she may give and wish I cd get it. He may pay my way to NY during vacation to see her. If so I'll go to New E for a holiday, if not, stay down here and go to Montreat and Junaluska, the Presb and Meth heavens in the Smokies. They think I might assist in Mission Dept and

I'd like that; wish I had a few hours like that and continue with this, but I don't think Miss B wants full time teaching, as she is good with the girls and much younger than I. If nothing becomes here, they'll help me get a job in some southern school. If it seems worth waiting for here, I can put in the winter puttering at odd jobs, and get something next year. But Sallie Lou, who's quite influential, thinks they don't need anyone more of my type, having many, but someone who'll be a famous full-time prof with PHDXYZ and all that. My Hon degree is nice, but I have to implement it with studies of my own, wh I'm not doing. Don't seem to want to go on preparing till I'm ready for the grave! Surely there is something for me to do with what I know now!

Don't know where to send money, if any, or write. Whom do you advise? Wdn't send Ethel anyway, just bec she's so dead anxious to show that they are indispensable. Their folks are all set up bec they're such saints and martyrs. I'm so sorry for the poor souls suffering and wonder how it will all become. Wish you'd wr me everything, if you can. How ab Henry's friend. How is their house and is he a regular villain? How's his girlfriend? What's her school? I hear our nice Can. trained singer, who recently married is going to teach for her. I know Sis doesn't care much for her for some reason and didn't intend keeping her after marriage, tho she has other mar folks. Did you go to HS again, and how is the kyo? Laughed at Dr Nose, but got it. How is her sister? Are they still doing all that work? How ab the old ch at the corner? Poor little preacher still timid? Wonder if he wishes he'd died. Took Louise to see "That Hamilton Woman", beautifully done. TT wdn't approved the morals of his nat hero, but he'd enjoy the language and acting. Betty D says she had a good visit w old Aunt Jane B. at Pearl's home. Still going strong, but can't get home, of course. Poor souls, all who have loved ones there! Did you hear how the animals were? What ab your dog? How are amah and family? Hot like Aug here, so my sciatica has melted away mostly. Don't know how I'll stand it when it gets hotter, for I've sweat my summer's quota already. Now I want to know all ab you and yours and ours and theirs. Can't believe I'm not to see you soon, when I had my heart set on it. Just praying all the time that the madness will cease and folks can live like humans again. This is tp Betty Lee gave me. Isn't it nice?

Your clo sound nice. I'm not getting a thing, for all like my old duds and after all, why shd I adorn myself? All I need is to be slimmer; stay just where I was when you saw me, having found again the lost 5.!!!! Good eats here, alas, and heat never took my appetite. No chance to nap, for my room is fiery with sun all pm and I don't dare lie down in this place. Sleep now, tho—and always loving you... Alice

⚜⚜⚜

Scarritt College, Nashville, Tenn.
June 14, 1941

Dear Mrs. Pfeiffer,

It was disappointing not to find you back in New York when I returned, but I had a nice chat by telephone with Mrs. James, so had news of you anyway. I hope you had a good trip all the way and found great satisfaction in your visits. You surely can tire out younger people, the way you can go!

Mrs. James said that some Korean had written you that all mission property in Korea was confiscated. I told her that was not so. In case of war it probably would be, but Ewha College, for instance, is held by a legal holding body for the purpose of higher education for women under Christian auspices, and we have heard nothing that makes us fear that that charter will be changed. The Koreans in America in their zeal for Korean independence and in their indignation at what is happening in their land sometimes exaggerate. The facts are bad enough, and I always tell them that if they stick to them, their case will be stronger. Our Christians are doing their utmost to keep things going and it is our part to help them by believing in them, getting money to them as we can, and praying for them always.

We had a good Ewha College Co-operating Committee meeting, as Mrs. McConnell may have told you, but we missed you. We favor asking for the same appropriations for Ewha as last year. We must have faith enough to keep on in spite of difficulties. Dr. Helen Kim is depending on us to keep up the income and, if she cannot receive it, to put it by for her. Endowment, too, which should be increased, will be safe in Mrs. Masland's care.

I am so glad you got to Scarritt and the people here were delighted to have you. The more I see of the place the better I like it. The service to the local community is something I had not entirely realized before. Just now they are decorating the chapel for a wedding. There have been three during my ten days here, and it is one of my duties to be around and see that things are done decently and in order. I think you will be interested in this folder telling about this piece of service. Tomorrow morning 200 women of the Business and Professional Womens' Club are having a service in the chapel at eight, with breakfast in our beautiful dining room afterward. Yesterday a young man came through here with about 20 little girls of his Bible school, he said. "Their mothers help support Scarritt and I want them to see it", was his explanation, and the little things were taking in all the beauty and dignity of the rooms. I told them that when they were older and the war was over they might go to Europe and see beautiful buildings much like these, but that they should be proud that there was something so nice right in Nashville.

There are a number of our people here—Esther Van Dyne from Algeria has just gone, Elizabeth Dalbey of Korea just come. When I showed my Ewha photographs a girl from Lakeland, Florida, said Pfeiffer was an honored name in her college, too. It comforts me for being away from Ewha to be here in this congenial place and to feel the bonds of Christian love and hope that are all we have left to make life worth while. I do not know whether I shall be here through the year or not; it will depend on what work can be found for me. I am taking Miss Howell's course on the new mission study book. The Christian Imperative, and am glad to get into this stimulating subject and have a long reading list before me. The weather has been terrible but is so much better today that we're relieved.

With love and every good wish for a pleasant summer,

Faithfully ever,
Alice R. Appenzeller

Scarritt College

Nashville, Tennessee

July 16, 1941

Dear Family,

At last I have a long letter from Van, begun June 4 and sent by Pearl Mason June 11 from Shanghai. I will quote some and summarize some parts.

15 Petain Avenue

Shanghai

June 4, 1941

Here we are in Shanghai. We've made the break from Seoul. Tom will probably return for a short time the last of July or in August, but I will not make that trip again I think. It was indeed hard to leave. My last Sunday in Aiogae Church was the last contact I had with the Koreans, except Helen and Unsook. I bawled my head off, of course, but they all acted scared to death to have me there (in church). None of our Ewha folks came to the train, of course. All the Bible House staff did, but that was different as Tom had been in the office to the last, and no one knew that I had had any connection with Ewha for the past year. Tom and I had supper on the Q T in Chinkwan the week before we left, but didn't go about much.

The grounds are beautiful and really Helen is doing her utmost to keep everything spick and span. The girls are doing all cleaning of the halls as well as class rooms except special scrubbing, etc., but I must say things did look clean both times I went out. But the poor little girl (Helen) admitted she did not know how long she could hold out in this "man's centered world", but she gritted her teeth and said she would hold on as long as there was any life in her and keep the place as nearly as you and the friends at home wish it to be. She is a brave soul, Alice. I realized more and more, and even Tom said he thought she was doing the best of anyone in charge. He says at last that he thinks you did well in turning over the work when you did. ......The most I can do is to assure you that "Pear Flower" is really being well cared for.

......When the call first came to Tom to come over here I was terribly disappointed, for our plans were all made to sail on June 19, (The Coolidge is now taken off so we couldn't have gone anyhow.) but as things developed in Tom's office it just seemed providential that we could come here where it would be easy for him to return and make final settlement. Then, too, it is so much better for Tom to stay on the field as long as possible toward his retiring time, so that his retiring allowance will not be cut because of early retirement. Tom will be happier, too, to be at work. And were we fortunate to be sent here! Really we are thrilled at the way everything has worked out. You know that Carlton Lacy was elected bishop in April for the China Church. His area is the Fukien area. He goes there the last of June and we have fallen into his lovely home-fine servants and all. Because of conditions in Foochow he can not take his things with him now and was so glad that we could take his house, furniture, etc., for probably by the time we go he can move things down and not have to sell everything.

This is one of the loveliest places in Shanghai and their servants are grand-have been with them 20 years, like our old dears. There is a G-E refrigerator, an electric range and all the nice gadgets. Best of all, the American Bible Society furnishes a car (Plymouth) which has brought joy to Tom's heart. He is substituting for the A B S just until they find someone to take Bishop Lacy's place, and they make some sort of adjustment with London. The British and Foreign Society man, Mr. Hudspeth, and his wife, are most chammie, sort of youngish. The two societies work together here, same building but adjoining offices. Of course the work is much larger here; Tom will have two secretaries, and he'll have to hump himself some to get on to all the work. But it will be good for him and splendid experience......"

Van says the house is roomy and they are enjoying spreading out. Things seem expensive but exchange is about $17.50 - $18 Mex. for one gold dollar. Living seems a little cheaper than in Seoul. They had a good trip over on the President Monroe. Everybody in Seoul was down to see them off, including old Father Drake, several Seoul union affairs, dinner at Phipps,' Marshes, Koons,' etc. before they left. They stayed with Will Kerr the last two nights. He is all right but lonely.

They arrived in Shanghai May 28 and have enjoyed many social events in Shanghai. Pearl Mason was at the WFMS house on the compound so she enjoyed seeing her until she sailed.

> "Oh, the freedom we feel here! Haven't yet been asked age or why we came, etc. Have good radio...."

She says they got a message from Corinne and they heard my message read June 8. The community church is near their house and they have enjoyed the services. Attended the joint commencement exercises of the Christian colleges in Shanghai-Ginling (Shanghai Unit), Woman's Christian Medical College, Hangchow Christian College, Soochow University, University of Shanghai, St. John's University.

> "I am going to send programs to Helen addressed in Chinese and with no signature, so think she will get them without trouble. But I know she would like to see what's going on elsewhere-she's starved. She did not want me to write to her nor have Velma write or send anything or anyone write or send anything to her or the College. She has gotten through so well thus far and been complimented because she is not depending on U.S.A.! Might send something to Will Kerr if absolutely necessary, but he'd be wise about making contact.."

I think it would be unwise to bother him with anything about our work.

Horace Grant asked her to get his wedding ring for Joan, since he could not buy one in Seoul. Wedding date July 11.

> "So many of the President Line boats are being taken over by U.S. government. By the time we can go there may be no boat to take us; but we'll have to face that when the time comes. We are better off here than in Seoul, I think, should serious trouble come. However, most folks feel that Japan is going slow since F.D.R. spoke last.
>
> "I am getting too fat again. This cook is trying to make an impression and I'm eating too much. These servants keep everything spick and span, yet we never see nor hear them. Their quarters in the basement are as sweet and clean as ours. It is nice to have them on the place....Went to the McTyeire H.S. concert of ensemble music, given for scholarship benefit. It was really splendid, not equal to our college girls, of course, but

far above our high school work. The buildings and campus are beautiful. Wealthy girls attend so everything is on a grand scale. The auditorium is like a theater–huge beautiful stage, comfy opera chairs and all. The whole affair is very dignified and grand."

Bishop Lacy has been entertaining and they have enjoyed his guest. One of them, Paul Wiant of Foochow, had been in Drew with Fritz Pyun, and spoke so beautifully of him and his Christian influence in Drew.

"A letter from Ruth Marsh today says it looks as though they'd have to take a junk or row boat if they are ever to get home. They had booked on both Coolidge and Taft, which have been taken off..... Tom got word yesterday that hardly had he gotten out of town when his whole office staff, except Mr. Chung, who is still B and F B S secretary, were told they were fired. So goes it!"

It has been very comfortable here since July 3 when rainy season set in. It has rained practically every day since.

Vic was with me over the fourth and we had a grand time. The Hirsts came by the other day in their station wagon, which they say is to be their home for two years. They are applying their rent money for that time to pay for the car. They are as carefree as a pair of gipsies, were headed for California but did not have time to stay for lunch! I hear that the L. P. Andersons are coming soon.

Note particularly what Van says Helen's message was about not writing. I am going to stop sending out these lists of things that might go to Ewha, which I made on the basis of Van's suggestions about sending notions. I also published in The Methodist Woman that list and do only hope that no harm has been done.

I wondered so at not hearing from Van for over a month, and learn now that it is just that she did not write. I did not dream that she would neglect me so long and thought the letters must have been lost somewhere. She really should have sent that message about not writing at once, but she has said it so often that I suppose she thought we knew. Mr. Sauer was doubtful about the wisdom of my list.

Henry, Ruth, and Carol will go to Honolulu about September 1; they haven't their sailings yet. Carol will enter the University of Hawaii. They are happy now that the decision has been made, though Henry had two good near offers of college positions on the coast and he would have chosen either one of them first. Then the Board asked him to go to Buenos Aires to a sort of foreign school which they run in connection with Ward College, but we all felt that that was too far away and that it would be tragic to sever the ties with Korea by going so far. I am sure Henry will find a useful ministry of reconciliation there and I am so thankful that he can be with the Koreans. I want him to get me a place out there about January 1. So far, I have not made any promises for fall but may do some traveling for Scarritt. I would rather get some definite work in a mountain school and feel that I was really helping somebody who needed me. I am enjoying being here ever so much and love the people and place. Miss Howell's course on "Christians and the World Order" is very interesting and as usual I find myself stewing over the papers. One never seems to outgrow those things somehow. I especially appreciate the reading that I have an opportunity to do here.

It is so good to hear from many of you and I hope you will write often.

Always with love,
Alice

Nashville, Tenn., July 19, 1941

My very dear Yeasoon,

I have wanted to write you for such a long time, but now I am going to do it, hoping this letter may bring you some pleasure. It is a joy to be in this city where you went to school and to find your memory beloved in this lovely place. June was very hot, but July has been better. We have finished the first part of the summer session and have started the second. I am in Miss Bagley's suite in the new Gibson Dormitory, which is just behind the president's house, at right angles to the dining hall. I have three rooms and bath, except when a guest comes. Mrs Bourne is coming today. The rooms are small and ceilings low so the heat seems to stay in the building. But it is all very lovely. I am hostess this summer, with light, pleasant duties. I've been asked to travel for the school during the fall and teach a course in missions during the winter, then travel again. It is all temporary, just until I can get back to my own home and work again, but I am grateful for it. I hope, however, to get a more settled place somewhere before long.. Miss B is studying in Chicago this summer.

You were worried about my broken rib. It healed normally, giving me some pain and inconvenience, but I went thru all my speeches, travelling and visiting without stopping. Dr Cate took off the bandage when I was here in April, and I've completely forgotten it now. Thank you for all the loving thought and prayer. I loved your remembrance of Mother's Day. I know we are together in thought, tho separated in body, and that God will bring some good out of this trial. I do hope your letters will not cause any trouble. I write to all of you every day in thought; please tell my friends so. I do miss you even more now that Van is gone. Glad they are well and happy and have a comfortable home. They even have the servants of the former master, and are better off then before. I'm glad they could go and be useful there, tho I was so disappointed that they couldn't come right home.

Everybody is getting married, so I suppose the rest of you think of it. Please give my love to the brides and tell them I wish them true joy. The singer and violinist will be happy together, having been friends so long and having so much in common- I mean, the pianiste. The singer and the home ec bride, too, will make lovely homes. I am delighted to know that your friend is making a splendid record at graduate school. The dean, my friend, wrote, "he is an unusually attractive person with a good mind." I shall probably get up there this fall and am counting on seeing him. If all is clear I hope you may find happiness together, tho I don't know what the college would do without you. Perhaps Grace would be able to return then. How is she and how is the baby? I'm sure she is a sweet one.

We enjoy seeing friends here from time to time, for this is the center for the southern church, you know. Miss Wagner is my chief companion here, and Miss Dalbey is studying hard. It seems natural to have much piano and organ practice going on here, for I'm in the office near the chapel. Then I am hostess at chapel weddings and had 8 in June. That seems just like home. The althea is blooming on the campus and I'll send you a ginko leaf to show we are still in our Father's world, no matter how foolishly His children are living in it. I'm thankful that young life goes on and that so many girls are enjoying your lovely campus. I'm delighted that you're living in the home and hope the garden is doing well. I have the faculty picture under glass on my desk and each of you is looking at me. Every day I try to do something that will count. I have a student helping me with letters and have sent off 135 general ones and written many more like this that are not recorded. I enjoyed taking one course with Miss Howell and am reading in the library every day. It was a joy to be with Moneta in her lovely home and now I hear that Evelyn D has been there with her new husband and that they are so happy.

My health is good and I have almost no pain any more. I am dieting some and trying to eat the vitamins and proteins that I need, and feel much benefitted. But I'm so homesick all the time that I don't feel that my life is real. It will be better when I settle somewhere where I'm really needed. My brother has decided to go with his wife and daughter to work with Blanche's husband. They'll enjoy being there and I hope can be a good influence in that community. I told him to get me a place there too, and it will be on the way home. My trunks are still in N.Y. I'd rather work in some mountain school and believe I can find something. I'm going to visit Mr Upperman's and see if there's anything for me there. There should be something here in the south, where I want to stay because of my rhemnatism. I still feel as tho I were in a dream and must soon wake up in my own dear bed, looking out on the pine-covered hill. I wonder why you didn't take my room, for the other is cold in winter. Van said everything looked lovely, spick and span.

My love to everybody. I think of and pray for each one, no matter where they are or under what circumstances. It seems strange to be so comparatively idle when there was always so much to do. I'm occupied all the time, but I don't feel as tho it matters much. I wonder if IY is still with you or busy elsewhere. Pat seems to be enjoying her rural work and now experiences. I wish the other girl who was here could with you. How are the dog and cat? I'm sure they're happy to have you with them. Isa. 49:16 and the verses near have particular meaning, and I think of you every time I look at the palms of my hands. The Scripture is full of precious promises that have richer meaning and value the longer one lives. I know you are teaching the girls to love it. You must be very busy with your heavy schedule, but I know your are doing it well. It will be easier for you as you go over the material.

I must stop now. The president wants me to travel during the fall and spring quarters, as I think I said. He has just been in talking about it. I am letting matters take their course, believing the Lord will lead me into whatever work He wants me to do. If only I could get a big contribution for this school from our old friend, who is giving much money away every year and is 81 years old, I'd be glad. There is no danger that her fund will be exhausted; it all depends on where she wants it to go. Of course, she is worried over some of her investments, for she wants everything to be used for the purposes intended. Of course I have tried to reassure her, tho some think they can help by telling her that all has been taken over.

Velma is on vacation now and expects to visit all of her folks, coming here soon. The church folks are loyal and always interested. I just must stop now. Always with love to you and each one of the dear friends, old, young, high, low—I have you all in my heart.

Ever devotedly,

15 Avenue Petain, Shanghai **<From: Edna Van Fleet Hobbs>**
August 15, 1941

My own Dearest Alice,

At last the Coolidge arrived bringing one letter from you, one from Ellen, from a cousin, and from Anne Pieters. Again we were nearly starved. Last letter was a Clipper one Aug 3 from Corinne. Your last July 22—over 3 wks ago. We cannot hope for them even that often from now on tho' it is whispered there may be one President boat a month. That of course depends on how pacific the Pacific is I guess.

Last night the great mystery of Roosevelt & Churchill was revealed. What it may mean to the rest of the world remains to be seen. What will happen to this village no one can guess but think it will fare better than where we need to be. We're really concerned about the welfare of both kinds of friends there. Not a line has come since the freezing. Aline's husband Gerald wrote July 21st—before the freezing and we read it Aug. 11 so you see how mail comes—or doesn't come from there.

Well the Marshes are off—left yest. at 10:30 A.M. along with some 200 others from here. It has been nice having them here the past months tho we'd didn't do as much shopping etc. together as planned—too hot—then she was sick and I had a few not so good days—heat I guess—and Mr. M. had a few days in. So sorry we didn't get our letters before the boat sailed—but there I sent a letter and a box to you by them. Couldn't ask them to take much. Darling, I don't know why 2 boats got by with no letters from me. I've written you most every week. Now I'll go thru your letter and ans. questions to. Think you've most of the answers ere this but I'll take no chances.

The wedding was very nice—tho' of course not as grand as Winefreds couldn't be under conditions. They went to Peking for honeymoon and must have been there at the freezing season. We haven't heard whether or not they were allowed to return home. Letter from Mary Taylor said the newly weds are back OK.

Don't know what you meant about dumping our good reading when we left but take if you mean all our 20 some mags. Most of them had ceased to come about the time we left. Folks had had by that time, redirected. How we have only C. Century, Harper's, Readers & World Digest, Zion Herald, & E. Post - but can buy any and all of the new books and mags. here. They have what they call Pirated books & mags—ie copied and printed here and very cheap. Great stock!! Doesn't seem quite square to me but every body here seems to take advantage of it. No mags. are censored when they come either. Over there the Digest always had something out.—We listen every Sun. night and will expect more from now on since mails are so uncertain. We'll send a clipper letter at least once a mo. and ask whoever gets it to relay to others.—Do hope your lady can be persuaded to give S. what you are asking for. Quite a feather in your cap if she does. I should say. They could afford to keep you on and just have you sit around and look pretty there. We're always remembering you, your needs and work in our prayers.

As to warning you about sending thing to "Little Sis." I did so the minute I know they were clapping down on things. Holding them up—not in the P.O. at home but way down at □□□□□ where they first enter the country. It may be that is all changed now—can't tell. Anyhow post cards were about the most trouble. Guess they had to examine each one then charged duty for the trouble. Don't know whats in the church papers. However if any cullies etc. were sent hope they could be used. Imagine they'd be less trouble than p.c. anyhow.

I shed some tears when you mentioned the sun filtering thru our parlor window. Dear old place wasn't it? Maybe sometime we'll have a shelter where we can welcome you again. When? I wonder. Can't recall what the $7.00 can be for that Charlie S. sent you but he is pretty dok dok so doubtless will be able to tell us. Always grateful for more gold—we'll be needing it when we get back.

Now be prepared to laugh—or be disgusted at my stupidity. I read your last letter first—not the enclosures—when I came to "Sis Snavely becoming 7th" I said "What can she mean? Seventh wife?"—and I never dreamed until I read your May 3 enclosure (which I'd never had) that it was S.D.A. Why would I when they could hardly drag her to the S.D.A. hospital. Was that where she got her start? Well I'll be blowed!! What she going to do—go out as a mish for them now? Suppose their fundamentalism appealed to her. Well! Well!! Well!!! What next?

Guess I'm terribly stupid for there are several things in this letter I cannot understand—maybe the light will break some day but haven't yet.—This for instance "I'll send something to Uncle Jim for S. Un. too." Uncle J. I suppose is Marions' father. S. Un. must be the tennis club but what the connection I cannot fathom.—Do not send us anything. We can get all we need and anything coming in new would have huge duty—if delivered at all—probably they'll freeze everything. Good chance to save your money now. You know how Tom worries about you not doing so.

How splendid for Will Shaw! Did he get cheered up and straightened out from the Jacob influence. Imagine Dr. Walker could set him right. How is E. Does she continue her queers?

Wrote in my last that T. cannot go back now. Do hope he can before we have to go but somehow doubt it. A S.D.A. man we met coming over here from up further north of us we met at pier yest. He'd gone back to where the Robertsons lived in M. after a months holiday in Manila. He'd intended sticking it out when we saw him last but yest. said he just got out in time, that it was getting awful up there now. So that made us quite concerned for our friends we left.

So glad that the Apps are going to Honolulu. That is the next best to going back I should think. It will be nice for Carroll to be with them too. Ruth will enjoy the warmth too I'm sure. Hope we can see them on the way home.

Heard only that Jessie and Rachel had a nice trip home. Anne P. wrote that they had seen the Dr. on the pier in Kobe. He & Reiner waved them goodbye—but said nothing about why McL. was there. Maybe on his way home but I doubt it. ×× —When I answer 3 letters rec'd yest. & this I'll have all my letter ans. Of course there are hundreds of folks I could write to and may as the days go by but have gotten caught up at last. I'll hold this a few days and add more. Would rather have it wait here than in the P.O. for a mail boat.

Thanks for sending copies of your letters to other. I enjoy them for they nearly always contain bits I have not had before.

Darling—This is Aug. 19—no boat going until Sept 10—so I'll make this diary letter want to wait to send Clipper when we know more about what is going to be. Last Sat. Otto and his bride arrived also his companion. We asked for them to come stay with us as soon as we knew. Mission bd. here had arranged for them to go to a missionary home but let us have O. and his wife but said they guess the doctor better go to the home. Since they have a month to wait for their boat he may come to us later. They were not allowed to travel on the railroad had to get their trunk etc & selves up from Chungju by truck. Sailed from Chemulpo. Were escorted all way from C. to Seoul then to the port. The Missions treasurer here yest. rec'd cable from Dr. Crane asking them to get passage for 5 S. Pres. who have been ordered out by their board at home. They all have to come here to get their boat none going to J. now. 12 of the N. Pres. have been ordered by J. Govt. to leave Korea at once or stand trial for the Day of Prayer affair. First were told they meet sign a long statement—one thing in it was that they would never return. This they refused to do and govt. have left that out. When these folks left it wasn't settled and they didn't know what the outcome would be. Blair, Delmarter, Butts, Covington, Maude Cook, Ross, Mrs. Bernheisel, Dr. Clark (already gone)—I can't remember the others. They think Mrs. Moore was given same order. So they may all be out soon. At least we hope so for their own sake. Suppose the Und.wds—will try buck it & stay put to save their face. Koons then will have to stay too I guess but Wade said "he'd swim to Shanghai if he could."

×× —Sun. eve. Aug. 24. Have just heard that if we get letter into the U.S. Fourth Marine mail bag before three tomorrow that they would go out uncensored—via Manila we think—don't know any other way they could go. 10:00 p.m. we've just gotten back from the University of Shanghai (Baptist Univ.) where we've been to dinner: One couple and 4 wifeless men living out there on that big campus which is way out in Jap. occupied territory.

We saw how the bombs—shrapnel etc. had hit the bldgs. Their new chapel in which they had held just one commencement. There on first floor the Jap. soldiers had stabbed their horses. The fine new pipe organ they had completely wrecked. Oh, it was heartbreaking to see. I tho't of course of our beautiful buildings and wonder if they will meet with like fate should Japan and Russia go to grips. I do hope and pray not. The University is carrying on its work in rented rooms in the International settlement in crowded, difficult conditions while all their lovely bldgs. stand idle and deteriorating because it is not safe to have the students there. There 5 men and one woman live there (Americans) to hold the place and to try to keep it from being carried off pieces by piece.

At church today we heard that 22 from Korea have cabled to the Pres. Bd. here to ask for passage home on first boat. So we expect them in anyday now. Don't know who and wonder if the Underwoods will come.

We're going to listen to the Mail Bag tonight hoping we'll have at least one letter (from you) since tomorrow is my birthday. Had a cable yest. from dear old Corinne saying "Birthday love. Concerned." & I know you are all thinking of us these days with all the talk of the J. holding Americans as hostages etc. We don't know how those in Japan & Korea will fare but we're glad we are here rather than there. Of course if U.S. & J. do come to blows no one seems to know what they'd do with us here but don't worry I guess we'll be O.K. So many and such a mixture of alliances I guess. They couldn't be able to do much but confine us to our homes—so most of the men think best 보이알게소—Mon. Morn. Aug 25—Darling—my happy birthday has commenced—started last night at 12:15 with your dear message over the mail bag. Oh—I would have been so disappointed if it had not come. Only one but who would want more?! Thank you my love. Tom gave me a beautiful book on Chinese Art. I 'm having a dinner party tonight for the De Campe hour. Tho't that way I could kill 2 birds with one stone. One cake for birthday and party. Having Mr. & Mrs. Hudspeth (Bible Socy. folks) and Mr. & Mrs. Oliver of Y.M.C.A.—9 in all. They are all nice folks so I am sure we will have a good time.—Think of last year! You were not with me but you were near. Glad you are in the mts. and hope you are cooling off and getting good rest. Don't worry about us. You know how the Lord has taken care of us in the past. He will not desert us now.

We do send so much love and hope all is well with you.

Your adoring Van

August 18, 1941

Dear Mrs. Farren:

So many times I have thought of you and wished you would write me about yourself. I asked Mrs. Le Sourd about you when I saw her in New York and was glad to hear of you.

If you have followed the news from Korea you have heard that we Methodists all thought it best for the work to leave last November. It was a terrible wrench for my brother and me to leave all our friends, work and our homes, but we did it conscientiously, and hope it is working out for the best. We have heard that the tension at Ewha College and in other places has been considerably lightened since we left, and that President Kim has been complimented for being "independent" of us! She and the other Korean Christian leaders have taken up the burdens with great courage. We can't write to them nor they to us, and sometimes the silence is almost unbearable. But we know God is with them, that His work in people's hearts will go on in every circumstance. How sad it is that we won't learn except by suffering! I'll send you my last letter from Ewha, as well as my latest one from here.

It is a comfort to find friends everywhere, and a place like Scarritt to come to. People are lovely to us. I do hope you'll stop here sometime. It is worth a visit, and even those who just pass through seem to find it inspiring.

The two wonderful Methodist churches in Tulsa are no longer in-laws but real relations now. I did so enjoy my visit with you and love to think of it. Tell me about your boy. Is he of age yet? I hope not, for your sake. We seem to be in for it, but I pray the days may be shortened.

I just wanted you to know that I am safe in America, and if I get out your way I'll drop in to see you. Do let me hear from you sometime.

Sincerely yours,

⚜⚜⚜

August 18, 1941

Dear Mrs. Pfeiffer,

My long summer here is over, and though it's been a hot one, it seems to have been good for me, for I feel well and rested. The place, people and true Christian spirit of Scarritt are always a joy to me, and they have brought comfort in these anxious days.

As you will see by the enclosed, Dr. Cuninggim has asked me to join Dr. Stuntz in publicity work for Scarritt College, trying to make the work known particularly in the north and to find the help the College needs to carry out her great program. I like this sort of work, for I like to see a good thing grow and to find new friends. It also gives me a pleasant opportunity to visit some friends I haven't seen yet. Please give the enclosed dialog to Mrs. James for her program after you've read it.

I see by the papers that you are not weary in well-doing, but that you gave Ohio Wesleyan $30,000 to remodel their chapel. I am glad, for I told you how inadequate the old place is for a place of worship. Our friend from Korea, William E. Shaw, who spoke at chapel the day I was there is to be the new religious work director. My niece, Lorna Lacy, will be a sophomore there.

One day we drove to Baxter Seminary and lunched with the Uppermans. They told me of your help to their school, but said it was a secret. Your name and fame are everywhere for your good works. I'd like to see you make Scarritt a great central monument to serve the whole Church in these days of need for spiritual warfare. I want to talk it over with you.

I hope you had a good trip and that the various visits that had been planned have come off. Please remember me to any who may know me, particularly Mrs. Daniel Merner and Mrs. Lawrence.

One of the finest students here this summer is Miss Ginn, physical director in Florida Southern College. She told me the other day that their dean had left, and she hoped I might get that position. I was interested to find that it is the beautiful college at Lakeland where you gave the chapel. It sounds interesting to me, and if you have a chance I'd appreciate a good word from you. I prefer dean's work to teaching. All the time I've been sure that my own place would come when it was time for me to have it, but I'm still in "God's waiting room", though busy all the time. Scarritt seems so much like Ewha that it is homelike to me.

A picture of Ewha is being enlarged for you and I will bring it when I come. Shall you be in New York the week of September 7? I hope so, for I missed you in June and don't want to again. Not a word from Korea, and the radio and papers are full of the gathering storm in the Orient. I am very anxious, for if the Japanese and Russians fight, Korea will be right in it. But I do believe that the College that God gave us through you and His other servants will live and continue to serve the dear Korean people. I am so thankful for your sympathy and kindness to them. They love you, and so do the folks around here who have been helped by your stewardship.

With much love,

Faithfully ever,

West Newton, Mass.
257 Chestnut St.
Oct. 9, 1941

The Hon. Francis B. Sayre
High Commissioner

Dear Frank,

It is a temptation to wait about writing until I have seen Francis at Christ Church, Cambridge, for I hope to worship there before leaving Boston and to see him ministering at the altar. People are saying fine things about him, and I know that you are finding deep joy in his work. I hope I may see Woodrow, too, while I am here. They were both little boys when I was last in your home in Cambridge.

But the purpose of this letter is to tell you of a Siamese young man, Seng Tancharoensukh, who may present himself to you before you receive this letter. I met him through one of my Ewha College daughters, who lived at International House at the same time he did, when they were both studying for their M.A.'s at the University of Chicago, 1939-40. She returned to Korea last year and he has just completed his work for his Ph.D. in sociology at Harvard, and is on his way back to Bankok now. He has been a government student for five years here, and is a very attractive person. He stopped to see me in New York on Oct. 2 and we talked of his problems, particularly of the difficulties that stand between him and marriage with Yeasoon Choi. He gave me permission to write you about this, which I was eager to do because I feel that you can help him as no one else could. He has evidently not been personally affected by Christianity. It is tragic that a foreign student could be so long at our best universities and not know what Christian life really is. Another Ewha teacher who was with me and I tried to press the claims of Christ on him for his own sake, not only as a solution to his problem with a Christian girl. But I know that he will listen to anything that you say and that you will know best how to help him.

By the time you see him he will have passed Korea and will know more than he does now about the situation. He had planned to go to Korea to see Yeasoon, but I urged him to try to have her meet him with her brother in Japan. She is practically a prisoner, head of Religious Education at Ewha College, and of course, cut off from all foreign contact. She is a beautiful person, charming, capable and always popular. After graduating from Ewha she took her B.A. at Scarritt College in Religious Education and her M.A. at Chicago University. He is a Buddhist, admitted that marriage with her would be detrimental to his career, which looks promising, and said he did not know whether she would be received officially. I am sure that a decision on his part to become a Christian would complicate his position as a government official. So it may not be possible for them to marry. I just pray that whatever is for their real good may be accomplished. Yeasoon would be successful in any circles and a real help to her husband. What a dreadful world our young people have to face!

It is just one year ago today that we heard the message by radio from our State Department that changed life for so many of us. I find myself thinking that it must be time for me to go back home, that my furlough is too long. With my head I know that we did the right thing, but my heart is in deep rebellion. My brother Henry and his wife and youngest daughter have gone back to Honolulu to work with the Koreans there. He was asked to go to Buenos Aires, but he chose to stay by his own people, even though this is a temporary position. The Korea missionaries who have gone to the Philippines seems to be happy in their work. I think one of the chief attractions is the thought that they are not so far from Korea.

Though the people at Ewha have been forbidden to write or to hear from us, and there is no exchange of letters, we hear that the college is carrying on bravely, that there is an enrollment of 450, the largest in our history, and that the spirit is fine. The financial problems are distressing, but the little president will do her best to keep everything up, and we know her best is very good.

Please give my regards to Mrs. Sayre, whom I am looking forward to knowing some day. I hope this will reach you before the young man appears and that you will be able to help him. With my best wishes always for your truest success and happiness,

Faithfully ever,
Alice R. Appenzeller

Address: 150 Fifth Ave., New York
At Berlin, N.Y., Oct. 31, 1941

Dear Lancaster friends,

Here I am, back in the lovely little valley that my Mother's ancestors came to while the Indians were still here. They settled high up in the "hollows" to avoid the main streams, where the Indians travelled. I never heard this till the other day, tho I remember wondering why our original place, settled by the Griswolds, was tucked so far up in the hills. I visited it the other day and was charmed with the beautiful location. No matter where I've been between visits, this little Taconic Valley always looks lovely to me. I have missed the gorgeous color, but there is a mellowness now that is charming. My hostess is a lifelong friend, and we know that our great-grandfathers were friends. My Mother's grave is here, with her parents and grandparents. Remembering how she loved life and always made it sweeter and happier wherever she went, I always find her oldest friends here, and try to do a little something for them, instead of putting flowers on her grave. Two old cousins, ladies of 91 and 94 are happy to see me, and to talk of old times.

My whole month, since my last letter to you, has been spent with old friends or those whose friendship has deep roots. I had three weeks in West Newton, Mass. with Mrs. Lawerence Mayo, whose brother and sister lived in Korea in the 1880's and whose family and ours have been friends ever since. She let me make her beautiful home headquarters for my frequent trips to other places. Her son is dean of the Graduate School of Harvard University, so there is always much of mutual interest between us. I'll tell you of some of my side trips from their home.

Wellesley College is near and I went there three times, with the special purpose of keeping the interest of the students in Ewha College. Their Service Fund has sent $100. every year to help some of our students, and I wanted to keep that. As we could not send it to Korea now, I suggested that it be used for an Ewha student now studying voice at Eastman School of Music, Rochester, N.Y. When she was a junior at Ewha her mother died and her father, who had sent his little daughter and her mother away from home because there were no sons, appeared, packed up all the belongings in the little house and was going to take his daughter, too, and marry her off. Mrs. Maynor, now our Board Secretary in N.Y. for Korea, offered the girl the opportunity to finish her college course, as she and her mother had planned, and she gladly accepted that. The father could not say a word, as he knew he had no real claim on the girl whom he had deserted long before. So the Wellesley Fund helped her through her last two years. She is a lovely girl, engaged to a fine Korean young man, son of a preacher, who just graduated from Drew Theological Seminary and is working for his Ph.D. at Syracuse U. I hope to see them both next week.

The Service Fund Committee was just meeting when I got to Boston, so I had a good opportunity to present the work. Dinner in one of the dormitories and a chance afterward to talk to the girls and show my pictures brought an interested response. They voted to give $100. to my girl, Tuksoon Min (what a relief that she isn't another Kim!). Also at Wellesley is a lovely junior whose mother was my only Wellesley friend in Korea, and who was prepared in our little Foreign School there.

Another Wellesley visit was to Miss Caroline Hazard, who was my president and who gave Ewha $1,000. for the Library Fund when I was here in 1937. I had not seen her since, so was delighted to have the privilege of lunching with her in her ancestral home in Peace Dale, R. I. She lives alone, the last of her line, but at 85 still paints, writes poetry and lives to do good. It was very inspiring to me to be with her and to see her live interest in everything good, true and beautiful. She particularly asked about my present work, and I'll always remember her words,

"You will need courage and patience."

Two other visits were connected with Ewha. Mrs. Homer LeSourd, whose husband is head of the science dept. at Milton Academy, is sister of Miss Lulu Frey, who was principal of Ewha when I went to Korea and founder of the college. I always love to be with the LeSourds. Their cousin Howard is dean of Boston Univ. Graduate School and his wife, Lucille, is a good friend. She said the old WFMS crowd were homesick for an excuse to get together and she got up a luncheon for me. About 30 women came, most of them people I knew, and listened to all I had time to tell them about Ewha and Scarritt. She also arranged for me to speak at the New England Conference meeting in Springfield and drove me there through the lovely country, Oct. 24th. I came to Pittsfield by train and my friends met me and drove me here to Berlin.

The last one I'll mention was with Evelyn Gray, Mrs. Richard M. Cameron of Concord, Mass., whose husband is professor in Boston Theological. She was with her mother and sister on that famous visit in 1923 when they gave us $30,000. to buy the new Ewha College Campus. They have five children of their own and two English children for the duration. I found she'd never told them of that generous gift, so it was a pleasure to me to tell them that their family had made possible the wonderful new Ewha.

Direct news from Korea has come from the many Presbyterian missionaries now returning to America, and Dr. and Mrs. J. Z. Moore, the last of our Mission. The Sept. World Outlook has an excellent article about our Korea Mission policy re evacuation by one of the committee who stayed there after we left. Dr Demaree was one of our finest younger missionaries, a doctor with a flourishing hospital. I saw him in San Francisco when he landed last spring, and he told me then that he felt our Mission did the right thing and that our work was in better condition than that of the missions whose missionaries stayed on.

My brother Henry, his wife and daughter, Carol, are happily settled in Honolulu. They have been made very welcome by the Korean community they went to serve, and Henry is very busy visiting all the places where the 8,500 of them live and speaking in churches, Rotary Clubs, conferences and at all sorts of gatherings. Carol is enthusiastic about being a freshman in the University of Hawaii, and has been taken into the Korean girls' group as one of them. I'm sure my brother made no mistake in going there, and he hopes to be on the first committee to investigate chances of going back to Korea when that time comes.

I expect to continue these travels through N.Y., up to Toronto, Ohio and Michigan, probably winding up in Chicago, then going to Nashville in early December, and settling down there for a time, at least. I have not had any success in raising money for Scarritt College, but I am not discouraged, for I know it is a work that our former M.E. Church will love to have a larger part in when the people know more about it. So I'm trying to scatter the seed with courage and patience, as my old president said, believing that the harvest will come.

A. R. A.

November 1, 1941

From Van's Recent Letters: A. R. A.

They've had all the recent Presby. evacuees there, either as house guests of for meals. Had Moores and DeCamps there for some days. At one time had 28 Korea folks together. Were mad because when Dr. Billings telephoned on his way thru, Tom was sick in bed with lumbago, Van had gone downtown, and Tommy Cook answered phone, just telling above facts, not asking Tom or telling him to come out. When Van returned she tried frantically to find him, but he'd dashed out to the boat on an early tender! Characteristic! Why wouldn't he go out there to see Tom anyway? They were so disappointed!

Latest, Oct. 5 had above. Also: "J's have decreed that no foreign news is to seep into Japan or K. Seems there are to be no foreign newspapers, only Gov. Bulletins—as tho' there'd been anything else in years! Open censorship—letters will be stamped censored for a change. No foreign magazines to be entered, so one paper said. Poor folks, they won't know anything!! .... I wish I could write Little Sis, but must not risk it. Tell folks not to send dollar bills other real money in letters. From October 15 all such will be confiscated, we are told."

Sept. 26 "Well, Jean Delmarter brought this word, having seen Mrs. Pang (Pang Sinyoung), Home Ec at Ewha College just before leaving. None could under any circumstances longer wear K. clothes (at school, I suppose). Had to put on the uniform at beginning of fall term. Everything seemed to be going on well at school, but this summer supervisors of workmen on the tunnel demanded a house from Ewha to live in. They tried to evade but they demanded Longview. They, College, offered English House, because it was empty in summer. But No, nothing but your house would do, so the teachers moved over to Eng. and let them have it. Mrs. P. said they seemed to be careful, taking off their shoes in entry, were quiet and not rudy. But—Oh, I said the bad word! That's just the entering wedge and shows what they'll do with half an excuse." (A later letter said that these men were to stay at Longview for only two months. Yes, this worries me more than anything I've heard. The camel has got his foot into the tent—Alice)

"Not one of the Presb. Bunch knew anything about the place we're most interested in. But as far as that's concerned, those in one station didn't know, hadn't heard anything about anyone or happenings in any other station. Talk about concentration camp! Might as well be in one as there in Korea."

They listen every Sunday night for KGEI, Treasure Island Mailbag, and are disappointed when there are no letter to them or to people they know. Often hear message to Pat Barnhart in Bankok, and are getting acquainted by listening with the names of other families. I hope all of you will send a 20-word letter to be read to them occasionally. I've used the service so often I fear the station won't keep sending for me. If I only had some big, good news I'd not wait! A.

Van has been persuaded to join the Woman's Club, help hostess at the Navy & sometimes, etc. She loves all the doings and must mean a lot to the community, especially to our K. folks wandering through. Tom loves his work and his car (Bishop Lacy's). The house is big and nice, servants perfect. She says they think that if there should be war they'd only be marooned in their own compounds. Who knows????

Love to all from Alice

At Rosie's, 2102 Cornell Road, Cleveland, O.
Nov. 10, 1941

Dear Folks,

Rosie is sleeping upstairs, having come in at 7AM after her night's work. She and the rest of the crowd gave me a real Korea birthday yesterday at Amendts'. I hurried my other visits so as to be somewhere with folks who knew the famous Nov. 9, and Chuck and Rosie met me late Sat. night. I'd consented to preach for him, so was in sort of a stew till that was over, but was happy to do it. This is the poem we're sending by Mailbag:

Hulberts, Ludlow, Hall and Hess,
Rosie, Alice and Amendts,
Meeting on the 9th of November,
Know that you do also remember.

I insisted that there was a verse somewhere, "Be ye comforted," but cdnt find it in concordance. It's this, II Cor. 13:11: Finally, brethren, farewell. Be perfect, be of good comfort, be of one mind, live in peace; and the God of love and peace be with you. 12: Greet one another with an holy kiss. So that was my birthday verse, and with the possible exception of the injunction to perfection, which I spoiled, it was all carried out. It was a truly happy birthday to me, so full of loving cheer from near and far. I thank hereby each one of you who contributed to it, for a big stack of mail also helped.

Well, [B]ertha, Rosie, the Hulberts and PinL. came to dinner, Ada and Hessie afterward. Micky says her girls think the K folks don't know how to behave in a restaurant, and they're right. We just let out, as there were no neighbors near it didn't matter. God to telling J jokes, some new ones like, "Remember me to my bloody relatives..... Signed, Your stale relative", etc. Evening Micky's family came, parents, sister and husband, awfully nice, and we got to singing Teddy Bear and doing J stunts and roaring. Bertha and I put on a skit of J husband returning home in eve, wife waiting on him and bumping her head on the floor... never did it before but will have to demonstrate sometime. So the happy day passed. We saw some of the movies of May Day at the Consulate at HOME and of our shipmates, then came home in time for R to go on duty. We're going to Van's brother's to dinner tonight; I'm having the grandest time catching up a bit, writing against time. Bert is coming to lunch and we'll shampoo and yagy. Ada and Hessie had to go early so I didn't see much of them. Ada says it'd pay her to go on relief; she has new teeth and looks different. Had a good visit with dear Bertha, who looks perfectly fine and was so jolly and happy. She says she hears regularly and is so sorry because we can't. Told lots I hadn't heard re last days. Wish I cd have more time w[ith] her. She always does me good. Hulberts looked nice in pretty dresses and seem well, trotting around speaking, etc. Hessie seems happy mothering 12 boys in an orphanage cottage.

The Amendts have landed on their feet, one of the nicest adjustments I've seen. They chose this little church ab[out] 40 min drive from Cleveland, past the Heights, in an old country community wh is being built up as a roomy suburb. Gordon, so cute and lively, has all outdoors to play in with his dog; the girls walk to school and love it. Their house is old, but roomy and comfortable, remodelled w[ith] all latest conveniences, including hardwood floors, wh set off their beautiful C rugs. M is an efficient house keeper and has thing looking so nice. She had delicious food, too. Chuck says that only they cd get something to use for money they'd be OK. His church is cozy, remodelled tastefully w choir stalls, altar, etc., very worshipful. He wears his Dr's gown, tried to make me wear it but it was too voluminous, so I took a choir one. He conducted a beautiful, worshipful service, and his people seem to appreciate him. The atmosphere was lovely. The dinner guests all came to hear me, but I didn't mind as much as sometimes. It was a grand visit and is going on w Rosie and Bert. R is taking me to her sister's at Painesville Wed. I'll probably go on to Ann Arbor Fri. or Sat.

but haven't wr bec I didn't know how long I'd stay here.

Toronto visit was a great success, too. The Armstrongs (For Mis Sec) were lovely to me, very cordial from 1937 visit, and she helped me make good use of my time without over-scheduling. I came Wed. night and was taken to a Ch dinner, where Bsp Welch was. He didn't see me enter, so when I was introduced I enjoyed his surprise. I know he thot, how that Alice Ap does get around! He was looking so young and handsome, was elected Ch of Ed of Governors of W Ch U, and having his 79th birthday next day! If I live so long I hope I'll be as peppy.

Fri PM they gave a big recep for me at the Sch of Missions, printed invitations w □□ □□□ name sent to inter-ch women'd bd and all their folks and K mishes. The British do know how to do things properly. I had to speak after receiving for almost an hour. K folks there were Knechtels, Burbidges (both have churches), Founds, K Gorman, Mrs. Welborne, Miss Irwin and Newmans (SA), Veseys, Misses Rogers, Palethorpe(working in their offices) and Florence Taylor, going to India in spring. She brot me some of her candy, good as F. Farmer's. After that Founds took me home and they and Kathleen gave a regular station meeting sup, meat leaf and all. The kids are fine, Founds boys big, girls tall and pretty, and Patsy G. a charming young lady, just English enough to be fascinating. Of course Eileen is a pet. The Armstrongs came for me and we stopped to see Gormans' cute little home; it's much like her little one in K, pretty, with lovely things and cozy. K is making a start with her music pupils, but it's slow. Patsy is taking business course, hoping to continue Univ later. They seem more homesick for K than anyone, tho even the F kids hung on me like a long-lost auntie.

I must go back to Rochester, where I was on the 4th, to see my child in Eastman Music School. I gathered her, Cyrus Dawsey, mish kid from Brazil I'd met at Scar, Don Kerr and a girl of his for Ch chow, then we went to a dorm and the 3 musicians played while D and I listened. , then to the home where Tucksoon is staying. She's made her way, and is like a daughter in that good Baptist home, paying nothing, and they think they're getting the best of it. She sings very sweetly. She's the one I'm switching the Wellesley girls to, and since Don is favorably impressed, it'll help with Dot and her friends. How things do work together sometimes!

Finally, my sistren, farewell. Be perfect, be of good comfort, be on one mind. After Ann Arbor I'll go to Lansing to see the dear old Hardies and Bess and Berneta, probably to

Chicago and to J Brockman's college in Ill. on way back to Nashville by Dec. 1. I'm to help Pres. Cuninggim teach a course on "The Personal Preparation of the Christian Worker", so I'll have to dig into it. Don't feel I know much, so be praying for me. I've had no financial success so far, but really am still hopeful. Shall miss Ellasue, but am to have her nice room in Miss Howell's house with furloites. I'll get my trunks together and unpack for a change. I'm standing the racket well, feeling fine. Dear Mrs. A let me have quiet mornings, wh[ich] help so much. Goodbye now, and dear love to each of you who belong to this precious birthday crowd. I don't have my book so haven't sent any greetings for your birthdays, but think of and love and pray for you just the same all the time. I'm swamped with letters again, feel like a very miserable sinner, but these two days will help. When in a whirl of short visit it's impossible to write more than arrangements and thanks. I long for my Chummy, who made my letters looks so pretty.

From your 56 year old
Alice.

Nov. 11. Van darling,

I thot I'd get a separate letter off to you, but can't, I fear, for it's time to get ready to go to supper and speak at Rosie's church. We had a lovely evening with your brother and family, saw Dicky and all of them in the cute little house near the roaring lake. Harry says Tom is one of the finest men he ever met in his life. I think Harry is much like him, so quiet and gentlemanly and nice looking. Mrs. Van was nice, too, fine looking. Peggy I thot had red hair, but it's brown; she looks thin but very sweet and interesting. They all looked at my pictures carefully.

Scarritt College, Nashville, Tenn.

Dec. 2, 1941

Dear Van and other specials,

My last visits were pure unhei, extras. I ought to be tired out after one night stops and sitting up all night in a hurried day coach from St Louis here. They told me it was a modern coach, but it was no better than others we know so well, except that there was no mess on the floor. I'm as good as new, tho, after unpacking two trunks and getting to bed early. My other two are being brought from NY by kind friends, and I'm going to look at all my stuff, after a year and more, and see. I always seem to have too much, tho the things from Home are so precious.

First I'll tell you how I'm fixed here. I was so disappointed to find Ellasue already gone to her retirement flat in Bristol, Tenn. The church folks there, her lifelong supporters, sent for her so she went early. But she left so many nice little things for me to use that I'll get my housekeeping set up without much shopping- curtains, soap-dish dress covers, apron, lamps scales, etc. She must take some of them back when she comes, and the rest I'll leave for the next person.

This is the dining-room of the old house called Alumni Hall, where Miss Howell lives. She's in NY at Bd meeting; we are 6 WFMS and one Southern, so you see we've taken the place. They are McKelvie, Van Dyne, Cully, Dalbey and Rogers. Anna C. is coming after Xmas. I have a bath with Esther Van D, lots of drawer room, a wardrobe, hard bed, desk and 2 changs, my own dear little Songdo one and another little old one that Mrs. Gamewell gave me. Her mother, Mrs. Bishop Ninde, had got it in K in the 80's. I'm bizzy studying for my course, "The Personal Preparation of the Christian Worker" and thinking of Xmas. Not giving gifts, but must send messages. It's very homelike coming back, everyone is so cordial and the spirit is so lovely here. Next to my own place I like it best of anywhere and feel more that I belong.

Three days at Moneta's were so happy, but got rather, full, as usual. Ned has been sick and had to go on diet for ulcers, has lost 15 lbs. and is much better. M is dieting, too, and lost 10. I've picked up the ones I lost last summer, but have already begun on fruit brek and hope to get off before the ruious Xmas feasting. One morning I went to Garrett, attended one of Dr. Soper's classes, heard the president tell at chapel about their financial history and had a talk with him about such afterwards. He'd asked me to speak but I needed more time. Lunch w Dr. Georgia Harkness, who is always inspiring. Sun PM the E.W. Andersons took me to K ch where I was happy to act as relative for Choonja, engaged to Carl Kwak. They're very happy, and if they get any chance will serve. Dear Kangja is always so appreciative, and both times I've been there has risen and given a eulogy. It does mean so much to us all to be together. One evening M had a lovely buffet supper of faculty folks and one PM a tea, so I've met her choice friends. She does this entertaining beautifully.

About 36 hours with the Gensos was a joy. They're in a 7-room apt with Bob and Abigail and little Barbara, who's beginning to talk and be interesting. The Norries are in the apt opposite, so they can talk thru the diningroom windows. They came to dinner, and Esther Beck Stockwell and Olin, whom I'd not met before, came to tea. Esther's father died recently at the Meth Home in Cincy; Mrs. Beck will continue there, as she does some nursing. Foster is very portly, E says. E is as sweet as they make' em and Olin looks fine.

From Chicago I went to Jacksonville, Ill. to see Mrs. Wadsworth. She arranged very fine contacts at MacMurray College, having the Pres and Mrs. McClelland to dinner, and after my chapel talk he showed us all over. This used to be Illinois Woman's College, of wh Mrs. W's father was president when she was a girl. Dr McC got $4 million from Sen. MacMurray and has just dedicated a Pfeiffer Library, so he knows how to do what I'm trying to learn to do here. He gave me valuable information, and I feel the visit was definitely worthwhile. Mrs. W is well and enjoying living in her old home town, which she left as a bride in 1884. Her lovely niece, Mary Waller, who was with her in Geneva, is with her.

Then the same day to Carlinville, Blackburn College, where Jessie Brockman is dean. Her mother is visiting her, lives outside but comes over every day. There was nothing on, I was glad to find, so we just visited. She looks thin and in need of vacation, but that'll come soon. Both her daughters are doing well, Jean at Radcliffe taking a course in personnel advising and Julia a senior at Wooster.

Marion C met me in St Louis, where she'd had to tangy daily to have a felon on her finger dressed. We went to a hotel and had a grand visit together, going to the Dr. at noon. Her finger is getting well, but has been very bad. She likes her work and looks well, in spite of this I was sorry not to see her McKendree Col, Lebanon, Ill, but glad of all I heard of her good beginnings. I took the bad night train and was here at 7.30, none the worse for wear, I guess. I'm a millionaire when it comes to friends, and they're better than gold.

My status here isn't definite yet, owing to the difficulty Scarritt is having with budget, wh I'm supposed to help, but have not yet. I'll have to get used to dirty hands all the time, for this is a filthy place, but otherwise love it. I'll go to see Vic in Montgomery over the 13th and to Columbus to the Lacy's for a week over Xmas. Have to move into dorm in vacation, just as we used to, as they want to save coal. They cd save lots these warm days, but don't. I have radiators off and window open and am still hot. It's nice to see my dear rugs and chang again.

Marion had Chaichie's fat little booklet telling ab her new job on a 9,000 acre ranch in E. Oregon, Jordan Valley. Scenery is magnificent and she loves teaching the 7 kids in almost as many grades.

Nice to see and article by Lena Knapp in Dec Methodist Woman.

I'm missing Louise Pyke here and distressed to hear that she's been called to Detroit because of Ruth's illness of dysentery. It sounds bad. I knew she wasn't well when I saw her at Lake Junaluska; she went back to Oberlin but had to leave and went to her uncle's. She's in a hospital; wish I'd known when I was there.

Too long and the time has flown, but I like talking with those I love, even in this poor way.

Lovingly,
Alice

Dec 3. Marion's birthday,

You'll hate this, darling, but I'll send it on & wr[ite] more soon. Great temptation to do everything but study, so I must keep myself to hours. No letters from you for quite a while now. Yea. Oct. 12 wr[itten] "all fine at women's dorm," so I guess the men vamoosed. Your same loving old dummy, Alice.

Scarritt College, Nashville, Tenn.

Dec. 5, 1941

Dear Folks,

It is a temptation to answer the many letters I owe instead of studying for the course I'm to teach next quarter, so I have to keep myself to hours. So expect most of my letters in some form of duplication. I'm so glad to have this typewriter that Betty Lee gave me. She's back from S. America, but swamped with work. Of course, since the Ewha dinner was "vorboten" I didn't get back to NY so haven't seen her. Instead I went to Chicago for some extra visits, unhei, I call them, for they were such lovely, undeserved blessings.

First was with Moneta, Nov. 22-25. At K ch they had a dinner after service specially to celebrate the engagement of Carl Kwak, violinist from CCC and our Choonja Lee, Barbour Scholar at Mich. I saw her and Chungnim Choi at Ann Arbor and was proud of their fine accomplishments. Choonja was glad to have me as sort of sponsor and I was very happy to be with them. Kangja(Mrs. Lee Uen Tai) is making a good place for herself there as the pastor's wife. The E.W. Andersons are assigned to that church and took me over. I also lunched with Mrs. Garfield Anderson, Bussie and saw Naomi. B is supt of the Bethany Hosp where the Andersons are connected, and it's ideal for her. Mrs. A and N want to join Dr. in Rhodesia, where he's finding great need and more primitive conditions than in Wonju when he first went there.

I enjoyed a visit at Garrett, didn't accept the kapjagi invitation to speak in chapel, but attended one of Ned's classes and lunched with Dr. Georgia Harkness. Moneta had a tea for me and I was there for a supper party when there were faculty friends, so I feel acquainted wit[h] her friends now. Ned is better, has lost 15 lbs. and M 10. I've picke[d] up what I lost last summer but have begun on fruit brek since returning here and am already going down.

From Nov. 25-27 I was at the Gensos' in their 7 rooms apt where they live with Abigail and Bob and little Barbara, 14 mo. The Norris are in the apt opposite so that they can call acr the dining room windows. They came to dinner and Oma cd see that the children hadn't gone to bed and called to them. All are fine. Esther Beck Stockwell and Olin came, too; she's as sweet as they make em. She says they hated moonlight nights in Chentu;

they're on furlo.

Next came one night stands with Mrs. Wadsworth, Jacksonville, Ill. where I had a good chance at MacMurray College; at Blackburn College, Carlinville, with Jessie Brockman and her mother. They are happy to be together part of the time. J has a very nice suite and a good job. I didn't see McKendree College, Lebanon, Ill, because Marion had to come to St Louise to have the doctor dress the bad felon on her finger. But we had a grand visit in a hotel room there.

I have Ellasue Wagner's room here, the big, high-ceiled former dining room in this house where I stayed in 1938. Miss Howell is in charge and we're all WFMS except one. Mrs. Chaffin is here and joins us after Xmas. I'm going to Ala to see Vic from Dec 17-22, then to Mary Lacy's, 1234 S. Fourth St., Columbus, O. till the 29th. My course is most interesting in its possibilities, and I love the reading, but am scared. It will be OK after the first, I know.

The long trip from Aug. 21 – Dec. 1 with so many friends everywhere was a wonderful experience for me. Besides personal visits my aim was to revive Ewha interest and introduce Scarritt, and I believe that was accomplished. But the financial returns were nil; probably it was too much to expect that there would be any gifts so soon, but I did hope for them. Scarritt needs budget funds badly and can't afford to take me on as an extra unless I can be profitable. So if I can't bring in something my chances here are not good, and I'll need another job. They do not say this and are wonderful to me, but I know it. So my future is rather tied up with Scarritt's, and I'm hoping and longing to help, for [REST OF LETTER MISSING]

Scarritt College
Nashville, Tennessee
December 17, 1941

> The light is still shining: the darkness
> has never put it out. John 1:5 (Goodspeed)

Dear friends:

Ten days ago I had a letter prepared to send to all of you who had helped me through this interesting, different year, to thank you and to wish you Christmas joys. The war has knocked every thought out of me. But the news just received that my family is safe in Honolulu gives me courage to write. Henry, Ruth and Carol have been so busy and happy in their new work for the Koreans in Hawaii, and Carol loves being in the University. Their life may not be more changed by this than all of ours are. But what of our friends in Japanese-controlled lands? Only God knows what they may be suffering. It surely will be the great tribulation for all Christians under that cruel power. But we know that they are in God's care and that we can really help Him to work out His spiritual purposes by unfailing prayer. So I'm trying to live by faith and not by fear these days.

Scarritt College is home to me in America now. I love its purposes, standards and spirit, and want to help. Last summer I was acting dean of women; last fall I travelled, making personal visits, telling about Ewha, forever beloved, now so needy, and introducing Scarritt to many who did not know much about her work of preparing people for full-time Christian service. During the winter quarter I shall be teaching President Cuninggim's course on "The Personal Preparation of the Christian Worker". The reading is fascinating and I'm sure I shall get a lot out of the course. The rest of my time goes into promotion work. I have a comfortable room with other furlough workers, and for the first time since leaving Korea have unpacked my trunks. So think of me as well and fortunate.

Last year on December 8 Helen Kim called on a friend in Seoul and finding her out, left this note:

"I've risked everything and come to see you. When you write the folks (us American teachers), tell them we have begun our Christmas carols. We are singing them everywhere.

And each time my heart aches from being lonesome and homesick for them. But we are all right, trying harder than ever to become real Christians."

So must we, that these troubles caused by disobedience to God's laws may be banished from the earth, and peace and goodwill prevail.

Faithfully yours,
Alice R. Appenzeller

The Year 1942

Scarritt College, Nashville, Tenn.

January 1, 1942

Dear friends,

It seems an eternity since Dec. 7th, so that I can hardly remember what went before. I returned here Dec. 1st and began at once preparing for the course I'm to teach this quarter on "The Personal Preparation of the Christian Worker." Then came the BLITZ, with terrible anxiety for my brother and his family in Honolulu. On the 15th I heard that they were safe, and on Christmas Eve came the first letter, mailed by clipper Dec. 11th. It was the best present we could have and rejoiced the Lacy family and me in Columbus. Ruth quoted part of a letter she wrote her parents during the raids on Sunday. They were awakened by the firing at 7.55 A.M. but paid no attention. Henry was preparing to preach at a Korean church in Waihiwa, beyond Pearl Harbor, but was turned back downtown. After he had left the radio began the alarm:

"A state of emergency exists... Keep off the streets. Don't use the telephone; keep the radio on all day.. This is a major disaster,' Instructions were given in several languages.. 11.30 AM. Henry heard from a sailor on the street hurrying to his ship that three of our ships had been sunk. The planes are roaring overhead and firing. Carol and Henry have dashed out again to watch. My heart is pounding so hard I can hardly hold my pen... All ROTC students are to report on the campus. 'Prepare for black-out tonight—all islands. No lights in your homes.' Later we heard that a bomb fell a few blocks from here on King St.

"At 1.30 PM Sunday Mr. Ewan(Meth. pastor) phoned Henry to go with him to meet missionaries on a Dutch ship hound for India. Among them was Maude Nelson of Korea! She reported that bombs had fallen around them as they steamed into harbor, but they thot it was merely practice! Sun. evening a bomb fell near the hotel where they are staying and a man yelled, 'Run for cover!!. Carol and I dashed to our porch. Henry told us afterward that he lay down flat on the ground. Carol clung to me, trembling violently. She says that was the only time she was really frightened. We took off only our shoes that night.

"Thurs., Dec. 11. A call has come for men between 18 and 62 to check supplies in ware-houses- civil service work. Carol is taking first aid at the University every AM. She and Henry have both donated blood that is urgently needed. Carol and I go to Queen's Hospital today to roll bandages for Red X. Trenches are dug on the University campus. Carol may not see any more of college life. All schools are indefinitely closed, but the buildings are being used for defense or for homeless people.

"Henry just returned to bring the car back. He left on foot to meet a truck taking men to Pearl Harbor. I'm glad he has a definite responsibility, for he has felt so useless, not classifying as military or defense worker. Mizpah. With much love, Ruth."

Ruth had sent my Christmas packages, so I took them with me to Columbus. It was a wonderful Christmas to me, for the realization of its deep meaning came poignantly as I lay awake late Christmas Eve, holding communion with friends in many lands, who were under conditions I could not know. But I was full of thankfulness that nothing could separate us from the love of Christ. Today I've been reading Fosdick's glorious new book, "Living Under Tension", so full of clear direction for the highest use of these times.

I spoke three times in Columbus, twice at John Lacy's church, the Gates-Fourth Methodist, and once at the Wellesley Club. Before going to Columbus I spent five days with my friend Miss Mauk in Alabama, and got a sight of the deep South, —Birmingham, Montgomery, Alabama College, Montevallo, where one of my girls, Kapsoon Kim is remembered with loving admiration, and as far as Dothan. Miss Mauk is from Ewha, now doing work as Assistant State Supt. of Music Project in WPA. Love to all, ALICE A.

Scarritt, Jan. 18, 1942

Dear Family,

Henry, your fine Xmas Eve clipper letter, which arrived Jan. 5, has gone on to the others, and I've written by ordinary mail. Now I'll send another clipper, just to be sure you get something from me. It's grand to be in touch again after that awful silence. Oh, when can we write to our dear home folks again? I suppose you have the Board letters, but I will check when in NY to make sure. Yes, I'm going there the 22nd and Margaret says she has "plenty" of sleeping space for us three. So I'm going to bunk with her and Debbie this time, the three nights I'm there. Mon, 26th I'll go to Phila. to the N.E. Jurisdictional Meeting, where I'm to represent Scarritt. I'll have a minute or two only, when being introduced, so will try to make a couple of telling phrases. Most of the benefit will be in contacts on the old stamping ground, in between times. The S.E. meeting is in Nashville the same dates, and I'm sorry to miss it, as most of the leaders I know seem to be coming here. But I'm delighted to be going back again to little old NY. I've planned enough for two weeks, so we'll see. Hope to see Mrs. Pfeiffer, Welches, McConnells, Betty (Who's setting off for Mexico just then and won't have any time), Conrad (Underwood) and the K folks. It'll be fun, anyway.

I got the Sayres' Xmas card, with a personal message from him, mailed Nov 22 from Manila. Felt so badly about them that I got up courage to wr[ite] to Francis, Jr, Assistant Rector at Christ Church, Cambridge now. I'd wanted to see him while there but c[oul]dn't. He answered immediately with a beautiful letter and seemed to appreciate the words from his mother's old friend. He said the three children spent Xmas Eve in his room there, reading the Christmas story and some poems, as they used to do in their old home, when a cable came from their father, "Christmas love". That was the last they'd heard, except from Washington, which said they were OK on Jan. 1. Manila fell the next day, and he thinks they're with the army. He said he thot his father was glad to be out there to help. I'm glad to have written.

I've heard from most of my old friends this Xmas and many new ones. Not a word from Mrs. Griffis, and I've wr again recently. Had a lovely long letter from your mother, Ruth, and such a nice letter from Pat, telling how she spent the money I sent for the family Xmas. Poor Pearl, how sad for everybody. I do hope she won't linger, since she can't recover.

I've had my first class, conferences with each student (only 5) and got term papers and reading assigned, so all seems as natural as an old shoe. The intimate little class seems like old Ewha. Dr. C really enjoys it, too, and will take the time I'm away. He's too busy, but would like to teach more. I'm glad to have this. I've also led chapel and the Lord helped me to say the right thing, it seems, after two student forums, when things had been rather tense. I've been thru that sort of thing so often, and was pleased that I cd handle these kids, too. This is like a WFMS home, wh suits me, as you can judge. Sun PM all the furlo workers, ab[out] 30 home and foreign, have a pr meeting here, and it seems like old times. Dear old Miss Howell is head of this house and loves us and looks after us. I don't get up for 7 AM brek, but have fruit in my room. We can make coffee, too, if we like. It's warmish now, but we had a full week of zero and down to 17 below, like our worst cold spells in Seoul. Only dif is that this was so unusual, first in many years: now the birds are coming back and there's green grass. One day Mrs. Cate took me to a tea at Mrs. Crane's sister's home. Charlotte Bell Ednton and Shannon P. Cumming were there, too, the latter expecting her 4th. They say they're just temporarily employed by Bd, waiting for K to be free so we can all go back and have a good time. Said they knew the K's wd never believe all the bad news.

Bob's general letter was nice. Glad you're working with him. Jack's uncle, Dr. Hugh Morgan, is leaving Vanderbilt Hosp Feb. 7 "to become chief of the medical subdivision of the professional service division under the Surgeon General of the U.S. Army, holding the rank of colonel." Quoted [REST OF LETTER MISSING]

Scarritt College, Nashville, Tenn.
Feb. 8, 1942

Dear Friends,

Since I wrote you I've been to NY and back. Wasn't it nice of Scarritt to send me as representative to my own home Jurisdiction, N. Eastern in Phila.? I stayed away 11 days, making two good week-end, seeing lots of friends, Mrs. Pfeiffer among them, and establishing connections. The meeting was like our old Gen Ex meetings, no special speakers. They all came here to the S.E. meeting, which was brilliant, they say. But I'm glad I went and hope it was profitable. In my work one can't tell for a long time, sometimes years, but hope has to spring eternal or you're gone.

Brownie was here on my return, having attended the meeting, so she and A. Chaffin and B. Dalbey and I had a little birthday party for her. I never saw her so plump or looking so well—66, she says, but looks 20 yrs younger. In Phila. I saw Ellen Hobbs, Tom's sister. She knew less than I about her folks, but has since written that she heard from Dr. North that the Bible Soc had a cable via London that all was well Dec. 18. I've just heard from Mrs. A. E. Armstrong, Toronto, "We had a cable from Korea recently thru the Argentinian Minister in Japan that "all are safe and well, living in own homes." That means the Canadian 4—Scott, Fraser, Murrey, Bourns. The most recent and seemingly authentic news was from Mr. James R. Young, formerly of The J Advertiser, 13 years in J, 2 mo in prison there, who wrote "You are National Guest" in R. Digest. He was lecturing at Vandy, talked 2 hours and cd have answered questions for another hour. We went on the platform to ask more and Anna got into a nice big photo. I hid behind her so escaped. Don't fail to hear him if possible; he and Upton Close have the real stuff. Here is some of our dialog:

Q Will it harm our friends in K if we take part in the K independence mv?

A The J's are sending word back all the time. We know that.

Q What hope is there of K independence?

A None. They have destroyed the leaders there.

We objected, saying there were still many good brains there. He continued, "They'd probably kill them all before they'd give up K."

When we first went up and said we'd lived in K., "McCune crowd? No? Bishop Baker's crowd? He was my pastor at Urbana. You wouldn't like to be living in Keijo now, would you?" making a wry face. "They're such a <u>mean</u> crowd there, Minami, etc."

Asked when we came away. "Things were in a big mess the, weren't they?" He'd have liked to talk longer with us, but his hosts took him off. So he gave <u>my answer</u> to taking part in politics. I can't do it, and this makes my conviction even stronger. Let us take whatever yoke is coming. I'm always going to work to build up our K folks and make them ready for independence, even if all the present leaders in K should be destroyed. God forbid any such thing; we must hope in Him and believe that He will care for them.

Henry is now pastor of First Meth Church, Honolulu, for haoles. (Don't tell me you don't know what that means? It's whites.) The pastor wanted to take his family back to US, and Bishop Baker cabled approval. It's an advance for Henry, and I hope he can still help the K folks there. The Univ is still closed and Carol is taking Red X nursing, which will be credited when they open. Saw Margaret A and Jack in NY. They plan to be married at Greenwich, Conn. in spring vacation, as he'll have to go right after graduation. M wants me to be at her wedding, and I'm planning on it.

I had two nights in Velma's home, slept with B. Starkey one night. Mish supper at Welches, mostly J folks. Ada Hall is helping in the NY office now. We have all furlo folks to pr meeting in this house every Sun at 5 and I'm leading today— 20 min from now, so must stop. Much love to each one of you. I'm swamped with writing, enjoying my teaching, wondering and wondering and wondering all the time, so that I'm not much good. But I love you all and pray for you lots and lots.

Alice

Scarritt, Feb. 24, 1942

Dearest Mary,

This is specially a business letter and then I must get to work. I've just been handed an income-tax report to hand in by March 15. My first experience, and I didn't know I was in that class. But it's a good thing for me to gather up my assets and know where I stand, which I never bother to do unless I must. So please tell me about my Armstrong shares. How many have I, are they in your personal desk or the bank or safe or where? Do you know how much interest or dividends they earned in 1941? That is the question I have to answer. I've just used the small amount of money that has come from that and not recorded it. But as you have some stock, too, you must know the rate in 1941 and can tell me. Please look it up and answer right away, as the report has to be in by March 15th.

I have $114.08 of Van's money in my personal ac't in Lancaster, and am going to send it to her cousin, Russell Snare, who has her account in Marion, O. This is not drawing interest, and I should have realized sooner and done something.

Yesterday I send Van a personal message via Red Cross. You fill out a blank of your own name, adr, etc, the addressee's (including date and place of birth of that personal and names of his parents and their birth-places) then write a 25 word message, which you sign by hand. He is supposed to receive that and send his reply on the back. They say they've been doing that in occupied countries in Europe. So I did it for Van, hoping for word. Please tell Corinne this, as she may want to do it. Just go to a Red X chapter anywhere.

I asked Dr. North if they'd had any word from Van and there was nothing since the Dec. 18 messages that they were OK. I asked him to put my name on his list of folks to inform. Even Ellen Hobbs had no information and didn't even know that Tom was working for the American Bible Society.

What is your opinion on my efforts to go to Honolulu? Bishop Baker sent back a lovely letter recommending me, etc, if Henry advises my going. I'm awaiting Henry's letter. March 3-4- the dean of Snead Jr. Col, Boaz, Ala. will be here to interview me. Velma Maynor wants me to go there as a real place of service. Dr. Cuninggim is away now, but when I told him about Honolulu he said,

"I want you to know that the Koreans are the only people I'll be willing to give you up to". Very nice, but not definite enough yet. Mrs. Crawford, the woman with whom I work in public relations when Dr. Stuntz is away, has fits at the mention of my leaving. All this makes one feel good, but in my heart I wish I could feel my contribution more definite.

You know Richard is flying to and from San F for the wedding? Jack is paying that. I'm so glad I'll see him Henry cabled, "Parents rejoice wedding plans" and sent money, so I guess the Dodges will be relieved. There is still conflict between theirs and Huylers' ideas. Poor M. is in for it! If only they didn't live in the same town. Wonder if Ida will go to the wedding. I hope her ideas about it have changed by this time. I had a lovely letter from Lorna. Had Louise Pyke here last week. Seem to be quite bizzzy— speaking quite a lot, etc, etc.

⚜⚜⚜

Scarritt College, Nashville, Tenn.

Feb. 25, 1942

Dear Home Folks,

Last month I presented myself as a "living epistle", but now it's time to write you again. I did enjoy my little visit back home, and hope all is well with First Church and all her members.

My days have been full, as school days always are. My teaching is a great pleasure, and I'll be sorry when it is over on March 20th, for this course is only for one quarter. I'll be away from about March 25—May 25, going to Margaret Appenzeller's wedding, where I must represent her parents, and to the WSCS Assembly in Columbus, O. to represent Scarritt. Between times I'll be itinerating in the Northeastern Jurisdiction, as opportunities offer. Probably I'll be back here for another hot summer, but my plans aren't settled yet.

There has been no news from my brother since I saw you, nor anything from Korea. I felt as if I'd had a message from home when I heard a lecture by James R. Young, journalist, who spent 13 years in Japan and was imprisoned there. When I asked him whether it would do our folks in Korea harm if we talked much, he replied,

"We know the Japanese are getting word back all the time."

He said, "Aren't you glad you aren't in Korea now? It must have been pretty bad before you left, wasn't it?"

I felt after this that I'd given the right answer for myself in refusing to take public part in the Korean Independence movement, which is now getting much publicity. I'm in sympathy with it and pray and work that the Koreans may be free, but don't want my name to be used to persecute my friends in Korea any more than is already being done. I was thrilled, however, to hear our President mention Korea with other countries which must have freedom, and I pray God may let me see the day when this comes true. I have made five speeches on Korea this month, two at quite important clubs, one of them the Scarritt Club, at a luncheon of 100 women. One was a class hour in Dean Bagley's course, on "Korean Youth Movements", and two others were to Sunday Schools. There are 32 Methodist churches in Nashville, and I've only been to 8 of them so far.

While I'm talking of Korea let me recommend a new book which deals not with missionary work, but with the life of a rebel against Japanese rule, "The Song of Ariran", by Nym Wales (John Day Co) It and "Japan Inside Out" by Syngman Rhee (Revell) give one much background information for the present conflict.

One afternoon I went with a group to see some Methodist settlement work. The Negro settlement is described in the enclosed leaflet. The Centenary Inst. for white people is a busy place. Our girls do field work there and at Wesley House. Over one Sunday I had my college friend's daughter, Louise Pyke, as my guest. Her parents and only brother are still in our Mission in Peking, and her only sister sick in Boston, so it meant a lot to us both to meet and talk things over. She is teaching in a country school in Alabama and is wonderfully sweet and cheerful. Dr. Cuninggim, our president, said after having an interview with her that Sunday, "I felt as if I had been at an uplifting religious service." What more beautiful thing could be said of anyone? She will return when her school is out to finish her work at Scarritt. I think I wrote you that she was here last summer.

I didn't think I had much to write this month, but the page is full and I could still go on. But I'll not run over, but say goodbye and send you my love and wishes for blessing upon you all.

Faithfully your missionary,
Alice R. Appenzeller.

DR. SYNGMAN RHEE **<From: Syngman Rhee>**

1766 HOBART STREET, N. W.

WASHINGTON, D. C.

March 10, 1942

Dr. Alice R. Appenzeller

Scarritt College for Christian Workers

Nineteenth and Grand Avenues

Nashville, Tennessee

Dear Dr. Appenzeller:

I want to thank you for the very beautiful Christmas card, your Christmas letter and your letter to me.

You may be sure that I treasure the card of Ewha College more than anything else.

I am in receipt of a very interesting letter from your brother, Dr. Appenzeller, who took charge of the First Methodist Church in Honolulu and I am writing to him at this time congratulating him on his new pastorate. I am very happy that he is in such an important position at a time like this. He can do many more things to help Korea in his present position than before, and the Koreans there need help more than ever.

As you may have read in the newspapers, we held the Korean Liberty Conference in Washington the end of last month. It was a tremendous success and we do hope to have made known to the American public that there are 23,000,000 people enslaved and starved, blacked out by Japan.

We expected two delegates from Hawaii, but they are still on the way. Nevertheless they will come here and we are eagerly looking forward to talking with them. They will bring us first-hand news of the real situation in Hawaii.

With best regards from Mrs. Rhee and myself, I am

Sincerely yours,

Syngman Rhee

Scarritt
March 20, 1942

Dr. Syngman Rhee
1766 Hobart Street, NW
Washington, D. C.

Dear Dr. Rhee,

Miss Chungnim Choi has written me that she would like to serve the cause of freedom by using her knowledge of the Japanese language in translation work. She is eminently fitted for this service, both by training and conviction, and I am happy to recommend her for it.

Miss Choi's parents were both Koreans. Her mother, Gertrude Suh, was a member of the first class ever to be graduated from a girls' secondary school in Korea, Ewha High School, 1907. She married Mr. Choi, a YMCA secretary, who worked first in Hawaii, where their first child was born, then in Tokyo, where the second daughter, Chungnim, was born. Mr. Choi was General Secretary of the Korean YMCA in Tokyo at the time.

He died in 1916, I think, and from that time on I have known the family well. Mrs. Choi was given a home on the Ewha campus while she took the kindergarten training course and worked hard to support her children. I saw Chungnim and her sister enter kindergarten, and I believe, unless I happened to be on furlough, that I gave them all their diplomas. At least, they went right through the complete system of Methodist Mission schools known as Ewha Haktang on the Chungdong campus- kindergarten, primary 6 years, high school 4 years, college 4 years, finishing in 1935, as I recall. I do not have records here to verify dates, but I am sure of the rest of my information.

Japanese was necessarily the language of the schools, so Miss Choi knows it thoroughly; but she majored in English and has since taken her B.A. at Smith College, and is now working for her Ph.D. at the University of Michigan, being a Barbour Scholar. All her Japanese education has only served to make her a more ardent Korean patriot. Until the declaration of war between the U.S. and Japan she kept very quiet, knowing that open activity in opposing Japan would work hardship on her mother and sister in Korea. At her request I am treating this matter as strictly confidential, for the danger of reprisals in Korea is still very great.

Miss Choi is a young woman of the highest Christian character, modest, attractive, intelligent and industrious. If there are any further questions to be asked regarding her life since she has been in the U.S., I should refer you to Prof. W. Carl Rufus, Ph. D., Chairman of the Barbour Scholarships for Oriental Women, University of Michigan, Ann Arbor, Michigan. Please let me know if I can serve you at any time. For the next two months my address will be: 6th Floor, 150 Fifth Avenue, New York.

Sincerely yours,
Alice R. Appenzeller
Honorary President
Ewha College, Seoul, Korea

THE KOREAN-AMERICAN COUNCIL **<From: Syngman Rhee>**
Colorado Building
WASHINGTON, D.C.
March 30, 1942

Dr. Alice R. Appenzeller
Scarritt College
Nashville, Tennessee

Dear Dr. Appenzeller:

Thank you for your letter of March 20th. Your recommendation of Miss Choi has been filed with the Army and Navy authorities. I hope we may be able to find an opportunity for her to serve in the U. S. defense program. Her late father was one of my very dear friends.

The Liberty Conference has done us much good. The Korean question is coming rapidly to the attention of the public, and we hope to get recognition before long.

It would be wonderful to have you live and work among your people, Koreans, in Hawaii. You can do a great many things to help them. But I cannot advise you to go there now. The Pacific is the storm center and Japan will not let it alone. You can do a great many things in this country to help the Koreans.

The Song of Ariran is an interesting book, revealing the true Korean spirit. The unfortunate part of it is that it depicts only one side of the picture, as you have correctly said. It gives an impression that Korean patriots are mostly red, which is untrue.

Please let me know when you come to Washington again.

With best wishes from Mrs. Rhee and myself,

Sincerely yours,
SYNGMAN RHEE

SR:as

Address: 150 Fifth Ave., New York
At Greenwich, Conn., March 31, 1942

Dear Friends,

Just an extra for those who may care to hear about our Margaret's wedding. I'm so glad I could be here, and that her brother Richard, my sister Ida and her son Bill, a Princeton sophomore and my sister Mary's daughter, Lorna Lacy, a sophomore at Ohio Wesleyan, could also come. The Dodge cousins were out in force, so we had more of a family reunion than for years. We were at George D's, where Margaret has made her home this winter, and their daughter, Debbie, was maid-of-honor. Their beautiful home, set among great trees and rocks in a country part of Greenwich, was an ideal place for the reception, which was "simple", they said but complete from my point of view. A lot of Korea friends made us happy by coming: Mrs. Welch, the J. Z. Moores, Jensens, Underwood twins, Mrs. Kerr, Mrs. Maynor, Una Muoat-Biggs, Julia and Tommy Wonn, the Snyder girls and their husbands and Joyce Davidson, a bridesmaid. There were many photographs and movies taken, some of which you may see.

The wedding itself was so ideal that I am at a loss to describe it. There was a spiritual quality that one does not often find, no extra embellishments to detract from the solemnity of the service. The pretty little church where Margaret's father preached his first sermon and met the Huyler family, holds only 150 people. It was decorated with branches of forsythia in the sunny windows, reminding us of Korea, and the chancel with evergreens and spring flowers. Rev. Harold Wilson, who developed this into a community church and has been Jack's pastor all his life, conducted a composite service very reverently. Richard, only 20, but looking very manly and responsible, gave his sister away. I had the honor of representing the bride's mother. Coulter, Jr., Jack's only brother, was his best man.

Margaret wore a long, tight-fitting satin gown and plan tulle veil. She and Jack made their vows without the help of the minister in that part which says, "I, John, take thee Margaret", and their expressions and voice were so sincere, reverent and whthal[withal] joyful, that I thought I had never witnessed a marriage that seemed to mean more than this which joined these young lives. Margaret's face as she said those words had an angelic light that reminded me of Stephen, "as it had been the face of an angel." The double ring ceremony was different, too, in that they said, "with all my love I thee endow". Neither has any worldly goods, bless their hearts, but they have the true riches to give each other. As we came out of the church the bells pealed and everyone said it was a perfect wedding.

The absence of Margaret's parents and of our host, George Dodge was our only regret, but it helped a lot to talk with Henry, Ruth and Carol clearly by telephone before the reception was over, and George called us from Alabama, too. Modern communications brought great happiness this time. The perfect day ended very early next morning, for the family couldn't bear to stop talking and go to bed.

I'll not be returning to Nashville till after the Methodist WSCS Assembly at Columbus, O. May 19—23, where I have a small part on the program. The time will fill up with speaking engagements. My hope of getting to Honolulu for Korean work there looks rather doubtful, but Bishop Baker, Dr Fry, the Supt. and Henry, who all know conditions there approve, so I hope it will "become". Meanwhile I'm happy to be working for Scarritt and Korea wherever I am.

The honeymooners are spending a week on a little island off Charle[s]ton, S.C., which the Huyllers own. There's nobody there but the Negro caretaker and his family. Y [REST OF LETTER MISSING]

THE KOREAN COMMISSION **<From: Syngman Rhee>**
17656 HOBART STREET, N.W.
WASHINGTON, D.C.
April 2, 1942

Dr. Alice R. Appenzeller
150 Fifth Avenue
New York City

Dear Dr. Appenzeller:

I hope you have received my last letter mailed to you at New York. Very soon we will have a complete printed report of the Conference and will be glad to send you one.

I wonder if you and some of you missionary friends would write to Mr. John W. Staggers, Columbian Building, Washington, D. C., stating what they think of the Korean Provisional Government.

The idea is this: we have asked the State Department to recognize the Korean Government which was organized in 1919 and which has been functioning in China since. A Korean Communist group here, connected with those in China, is blocking it by creating the impression that the Korean Provisional Government represents a small minority outside of Korea, that hardly anyone in Korea knows anything about it, while the Communist party is supported by a majority at home. This is an absolute lie, but the authorities in the State Department do not know the truth.

A few words from those who know the Korean people will convince the authorities. These letters will not be published but used only in confidence.

Do the Koreans in Korea know my name or not? Do they prefer a communistic government to their nationalist government? Mr. Staggers is our loyal friend and legal counsellor. These letters will serve as concrete proof in testifying the truth.

Any missionary who is a true friend of Korea will not hesitate a moment to furnish this information. I assure you once again that the names will be kept confidential.

With best wishes,

Sincerely yours,
SYNGMAN RHEE

SR:as

150 Fifth Ave., New York
April 8, 1942

Dear Mr. Van Fleet and others interested in Van and Tom,

Yesterday I called up Dr. Eric North, President of the American Bible Society, Park Ave. and 57th St., under whom Mr. Hobbs is working in Shanghai. Of course, he still belongs to the British and Foreign Bible Society, but is filling in for Bishop Carlton Lacy in Shanghai. Dr. North said they had had word recently from Mr. Hudspeth, the B&F man in Shanghai, who had sent a letter to Chungking, the message from which had been cabled out from there. I don't know whether Dr. North has written to you of this, but if you want their latest bulletins you'd better get on their list by requesting Dr. North to send any word that he receives to you.

This is what Dr. North said:

"The situation in Shanghai seems to be somewhat better than that in some other places. Much depends on the individual officials in charge. Hongkong is terrible. But in Shanghai they seem to have some freedom to come and go, have to show passes, etc. but are not confined entirely. Live in their own homes. Food is skimpy, but the treatment seems fairly good."

I did not want to talk too long and didn't ask about arrangements for getting money to them, but the Board Secretaries here, who are in direct touch, say that by cabling money to their mission treasurers in Chungking they have been able to send money to all their stations in occupied China. Hongkong seems to be an exception.

There is word from Manila lately, saying that all missionaries and their associates have been released to go about their work. This looks as tho the Japanese were showing some respect for the work of missionaries. So far not one missionary life has been lost, tho there have been narrow escapes, and they do not know where some of them are. Considering all the dangers I think that is remarkable.

I came to N.Y. after completing my term of teaching at Scarritt College, Nashville to act in her mother's place at my niece, Margaret A's wedding. Her parents are in Honolulu, with Carol, the younger sister, but during the wedding reception here in Greenwich, Conn. they got a call thru to Honolulu and talked with them clearly. It brought the greatest joy to all of them. Margaret was a lovely bride and Jack Huyler a handsome bridegroom. Richard, M's only brother came from California to give her away. Jack and M. have a little apartment in Princeton until he graduates from the university in June, when he'll have to go to war.

I'll be here all thru April, speaking and working for Scarritt, and then shall go to Columbus, O. to attend the Methodist Women's Assembly, May 19-23. After that I'll probably return to Nashville to be acting dean of women at Scarritt again this summer. I'm trying to go to Honolulu to work among the Koreans there, as my brother Henry has become pastor of First Methodist Church and has not the time to give to the people as he had before. It may not work out, but I want very much to go.

Easter Day I enjoyed fellowship with friends at the Korean Church here. There was a service at there, followed by dinner and an informal meeting in the evening. A number of Korean missionaries were there.

With best wishes to you all and hoping we may soon have word that our dear ones are coming home to us,

Sincerely yours,
Alice R. Appenzeller

Not a word has been received from Korea. Mrs. Kerr thinks that the missionaries are probably interned on one compound, perhaps the Seventh Day Adventist one outside East Gate. There was some word that seems to indicate that.

150 Fifth Ave., New York
April 15, 1942

Dear Dr. Rhee,

I had this letter ready to copy when Dr. Avison's came, so I am mailing a copy of the enclosed to Mr. Staggers in Dr. Avison's envelope. I am glad to send this word of testimony and shall be glad to help in any other way that I can. Surely the Communists should not be allowed to spoil your great work. Probably the Arirang book is giving the public the idea that this group represents the nation. It is popular and probably will have a wider reading than some others that are more conservative. But sensational things always get the public first, though they do not last longest.

Korea is coming to be known and I think your publicity is good. Yesterday I was speaking at a church luncheon and afterward showing pictures of Ewha. The colored waited came up to me and said,

"Korea is going to get her independence."

"Do you know any Koreans?" I asked.

"Yes, I know one."

He came from Bolivia and is very keen.

Of course, it is the missionary people who are most interested and informed on Korea and who will help her most when freedom is attained. Probably others will help now in the struggle for political freedom, but you will find that church people are the real friends who love Korea and will see her through.

Just before leaving Nashville last month I dined with Dr. and Mrs. Robert E. Park, 1809 Morana St., Nashville, Tenn. I was surprised to find that he was much interested in Korea, had been in touch with the 1919 movement, and I told him I would ask you to put him on the mailing list. Mrs. Park is a distinguished artist, and they have both been in Korea. They remember a visit with Dr. T.H. Yun and Helen was on their ship. They were interested in knowing about her, but I did not tell them of her end. Poor Dr. Yun, what agonies he must be suffering these days. It was terrible before we left, and I shall never forget how he looked as we wept together at the station when he came to say goodbye.

I came up here for Margaret, Henry's eldest daughter's wedding. She and Jack Huyler are living in Princeton until he graduates from the University, after which he must go to war. Our young folks are showing a fine spirit.

My best wishes to you and all the friends.

Sincerely yours,

150 Fifth Ave., New York

April 15, 1942

Mr. John W. Staggers

Columbian Building

Washington, D. C.

My dear Mr. Staggers,

I understand that the Korean Commission, led by Dr. Syngman Rhee, is meeting with some opposition from the Korean Communist group, which wishes to be known as representing the Korean people. From a lifetime of experience with the Koreans in Korea, which I left only 17 months ago, I can say without hesitation that the Koreans as a group are not communists. If they could express themselves, as of course those in Korea cannot, I believe they would choose the Korean Provisional Government to represent them through the responsible leaders who have led this movement through many long, difficult years.

My father opened the first school of Western learning in Korea, and Dr. Rhee was one of his students, probably getting his first ideas of democracy from him. Dr. Rhee has given his whole life in sacrificial devotion to this one cause of freedom for his people, and I am sure they trust him. Through the years when he saw Japan's power increase and most people thought that Korean independence was on idle dream, he believed that it must come and never relaxed his efforts. His book, "Japan Inside Out" is a worthy record of his life work and should have wide circulation.

From childhood I have known Dr. Rhee and followed his career with sympathy and interest. I was the first American child born in Korea, 1885, and in all have spent forty-one years there, twenty-six of them in missionary work. From 1915-1940 I was connected with Ewha College, Seoul, Korea, and only left Korea on the strong advice of the State Department. As Americans living in Japanese territory we missionaries tried to keep clear of the political troubles that surged over Korea, but sought to help the people by giving them ideals and practical training that would fit them to deal with their problems and to be ready for a better day. That the Koreans responded enthusiastically to what the Christian missionaries took them is known to all who know anything about Korea.

The Japanese have bound and gagged the Korean people and deprived them of all the means of expression known to free peoples. But the "dangerous thoughts" which the Japanese fear more than bombs cannot be suppressed. Christianity is a dynamic that is recognized as dangerous to all forms of oppression. The communist movement also has swept through the Japanese Empire, and has been sternly repressed. The book, "The Song of Ariran" by Nym Wales gives a fair picture of the activities of Koreans who joined that group in China. But at no time has it gained the loyalty of the responsible element in Korea, or of the majority. It appeals as a desperate measure to those who feel that anything but violence is too slow. Most of Korea's best people have realized that they had too much to learn to expect to take their place suddenly among the nations, and education and practical experience have been valued as a means to the great end of liberty. So they have been preparing both in Korea and abroad and now there is a large group of well-trained men and women ready to serve their people.

The Provisional Government represents this responsible, well-educated and disciplined group. Korea naturally turns to her mother country, China, and to America, the land that has shown most practical friendship for her. She longs to join with other oppressed peoples in the fight against oppression led by the democracies. Korea appreciates what has been done for her, for the Christian movement has preserved her national identity and given her people the chance to develop the fine qualities with which they are naturally endowed.

Korea should have a place among the struggling nations of the world. Her strong friend, America, should recognize the Korean Provisional Government and ally what strength Korea can give to that of the United Nations, all fighting for a right to live. Recently we have seen peoples and places that formerly seemed insignificant rise into vital importance for the nations at war. Korea has a strategic importance that should not be ignored at this stage of the conflict in Asia. America will never regret helping her to attain the place in the world that was hers for centuries and which she must get back again.

I hope this letter will be treated confidentially. I do not wish to have it published over my name, though I shall be glad to have it used otherwise.

Thanking you for your part in helping the Korean people,

Sincerely yours,
(Miss) Alice R. Appenzeller

P.S. Further information about me can be found in Who's Who, 1940–41

THE KOREAN-AMERICAN COUNCIL **<From: Syngman Rhee>**

COLORADO BUILDING

WASHINGTON, D. C.

April 18, 1942

Dr. Alice R. Appenzeller

c/o Methodist Board of Missions

150 Fifth Avenue

New York City

Dear Dr. Appenzeller:

I want to thank you for your letter of April 15th and the enclosed copy of your letter to Mr. Staggers. I am very sure it will help in suppressing that undesirable element which is, in a way, keeping the United States Government from recognizing Korea.

Please do all you can to encourage your friends to write to that effect. I would appreciate it if you could give me the addresses of your friends so that Dr. Avison (or yourself, if you desire to do so) could send them a letter to that effect.

I wonder if you could write to your brother, Dr. Appenzeller in Honolulu, and ask him to state his opinion in the matter. Every letter will be of great help.

We are mailing one of our circulars to Dr. And Mrs. Robert E. Park.

With best wishes to you from both of us,

Sincerely yours,

SYNGMAN RHEE

SR:as

150 Fifth Ave., New York, April 28, 1942

My very dear Ada,

The papers tell of terrible bombings of Bath and I'm thinking of you and praying specially for you, so I think it's a good time to write. I'm using the typewriter for the convenience of the censor, but I've christened it "Skippy", and you can see why. It belongs to Mrs. Maynor, whose office I'm using while she's away, so I won't complain. The lovely prayer of dear Dr. Gale's is just like him. I can almost hear his voice. I am sending a copy on to Mary and to Henry, for I know they will appreciate it. How blessed we were in our life in Korea! No one can take that away from us. I, too, feel a terrible disappointment in the Japanese, but I feel some responsibility as a Christian that I did not do more to help the liberals to strengthen the side that might have prevented such a catastrophe. I believe that Vis-Count Saito and others that we knew were working against this element which in the end has plunged the world into such tribulation. One can't let one's mind dwell on the sufferings of our friends out there, both foreign and native. The Koons, Dr. E.H. Miller and Mr. Reiner were on your compound the last we knew. The Underwood twins talked with their parents by telephone on their 25th wedding anniversary Dec. 6th, but that's the latest direct word that has been received from Korea, so far as I know.

I enclose an account of Margaret's wedding. Aren't we glad these young people can have even a short period of happiness together before war separates them. Jack has to go on June 26th, right after his graduation. I'm going out to Princeton to spend a night with them soon. Alex sounds happy and your situation there so near by sounds quite ideal, if only the war were not so close. I pray you may be kept safe and that this terrible thing may soon be over. What a world spectacle it is!

Your letter was the only word I've had from the Scrantons, for I owed Marian a letter. But I've written now and hope to hear; one dreads asking, for such a large family in various places is sure to be in danger. Una is at the Prince George Hotel here, where I am staying for a little while, and I'm in the next room, so we share our news. She is well and as brave as ever; she's glad to be back with her old company and happens to be working for Mr. Ludlum, her chief in the old days at one time. Her sister Betty lives here. Please remember me to any of our friends whom you may meet. Tell Fr. Hunt that Richard has grown very manly and responsible, works 32 hours a week in a filling station besides doing his university work. I was delighted with his development. I was so happy to see as many of our "grands" at the wedding; Ida's boy is over 6 ft and handsome, and Mary's eldest, Lorna Lacy, is sweet and pretty as her mother used to be. Margaret is much beloved by all the Huylers, who are Henry's old friends. Another nice match where the parents are friends is of Donald Kerr and Jean Brockman, to be married in June. I've seen them here and been with Grace, who is brave about her separation from Will. He was still teaching at Keijo Univ. the last she heard. I'm lucky to get around a good deal and always see our people when I can, both Koreans and others. The Hugh Millers are comfortably settled, Mr. M. enjoys life and his garden, but Mrs. M. is a mere shadow of herself and very depressed. The Hardies are well situated, with Bess living with them and helping after work hours and Grace and family near by. Mrs. H. is just the same as ever, but Dr. H's memory is gone. He sits by quietly but didn't even know me. He answers when spoken to, but can't remember. I'm glad we were spared that with those who have gone. The Sherwood Halls are in India, and S. with characteristic zeal got out a TB Xmas seal for India. They'd never had one before. I hear that Miss Keith wants to do something more for Korea, bless her heart! Everyone hopes that their chance of independence will come now. I wish I could see Annie and Jessie, and if I'm in Michigan again I shall try. I never had an answer to my letter, but it didn't come back, so perhaps Annie will write. I wonder if Jessie is still carrying on her business in Florida.

Time for me to stop, for you'll be tired reading such an epistle. I love to think of the hours I've spent with you and the blessing that has come to me because of all the long friendship from my childhood on. I pray you may be well and safe. I'm sending this by air so that you may have it in reasonable time and know that I'm not forgetting you. I hope to be with Rosie May 16 & 17th, then to Columbus where Mary lives, then back to Nashville for the summer. If the way opens for me to go to Honolulu I shall be so happy, for I love to be with the Korean people and should like to do something more for them. Much love to you and Alex and any other friends.

Ever devotedly,

Alice

Scarritt College, Nashville, Tenn.

Founder's Day, May 30, 1942

Dear Folks, especially Ewha,

All this lovely, golden day I've been thinking about May Days past and wondering what May Day present is like on the Ewha campuses. God is faithful, and I'm sure the peonies are in bloom and that both sunshine and rain are making Korea lovely and fruitful. Jessie McLaren's shrubs and trees are growing and Choontai is faithful to her promise to look after them and to keep the place neat. All the others are doing their part and the spirit of Truth, Goodness and Beauty is there. I know we are all remembering, whether Van in China or wherever, Jessie in Australia and all of us over here, so far from where we'd like to be. We had a beautiful picnic this PM at the home of one of the faculty, John Lewis, radio and church singer. It is called "Singing Waters" on Granny White Pike, half an hour's drive out. The house is on a slope overlooking a shallow brook which flows over flat rocks, and beyond are trees and fields. It was a perfect day, and I loved it all and gave thanks for our beautiful world, which tells us every time we give it a chance how God wants us to keep and use it. Tomorrow at 7 AM Scarritt begins the celebration of the 50th anniversary. The manner of it is characteristic of Dr. Cuninggim and Scarritt. Because of the times we are having a four day retreat, led by Stanley Jones, and commencement comes the 4th. I hate to see my first seniors go, for I've learned to love many of them. But this is going to be a happy anniversary, in spite of all the troubles, and I must tell you first about my special interest in it.

You know that from Holy Week till May 6th I was in NYC, waiting for Mrs. Pfeiffer to return from the south. I'd have tho[ugh]t it too expensive to sit around in a hotel so long, but Dr. Stuntz encouraged it so I did my best to improve the time. I told the folks that'd speak anywhere I was needed, and Mrs. James, Mrs. P's niece, got me to address the WSCS of their church, St. Pauland St Andrew. Then I asked her to help me in presenting S to Mrs. P, and told her I wanted to meet the nephew, Mr. Garfield Merner, who is helping with her affairs now. People warned me that he was difficult, indifferent to Meth things, and that

I should “contact” him. So I told her (she’s Mrs. P’s niece who’s always lived near her, in same apt house and is like a daughter, and is an old friend of mine) that I wanted to meet him; that I wanted them to know that I was not taking any advantage of Mrs. P’s age or long kindness to Ewha and me, but that I wanted them to judge Scarritt on its own merits. She told me many reasons why I need not hope for anything this year, uncertainties, commitments that had to be met, etc. etc. I just said we wanted to get a place in the procession, knowing that she was interested in what we are doing and would help when she could. Dr. Stuntz wrote a clear presentation of the work, which I asked Mrs. J to give Mr. Merner.

I had to wait a full week after they were back before I got an interview, and that followed Dr. J. R. Mott! Mrs. P did most of the talking but Mr. M was there, too. While I waited for them to finish with Dr. Mott, Mrs. Dan Merner, who was in Korea, and Mrs. Lawrence, another sister from Oregon whom I’d met twice out there, entertained me. Myrta had seen them at Pf. Jr College—all these contacts help. Well, Mrs. P said they positively couldn’t do a thing, that they’d promised more than they had now, bec of conditions, and might have to dig into a principal to pay. I was glad to find Mr. M quite well informed and favorably disposed toward S, and he explained several things to Aunt Annie with our paper before him. When I departed the dear old lady looked sorry for me and kissed me kindly, and I told her that whether she gave to us or not she was always did us good. She is gracious and sympathetic, but, as Nephew said, it wd take a billion to fill all the orders.

He said he’d go downstairs with me and he took me to the subway, for he wanted to ask me about a business matter. He arranged for dinner the next night and I got my chance for a long talk, with the good results I have mentioned. So the last evening was worth the whole year of work and waiting, and I’m so thankful that it came. The cash, $15,000. had already been given to the Meth Bd of Ed from Mr. Pfeiffer’s estate, but they allocated it to Scarritt. The pleasure of this surprise bucked me for my speech at Columbus on May 20th, for I heard of it just the night before. Dr. Cuninggim and the folks here are delighted, so at last I feel that I’ve been something but a liability to Scarritt.

The Assembly was grand, especially the people there. We had a regular old-time K mission supper at the Lacys’ the last evening, with Sauers and Shaws co-hosts, and 26 present. Dear Mrs. G. H. Jones regaled us with tales of the early 90’s when she was at Ewha and took walks along the city wall with Mr. J; it was so good to have Mrs. Welch with us,

Naomi, who looks pale but is getting strong, Brownie, the Hulberts, Moneta, Marion C, Mrs. Chaffin, Miss Haynes, A. Hunter, E Dicken, etc. We all cliqued around together as much as we could, for who cd know when we'd be together again?

Betty Dalbey has left us and it won't be as happy a place without her cheerful presence. She has made a fine record of living here and of hard, good work. Bess Oliver is around for a while and we're "paling" together. Louise Pyke has just come for the summer, to be on my floor in the dorm again. I've settled in to the same place as if the year had never been between, but I've fortified myself with a good electric fan.

Stanley Jones was finer and more interesting than I'd anticipated and did me lots of good. I heard him 7 times. Bishop Moore, Mrs. Bragg, Miss McKinnon etc. were here. Dr. Cuninggim offered his resignation, but it will be acted upon chun-chunnie, so there will probably be no changes much.

I didn't have time more than for a word with Bishop Baker at Columbus. "I'll meet you in Honolulu", sez I. "Want to go?" sez he. "Yes". It's all in God's hands. If military activity increases in the Pacific area around Hawaii and our coasts I suppose I'll not get there. But I do hope it will not and that I can go. I still do not feel that this is what I want to do for a long period, just raising money and talking, I mean. I do not minimize its importance or the great opportunity and challenge before this school. But I think there is something else for me to do. Meanwhile I'm thankful, happy and I hope useful to somebody. I hope to take one course, later a Red Cross first aid course and to get all my letters answered, as I did last summer.

The thought of the exchange boat brings a thrill and the hope that some whom we love will be on it. Of course I think about Van and Tom. Poor Corinne Gray is lying very sick in a hospital in Columbus, with angina and cancer. Her faithful cousin, Mildred Hardesty, comes every day, but she seems pretty near the end, can't keep anything down. She is so thin, her hair is white. I went four times to see her while in C and took her some flowers from Van and the rest of you and left something for Mildred to spend for her. She is at the White Cross Hospital, Columbus, and if any of you would send her a card I'm sure she'd appreciate it.

Soonhie Kim, the Bible School girl whom M. Cherry brought over and who has broken down is to be deported, probably on the exchange ship. It seems terrible for that to happen, for what will the J's do to her? I saw her in April last year but not since. The folks here did everything they knew to help her. Chang Kangja, (Mrs. Rev Yi Untaik, Chicago K Ch) has a new son. Moneta gives a good report of the other children.

I've just read Dragon Seed, terrible and too realistic for any decent person to enjoy, yet true, the women here who have lived thru those China days say. After the month and more in NY I had 6 days in Boston, chiefly with Meth friends, making contacts. It was strange not to get out to Wellesley, but it wasn't convenient. But I did stop in Buffalo and saw the Bowens' home, where Donald Kerr and Jean Brockman will be married June 20th.

Love to all,

June 1, 1942

Dear Mr. Laughead,

I have written to the WSCS each month, tho I've missed it this time, but should have written you sooner. I am glad to hear from you, however, and to know that you are continuing your ministry with such success. I wish all three of you could be at our wonderful Retreat, which Stanley Jones is leading with great power. It is like Scarritt to observe the Semi-Centennial in this fitting way, to prepare us for the greater tasks ahead. Many alumni are returning and I'm glad to be here, tho it is hot. I can't get used to the hot nights, but hope we shall have a chance soon.

Scarritt is paying my salary now, so I'm well cared for. I'm still hoping to go to Hawaii, however, or perhaps to California for Korean work. Mrs. Maynor and the Board folks are working it out: Bishop Baker, Supt. Fry, in charge of Hawaiian work and my brother all approve my going, and I think I persuaded the Board members. Of course, it would be easier to continue with Scarritt and if I go back to the missionary work as such I'll get about half the salary I am now receiving. But I want to do it, and I want First Church to know that I am faithful to my own people, the Koreans. I shall be here till the last of August, and by that time we shall know whether I go in Sept. or stay on here in promotion work.

Please tell all who prayed for me in this work that their prayers have been gratifyingly answered. Mrs. Pfeiffer has given Scarritt College $15,000. for living endowment to match the Rockefeller money, $10,000. for the first year of our campaign. After I'd waited a month for her in NY, then several days more for an interview, she turned me down, saying it was impossible to do anything now. But We had prepared careful statements, which her niece, Mrs. Harry James, a loyal friend of mine, and her nephew, Mr. Garfield Merner, now in charge of her affairs, studied. I had two good talks with each of them and I believe that it was they who studied out a way for Aunt Annie to do what she really wanted to do. The money had already been given from Mr. Pfeiffer's estate to the Methodist Board of Education, but was unallocated, so it comes from there to help start other giving. Mrs. Pfeiffer likes to do that. But you can understand how thankful I am for her help just now. I had begun to worry about the hotel bills and expense accounts, but there will still be some balance now!

Before Mrs. Pfeiffer's gift, the news of which came just before my speech at Columbus, my father's friend's widow, Mrs. Julian S. Wadsworth, who is like my own aunt, gave us an annuity of $1,000. I told her she really started the giving in the Northern Church,- pulled out the plug so that there could be a flow. I expressed my sentiments in a little article I wrote in the May Methodist Woman, which you may have seen. So I am giving thanks these days, and rededicating myself to anything that God wants me to do.

I appreciated your notice of the Lenten services. Edith Hershey is faithful in sending me the calendars. I shall be writing to some of the ladies during the summer, when I have more time than I have today. My best wishes to all the friends, and especial thanks for their prayer help. I always need that and don't want them ever to forget me, not matter what our official relation may be. I am sorry I have not been able to arouse more missionary interest, but it has taken constant loyalty of the practical sort to pay my salary all these years, and I appreciate it.

With best regards to your family, and thanks for your loyal help.

Faithfully yours,

Scarritt College, Nashville, Tenn.

June 11, 1942

Dear Henry, Ida and Mary,

This is a glorious morning, cool for a change, and like the day forty years ago on June 18th, when our lives were changed by the news of our father's death. I'm thinking of each of you and of our lives in these long years between, and feel like expressing my thoughts.

Appreciation of Papa's life and contribution to the world came to me in my years in Korea, because of the great esteem in which I saw he was held by all sorts of people. Through the nearly 26 years that I was there and up to the very end people whom I had never talked with before about him would tell what he had meant to them. His 17 years of service, and his willing sacrifice of himself at 44 for the lives of two Koreans have made a permanent and noble impression on Korea and will never be forgotten. There will always be a Christian Church in Korea, no matter what happens, and his name will stand as one of its founders and patron saints. His record of high achievement and life is something that his children and grandchildren can always be proud of.

The second period of our family life was in Lancaster, 1902–1915, in Mother's home and under her leadership. The earlier, Korean period may be shadowy to some of you, but this is the childhood that you remember best, which influenced us most. Mother gave us all that she had, herself in loving labor and sacrifice, the best that she could find in education and training. Shippen School, F. and M. Academy, Wellesley, Princeton, summers in Berlin, music lessons, dental and medical attention, everything that the Methodist Church could give us are part of each of us as her gifts. Our memories of her are precious and sacred, and you are carrying out the spirit of her training in your own homes and with your children. She, too, made a record wherever she lived, particularly in Lancaster, that we can always be proud of.

Mother's going was as sudden as Father's and brought another radical change in the family life. You three were in Cannondale, I was in Korea. We were on our own, without the financial backing that she tried so hard to provide for us. She hoped to pay off the debts that had been incurred by our education, but died too soon, and most of what she left was swept away. But she always said that education was to be our best legacy, and she had carried out faithfully the plans that she and Father had made for us. This period, 1915-1920, was one of decisions for each of us; of life work, experimenting with this and that; of return to the Orient, and of marriage for you three. Fortunately you each found the right partner in life and though I did not, I have always found satisfaction in your happy marriages and homes. I have enjoyed your hospitality through all the years, and have lived so close to Henry that his home and family seem like my own.

From 1920 - 1940 we each carried out our own work and home life. I had my career at Ewha, becoming president in 1922 and building and moving into the new college in 1935. There was challenge to all my abilities and more, growing interest in the work as it developed from small beginnings into an important institution, and satisfaction in the Ewha family life and in the social life of our congenial community. I never thought that I would have to leave that life, except possibly because of illness or old age.

Henry and Ruth, with Margaret, Richard and Carol had much the same life as mine, school and church work, happy home life on the compound and in the Seoul Foreign School and in the foreign community, centered around the Seoul Union Church and the Seoul Union. Summers at Wonsan Beach and the loving presence of Dr. and Mrs. Noble and some of the time of Ruth's brothers made home life complete and much of the time free from long separations. Henry developed Paichai from its beginnings as the first registered high school to the most important one, which it has always been, at least in the Christian constituency. His connection with First Methodist Church next door was continuous and beneficial. He was our leading missionary, recognized as our best preacher and most able administrator. Ruth kept a home that was always lovely and brought up a family that was considered pretty much ideal.

Ida's marriage to Bill Crom, after she had been for a period of months in Japan, Siberia, took her into army life in most of the posts where there are air fields. His rise from the rank of Captain, when she married him in Manila, has been steady and we are proud of what he is doing now in North Africa. His many achievements are out of my field, so that I will not even in this family circle attempt to evaluate them. But I do know that his character has grown with his career and that he is one of the finest men I have ever met. He and Ida have always had a real home and loved it and their two boys, Bill and Curtis, show the results of fine home life. Ida has had many problems to contend with in poor health and many changes of location, but her home and family have had the central place, and she is spoken of as a charming wife to her distinguished husband.

Mary and John were with us in Korea until 1932. Their first ten years of missionary life together made a valuable contribution to religious education in the Korean Church. Their children, Lorna, Jack, Mary Lois and David were born in that period and played around on the same old Paichai grounds that the rest of us knew and loved. Since coming to America John has risen steadily in the pastorate of the Methodist Church, and Mary is a pastor's wife whom I have heard praised by others who have met various kinds. Their children always are spoken of with admiration by my friends.

Now we are in the fifth period of our family history, which began in 1940 when we had to leave Korea and our work and home life there. The war has fallen on us like a bolt of lightning and changed everything for at least three out of the four of us and affected us all. Henry, Ruth and Carol are in Honolulu and in danger of their lives at any time. They are filling an important and appreciated service in the First Methodist Church there. Bill Crom is in active service overseas, while Ida carries on at home, looking after Bill in Princeton U. and Curtis in high school. I should first have mentioned, too, that Margaret has married Jack Huyler, who graduates from Princeton U. on June 16th and reports for duty at Ft. Bragg on June 26th. Richard is 20 and a senior at U.C. We hope it will all be over before he and our other boys have to go. The Lacys are not yet especially involved. My life was pulled up by the roots when I left Korea, and though I have congenial work and have had a pleasant life since I came to the U.S. I do not yet feel that I am really planted again. During the year of association with Scarritt College I have secured two large gifts for living endowment-Aunt May Wadsworth, annuity for $1,000. and Mrs. Henry Pfeiffer, $15,000. so that my face is good here. I believe in the importance of this school which is of high quality, and am glad to have some place here. This second summer as acting dean is proving interesting and congenial.

Chapel service interrupted this, and the hymn was the 23rd Psalm, No.70 in the Methodist Hymnal, the Scottish Psalter version. I take it as the lesson for this day—The Lord is my shepherd; I shall not want...Surely goodness and mercy shall follow me all the days of my life and I shall dwell in the house of the Lord forever. Thankfulness for what our parents gave us, for the years between and confidence for the future is my message to you.

Your loving sister,
Alice

I want all the grandchildren to read this, too.

Scarritt College, Nashville, Tenn.
June 22, 1942

Dearest Folks,

Bess Oliver read the letters to me after I came back from a missionary speech, and I lounged and enjoyed a real visit with each one. How characteristic and how lovely each letter is! Since Robin is proving so husky, I do hope you'll keep the letters. Jean, you may not think yours are worth preserving, but I'm sure Van will want to see them. I somehow think they're on the Asama along with all the Presbys (except the Australians, of whom I haven't heard), the A.W. Taylors and I hope everybody else. Isn't it wonderful the way the missionaries have been cared for—as tho the J's were trying to show that they recognized the difference between those who went as friends to those countries, and those who went for business or military duty. At Columbus we heard of untold dangers and terrors that they lived thru and of wonderful ways in which they are helping. I hear that Mrs. Boots has heard that Jack is working in the General Hospital in Manila; what a boon to be able to work—even putting gold fillings into J generals' mouths! I bet he doesn't care if he jerks their heads off!

I've had a day of poignant thought and memory. The 8 AM radio said that civilians, especially women had been ordered to evacuate from Hawaii to the mainland. How I hate that word evacuate now—This will doubtless mean Carol and Ruth, tho the latter may plead to stay with Henry. I don't think he'll leave, for he's doing a necessary and increasingly fruitful work for service men there (see Christian Advocate for May 28, "They walk an extra mile to church.") This breaks the bubble of my plan to go to Honolulu this fall. Just last week I had a letter from Henry that came in 5 days telling me that they were expecting me about the end of August. This new attack on the Aleutians, etc. has made the difference.

Ida's husband, Bill Crom, Colonel in the Air Corps, is in Cairo; I know Ida must feel sick at the tide of things, as we all do. The news is all black today- earth's news, not God's. In that little circle I addressed today there were mothers whose sons were at the ends of the earth. America will never be provincial after this.

Most of you know that dear old Mrs. Pfeiffer gave Scarritt College $15,000. for living endowment to match $10,000. from the Rockefeller Fund, paying for one year of the five of our campaign. My face is OK here now, for Mrs. Wadsworth, our old family friend also gave $1,000. in annuity. Now that Honolulu is indefinitely postponed I don't know what I'll do. They say stay here and raise more money—that is what Bess O. is doing too. Often I feel I'd rather stand behind a counter or cook in a restaurant: at other times I'm ashamed of not being thankful to have any part in this beautiful school, this place that truly is a "Colony of the Kingdom". I do love it and want to help it, so pray that I may be glad to do anything I can. I do thank all of you for your prayer help, for without that the Pfeiffer gift would never have come. I had such an unexpected chance for a good conference with her nephew, Mr. Garfield Merner, who is in charge of her affairs now, and with Mrs. James, whom I've known for years, who is her niece and like a daughter. They dug around and found that they could give us this $15,000. from unallocated cash already given the Methodist Education Board. The check has come, and they said it was to be paid in any way that I thought would best help the campaign. The dear lady is fortunate to have relatives who are sympathetic with her work; usually they're ready to scratch one's eyes out if one comes near their rich old aunt! It shows a fine basic Christian training.

This summer I'm back in the same rooms and at the same job of acting dean of women that I had last year. We have a select crowd of lovely people, and again I'm happy to have Louise Pyke on my floor. She gets her M.A. this summer. Her sister Ruth is well again, working in Boston. Louise has a job teaching Bible in a High School next fall. Her parents are still in Peking, and her only brother, too. Those of you who heard that Corinne Gray, Van's friend who used to send such nice boxes, was sick unto death in a hospital in Columbus will be glad to know that our prayers are being heard and that she is getting well. You can reach her thru the White Cross Hospital, Columbus, O. I had a letter today from Lilian Joly Whitman, whose husband went from Japan to Manila to Singapore, Burma, India and has now been appointed to Colombo Ceylon. Her brother is on his way back to W. China, but she and son Bobbie, now 5'6" are in Pasadena.

It is fun to have a K pal here; last summer it was Ellasue Wagner, last winter Anna Chaffin and now I'm glad to have Bess for a few weeks just across the hall from me. It helps. Yesterday we went to church together and heard the Dudley Buck Te Deum that we sang as our last anthem in Seoul—"O Lord, in Thee have I trusted. Let me never be confounded." AMEN, I say.

I have lots to say to each one of you, but am doing pretty well answering letters this summer, so will stop soon. Dixie what about those trays? If you leave them here they may get lost. Shall I send them to you? Blanche, your beautiful letter is a gem. I want one of my own, for I can't wait for the Robin to know what your next plans are. Did Lula Miller visit you in May Jessie? It was so nice to see dear old Hanna. Nothing daunts her sweet spirit. Piety, your craft work sounds something like the messes you used to make stewin cats on the old Ewha stove—'member? Grace McG., remember Scarritt will know where I am, if you ever come here again. I'm hoping to see Brownie, but it isn't kimchi season, alas!

Love to each one of you. I'm blessed in knowing you, and I know we are often together at the Mercy Seat as we pray for our loved ones and for those who know not what they do.

Devotedly,
Alice

July 3, 1942

Dr. G. McAfee McCune
c/o Coordinator of Information
Far Eastern Section
Washington, D.C.

Dear Dr. McCune,

If anything that I know or can do might be of help in this situation, I shall be glad to be of use. All my foreign language study has been for the purposes of general conversation. I do not have a scientific or technical vocabulary in any language, not even English.

I feel entirely at home in Korean and can read and write Eunmoon, but I have forgotten all the Chinese characters that I learned early in my language study course. I understand and speak it easily.

From 1916—1919 I studied Japanese with Dr. Frank Herron Smith, in night classes that he held. I acquired considerable proficiency, and after three months of study in Fukuoka, Japan, was able to get along pretty well with officials, in making calls on Japanese ladies, and in meeting Christian people. I have learned both the hiragana and katakana, but forgotten both. They never would stay in my head.

My French is rusty, but would come back. I have used my German more when travelling on the Nord-deutscher Lloyd in 1929.

Since my interests have always been in character building and Christian education, I have kept clear of the political issues that have swept over Korea. I have told the Korean group here that I did not feel qualified to help them much in a political way; but they know I sympathize with them in their best aspirations and that I will do anything that I can to help them to attain a better life, as individuals and as a people.

I am delighted to know that you are following your father in his devotion to the interests of the Korean people. It is time now for the second and third generation of missionaries' children to help.

On June 22nd I heard over the radio that an evacuation on non-essential civilians had been ordered from the Hawaiian Islands, but I have not been able to learn anything since.

Could you tell me what this means and whether my brother, Henry, and his wife and daughter will have to come? He is pastor of First Methodist Church, Honolulu, and seems to have an important work, especially with service men.

With my regards to you and your family,

Sincerely yours,
ARA

Scarritt College, Nashville, Tenn.
July 4, 1942

Dear Friends,

This is the quietest Fourth I've ever spent, but I hope it will be the most thoughtful for all Americans. The war has come very close to me since June 22nd. Early that morning I heard two pieces of bad news on the radio, one that Tobruk had fallen. My sister Ida's husband, Col. Wm. H. Crom is in Cairo with the American air forces. The second news item was that the Navy had ordered all "non-essential citizens", especially women and children to evacuate from the Hawaiian Islands to the mainland (U.S.)". How I hate that word, evacuate, which means broken homes and long, sad separations.

It is two weeks Monday since that word came, but I've heard nothing further from any source. Yesterday I had letters from Honolulu describing their life under tension, but telling of the relief that the Midway victory had brought them. The date was June 19th, and they spoke of nothing unusual. I imagine that my brother Henry will stay, Carol, his 18 year old daughter will come away and Ruth, his wife be torn between the two, and only come if she must. Carol has finished the Nurses Assistant course as well as her first year of the U. of Hawaii, and in Sept. expects to begin regular nurses training. She started out in home economics, but the war cause this change, and she likes the work.

My own plans have been changed by this Hawaiian news, for I'm sure now that I can't go there this fall, as I had hoped. Henry wrote on June 11th that they were expecting me in August, and the Korean friends are writing. I had a letter today printed in pencil by one of my Korean "grand children" telling me she was looking forward to my coming. I'll surely go if and when I can, and one of the reasons I like working at Scarritt is because they understand so well here how I feel and are as interested as I am in letting me work for the Koreans as soon as the way opens. So I shall be in the Public Relations Dept. of Scarritt College, travelling again this fall and teaching during the winter term.

This summer's work is going very happily. We have a small, but choice group of students and I love being with them as Dean. There are the contacts with returned workers, both home and foreign, and friends from Korea pass thru often. Jean Delmarter, a Presbyterian missionary who left Seoul with the last group, Sept, 1941, was here for a few hours and told us the latest news we had heard directly. She saw my family in Honolulu in Dec. after the Blitz. She was on the Pres. Coolidge, last ship to get out of Manila; they carried gold and were a month on the way. She had also spent a month in Shanghai and three weeks in Manila before getting passage. She said Ewha and all the work was going on when she left.

We are thrilled to know that all the rest of the Presbyterian missionaries and some others from Korea and friends from other places are aboard the exchange ships coming home. It is tragic, too, for now who will ever tell the tale of what is going on in those oppressed countries? We are thankful that our Church had the wisdom to foresee this and provide for the work and workers in time. This last group will not be able to save any of their possessions, I fear.

It has been cooler here most of the time than it was last summer, but this is no resort. I am glad to have it as a home and want to be of use.

Faithfully ever,
Alice R. Appenzeller

Scarritt College, Nashville, Tenn. July 22, 1942

Dear Friends very far away, but always near,

I have gathered you all in for tea with me today, under my lovely ginko tree, of which I send a leaf to say that this is one garden of God, even though some are trying to make it a howling wilderness. I will send one copy to Henry and Ruth in Honolulu, because I try to keep in very close touch with them. It did look before June 22nd as tho I might join them this fall, and I have not had any direct word from them that I should not go. But we know that women and children are being evacuated, so until there is a clearer call for me and a possibility of being a help rather than a drag upon my people there, I shall wait. I am ready to go on short notice. The Board has never approved, but I had them about persuaded when this most disappointing word came. I had to make up my mind to choose something else now and to put my best into it, and I've been persuaded that this is to continue at Scarritt College. I am fortunate to have such a congenial group to work with and an opportunity limited only by myself. So I take my order and start out on my travels again before you read these words. I shall be seeing our friends wherever I can, trying to interest people in this school which trains leaders for the Church, and to encourage all I meet to keep steadfast, unmovable, always abounding in the work of the Lord, knowing that our labor is not in vain in the Lord. More than ever am I convinced that the spiritual message is the truest foundation of even our most practical living.

Another copy goes to Marian Scranton Jones in Scotland, my first friend for we were born just one month apart there on our old compound in Chungdong. She is bravely facing life alone since her husband's death last February, Peggy has come to be with her and the other girls come when they can. Her mother, Augusta and at times other members of the family are in southern England. Others of my company are our Korea friends of the Dispersion in India, Sherwood and Marian Hall, Dr. and Mrs. Becker in Lucknow Christian College and Mr. and Mrs. Williams, so long in Kongju, now in agricultural work. I'm so proud of that new Indian TB seal you got up, Sherwood, and hope nothing will prevent its circulation this Christmas. I'll send this air mail to you so you may be surer of getting it. Dr. Anne Borrow in Zululand is in my elect company. Wonderful to be able to fit into such a big need as you found and minister so helpfully. The last group is that of my Australian correspondents, Jessie McLaren, Frances Clerke, Constance Duncan of Japan, who used to come to Korea, and Dr. Georgina Sweet, who loves Korea and works prodigiously for every good cause. I feel enriched as I think of you, and when I pray for you I feel somehow that I have a little share in your life and work.

I almost feel as though I should wait for the exchange ships to come in, for then there would be news. Though not in the inner circle I can hardly wait to hear how they are; it seems as though there should be some cables from Lorenco Marques soon. I've even wondered whether Dr. Garfield Anderson might not have been able to go to meet the people: Rhodesia does not look so terribly far from there on the map. Think of the Underwoods, Koons, the Canadians and others, and what they will have to tell us! Once we heard that Japan and Australia were going to have an exchange, and I hope to hear that Dr. McLaren is coming soon. Not a word from Van (Mrs. Thomas Hobbs), but we know that not many from Shanghai are on these ships. Then we think of the awful silence that will follow, when there'll be no word for how long? Here at Scarritt are two women whose husbands have been in China, and they have been so gallant all through this time. Dr. Henry just went back last fall to do relief work and got caught in Hongkong; Mrs. H thinks he is coming home now. Mr. Sidney Anderson is at Moore Memorial, the great institutional Methodist church in Shanghai, and Mrs. A. has heard nothing of his return. They are both an inspiration.

Besides my family in Honolulu, who keep their gas-masks with them all the time and have a constant black-out, I watch the N. African news closely because my sister Ida's husband, Col. Wm. H. Crom is there with the American Air Corps. Things look a little more encouraging just now. Ida and the boys are in Washington; Bil, the elder, is a junior at Princeton. The Lacys still live in Columbus, O. where John is a busy pastor. Their four children are in high school and college.

Last year I travelled about from here to Boston to Chicago and back again. During the winter months I was here teaching, then started out again, staying mostly around New York. Our dear old friend and generous Ewha patron, Mrs. Henry Pfeiffer finally, after telling me that it was impossible for her to do anything for Scarritt, decided to give us $15,000. from unallocated cash already given to the Methodist Board of Education from her husband's estate. She and her nephew, who helps her, were impressed with the fact that the Rockefeller General Education Board had given us $50,000. on condition that we raise $75,000. within five years. Her gift means $25,000. because of this condition. We have over $45,000. out of our $125,000. for this Living Endowment. After that has been raised we must find regular endowment that can be invested for steady income. All this is not easy in war time, when the appeal for war bonds is before everyone and there are so many calls of all sorts. But I am glad to bring to the Church this reminder that her work is fundamental to the success of all that we are fighting for and that only Christians realize this and must be responsible. My dear old family friend, Mrs. J.S. Wadsworth gave me my first real encouragement in an annuity for $1,000. so that over $16,000 was my year's tangible result. I count the intangible rewards much greater, for I believe that I have been able to keep the greater work of the Kingdom before many who might feel that there was not much left to work for. The great new day is going to call out all that we can possibly give, and we must find young workers and train them now.

This summer I have again been dean of women, and have taken a course on Latin America, too. I have had no secretarial help as I did last year, so am working now on correspondence chiefly. Within a month I shall start on my way again, but I don't yet know where I shall go. Perhaps I can get to the 50th anniversary of the Korea Mission of the S. Presbyterian Church, at Montreat. N.C., where I'd see the Reynolds and many other old Korea friends. From there I'd go to Washington, Baltimore, New York and hope to see some of the people who have returned from Korea. After that I'll start west and may get to California. It looks as tho I'd not be here much of the time this year but be chiefly on the road. Scarritt is generous to me and tells me to make my own plans, travel comfortably and use my own judgment. I hope that they will be justified and that my second year will mean more than the first did. I often wish I could have a more definite place of service where I felt I was really helping; but when I look at the whole problem I know that my part is necessary and I am fortunate to have a chance to do it. I am well and seem to stand the life, so that is another great blessing. Scarritt's president has resigned because of age and there will be a change soon, but I think it will be in the line of progress and that Dr. Cuninggim will be able to continue valuable service as president emeritus.

Everywhere I go I see any Koreans that I can and always feel so happy and at home with them. Only one of our Ewha girls who was studying here has not been married; the three this spring married fine Korean young men who are glad to find such lovely wives. Choonja Lee, Barbour Scholar at Michigan U. in piano married Carl Kwak, violinist from Chosen Christian College; Chungnim Choi, whose mother, Gertrude, had been a little slave girl whom Mr. Swearer rescued, also at Michigan, married Philip Han, also CCC and graduate student at Syracuse U. Tuksoon Min, grandniece of Queen Min, studying voice at the Eastman School of Music, Rochester, NY, married another CCC boy, a minister, Kim... I'm so glad these young people have each other, for in these circumstances they need protection and companionship. Of course I see our mission family whenever I can. In NY my room at the Prince George Hotel was right next to Una Mouat-Biggs. Isn't it odd that she is working for Standard under Mr. Ludlum, her chief in Seoul. Love, A.R.A.

SCARRITT COLLEGE FOR CHRISTIAN WORKERS
Nashville, Tennessee
July 31, 1942

An Open Letter to Mr. Younghill Kang
633 West 115th St., New York

Dear Mr. Kang,

I have read with great interest your article in the August "American" entitled "When the Japs March In". I am glad that you have brought before a large, popular audience the cause of our beloved land of Korea. She has not had as many or as able spokesmen as she deserves, and you through your books, "The Grass Roof" and "East Goes West" have presented her story to many who did not know much about this strategic country, whose tragic lot has affected the history of greater nations. Never will this Far Eastern problem be settled until it is settled right, May the day of justice and opportunity come soon to Korea!

Most of the statements in your article can be corroborated from my own experience and observation in Korea. I am proud to claim the honor of being the first American child born in Korea, Nov. 9, 1885, and of having spent 15 years of my childhood and 26 years in missionary service there. As much as anyone not of Korean blood can feel with and for the Korean people, I believe that I do. I am eager that they shall be presented to the world fairly and in the best light.

It is a disappointment, therefore, not to be able to find in your article any mention of what to me is Korea's greatest achievement since her ports were opened to Western influence, namely, her response to the Christian Gospel. Most of the people who read your article who know anything about Korea have heard of her through the Christian Church, which has poured hundreds of lives and large treasure into the service of that land. They have heard from returned workers, from Koreans who have come from their Missions and from those who have visited Korea of the devotion and sacrifice of Korean Christians, of their hunger and thirst for better things, of their zeal and generosity. Korea has not been in a position yet to make much mark in the world of politics or of business, but she has responded greatly to the opportunities that have come to her, which have been given almost entirely through the Christian Church. From earliest times, about 1784, when Koreans made their first contacts in China with Roman Catholic Christians, until today the soul of Korea has found in the teachings of Christ something so precious that life itself seemed of less value. The story of the Korean martyrs, at least 10,000 of them, who laid down their lives rather than give up their faith during the persecutions of the 1860's in Korea, is one of the glorious chapters of church history. I believe that the Christian religion has saved the soul of Korea, not in a theological sense, but the spirit and genius of a people. Koreans saw in the Christian religion a hope for them as individuals and as a nation. Their long training in Confucian ethics and in Buddhist devotion and sacrifice had prepared them for the fuller life offered through faith in Christ, which satisfied them and gave them courage to work for a better day. The Christian ideals of brotherhood, salvation, the rewards of virtue and of a knowledge of God as Father fulfilled the best that the old faiths had given them and led them into the great adventures that come to those who try to follow Christ. Thousands, even millions of Korean people have through these two and a half centuries professed and clung to this faith, have been transformed by it and would rather die than give it up.

Perhaps you say that religion is a personal, not a national matter, and that only 2% of

Korean people are Christians after all. That is true, but ideas rule the world, as we are learning from bitter experience now; the Japanese militarists have long recognized the Christian movement as full of dangerous thoughts", which conflict with their purposes, and they have shown their fear by excessive cruelty and persecution. Korea, a small, homogeneous people of one tongue, has become permeated with Christian ideals. Her finest leaders in every field are either Christians or strongly influenced by Christianity. China's common people have heard much less of Christian thought than have Korea's but her leaders have been able to put some Christian ideas into practice in their national life. Furthermore, the war has enforced unity in China and caused great migrations of people and many changes in life. If Korea is ready for the same sort of united action, it is because the Christian movement has given her the ideals and the training which will fit her for her new life among the nations.

Am I claiming too much for the Christian enterprise in Korea? Is your picture of Korea with this entirely omitted more true to fact? I think not. First, let me remind you that, by the latest statistics of the Federal Council of Protestant Evangelical Missions in Korea, 1941, giving figures for 1939, there were 388,082 Christians in Korea, both Catholic and Protestant, members and catechumens only; adherents would swell the number to about one million, out of Korea's 22 million inhabitants. These people gave Yen 2,464,526 to their churches in 1939. Korea is a rural country and the Church has reached into the farthest mountain hamlets and the most remote islands. Missionaries and Korean Christian workers, both men and women, have tramped through the valleys, climbed the mountains, worked in crowded city streets and market-places. From the small beginnings of my father's time the missionary and the Bible which he translated and published have won their way into every part of Korean life. The Christian was respected and followed because he offered something universal, something that the fine soul of Korea took as its own. Is it not worthy of note that this obscure, oppressed, poverty-stricken people should have found its affinity in that which is the highest and finest known to mankind?

With the Church have come the various forms of social betterment that always accompany it. The Roman Church has confined itself largely to its religious services, maintaining also some schools and orphanages. The Protestant Churches have given conspicuous service to Korea in a great program touching as many as possible of her needs. The youth have been given their chance of modern education through the mission schools of many kinds, agricultural, industrial, academic, scientific, commercial, etc. There are three great Christian colleges, Chosen Christian College, Ewha College for women and until 1939, when it was closed on the "Shrine Issue", the Union Christian College, Pyengyang. In Ewha College alone at the 50th Anniversary in 1936, it was discovered that since the beginning of the school, over 100 foreign missionaries had given longer or shorter periods of service there. Severance Hospital, Medical College and Nurses' Training School is the largest of many institutions for medical relief. The Christians pioneered in all forms of social service, in kindergarten, public health, leper asylums, work for the blind, tuberculous and other unfortunates. The YMCA introduced sports in which Koreans now excel, setting up ideals of teamwork, fair play and the development of body, mind and spirit for the whole person.

The Christian Church with its service to the whole personality was introduced by its missionary; but of late years his work has been secondary to that of the Korean Christians whom he has trained, and whose leadership is effective and vigorous in the Church and its institutions, as mentioned above. Pressure of the Japanese militarists against foreigners accelerated this natural, desirable movement for indigenous leadership, coming to a climax when Japan openly joined the Axis in September, 1940. Most of the mission institutions in this crisis were already staffed with efficient Korean leaders, who took up the heavy burdens and promised to carry on the work. It was, therefore, not an unmixed calamity when most of the American missionaries were forced, for one reason or another, to evacuate in 1940 and 1941. The last of them are on their way home now. The Catholics, largely Germans, French and Irish, remain, as the Axis is not molesting them so much. Heartbreaking as it was to give up their life work, their homes and the friends who were dearest to them, no missionary exile feels that his work has been wasted. He does not think of himself as a prop supporting some lifeless structure that must collapse if he is withdrawn, but rather as the sower of living seed, which has grown up into a great harvest that can never be lost from the earth. The hundreds of former Korea missionaries now dispersed throughout North America and many other lands are still working loyally for Korea, longing for the time when they can go back again. Those who know them learn to love Korea, too, and this total group can be counted as the largest and surest friends of Korea. They believe in the past and they will be the first to help Korea to a better future when opportunity offers.

You mention in your article that "Americans were our good friends in earlier days", listing public works constructed by American engineers, who were doubtless amply compensated for their labors. But most of your American friends, the church people, will maintain that this was infinitesimal compared with the volume of service that has brought Korea practically her only chance for the abundant life. What would Korea have been today if only diplomats and business people had gone there? Their work has had its part and seems now to have been swept away. But nothing can destroy the spiritual values that the Christian Church has bestowed on Korea, and which she has appropriated and multiplied. Not only will they survive war, isolation, persecution, but the goodwill created through these years of Christian service gladly and freely given is the chief material from which the new Korea will be built, when East and West can meet again in the ten thousand of li of Korea's beautiful hills and streams.

Sincerely yours,
Alice R. Appenzeller

Gripsholm Gleanings— Alice Appenzeller
Aug. 23, 1942

Dear Friends,

This is all I've learned to date of Korea and our friends coming now:

From Will Kerr, Lourenco Marques, mailed by Grace Aug. 3:

"Glorious News, especially wedding (Donald and Jean Brockman). Health splendid. Interned Methodist Seminary. No hardships. Food from home."

From Rio de Janiero, Aug. 10, Ethel Underwood:

"Edna Hobbs has been quite sick. Moved into Methodist Apartments where she has her own kitchenette and can see friends without the burden of entertaining. She was out to church and quite well before folks left Shanghai in June. Tom carries on "business as usual". No regulars were evacuated from Shanghai nor from Peking.

"All British and Americans are out of Korea but Mr. McFarlane and Mr. Crowe. Lucy (7) is in the Methodist primary school at Aogai. We have Edwin (16 yrs.) and Alice (12) with us. They will cramp our style a bit the first few weeks until we get them into good homes. Herman was in Manila and Edna is a junior at U. of Oregon.

"East Gate Hospital is sold and Ewha has a quarter million endowment from it. (Dr. Ryang's report). No other Methodist property has been sold.

"Pat Barnhart is here— he sends greetings. All in the papers of Koons is true— worse yet for Dr. Miller (E.H.)— five months not five weeks of hell. Reiner got it harder and longer than Koons. He was worst of all. Miller longest, but Koons was in hell, and made a heaven of it in his heart and life. Miracle.

"Plans: Koons is asked to go to Frisco at once for war work. He is cabling the Board for permission. Horace G. planned to enlist in navy but is offered a commission in the army and may change. So far we expect to be in Brooklyn. The cables and telephone with John and James on Dec. 6th have been bread and meat for all these months."

From Rio, letter to Dr D. Fulton read at Montreat, from Dr. Talmage:

(Not quotation). He was put in jail Dec. 8 and stayed till April. Health not so good. Mrs. T. lived with the other ladies, Misses Dodson and Root and improved while he was in jail. He was not allowed to take his typewriter; evacuees allowed only two suitcases apiece for baggage.

I had 5 days in Montreat with the Reynolds and other K friends at a fine conference and on Aug. 18th lived thru with them precious memories and hopes as they celebrated the 50th anniversary of the S. Presb. Korea Mission. They put on a great pageant of the 50 years with about 50 in it, mostly their mission folks and children. It thrilled me; the last scenes of perplexity, persecution, evacuation and the Church carrying on were almost too poignant. Dr. and Mrs. Reynolds at last handed on the torch to a group of young people who will be the next missionaries. Sis Newland made a beautiful Spirit of Missions. Next day they had a big social and supper amidst characteristic Chidi rain.

I went to Lake Junaluska, but finding no tongmos there, decided to stop over at Bristol, Tenn. Va. with Ellasue Wagner. It's Sun AM and we are having a grand visit. She has a whole big house, not apt., for life, and Miss Lowder lives with her. This is the most comfortable and complete arrangement that I know of any of our OM's to have, and I'm so glad. Homelessness is something most of us find a new experience and one we do not get used to easily. Tomorrow night I'm going to NY to pick up what news I can from these returning friends. I decided that would be my best preparation for speeches this fall. After that I trot around as the way is opened to me. Love to all,

Alice

Adr. 150 Fifth Ave., New York— In Washington, D.C.
Sept. 11, 1942

Dear friends of Van and Tom,

This is their 7th wedding day, and here in Washington is a replica of the beautiful day on which that wedding in Old Ewha took place. The sky has the same look and I'm living over again the poignant beauty of it all and the changes that the years have brot. I'm waiting for the long letter that Ethel U. says Harriet Whitmer, of Nanking brought from Van for me. I didn't know it, and I think H, didn't know I was in NY when she arrived, so I haven't received it yet, tho I've written. But Ethel sent me a note that V had written H. in S'hai, which is somewhat satisfying. I've sent it on to Mary Lacy, Corinne and Harry Van F. but this is the gist of it.

"We plan to go on the British repatriation ship, supposed to leave S'hai July 28th. Whether we can get to America from E, Africa remains to be seen. Tell everybody not to worry about us, but to continue to pray for us, as we are in God's hands wherever we are and He had kept us in perfect peace and real comfort." She says they've enjoyed reading some old favorites. Tom has been happy to have his regular work at the Bible Society, and also enjoys being treasurer of the Union Church. Her dear old hand-writing and the familiar style brought her near again. I do hope that they are on that ship and soon will be in some free country, even if return to US should be delayed.

From what I've heard, Shanghai residents have gone about their life without much change. The Hobbs' left the Bishp Lacy house and went into smaller quarters in the Meth apts. on the same compound. I hope the letter will have details of interest which I can put into the Klipsheet.

I'm enjoying the kind and extended hospitality of Miss Florence Gibson here, and she is so very cordial that I'm staying quite a spell. She refused my offer of board, saying she'd give that to Scarritt, as she can't do more now. Her guest room is dedicated to Christian workers, and I think she feels happiest when it is occupied. She is 80, rather infirm of body but so keen in mind, and spirit and loves the things we love. You know she is the one whom Mr. Harvey Simmons introduced me to as possible helper of Induk. When she didn't go we switched to Helen Kim, and Miss G, helped her to get all her American degrees, especially the PH.D. This has been one of the great joys of her life. While I was with her for a few days just a year ago a long, secret letter came from Van telling about Helen. I sent you that news at the time, how she'd sold her house and was doing everything to keep the college going. Now we know that they finally had to choose between giving it up or sacrificing E, Gate, and knowing that the hospital w[oul]d continue to do medical work, they sold at a good figure and put ¥350,000, into Ewha Col, endowment. I told Dr. Rosetta that, thinking it w[oul]d comfort her to know that it was still a hospital. "That don't help me", she retorted. "It isn't woman's work." We all run true to form!

I haven't been able to do much for Scarritt while here, but have been with the K group several times—lunch tea with the Rhees (Syngman), and shall be again, supper with Min Tuksoon, called The Princess and Choi Chungnim and their husbands; dinner with Han Kilsoo, Dr Chung, the chiropractor who used to be in Seoul and a Mr. Pai; (this crowd seems in great disfavor with the other and with most mishes I've talked with. Mr. Han's news seems to be mostly fiction,) Mrs. Chaffin and I dined with Mr. Hugh Miller, then he took us to see the wonderful H 3d, a beautiful baby of one month. Poor Mrs. M. is out of her head mostly, very restless, and the strain of it has aged him terribly. I had lunch with Mrs. C in her sister's home; she looks and talks like Blanche. Then one day this week Anna had word from the Home Mission Sec, M. Day, in NY, that she was to go as Ast. Supt. of a Mex Girls' Home in Los Angeles, so off she went that night, and I have not heard since. It was chami to have her and I especially enjoyed being with her in NY when we met the Gripsholm folks.

I'm sorry I ran the lines together above. They should read:

"We plan to go on the British repatriation ship, supposed to leave S'hai July 28th. Whether we can get to America from E, Africa remains to be seen. Tell everybody not to worry about us, but to continue to pray for us, as we are in God's hands wherever we are and He had kept us in perfect peace and real comfort."

So glad to know that Esther H. is happy in Cuba. Ruth Coblentz Weems telephoned today. I dined with Max and Margaret (Houser) Becker last night and had tea with Evelyn. McAfee McCune has been sick since his trip to NY, which was hard on him.

Lots of love to everybody,
ALICE

Address: 150 Fifth Ave., New York··· Baltimore, Md. Oct. 2, 1942

Dcar friends,

The diary letter from Edna Van Hobbs, mailed on the Gripsholm Aug. 25th by Harriet Whitmer, "so there would be no delay", reached me yesterday, forwarded from N.Y. It is closely written in Van's fine hand, so I guess the censors just took their time. Harriet had already told me the chief items, so this is detail, which I'll cull for you.

Jan. 1942. "At the beginning of this new year I must start writing the diary letter to you that I've been promising myself to do ever since we became prisoners of war Dec. 8. I must put your minds at rest at once and tell you that there is little change in our situation here, so we speak of ourselves as "prisoners on parole", for the J's have been unbelievably kind and considerate and so far we are free to move about pretty much as we please. We were permitted the use of motor cars up to Dec. 23rd. Since then only medical and social service people may use their cars. This has become the "bicyclest city".. and the price of bicycles has gone up to almost as much as a motor car. $900 (Chinese) was the cheapest last week. The rickshaw has come into its own again.

"In Dec. we gave up the Lacy house when Bishop Lacy telegraphed for his furniture to be sent to Foochow.... We moved into the WFMS house on the same compound, 7 Ave. Petain." She then describes the big attic room, with windows on 3 sides, private bath and closet space, which she has fixed into cozy living quarters. Here they eat some of their meals, have tea every PM. and a little stove to keep them comfortable.

"I wonder if you will ever see this letter. This is such a queer, topsy-turvy world. People left S'hai and went to Manila, where they thought they would be safe, and now for the past ten days they've been in the midst of the fighting, while we are here in peace & quiet. Dec. 8 very early in the morning Tom had a phone call telling us of the seizure of the American and British gunboats in the river and that the war was on... Over the radio came orders from the J general in charge here to remain calm. Consuls advised their nationals to stay indoors as far as possible. But there was comparative quiet all over the city. Tom stayed home 2 days, then went down Wed. to get necessary papers for registering. We went down early Thurs. AM. and after standing in line only about an hour we registered and went home. Everything was done with kindly dispatch and order." Thursday night they went to the Russian ballet, tickets having been bought previously; she tells this to show how normal their life is. "It seems strange to be cut off from the rest of the world, tho we did get some news from Manila those first days. Everyone was expecting "Mailbag" messages Sun, Dec. 14th, but none came. Banks were closed for several days, long enough for reports to be made. J's very wisely said they wanted business to go on as usual. Rumored that each person cd draw only $40 per week (about $4.50 U.S.) so we set about our household to see how we cd cut down to $5 a day per person. We're doing well."

Christmas turned out to be "very joyful in spite of conditions, because we had it within." Their family of 13(Miss Knox, WFMS, the housekeeper; Mr. and Mrs. Kilbourne, formerly of Seoul; Lucy Jim Webb, SME; M. Cuddleback, Baptist; Hilda Hogue, Peking, 2 Or. Mission folks(I. Miller, K. McCoy) Mrs. Malone and her sister, Miss Walker, Free Baptist; Miss Thomasson, SME, invalid in bed, and the Hobbs) seems to be a conglomeration of refugees who are making the best of things and enjoying each other. "We are a jolly bunch and try to look on the bright side of things, which helps these days." They had good Xmas dinner of baked ham 'n fixings, dressed up in their best, sang, and had beautiful radio music. She does not speak of the radio being cut off, so I think they've had it.

Her health has been poor. Feb. 12 she says she's in bed— losing weight, □□□□□ and too many "tummy upsets". March 20 she had a thoro exam, got liver shots. Had been having "rotten time for 2 months". Had lost all fat, about 20 lbs., down to 108, just like when she was married. Likes it better than being "fat", and has had her clothes taken in.

April 20, all excited over repatriation; Dr. gave her a certificate that she should go and need Tom to take care of her; but finally they learned they'd have to wait for a Br boat, and might have to stay in S. Africa. Tom is down to 178 in weight, never felt better, enjoys walking to bus, etc. Has half day office hours, 8:30-12:30, with an hour each way. Enjoys being treasurer of Community Church, taking part in meetings, etc.

"What a thrill we did have on Jan. 8 when we found American mail. A letter from Grace Kerr of Sept. 27 and Ruth Moore of Oct. 11 had gotten stuck in Hongkong, but came on first boat after war. Cables have been coming to Americans from US thru Swiss Consulate. We sent a Xmas cable to Alice at 150 saying "Joyous Xmas all", hoping if she received it she wd know to send it to Harry, Ellen and other dear friends." (Never received by me. Guess she never got my 25 word letter to her, either, which I sent in Feb. A.) The Plaisants live here and she took French lessons. They heard of bombing of Japan in April. She was in CIM and M. Williamson hospitals for 2 weeks. Letter ended June 22, assurances of constant love & prayers, & asking for the same. Her malady is pancreatic sprue. Love, A.R.A.

CONFIDENCIAL especially to EWHA**

c/o Mrs. J.L. Boots

99 Claremont Ave., New York

Oct. 22, 1942

Dear Folks,

I'm full of my visit with the Underwoods, and want to share the intimate things with you re our friends, but do not want them told indiscriminately. Probably there won't be much in this for the Klipsheet. I just want to talk freely as I wd if I were with you, and I'll out all the corners, for there's lots to say.

Ethel was very sick in Ann Arbor when visiting the Rufuses; taken at a luncheon, carried to hospital on stretcher, there 11 days. Thot them very slow and indifferent, but finally they decided there were ab[out] 6 things wrong with her, from spastic colon and bladder, heart, appendix, etc. She's trying to go slow, but talked steadily with me, tho often closing her eyes and seeming to find it hard to think. I couldn't stop her and she said she slept well. We retired at ten and I stayed till noon today. HH was away, but JoHG and Joan presided, HG just like his dad in looks, voice, □□□□□, □□□□□ and all, and Joan much like her own lovely mother. The Davidsons, w winifred and little David are safe near Capetown, S. Africa. The Us are in a 4 story, narrow house right next to the old John T mansion and are comfortably established. HH begins regular work with the Presb Bd Nov. 1st, dept of pensions, of wh[ich] he says he knows nothing. He was in Wash. where he's had lots of business, but thinks that is ab[out] over.

Verne came in the evening, looking like a ghost, brave and wonderful as ever. She has so many hard decisions to make, financial worries; their boxes from Calif had just arrived, $127 freight, and lots of new furniture, wh[ich] Pat had enjoyed buying to make their apt homelike. She said the 9 days they had there had been so happy, for he took pleasure in fixing things up. Financially she's not as well off as they thot, funeral expenses, everything so hard. Ethel was urging them to move in there till they got settled somewhere, for they have to leave the apt by Nov. 1st, anyway. It just makes you wish you had a few thousands extra to help a family like that thru a jam. They incline toward a small apt at White Plains, where there's a Y crowd and she feels the only group she is really connected with. She talks ab working, but certainly isn't physically fit. Frank goes to the army ab Nov. 4th. Nancy is happy at Adelphi Academy, where the U kids and Ed Crowe are. The U's are supporting the latter; their brother Herman is reported missing in Bataan.

The YWCA and WCTU are combining forces, bec[ause] the latter is very strong and influential in J and trying to build, with some money, Mrs. Bunker's and others funds. The WCTU is doing good work, patriotic motives, of course, keep drink from the soldiers so we can win the war, etc. They got a law thru in K that no one but a girl's own father cd sell her as a prostitute, and it has saved many girls. Mrs. Koons saw hundreds of girls being marched in the barracks; they're shipping hundreds of both J and K off into that life wherever th[e] soldiers are.

I took my Ewha faculty picture so she cd recall the faces and tell what she knew. Here are my gleanings:

Alice Jung, full time in Music Dept. Sister Ellen had much trouble, in jail, etc bec[ause] she'd worked for the Johnsons, vice-consul. She's living at Alice's and doing some private nursing. Several she named had rather retired from public life bec[ause] of the pestering: Esther Hong was one. It even got so Mr. Lee's business was being affected so she's staying at home. Another is Choi Esoon, married and living in the new Aginung settlement. The Paiks are still in the same house at CCC and He's in CLS. They seem to be fairly well of now; he has nominal connection w college library. She tho[ugh]t Alice's family were in good health. Another much bothered is Shinsil Kim. She didn't ever talk with Ethel. Only a few of them really dared, and little Pang Sinyung was one. She, Yu Pokduk and Fujimoto, H Ec teachers, came to call a year ago when a Danish mish from Manchuria bro[ugh]t her schoolgirls down and Ethel arranged a K meal, etc at Ewha. That was the last time she had there. The 3 teachers called to invite her to come with the other guests. E at last seems to have felt the same reticence we had in 1940 and left it up to the K's to ask her when they thot they cd have her go anywhere.

Talked w Helen, with her back to her and not seeming to talk, on Keijo station platform– message to us. "Tell them I'm very well, never sick; work hard, hard to get food and fuel, but getting on. Mother and Lee Chungai's mother with me in H Ed house. (E did not seem to know ab Unsook.) Digging wells and building cisterns everywhere, against possible invasion. Courses in every dept same as before. Tell them not to worry, college is going on."

E says she's inspiring. They walked apart, then came together and got in a bit more. This was in May just before they left.

Evelyn and Gladys Koh are fine, carrying on the social centers as before, and E. the head of H Ec. They've suited the work to the times, preparing brides to live in hard conditions in Manchuria, putting in short time work, evening classes, etc.

Joan and HG lived in the Miller house for 3 mo[nth] before Dec 7th, and said the Ewha music dept was practicing as usual. Can't you hear them??? Don't you wish you could????? She said Dr Keh had improved 80%, seemed to have dropped his old, superior ways and was willing to co-op with other less well-trained musicians (I judge that he and Rhody are getting together. R is carrying on as before, had a successful CCC concert this spring.)

Chai Sunyup not teaching at Ewha; too much pestering and husband put his foot down; 3 children. They live in one of the mish houses there. All are occupied except the Millers; wh[ich] is too big, and will be used by the college. Ethel said loudly before witnesses that they'd like their house to be used any way need by the CCC. It is in charge of Genso's sec who is custodian for Presb property. Rhyu Puyong married but still teaching.

SY Kim had complete nervous break- out of his head. She blamed overwork, not police, but wasn't sure. Kim Yunghi, librarian, had hard prison experience, but out again.

Emma Kim was told to give up all that debilitating western kg material and got J. She replied that she was only using what had been given, not that it was superior, and that she had no money to replace it; if someone w[oul]d give them other, of course she'd be glad to change, etc. They let her go on with what she had! They closed kg 3 coldest winter months but ran thru summer. New road not yet completed, but still being worked on. English House and Longview rented to J families, perhaps on K, people to keep watch over the tunnels. (They must have tho[ugh]t we were spies, sitting right over that tunnel.) Dick wandered around over the hills some, and Eddie Crowe came out to see him. Poor Mr. C is in his dotage, 72, sleeps a lot, and Mrs. C came out to beg Ethel to take the children to their country where they cd get an education. Ethel applied to Social Security Bd for them and was told that Edna, the sister, 20, studying nursing shd be responsible; the boy, Ed, 17 cd work and they cd support little Alice, 12. She's in a Cath place at Terre Haute. Pity Protestants never can bother with these waifs. So E told the woman to take their name off that she wd see that they got an education.. And she will, bless her! They have no relatives. "Nikaido is the kingpin at CCC; he isn't worth shooting, but he's nominally head of all the committees." Mr. Matumoto went away very sad at all that he saw and cd not help; felt he'd failed. Now principal of Hiroshima Girls School. They lived in the Becker house; both called on Ethel before leaving in March.

Helen Choi is more active than ever in church work, etc. Met her on the street and they walked thru the back streets enuf to get a good visit without seeming to be together. Someone else told Ethel that Charles, now head of New Ilhan's, was not living up to his Christian training. She never had any use for Grace Cho, and said now she was no good. Chaswork is down at Sosha, on the way to Chemuplo; she refused to live there, but he told her he'd get someone else if she wdn't go with him, see she went. James and wife are doing better; he's straightened up some. Herbert, Helen's own boy, is a grief to her. The girls are lovely. Poor Helen; I haven't remembered to pray for her enough.

Grace Pak is teaching part time and Yeasoon holding down the Rel Ed. Grace's husband still teaching at Posung.

They all felt that war was coming and had lots of cash in their houses, supplies etc. as much as possible. Read S. Evening Post of this week, "Must we beat Japan first" by Edgar Snow. Koreans figure in it; makes your flesh creep.

Carl Kwak, violinist and wife Yi Choonja, music dept, supped with F. Boots and me. He and F played most beautifully; I hope to have them play for Mrs. Pfeiffer soon. C. is out of practice, but I heard her last year. Carl has a gov job and C is keeping house and starting to practice. Youn Sungduk plays for K church, very loudly. I hope Choonja can take it while she's here.

Florence is letting me live with her and Phyllis in their nice apt at McGiffert Hall, Union Seminary. They have 3 bedrooms, both are studying, so I am free to do as I please. Her daughters are giving a birthday tea for their mother's 74th. We dined there with Lilian Dean Miller, who seems very nervous. Will Kerr has had a 2nd op, hemeroids this time (I can't spell these things). All these folks will show up something wrong and sh[oul]d given full chance to recuperate. Underwoods are all under-nourished and anaemic. Ethel has long been due a good rest and overhauling; hope she'll get it, but it probably will take an op to put her down long enough to get well.

I'm not doing much for Scarritt, I fear, but have my lines out and 2 speaking engagements next week. Love to all, forgive this bum letter, but know that I'm loving you and trying to share my blessings as fast as they come to me. I can't see why I have them, but I'm thankful.

My Lancaster church had me speak Oct. 11th and have decided to keep up their missionary program, even tho I'm not in it. They're loyal and I think were more enthusiastic this time than I've ever seen them. Betty Lee lectured for 2 days at an interdenominational institute there and made a big hit. Dorothy Shand and I attended her four lectures and the two luncheons, and learned lots ab S. America.

Write soon to your old

Alice A.

Address: 150 Fifth Ave., New York··· Now at Pulaski, N.Y.
Nov. 28, 1942

My very dear Van and Tom,

The message from Dr. Temple, via Dr. North, that you were in Africa, trying to get over here is all I have as an address, but I'm sending two letters flying, one to Cape Town and one to London, hoping you will get one of them for Christmas. It seems conceited to think a letter of mine could be worth so much postage; but it's got to make up for many months of silence, and since it's all I can send you this Christmas, I'd do it if it cost much more. Your grand diary letter reached me one month after the Gripsholm, probably because it was long and finely written and the censors took their time. But Ethel Underwood rescued from Harriet a short letter written to her which had much the same information, so with what H. could tell of you, we made out. I've copied and sent out every scrap of news I could get since the great silence of Dec. 8th. I sent your letter on to Ellen and your family and Corinne, and all are just waiting breathlessly, like me, till we can really see you.

My guess is that you're in S. Africa and that this will reach you there. I think a stop there between the long, hard voyages would be beneficial to you. I can't tell you how thankful I am that you don't have to pass another winter in the Orient under these circumstances. I hope you are getting just the medical treatment that you need, and as it is summer there, that you'll get entirely cured of everything that is bothering you. We hear much less of dangers of sea travel now, and the war news is going our way, so all looks brighter. I pray constantly for your safe journey home soon. I wish you had cabled when you got to a safe place, but no doubt letters are wending their slow way here. If you are in S. Africa you may have had news from the Gripsholm; but I'll just tell the main things anyway.

Everybody arrived safely after a good trip. All were interned in Korea 12 men and A. Pedersen in the Meth. Theol. Seminary, the women in their homes, and in Pyengyang the Catholics and other men were in one house and A. Bergman and E. Myers in their home. Those who went to prison and were tortured had great sufferings—Koons, and Reiner had the water cure and were nearly killed; E.H. Miller had over 5 months in vile jail crowded in with others. Dr McLaren was also imprisoned, but no violence. People just brought out what they could carry in suitcases, so all their goods were left. All are taking it in fine spirit and are glad they stayed, feeling that their witness was valuable. Ethel had good word from Helen and talked with Mrs. Pang and others from Ewha. They are carrying on and things seem much the same as last year. East Gate Hospital was sold and ¥350,000 put into Ewha College endowment. This shows that our folks considered that the college was more necessary than the hospital, which is run privately as a hospital now. All the same folks are in charge of things as when you left, it seems, carrying on faithfully and with good spirit. I feel better about all of them, for it does not seems as tho there had been such a great change, only more of the same. It is as we knew it, only worse, harder in every way. They do need our prayers more than ever, for as the Allied victory is surer they will be more cruelly persecuted. You know more about this than I.

The people who looked worst when they got off the Gripsholm were Dr. Koons and Pat Barnhart. Koons is working hard for the government, in San Francisco, but Pat has gone. He died of heart failure Oct. 9th in Brooklyn in the apartment which they'd just rented and bought furniture for. There was no warning; he was writing letters after supper, said he felt dizzy and fell over. Verne and Nancy were alone, she sent for the Underwoods who came right over, and Frank came within an hour. Verne is as wonderful as you know she'd be, but she has aged terribly. The funeral was at White Plains, where many of their Y friends live, and she asked me to sing, which I did, tho there was no instrument for accompaniment. Many of our friends were there. The Y did not do all they might to relieve Verne of financial anxiety at first, but as she is not well enough to work now, they have promised to look after her. Frank is in camp in Ga., Patsy and Nancy staying with her at the Mohawk Hotel, Washington Ave., Brooklyn. It is near the Underwoods, who [REST OF LETTER MISSING]

Address: Scarritt College, Nashville, Tenn.
Nov. 30, 1942

Dearest Anne,

Just two years ago today we landed in San Francisco, and here comes your grand letter to make the anniversary memorable. It surely was good of you to write so fully of your meeting with the friends from Korea. I have made an abstract of your letter and will send a copy each to Jean Delmarter, 156 Fifth Ave., New York, N.Y. which is the Presbyterian Mission Board address. I have no other, but that will reach her. I will also send a copy to Gertrude Snavely, with whom I have lost touch. You heard, I suppose, that she turned Seventh Day Adventist upon returning home? She lives on her Methodist pension, however, in Philadelphia. Bishop Welch laughed and laughed when he heard it, saying, "That's good! That will just suit Gertrude." It seems that Dr Rue converted her when she went to this hospital with pneumonia. She has always had peculiar views, especially on faith healing, and has been rather a trial.

Well, I'm not committing the sin I did last time and letting your letter wait, but since I have the use of the typewriter just today, will write what I can and fill the envelope with what I find. The letter to Van I've just mailed to Cape Town, S. Africa, by air, $1.10, hoping to reach them before Christmas. The only disappointment about your letter was that you had not seen the Hobbs, and didn't know anything about them. Our latest word is that they were expecting repatriation, and the letter was sent to Dr Temple of the British and Foreign Bible Society in London. I'm sending a copy of my letter to Van in his care. You did not give the dates when you were in Lourenco Marques, but I suppose it was August. The letter from

Tom to Dr T. was dated July 31st in Shanghai, so there's no knowing where they are. I rather suspect that they may still be there, for I think they'd have cabled if they really got away.

All that you wrote is intensely interesting, the descriptions of the "fat kine" and their actions. I'm so glad you could meet the ships and that you saw so many friends. You needed that holiday after your strenuous months of confining work. I'm so glad you've gotten some help and also are enjoying the outside practice.

Dr. Koons did not give himself much time, but took up government work at once in San F., trying to get information over to the Koreans. Mrs. K. has been visiting the children but is joining him there soon. She seems very nervous, as do all those recently returned. Ethel Underwood has various things the matter with her, heart, pylitis, etc, and has been very ill, but hopes not to need an operation. Joan and H.G. are with them and they live in a 4 story house which belongs to their aunt. Both Crowe children have been placed, Ed with a family Ethel knows in Nebraska and Alice with the sister of one of the Maryknoll fathers whom they knew on the ship. Horace is very busy speaking a great deal and since Nov. 1st working in their Board.

Pat Barnhart was a real war casualty. He was the only one of the group in Siam who knew Japanese and worked terribly hard and was under great strain acting as go-between at the internment camp. Even on the Gripsholm he was active helping that group. He looked utterly exhausted the only time I saw him, hardly able to smile. The YMCA did not really give him a chance to rest and he was just beginning to relax and enjoy his family when he died. He and Verne had been to Iowa to see his parents. She needed him so much, for Frank has gone to war and there always seem to be health problems in that family. We are all worried about her, but her spirit will keep her going, if it can overcome the great blow that this bereavement must continue to be.

Richard has been accepted by the Army Air Corps but need not go until he graduates from the U. of California next spring. Henry, Ruth and Carol are very happy in Honolulu, where their church does much for the service men. I'm so glad Fr. Arnold is not so far from you. Do give him my best regards. I always enjoyed him. I can just picture him lugging those bage around the compound and Yacobo doing his bit to get the clergy properly equipped for their tasks! Oh dear, when shall we get back home again? Do you think it will be while you and I are young enough to go? News is wonderfully encouraging just now, but of course we're warned against false optimism.

Mary Taylor looked lovely; no one would suspect that she had such serious eye trouble. One eye is gone, but Bruce has straightened up and is so happy in his defense factory, or whatever it is, that I'm sure she is content. Una is as usual, very cheerful and sweet. I always see her when I go to NY.

Poor Astrid, indeed! W. Kerr says no other woman in Korea could have done what she did. She was a fine sport, just one of the fellows, and a real help with her language. I do wish she could get away, but it does not look very likely.

When I told Dr. Rosetta Hall, by way of trying to comfort her, that tho E. Gate hospital had been sold, it was bought by a doctor and would be continued as a hospital, she snapped back, "That don't help me! IT's not a woman doctor or run as a woman's hospital!" She looks as odd and odder than ever here, in her Korean clothes. Even when she occasionally wears an American dress it is white or light color so the sun can reach her body. She lives alone in the little village where she was born, Liberty, N.Y. and sees patients by appointment. Our pension does not provide comfort for retired missionaries, so she's limited, but manages to tangy to all the conventions, her chief pleasure.

I'm sending your letter first to Ethel U. so that Joan and the others can enjoy the news, and then to Miss Kostrup in California. Perhaps I shall go out there this winter. I have no idea now where I shall be, but am not worried. Everywhere there are openings and more to do than I can manage, tho I must say that after school life this wandering is not to my taste. I have a sort of homeless feeling that is hard to bear. But I've made contacts with the Koreans everywhere and had wonderful visits with all my friends. Dr Avison is trying to get into touch with all former residents and get them interested in Korea's cause. I find myself in great sympathy with all their best aspirations and hope there will be enough information and sentiment prepared now while the war is on so that when peace comes the Koreans may have their chance for their own government again. I can't see how we could ever return under Japan, for that would mean that the present regime had prevailed and that is unthinkable. So, tho I realize it may bring down even more wrath on those whom we love, I feel there is nothing to do but beat the Japanese and give the good ones a chance at something they have never had, real freedom. There is no one whom I feel sorrier for than the Christian Japanese, who must be in agony over what is going on. Ambassador Grew is taking a strong stand, but he too is very sympathetic with those Japs who really are distressed over what their country is doing.

I must stop this now and be polite to my hostess, who has let me pound away here a long time. People are lovely to me and I find more kindness everywhere than I can ever deserve or pass on. I'm delighted with all the Ewha girls I meet here, and there are a number, all leading useful lives and representing their people in the best way. They are leading members in the K churches in our large cities, and people are interested in knowing them.

Scarritt College
Nashville, Tenn.
Dec. 17, 1942

Dr. John R. Temple
146 Queen Victoria St.
London E.C. 4

Dear Dr. Temple,

Last month Dr. North sent to the friends of Tom and Edna Hobbs quotations from a letter from you to the effect that they were awaiting repatriation in Shanghai, July 31st, and hoped to get vise quotas to come to U.S. from South Africa, after arriving there. That is the latest word we have had. A friend of mine met the first repatriation ship from China bringing British people to Lourenco Marques, but saw nothing of the Hobbs. We can only hope that they did escape and that we shall hear from them soon.

You may remember that Mrs. Hobbs and I were associated for many years at Ewha College in Seoul, and that I met you on your visit there in 1935. I have been so anxious about Edna because of her health, but I know her spirit will carry her as far as it can, far beyond the endurance of less courageous persons. We hear that Mr. Hudspeth has been arrested with many others in Shanghai and interned across the river. I pray that the repatriations so long desired may be effected soon.

I shall be deeply obliged to you if you can send the enclosed letter to the Hobbs at the first address, and also if you will keep me on your mailing list for any news that you may have of them. We are inspired by the spirit of the British people and only hope that something of your great strength and faith may be ours in time of trial.

With every good wish for Christmas and the new year,

Sincerely yours,
Alice R. Appenzeller

P.S. I do not mind your reading the letter, if it seems wise to do so.

Scarritt College
Nashville, Tennessee
December 23, 1942

Dear Mr. Laughead:

Thank you for the lovely calendar which has come in good time for Christmas. I am enjoying being here under the holidays but shall be very busy trying to get off.

As you see by the enclosed my appointment has come for Honolulu. This is a long-deferred hope and makes me very happy. Perhaps you will wonder how I feel about having my support go to the two missionaries in China, now that I am back under foreign appointment. I feel that a change will be beneficial to the church bringing new interest and a wealth of new information from one of the most thrilling spots in the world. I hope that even if you should not receive frequent letters, which probably will be impossible under war conditions, our people will keep informed of happenings in the areas where our missionaries are and will build up real loyalty to them. I know that the First Church people are faithful to me and whether I get their direct support or not makes no difference. I shall count on their prayers and interest to help me in my new work.

It will be quite different from the administrative college work that I have always done. Mr. Lim, Pastor of the Korean Methodist Church is ill so that he needs me to help more than ever. I shall go into the church to help in any way that I can and of course I shall write Lancaster about it from time to time.

I hope you are well and that Ruth Piper has good word from her parents. I hear that Mrs. A. G. Anderson was expecting to fly to Africa to join her husband there in Rhodesia. They were missionaries in Korea for many years.

This will serve as my January letter to the church. Please extend my best wishes for a blessed Christmas season and good New Year of service for our Master. I am so thankful for that last visit I had and the opportunity to speak again from your pulit. May God bless you in every way and give us all a new year of peace.

Faithfully yours,

The Year 1946

Until Dec. 4, 1946–Box 565, Wahiawa, Oahu, T. H.

November 20, 1946

Dear Friends,

Thanksgiving time again, and my blessings are too many to be counted. Chief among them is the green light back to Korea. The steps so far are:

1. Sept. 25, General Hodge, Commander of the U. S. Army in Korea, granted permission for women missionaries who had worked there before and were invited back, to return to Korea. There are 22 on the Methodist list. 2. Oct. 9, I was cleared by the State Dept. 3. Nov. 12, my passport was granted by the Governor of Hawaii, and passage granted by army transport for Dec. 4th. This comparatively quick work is due to the help of many friends. It is so different from commercial travel, when one buys a ticket and goes. The last hurdle is baggage. I am instructed to take household goods, food, everything to maintain myself, since nothing can be bought and inflation makes normal living impossible. But will the army allow the extra needed? I'm awaiting the answer from my brother Henry in Seoul, who will radio information as to requirements there.

His year's leave of absence from First Methodist Church, Honolulu, has been spent in work for the State Dept. and U. S. Army in Seoul. His wife is waiting in California, but they expect to be in the parsonage here in January. Their children are married and living in the U. S. I shall miss my family in Korea, for we have worked together there and here so long.

You are reading of the difficulties and uncertainties in Korea now, caused chiefly by the Russians. With the iron curtain dividing their land, the Koreans are in greater trouble than ever. They want their old friends with them now, and many are going. Ewha College has expanded to 1000 girls, opening in Sept. as Ewha Womans University. President Helen Kim had a profitable visit in America, and is back at Ewha, struggling with a thousand problems.

The churches are building up again after long persecution and all express a need for spiritual help. Four of the party I should be with, Mrs. Chaffin, Ada Hall, Clara Howard, Ada McQuie, sailed via Panama, to arrive about Dec. 8. I hope to be there for Christmas!

It troubles me to leave the little Korean Methodist Church here with only the elderly Korean pastor and so little trained leadership. But the right workers will come forward, I know.

This has been a strange, rather lonely year since my family and housemate, Elma Rosenberger, left in January. She married Mr. Cecil L. Mathis, and lives at St. Cloud, Fla. I shall always be grateful for these nearly four years in lovely Hawaii, for the friendships and new experiences of the goodness of God. But I am thankful to be going back to my own place and work again. I don't know where or how I shall live, but am sure I'll be well cared for.

May this Christmastide be rich in blessing and the new year come nearer to fulfilling the angels' song. I am sorry to have to send most of these off without a personal word, but I am waving you Aloha! God bless us, every one!

Faithfully ever,
Alice R. Appenzeller

The Year 1947

(Address for letters; use 5c airmail stamp)

Miss Alice R. Appenzeller, Civ.

Methodist Mission

c/o Chaplain's Office

USAMGIK APO 235 Unit 2

San Francisco, Calif.

September 19, 1947

Dear Friends,

Some of you have waited a long time to hear form the letters and packages you have so kindly sent. All are appreciated, but it has been impossible to keep up with correspondence and attend to the demands of every day. I try to give all the time they want to my friends here, whom I have not seen for six years, so I am sure my friends far away will understand.

The Korean people are in distress, particularly because of the division of their country by the "iron curtain." The Russians not only have a strangle hold on the people in the North, but are trying to win the U. S. controlled South by communist propaganda. But when 1000 refugees every day flee across the border, travelling by night, seeking freedom, one can know how much liberty means to them. They lose their property, and usually their money and warm clothing are taken from them before they reach the border. They say they look on the GI's there as delivering angels, but I fear the glory fades on both sides as they get better acquainted. The efforts to get some workable basis with our Russian neighbors are so far unsuccessful, and communist propaganda grows like a poisonous weed.

It has been a joy to have a little part in helping some of these people with the things you have sent. The clothing you gave me to bring has made many people happy. Recently I gave dresses, shoes, etc. to a brave girl whose father is a minister in the north. She graduated from Ewha Kindergarten Training School, but now works in the U. S. Government Library. Her seventeen year old brother has just escaped and come to her.

Since the middle of March I have been jeeping out to Ewha Womans University four days a week, teaching and trying to help in various ways. On May 31st the College had a grand Founder's Day, the first in many years. As it was the 61st anniversary, they went back to my 61st of last November and called it my "Whangap" too. The alumnae arranged it, and after the college girls had given a fine program on the athletic field, matting was spread and the traditional table piled with delicacies for the Whangap was set. I was dressed in a turquois blue Korean silk dress with the green brocade robe with striped sleeves and little pin-cushion head dress that is ceremonial for a whangap as for a wedding. After my attendants, brightly dressed, (supposed to be the grandmother's descendants) had bowed, there were speeches and music. Then we went to the third floor of Pfeiffer Hall, where a sumptuous dinner was served, including the things from my table. It was a happy day for all of us, even though rain threatened and a little did fall. There were thousands of spectators and many photographers taking the picturesque scenes, so no doubt you will see some of the pictures.

We five "pioneers" moved from the Gray House on May 15th to our old home across the street, at Ewha High School. Though Gray House was comfortable in winter, we are glad to have our own home here, and not to be part of the army billet. The Methodist men are in the "Jensen House" next door, which is the site of my birthplace.

The end of June seven more Methodist women brought our number to 12. At the same time the visiting deputation from the Foreign Missions Conference came and worked with us through July. Miss Billingsley, a former missionary here, and Mrs. Frank G. Brooks, Chairman of the Foreign Department of the WDCS stayed with us. The day after they left, our three Canadian Colleagues came for work at Ewha College, so we were a happy family of 15 women.

Our home seemed a cross between a station hotel and a convention hall, with piles of baggage and freight, and people meeting friends in corners, while the living rooms were busy with committees and the dining room seemed always full. The heavy rains continued through July and half of August and then came the heat. But now the weather is beautiful again.

Before September people began moving to their homes; Misses Jackson and Laird to Wonju, Misses Black, Dyer and Smith to Songdo (Kaisung); in Seoul, Mrs. Chaffin and Miss Cooper to the Bible School, Misses Daniels, Howard, and McQuie to "English House" on Ewha Campus, and Misses Oliver, Sandell and Dr. Murray to the Center. No one has had any rest or vacation, but all seemed ready for the opening of school September 9th except

Miss McQuie, who went to an army hospital with pernicious anaemia. We are thankful that she is improving.

We are busy now taking care of the schedules of four teachers detained in the U. S., Misses Church, Hulbert, McBain and Wood. Our 1200 students are happy, hopeful of learning something from us, cheerful about the many handicaps of shortages in transportation, chairs, tables, books and other equipment. We are grateful for supplies arriving and glad to be together again.

There is endless interest, variety and challenge in our new chapter here, and as St. Paul says, "there are many adversaries."

Thank you for helping us. With love to all our friends,

Faithfully ever,

Alice R. Appenzeller

(Send packages to me at Ewha Womans University, Seoul, Korea.)

(Address for letters; use 5c air mail stamp)
Alice R. Appenzeller, Civ
Methodist Mission
c/o Chaplain's Office
USAMGIK APO 235 Unit 2
San Francisco, Calif.
Oct. 14, 1947

Dear Friends,

This is to tell you that your gifts of various kinds have come safely, been opened and sorted and distributed. Several times there has been a whole small roomful of packages—like Santa Claus' workshop. All came through in good condition, though the address of the sender was sometimes not clear. Please be sure that your address is plainly written so we can acknowledge your gifts.

Every article is acceptable and will be well used by someone needs it. The better clothing goes to some of the young teachers who love to get nice things. Clothing can hardly be bought here, certainly not on the salaries these teachers receive. The men's clothing goes to such people or to many who have escaped from the Russian zone with their lives but little else. Over 1000 persons a day are coming, but we can help with these packages only those we know. Shoes are always received with special gratitude, warm coats, sweaters, etc. are priceless treasures. New goods that can be made up is always desirable. Some things that you sent for rags will surely be worn by needy people, who have not had anything so good as that to wear. Other things which are very acceptable are: new anklets (socks for men, women and children); sweaters, new or used; wool scarfs (used), wool for knitting, warm underwear, electric bulbs, plugs, cords, sewing materials: thread, needles, darning cotton, machine needles; pencils, notebooks, used handbags and purses, and used table linens and beddings. Vitamins and other medicines are also gratefully received.

My advertisement in World Outlook has made me lots of nice Santa Claus business. Our big college buildings will need most of the cleaning materials sent, but Ewha has various projects for earning money—a restaurant, dairy, grocery store, and they will need some. The teachers and workers also like to get them, so they will quickly disappear. Our only stipulation is that nothing shall be sold, and so far we do not know of any breaking of that regulation; used Christmas cards will bring joy this fall, and we'll give them out early so they can be converted to various uses. We thank every individual and group and hope that you will think of and pray for us. There is nothing that we need in Korea so much as spiritual strength and wisdom. So you can help us very truly by your prayers. Ewha College opened September 9, and there are over 1200 girls to teach in many departments. Many are from the north and will need help, which some of your gifts will supply.

Thanks again.

Faithfully yours,

Alice R. Appenzeller

(Send relief packages to me at Ewha Womans University, Seoul, Korea.)

Thanks for fine books, most acceptable. The food I gave Dr. Helen Kim, who entertains a lot for the college. Happy New Year!

(Address for letters & personal gifts; For letters use 5¢ air-mail stamp)
Alice R. Appenzeller, Civ.
Methodist Mission
c/o Chaplain's Office
USAMGIK APO 235 Unit 2
San Francisco, Calif.
Dec. 15, 1947

Dear Friends,

Whether this reaches you for Christmas, New Year's, Valentine's, or Easter, please accept it as my sincere greeting with wishes for the blessings of the season.

My third move within a year came October 18th, when we left old Ewha forever and moved to the Methodist Womens Bible School on a hill outside Westgate, a mile nearer Ewha College. This good building, sacred to the training of Christian workers, had been used by the Japanese "thought police", during the war, and terrible things went on here. It had been badly abused, too, doors and windows were gone, walls and floors defaced, everything in bad condition. Mrs. Chaffin, whose work it used to be, got at the rehabilitation, which comes under "Crusade for Christ" funds, and fresh paint, new windows, plumbing fixtures (water and power electricity will come soon, we hope), and lights all make it habitable. It has living quarters for missionaries, chapel, library (both empty of any furnishing now) classrooms and dormitory. Already one Bible Institute of ten days has been held and about thirty young women are studying in another course. Women workers in the Korean church have almost disappeared during the war, and everything is to be done.

I shed a few tears at leaving old Ewha, my home for twenty years. We found it a haven during the busy months before these other places could be reconditioned — May to October. The views are beautiful from here, it is quiet and I have a nice little college room. Our furnace has been going for a few days; fireplaces and stoves have served, though inadequately in near-zero temperature. Fuel is terribly expensive. Our electric heaters have been useful until lately, when the electricity has been shut off most of the time. The political situation may have something to do with it. Our electricity comes by contract from the Russian zone — not a reassuring arrangement!

We are happy in the recent return of old friends — Misses Church, Hulbert, Roberts, Wood, and some of the wives of our missionaries. A new member of our family is Miss Esther Park, of Honolulu, a Korean who has spent her life there, and whose family I know well. She is a wonderful YWCA worker and comes to our Korean YW as the first trained secretary, supported by Associates in the US.

Our first losses for health reasons have come tragically soon— Mr. Lloyd Snyder and Miss Ada McQuie, who have been sent home. The latter was in an army hospital here for three months with pernicious anaemia; she seemed to improve, but the doctors sent her by plane to the Mayo Clinic. It is a sad blow to Ewha, where she carried heavy work and was beloved by all.

We have been teaching in unheated rooms, like all teachers in Korea, and chilblains, colds and stiff fingers have made it hard to be enthusiastic. Finally, the faculty voted to curtail the summer holidays and take two months now; so from today to February 15th I hope to get some long-delayed desk work done. There is much relief work needing people to handle it; and Mission committee work never ends. I hope for a little more time now to entertain GI and other friends. To my great joy I am singing "The Messiah" again with the Korean Oratorio Society and our International Choir; singing in the choir has been my chief recreation since March. Here I meet others who love music, GI boys and officers, civilian workers and Koreans. The latter have made remarkable progress in music in the years between.

Lately there have been disconcerting reports of communist activity, our great menace here. Every time we meet one of the thousands who have escaped from North Korea and the communists there, we hear unbelievable tales of horrors and persecution. But we know that this is a spiritual problem of the whole world, and if we can hold the line here now, it may make a difference in this spiritual war. Ephesians 6:12—13 seems written for us in Korea today:

"For we wrestle not against flesh and blood, but against principalities, against powers, against the rulers of the darkness of this world, against spiritual wickedness in high places.

"Wherefore take unto you the whole armor of God, that you may be able to withstand in the evil day, and having done all, to stand."

We know we are on the winning side and that in the end we cannot fail. If communism should overcome Korea all of us missionaries and our Korean Christian leaders would surely be "liquidated". But we have faith that this will not happen. Tell all my friends that I have no idea of going anywhere else. It is nearly a year since I came, but I am just getting into the work. I can't write the letters I want to or keep up with everybody; but I never forget to love and pray, and as I think of you, old and young, I have great joy in remembrance.

Faithfully yours,
Alice R. Appenzeller

(Send relief packages to me at Ewha Womans University, Seoul, Korea)

The Year 1948

February 21, 1948

Dear Friends,

This is especially to you who have been sending packages more than once. I always feel that continued gifts are more valuable because they show confidence in the work and satisfaction with the results of the first investment. Certainly all that you have done for us so generously is appreciated and used by people who need the things you sent.

I am enclosing a revised edition of my first package letter, since I have mentioned some further items that are needed here besides the ones I first spoke of. I will add rubbers and overshoes, of all sizes, as a great need. The roads are terribly muddy just now, public transportation almost nonexistent, so protection for precious shoes, to say nothing of the health, is greatly needed. I have recently received several pairs of overshoes but with the great demand they were too few to do much good. Men's clothing is also in great demand and there has been less of it sent than any other kind. We need it for our men teachers, the husbands of our women teachers, the workmen on the campus, preachers and church workers, etc.

After a long winter vacation, when we all hibernated and tried to keep as comfortable as possible, all the Ewha University people seemed happy to be back at school again. The floor of the gymnasium, the only place where the whole student body and the faculty can meet together, was packed with girls seated on the floor on February 16th. President Helen Kim gave an inspiring message based on the events influencing Korea today, especially mentioning Ghandi of India whose tragic death shocked the world and the presence of the Commission of the United Nations meeting now in Seoul. With so many complications and the Russian menace appearing in alarming communist activities, she challenged each of us to do our part in upholding Christian democratic ideals and activities.

As before Christmas, we are teaching in unheated rooms since the little coal that has been secured is of poor quality and gives almost no heat and the furnace depends on electric power, which is largely absent. But we are happier each day that gives us more sunshine and although patches of snow still lie in the shady corners, spring is surely in the air.

Again, thanks to you for your continued gifts and your interest in our work.

Sincerely,

Alice R. Appenzeller

Thanks for all the nice things you sent. The sugar sifted out and was lost, but other things came well. We are glad to have the curtains in the "English House" on campus, where five missionaries live.

Seoul, Korea

May 17, 1948

COPY: letter to Miss McConnell, World Outlook

Dear Miss McConnell.

I was surprised to find the quotation from Allen Raymond on p.47 of the April WORLD OUTLOOK. Perhaps we are over-sensitive in Korea today. The secular press, both here and in US voices the general dissatisfactions and frustrations and disappointments that are part of life in Korea just now. There would seem to be no need to reprint these things in the religious press. Even when they are facts, there is the other side, which must be known to give a true picture. After sixty years of friendly relationship between Koreans and Americans in Korea, there are many reasons why the present situation causes tensions, irritations and outbursts of temper on both sides.

The young GI's hate being here, find little to amuse them and are forbidden any social life with the Korean people, so all they want is to go home. They cannot talk with the people and don't understand their reactions—why, for instance, the Koreans don't get out of the way more quickly on the road. The Koreans have seen few motor vehicles before, and the Americans have filled the roads with them. To the gentle-mannered Korean minding his own business, walking down his own road, the American seems rude and abrupt, to say the least. After all, it is their own country, and there is an instinctive antagonism to an occupying army, not peculiar to Korea! The man on the street does not really know why the Americans are here so long, and why life is getting harder rather than easier for him. The iniquitous 38th parallel still chokes the life out of his country by cutting it in two. The population of South Korea has been swelled by over two million refugees from the north, who have fled for their lives, leaving all behind them. The problem of providing for these people, many of them the finest and best-educated, is a heavy one. Many of them are Christians, and the poverty-stricken Koreans help with relatives and church friends, often impoverishing themselves. American relief by the ton has made it possible for many of the refugees to live and to establish themselves; it is gratefully received and well used, for the most part. But no one wants to be under continual obligation to others, no matter how kind. The Koreans are liberty-loving and have been struggling for independence for decades. The communist menace is pressing upon them because Russia was allowed to come into Korea, by the foreign powers, to whom Korea has always been a pawn. How to deal with Communism is the major problem of our time, but in Korea it cannot wait.

Christian service men are the happiest of those who serve here, for they meet Korean Christians and often make good friends among them. I know GI's active in "Youth for Christ" who leave Korea with real regret and remember to send help back here after they get home. Some of the chaplains have used money given in their Sunday services to send Korean Christian students to study in America, and mutual satisfaction for such kindness is great.

It is these constructive things that the religious press should make known, for the destructive side already has too much notice. The matter of the division of the Methodist Church in Korea has been over-emphasized and can only be settled by the Koreans, not by outside interference, however well-meaning. Why should American Methodists raise such holy hands in horror, when their own church was divided for a hundred years? It is our part as Christians to build up these over-burdened, bewildered, struggling but proud and intelligent people, to have faith in them and to help them help themselves. This is the only way that America can do anything constructive here, and it will pay us to do it.

We are proud of the orderly, intelligent way in which the first general election was held May 10th. Over 90% of the voting population went to the polls, many of them women. They are disappointed that no woman was elected, but they may have expected too much in this man's world! They will not be silenced, however.

With appreciation of your fine work, and kindest regards,

Alice R. Appenzeller

Alice R. Appenzeller, Civ.
Methodist Mission
Chaplain's Office
USAMGIK APO 235 Unit 2
San Francisco, Calif.

Seoul, Korea
May 22, 1948

Dear Miss Finley,

Since I wrote you in April, I have received four fine boxes from you and the friends who may have taken part. All the food I put in Dr. Helen Kim's pantry. As president of Ewha Womans University she has to entertain a great deal. She is not able to buy these good things that you send here, so all the "mixes" jellies, canned fruit, etc. are very acceptable and enjoyed by many people. The cleaning materials also are hard to get here and needed both in the college buildings and by the staff members, who are very grateful for all the nice things that American friends have been sending.

One package contained two beautiful books, "The Romance of Archeology" and an art book, I think. We are glad to have them for the library. Please thank everyone concerned.

We are so proud of the way the people voted on May 10th. I heard Col. Harold Murphy, Advisor to the Governor of Chulla Namdo, telling about elections there. Though 20 people were killed and the Communists threatened to kill people in many places if they voted, they turned out 95% of those who had registered. Some villages that had been threatened went in a body in phalanx formation—policemen first with guns, then men with spears and clubs, then able-bodied men, then other voters, old people, women, etc. The same formation reversed protected the rear. Along the dykes on either side spearmen, etc. protected the flanks. I hope they took some movies of those processions. Col. Murphy had the French UN delegates along and talked very proudly of "our people."

With greetings to all who think of us,

Sincerely yours,
Alice R. Appenzeller

Seoul, June 13, 1948.

Dear Miss Finley

Of course I remember my evening with you and the Riverside meeting early in 1941. What a world of events has passed since then! I'm delighted to receive your letter, and am answering it in a bit of waiting time that has fortunately come. It is nice to know that real growing knowledge and loving concern is behind the nice boxes you're sending. I remember the pleasant supper party. Gertrude Steel, Brooke (Wallis) is one of my dearest friends, but she doesn't know I think that way of her, because I haven't written since my return. Life is just too much for me here, and I'm not growing younger, so personal correspondence seems the thing that can be left out.

Please tell your W.S. guild members that the Ewha Co-operating Committee in N.Y., Mr.

Thomas Hobbs, Sec. (you probably knew Mrs. H., who was Edna Van Fleet who built up the Ewha Kindergarten normal work) is trying to build up scholarship funds to bring faculty members to U.S. for a year or two of study. They usually can get scholarships and part of their expenses, but travel is $1000, for the return trip, etc., so it takes lots of money. I'm going to direct all the extras like your $30—to that fund. Please send to Mr. Hobbs, 150 Fifth Ave., New York 11, & mention me.

Lovely to hear from you and I hope you'll write again. Keep the boxes coming—most (even partly used) thing is acceptable. Pencils, notebooks, socks, rubbers, shoes, all sorts of used things. Everything looks grand to us, for things are so much harder & poorer here now, & Korean money has so little value. I'll stuff the envelope with things from which you may glean material for some meeting. Best wishes and thanks,

Sincerely,
Alice R. Appenzeller.

⚜ ⚜ ⚜

Ewha Womans University
(The Womans's Christian University of Korea)
Helen K. Kim, Ph. D., President
SEOUL, KOREA
September 8, 1948

Members of Ewha Cooperating Board in North America
150 Fifth Avenue
New York 11, New York

Dear Friends:

Dr. Helen Kim leaves here by plane the 9th and will be in New York September 12, 13 and 14. I will send a copy of this letter by mail, but it seems safer to have her carry one too. This is an official letter from the Board of Managers of Ewha Womans University to implement what she will tell you with regard to the urgency of beginning the Science Building at once.

It is the unanimous opinion of the Board that the greatness of the present need of the University for laboratories and classrooms for Science in the various departments is so great that contracts should be let and ground cleared now. This leaves us barely two months before frost, so every day counts.

We realize that the first objection to building now is the uncertainty and danger of the world situation, especially concerning Russia, which is Korea's present problem and menace. We fully realize all this but also remember our experience of 1931-32. The "Manchurian Incident" took place and Japan started on her mad career then. We expected word at any time that it would be foolhardy to build in the face of a world upheaval so plans should be halted. Captain Swinehart had pushed construction plans and bought main materials the fall of 1931. Since no orders to stop came from USA we broke ground in March 1932 and proceeded under what we believed to be providential guidance until the whole plant of eight buildings was completed.

After five years of work in those buildings the missionary group had to evacuate in November 1940. Since returning to Korea we have learned how essential this plant, including Longview, the missionary residence, was. If President Kim had not had this house to live in on the campus, and if this imposing plant had not been here to use, woman's higher education would have been completely wiped out during the war years. The buildings were always respected by the authorities; Dr. Kim was able to hold them mostly for college use, and now they are more than overflowing with girls seeking higher education. This object lesson should be heeded. We cannot know the future now any more than we could in 1931, but we have learned that faith and not fear is the victory, so we feel the courage to go on now.

It is difficult to explain why some of the Christian forces should hesitate to take risks in this crisis. The Military Government has spent great sums of money in Korea during the past three years. The Economic Board has a budget of almost 150 million dollars to spend on economic rehabilitation. The Education Department is spending 200 million won on the rehabilitation of the Seoul University Medical School and Hospital. The Salvation Army has already put twenty-five thousand dollars into their one and only hospital. The Seventh Day Adventists have spent thousands of dollars in enlarging their hospital and are putting thousands more into the building of a large technical school. There are risks involved; the Communists are taking risks and putting great sums into subversive activity. It hardly seems good strategy that the Christian forces should follow too timid and over cautious a policy.

Prices are fantastically high, exchange very bad, materials terribly expensive and hard to get. We do not see any hope of this condition improving soon, but rather prices, materials and labor are going up from week to week. Therefore, we believe prompt action is necessary. We have good advice now from American government engineers and Korean contractors are eager to put in their bids now. We can see no advantage in delay and fear that it will only mean that there will be no provision for the needs of our growing science work for years to come. We need to get this building done next summer. In spite of warnings and adverse predictions the past year has seen great progress and new hope in Christian work in Korea. Each forward move strengthens the position of democracy and weakens the opponents of free government and Christian progress. We urge that you would listen to Dr. Kim's plea and send us a cable to begin work at once.

Sincerely yours,

Alice R. Appenzeller, Secretary for

Board of Managers

New address for all mail. **Use 10c air mail folders**

Miss Alice R. Appenzeller

Methodist Mission

377th Station Hospital

U.S. Army

Seoul, Korea

September 25, 1948

Dear Friends:

This is especially to tell you of my latest "feat". At 7:25 a.m. on September 21st, feeling very well and forgetting to be careful in going downstairs, as I have been since breaking my left ankle in Honolulu in 1943, I caught my heel on the third step from the landing, slid one step and crashed on my right ankle. I knew that awful feeling of breaking bones, lay in a heap and called, "Oh! Oh!". The family came running; soon Dr. Mary Richardson of Salvation Army with Miss Elizabeth Roberts, R.N. came from Gray House. They arranged for my admission to this GI hospital where I spent a month early in 1947 and saw me through Xrays, which showed two small bones broken and some dislocation. They gave me an anesthetic that didn't make me sick, sodium pentothal and I emerged with a huge cast up above my knee. Dr. Barnett, Captain, the surgeon, wants to be a missionary himself, and is very understanding. He says I have to have this cast on for four weeks, so how long I'll be here I uncertain. Mrs. Chaffin says come home and she'll hire a woman to take care of me, but the doctor says not until I can use crutches. (Oct. 4)

Meanwhile I feel at home in this old place in a ward just like the former one, on the fourth floor of old Minakai's with windows looking on Ponk Han and on a court on the side where my bed is. As it's lovely weather I'm comfortable, getting up in a wheel chair every day, for they want me to move about. People are bringing me cosmos, asters, dahlias enough for the whole ward of ten beds. There are only two other patients now, a little Chinese girl from Hilo, Hawaii, and a teacher.

Of course, I'm lucky not to have broken my hip. This accident is entirely my own fault, for it was broad daylight, no interference, no reason but a careless step on a good stair.

They're having a railing put there now! If there's ever a next time I hope I'll knock myself out completely and stop bothering people! It makes me sad to have Marion Conrow and Jeannette Hulbert take my teaching. I'm terribly disappointed to miss the Ewha Building Committee work now that permission has come to start the Science Building over beyond Pfeiffer. Other things I do won't matter so much, and I'll catch up on my thinking, reading and writing. The Missionary Retreat going on just now I'm following hour by hour in thought. I've read a wonderful book, "Cry, the Beloved Country" by Alan Paton. I wish someone could write something like that for Korea. This is a really a missionary book, written with a deep knowledge of South Africa's peoples and problems, but from the Anglican Church standpoint. (Also in Oct. Omnibook, shortened.)

I'll get out my general letter through the Board immediately, then write as much as I can every day. Anyone who has suffered a fracture knows what it means of pain and discomfort. But I'm getting good care, good food and my radio and the interests of the passing scene keep me happy. Helen Groff-Smith is librarian here now and all the attendants are nice.

With Aloha, and looking for your letters.

Your friend,
Alice R. Appenzeller

Nov. 5

Dear Margaret (do you mind?)

I feel so grateful to you & your friends for sending the big gift, $80, to Mrs. Hobbs for Ewha and packages, too! The extra cash undesignated, is so important for travel for the scholarships, which people don't give and many other things. All the things are so nice. I put all food things into Dr. Helen Kim's pantry, as she has to entertain so much. But now that we're off army commissary, I may keep some as I did the tempting fruit toppings. We used them when we had a party with our K. faculty guests, who appreciate these rare treats. All the clothing is needed, send everything to the new address. We've had some loss by thieving at Ewha. I don't know whether there'll be duty now. We just have to try things out. We do miss the generous, quick APO taken off since mid-October.

The atmosphere is tense here, like last May, but I hope the people will be as courageous as then and resist this awful menace. The WSCS program for Nov. is Korea, and I hope you'll pray for us when you use the worship service, which I wrote. People wonder if we'll leave, but when you hear the State Dept. expects 800 army personnel for the 7th Day Adventist hospital to take care of, should the other missionaries think of retreating? Not one does!

I'm doing well, comfortable and enjoying the quiet pleasures one misses in active life. On Nov. 11th I hope my cast will be removed, but I'll not be kicking for some months. With thanks to all and love,

Your friend,
Alice R. Appenzeller

The Year 1949

Seoul, Jan. 1, 1949

Dear Miss Finley,

Happy new year to you and all who remember us! I know Marion Conrow wrote for me, but these four boxes have come since, and I want you to know that they are here. It has meant so much to have these packages come before Christmas, when we like to do something special. Your things are always good quality and nice choice.

I enjoyed giving the games to the children of some of our graduates. We get few games and toys and could use many. I haven't placed the shower curtain yet, but will find the place for it. The sewing things, thimble, cloth patches, crayolas, and of course the soap are good. The clothing, especially sweaters and coats are much needed. I gave the meat to my Kang family, and they had it for Christmas dinner, as meat is a treat. This is the widow whose preacher husband died of torture in a J. prison. She works in the government woman's bureau, and is doing her best to educate her children. Her high school daughter is helping me these days, for I need extra hands and feet and she needs money.

Please thank everybody who has helped. You surely are a good friend to us!

With loving good wishes,

Sincerely yours,

Alice R. Appenzeller

[Jan. 1. 1949]

[BEGINNING OF LETTER MISSING]

On Dec. 18 I opened the box for which I'm sending receipt. I made up Christmas packages with all the nice things that have come lately. I was particularly glad to fit out some of our graduates who are having a hard time finding clothes and shoes for their children. One family of seven children, where the father is a teacher and the mother used to be one, was delighted to be fitted out with shoes, your precious galoshes, coats and other clothing. The meager salaries are barely enough to provide food and other expenses, and there are no free public schools, so tuition and school expenses are a great problem.

I was thrilled to go out to the campus for a faculty dinner Dec. on 6th, where I had a chance to meet all of them again after three months absence. The campus is changed by a great mound of earth where bulldozers have cleared the site for the new science building. That day a radiogram had come from Dr. Helen Kim from Paris, telling of the recognition of Korea by the UN, and bringing unbounded joy to every Korean who heard it. Our affairs here are in better condition than for some time, for with this recognition and help from US, the Comys have had a repulse, tho every night the police watch for fires. Four men were seen holding guns and hiding in the trees back of Longview, the president's house. They were caught, and heavy guard has been set there. It is feared that harm may be done to Dr Kim's dear old mother, 85, who lives in a little Korean house alongside. She is more comfortable on a warm floor; she used to be a Bible woman, and it was because she had become a Christian that her last little daughter was given a chance to go to school. Korea would not have had the same Helen Kim if her mother had not known Christ. Now they say she has her own devotions night and morning, singing hymns, and the policemen many of them have never heard anything like it before. She talks with them and hopes to have them understand and believe.

I have been dismissed by the doctor, but am still taking calcium. As I am still using crutches and can't get a shoe on because of the swelling in my foot, I doubt if I get off the Japan even Jan. 17th, as I'd hoped. I do not mind so much, for there is a great deal of work I want to do before college opens. We don't hear much news, but know that Americans are evacuating China. One friend in Peking has been thru this experience three times. Once was enough for me, and I can't think of anything worse than to have to leave our people here. The Communists will be worse than the Japanese ever were, and the Christians would be the first to be sacrificed. With the whole block on fire one can't be confident that one's own house would not catch; but still we are hoping and praying. The presence of many State Dept. personnel and of a good many of the army gives confidence. Dates have been set for our leaving ever since we came two years ago, so we go about our business and expect to stay on. Keep the packages coming, for there is great need, tho the winter has been mild so far. We know cold weather will come sometime soon, as it's usually coldest in Jan. and Feb.

Goodbye and a happy new year to you and all our friends.

As ever,
ARA

New address for all mail:
METHODIST MISSION
34 Chungdong
Seoul, Korea
Jan. 18, 1949

Ten cent airmail folders are quickest.

Dear friends,

You have waited too long, and are wondering what has happened to your packages. The Army Post Office notified us in Oct. that we could not use the APO any more. Most things come thru safely by international mail, but a package that is not tightly wrapped may have a hole in it where an investigating hand has been helping itself. Please declare value as low as possible to avoid duty.

In this cold season warm clothing, shoes and overshoes are most needed. Teachers and ministers never get enough to buy clothing, and many of our graduates are in that good class. It was a joy to be able to fit out a family of nine with shoes and warm clothing— an alumna, whose teacher husband is ill. Another alumna, a former brilliant teacher in Ewha High, came lately with her baby on her back. Tears splashed on the floor as she greeted me after eight years, and she told of her two months' trek thru the mountains escaping from the Russian zone. She got separated from her husband and other children and was imprisoned, but they found each other and are beginning life anew, with nothing. Your gifts give us the satisfaction of helping such people.

Besides warm clothing for all ages, including men, women and children there is need for all the things you have been sending—sewing materials, yarn embroidery cotton and silk, required in school, pencils and candles (used or unused), soap, towels, writing tablets, etc. If you send packaged foods, wrap any powder or sugar again, as paper containers often leak. Raisins and other dried fruits are nice.

I thought I had a million Christmas cards, but I could have used more! Each college girl got several, but Ewha High had none, so I sent a duffle bag full so that each girl could have one! I'll look for your cards again this year (already I've given some to an alumna from the country, where there were none this year), but please wrap and mail them separately. They're used for teaching about Christmas, in English classes and Sunday Schools, for decorations and as gifts. The superfluous paper may be cut off to save postage.

Korean affairs seem hopeful, with the new government getting started, UN and other recognition and economic help. Mrs. Syngman Rhee, wife of the President, had lunch in our home today before attending a meeting of a Prayer Band of over 100 women from the North, a work led by Miss Cooper. Every true Christian, however humble, is a defense against Communism, our greatest menace. With the whole block (China) on fire, we can't feel safe here, but we look for better things in 1949, building on the great beginnings of 1948. Fracturing two bones in my ankle on Sept. 21st, I've been laid up all fall, but am getting about now. I've had many visitors and written many letter tho not nearly enough to keep up. Each day has been full of interest and not much time has been lost. We're having a long winter vacation now, to save fuel, and will make up with a short summer one. Dr. Helen Kim is in US, and the contract has been let for our new science building.

New life will begin on the campus in March with the new semester. We count on your prayers, for we need strength and wisdom for the living of these days. Faithfully, Alice R. Appenzeller

Tokyo, Japan, 1/27/49

Dear Miss Finley,

I'm here for a few days visiting old friends and observing the many changes since my last visit 11 years ago.

Jan. 22nd I opened your good boxes. The food I sent out to College where it is used for entertaining faculty and guests. I kept a box of orange peel. Did you send it?

The clothing is ever so nice and always needed. We have two refugee families on the place with daughters who appreciate the nice American things. Please thank all concerned. Happy New Year to all.

Sincerely,
Alice R. Appenzeller

P.S. I had a good box from M. Peffer, 4486 Orange St., who probably is from your guild. Of the two good coats one exactly fitted Mary Kang, 2nd daughter of my "project family," the preacher's widow with 4 children from the north, of whom I wrote before. She had no overcoat in the bitter weather, and I'd given her a woman's spring coat (she's 14) which wasn't very suitable. But when this lovely warm mulberry one came she was delighted. Thanks for milk and soap powder, too.

ARA

Methodist Mission, 34 Chungdong, Seoul, Korea, 4/19, [1949]

Dear folks,

Anxious letters are coming, wondering about our safety, so I'll get of this hasty answer to the first ones. Before you get this you'll no doubt hear that 4 men were arrested on the Underwood murder, and that details will be released soon. I don't know them yet. Dick Johnston's reports in NY Times come to us by the Hobbs' kind clipping service; you get them earlier than me. It's the most accurate reporting that I see.

The men who entered the Underwood home knew: 1) that the men of the family were in town; 2) that they'd taken the cars with them: 3) that there was no police guard on in daytime; 4) that the place is isolated and it would take some time to call for help. I haven't heard whether the telephone was tampered with. My choice of theory is that they didn't go in to kill either Mrs. U. or Miss Mo Yoonsook, whom they could have gotten more easily at other times, but to terrorize those wives of Chosen Christian U. men, who were all anti-Communist. The U. family are wonderful, going about their business in a natural way. Father and son Horace were at the CLS Bd meeting the day after the funeral, and took an active part. HG and Joan will move in with their father after language school closes this month. Joan looks very worn, but carries on bravely.

Dr. J.S. Ryang's arrest on March 28 is a blow and disgrace to Korea. He was taken IN HANDCUFFS; at first they intended taking him in the streetcar, but someone persuaded them to use a taxi! He was told he was taken in for 48 hours for questioning.—regular old J style! Because of his 70 years they put him into the hospital ward at Mapo prison. This is his first prison experience, when so many of his colleagues have suffered much in prison. We deeply regret the new government's step in trying to punish and purge "collaborators". This is no time to rake over old wrongs, but to build the new nation. How the Comys must be enjoying this big blunder! They'd love to have all our Christian leaders gotten out of the way by some accusation or other!

Dr. Stanley Jones has been here for two weeks and has brought powerful messages to thousands. His culminating work has been so to influence both sides of the Methodist Church split as to bring them together. Dates are set for a new Gen. Conference of both in April, followed by Annual Conferences. A few die-hards will be left behind this time, not allowed further to obstruct.

Yesterday rumors were rife Dr. Helen Kim had died of a hemorrhage. We can't trace the story, but think it must have come from the news, just rec'd, that she'd had an operation. We've been listening diligently on the radio, for news sometimes comes that way first; but, thank God, there's nothing of that. We're so proud to hear of her receiving the LLD degree from Boston U. March 14th. We hope she will have a speedy and pleasant convalescence and be back soon on the campus here, which needs her.

Esther Park is back from her visit to her home in Honolulu and to the YWCA National Convention in San F. It's so very nice to have her back in our home again. The Jones meetings have made busy days for all of us. He spoke at Ewha WU the 29th, and Miss Emma Kim, acting President, had K dinner for him at Longview, his first. In addition to this tremendous speaking schedule he is constantly writing. He is a keen observer, asking good questions and remembering. His message at Severance Med. Co. Bac. Sunday AM at Chungdong was masterly on Christ and Health. You who know his books know how he'd deal with that. In his book THE WAY I find myself and all my friends.

East Gate Hospital has been reorganized back into one for women and children, with Dr. Murray and Miss Roberts in charge. There is almost nothing left and no money, so they begin at scratch. A new roof has been put on since the fire.

With love to all my friends, Faithfully ever,

Alice R. Appenzeller

PS Mrs. Underwood was the only American in the house on the 17th; her guests were all Korean women.

May 7, [1949]

[BEGINNING OF LETTER MISSING]

I gave Miss Reed's whole package to Mrs. Ha Poksoon Yi, whose husband was ill. He had cancer of the spince and died just before Easter. The food, □□□□□ and other things were needed in that big family of 7 children. It is one of the finest families I know, for the father and mother always loved each other dearly and the children have grown up in an atmosphere of love. For many years he was secretary of the Korean Methodist Conference, but during the war went into school work to support his family. He spent 5 years in prison under the Japanese from 1919-23; Mrs. Yi was a graduate of Ewha College, but took kindergarten training while he was away to support their little son. She continued to teach for years, while her husband took theological training. He died after great suffering witnessing his love of Christ and, as he had suffered with Him, to be with Him on Easter morning, and he was. Mrs. Yi was here yesterday, and I must help her financially, as well as with clothes and supplies like yours, until she can get established. The eldest daughter graduates from Ewha WU in June and the boy from Paichai and the 2nd daughter from Ewha High. The two girls will teach to help the family while the boy goes to college. All are bright, worthy children, the youngest 7. I have a special sympathy with widows who have children to bring up alone, as my mother was left with four □□□□□ I, the eldest, was 16. I have two families like this I'm specially interested in now. The others are the Kangs, whose father was also a preacher, who died in Japanese prison. The mother works and there are four children; Charlotte, the eldest daughter, graduates in music at EWU in June, and the boy from Paichai my father's school, of which my brother was also principal for many years.

I'm glad you know my good friend and former pupil, Induk Pahk. She is doing much to interest people in Korea. The fighting on the border, which involves our Methodist Songdo (Kaesung) Station, which has been a battlefield, and especially the news that some Korean troops have deserted to the Communist is the worst we've had in this section. We need your prayers. Laying the cornerstone of the new science building at Ewha was an act of faith. I believe it will be justified, as building the president's house, Longview, in 1938 was justified. It helped Dr. Helen Kim to keep the college open.

With thanks again and every good wish,

ARA

⚜⚜⚜

May 21, 1949

Dear M. Finley,

Your Feb. 10 pkg. took just two months and as usual, was full of nice things. The "shorts" were an inspiration. Our people appreciate knitted underwear, panties, etc. very much. Of course, I'm greedily keeping the "topping", tho I don't eat it all myself! It trims up desserts so nicely.

Thanks to all the friends. Write me when you can. I'm OK, walking easily now.

Lovingly
Alice R. Appenzeller

⚜⚜⚜

Methodist Mission, 34 Chungdong, Seoul, Korea
July 24, 1949

Ten cent airmail folders are quickest. You can write on the flaps, too.

Dear Mrs. Fishback and Culumbus Friends,

Yours is a new name, so I'll write to you this time for the whole group of loyal friends who send us packages. The porch off my room no sooner gets a bit cleared out than another lot of boxes pile it up again, and hope happy that makes many people. There seems to have been more immediate need now than at some times. My widows are right here to get what they need. I tease Mrs. Kang, saying there must be a bird that sees when

I unpack and tells her to come and look the things over. It has happened that way several times and she's found dresses for her three girls, shoes, underwear, clothes for her son, soap, pencils, and candles, notebooks, paper, thread, needles—the many things that one takes for granted and gets for a few cents at home and which make such inroads into small incomes here. I tell my widows, Mrs. Kang, Mrs. Kwon and Mrs. Yi (Lee) not to buy soap, candles or penciles as long as I get them, but to use their money for food.

Charlotte Kang, the eldest daughter, graduated from Ewha Music Dept. and played beautifully on her recital. She goes as soon as possible to the Conservatory of Baldwin-Wallace College, Berea, Ohio, where Myrta Stover, a former Ewha College teacher will look after her. Her "grandmother" is Miss Charlotte Brownlee, retired, of Munfordville, Ky. who helped her parents into the ministry and to have a good Christian home with things they needed. Charlotte learned English as soon as she did Korean, and will do well in America. Two years ago she went to Oslo to the Student Christian Conference as representative of Christian youth in Korea. Her brother graduated from Paichai, our first boys' school, founded by my father, and is entering the National Univ. There are two younger girls in Middle School, so the mother still has a lot of work before she's "out of the woods", as my mother used to say about her struggles to educate four of us alone.

Mrs. Yi (Lee) looks much better now that she did when her husband died at Easter and has faced her problems of educating her 7 children and keeping a roof over their heads. Three of them graduated in June, the eldest girl, from Dept. of Education, EWU, eldest boy from Paichai Middle School (with honors) and the 2nd girl from Ewha Middle. The boy has entered National U. and the girl has passed the exams for kindergarten training at Ewha WU. Of course she ought to take that course that her mother took and be better fitted for life, but so far I see no way of paying the bills. The eldest will teach in the school where her father was dean, and so they can keep the house they're in, which belongs to the school. I promised the dying father I'd do what I could for the family, and chiefly with the help of others I'm keeping them going till the first salary check comes in. There was no insurance in this land of uncertainties, so it's hand to mouth.

Besides Charlotte there is a Crusade Scholar we're getting off to US. She'll study voice at DePauw, Hyungsook Roe, a lovely singer of a fine Christian family. Mrs. Soojin Chun Kim has been given a scholarship of the American Association of University Women for a year's graduate study in the U. of Hawaii. The dock strike may prevent her getting there in time. My brother has been transferred from Honolulu to Robertson Church, Los Angeles, so won't be there to help her. We've been having a good Preachers' Conference here, 150 attending and Dr. and Mrs. Floyd Shacklock both teaching very acceptably. Goodbye, and thank you all for everything.

Alice R. Appenzeller

⚜⚜⚜

Taichun (formerly Hourglass Beach) Korea
8/5/49

Dear Margaret,

I don't know how to thank you for three more grand boxes, with so many nice things in them, which I opened June 11th. All the nice games and toys were especially welcome this time. Dr. H. K. Lew's little daughter, 12, has TB and has to spend some time in bed, so I gave her some of them. I kept most of the food this time, as it's not needed at college in summer, when people are away. The candy is so nice to have; and our beloved "topping" is enjoyed more now during the ice-cream season. I put the books into the library, and sent the soap out to College. You surely are a faithful and most thoughtful friend! Please thank any others who may he be concerned.

Two weeks at this gorgeous place will set me up. The beauty of shore, water, islands, pine-covered hill, sunset sings rests me. Good swimming, fellowship with those I don't often see, all make a good change. Our former beloved summer places are in the Soviet zone. Keep praying for us, for there is hard fighting along the border and cruel infiltration everywhere, but don't worry, for we're OK. Thanks and love,

Your friend,
Alice R. Appenzeller

Bishop Baker transferred my brother to L.A. He hated to leave Honolulu, but likes the new place.

A.

⚜⚜⚜

Seoul, Sept. 1. 1949

Dear Margaret,

If you'll forgive my sending this second hand letter, I'll get this off on tomorrow's plane. I am astonished at your energy in sending us so much, and always such nice things! I opened four boxes from you in August. One had nice school supplies and pictures and a table cover of Oriental design. One had canned meat, which I'll enjoy distributing, and topping which I put in our own pantry. When electricity comes on we can have ice cream, and how that topping improves it! In the two other boxes some of the soap powder and mixes were broken and wasted. They should be wrapped separately, as the cardboard sometimes breaks. But the shoes, clothing, toys, books were not injured and all will fill some useful place. Thanks a million!

My brother Henry is now at Robertson Community Methodist Church, L. A., so perhaps you can hear and meet him and Mrs. A. there. They didn't want to leave Honolulu, but like their new place. I had a refreshing fortnight by the sea and am ready for school on Labor Day. Thanks again and aloha.

Alice R. Appenzeller

⚜⚜⚜

Methodist Mission, 34 Chungdong, Seoul, Korea, Sept. 1, 1949

Dear Mrs. Davis,

I will write to you again because you wrote to me, tho I know that the fine boxes that came are from many people and that you do this work together as a Society. The different names on the packages were Mrs. Crutchfield, Mrs. Enloe, Mrs. Thornton and Mrs. Frost. Please thank them especially for their help.

The clothing was all very acceptable. I have piled it with other clothing that came on my back porch, which always looks like a junk shop, then I wait to see who comes or send for some special people that I know need things. Yesterday two girls whom I'd been thinking of came in and were delighted to carry off a good bundle of things to use now and in cold weather. One graduated from Ewha W.U. in July and the other is a senior. Their father, a retired minister of our church, is supporting himself and his family as superintendent of one of the government buildings. His first interest is always in the Church; he left the ministry because of his health and went to the Diamond Mts., where he made a good living in the hotel business. After liberation he felt he couldn't stay under Communist rule, so escaped with his family but very little else. Two years ago he initiated a home missionary project in the mountains just south of his old home, in S. Korean territory, where the people are desperately poor and neglected. It was taken over by the newly united Korean Methodist Church and two workers sent to the place last spring. Then last winter, seeing people starving and filthy in the streets he got the Methodist churches to open a soup kitchen and a place for the people to wash and get their hair cut, and looked after that during the coldest season. Now he is preaching in Pagoda Park after working hours. You understand that it is the division of the country by the Russians that has brought so many refugees down here, making all sorts of problems. Last spring I thought those girls needed something pretty to wear and how surprised and happy they were to be given some nice clothes. Their father came to express his thanks to all who had part in this gift, so please pass the word along.

Now I'm very sorry to have to disappoint you in the project of the new shoes. They are so pretty that we all wish we could wear them, but very few of us can. The Korean people don't like high heels, and except for a few of the college girls, I don't know who could wear them. Miss Conrow found one pair to fit her; after my broken ankle I don't trust myself on anything but "sensible shoes", mostly arch preservers, which I have worn for years. When we have Mission Meeting in a few days we'll put them out for anyone to take who can use them. Also, because they were new there was some duty on them, only a dollar, so don't bother about that. I know it was a pleasure to you all to send anything as nice as these shoes and I wish I could give a better report, but I'm sure you want to know the truth. Any partly worn mens or childrens' shoes are especially needed, and plain shoes for women in small sizes.

Of course soap is much appreciated and I give it out all the time. When I've supplied the people I know, I send all the rest out to the University for general distribution by a committee. I appreciate having a chance to place some of the things where I know they will do a lot of good. Congratulations, Mrs. Davis, on being President of Sherman District. Hoping to hear from you again before long, and with best wishes, Sincerely yours,

ARA

Sept.—Oct. "Upper Room" Koreans are Crusade Scholars. See Sept. 16, Charlotte Kang's father.

앨리스 R. 아펜젤러 연보

연도	앨리스 R. 아펜젤러 관련 활동 사항	사회 일반
1885	• 초대 한국 선교사 헨리 G. 아펜젤러 목사와 엘라 아펜젤러의 장녀로 서울 정동에서 출생함(11.9)	-
1886	• 유아세례를 받음(4.25)	• 이화학당이 설립됨
1896	• 중국 즈푸의 국제학교에 입학함	-
1900	• 아버지 헨리 G. 아펜젤러의 안식년을 맞아 가족 모두 유럽을 경유해 미국으로 감	-
1902	• 한국으로 돌아온 헨리 G. 아펜젤러가 성서번역 위원회 참석을 위해 인천에서 목포로 가던 중 선박 사고로 사망함(6.11) • 펜실베이니아주 랭커스터의 쉬펀학교Shippen School에 입학함(9.)	-
1905	• 쉬펀학교를 졸업함	• 을사조약이 체결됨 •『코리아 미션 필드*The Korea Mission Field*』가 창간됨(11.)
1909	• 웰즐리대학Wellesley College을 졸업하고 학사학위를 취득함 • 쉬펀학교에서 교편을 잡음(1909~1914)	-
1910	-	• 이화학당에 대학과가 신설됨
1914	• 미감리회 WFMS 필라델피아 지부 파송 선교사로 임명됨(10.)	-
1915	• WFMS 선교사로 한국에 옴(1.) • 이화학당에서 교편을 잡음(영어, 역사 담당) • 어머니 엘라 아펜젤러가 사망함(9.30)	• 이화학당 유치원 사범과가 신설됨
1920	• 안식년(1920.7~1922.3) • 미국에서 프라이홀 건축을 위한 모금 활동을 함	-

연도	앨리스 R. 아펜젤러 관련 활동 사항	사회 일반
1921	• 학교법인 이화학당의 이사로 취임함(1921~1950)	-
1922	• 컬럼비아대학교 사범대학Columbia University Teacher's College에서 교육학 석사학위를 취득함 • 한국으로 돌아옴(3.) • 제6대 이화학당 당장으로 취임함(1922.10.18~1939.3.)	• 조선 Y.W.C.A.가 조직됨
1923	• 이화학당 정동 프라이홀을 완공함(9.) • 이화학당 신촌 캠퍼스의 부지 구입비를 마련함(11.)	• 관동대지진이 일어남(9.1)
1924	• 이화학당 신촌 캠퍼스의 부지를 구입함(7.)	-
1925	• 이화여자전문학교 인가를 승인받음(4.23) • 이화여자전문학교 교장 인가를 승인받음(9.29)	• 이화여자전문학교에 문과와 음악과가 신설됨
1927	• 뉴욕대학교 특별강좌N.Y.U. Extension에서 수학함	-
1928	• 안식년(1928.12.~1931.3.)(교장대리 밴플리트) • 건축비 모금을 위해 미국으로 가서 뉴욕에 모금 실행위원회 사무실을 두고 모금 운동을 시작함	• 이화학당 유치원사범과가 이화보육학교로 개편됨
1929	• 오하이오주 콜럼버스의 WFMS 60주년 기념식에 참석함(10.23~10.30)	• 이화여자전문학교에 가사과가 신설됨
1931	• 한국으로 돌아옴(3.)	• 만주사변이 발발함(9.18)
1932	• 이화여자전문학교 신촌 캠퍼스 공사를 시작함 • 기독교 조선 감리교회 목사에 임명됨(6.)	• 일제가 만주 출정 전몰 전사 위령제에 참석을 강요함(9.)
1935	• 이화여자전문학교가 신촌 캠퍼스로 이전함(3.9) • 파이퍼홀(본관), 케이스홀(음악관), 에머슨홀(강당), 체육관(토머스홀) 봉헌식을 올림(5.31) • 이화학당 개교 49주년 기념식에서 20년 이상 근속자로 표창을 받음	-
1936	• 보육관, 기숙사(진선미관), 가사실습소, 영학관 봉헌식을 올림(5.31) • 이화학당 개교 50주년 기념식에서 역사극 <강>을 공연함 • 안식년(1936.11.~1938.4.)	-
1937	• 보스턴대학교Boston University에서 명예 교육학 박사학위를 취득함(6.)	• 총독부의 강요로 교가를 일본어로 바꾸어 부름 • 일본이 중국 상하이를 점령함(11.)

연도	앨리스 R. 아펜젤러 관련 활동 사항	사회 일반
1938	• 한국으로 돌아옴(4.) • 선교사 숙소(롱뷰)를 건축함	• 형사들이 도서관을 습격해 서적을 압수함(2.) • 숭실전문학교가 신사 참배 강요에 항거해 폐교함
1939	• 이화여자전문학교 교장직을 사퇴하고 김활란에게 이임 후 명예교장이 됨(4.)	• 제2차세계대전이 발발함(9.) • 『이화』 발행이 중단됨
1940	• 선교사 철수로 인해 미국으로 감(11.16)	• 창씨제도가 실시됨 • 학교에서 한복 착용이 금지되고 제복 착용이 강요됨 • 미일 관계 악화로 내한 선교사들에게 철수를 명함(11.16)
1941	• 테네시주 내슈빌의 기독교 사역자를 위한 스캐릿대학Scarritt College for Christian Workers에서 재직함(1941~1943) - 여름 학기 여성학장대리(1941, 1942) - 홍보 부서 간사	• '만국부인기도회' 사건(2.28)으로 잔류 선교사 15명이 체포됨 • 『코리아 미션 필드』가 폐간됨(11.) • 일본의 진주만 공격(12.7)으로 태평양전쟁이 발발함 • 잔류 선교사들이 투옥 및 가택 연금됨
1942	• 여성기독교봉사회WSCS에서 호놀룰루 한인 선교사로 임명됨(12.)	• 일본이 마닐라(1.)와 필리핀 전역(5.)을 점령함 • 미국이 미드웨이 해전에서 승리함(6.) • 적국 포로로 수용되었던 선교사들이 포로 교환 형식으로 미국으로 강제 송환됨
1943	• 하와이에서 한인 선교 사역을 함(1943.3.~1946.12.)	• 재단법인 이화학당이 설립됨(8.7)
1946	• 이화로 돌아와 이화여자대학교 명예총장에 취임함(12.)	-
1948	• 과학관을 착공함(10.)	• 총선거가 치러짐(5.10) • 대한민국정부가 수립됨(8.15)
1950	• 채플을 인도하던 중 뇌일혈로 쓰러져 별세함(2.20) • 사회장으로 양화진 외국인 선교사 묘원에 안장됨	• 6.25 전쟁이 발발함(6.25)

앨리스 R. 아펜젤러 가계도

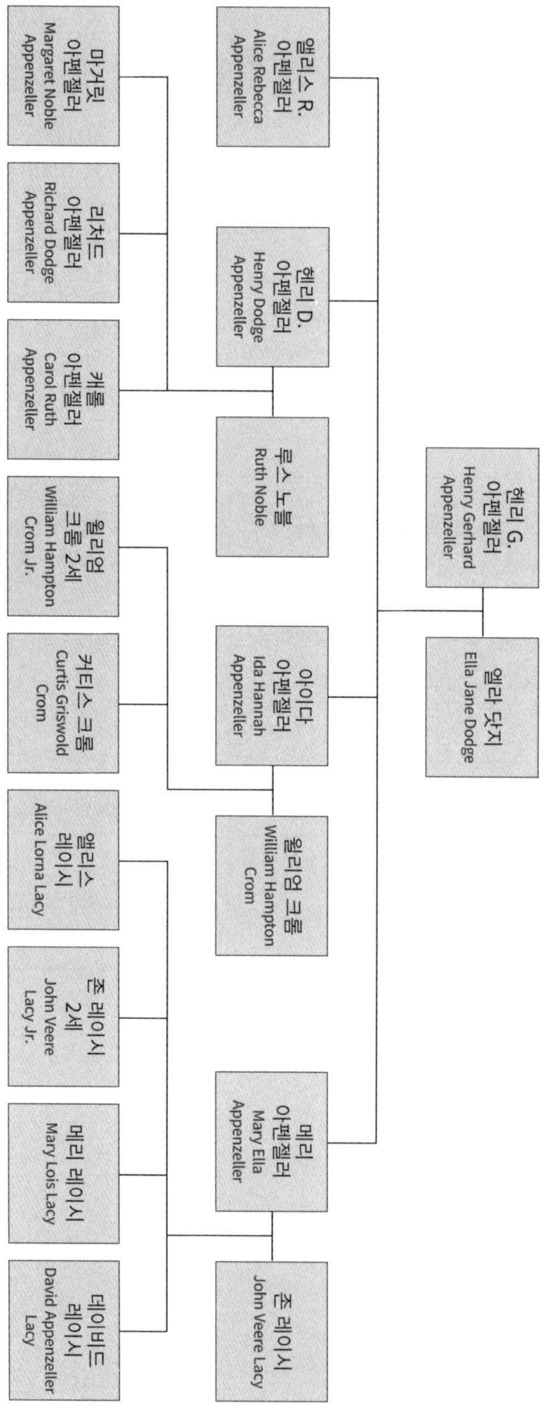

찾아보기(인명)

[ㄹ]

[ㅁ]

[ㅍ]

[ㅎ]

이화 역사 총서 2 (이화 창립 140주년 기념)

앨리스 R. 아펜젤러 서신 자료집

펴낸날 1판 1쇄 2025년 12월 22일
엮은이 이화역사관
옮긴이 오정화·김수연
펴낸이 주소현
펴낸곳 이화여자대학교출판문화원
주소 서울특별시 서대문구 이화여대길 52(우 03760)
등록 1954년 7월 6일 제9-61호
전화 02) 3277-2965 (편집), 02) 362-6076 (마케팅)
팩스 02) 312-4312
전자우편 press@ewha.ac.kr
홈페이지 www.ewhapress.com
책임편집 김가영
디자인 정혜진
찍은곳 한영문화사

ISBN 979-11-5890-569-9 94990
979-11-5890-537-8 (세트)

값 50,000원